U0949306

普通高等教育"十二五"土木工程系列规划教材

桥 梁 工 程

主　编　江阿兰
主　审　赵颖华

机 械 工 业 出 版 社

本书是以高校土木工程专业指导委员会颁发的专业培养目标为依据，为适应普通高等院校培养应用型人才的需要而编写的。铁路桥梁与公路桥梁内容并重，全部采用最新桥梁相关规范编写，共分10章，每一章都配写了算例或丰富的实例，不仅使学生能系统掌握桥梁知识，并且能应用所学内容独立进行中、小桥梁的设计。书中还融入了当前桥梁领域的新技术、新进展、新施工方法。

本书可作为土木工程、交通工程类学生的专业课教材，同时也可作为其他相关专业的选修课教材及桥梁工程技术人员的参考资料。

图书在版编目（CIP）数据

桥梁工程/江阿兰主编.—北京：机械工业出版社，2011.12

普通高等教育“十二五”土木工程系列规划教材

ISBN 978-7-111-36582-2

Ⅰ.①桥…　Ⅱ.①江…　Ⅲ.①桥梁工程-高等学校-教材　Ⅳ.①U44

中国版本图书馆CIP数据核字（2011）第242395号

机械工业出版社（北京市百万庄大街22号　邮政编码100037）
策划编辑：马军平　责任编辑：马军平　臧程程
版式设计：霍永明　责任校对：刘秀丽　吴美英
封面设计：张　静　责任印制：杨　曦
北京京丰印刷厂印刷
2012年1月第1版·第1次印刷
184mm×260mm·28.25印张·699千字
标准书号：ISBN 978-7-111-36582-2
定价：55.00元

凡购本书，如有缺页、倒页、脱页，由本社发行部调换

电话服务
社服务中心：（010）88361066
销售一部：（010）68326294
销售二部：（010）88379649
读者购书热线：（010）88379203

网络服务
门户网：http：//www.cmpbook.com
教材网：http：//www.cmpedu.com
封面无防伪标均为盗版

普通高等教育“十二五”土木工程系列规划教材

编审委员会

前　言

本书是以高校土木工程专业指导委员会颁发的专业培养目标为依据，按照普通高等院校培养应用型人才的实际需要而编写的，注重于培养学生对桥梁工程基本理论的系统掌握以及实际操作能力。书中每一章都配写了算例或丰富的实例，不仅使学生能系统掌握桥梁知识，并且能应用所学内容独立进行中、小桥梁的设计。

本书有以下特点：

1）全部采用最新桥梁相关规范（JTG D 60—2004、JTG D 61—2005、JTG D 62—2004等）编写，并详细阐述了新桥规的具体应用。

2）铁路桥梁与公路桥梁内容并重；铁路桥梁也采用最新桥梁相关规范（TB 10002. 1—2005、TB 10002. 2—2005、TB 10002. 3—2005、TB 10002. 4—2005、TB 10002. 5—2005 等）编写。

3）书中还融入了当前桥梁领域的新技术、新进展、新施工方法。

4）适应大跨度桥的发展，将“斜拉桥与悬索桥”单独列为一章，并作了较深入的阐述。

5）单独设桥梁施工章节，对常用结构的施工方法作了详细的介绍。

本书可作为土木工程、交通工程类学生的专业课教材，同时也可作为其他专业的选修课教材。全书共分10章：第1章绪论，主要介绍国内外桥梁发展概况、桥梁的组成和分类、桥梁规划和设计原则，重点介绍了公路桥梁、城市桥梁及铁路桥梁的设计作用和作用效应组合；第2章梁桥构造，主要介绍桥面系构造、梁（板）桥的总体布置、装配式钢筋混凝土及预应力混凝土简支梁（板）桥构造；第3章简支梁桥的设计计算，重点介绍行车道板的计算、荷载横向分布计算原理及各种常用的横向分布计算方法、主梁内力计算方法以及挠度和预拱度计算；第4章梁式桥支座，主要介绍常用支座的类型和构造以及橡胶支座的选用与计算方法；第5章拱桥，主要介绍拱桥的特点与适用范围、各类常见拱桥的构造特点和设计要点，重点介绍了悬链线无铰拱的计算方法；第6章斜拉桥与悬索桥，主要介绍大跨度桥梁的发展趋势以及斜拉桥、悬索桥的基本组成、构造特点和设计计算要点。第7章钢桥，主要介绍了钢桥的结构形式、设计计算要点；第8章、第9章桥梁墩台，主要介绍桥梁墩台的构造形式和设计计算方法。第10章桥梁的施工，主要介绍混凝土简支梁桥、连续梁桥和混凝土拱桥的常用施工方法。

本教材由大连交通大学江阿兰主编并统稿，其中第1章、第3章、第5章、第6章由大连交通大学江阿兰编写，第2章、第4章由中南大学任伟新编写，第7章、第10章由青岛理工大学朱亚光编写，第8章、第9章由大连交通大学赵丽华编写。大连海事大学赵颖华教授审阅了本书，并提出了许多有建设性的意见和建议，在此深表感谢。

由于编者水平有限，书中难免有疏漏之处，敬请读者批评指正。

编　者

目　录

第1章 绪 论

1.1 概述

桥梁是由于道路路线通过江河湖泊、山谷深沟以及其他线路（公路或铁路）等障碍时，为了保证道路的连续性，充分发挥其正常的运输能力而修建的结构物，因此可以说桥梁是跨越障碍物的结构。桥梁是路线的“延续”，主要起着跨越、承载、传力的作用。桥梁工程在学科分类上是土木工程中的一个分支，它是交通工程中的关键性枢纽。

从古至今交通的发展与桥梁及桥梁工程的发展都是相互促进、密不可分的。交通的发展要求建造承载力更大、跨度更大、数量更多的桥梁，以便使一个国家或地区的交通网不断完善，使其对内、外的各种交流更加便捷，这样就促进了桥梁工程技术的发展。桥梁工程技术的进步则使设计和建造工程难度较大的桥梁（特别是大跨度桥梁）成为现实，进而推动交通向安全、快捷和网络化的高水平发展。这种相辅相成的关系也表明了桥梁及桥梁工程在交通和交通发展中占有极为重要的地位。

交通的发展与不同历史时期社会发展对交通的需求有十分密切的关系，与当时社会生产力的发展水平、工业制造水平以及道路与桥梁的设计和施工水平也有密不可分的关系。一座设计完美的现代化桥梁可以反映一个国家或一个民族的传统文化特点、社会文明进步程度和科学技术发展水平以及其工程设计和工业制造水平。桥梁及桥梁工程的发展反映了社会发展对交通的需求，是交通发展的重要方面之一，它从一定程度上折射出人类社会进步和科学技术发展的程度。

原始时期人们利用天然倒下的树木、自然地壳变化侵蚀而形成的石梁或石拱、溪涧冲流而下的石块或森林里攀缘的藤萝等来搭架人工桥梁。随之也出现了原始的建桥技术。可以说人类最早开始构思搭架的桥梁所采用的建筑材料是天然的石块（石板）和树木。

随着社会的进步和科学技术的发展，出现了比石块抗压强度高的铸铁材料，人们由此又建造了铸铁拱桥。从力学特性来看，石头和铸铁都是脆性材料，其抗压能力强而抗拉能力差，如果做成拱桥并采用合理的拱轴线方程，使荷载作用下的压力线与拱轴线重合，则拱桥的任一横截面上受到的都是轴向压力，不产生弯矩，横截面上每一点就会只产生压应力而不产生拉应力。但如果用这些脆性材料做成梁桥或板桥，桥梁的横截面上就会产生拉应力，当工作时的拉应力达到其抗拉强度时就会产生脆性断裂破坏，因而用石头或铸铁等材料建成的梁桥或板桥，其跨径不能太大，也不可能承受较大的荷载。而当新的建筑材料——钢出现后，它就完全替代了铸铁成为桥梁建筑的主导材料。钢桥的产生以及随后钢筋混凝土桥、预应力混凝土桥的出现，使桥梁建设有了一个新的飞跃。

经过近几十年的努力，我国桥梁工程建筑取得了辉煌成就，这主要是我国桥梁建设者发扬建桥优良传统，吸取国外先进经验并不断创新的结果。我国已建成的重要桥梁，如江阴长江大桥是主跨 1385m 的悬索桥，南京长江二桥是主跨 628m 的斜拉桥，万县长江大桥是主跨

420m 的劲性骨架混凝土拱桥，广州丫髻桥是主跨 360m 的钢管混凝土系杆拱桥，山西丹河桥是主跨 146m 的石拱桥，广州虎门大桥辅航道桥是主跨 270m 的预应力混凝土连续刚构桥，这都是我国桥梁建筑的里程碑式的标志，也是世界闻名的桥梁。

回顾过去，展望未来，可以预见，在今后相当长的历史时期内，我国迫切需要修建大量的公路、铁路和城市桥梁；同时还有众多的桥梁或因年代久远，或荷载增加，需要维修与加固。这就为从事桥梁科学研究、设计、施工的技术人员创造了机遇并带来了挑战，需要设计和建造出更多新颖和复杂的桥梁结构形式，同时还要采用先进的加固方法和材料对旧桥进行维修、加固。

1.2 桥梁的组成和分类

1.2.1 桥梁的组成

一般来讲，桥梁由四个基本部分组成。

（1）桥跨结构（也称上部结构） 桥跨结构是指桥梁结构中直接承受车辆和其他荷载，并跨越各种障碍物的主要承重结构（图 1-1）。桥跨结构的主要作用是跨越山谷、河流及各种障碍物，并将其直接承受的各种荷载通过桥梁支座传递到下部结构，同时保证桥上交通能在一定条件下安全运营。

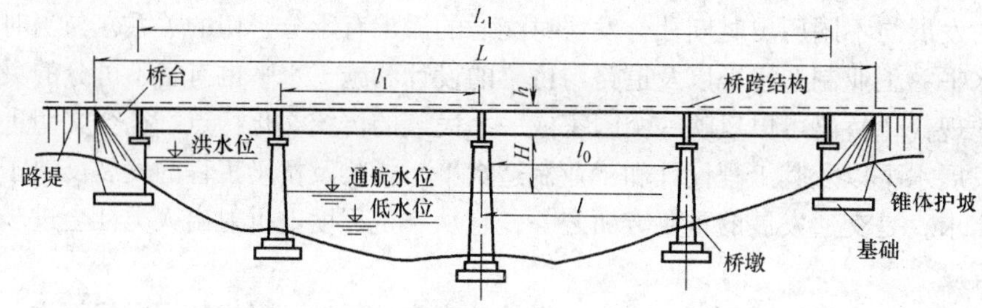

图 1-1 梁式桥的基本组成

（2）下部结构 下部结构是由桥墩、桥台和基础组成的。桥墩和桥台是支承上部结构并将其恒载和车辆等活载传至基础的结构物。一座桥梁的桥台只有两个，设在桥的两端；而桥墩可以不设或在两桥台之间设一个到数个。桥墩两侧均为桥跨结构，而桥台一侧为桥跨结构，另一侧为路堤。桥台除支承桥跨结构外，还起到衔接桥梁与路堤的作用，并抵御路堤的土压力，防止其滑坡坍落。桥梁墩台底部与地基相接触的结构部分称为墩台基础。墩台基础是桥梁结构的根基，对桥梁结构的使用安全起着举足轻重的作用。这部分是桥梁施工中最复杂、难度最大的环节之一。大量事实证明，许多桥梁的毁坏都是由于墩台基础的强度或稳定性出现问题而引起的。

（3）支座 桥梁支座设在墩（台）顶。桥梁支座的主要作用是将桥跨结构上的恒载与活载反力传递给桥梁墩台，同时保证桥跨结构所要求的位移与转动，以便使结构的实际受力情况与理论计算相符。

（4）附属设施 桥梁的基本附属设施有桥面系、伸缩缝、桥梁与路堤衔接处的桥头搭板、桥台的锥形护坡、护岸、挡土墙、导流结构物、检查设备等。

在桥梁工程中，常常用到以下几个基本概念，现说明如下。

(1) 标准跨径 对于梁式桥或板式桥，标准跨径是指两相邻桥墩中心线之间的距离，或桥墩中心线至桥台台背前缘之间的距离；对于拱桥，则是指净跨径。JTG D 60—2004《公路桥涵设计通用规范》规定，当标准设计或新建桥涵的跨径在50 m以下时，宜采用标准化跨径。桥涵标准化跨径有0.75m、1.0m、1.25m、1.5m、2.0m、2.5m、3.0m、4.0m、5.0m、6.0m、8.0m、10m、13m、16m、20m、25m、30m、35m、40m、45m、50m，共21级，常用的有10m、16m、20m、40m等。铁路桥梁的标准化跨径从4m到160m，共18级，常用的有16m、20m、24m、32m、48m、64m、96m等。

(2) 计算跨径 对于带支座的桥梁，计算跨径是指桥跨结构相邻两个支座中心之间的水平距离，用l表示，如图1-1所示；对于不设支座的桥梁，如图1-2所示的拱式桥，计算跨径是两相邻拱脚截面形心点之间的水平距离，或拱轴线两端点之间的水平距离，用l表示。桥跨结构的力学计算是以计算跨径为基准的。

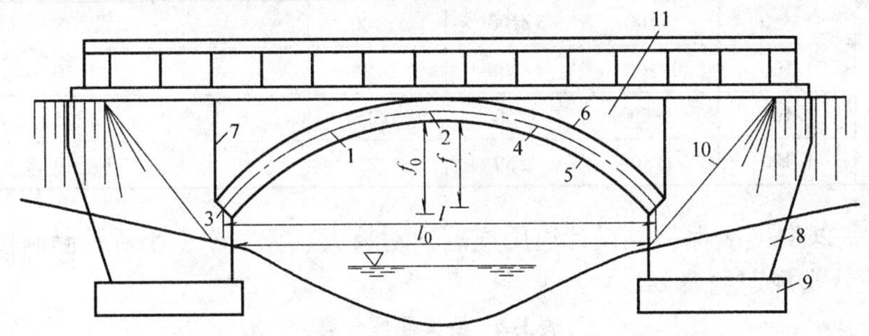

图1-2 拱桥的基本组成

1—主拱圈 2—拱顶 3—拱脚 4—拱轴线 5—拱腹 6—拱背
7—伸缩缝 8—桥台 9—基础 10—锥坡 11—拱上建筑

(3) 净跨径 对于梁式桥，净跨径是指设计洪水位上两个相邻桥墩（桥台）之间的净距，用l_0表示（图1-1）；对于拱式桥，净跨径是指每孔拱跨两个拱脚截面最低点之间的水平距离（图1-2）。

(4) 总跨径 总跨径是指多孔桥梁中各孔净跨径的总和，也称桥梁孔径（$\sum l_0$），它反映了桥下宣泄洪水的能力。

(5) 桥梁全长 简称桥长，对于有桥台的桥梁是指两岸桥台侧墙或八字墙尾端点间的距离；无桥台的桥梁为桥面系的长度，以L表示。

(6) 桥梁高度 简称桥高，是指桥面与低水位之间的高差，或为桥面与桥下线路路面之间的距离，以H_1表示。

(7) 桥下净空高度 桥下净空高度是指为满足通航（或行车、行人）的需要和保证桥梁安全，对桥跨结构底缘以下规定的空间界限，以H表示。

(8) 桥梁建筑高度 桥梁建筑高度是指桥面（铁路桥梁的轨底）到桥跨结构最下缘之间的距离（见图1-1中的h）。线路定线中所确定的桥面标高与通航（或桥下通车、人）净空界限顶部标高之差，称为允许建筑高度。显然，桥梁的建筑高度不得大于允许建筑高度，为保证桥梁的建筑高度，可以选用不同的桥跨结构形式，如斜拉桥、悬索桥、拱桥等。

(9) 净矢高　对于拱式桥，净矢高是指从拱顶截面下缘至相邻两拱脚截面下缘最低点连线的垂直距离，以 f_0 表示（图 1-2）。

(10) 计算矢高　计算矢高是指从拱顶截面形心至相邻两拱脚截面形心连线的垂直距离，以 f 表示。

(11) 矢跨比　矢跨比是指计算矢高 f 与计算跨径 l 之比（f/l），也称拱矢度。

(12) 低水位、高水位、设计洪水位、通航水位　低水位是指枯水季节的最低水位；高水位是指洪峰季节的最高水位；设计洪水位是指桥梁设计中按规定的设计洪水频率计算所得的高水位；通航水位是指在各级航道中能保持船舶正常通行时的水位。

JTG D 60—2004《公路桥涵设计通用规范》规定桥涵设计洪水频率见表 1-1。

表 1-1　桥涵设计洪水频率

公路等级	设计洪水频率				
	特大桥	大桥	中桥	小桥	涵洞及小型排水构造物
高速公路	1/300	1/100	1/100	1/100	1/100
一级公路	1/300	1/100	1/100	1/100	1/100
二级公路	1/100	1/100	1/100	1/50	1/50
三级公路	1/100	1/50	1/50	1/25	1/25
四级公路	1/100	1/50	1/50	1/25	不做规定

JTG D 60—2004《公路桥涵设计通用规范》对特大、大、中、小桥及涵洞按单孔跨径或多孔跨径总长分类规定见表 1-2。

表 1-2　桥梁涵洞分类

桥涵分类	多孔跨径总长 L/m	单孔跨径 L_k/m
特大桥	$L>1000$	$L_k>150$
大桥	$100\leqslant L\leqslant 1000$	$40\leqslant L_k\leqslant 150$
中桥	$30<L<100$	$20\leqslant L_k<40$
小桥	$8\leqslant L\leqslant 30$	$5\leqslant L_k<20$
涵洞	—	$L_k<5$

从上述分类方法可以看出，特大桥、大桥建设规模大，但并没有显示出桥梁设计和建造的难易、复杂程度。如两座多孔跨径总长同为 1600m 的桥梁，一座是由 300m + 1000m + 300m 三孔组成的斜拉桥，一座是 80 孔跨径为 20m 的简支梁桥，显然前者比后者无论从哪一方面来讲都复杂得多。国际上把单孔跨径小于 150m 的叫中小桥，大于 150m 的叫大桥；单孔跨径大于或等于 1000m（悬索桥）、500m（斜拉桥和钢拱桥）、300m（其他桥型）的叫特大桥。

1.2.2　桥梁的分类

桥梁有许多分类方式，通常根据桥梁的结构形式、所用材料、所跨越的障碍以及其用途、跨径大小等对桥梁进行不同的分类。

1. 桥梁的基本体系

该体系是根据桥梁的结构形式及其受力特点来分类的，有以下几种类型。

(1) 梁式桥 梁式桥（图1-1）的特点是其桥跨的承载结构由梁组成。在竖向荷载作用下梁的支承处仅产生竖向反力，而无水平反力（推力）。梁横截面上只产生弯矩和剪力。荷载作用方向通常与梁的轴线相垂直。梁主要通过抗弯来承受荷载，并通过支座将其传递至下部结构。梁式桥可分为简支梁桥、连续梁桥、悬臂梁桥。简支梁桥的计算跨径小于25m时，通常采用钢筋混凝土材料。而计算跨径大于25m时，多采用预应力混凝土材料。预应力混凝土简支梁桥的经济跨径为40～50m。连续梁桥和悬臂梁桥由于其跨间支座上的负弯矩使其各跨跨中的弯矩减小，由此提高了跨越能力。

(2) 拱式桥 拱圈或拱肋是拱式桥的主要承重结构（图1-3）。拱桥在竖向荷载作用下，桥墩或桥台除了承受竖向反力外，还将承受水平推力。水平推力将显著降低荷载引起的拱圈（或拱肋）横截面内的弯矩。在设计时如采用合理的拱轴线，使拱轴线与荷载作用下的压力线重合，则拱的横截面内主要承受轴向压力，而没有弯矩。因此，横截面内每一点只产生压应力，不产生拉应力。通常可用抗压能力强，而抗拉能力差的石料、混凝土等圬工材料和钢筋混凝土等来建造。对于特大跨径的拱桥，也可以建造成钢拱桥、钢-混凝土组合截面的拱桥。

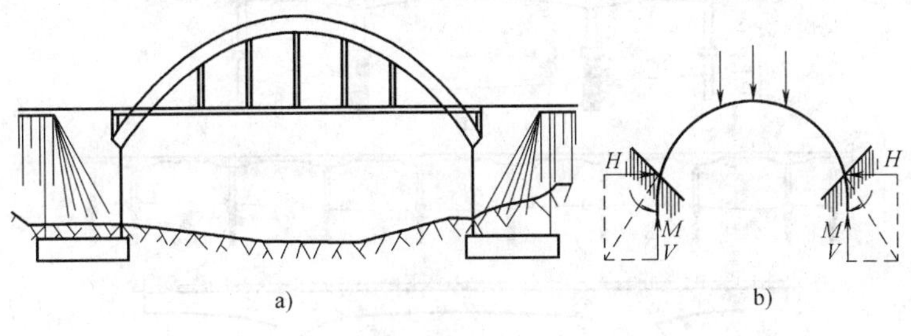

图1-3 拱式桥

由于拱桥的受力合理，所以其跨径可以做得很大，承载能力高，外形美观，在条件许可的情况下，修建拱桥往往是经济合理的，跨径在500m以内都可以作为设计方案进行比选。但为了确保拱桥能安全可靠地工作，墩台基础和地基必须能承受很大的水平推力。

(3) 刚架桥 刚架桥的主要承重结构是梁或板与立柱或竖墙整体结合在一起的刚架结构。这种结构在竖向荷载作用下各部分受力特点为：柱脚处具有竖向反力、反力偶，同时也产生水平反力；梁和柱的横截面均作用有弯矩、剪力和轴力，但梁主要以受弯为主，柱为压弯组合构件。梁和柱节点为刚性连接，梁端部承受负弯矩，使得梁跨中弯矩减小，跨中截面尺寸也可相应减小，从而降低了建筑高度；或使刚架桥的跨径增大，提高其跨越能力。根据刚架桥的受力特点，设计时常常采用钢筋混凝土或预应力混凝土材料建造。实践表明，普通钢筋混凝土刚架桥在梁柱交接处较易产生裂缝，所以设计时要多配构造钢筋避免裂缝的产生。图1-4a所示的门式刚架桥，其受力状态介于梁桥与拱桥之间（图1-4b），因为是超静定结构，温度变化或基础的不均匀沉降会在其内部产生较大的附加应力，所以设计时必须考虑这一点。

对于大跨径桥梁可采用T形刚架桥（图1-4c），它属于静定或低次超静定结构，由单独立柱与主梁连接成整体，形成T形，各T形刚架之间以剪力铰或挂梁相连，在竖向荷载作用下，无水平推力产生。T形刚架桥的悬臂部分主要承受负弯矩，预应力筋通常布置在桥面，与悬臂施工方法实现高度协调一致。但在车辆荷载作用下，T形长悬臂内的弯、扭应力较大，易产生裂缝，在剪力铰或挂梁处行车不舒适，目前这种桥型应用得不多。为了克服上述桥型的缺点，可采用连续刚架桥（图1-4d），也可做成刚构-连续组合体系桥型（图1-4e）。当跨越高速公路、陡峭河岸和深谷时往往采用斜腿刚架桥（图1-4f）。

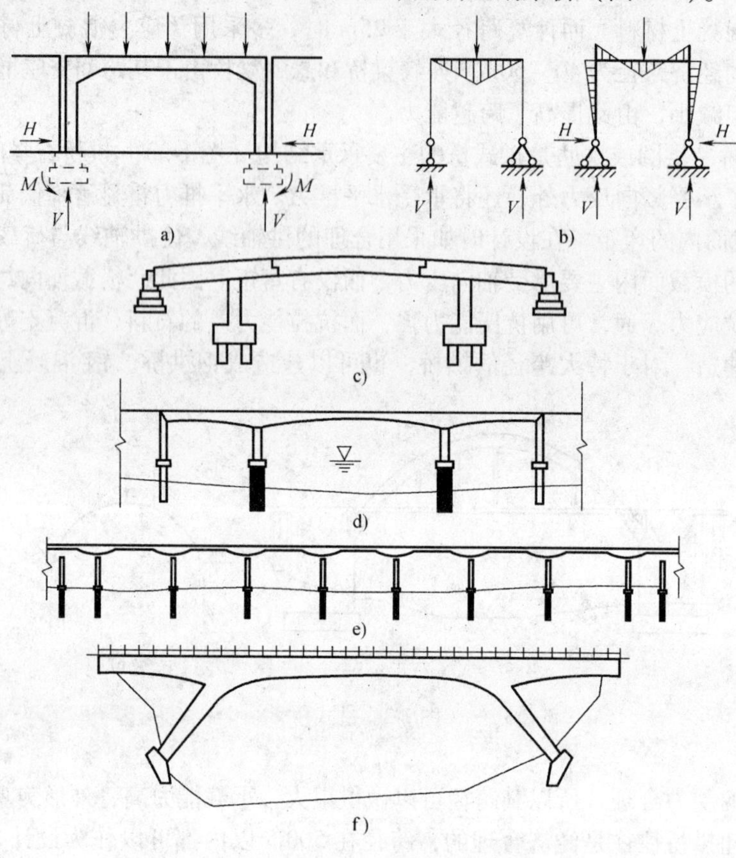

图1-4 刚架桥

a）门式刚架桥 b）门式桥内力图 c）T形刚架桥 d）连续刚架桥
e）刚构-连续组合体系桥 f）斜腿刚架桥

（4）悬索桥 悬索桥也称为吊桥（图1-5）。悬索桥是指以主缆索为主要承重构件的桥梁结构。其结构构造包括基础、塔墩、锚碇、主缆索、吊索、加劲梁及桥面结构等。在桥梁设计时，当桥梁跨径在600m及以上时，总是首选悬索桥这一经典桥型。以高强钢丝作为主要承拉结构的悬索桥因具有跨越能力大、受力合理、最能发挥材料强度优势和造价经济等特点，同时还以其整体造型流畅美观和施工安全快捷等优势而备受推崇。桥跨上的荷载由加劲梁承受，并通过吊索将其传至缆索。主缆索的拉力通过对桥塔的压力和锚碇结构的拉力传至基础和地基。这种桥型充分发挥了高强钢缆的抗拉性能，使其结构自重较轻，能以较小的建筑高度跨越其他任何桥型无法比拟的特大跨度。目前，悬索桥的最大跨径已达1991m（日本明石海峡大桥）。然而，相对于上述其他体系而言，悬索桥的自重轻，结构的刚度较差。在车辆动荷载作用下将产生较大的变形，如跨度1000m的悬索桥，在车辆动荷载作用下，$L/4$区域的最大挠度可达3m左右。另外，悬索桥在风荷载作用下导致的振动以及稳定性的问题在设计和施工中也要给予高度的重视。

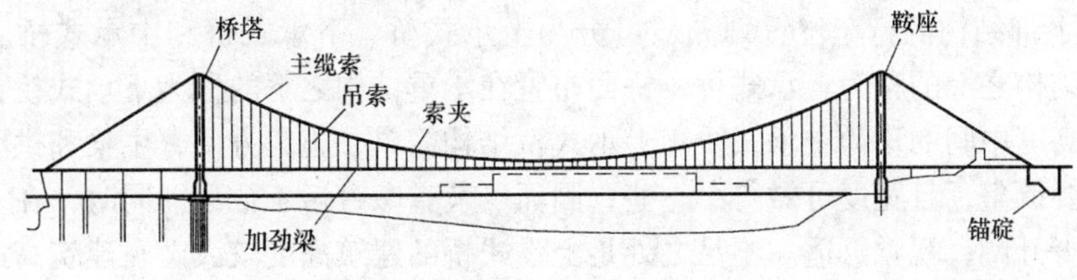

图1-5 悬索桥

(5) 斜拉桥 斜拉桥由塔柱、主梁和斜拉索等组成(图1-6)。由于斜拉索将主要承重构件主梁吊住,使主梁变成多点弹性支承的连续梁,由此可减少主梁截面尺寸,增加桥梁跨径。斜拉桥构想起源于19世纪,限于当时材料水平,建成不久即被淘汰。20世纪中叶,出现了高强钢丝、正变异性钢板梁,加之计算机在结构分析中的广泛应用,斜拉桥这种形式又蓬勃发展起来。由于其刚度大,造价低,很快在世界上推广开来,且跨度越来越大。日本多多罗桥跨径达890m。我国的苏通长江大桥跨径达到1088m。从经济上看,可以做悬索桥也可做斜拉桥时,斜拉桥总是经济的。因为与悬索桥相比,斜拉桥的优点主要表现在:它是一种自锚体系,不需昂贵的地锚基础;防腐技术要求比悬索桥低,从而降低防腐费用;刚度比悬索桥好,抗风能力也比悬索桥好;可用悬臂法施工,且施工不妨碍通航;钢束用量比悬索桥少。

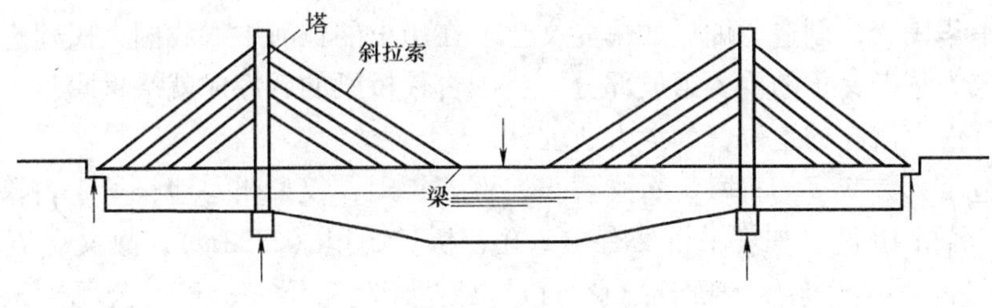

图1-6 斜拉桥

2. 桥梁的其他分类简述

除了上述按受力特点将桥梁分成不同结构体系外,也可按用途、建桥材料、建桥规模等进行分类。

(1) 按用途划分 可分为公路桥、铁路桥、公路铁路两用桥、农桥、人行桥、水运桥、管线桥等。

(2) 按主要承重结构所用材料划分 可分为圬工桥(包括砖、石、混凝土桥)、钢筋混凝土桥、预应力混凝土桥、钢桥、钢-混凝土组合桥和木桥等。由于木材易腐,而且资源有限,因此除了少数临时性桥和林区桥梁外,木桥一般不用于建造永久性桥梁。

(3) 按桥梁全长和跨径不同划分 可分为特大桥、大桥、中桥和小桥。JTG D 60—2004《公路桥涵设计通用规范》对特大、大、中、小桥及涵洞按单孔跨径或多孔跨径总长分类的规定见表1-2。

(4) 按跨越障碍的性质划分 可分为跨河桥、跨线桥(立体交叉)、高架桥和栈桥。高架桥一般指跨越深沟峡谷以代替高路堤的桥梁。为将车道升高至周围地面以上并使下面的空间可以通行车辆或做其他用途（如码头、店铺等）而修建的桥梁，称为栈桥。

（5）按上部结构的行车位置划分　可分为上承式桥、下承式桥和中承式桥。桥面布置在主要承重结构之上的称为上承式桥，桥面布置在承重结构之下的称为下承式桥，桥面布置在桥跨结构高度中间的称为中承式桥。上承式桥结构简单，施工方便，主梁和拱肋的数量和间距可按需要调整，且宽度可做得小一些，因而可节省墩台圬工数量。同时，在上承式桥上行车时，视野开阔，视觉舒适。不足之处是上承式桥的建筑高度较大。在建筑高度受严格限制的情况下，就应采用下承式桥或中承式桥。由于桥跨结构在桥面之上，故横向结构宽度相对较大，墩台尺寸也相应有所增加。

（6）按特殊使用条件划分　可分为开启桥、浮桥、漫水桥等。

除上述桥梁分类方法外，还有按桥梁使用时间长短划分的永久性桥梁和临时性桥梁；按平面形状划分的直线桥、斜桥、弯桥等。

1.3 桥梁建筑的成就及发展

1.3.1 我国桥梁建筑的成就

1. 古代桥梁建筑的成就

我国幅员辽阔，地形东南低而西北高，河道纵横交错，著名的长江、黄河和珠江等流域，孕育了中华民族，创造了灿烂的华夏文化。在历史的长河中，我国人民建造了数以千万计的桥梁，成为华夏文化的重要组成部分。我国古代桥梁的辉煌成就举世瞩目，在东西方桥梁发展史中，占有崇高的地位，为世人所公认。

宋代建造了为数众多的石墩、石梁桥。二百多年间，仅泉州一地，见于古籍的桥梁就有110座，其中名桥10座。如安平桥，有362孔，桥长5里（2223m），故又名五里桥（现桥长2100m），保持了700余年的桥长纪录。该桥始建于南宋绍兴八年（公元1138年），成于绍兴二十一年（公元1151年），历时13年。又如泉州万安桥，俗称洛阳桥，共有47孔，建于洛阳江入海口，桥总长约890m，桥宽3.7m。该桥始建于宋皇佑五年（公元1053年），完成于宋嘉裕四年（公元1059年）。我国现存最早，并且保存良好的是隋代赵州安济桥（图1-7），又称赵州桥。桥为敞肩圆弧石拱，拱圈并列28道，净跨37.02m，矢高7.23m，宽9m。主拱圈等厚1.03m，主拱圈上有护拱石。在主拱圈上两侧，各开两个净跨分别为3.8m和2.85m的小拱，以宣泄洪水，减轻自重。桥面呈弧形，栏槛望柱上雕刻着神采飞扬的龙兽。桥始建于隋开皇十五年（公元595年），完工于隋大业元年（公元605年），由李春建造，距今已有1400多年。赵州安济桥制作精良，结构独创，造型匀称美丽，雕刻细致生动，历代都予重视和保护，1991年被列为世界文化遗产。

我国石拱桥因南北河道性质及陆上运输工具不同，所以构造也不同。北方大多为平桥（或平坡桥），实腹厚墩厚拱；南方水网地区则为驼峰式薄墩薄拱。北京宛平卢沟桥（图1-8）在北京广安门外15km，跨永定河；桥始建于金大定二十九年（公元1189年），完工于金明昌三年（公元1192年）。桥全长212.2m，共11孔，净跨11.4m至13.45m不等，桥宽9.3m。墩宽6.5m至7.9m不等。拱圈接近半圆形。桥墩迎水面有尖端镶有三角铁柱的分水尖，背水面为削角方形。桥面上石栏杆共269间，各望柱头上，雕刻有石狮。金代原物简单统一，后历朝改换，制作精良，石狮形态各异，且有诸多小狮，怀抱背负，足抚口噙，趣味横生。

图 1-7 赵州安济桥

图 1-8 北京宛平卢沟桥

2. 近代桥梁建筑

到了19世纪，西方国家工业技术发展较快，我国仍然处于封建社会，封建制度对生产力发展的束缚使我国在科学技术等方面远远落后于西方。至新中国成立以前，我国建造的公路桥梁大多为木桥。

钱塘江大桥在杭州市六和塔附近，横贯钱塘江南北，1934年8月8日开始动工兴建，1937年9月26日建成，是我国著名桥梁专家茅以升主持设计建造的第一座铁路、公路两用双层大桥。桥长1453m，分引桥和正桥两个部分。正桥为16孔跨径为67m的简支钢桁梁，桥墩15座。上层公路桥，宽6.1m，两侧人行道各1.5m。该桥首次采用气压法沉箱掘泥法打桩成功，打破了外国人认为此处不可能建桥的预言，为中国人民长了志气。后来第二座公路、铁路平行的钱塘江大桥建成并通车，成为浙赣、沪杭铁路复线上的重要枢纽。双虹飞彩，宏伟壮观。

新中国成立以后，特别是改革开放以来，我国社会主义现代化建设和各项事业取得了世人瞩目的成就，交通事业的大发展和西部大开发为桥梁建设带来了良好的机遇。我国大跨径桥梁的建设进入了一个辉煌时期，在中华大地上建设了一大批结构新颖、技术复杂、设计和施工技术难度大、现代化品位和科技含量高的大跨径斜拉桥、悬索桥、拱桥、PC连续刚构桥，并积累了丰富的桥梁设计和施工经验，标志着我国桥梁建设水平已跻身世界先进行列。

于1957年建成通车的武汉长江大桥（图1-9），位于湖北省武汉市龟山和蛇山之间，是跨越长江的第一座大桥。正桥为公路、铁路两用的双层钢桁梁桥，上层为公路桥，车行道宽18m，人行道每侧各宽2.25m；下层为双线铁路桥。正桥由3联（3孔为一联）9孔跨度各为128m的连续梁组成，共长1155.5m，连同公路引桥总长1670.4m。钢桁梁采用菱形腹杆，H形截面，3号桥梁钢，伸臂安装，未设临时墩，安装仅用了10个月。下部结构首次采用新型管柱基础，管柱直径1.55m，采用振动打桩机下沉，管柱钻孔深度2~7m，每桩承载力1910kN；采用导管法水下混凝土封底，其中一种混凝土

图 1-9 武汉长江大桥

封底在覆盖层内，另一种封底在岩盘上。管柱基础施工仅用了一年时间。这种基础的建成，为特大桥梁的深水基础创造了一种有效的新形式。

于1969年建成通车的南京长江大桥（图1-10）位于江苏省南京市。正桥为公路、铁路双层钢连续桁梁桥，上层为4车道公路桥，车行道宽15m，两侧人行道各宽2.25m；下层为双线铁路桥。正桥长1576m，连同两端引桥，铁路桥总长6772m，公路桥总长4589m。正桥10孔，由1孔128m简支钢桁梁、3联（3孔为一联）9孔跨度各160m连续钢桁梁组成，主桁采用带下加劲弦杆的平行弦菱形桁架。此桥采用悬臂拼装法架设。桥址地质复杂，分别采用4种形式的基础：①位于浅水面覆盖层深厚墩址处，采用重型混凝土沉井，穿越深度达54.87m，在国内首创纪录；②在基岩好且覆盖层较厚的墩位处，选用钢板桩围堰管柱基础，并首次采用大直径3.6m先张法预应力混凝土管柱；③在基岩较好，覆盖层较厚，但水位甚深的墩位处，采用首创的浮式钢沉井加管柱的复合基础；④在水深、覆盖层厚，但基岩强度较低的墩位处，采用浮式钢筋混凝土沉井，上部为钢筋混凝土结构，下部为钢与钢筋混凝土组合结构。利用钢气筒充、泄气来浮托纠偏，清基潜水作业深达65m。

图1-10 南京长江大桥

于1993年建成通车的九江长江大桥（图1-11）位于鄂、赣两省交界处，南岸为江西省九江市，是双层公路、铁路两用桥。上层为4车道公路桥，车道宽14m，两侧人行道各宽2m；下层为双线铁路桥。正桥长1806.6m，连同两端引桥铁路桥总长7675.4m，公路桥总长4460m。正桥为11孔钢梁，其中主孔为桁拱组合体系，由3跨180m+216m+180m连续刚性钢桁梁与柔性钢加劲拱组成，北侧边孔为两联3×162m连续钢桁梁，南侧边孔为一联2×126m连续钢桁梁。主桁采用带下加劲弦杆的平行弦三角形桁架，桁高16m，在支点处加高至32m；加劲拱中孔矢高32m，边孔24m；全部钢梁为栓焊结构，并首次采用高强度15MnVNq钢材（屈服强度为420MPa）与56mm厚板。钢桁梁采用双层吊索架法安装。正桥采用5种形式基础：①位于浅滩的1号墩，采用就地浇筑圆形钢筋混凝土沉井，下沉深度50m，借助泥浆滑润套下沉；②2号墩为浮运钢沉井；③4号墩为浮运钢沉井钻孔基础；④在基岩好、岩面低的深水处，采用施工较简便的双壁钢围堰钻孔基础；⑤在岩面较高，覆盖层不厚的墩位处，采用钢板桩围堰管柱钻孔基础。2001年又建成了芜湖长江大桥，它是公路、铁路两用桥，连续钢桁梁低塔斜拉索加劲的组合体系，全长6080m。

图1-11 九江长江大桥

公路建设的主要桥型之一是钢筋混凝土和预应力混凝土梁式桥。20世纪50年代，我国已建成大量小跨径钢筋混凝土桥梁，同时对预应力混凝土桥梁进行了研究与试验，并于1956年建成了第一座跨径为20m的预应力混凝土简支梁桥。随后，这种桥梁得以广泛的推广和应用，最大跨径达40m。1976年建成的洛阳黄河公路大桥，跨径达到50m，全长达3000m。

除了简支梁桥以外，近年来我国还建成了多座现代化的大跨径预应力混凝土T形刚构桥、连续梁桥和悬臂梁桥。1980年7月建成的重庆长江大桥（图1-12），是目前国内跨度最大的预应力混凝土T形刚构桥。正桥全长1120m，分跨为86.5m+4×138m+156m+174m+104.5m，最大跨度174m，悬臂端梁高3.2m，根部高11.0m，吊梁跨度35m，桥宽21m。上部结构由两个单室箱梁组成，较三肋式节省材料，施工方便；采用三向预应力，悬臂浇筑法施工，3d强度要求达到R30；在国内首次采用带有加劲型钢和氯丁橡胶管的预应力弹性伸缩缝，伸缩量可达0.2m。桥墩采用等截面空心钢筋混凝土结构，桥墩竖壁与箱梁肋板对应设置，自基础襟边至桥面高60~70m，采用滑动模板施工，每昼夜可升高2.8~4.0m。

图1-12 重庆长江大桥

1991年建成的云南六库怒江大桥（图1-13），采用3跨变截面箱形梁，分跨为85m+154m+85m，箱梁为单箱单室截面，箱宽5.0m，两侧各挑出伸臂2.5m。支点处梁高8.5m，为跨度的1/18；跨中梁高2.8m，为跨度的1/55；全桥仅在0号块内设置两道横隔板。采用三向预应力配筋，纵向采用大吨位钢绞线群锚体系，仅于顶底板内配筋而无下弯索和弯起索，既简化了施工，又不为布索而增厚腹板。竖向预应力筋采用四级直径为32mm高强度精轧螺纹钢筋，兼作悬浇挂篮的后锚钢筋。下部结构采用空心墩，钻孔灌注桩基础支承于岩层上。

图1-13 云南六库怒江大桥

2001年7月建成通车的南京长江二桥，其北汊桥跨度为90m+3×165m+90m，是目前我国跨度最大的预应力混凝土连续桥梁。

拱桥在我国有着悠久的历史，其受力合理，承载能力高，跨越能力大，造型美观，因此成为大跨径桥梁的主要形式之一。

1991年建成通车的乌巢河大桥（图1-14）全长241m，该桥因地制宜，就地取材，综合应用并发展了我国近20多年来石拱桥建造的经验，建成桥宽8m、主跨为120m的双肋石拱桥，腹拱为9孔13m，南岸引桥3孔13m，北岸引桥1孔15m。主拱圈由两条分离式矩形石肋和8条钢筋混凝土横系梁组成。该桥横向稳定，结构轻盈，造型美观。1999年建成的山西晋城丹河石拱桥，跨径146m，拱圈用80号大料石砌成。20世纪90年代开始建造钢管混凝土拱桥。1995年建成了跨径为200m的三山西大桥；1998年建成了主跨270m的广西三岸邕江大桥；2000年建成的主跨为360m的丫髻沙大桥，采用钢管混凝土中承式拱，全桥总长1084m，主跨径组合76m+360m+76m。

图1-14 乌巢河大桥

2005年1月8日，重庆市巫山长江大桥竣工通车。巫山长江大桥位于长江三峡的巫峡口，为世界第一大跨径的中承式钢管混凝土拱桥，全长612.2m，主拱净跨460m，桥宽19m。其缆索吊装系统路径、吊装重量、起吊高度、泵送混凝土难度均处于世界之最。巫山长江大桥的建成，连通了湖北巴东、恩施、宜昌、建始以及湖南的张家界等地。对拓展巫山旅游发展空间，顺畅渝东交通，促进渝东经济发展有着深远的现实意义和历史意义。

我国还用悬臂施工法建成了多座桁式组合拱桥，1995年建成的贵州江界河桥，跨度达到330m。2003年建成通车的上海卢浦大桥，为主跨550m的中承式系杆拱桥，这是目前世界上跨度最大的拱桥，拱肋为全焊接钢结构。

我国的斜拉桥的建设起步较晚，但发展较快。1975年我国建成的第一座斜拉桥是跨径76m的四川云阳桥，随后接着建成了许多斜拉桥。如于1987年12月建成通车的天津永和桥（图1-15）是跨越永定新河的一座公路桥，位于天津市东郊，是山东公路（山海关至广州）的重要通道。桥梁全长为512.4m，是采用主跨为260m的预应力混凝土双塔斜拉桥。桥面全宽13.6m，包括9m车行道及两侧人行道。主梁由预制块件拼装而成，块件重1200kN，按“长线法”匹配浇筑，并利用临时支架悬臂安装。桥塔基础为直径18m的开口圆形沉井，深35m，桥台及中间墩为预应力混凝土打入桩。桥址处于8度地震烈度软土地区，且因濒临渤海，时有强风，选用漂浮体系及流线型主梁断面，提供了良好的抗震抗风性能。1991年建成跨径423m的上海南浦大桥（图1-16）；1993年建成跨径602m的上海杨浦大桥；1998年建成跨径448m+475m的香港汀九桥；2001年建成跨径605m的福建青州闽江桥，它是钢-混凝土组合梁斜拉桥；2001年分别建成跨径628m的南京长江二桥、跨径460m的武汉军山长江大桥（均为钢主梁斜拉桥）。2005年10月7日建成通车，位于南京长江大桥上游约19km处的南京长江三桥，全长约15.6km，其中跨江大桥长4744m，主桥跨径648m，是世界上第一座“人”字弧线形钢塔斜拉桥。该桥的建成使纵贯华东至西南的沪蓉干线实现了真正意义上的贯通。首次在国际上采用高215m、“人”字弧线形全钢结构索塔，是南京长江三桥建设中最大的亮点和难点。建设者首创钢塔节段焊接变形控制等技术，高质量地完成了钢塔的制作、吊装任务，为我国大型桥梁工程钢塔结构的设计、制造、架设积累了宝贵的经验。

图1-15 天津永和桥

图1-16 上海南浦大桥

我国首座外海跨海大桥——东海大桥工程于2002年6月26日正式开工建设，历经35个月的艰苦施工，于2005年5月25日实现结构贯通。大桥宽31.5m，分上、下行双幅桥面，双向6车道，设计时速为每小时80km。大桥全线按高速公路标准设计，设计基准期为100年，设计荷载按集装箱重车密排进行校验，可抗12级台风、七级烈度地震。目前，全世界在外海已经建成的跨海大桥最长的也只有16km，而东海大桥建设总长32.5km，是名副其实的“世界之桥”。大桥的最大主航通孔，离海面净高达40m，相当于10层楼高，可满足万吨级货轮的通航要求。东海大桥施工时采用直升机架缆新技术，该桥于2005年12月全线通车。

悬索桥是特大跨径的桥型之一，因其造型优美、规模宏伟，人们常常称它为“桥梁皇后”。当跨径大于800m时，悬索桥方案具有很强的竞争力。我国在20世纪90年代以前，虽修建了60多座悬索桥，但跨径小，桥面窄，荷载标准低。在20世纪90年代中期这一局面得到了彻底的改变。1995年建成的汕头海湾大桥（图1-17）面对台湾海峡，在广东省汕头市的游览风景点妈屿岛处跨越汕头港湾，全长2420m。主桥为预应力混凝土悬索桥。主跨跨度为452m。主桥长961m，桥面宽23.8m，在两岸主缆锚体正上方的桥面被扩宽至29.8m（供停车用），然后变至两端引桥的桥面宽27.3m。这一桥梁的建成，开创了我国现代公路悬索桥的先河。1997年完工的香港青马大桥（主跨1377m，公路、铁路两用）和1999年完工的江阴长江大桥（主跨1385m，钢加劲梁）（图1-18），已跃居到世界大跨度悬索桥前列。润扬长江大桥，跨径已达到1490m。

图1-17 汕头海湾大桥

图1-18 江阴长江大桥

1.3.2 国外桥梁发展概况和桥梁工程的发展前景

1. 国外桥梁发展概况

1883年建成的纽约布鲁克林悬索桥，主跨跨径达到483m，这是现代悬索桥建设的开端。1937年建成的旧金山金门大桥，主跨跨径达到1280m。目前世界上跨径最大的是日本明石海峡公路、铁路两用悬索桥，主跨跨径为1991m。世界第一座现代化斜拉桥是1978年瑞典建成的主跨182.6m的斯特罗姆海峡桥；美国建成的跨径299m的P-K桥，是世界上第一座密索体系的预应力混凝土斜拉桥。到目前为止，斜拉桥跨径的世界纪录保持者是日本的多多罗桥，主跨跨径890m，1999年建成。圬工拱桥在国外已有一百多年的历史，1946年在瑞典建成的绥依纳松特桥，是一座跨度达155m的混凝土圬工拱桥。最大跨径的钢桁架拱桥是1977年建成的主跨为518m的美国新乔河大峡谷桥；最大跨径的连续钢桁梁桥是1992年建成的主跨为400m的日本生月大桥；最大简支钢桁梁桥是1973年建成的主跨为227m美国切斯特桥。

由世界桥梁建设的发展趋势可以预计，其必将迎来更大规模的建设高潮，同时也对桥梁的设计和建造技术提出了更高的要求。

2. 桥梁工程的发展前景

对于我国来说，国道主干线同江至三亚就有5个跨海工程，渤海湾跨海工程、长江口跨海工程、杭州湾跨海工程、珠江口伶仃洋跨海工程以及琼州海峡跨海工程。其中难度最大的是渤海湾跨海工程，海峡宽57km，建成后将成为世界上最长的桥梁；琼州海峡跨海工程，海峡宽20km，水深40m，海床以下130m未见基岩，常年受到台风、海浪频繁袭击。此外，还有舟山大陆连岛工程、青岛至黄岛以及长江、珠江、黄河等众多的桥梁工程。在世界范围内，正在建设的著名大桥有土耳其伊兹米特海湾大桥（悬索桥，主跨1668m）；已获批准修建的意大利与西西里岛之间的墨西拿海峡大桥，是主跨3300m的悬索桥，其使用寿命按200年标准设计，主塔高376m，桥面宽60m，主缆直径1.24m，估计造价45亿美元。在西班牙与摩洛哥之间，跨直布罗陀海峡桥也提出了修建大跨度悬索桥的方案，其中包含两个5000m的连续中跨及两个2000m的边跨，基础深约300m；另一个方案是修建三跨3100m＋8400m＋4700m的巨型斜拉桥，基础深约300m，较高的一个塔高达1250m，较低的一个塔高达850m，这个方案需要高级复合材料，而不是当今使用广泛的钢和混凝土。

桥梁技术的发展前景可归纳如下：

（1）大跨径桥梁向更长、更大、更柔的方向发展　研究大跨径桥梁在气动、地震和行车动力荷载作用下结构的安全和稳定性，将截面做成适应气动要求的各种流线型加劲梁，增大特大跨度桥梁的刚度；采用以斜缆为主的空间网状承重体系，采用悬索加斜拉的混合体系；采用轻型且刚度大的复合材料做加劲梁，采用自重轻、强度高的碳纤维材料做主缆。

（2）新材料的开发和应用　新材料应具有高强、高弹模、轻质的特点，目前正在研究用超高强硅烟和聚合物混凝土、高强双向钢丝钢纤维混凝土、纤维塑料等一系列材料取代目前桥梁用的钢和混凝土。

（3）计算机等技术在桥梁设计、施工中的应用　在设计阶段采用高度发展的计算机辅助手段，进行有效的快速优化和仿真分析，运用智能化制造系统在工厂生产部件，利用GPS和遥控技术控制桥梁施工。

（4）大型深水基础工程　目前世界桥梁基础尚未有超过100m深海基础工程，下一步需进行100～300m深海基础的实践。

（5）桥梁健康诊断与维修　桥梁建成交付使用后，将通过自动监测和管理系统保证桥梁的安全和正常运行，一旦发生故障或损伤，将自动报告损伤部位和养护对策。

（6）重视桥梁美学及环境保护　桥梁是人类最杰出的建筑之一，闻名遐迩的美国旧金山金门大桥、澳大利亚悉尼港桥、英国伦敦桥、日本明石海峡大桥，以及我国的上海杨浦大桥、南京长江二桥、香港青马大桥，都是一件件宝贵的艺术品，成为陆地、江河、海洋和天空的一景，堪为城市标志性建筑。宏伟壮丽的澳大利亚悉尼港桥与现代化别具一格的悉尼歌剧院融为一体，成为今日悉尼的象征。因此，21世纪的桥梁结构必将更加重视建筑艺术造型，重视桥梁美学和景观设计，重视环境保护，达到人文景观同环境景观的完美结合。在20世纪桥梁工程大发展的基础上，描绘21世纪的宏伟蓝图，桥梁建设技术将有更大、更新的发展。

1.4　桥梁规划和设计原则

1.4.1　桥梁设计的基本要求

桥梁设计必须按照“安全、适用、经济、美观和有利环保”的原则进行，同时还要考虑建造技术的先进性以及可持续发展的要求。

（1）使用上的要求　设计的桥梁必须满足使用要求。要有足够的承载能力和泄洪能力，车行道和人行道的宽度要保证车辆和行人的安全畅通，要满足今后规划年限内交通量增长的要求；在通航河道上，应满足通航的要求；桥梁的两端要方便车辆的进入和疏散，不致产生交通堵塞现象；考虑综合利用，方便各种管线（水、电气、通信等）的搭载等。

（2）经济上的要求　桥梁设计应遵循因地制宜、就地取材、方便施工的原则，通过详细周密的技术经济方案比较，使桥梁的总造价和材料的消耗为最小，在使用期间养护、维修费用最省，维修时尽可能不中断交通，或中断交通的时间最短；选择的桥位应是地质、水文条件好，桥梁长度也较短的地方。总之，尽可能做到经济上的合理，使建成后的桥梁能够带来较大的经济效益和社会效益。

（3）设计上的要求　桥梁设计必须采用新的设计理念和设计方法，在设计中尽可能采用新的桥梁结构形式，采用新材料、新设备、新工艺，使整个桥梁结构及组成桥梁结构的各构件，在生产、运输、起吊、安装和使用过程中具有足够的强度、刚度、稳定性和耐久性。

（4）施工上的要求　所选用的桥梁结构形式应考虑施工的方便和经济，应尽可能采用先进的工艺技术和施工机械，加快施工速度，缩短工期，确保工程质量和施工安全。

（5）美观上的要求　桥梁应具有优美的外形，从美学的角度讲应是一件建筑艺术品。总结中外美学哲理研究，可以认为美的属性就是大多数人感到愉快，而且这种愉快与观察者的兴趣无关。由于对美的追求是人类的共性，因此每一座桥都应在满足功能的前提下选用符合纯正、清爽、稳定的最佳结构形式；桥梁良好的比例所显示的秩序感和韵律感，使其看起来显得美丽；重视与周围的环境协调，材料的选择、表面的质感，特别是色彩的运用起着重要作用；美丽的桥梁应以其个性对人们产生积极的影响。我们需要的是造型美丽的桥梁，今日的桥梁工作者，应从单纯的结构观点中解脱出来，设计、建造出更多主客体和谐且造型美丽的桥梁。

（6）环境保护和可持续发展　桥梁设计必须考虑环境保护和可持续发展的要求，包括生态、水、噪声等方面，应从桥位选择、施工方法、施工组织设计等多方面考虑环境要求，采取必要的工程控制措施，并建立环境监测保护体系，将不利影响降至最低。

1.4.2　设计资料的调查收集

设计桥梁之前首先要确定桥位，当桥位选定以后，还需要收集资料，为桥梁的设计提供基础资料。一般桥梁设计需要调查收集以下一些内容。

（1）桥梁的使用任务　调查桥上的交通种类（机动车、非机动车）、车流量和人流量的大小，确定实际交通量和增长率，从而确定桥梁的设计荷载标准和行车道、人行道的宽度，调查桥上是否需要通过各种管线，设计时要考虑预留专门的位置。

（2）桥位处地形、地质和水文情况调查　测量桥位附近地形，绘制地形图，供设计和施工时使用。探测桥位处的地质情况，包括土的分层标高、物理力学性能、地下水位以及有无不良地质现象（如滑坡、断层、溶洞、裂隙等），并将钻探资料绘成地质剖面图，作为墩台基础设计的重要依据。水文情况调查的内容包括最高洪水位、流速、流量等，向航运部门了解并协商确定通航水位及通航净空，为确定桥梁的桥面标高、跨径和基础埋置深度提供依据。

（3）调查和收集有关气象资料　包括气温、雨量和风速等，为施工组织设计提供依据。

1.4.3　桥梁的设计步骤

在建造桥梁之前，必须首先进行桥梁的设计。在我国，基本建设工作可分为前期工作和正式设计两个部分。前期工作包括编制工程预可行性研究（简称“预可”）阶段和工程可行性研究（简称“工可”）阶段。设计工作分为初步设计、技术设计和施工图设计。下面分别介绍它们的主要内容和要求。

1. “预可”阶段

“预可”阶段着重研究建桥的必要性以及宏观经济上的合理性。

在“预可”研究形成的“工程预可行性研究报告书”（简称“预可报告”）中，应从经济、政治、国防等方面，详细阐明建桥理由和工程建设的必要性和重要性，同时初步探讨技术上的可行性。对于区域性线路上的桥梁，应以建桥地点（渡口等）的车流量调查（涉及国民经济逐年增长）为立论依据。

“预可”阶段的主要工作目标是解决建设项目的上报立项问题，因而，在“预可报告”中，应编制几个可能的桥型方案，并对工程造价、资金来源、投资回报等问题有初步估算和设想。

设计方将“预可报告”交业主后，由业主据此编制“项目建议书”报上级主管审批。

2. “工可”阶段

在“项目建议书”被审批确认后，即着手“工可”阶段的工作，在这一阶段，着重研究和制定桥梁的技术标准，包括：设计荷载标准、桥面宽度、通航标准、设计车速、桥面纵坡、桥面平曲线和竖曲线半径等。还要与航运部门协商确定航运标准。

“工可”阶段，应提出多个桥型方案，并按交通部《公路基本建设工程投资估算编制办法》估算造价，对资金来源和投资回报等问题应基本予以落实。

3. 初步设计

初步设计应根据批复的可行性研究报告，测设合同和初测、初勘或定测、详勘资料编制。

初步设计的目的是确定设计方案，应通过多个桥型方案的比选，推荐最优方案，报上级审批。在编制各个桥型方案时，应提供平、纵、横布置图，标明主要尺寸，并估算工程数量和主要材料数量，提出施工方案的意见，编制设计概算，提供文字说明和图表资料，初步设计经批复后，则成为施工准备、编制施工图设计文件和控制建设项目投资等的依据。

4. 技术设计

对于技术上复杂的特大桥、互通式立交或新型桥梁结构，需进行技术设计。

技术设计应根据初步设计批复意见、测设合同的要求，对重大、复杂的技术问题通过科学试验、专题研究、加深勘探调查及分析比较，进一步完善批复的桥型方案的总体和细部各种技术问题以及施工方案，并修正工程概算。

5. 施工图设计

两阶段（或三阶段）施工图设计应根据初步设计（或技术设计）批复意见、测设合同，进一步对所审定的修建原则、设计方案、技术决定加以具体和深化，在此阶段中，必须对桥梁各种构件进行详细的结构计算，并且确保强度、稳定性、刚度、裂缝、构造等各种技术指标满足规范要求，绘制出施工详图，提出文字说明及施工组织计划，并编制施工图预算。

国内一般的（常规的）桥梁采用两阶段设计，即初步设计和施工图设计，对于技术简单、方案明确的小桥，也可采用一阶段设计（施工图设计）。

1.4.4 桥梁平、纵、横设计布置

1. 桥梁纵断面设计

桥梁纵断面设计主要内容有：桥梁总跨径的拟定、对桥梁进行分孔、确定桥面标高与桥下净空、桥上与桥头引道纵坡的设置等。

（1）桥梁总跨径的确定　对于跨河桥，桥梁总跨径往往参考桥涵水文的计算结果确定。但由于桥墩、桥台和台前锥形护坡以及桥头路堤的建造，使得桥下过水断面减少了许多，水的流速加大，会引起河床冲刷。所以确定的桥梁总跨径必须保证桥下有足够的泄洪面积，使河床不产生较大的冲刷。桥梁总跨径增大了，造价就高了，流速小了，可能造成河床淤积。因此，桥梁总跨径不能单一地由桥涵水文的计算结果确定，需要根据具体情况分别对待。如桥梁的基础埋深较浅时，总跨径应大些，从而避免较大冲刷引起墩台基础的破坏；对于深埋基础，允许有较大的冲刷，总跨径就可以减小些，桥梁的造价就可以降低。山区河流一般河床流速已经很大，应尽可能减少压缩或不压缩河床；而对于平原区宽滩河流则允许有较大压缩，但必须注意壅水对河滩、路堤以及附近农田和建筑物带来的危害。

（2）桥梁的分孔　总跨度确定后，还需进一步对桥梁进行分孔。桥梁的跨径越大，孔数越少，上部结构的造价就越高，而下部结构的造价就相对减少；桥梁的跨径越小，孔数越多，上部结构的造价就越少，而下部结构的造价就相对的高。最经济的分孔方式是使上、下部结构的总造价最低。一般情况下，对于桥墩较高或地质不良、水深、流速大的河床，桥的跨径可选大些；当桥墩较矮或地基较好时，桥的跨径可选小些。有通航要求的河流，分孔时必须满足桥下通航要求。通航孔要设置在航行最方便的河域处。对于变迁性河流，为了方便轮船的航行，依桥位处河床具体情况，可多设几个通航孔。

在水深流急的江河上以及山区深谷上建桥时，为了避免修建过多的桥墩带来桥梁总造价的提高，就应该加大跨径。如果条件许可时，可以采用特大跨径的单孔桥梁。

当新设计的桥梁跨径在50m以下时，一般均应采用标准跨径，而且采用等跨布置较好。

为了避开不利的地质区段（如岩石破碎带、裂隙、溶洞等），要将桥基移开，可适当加大跨径。

对于采用连续体系的多孔桥梁，为了使结构的受力合理，使边跨与中跨的梁高和配筋接近协调一致，连续梁桥各孔跨径的划分，通常按照边跨与中跨跨中最大弯矩趋近于相等的原则来确定，因此也要布置成对称于中央孔的不等跨径。其中三跨连续梁用得最为广泛，其边跨与中间跨的跨径比值对于T形桥梁常为0.8:1.0；对于五跨连续梁桥，常取0.65:0.9:

1.0；当采用箱形截面三跨连续梁时，边孔跨径甚至可减小至中孔的0.5～0.7倍；对于多跨连续梁，为了充分发挥材料的作用，常常按照使连续梁间支座处的负弯矩的绝对值与各跨跨间的最大弯矩相等来进行分孔。

而从美学的角度来讲，三跨连续梁其边跨与中间跨的跨径比值为0.618∶1.0，这被认为是永恒美的比例。

总之，大、中型桥梁的分孔是一个非常复杂的问题，必须根据桥梁的使用要求，桥位处的地形、地质、水文及环境等具体情况，通过技术经济比较，方能做出比较完美的设计方案。

（3）桥面标高的确定　由设计洪水位、桥下通航需要的净空（图1-19）等来合理地确定桥面标高。

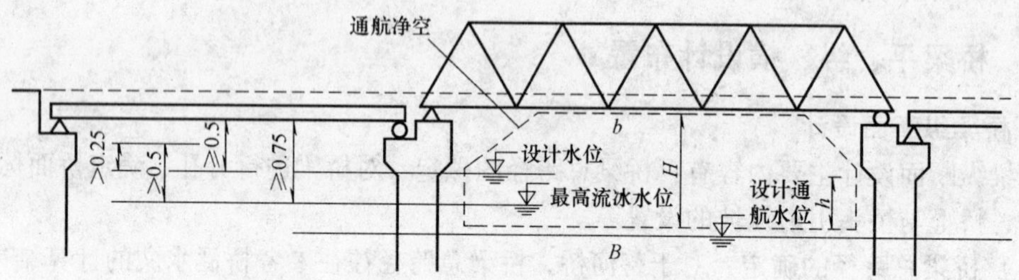

图1-19　桥梁的纵断面（尺寸单位：m）

1）流水净空要求。由JTG D60—2004《公路桥涵设计通用规范》有如下规定。

①桥下净空应根据计算水位（设计水位计入壅水、浪高等）或最高流冰水位加安全高度确定。

②当河流有形成流冰阻塞的危险或有漂浮物通过时，应按实际调查的数据，在计算水位的基础上，结合当地具体情况酌留一定富余量，作为确定桥下净空的依据。对于有淤积的河流，桥下净空应适当增加。

③在不通航或无流放木筏的河流上或通航河流的不通航孔内，桥下净空不应小于表1-3的规定。

表1-3　非通航河流桥下最小净空

桥梁的部位		高出计算水位/m	高出最高流冰面/m
梁底	洪水期无大漂流物	0.50	0.75
	洪水期有大漂流物	1.50	—
	有泥石流	1.00	—
支承垫石顶面		0.25	0.50
拱脚		0.25	0.25

④无铰拱的拱脚允许被设计洪水淹没，但不宜超过拱圈高度的2/3，且拱顶底面至计算水位的净高不得小于1.00m。

⑤在不通航和无流筏的水库区域内，梁底面或拱顶底面离开水面的高度不应小于计算浪高的0.75倍再加上0.25m。

⑥桥面柱高采用设计水位和设计最高流冰水位两种方法计算，并不得小于两者的最大值，计算公式如下

桥面最低高程＝设计水位＋考虑壅水、浪高、波浪壅高、床面淤高、漂浮物高度等诸因素的总和＋桥下净空安全值＋桥梁上部构造建筑高度（包括桥面铺装高度）

桥面最低高程＝设计最高流冰水位＋桥下净空安全值＋桥梁上部构造建筑高度（包括桥面铺装高度）

2）通航净空要求。在通航及通行木筏的河流上，桥跨结构下缘的标高应高出自设计通航水位算起的净空尺寸（图1-19）。GB 50139—2004《内河通航标准》对于通航净空尺寸的规定见表1-4。表中B_m、H_m是对梁式桥的要求；对于拱桥或下缘带斜撑的桥梁，还应满足上底宽和侧宽的要求，任何桥梁构件或标志物都不得伸入其通航净空范围内。

表1-4　水上过河建筑物通航净空尺寸

<table>
<tr><th rowspan="2">航道等级</th><th colspan="4">天然及渠化河流/m</th><th colspan="4">限制性航道/m</th></tr>
<tr><th>净高 H_m</th><th>净宽 B_m</th><th>上侧宽 b</th><th>侧高 h</th><th>净高 H_m</th><th>净宽 B_m</th><th>上侧宽 b</th><th>侧高 h</th></tr>
<tr><td>Ⅰ-(1)</td><td>24</td><td>160</td><td>120</td><td>7.0</td><td>—</td><td>—</td><td>—</td><td>—</td></tr>
<tr><td>Ⅰ-(2)</td><td rowspan="2">18</td><td>125</td><td>95</td><td>7.0</td><td rowspan="2">—</td><td rowspan="2">—</td><td rowspan="2">—</td><td rowspan="2">—</td></tr>
<tr><td>Ⅰ-(3)</td><td>95</td><td>70</td><td>7.0</td></tr>
<tr><td>Ⅰ-(4)</td><td>—</td><td>85</td><td>65</td><td>8.0</td><td>18</td><td>130</td><td>100</td><td>7.0</td></tr>
<tr><td>Ⅱ-(1)</td><td rowspan="2">18</td><td>105</td><td>80</td><td>6.0</td><td>—</td><td>—</td><td>—</td><td>—</td></tr>
<tr><td>Ⅱ-(2)</td><td>90</td><td>70</td><td>8.0</td><td>—</td><td>—</td><td>—</td><td>—</td></tr>
<tr><td>Ⅲ-(1)</td><td>—</td><td>—</td><td>—</td><td>—</td><td>—</td><td>—</td><td>—</td><td>—</td></tr>
<tr><td>Ⅲ-(2)</td><td rowspan="3">10</td><td>70</td><td>55</td><td>6.0</td><td>—</td><td>—</td><td>—</td><td>—</td></tr>
<tr><td>Ⅲ-(3)</td><td>60</td><td>45</td><td>6.0</td><td rowspan="2">10</td><td>85</td><td>65</td><td>6.0</td></tr>
<tr><td>Ⅲ-(4)</td><td>40</td><td>30</td><td>6.0</td><td>50</td><td>40</td><td>6.0</td></tr>
<tr><td>Ⅳ-(1)</td><td>8</td><td>60</td><td>50</td><td>4.0</td><td>—</td><td>—</td><td>—</td><td>—</td></tr>
<tr><td>Ⅳ-(2)</td><td rowspan="2">8</td><td>50</td><td>41</td><td>4.0</td><td rowspan="2">8</td><td>80</td><td>66</td><td>3.5</td></tr>
<tr><td>Ⅳ-(3)</td><td>35</td><td>29</td><td>5.0</td><td>66</td><td>37</td><td>4.0</td></tr>
<tr><td>Ⅴ-(1)</td><td rowspan="2">8</td><td>46</td><td>38</td><td>4.0</td><td>—</td><td>—</td><td>—</td><td>—</td></tr>
<tr><td>Ⅴ-(2)</td><td>38</td><td>31</td><td>4.5</td><td>8</td><td>75～77</td><td>62</td><td>3.5</td></tr>
<tr><td>Ⅴ-(3)</td><td>8.5</td><td>28～30</td><td>25</td><td>5.5，3.5</td><td>8.5</td><td>38</td><td>32</td><td>5.0，3.5</td></tr>
<tr><td>Ⅵ-(1)</td><td>—</td><td>—</td><td>—</td><td>—</td><td>4.5</td><td>18～22</td><td>14～17</td><td>3.4</td></tr>
<tr><td>Ⅵ-(2)</td><td>4.5</td><td>22</td><td>17</td><td>3.4</td><td>—</td><td>—</td><td>—</td><td>—</td></tr>
<tr><td>Ⅵ-(3)</td><td rowspan="2">6</td><td rowspan="2">18</td><td rowspan="2">14</td><td rowspan="2">4.0</td><td rowspan="2">6</td><td>25～30</td><td>19</td><td>3.6</td></tr>
<tr><td>Ⅵ-(4)</td><td>28～30</td><td>21</td><td>3.4</td></tr>
<tr><td>Ⅶ-(1)</td><td rowspan="2">3.5</td><td rowspan="2">14</td><td rowspan="2">11</td><td rowspan="2">2.8</td><td rowspan="2">3.5</td><td>18</td><td>14</td><td>3.4</td></tr>
<tr><td>Ⅶ-(2)</td><td>29</td><td>14</td><td>2.8</td></tr>
<tr><td>Ⅶ-(3)</td><td>4.5</td><td>18</td><td>14</td><td>2.8</td><td>4.5</td><td>25～30</td><td>19</td><td>2.8</td></tr>
</table>

注：1. 在平原河网地区建桥遇特殊困难时，可按具体条件研究确定。

2. 桥墩（或墩柱）侧如有显著的湍流，则通航孔桥墩（或墩柱）间的净宽值应为本表的通航净宽加两侧湍流区的宽度。

3. 当不得已将水上过河建筑物建在航行条件较差或弯曲的河段上，其净宽应在表列数值基础上，根据船舶航行安全的需要适当放宽。

3）立体交叉跨线桥桥下净空要求。

①对于公路与公路立体交叉的跨线桥，桥下净空及布孔除应符合桥涵净空的规定外，还应满足桥下公路的视距和前方信息识别的要求，其结构形式应与周围环境相协调。

②铁路从公路上跨越通过时，其跨线桥桥下净空及布孔除应符合桥涵净空的规定外，还应满足桥下公路的视距和前方信息识别的要求。

③农村道路与公路立体交叉的跨线桥桥下净空应满足如下规定：当农村道路从公路上面跨越时，跨线桥桥下净空应符合建筑限界的规定；当农村道路从公路下面穿过时，其净空可根据当地通行的车辆和交叉情况而定，人行通道的净高应大于或等于2.2m，净宽应大于或等于4.0m；畜力车及拖拉机通道的净高应大于或等于2.7m，净宽应大于或等于4.0m；农用汽车通道的净高应大于或等于3.2m，并根据交通量和通行农业机械的类型选用净宽，但应大于或等于4m；汽车通道的净高应大于或等于3.5m，净宽应大于或等于6.0m。

4）桥上与桥头引道纵坡。桥上与桥头引道的线形应与路线布设相互协调，各项技术指标应符合路线布设的规定。一般中、小桥做成平坡桥。对于大桥，为了便于桥面排水和降低引道路堤高度，往往设置从中间向两端倾斜的双向纵坡。桥上纵坡不宜大于4%，桥头引道纵坡不宜大于5%。位于市镇混合交通繁忙处，桥上纵坡和桥头引道纵坡均不得大于3%。桥头两端引道线形应与桥上线形相配合。在洪水泛滥区域以内，特大、大、中桥桥头引道的路肩高程应高出桥梁设计洪水频率的水位加壅水高、波浪爬高、河弯超高、河床淤积等影响0.5m以上。小桥涵引道的路肩高程，宜高出桥涵前壅水水位（不计浪高）0.5m以上。

2. 桥梁横断面设计

桥梁的横断面是桥面宽度等决定的，桥面宽度由行车和行人的交通需要来决定。根据JTG D60—2004《公路桥涵设计通用规范》第3.3.1条规定，各级公路桥涵净空的建筑界限及其他各项规定如图1-20所示。图中的行车道宽度、中间带宽度、路肩宽度、各级公路设计速度见表1-5～表1-9。

表1-5 行车道宽度

设计速度/($km \cdot h^{-1}$)	120	100	80	60	40	30	20
行车道宽度/m	3.75	3.75	3.75	3.50	3.50	3.25	3.00（单车道时为3.50）

注：高速公路上的八车道桥梁，当设置左侧路肩时，内侧车道宽度可采用3.50m。

表1-6 中间带宽度

设计速度/（$km \cdot h^{-1}$）		120	100	80	60
中央分隔带宽度/m	一般值	3.00	2.00	2.00	2.00
	最小值	2.00	2.00	1.00	1.00
右侧路缘带宽度/m	一般值	0.75	0.75	0.50	0.50
	最小值	0.75	0.50	0.50	0.50
中间带宽度/m	一般值	4.50	3.50	3.00	3.00
	最小值	3.50	3.00	2.00	2.00

注：“一般值”为正常情况下的采用值；“最小值”为条件受限制时可采用的值。

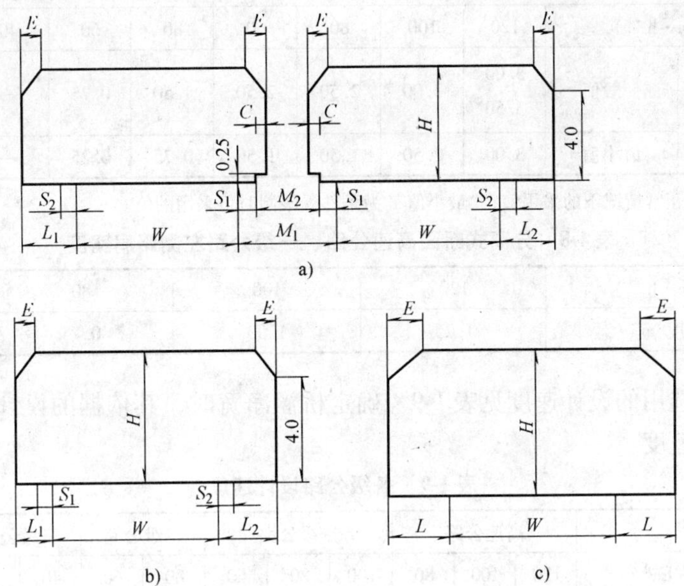

图1-20 桥涵净空（尺寸单位：m）

a）高速公路、一级公路（整体式） b）高速公路、一级公路（分离式） c）二、三、四级公路（分离式）

注：1. 当桥梁设置人行道时，桥涵净空应包括该部分的宽度。

2. 人行道自行车道与行车道分开设置时，其净高不应小于2.5m。

图中 W——行车道宽度（m），为车道数乘以车道宽度，并计入所设置的加（减）速车道，紧急停车道、爬坡车道、慢车道或错车道的宽度，车道宽度规定见表1-5；

C——当设计速度大于100km/h时为0.5m；当设计速度等于或小于100km/h时为0.25m；

S_1——行车道左侧路缘带宽度（m），见表1-6；

S_2——行车道右侧路缘带宽度（m），应为0.5m；

M_1——中间带宽度（m），由两条左侧路缘带和中央分隔带组成，见表1-6；

M_2——中央分隔带宽度（m），见表1-6；

E——桥涵净空顶角宽度（m）。当$L \leqslant 1$m时，$E=L$；当$L>1$m时，$E=1$m；

H——净空高度（m），高速公路和一级、二级公路上的桥梁应为5.0m，三、四级公路上的桥梁应为4.5m；

L_2——桥涵右侧路肩宽度（m），见表1-7，当受地形条件及其他特殊情况限制时，可采用最小值。高速公路和一级公路上桥梁应在右侧路肩内设右侧路缘带，其宽度为0.5m。设计速度为120km/h的四车道高速公路上桥梁，宜采用3.50m的右侧路肩；六车道、八车道高速公路上桥梁，宜采用3.00m的右侧路肩。高速公路、一级公路上桥梁的右侧路肩宽度小于2.50m且桥长超过500m时，宜设置紧急停车带，紧急停车带宽度包括路肩在内为3.50m，有效长度不应小于30m，间距不宜大于500m；

L_1——桥涵左侧路肩宽度（m），见表1-8。八车道及以上高速公路上的桥梁宜设置左路肩，其宽度应为2.50m。左侧路肩宽度内含左侧路缘带宽度；

L——侧向宽度。高速公路、一级公路上桥梁的侧向宽度为路肩宽度（L_1、L_2）；二、三、四级公路上桥梁的侧向宽度为其相应的路肩宽度减去0.25m。

表 1-7 右侧路肩宽度

公路等级		高速公路、一级公路				二、三、四级公路				
设计速度/（km·h⁻¹）		120	100	80	60	80	60	40	30	20
右侧路肩宽度/m	一般值	3.00 3.50	3.00	2.50	2.50	1.50	0.75	—	—	—
	最小值	3.00	2.50	1.50	1.50	0.75	0.25	—	—	—

注：“一般值”为正常情况下的采用值；“最小值”为条件受限制时可采用的值。

表 1-8 分离式断面高速公路、一级公路左侧路肩宽度

设计速度/（km·h⁻¹）	120	100	80	60
左侧路肩宽度/m	1.25	1.00	0.75	0.75

各级公路应选用的设计速度见表 1-9。确定桥涵净宽时，其依据的设计速度应沿用各级公路选用的设计速度。

表 1-9 各级公路设计速度

公路等级	高速公路			一级公路			二级公路		三级公路		四级公路
设计速度/（km·h⁻¹）	120	100	80	100	80	60	80	60	40	30	20

高速公路、一级公路的特殊大桥为整体式上部结构时，其中央分隔带和路肩的宽度可根据具体情况适当减小，但减小后的宽度不应小于表 1-6 和表 1-7 规定的最小值。高速公路、一级公路上的桥梁宜设计为上、下行两座分离的独立桥梁。高速公路上的桥梁应设检修道，不宜设人行道。一、二、三、四级公路上桥梁的桥上人行道、自行车道的设置应根据需要而定，并应与前后路线协调布置。人行道、自行车道与行车道之间应设分隔设施。一个自行车道的宽度为 1.0m；当单独设置自行车道时，不宜小于两个自行车道的宽度。人行道的宽度宜为 0.75m 或 1.0m；大于 1.0m 时，按 0.5m 的级差增加。当设路缘石时，路缘石高度可取 0.25～0.35m。漫水桥和过水路面可不设人行道。通行拖拉机或兽力车为主的慢行道，其宽度应根据当地行驶拖拉机或兽力车车型及交通量而定；当沿桥梁一侧设置时，不应小于双向行驶要求的宽度。高速公路、一级公路上的桥梁必须设置护栏。二、三、四级公路上特大、大、中桥应设护栏或栏杆和安全带，小桥和涵洞可仅设缘石或栏杆。不设人行道的漫水桥和过水路面应设标杆或护栏。

3. 桥梁的平面布置

1）桥梁的线形及桥头引道的平面布置以能使车辆平稳舒适地通过为宜。

2）大桥、特大桥位应选择河道顺直稳定、河床地质良好、河槽能通过大部分设计流量的河段。桥位不宜选在河汊、沙洲、古河道、急弯、汇合口、港口作业区及易形成流冰、流木阻塞的河段以及断层、岩溶、滑坡、泥石流等不良地质的河段。

3）当桥址处有两个及两个以上的稳定河槽，或滩地流量占设计流量比例较大，且水流不易引入同一座桥时，可在各河槽、滩地、河汊上分别设桥，不宜用长大导流堤强行集中水流。

4）平坦、草原、漫流地区，可按分片泄洪布置桥涵。

5）天然河道不宜裁弯取直。

6）桥梁纵轴线宜与洪水主流流向正交。对通航河流上的桥梁，其墩台沿水流方向的轴线应与最高通航水位时的主流方向一致。当不能避免斜交时，交角不宜大于5°。

7）对于一般中、小桥，为了改善路线线形或城市桥梁受原有街道的制约，也允许修建斜交桥，斜度通常不宜大于45°。

1.5 桥梁设计作用和作用效应组合

作用是指施加在结构上的一组集中力（或分布力），或引起结构外加变形或约束变形的原因。前者称为直接作用，也称为荷载，后者称为间接作用。长期以来，我们一般习惯地称所有引起结构反应的原因为“荷载”，这种叫法实际上并不科学。引起结构反应的原因可以按其作用的性质分为截然不同的两类。一类是施加于结构上的外力，如车辆、人群、结构自重等，它们是直接施加于结构上的，可用“荷载”这一术语来概括。另一类不以外力形式施加于结构，它们产生的效应与结构本身的特性、结构所处环境等有关，如地震、基础变位、混凝土收缩和徐变、温度变化等，它们是间接作用于结构的，如果也称“荷载”，容易引起人们的误解。因此，目前国际上普遍将所有引起结构反应的原因统称为“作用”，而“荷载”仅限于表达施加于结构上的直接作用。

JTG D60—2004《公路桥涵设计通用规范》将公路桥梁上的各种作用按其随时间的变异性分为永久作用、可变作用和偶然作用，见表1-10。这种分类是结构上作用的基本分类。永久作用是经常的、其数值不随时间变化或变化微小的作用；可变作用的数值是随时间变化的；偶然作用的时间短暂，且发生的概率很小。下面介绍和桥梁设计作用有关的几个名词。

表1-10 作用分类

编号	作用分类	作用名称	编号	作用分类	作用名称
1	永久作用	结构重力（包括结构附加重力）	12	可变作用	人群荷载
2		预加力	13		汽车制动力
3		土的重力	14		风荷载
4		土侧压力	15		流水压力
5		混凝土收缩及徐变作用	16		冰压力
6		水的浮力	17		温度（均匀温度和梯度温度）作用
7		基础变位作用	18		支座摩阻力
8	可变作用	汽车荷载	19	偶然作用	地震作用
9		汽车冲击力	20		船舶或漂流物的撞击作用
10		汽车离心力	21		汽车撞击作用
11		汽车引起的土侧压力			

作用代表值：结构或结构构件设计时，针对不同设计目的所采用的各种作用规定值，它包括作用标准值、准永久值和频遇值等。

作用标准值：结构或结构构件设计时，采用的各种作用的基本代表值，其值可根据作用在设计基准期内最大值概率分布的某一分位值确定。

设计基准期：在进行结构可靠性分析时，考虑持久设计状况下各项基本变量与时间关系所采用的基准时间参数。

作用频遇值：结构或构件按正常使用极限状态短期效应组合设计时，采用的一种可变作用代表值，其值可根据在足够长观测期内作用任意时点概率分布的0.95分位值确定。

作用准永久值：结构或构件按正常使用极限状态长期效应组合设计时，采用的另一种可变作用代表值，其值可根据在足够长观测期内作用任意时点概率分布的0.5（或略高于0.5）分位值确定。

作用效应：结构对所受作用的反应，如弯矩、扭矩、位移等。

作用效应设计值：作用标准值与作用分项系数的乘积。

分项系数：为保证所设计的结构具有规定的可靠度而在设计表达式中采用的系数，分作用分项系数和抗力分项系数两类。

1.5.1 桥梁设计作用

1. 永久作用

永久作用（如恒载）被近似地认为在设计基准期内是不变的，它的代表值只有一个，即标准值。永久作用的标准值，对结构自重（包括结构附加重力），可按结构构件的设计尺寸与材料的重度（见表1-11）计算确定。

表1-11 常用材料的重度

材料种类	重度/（$kN \cdot m^{-3}$）	材料种类	重度/（$kN \cdot m^{-3}$）
钢、铸钢	78.5	浆砌片石	23.0
铸铁	72.5	干砌块石或片石	21.0
锌	70.5	沥青混凝土	23.0~24.0
铅	114.0	沥青碎石	22.0
黄铜	81.1	碎（砾）石	21.0
青铜	87.4	填土	17.0~18.0
钢筋混凝土或预应力混凝土	25.0~26.0	填石	19.0~20.0
混凝土或片石混凝土	24.0	石灰三合土、石灰土	17.5
浆砌片石或料石	24.0~25.0		

预加力在结构进行正常使用极限状态设计和使用阶段构件应力计算时，应作为永久作用计算其主效应和次效应，并计入相应阶段的预应力损失，但不计由于预加力偏心距增大引起的附加效应。在结构进行承载能力极限状态设计时，预加力不作为作用，而将预应力钢筋作为结构抗力的一部分，但在连续梁等超静定结构中，仍需考虑预加力引起的次效应。

作用于墩台的土压力、土侧压力按JTG D60—2004《公路桥涵设计通用规范》中的有关规定计算。

水的浮力可按下列规定采用：

1）基础底面位于透水性地基上的桥梁墩台，当验算稳定时，应考虑设计水位的浮力；当验算地基应力时，可仅考虑低水位的浮力，或不考虑水的浮力。

2）基础嵌入不透水性地基的桥梁墩台不考虑水的浮力。

3）作用在桩基承台底面的浮力，应考虑全部底面积。对桩嵌入不透水地基并灌注混凝土封闭者，不应考虑桩的浮力，在计算承台底面浮力时应扣除桩的截面面积。

4）当不能确定地基是否透水时，应以透水或不透水两种情况与其他作用组合，取其最不利者。

混凝土收缩及徐变作用可按下述规定取用：

1）外部超静定的混凝土结构、钢和混凝土的组合结构等应考虑混凝土收缩及徐变的作用。

2）混凝土的收缩应变和徐变系数可按 JTG D62—2004《公路钢筋混凝土及预应力混凝土桥涵设计规范》的规定计算。

3）做混凝土徐变的计算，可假定徐变与混凝土应力呈线性关系。

4）计算圬工拱圈的收缩作用效应时，如考虑徐变影响，作用效应可乘以 0.45 折减系数。

对于超静定结构，当考虑由于地基压密等引起的长期变形影响时，应根据最终位移量计算构件的效应。

其他永久作用均按 JTG D62—2004《公路钢筋混凝土及预应力混凝土桥涵设计规范》的相关规定计算。

2. 可变作用

可变作用是指在结构使用期间，其量值随时间而变化，且其变化值与平均值相比较不能忽略的作用。

可变作用应根据不同的极限状态分别采用标准值、频遇值或准永久值作为其代表值。承载能力极限状态设计及按弹性阶段计算结构强度时，应采用标准值作为可变作用的代表值。正常使用极限状态按短期效应（频遇）组合设计时，应采用频遇值作为可变作用的代表值；按长期效应（准永久）组合设计时，应采用准永久值作为可变作用的代表值。可变作用频遇值为可变作用标准值乘以频遇值系数 ψ_1。可变作用准永久值为可变作用标准值乘以准永久值系数 ψ_2。公路桥涵设计时，汽车荷载的计算、荷载等级及其标准值、加载方法和纵横向折减等应符合下列规定。

（1）汽车荷载　汽车荷载分为公路—Ⅰ级和公路—Ⅱ级两个等级。汽车荷载由车道荷载和车辆荷载组成。车道荷载由均布荷载和集中荷载组成。桥梁结构的整体计算采用车道荷载，桥梁结构的局部加载，涵洞、桥台和挡土墙土压力等的计算采用车辆荷载。车辆荷载与车道荷载的作用不得叠加。各级公路桥涵设计的汽车荷载等级应符合表 1-12 的规定。

表 1-12　各级公路桥涵设计的汽车荷载等级

公路等级	高速公路	一级公路	二级公路	三级公路	四级公路
汽车荷载等级	公路—Ⅰ级	公路—Ⅰ级	公路—Ⅱ级	公路—Ⅱ级	公路—Ⅱ级

二级公路为干线公路且重型车辆多时，其桥涵的设计可采用公路—Ⅰ级汽车荷载。四级公路上重型车辆少时，其桥涵设计所采用的公路—Ⅱ级车道荷载的效应可乘以 0.8 的折减系数，车辆荷载的效应可乘以 0.7 的折减系数。

车道荷载的计算如图 1-21 所示。

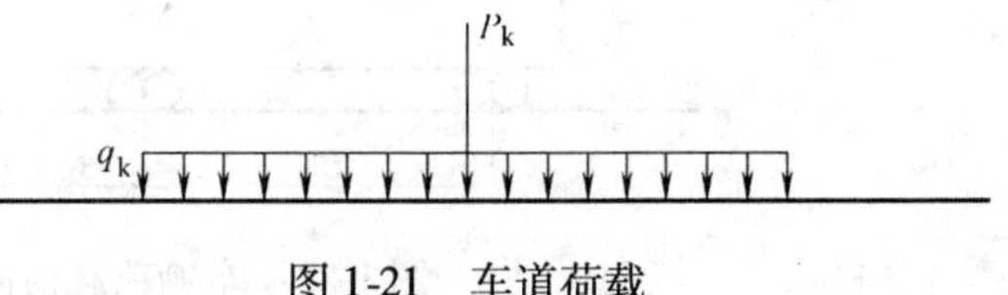

图 1-21　车道荷载

1）公路—Ⅰ级车道荷载的均布荷载标准值为 $q_k = 10.5\text{kN/m}$；集中荷载标准值按以下规定选取：桥梁计算跨径小于

或等于 5m 时，P_k = 180kN；桥梁计算跨径等于或大于 50m 时，P_k = 360kN；桥梁计算跨径为 5 ~ 50m 时，P_k 值采用直线内插求得。计算剪力效应时，上述集中荷载标准值 P_k 应乘以 1.2 的系数。

2）公路—Ⅱ级车道荷载的均布荷载标准值为 q_k 和集中荷载标准值 P_k 按公路—Ⅰ级车道荷载的 0.75 倍采用。

3）车道荷载的均布荷载标准值应满布于使结构产生最不利效应的同号影响线上；集中荷载标准值只作用于相应影响线中一个最大影响线峰值处。

车辆荷载的立面、平面尺寸如图 1-22 所示，主要技术指标规定见表 1-13。

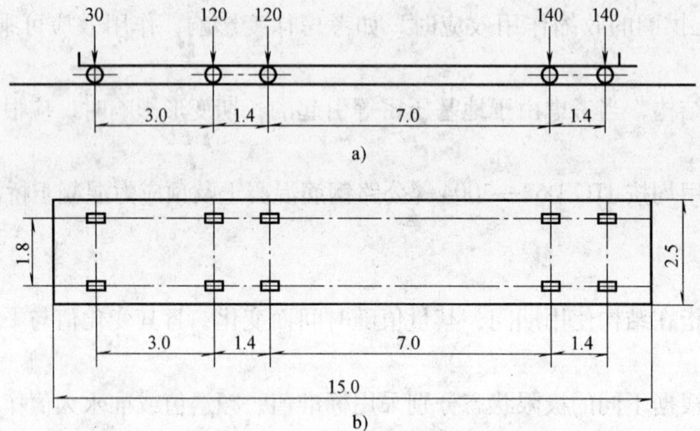

图 1-22　车辆荷载的立面、平面布置图

（轴重力单位：kN；尺寸单位：m）

a）立面　b）平面

表 1-13　车辆荷载主要技术指标

项　目	单位	技术指标	项　目	单位	技术指标
车辆重力标准值	kN	550	轮距	m	1.8
前轴重力标准值	kN	30	前轮着地宽度和长度	m	0.3 × 0.2
中轴重力标准值	kN	2 × 120	中后轮着地宽度和长度	m	0.6 × 0.2
后轴重力标准值	kN	2 × 140	车辆外形尺寸（长 × 宽）	m	15 × 2.5
轴距	m	3 + 1.4 + 7 + 1.4			

公路—Ⅰ级和公路—Ⅱ级汽车荷载采用相同的车辆荷载标准值。车道荷载横向分布系数应按设计车道数布置车辆荷载（图 1-23）进行计算。

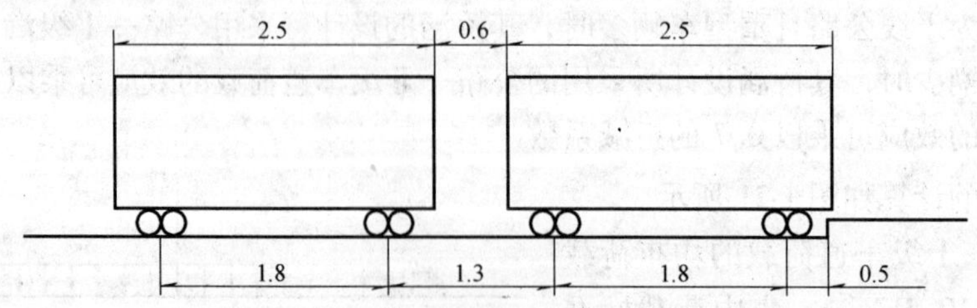

图 1-23　车辆荷载横向布置（尺寸单位：m）

桥涵设计车道数应符合表1-14的规定。多车道桥梁上的汽车荷载应考虑多车道折减。当桥涵设计车道数等于或大于2时，由汽车荷载产生的效应应按表1-15规定的多车道折减系数进行折减，但折减后的效应不得小于两设计车道的荷载效应。

表1-14 桥涵设计车道数

桥面宽度 W/m		桥涵设计车道数	桥面宽度 W/m		桥涵设计车道数
车辆单向行驶时	车辆双向行驶时		车辆单向行驶时	车辆双向行驶时	
$W<7.0$	—	1	$17.5\leqslant W<21.0$	—	5
$7.0\leqslant W<10.5$	$6.0\leqslant W<14.0$	2	$21.0\leqslant W<24.5$	$21.0\leqslant W<28.0$	6
$10.5\leqslant W<14.0$	—	3	$24.5\leqslant W<28.0$	—	7
$14.0\leqslant W<17.5$	$14.0\leqslant W<21.0$	4	$28.0\leqslant W<31.5$	$28.0\leqslant W<35.0$	8

表1-15 横向折减系数

横向布置设计车道数/条	2	3	4	5	6	7	8
横向折减系数	1.00	0.78	0.67	0.60	0.55	0.52	0.50

当桥梁计算跨径大于150m时，应按表1-16规定的纵向折减系数进行折减。当为多跨连续结构时，整个结构应按最大的计算跨径考虑汽车荷载效应的纵向折减。

表1-16 纵向折减系数

计算跨径 l/m	$150<l<400$	$400\leqslant l<600$	$600\leqslant l<800$	$800\leqslant l<1000$	$l\geqslant1000$
纵向折减系数	0.97	0.96	0.95	0.94	0.93

（2）汽车荷载冲击力　车辆以较高速度驶过桥梁时，由于桥面不平整、车轮不圆、发动机抖动等原因，使桥梁结构引起振动，称为冲击作用，用冲击系数 $1+\mu$ 来表示。JTG D60—2004《公路桥涵设计通用规范》中指出，汽车荷载冲击力应按下列规定计算：

1）钢桥、钢筋混凝土及预应力混凝土桥、圬工拱桥等上部构造和钢支座、板式橡胶支座、盆式橡胶支座及钢筋混凝土柱式墩台，应计算汽车的冲击作用。

2）填料厚度（包括路面厚度）大于或等于0.5m的拱桥、涵洞以及重力式墩台不计冲击力。

3）支座的冲击力，按相应的桥梁取用。

4）汽车荷载的冲击力标准值为汽车荷载标准值乘以冲击系数。

5）汽车荷载的局部加载及在T形梁、箱梁悬臂板上的冲击系数采用1.3。

6）μ 可按下式计算：当 $f<1.5\text{Hz}$ 时，$\mu=0.05$，当 $1.5\text{Hz}\leqslant f\leqslant14\text{Hz}$ 时，$\mu=0.1767\ln f-0.0157$，当 $f>14\text{Hz}$ 时，$\mu=0.45$，式中，f 是桥梁结构基频（Hz），也称自振频率，宜采用有限元法计算，对于常规结构，当无更精确方法计算时，也可采用下列公式估算：

简支梁桥

$$f_1=\frac{\pi}{2l^2}\sqrt{\frac{EI_c}{m_c}} \tag{1-1}$$

连续梁桥

$$f_1 = \frac{13.616}{2\pi l^2}\sqrt{\frac{EI_c}{m_c}} \tag{1-2}$$

$$f_2 = \frac{23.651}{2\pi l^2}\sqrt{\frac{EI_c}{m_c}} \tag{1-3}$$

$$m_c = G/g$$

式中，l 是结构的计算跨径（m）；E 是结构材料的弹性模量（N/m^4）；I_c 是结构跨中截面的惯性矩（m^4）；m_c 是结构跨中处的单位长度质量（kg/m）；G 是结构跨中处每延米结构重力（N/m）；g 是重力加速度，$g = 9.81m/s^2$。

计算连续梁的冲击力引起的正弯矩效应和剪力效应时，采用 f_1，计算连续梁的冲击力引起的负弯矩效应时，采用 f_2。其他桥梁的基频计算见 JTG D60—2004《公路桥涵设计通用规范》的有关规定。汽车荷载的局部加载及在 T 形梁、箱梁悬臂板上的冲击系数采用 1.3。

（3）汽车荷载离心力　当弯道桥的曲线半径等于或小于 250m 时，应计算汽车荷载引起的离心力。汽车荷载离心力标准值为车辆荷载（不计冲击力）标准值乘以离心力系数 C。离心力系数按下式计算

$$C = \frac{v^2}{127R} \tag{1-4}$$

式中，v 是设计速度（km/h），应按桥梁所在路线设计速度采用；R 是平曲线半径（m）。

计算多车道桥梁的汽车荷载离心力时，车辆荷载标准值应乘以表 1-15 规定的横向折减系数。离心力的着力点在桥面以上 1.2m 处（为计算简便也可移至桥面上，不计由此引起的作用效应）。

（4）汽车荷载制动力　桥上汽车制动力是车辆制动时为克服车辆的惯性力而在路面与车辆之间发生的滑动摩擦力。汽车荷载制动力可按下列规定计算和分配：

1）汽车荷载制动力按同向行驶的汽车荷载（不计冲击力）计算，并按使桥梁墩台产生最不利纵向力的加载长度进行纵向折减。一个设计车道上由汽车荷载产生的制动力标准值按车道荷载标准值在加载长度上计算的总重力的 10% 计算，但公路—Ⅰ级汽车荷载的制动力标准值不得小于 165kN；公路—Ⅱ级汽车荷载的制动力标准值不得小于 90 kN。同向行驶双车道的汽车荷载制动力标准值为一个设计车道制动力标准值的两倍；同向行驶三车道为一个设计车道的 2.34 倍；同向行驶四车道为一个设计车道的 2.68 倍。

2）制动力的着力点在桥面以上 1.2m 处，计算墩台时，可移至支座铰中心或支座底座面上。计算刚构桥、拱桥时，制动力的着力点可移至桥面上，但不计由此而产生的竖向力和力矩。

3）设有板式橡胶支座的简支梁、连续桥面简支梁或连续梁排架式柔性墩台，应根据支座与墩台的抗推刚度的刚度集成情况分配和传递制动力。设有板式橡胶支座的简支梁刚性墩台，按单跨两端的板式橡胶支座的抗推刚度分配制动力。

4）设有固定支座、活动支座（滚动或摆动支座）、聚四氟乙烯板支座的刚性墩台传递的制动力，按表 1-17 的规定采用。每个活动支座传递的制动力，其值不应大于其摩阻力，当大于摩阻力时，按摩阻力计算。

表1-17 刚性墩台各种支座传递的制动力

桥梁墩台及支座类型		应计的制动力	符号说明
简支梁桥台	固定支座	T_1	T_1——加载长度为计算跨径时的制动力 T_2——加载长度为相邻两跨计算跨径之和时的制动力 T_3——加载长度为一联长度时的制动力
	聚四氟乙烯板支座	$0.3\ T_1$	
	滚动（或摆动）支座	$0.25\ T_1$	
简支梁桥墩	两个固定支座	T_2	
	一个固定支座，一个活动支座	—	
	两个聚四氟乙烯板支座	$0.30\ T_2$	
	滚动（或摆动）支座	$0.25\ T_2$	
连续梁桥墩	固定支座	T_3	
	聚四氟乙烯板支座	$0.30\ T_3$	
	滚动（或摆动）支座	$0.25\ T_3$	

注：固定支座按 T_4 计算，活动支座按 $0.30T_5$（聚四氟乙烯板支座）计算或 $0.25T_5$（滚动或摆动支座）计算，T_4 和 T_5 分别为与固定支座或活动支座相应的单跨跨径的制动力，桥墩承受的制动力为上述固定支座与活动支座传递的制动力之和。

（5）汽车荷载引起的土侧压力　汽车荷载引起的土侧压力采用车辆荷载加载，车辆荷载在桥台或挡土墙后填土的破坏棱体上引起的土侧压力，可按下式换算成等代均布土层厚度 h（m）计算

$$h = \frac{\Sigma G}{B l_0 \gamma} \tag{1-5}$$

式中，γ 是土的重度（kN/m^3）；，ΣG 是布置在 $B \times l_0$ 面积内的车轮的总重力（kN）；l_0 是桥台或挡土墙后填土的破坏棱体长度（m），对于墙顶以上有填土的路堤式挡土墙，l_0 为破坏棱体范围内的路基宽度部分；B 是桥台横向全宽或挡土墙的计算长度（m）。

挡土墙的计算长度可按下列公式计算，但不应超过挡土墙分段长度

$$B = 13 + H\tan 30° \tag{1-6}$$

式中，H 是挡土墙高度（m），对墙顶以上有填土的挡土墙，为两倍墙顶填土厚度加墙高。

当挡土墙分段长度小于13m时，B 取分段长度，并在该长度内按不利情况布置轮重。

计算涵洞顶上车辆荷载引起的竖向土压力时，车轮按其着地面积的边缘向下做30°角分布。当几个车轮的压力扩散线相重叠时，扩散面积以最外边的扩散线为准。

（6）人群荷载　当桥梁跨径小于或等于50m时，人群荷载标准值为3.0kN/m^2；当桥梁跨径等于或大于150m时，人群荷载标准值为2.5kN/m^2；桥涵计算跨径大于50m小于150m时，可采用直线内插求得。对于跨径不等的连续结构，采用最大计算跨径的人群荷载标准值。城镇郊区行人密集地区的公路桥梁，人群荷载标准值为上述标准值的1.15倍。专用人行桥梁，人群荷载标准值为3.5kN/m^2。人群荷载横向布置应在人行道的净宽度内，纵向应施加于使结构产生最不利荷载效应的区段内。人行道板（局部构件）可以一块板为单元，按标准值4.0kN/m^2 的均布荷载计算。计算人行道栏杆时，作用在栏杆立柱顶上的水平推力标准值取0.75kN/m；作用在栏杆扶手上的竖向力标准值取1.0kN/m。

3. 偶然作用

偶然作用是指在结构使用期间出现的概率虽小，但一旦出现，其值很大且持续的时间很短的作用。

（1）地震作用　地震动峰值加速度等于0.1g、0.15g、0.2g、0.3g地区的公路桥涵应进行抗震设计。地震动峰值加速度大于或等于0.40g地区的公路桥涵，必须进行专门的抗震研究和设计。地震动峰值加速度小于或等于0.05g地区的公路桥涵，除有特殊要求外，可采用简易设防。做过地震小区划的地区，应按主管部门审批后的地震动参数进行抗震设计。

公路桥梁地震作用的计算及结构的设计，应符合JTG/T B02—01—2008《公路桥梁抗震设计细则》的规定。

（2）船舶或漂流物的撞击作用　位于通航河流或有漂流物的河流中的桥梁墩台，设计时应考虑船舶或漂流物的撞击作用，其撞击作用标准值可按下列规定采用或计算：当缺乏实际调查资料时，内河上船舶撞击作用的标准值按表1-18采用；四、五、六、七级航道内的钢筋混凝土桩墩，顺桥向撞击作用可按表1-18所列数值的50%考虑。当缺乏实际调查资料时，海轮撞击作用的标准值可按表1-19采用。可能遭受大型船舶撞击作用的桥墩，应根据桥墩的自身抗撞击能力、桥墩的位置和外形、水流流速、水位变化、通航船舶类型和碰撞速度等因素做桥墩防撞设施的设计。当设有与墩台分开的防撞击的防护结构时，桥墩可不计船舶的撞击作用。

表1-18　内河船舶撞击作用标准值

内河航道等级	船舶吨级 DWT/t	横桥向撞击作用/kN	顺桥向撞击作用/kN
一	3000	1400	1100
二	2000	1100	900
三	1000	800	650
四	500	550	450
五	300	400	350
六	10	250	200
七	50	150	125

表1-19　海轮撞击作用的标准值

船舶吨级 DWT/t	3000	5000	7500	10000	20000	30000	40000	50000
横桥向撞击作用/kN	19600	25400	31000	35800	50700	62100	71700	80200
顺桥向撞击作用/kN	9800	12700	15500	17900	25350	31050	35850	40100

漂流物横桥向撞击力标准值可按下式计算

$$F=\frac{Wv}{gT} \tag{1-7}$$

式中，W是漂流物重力（kN），应根据河流中漂流物情况，按实际调查确定；v是水流速度（m/s）；T是撞击时间（s），应根据实际资料估计，在无实际资料时，可用1s；g是重力加速度，$g=9.81\mathrm{m/s^2}$。

内河船舶的撞击作用点，假定为计算通航水位线以上2m的桥墩宽度或长度的中点。海轮船舶撞击作用点需视实际情况而定。漂流物的撞击作用点假定在计算通航水位线上桥墩宽度的中点。

(3) 汽车的撞击作用　必要时桥梁结构可考虑汽车的撞击作用。汽车撞击力标准值在车辆行驶方向取1000kN，在车辆行驶垂直方向取500kN，两个方向的撞击力不同时考虑，撞击力作用于行车道以上1.2m处，直接分布于撞击涉及的构件上。对于设有防撞设施的结构构件，可视防撞设施的防撞能力，对汽车撞击力标准值予以折减，但折减后的汽车撞击力标准值不应低于上述规定值的1/6。高速公路上桥梁的防撞护栏应按JTG D81—2006《公路交通安全设施设计规范》有关规定执行。

1.5.2 桥梁作用效应组合

公路桥涵结构设计应考虑结构上可能同时出现的作用，按承载能力极限状态和正常使用极限状态进行作用效应组合，取其最不利效应组合进行设计。

只有在结构上可能同时出现的作用，才考虑进行效应组合。当结构或结构构件需做不同受力方向的验算时，则应以不同方向的最不利作用效应进行组合。

当可变作用的出现对结构或结构构件产生有利影响时，该作用不应参与组合。实际不可能同时出现的作用或同时参与组合概率很小的作用，按表1-20规定考虑。

表1-20　可变作用不同时的组合表

编号	作用名称	不与该作用同时参与组合的作用编号	编号	作用名称	不与该作用同时参与组合的作用编号
13	汽车制动力	15，16，18	16	冰压力	13，15
15	流水压力	13，16	18	支座摩阻力	13

施工阶段作用效应的组合，应按计算需要及结构所处条件而定，结构上的施工人员和施工机具设备均应作为临时荷载加以考虑。组合式桥梁，当把底梁作为施工支撑时，作用效应宜分两个阶段组合，底梁受荷为第一个阶段，组合梁受荷为第二个阶段。多个偶然作用不同时参与组合。

1. 按承载能力极限状态设计时作用效应组合

公路桥涵结构按承载能力极限状态设计时，应采用以下两种作用效应组合。

(1) 基本组合　永久作用的设计值效应与可变作用设计值效应相组合，其效应组合表达式为

$$\gamma_0 S_{\mathrm{ud}} = \gamma_0\left(\sum_{i=1}^{m}\gamma_{\mathrm{G}i}S_{\mathrm{G}ik} + \gamma_{\mathrm{Q1}}S_{\mathrm{Q1k}} + \psi_{\mathrm{c}}\sum_{j=2}^{n}\gamma_{\mathrm{Q}j}S_{\mathrm{Q}jk}\right) \tag{1-8}$$

或

$$\gamma_0 S_{\mathrm{ud}} = \gamma_0\left(\sum_{i=1}^{m}S_{\mathrm{G}id} + S_{\mathrm{Q1d}} + \psi_{\mathrm{c}}\sum_{j=2}^{n}S_{\mathrm{Q}jd}\right) \tag{1-9}$$

式中，S_{ud}是承载能力极限状态下作用基本组合的效应组合设计值；γ_0是结构重要性系数，按规定的结构设计安全等级采用，对应于设计安全等级，一级、二级和三级分别取1.1、1.0和0.9；$\gamma_{\mathrm{G}i}$是第i个永久作用效应的分项系数，应按表1-21的规定采用；$S_{\mathrm{G}ik}$、$S_{\mathrm{G}id}$是第i个永久作用效应的标准值和设计值；γ_{Q1}是汽车荷载效应（含汽车冲击力、离心力）的分项

系数，取 $\gamma_{Q1}=1.4$，当某个可变作用在效应组合中超过汽车荷载效应时，则该作用取代汽车荷载，其分项系数应采用汽车荷载的分项系数，对于专为承受某作用而设置的结构或装置，设计时该作用的分项系数取与汽车荷载同值，计算人行道板和人行道栏杆的局部荷载，其分项系数也与汽车荷载取同值；S_{Q1k}、S_{Q1d} 是汽车荷载效应（含汽车冲击力、离心力）的标准值和设计值；γ_{Qj} 是在作用效应组合中除汽车荷载效应（含汽车冲击力、离心力）、风荷载外的其他第 j 个可变作用效应的分项系数，取 $\gamma_{Qj}=1.4$，但风荷载的分项系数取 $\gamma_{Qj}=1.1$；S_{Qjk}、S_{Qjd} 是在作用效应组合中除汽车荷载效应（含汽车冲击力、离心力）外的其他第 j 个可变作用效应的标准值和设计值；ψ_c 是在作用效应组合中除汽车荷载效应（含汽车冲击力、离心力）外的其他可变作用效应的组合系数，当永久作用与汽车荷载和人群荷载（或其他一种可变作用）组合时，人群荷载（或其他一种可变作用）的组合系数取 $\psi_c=0.8$，当除汽车荷载（含汽车冲击力、离心力）外有两种其他可变作用参与组合时，其组合系数取 $\psi_c=0.7$，有三种可变作用参与组合时，其组合系数取 $\psi_c=0.6$，有四种及多于四种的可变作用参与组合时，取 $\psi_c=0.5$。

表 1-21 永久作用效应的分项系数

编号	作用类别		永久作用效应分项系数	
			对结构承载能力不利时	对结构承载能力有利时
1	混凝土和圬工结构重力（包括结构附加重力）		1.2	1.0
	钢结构重力（包括结构附加重力）		1.1 或 1.2	
2	预加力		1.2	1.0
3	土的重力		1.2	1.0
4	混凝土的收缩及徐变作用		1.0	1.0
5	土侧压力		1.4	1.0
6	水的浮力		1.0	1.0
7	基础变位作用	混凝土和圬工结构	0.5	0.5
		钢结构	1.0	1.0

注：当钢桥采用钢桥面板时，永久作用效应分项系数取 1.1；当采用混凝土桥面板时，取 1.2。

设计弯桥时，当离心力与制动力同时参与组合时，制动力标准值或设计值按 70% 取用。

（2）偶然组合　永久作用标准值效应与可变作用某种代表值效应及一种偶然作用标准值效应相组合，偶然作用的效应分项系数取 1.0；与偶然作用同时出现的可变作用，可根据观测资料和工程经验取用适当的代表值。地震作用标准值及其表达式按 JTG/T B02—01—2008《公路桥梁抗震设计细则》规定采用。

2. 按正常使用极限状态设计时作用效应组合

公路桥涵结构按正常使用极限状态设计时，应根据不同的设计要求，采用以下两种效应组合。

（1）作用短期效应组合　永久作用标准值效应与可变作用频遇值效应相组合，其效应组合表达式如下

$$S_{sd}=\sum_{i=1}^{m}S_{Gik}+\sum_{j=1}^{n}\psi_{1j}S_{Qjk} \tag{1-10}$$

式中，S_{sd} 是作用短期效应组合设计值；ψ_{1j} 是第 j 个可变作用效应的频遇值系数，汽车荷载

（不计冲击力）$\psi_1=0.7$，人群荷载 $\psi_1=1.0$，风荷载 $\psi_1=0.75$，温度梯度作用 $\psi_1=0.80$，其他作用 $\psi_1=1.0$；$\psi_{1j}S_{Qjk}$ 是第 j 个可变作用效应的频遇值。

（2）作用长期效应组合 永久作用标准值效应与可变作用准永久值效应相组合，其效应组合表达式如下

$$S_{ld}=\sum_{i=1}^{m}S_{Gik}+\sum_{j=1}^{n}\psi_{2j}S_{Qjk} \tag{1-11}$$

式中，S_{ld} 是作用长期效应组合设计值；ψ_{2j} 是第 j 个可变作用效应的准永久值系数，汽车荷载（不计冲击力）$\psi_2=0.4$，人群荷载 $\psi_2=0.4$，风荷载 $\psi_2=0.75$，温度梯度作用 $\psi_2=0.8$，其他作用 $\psi_2=1.0$；S_{Qjk} 是第 j 个可变作用效应的准永久值。

当结构构件需要进行弹性阶段截面应力计算时，除特别指明外，各作用效应的分项系数及组合系数均取为1.0，各项应力限值按各设计规范规定采用。构件在吊装、运输时，构件重力应乘以动力系数1.2或0.85，并可视构件具体情况做适当增减。

1.6 城市桥梁设计荷载及其组合

1.6.1 城市桥梁设计荷载

作用在桥梁上的荷载可分为永久荷载、可变荷载和偶然荷载三大类。

1. 永久荷载

桥梁结构自重、桥面铺装、桥面附属设施等均为结构重力，计算时可采用本身的体积乘以材料的重度。在结构按正常使用极限状态设计时，预加力应作为永久荷载计算其效应，并应计入相应阶段的预应力损失，但不计由于偏心距增大引起的附加内力；在结构按承载能力极限状态设计时，预加力不作为荷载，而是将预应力作为结构抗力的一部分。土侧压力分静止土压力、主动土压力和被动土压力，其计算可按 JTG D60—2004《公路桥涵设计通用规范》进行。混凝土收缩、徐变和基础变位使超静定结构产生的内力可按 JTG D62—2004《公路钢筋混凝土及预应力混凝土桥涵设计规范》计算。对于超静定结构当计算由于地基压缩等引起的支座长期变位影响时，应根据最终位移量按弹性理论计算构件截面的附加内力。

水的浮力应按下列情况进行计算。位于透水性地基上的桥梁墩台，当验算稳定时，其浮力应采用设计水位计算；当验算地基应力时，可仅按低水位计算浮力，也可不计算水的浮力；基础嵌入不透水性地基的桥梁墩台，可不计算水的浮力；作用在桩基承台底面的浮力，应按全部底面积计算。但桩嵌入岩层并灌注混凝土者，在计算承台底面浮力时，应扣除桩的截面面积。

2. 可变荷载

基本可变荷载包括汽车荷载、汽车荷载冲击力、汽车离心力、人群荷载和汽车荷载引起的土侧压力。

（1）汽车荷载 汽车荷载等级分为城-A级、城-B级。城-A级总轴重700kN，适用于快速路及主干路。城-B级荷载总轴重300kN，适用于次干路及支路。城-A级和城-B级标准车辆纵、平面布置如图1-24及图1-25所示。

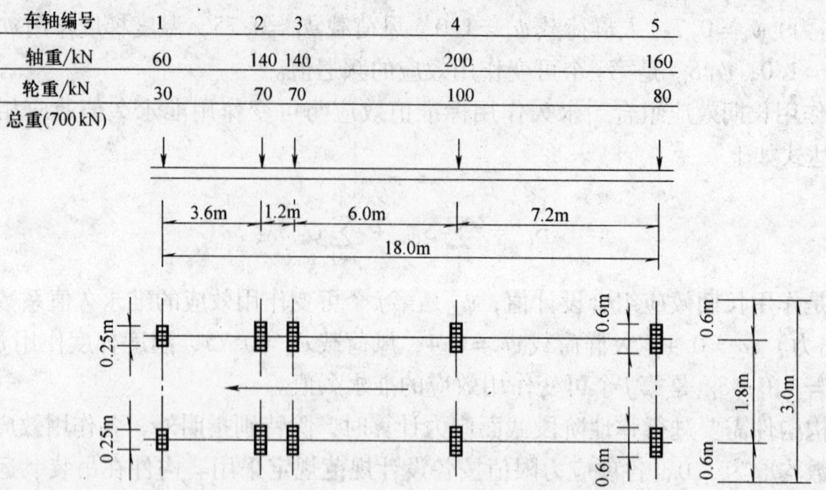

图 1-24 城-A 级标准车辆纵、平面布置

城-A 级和城-B 级车道荷载应按均布荷载加一个集中荷载 P 计算，其纵横向布置如图 1-26a、b 所示。图中，$q=q_{\mathrm{M}}$ 表示计算弯矩效应时采用的均布荷载标准值；$q=q_{\mathrm{Q}}$ 表示计算剪力效应时采用的均布荷载标准值，均布荷载和集中荷载的标准值可按表 1-22 取值。车道荷载的单向布载宽度应为 3.0m，为简化桥梁横向影响线的计算，车道荷载应按照图 1-26c 所示的等效荷载车轮集中力形式布置。当设计车道数大于 2 时，应计入车道的横向折减系数。加载车道位置应选在结构能产生最不利的荷载效应之处。

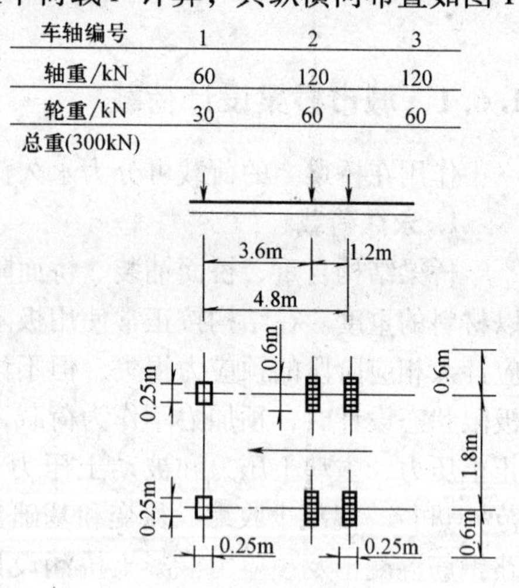

图 1-25 城-B 级标准车辆纵、平面布置

（2）汽车荷载冲击力 钢桥、钢筋混凝土和预应力混凝土桥，混凝土桥和砖石拱桥等的上部构造以及钢支座、橡胶支座或钢筋混凝土柱式墩台，应计算汽车冲击力。填料厚度（包括路面厚度）等于或大于 0.50m 的拱桥、涵洞以及重力式墩台不计汽车冲击力。汽车荷载的冲击系数 μ 可按下列公式计算。

表 1-22 荷载取值

荷载等级	城-A 级			城-B 级		
跨径/m	车道荷载			车道荷载		
	$q_M/(\mathrm{kN\cdot m^{-1}})$	$q_Q/(\mathrm{kN\cdot m^{-1}})$	P/kN	$q_M/(\mathrm{kN\cdot m^{-1}})$	$q_Q/(\mathrm{kN\cdot m^{-1}})$	P/kN
$2\leqslant l\leqslant 20$	22.5	37.5	140	19.0	25.0	130
$20<l\leqslant 150$	10.0	15.0	300	9.5	11.0	160

注：在计算剪力时，当跨径大于 20m 小于 150m，且车道数等于或大于 4 条时，城-A 级、城-B 级车道荷载应分别乘以 1.25、1.30 增长系数。

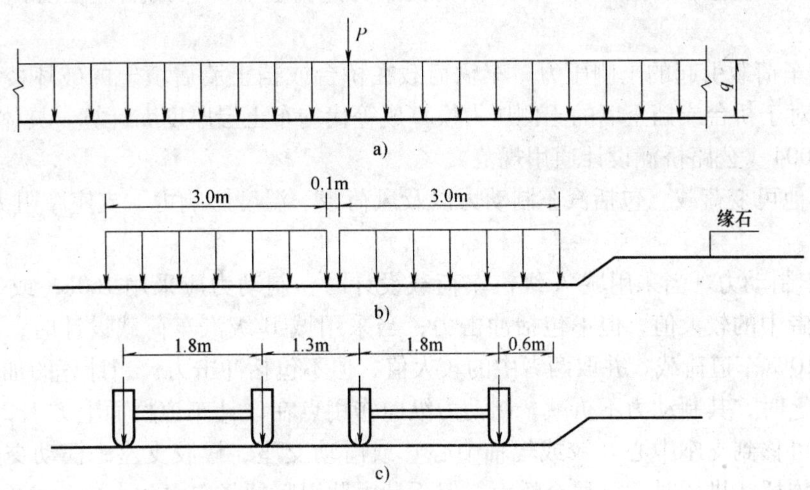

图1-26 车道荷载纵、横向布置图

车道荷载的冲击系数 $\mu=20/(80+l)$ (1-12)

式中，l 是桥梁跨径（m），当 $l=20$m 时，$\mu=0.2$；当 $l=150$m 时，$\mu=0.1$。

对于车辆荷载 $\mu=0.6686-0.3032\lg l$ (1-13)

应注意，冲击系数最大不应超过0.4。

（3）汽车离心力　当弯道桥的半径等于或小于250m时，应计算离心力。离心力的标准值按车辆荷载（不计冲击力）标准值乘以离心力系数 C 计算。离心力系数由下式计算

$$C=v^2/(127R) \tag{1-14}$$

式中，v 是计算行车速度，应按桥梁所在路线等级的规定采用（km/h）；R 是平曲线半径（m）。

在计算多车道的离心力时，应按规范规定进行横向折减。离心力的着力点在桥面以上1.2m处（为计算简便也可移至桥面上，不计由此引起的力矩效应）。

（4）人群荷载　城市桥梁的人群荷载计算规定如下：人行道板（局部构件）的人群荷载应按5kPa的均布荷载或1.5kN的竖向集中力分别计算，并作用在一块构件上，取其不利者。梁、桁架、拱及其他大跨结构的人群荷载 ω，可按下列公式计算，且 ω 值在任何情况下不得小于2.4kPa。

当加载长度 $l<20$m 时
$$\omega=4.5\times\frac{20-\omega_p}{20} \tag{1-15}$$

当加载长度 $l\geqslant20$m 时
$$\omega=\left(4.5-2\times\frac{l-20}{80}\right)\times\frac{20-\omega_p}{20} \tag{1-16}$$

式中，ω 是单位面积上的人群荷载（kPa）；l 是加载长度（m）；ω_p 是单边人行道宽度（m）；专用非机动车桥上时宜取1/2桥宽，当1/2桥宽大于4m时应按4m计。

计算桥上人行道栏杆时，作用在栏杆扶手上的活载：竖向荷载采用1.2kN/m，水平向外荷载采用1.0kN/m。两者应分别考虑，不得同时作用。作用在栏杆立柱柱顶的水平推力

应为1.0kN/m。防撞栏杆应采用80kN横向集中力进行验算，作用点应在防撞栏杆板的中心。

（5）汽车荷载引起的土侧压力　车辆荷载在桥台或挡土墙后填土的破坏棱体上将引起土侧压力，对于桥台或挡土墙的土侧压力换算成等代均布土层厚度 h 计算。具体计算方法见JTG D60—2004《公路桥涵设计通用规范》。

（6）其他可变荷载　包括汽车制动力以及风荷载、温度影响力、支座摩阻力、流冰力、流水压力等。

1）汽车制动力。当采用城-A级汽车荷载设计时，制动力应采用160kN或10%车道荷载，并取两者中的较大值，但不包括冲击力；当采用城-B级汽车荷载设计时，制动力应采用90kN或10%车道荷载，并取两者中的较大值，但不包括冲击力；当计算的加载车道为两条或两条以上时，其制动力不折减。制动力纵向作用点在设计车道桥面上方1.2m处，在计算墩台时，可移到支座中心（铰或辊轴中心）或滑动支座、橡胶支座、摆动支座的底座面上；计算刚构桥、拱桥时，可移至桥面，但不计由此引起的竖向力和力矩。

2）风荷载、温度影响力、支座摩阻力、流冰力、流水压力等计算应按JTG D60—2004《公路桥涵设计通用规范》执行。

3. 偶然荷载

城市桥梁的抗震力应以桥梁所在城市的基本烈度进行设防。地震力的计算和结构设计应符合JTG/T B02—01—2008《公路桥梁抗震设计细则》的有关规定。处于通航河流或有漂流物河流中的桥梁墩台应计入船只或漂流物的撞击力。当无实测资料时，撞击力可按JTG D60—2004《公路桥涵设计通用规范》进行计算。

1.6.2 城市桥梁荷载组合

按承载能力极限状态设计时，应根据可能同时出现的荷载，选择下列荷载组合。

组合Ⅰ：一种或几种基本可变荷载与一种或几种永久荷载相组合。

组合Ⅱ：一种或几种基本可变荷载和一种或几种永久荷载叠加后与一种或几种其他可变荷载相组合；当设计弯桥并采用离心力与制动力组合时，制动力应按70%计算。

组合Ⅲ：一种或几种基本可变荷载和一种或几种永久荷载叠加后与偶然荷载中的船只或漂流物撞击力相组合。

组合Ⅳ：桥梁在进行施工阶段的验算时，根据可能出现的结构重力、脚手架、材料机具、人群、风力以及拱桥的单向推力等施工荷载进行组合；桥梁构件在施工吊装时或运输时所产生的冲击力，应根据现场具体情况和设计经验，计入构件的动力系数。

组合Ⅴ：结构重力、预加力、土重及土侧压力，其中的一种或几种与地震力相组合。

对于其他可变荷载，在组合时应考虑其不同时性，规范规定不同时参与组合的项目，见表1-23。

表1-23　不与该荷载同时参与组合的可变荷载

荷载名称	不与该荷载同时参与组合的可变荷载	荷载名称	不与该荷载同时参与组合的可变荷载
汽车制动力	流水压力、冰压力、支座摩阻力	冰压力	汽车制动力、流水压力
流水压力	汽车制动力、冰压力	支座摩阻力	汽车制动力

当桥梁采用极限状态设计时，应根据不同的荷载组合，采用不同的荷载分项系数，分别验算结构的承载能力、变形、裂缝宽度，施工阶段的应力及预应力状态，其荷载组合及荷载安全系数的采用，均应符合 JTG D62—2004《公路钢筋混凝土及预应力混凝土桥涵设计规范》的有关规定。

对钢木结构构件仍按允许应力进行设计，其荷载组合，材料允许应力取值，可按 JTJ 025—1986《公路桥涵钢结构及木结构设计规范》执行。

1.7 铁路桥梁的设计荷载

1.7.1 荷载的种类

桥梁荷载包括主力、附加力和特殊荷载。主力又分为恒载和活载两种，见表1-24。在桥梁设计时，应按可能发生的最不利组合情况计算。组合时仅考虑主力与一个方向（顺桥或横桥）的附加力相组合。

表1-24 桥涵荷载

荷载分类		荷载名称
主力	恒载	结构构件及附属设备自重，土压力，预加力，基础变位的影响，混凝土收缩和徐变的影响，静水压力及水浮力
	活载	列车竖向静活载，离心力，列车竖向动力作用，活载土压力，公路活载（需要时考虑），人行荷载，横向摇摆力，长钢轨纵向水平力（收缩力和挠曲力）
附加力		制动力或牵引力，风力，流水压力，冰压力，冻胀力，温度变化的作用
特殊荷载		船只或排筏的撞击力，地震力，施工临时荷载，列车脱轨荷载，汽车撞击力，长钢轨断轨力

1.7.2 荷载计算

1. 恒载

（1）由支座传来的梁及桥面的重量 梁的总重量可查有关标准图。桥面重按均布荷载计算。单线直线道砟槽桥面包括双侧人行道：木枕采用38kN/m，预应力混凝土枕采用39.2kN/m；曲线上：分别采用46.3kN/m与48.1kN/m。单线明桥面的重量：无人行道时按6kN/m计算，直线上双侧人行道铺设木步行板时，按8kN/m，铺设钢筋混凝上或钢步行板时，按10kN/m计算。

（2）圬工等自重 为各部分体积乘所用材料的重度，一般常用材料的重度可查 TB 10002.1—2005《铁路桥涵设计基本规范》（简称《桥规-1》）。

（3）基础襟边上土壤重量 按其体积与重度相乘来计算。对桥台可不考虑锥体填土的横向变坡影响。

（4）土压力 作用于墩台上土的侧压力，可按库仑主动土压力计算，详见《桥规-1》。对于实体圬工水浮力按10kN/m³计。位于透水地基的墩台，应考虑水浮力。对于土壤，只计土壤颗粒本身的水浮力，因土壤颗粒重度一般为27kN/m³，干重度一般为17kN/m³。

2. 活载

（1）列车竖向静荷载 列车竖向静荷载应采用中华人民共和国铁路标准活载即“中—

活载”，标准活载如图1-27所示。加载时可在计算图示中任意截取，或采用特种荷载。计算桥梁各部分的横向倾覆稳定时，应采用空车的竖向活载，按每米线路10kN计算。

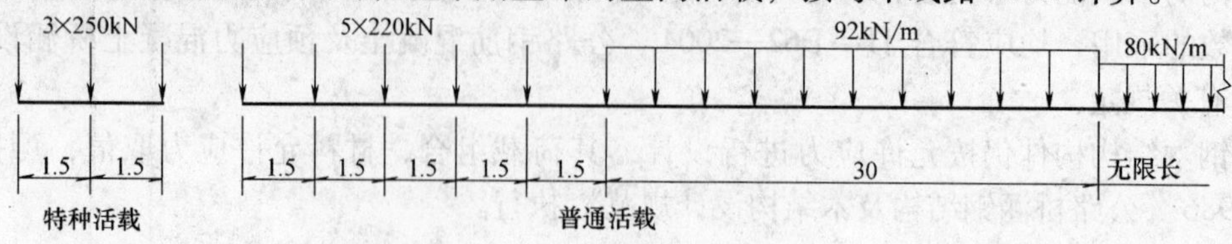

图1-27 中—活载（尺寸单位：m）

（2）离心力 桥梁在曲线上时，应考虑列车竖向静活载产生的离心力。离心力水平向外作用于轨顶以上2m处，其值按下式计算（详见《桥规-1》）：

对集中活载 N

$$F=\frac{v^2}{127R}\ (fN)$$

$$f=1.00-\frac{v-120}{1000}\left(\frac{814}{v}+1.75\right)\left(1-\sqrt{\frac{2.88}{L}}\right)$$

对分布活载 q

$$F=\frac{v^2}{127R}\ (f\cdot q)$$

式中，F 是离心力（kN）；N 是“中—活载”图示中的集中荷载（kN）；q 是“中—活载”图式中的分布荷载（kN/m）；v 是设计行车速度（km/h）；R 是曲线半径（m）；f 是竖向活载折减系数，当 $L\leqslant 2.88$m 或 $v\leqslant 120$km/h 时取1.0，当 $L>150$m 时取计算值；L 是桥上曲线部分荷载长度（m）。

（3）列车竖向动力作用 列车竖向动力作用时的列车竖向活载，等于列车静活载乘以动力系数（$1+\mu$），但钢筋混凝土、混凝土、石砌的桥跨结构及涵洞、钢架桥，其顶上填土厚度 $h\geqslant 1$m 时（从轨底算起）及实体墩台均不计列车竖向动力作用。

（4）活载土压力 为桥台后破坏棱体范围内因活载引起的侧向土压力，应按列车静活载换算为等代均布土层厚度计算。计算活载对涵洞的竖向压力和水压力时，在轨底平面上的横向分布宽度假定为2.5m，在路基内与竖直线成一定角度向外分布计算，此角度的正切值为0.5，详见《桥规-1》。

3. 附加力

（1）制动力或牵引力 制动力（牵引力）的大小与作用点：列车在桥梁上制动或起动时，由于车轮与钢轨的摩擦，列车对钢轨将产生一水平力，并经支座传至桥墩台。制动时产生与列车行进方向相同的纵向水平力，称为制动力；起动或加速时相反，称为牵引力。制动力与牵引力的大小接近相等，其值按竖向静活载重量（对于桥墩台而言，是梁上或台上列车重量）的10%计算。制动力或牵引力的作用点在轨顶以上2m处，但在计算墩台时须移到支座铰中心处，计算台顶时移至轨底，均不计算由于移动作用点而产生的竖向力或力矩。

当制动力（牵引力）与离心力或冲击力同时计算时，考虑它们的最大值不可能同时发生，因此只按竖向静活载重量的7%计算。双线桥应采用一线的制动力或牵引力。

采用特种活载时，不计算制动力或牵引力。

制动力（牵引力）计算的规定：制动力或牵引力是经过支座传至墩台的，但支座种类不同，故传递力的大小也不同。《桥规-1》第5.3.5条规定，简支梁传至墩台上的纵向水平力数值应按下列规定计算：固定支座为全孔的100%；滑动支座为全孔的50%；滚动支座为全孔的25%。

在一个桥墩上安设固定支座及活动支座时，应按上述数值相加。为避免出现计算值过大而不合理：对不等跨梁，此相加值不应大于其中较大跨的固定支座的纵向水平力；对等跨梁不应大于其中一跨的固定支座的纵向水平力。

对于桥台计算制动力或牵引力时，应分别计算梁跨部分和台上部分，计算方法同上。

对于桥头填方破坏棱体范围内的活载所产生的制动力或牵引力不予计算，这是因为该力绝大部分已被轨道传走。

（2）风力

1）风力是作用在受风物体上的水平力，有纵向和横向两种，其值为受风面积乘以风荷载强度 W，详见《桥规-1》第4.4.1条。

2）列车横向受风面积按3m高的长方带计算，其作用点在轨顶以上2m高度处；列车纵向风力不予计算。

3）梁及桥面系横向风力的受风面积，对于整片结构为其轮廓面积，对于桁式结构则按轮廓面积适当折减。

4）桥墩的纵、横向风力分别按两个方向的受风面积计算；检算桥台时，桥台本身所受风力不予计算。

5）桥上有车时，风荷载强度采用 W 的80%计算，并不大于1250Pa；桥上无车时按原值 W 计算。其余计算详见《桥规-1》第4.4.1条。

（3）流水压力　作用于桥墩的流水压力 P 可按下式计算

$$P = KA\frac{\gamma v^2}{2g}$$

式中，K 是桥墩形状系数，其值如下：方形桥墩1.47，矩形桥墩（长边与水流平行）1.33，圆形桥墩0.73，尖端形桥墩0.67，圆端形桥墩0.60；A 是桥墩阻水面积（m^2），通常计算至一般冲刷线处；γ 是水的重度，一般取 $10kN/m^3$；v 是计算时采用的流速（m/s）；g 是重力加速度（m/s^2）。

流水压力的分布为倒三角形，其着力点在水位线以下1/3水深处。

4. 特殊荷载

1）地震力。按规定，地震力不与其他附加力同时计算。地震力的计算方法，详见GB 50111—2006《铁路工程抗震设计规范》（2009年版）。

2）其他荷载，在一般情况下不控制检算。

【本章要点】

[1] 桥梁由上部结构、下部结构、支座和附属设施四部分组成。

[2] 桥梁按基本体系分类，有梁桥、拱桥、悬索桥、斜拉桥等。

[3] 普通钢筋混凝土简支梁桥跨径一般不超过25m，预应力混凝土简支梁桥跨径一般不超过50m，跨径再增加应考虑采用连续体系梁桥。

[4] 桥梁设计应遵循技术先进、安全可靠、使用耐久、经济合理的要求；桥梁设计前，应尽可能多做

调查和收集资料，包括交通调查和桥位处自然条件调查等；桥梁立面总体设计应综合考虑通航、泄洪、冲刷等问题，并考虑两头接线的要求。

[5] 桥梁横断面形式主要依据桥型而定，桥面宽度应符合不同公路等级的要求。

[6] 桥梁方案比选是一个循序渐进、由浅入深的过程，首先应调查掌握各种规划和自然条件，然后充分运用专业知识和国内外信息，提出多个方案，经过技术经济等方面的比较后，才能获得最佳的设计方案。

[7] 公路桥涵设计采用的作用分为永久作用、可变作用和偶然作用三类。

[8] 公路桥涵结构按承载能力极限状态设计时，采用基本组合和偶然组合；公路桥涵结构按正常使用极限状态设计时，应根据不同的使用要求，采用作用短期效应组合和作用长期效应组合。

【思考与练习】

1-1 桥梁由几个基本部分组成？每一部分的作用是什么？

1-2 什么是桥梁的标准跨径、桥梁计算跨径、桥梁净跨径，桥梁高度、桥下净空高度，低水位、高水位、设计洪水位、通航水位？

1-3 按桥梁的基本体系划分，有哪些桥型？

1-4 简述桥梁设计的基本要求。

1-5 简述桥梁纵断面设计包含的内容？

1-6 JTG D60—2004《公路桥涵设计通用规范》将公路桥梁上的各种作用按随时间的变异分为哪几类？

1-7 什么是作用代表值、作用标准值和作用频遇值？

1-8 公路桥涵结构按承载能力极限状态设计时，写出作用效应基本组合表达式。

第2章　梁桥构造

2.1　桥面系

2.1.1　桥面组成与布置

1. 桥面组成

钢筋混凝土和预应力混凝土桥的桥面部分通常包括桥面铺装、防水和排水设施、伸缩缝、人行道（或安全带）、缘石、栏杆和灯柱等构造（图2-1）。由于桥面部分天然敞露因而对大气影响十分敏感，车辆行人来往美观也至为重要，根据以往的实践，建桥时因对桥面重视不足而导致日后修补和维护是不少的，因此，如何合理改进桥面构造，已越来越引起人们的注意。

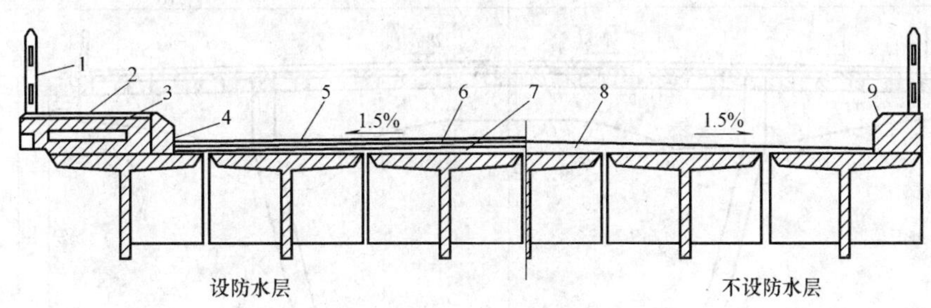

图2-1　桥面的基本组成

1—栏杆　2—人行道铺装层　3—人行道　4—缘石　5—行车道铺装层

6—防水层　7—三角垫层　8—行车道铺装层　9—安全带

2. 桥面布置

桥面布置应在桥梁的总体设计中考虑，根据道路的等级、桥梁宽度、行车要求等条件确定。桥面的布置方式，主要有双向车道布置、分车道布置和双层桥面布置。

（1）双向车道布置　双向车道布置是指行车道的上下行交通布置在同一桥面上。在桥面上，上下行交通画线分隔，没有明显界限。桥梁上也允许机动车与非机动车同时通过，也同样画线分隔。由于在桥梁上同时存在上下行机动车辆与非机动车，因此，车辆在桥梁上行驶速度只能是低速或中速，在交通量较大的路段，往往会造成交通滞流。

（2）分车道布置　行车道的上下行交通，在桥梁上按分隔设置式布置，因而上下行交通互不干扰，可提高行车速度，便于交通管理。但是在桥面布置上要增加一些附属设施，桥面的宽度相应要加宽。分车道布置可在桥面上设置分隔带，用以分隔上下行车辆，如图2-2a所示。也可以采用分离式主梁布置，在主梁间设置分隔带，如图2-2b所示。分车道布置除对上下行交通分隔外，也可将机动车道与非机动车道分隔、行车道与人行道分隔。这种布置方式可提高行车速度，便于交通管理。

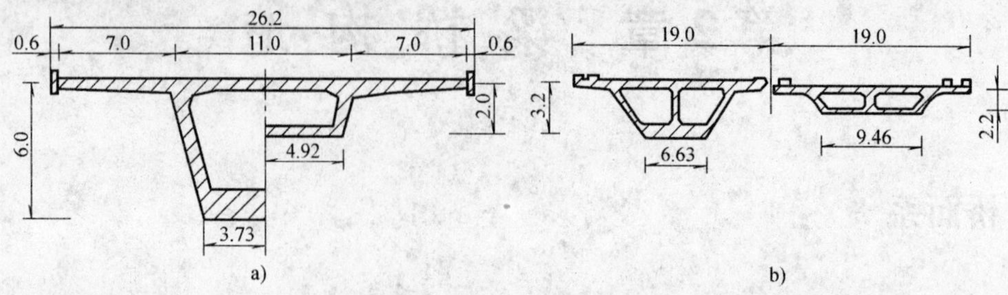

图 2-2　分车道的桥面布置（尺寸单位：m）

（3）双层桥面布置　双层桥面布置即桥梁结构在空间上可提供两个不在同一平面上的桥面构造，如图 2-3 所示。双层桥面布置可以使不同的交通严格分道行驶，提高了车辆和行人的通行能力，便于交通管理。同时，在满足同样交通要求时，可以充分利用桥梁净空，减小桥梁宽度，缩短引桥长度，获得较好的经济效益。

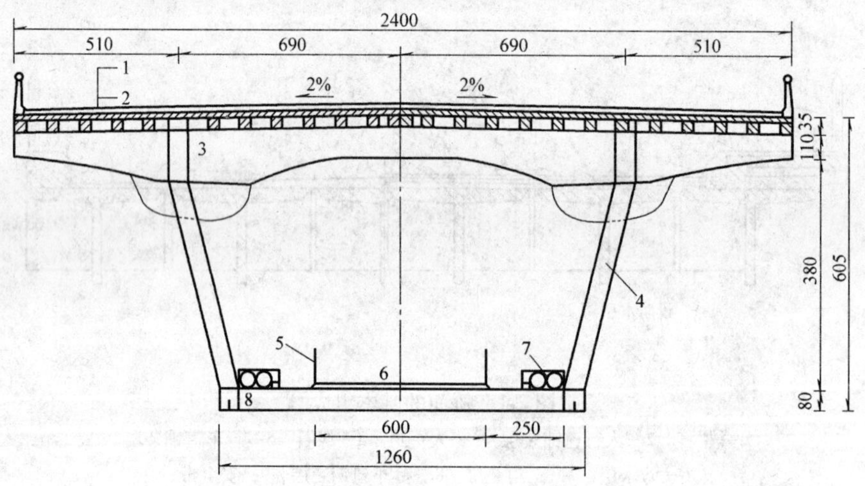

图 2-3　双层桥面布置（尺寸单位：m）

1—沥青混凝土桥面铺装　2—预制矮肋式桥面板　3—上横梁　4—钢桁架
5—栏杆　6—人行道　7—预留管线槽　8—下横梁

2.1.2　桥面铺装、防水及排水设施

桥面铺装也称行车道铺装，其功用是保护行车道板结构不受车辆轮胎的直接磨耗，防止主梁遭受雨水侵蚀，并能分散车辆轮重的集中荷载起。桥面铺装部分在桥梁恒载中占有相当大的比重，对于小跨径桥梁尤为显著，故应尽量设法减轻铺装重量。如果桥面铺装采用水泥混凝土，其强度等级不低于桥面板混凝土的，并在施工中能确保铺装层与桥面板紧密结合成整体，则铺装层的混凝土（扣除作为车轮磨损的部分，为 1 ~ 2cm 厚）也可合计在桥面板内一起参与工作，以充分发挥这部分材料的作用。

1. 桥面铺装的类型

钢筋混凝土和预应力混凝土梁桥的桥面铺装，目前使用下列几种类型。

(1) 普通水泥混凝土或沥青混凝土铺装　在非严寒地区的小跨径桥上，通常桥面内可不做专门防水层，直接在桥面上铺筑5~8cm的普通水泥混凝土或沥青混凝土铺装层。铺装层混凝土的强度等级一般与桥面板混凝土的相同或略高一级，在铺筑时要求有较好的密实度。为了防滑和减弱光线的反射，最好将混凝土桥面做成粗糙表面。混凝土铺装的造价低，耐磨性能好，适合于重载交通，但其养护期比沥青混凝土铺装长，日后修补也较麻烦。沥青混凝土铺装的重量较轻，维修养护也较方便，在铺筑后只等几小时就能通车运营。桥上的沥青混凝土铺装可以做成单层式的（5~8cm）或双层式的（下面层4~5cm，上面层3~4cm）。

(2) 防水混凝土铺装　对位于非冰冻地区的桥梁需做适当的防水时，可在桥面板上铺筑8~10cm厚的防水混凝土作为铺装层（图2-4a）。防水混凝土的强度等级一般不低于桥面板混凝土的强度等级，其上一般可不另设面层，但为延长桥面的使用年限，宜在上面铺筑2cm厚的沥青表面处理，作为可修补的磨耗层。

(3) 具有贴式防水层的水泥混凝土或沥青混凝土铺装　在防水程度要求高，或在桥面板位于结构受拉区而可能出现裂纹的桥梁上，往往采用柔性的贴式防水层（图2-4b）。贴式防水层设在低强度等级混凝土排水三角垫层上面，其做法是：先在垫层上用水泥砂浆抹平，待硬化后在其上涂一层热沥青底层，随即贴上一层油毡（或麻袋布、玻璃纤维织物等），上面再涂一层沥青胶砂，贴一层油毡，最后再涂一层沥青胶砂，贴一层油毡，最后再涂一层沥青胶砂。通常这种防水层的厚度为1~2cm。为了保护贴式防水层不至因铺筑和翻修路面而受到损坏，在防水层上需用厚约4cm、强度等级不低于C20的细骨料混凝土作为保护层。等它达到足够强度后再铺筑沥青混凝土或水泥混凝土路面铺装。由于这种防水层的造价高，施工也麻烦费时，故应根据建桥地区的气候条件、桥梁的重要性等，在技术和经济上经充分考虑后再采用。

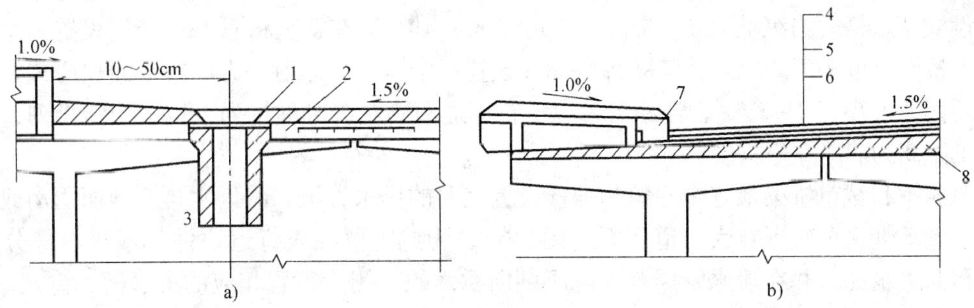

图2-4　桥面铺装构造

1—沥青表面处理　2—防水混凝土　3—泄水管　4—沥青混凝土路面（5cm）
5—C20混凝土保护层（4cm）　6—防水层（1cm）　7—缘石　8—贫混凝土

此外，国外也曾使用环氧树脂涂层来达到抗磨耗、防水和减轻桥梁恒载的作用。这种铺装层的厚度通常为0.3~1.0cm。为保证其与桥面板牢固结合，涂抹前应将混凝土板面清刷干净。显然，这种铺装的费用昂贵。对于装配式梁式桥，当桥面铺装采用混凝土以及贴式防水层时，为了加强接缝处的强度，以免混凝土沿纵向裂开，就需要在接缝处的混凝土铺装层内或保护层内设置一层小直径（3～6mm）的钢筋网，网格尺寸为15cm×15cm至20cm×20cm。如果铺装层在接缝处参与受力，则钢筋的具体配置应由计算确定。

2. 排水设施

在寒冷地区，水分渗入混凝土微细裂纹或大孔隙内，结冰时会导致混凝土冻胀破坏，同时，水分侵袭钢筋也会使其锈蚀。因此，为防止雨水滞积于桥面并渗入梁体而影响桥梁的耐久性，除在桥面铺装内设置防水层外，应引导桥上的雨水迅速排出桥外。

(1) 桥面横坡的设置　为了迅速排除桥面雨水，通常除使桥梁设有纵向坡度外，尚应将桥面铺装沿横向设置双向的桥面横坡。对于沥青混凝土或水泥混凝土铺装，横坡坡度为1.5%～2.0%。行车道路面普遍采用抛物线形横坡，人行道则用直线形。对于板桥或就地浇筑的肋梁桥，为了节省铺装材料并减轻恒载重量，也可将横坡设在墩台顶部而做成倾斜的桥面板（图2-5a），此时铺装层在整个桥宽上就可做成等厚的。对于装配式肋梁桥，为架设和拼装的方便，通常都采用不等厚的铺装层（包括混凝土的三角垫层和等厚的路面铺装层）以构成桥面横坡（图2-5b）。在较宽的桥梁（如城市桥梁）中，用三角垫层设置横坡将使恒载重量增加过多，在此情况下，将行车道板做成双向倾斜的横坡（图2-5c），但这样会使主梁的构造和施工稍趋复杂。

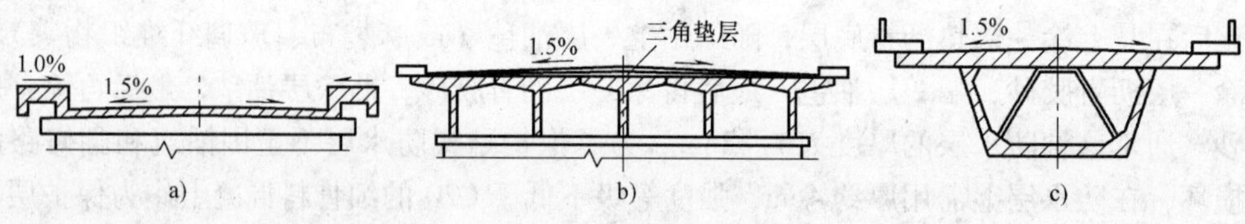

图2-5　桥面横坡的设置

(2) 桥面排水设施　通常当桥面纵坡大于2%而桥长小于50m时，雨水可流至桥头从引道上排除，桥上就不必设置专门的泄水孔道。为防止雨水冲刷引道路基，应在桥头引道的两侧设置流水槽。当纵坡大于2%，桥长超过50m时，宜在桥上每隔12～15m设置一个泄水管。如桥面纵坡小于2%，则宜每隔6～8m设置一个泄水管。泄水管的过水面积通常是每平方米桥面上不小于2～3cm²，泄水管可以沿行车道两侧左右对称排列，也可交错排列，其离缘石的距离为20～50cm（图2-4a）。

跨线桥和城市桥梁最好像建筑物那样设置完善的排水管道，将雨水排至地面阴沟或下水道内。泄水管也可布置在人行道下面（图2-6），为此需要在人行道块件（或缘石部分）上留出横向进水孔，并在泄水管周围（除了朝向桥面的一侧）设置相应的集水槽。

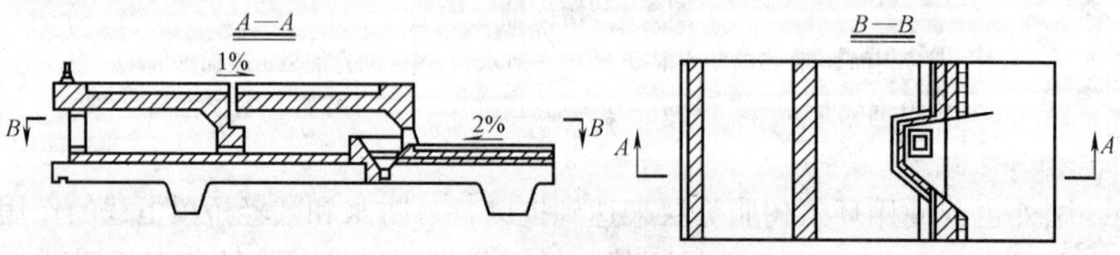

图2-6　泄水管布置在人行道下

泄水管常采用铸铁或塑料管，最小内径为15cm。泄水管周围的桥面还应配置补强钢筋网。对于跨一般河流、水沟的桥梁，桥面水流入泄水管后可以直接向下排放（图2-4a）；对于跨径不大、不设人行道的小桥，可以直接在行车道两侧的安全带或缘石上预留横向孔道，用铁管或竹管将水排出桥外，管口要伸出构件2～3cm以便滴水，但这种做法易阻塞孔道。跨越公路、铁路、通航河流的桥梁以及城市桥梁，流入泄水管中的雨水，应汇集在纵向排水管（或排水槽）内，并通过设在墩台处的竖向排水管（落水管）流入地面排水设施或河流中（图2-7）。

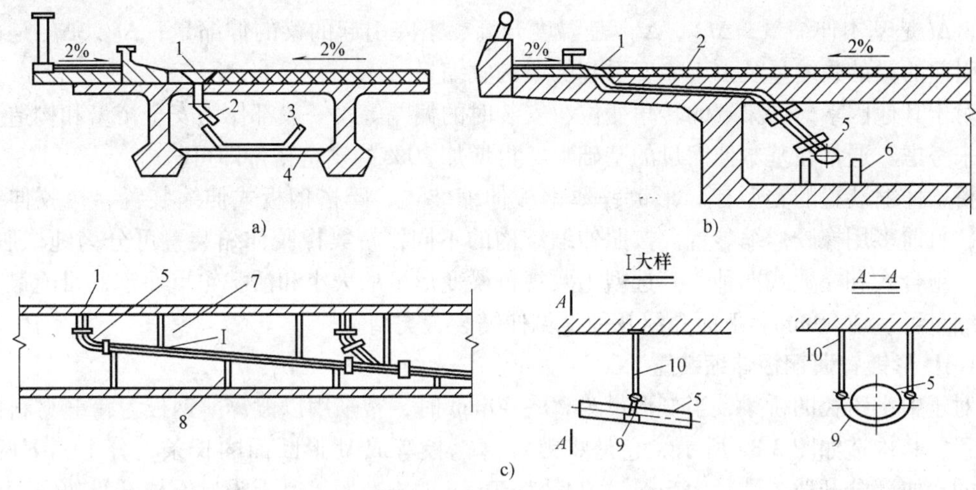

图2-7　城市桥梁排水设施

1—泄水漏斗　2—泄水管　3—钢筋混凝土斜槽　4—横梁　5—纵向排水管
6—支撑结构　7—悬吊结构　8—支柱　9—弧形箍　10—吊杆

排水管材料有铸铁管、塑料管（聚氯乙烯PVC或聚乙烯PE）或钢管，其内径应等于或大于泄水管的内径，排水槽宜采用铝质或钢质材料，也可采用水泥混凝土预制件，其横截面为矩形或U形，宽度和深度均宜在20cm左右。纵向排水管或排水槽的坡度不得小于0.5%。桥梁伸缩缝的纵向排水管或排水槽应设置可伸缩的柔性套筒。寒冷地区的竖向排水管，其末端宜距地面50cm以上。

2.1.3 伸缩装置

为了保证桥跨结构在温度变化、活载作用、混凝土收缩与徐变等影响下按静力图自由地变形，就需要在桥面两梁端之间以及在梁端与桥台背墙之间设置横向伸缩缝（也称变形缝）。伸缩缝的构造视桥梁变形量的大小和活载轮重而异，其作用是不但要保证梁能自由变形，而且要使车辆在设缝处能平顺地通过并防止雨水、垃圾、泥土等渗入阻塞。城市桥梁还应考虑使缝的构造在车辆通过时减少噪声。伸缩缝构造应保证施工和安装方便，除其部件本身要有足够的强度外，还应与桥面铺装部分牢固连接。对于敞露式的伸缩缝要便于检查和清除缝下沟槽的污物。

在设置伸缩装置处，栏杆与桥面铺装也要断开。伸缩装置必须与桥面可靠连接，如结构埋置太浅，在车辆荷载的冲击下会使其附近的桥面铺装崩碎破坏。伸缩装置处于桥梁的薄弱位置，即使微小的不平整都会使它承受很大的冲击作用，因此常常需要养护更换。伸缩装置的设计和构造处理要选用最有抵抗能力的方案。伸缩装置应牢固地锚定，并且能精确地装入车道结构中。

伸缩装置的类型选择，主要取决于因温度变化、混凝土徐变及收缩引起的桥梁伸缩量。桥梁伸缩量的大小由计算确定，主要考虑以伸缩安装时的温度为基准，由温度变化引起的伸缩量和混凝土徐变、干燥收缩所引起的伸缩量作为基本依据，其计算公式为

$$\Delta l = \Delta l_t^+ + \Delta l_t^- + \Delta l_s + \Delta l_e$$

式中，Δl 是基本伸缩量；Δl_t^+、Δl_t^- 是温度升高、下降引起的梁的伸缩量；Δl_s、Δl_e 是由于干燥引起的梁的收缩量及由于徐变引起的梁的收缩量。

对于其他因素，如梁端的转角变位、安装时的偏差等，一般都作为安全裕量和构造上的需要来考虑。通常在基本伸缩量的基础上，再增加20%的安全裕量即可。

桥梁伸缩装置的类型有U形镀锌薄钢板伸缩装置、跨搭钢板式伸缩装置、橡胶伸缩装置等，目前多用橡胶伸缩装置。按照伸缩结构的不同，桥梁橡胶伸缩装置可分为纯橡胶式、板式、组合式和模数式四种，其选型主要视桥梁变形量的大小和活载轮重而定，目前最大适应伸缩量可达2000mm。下面介绍几种常见伸缩装置类型。

1. U形镀锌薄钢板伸缩装置

对于中小跨径的桥梁，当变形量为20～40mm时，常采用以镀锌薄钢板为跨缝材料的伸缩装置，其构造如图2-8a所示。它是将镀锌薄钢板弯成U形断面的长条，分上、下两层，上层的弯曲部分开凿了孔径为6mm、孔距为30mm的梅花眼，其上设置石棉纤维垫绳，然后用沥青膏填塞。这样，当桥面伸缩时镀锌薄钢板可随之变形。下层U形镀锌薄钢板可将渗下的雨水沿横桥向排除桥外。对于人行道部分的伸缩装置，通常就用一层U形镀锌薄钢板跨搭。

2. 钢板式伸缩装置

对于变形量较大（40～60mm）的情况，可采用以钢板为跨缝材料的伸缩装置。图2-8b所示为梳齿形钢板伸缩装置，以钢板为跨缝材料，一般用于中、大型桥梁，它在断缝处用预埋钢筋和预埋钢板固定梁两端护缘钢板，再将护缘钢板用高强度螺栓与梳齿形钢板连接，这样梳齿形钢板固定在断缝两侧，通过梳齿的缝隙实现断缝处的位移和变形。

3. 橡胶伸缩装置

利用各种断面形式的优质橡胶带作为填缝镶嵌材料，既富于弹性，又容易胶贴，能满足变形要求兼备防水的功能。橡胶伸缩装置使用安装方便，在国内外桥梁建设中得到了广泛应用。图2-8c所示为氯丁橡胶具有两个圆孔的嵌条伸缩装置。当梁架设好后，在缝的两端焊接上角钢（角钢间的净距可比橡胶条的宽度小10mm），涂上胶后，再将橡胶条强行嵌入，橡胶条可随人行道弯折，嵌条接头处用胶粘接，伸缩量为20～50mm。图2-8d所示为德国毛勒伸缩装置的一种（模数式橡胶伸缩装置），它是采用橡胶和钢板或型钢组合的伸缩装置，密封橡胶条为鸟形构造，伸缩量为80～1040mm。

采用橡胶伸缩缝来代替跨搭钢板式伸缩缝，可以避免污物落入缝内，省去排水溜槽，显著减小活载的动力作用，简化接缝构造和安装工艺，并能节约钢材。桥梁运营的实践经验表明，桥面上的伸缩缝在使用中很容易损坏。因此，为了提高行车的舒适性，减轻桥梁的养护工作，提高桥梁的使用寿命，应力求减少伸缩缝的数量。

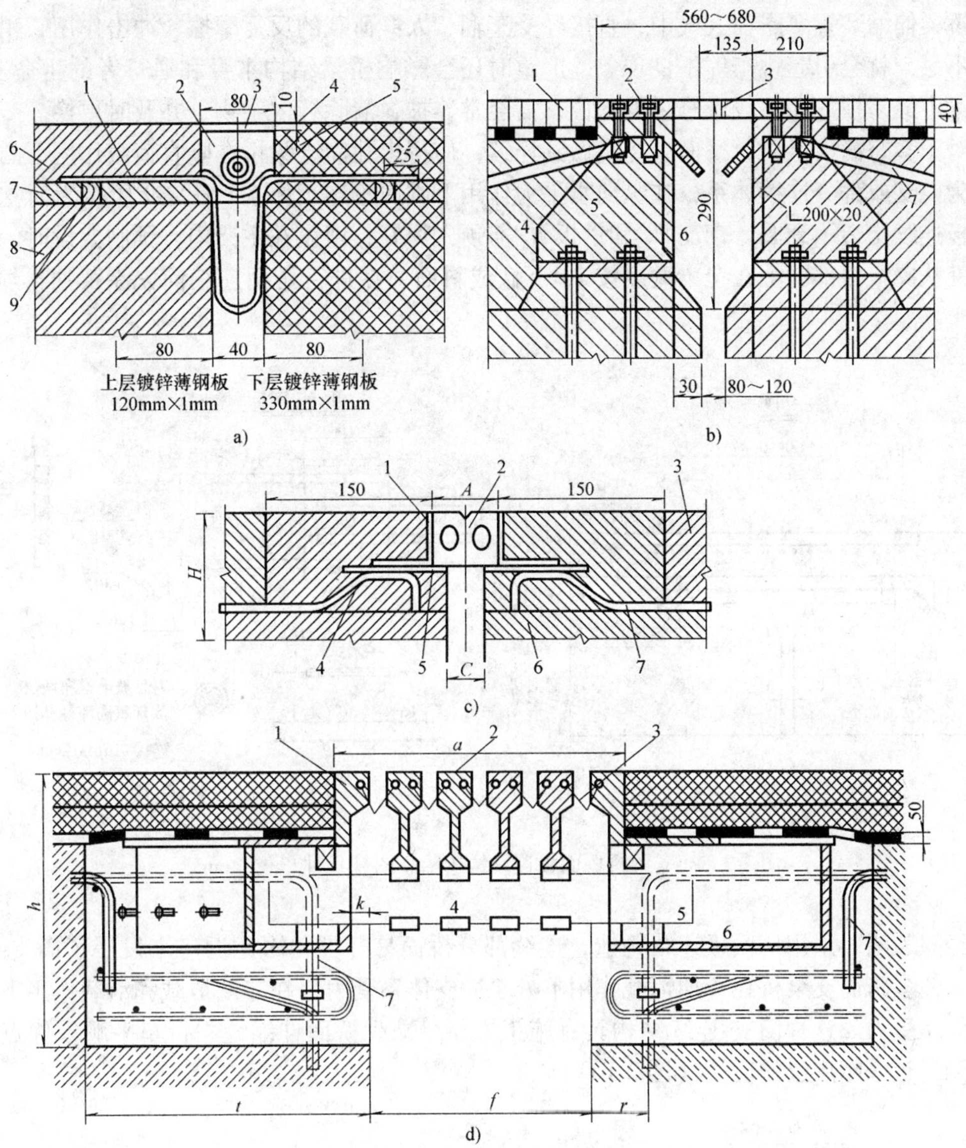

图 2 8 几种常用的桥梁伸缩装置图

a）

1—圆钉 2—沥青膏 3—砂子 4—石棉纤维垫绳 5—锡焊 6—行车道铺装层

7—三角层 8—行车道块件 9—小木块 30mm×30mm

b）

1—路面 2—高强度螺栓 3—梳形板 4—锚筋 ϕ20mm

5—加劲肋板 6—护缘角钢 7—锚筋

c）

1—角钢 2—橡胶条 3—桥面铺装 4—锚固钢筋

5—钢板 6—行车道块件 7—锚固钢筋

d）

1—边梁 2—中间梁 3—伸缩橡胶带 4—支承横梁

5—支承支座 6—位移控箱 7—下锚筋

桥梁伸缩装置暴露在大气中，直接经受车辆、人群荷载的反复摩擦、冲击作用，稍有缺陷或不足，就会引起跳车等不良现象，严重时还会影响桥梁结构本身和通行者的生命安全，是桥梁中最易损坏而又较难修缮的部位，需经常养护，清除缝内杂物，并及时更换。

对于多跨简支梁桥，桥面应尽量做到连续，使得多孔简支梁桥在竖直荷载作用下的变形状态为简支或部分连续体系，在纵向水平力作用下则属于连续体系。图 2-9 所示为简支梁桥桥面板连续构造示意图。钢筋 N_2 和钢板 N_6 需预先焊好，埋设在主梁内。预制架设时，梁端接缝处从翼板根部向上在全梁宽度按 10∶1 做成斜面，在进行桥面连续前先涂黄油再填 C30 混凝土。

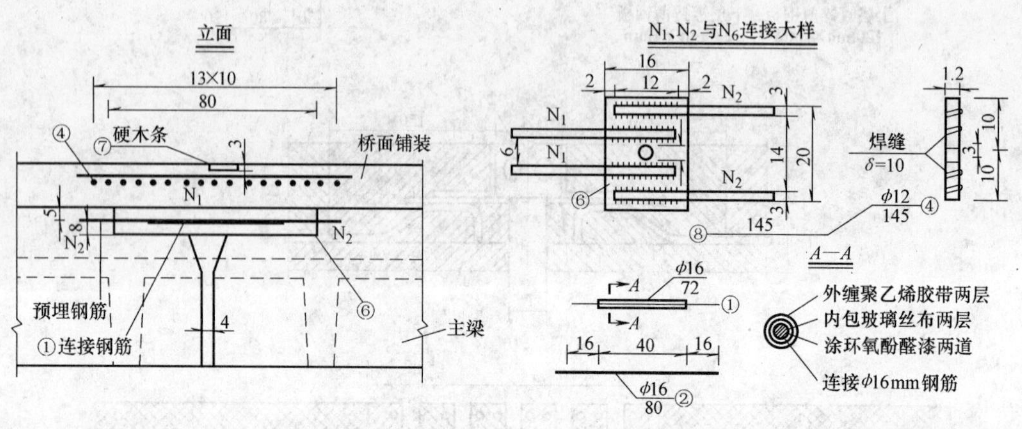

图 2-9　简支梁桥桥面板连续构造示意图（尺寸单位：cm）

经验表明，采用桥面板连续构造，连续部分桥面易开裂，因此近年来发展了简支-连续结构，使多跨简支梁桥在一期恒载作用下处于简支体系受力，在二期恒载和活载作用下处于连续体系受力。这种简支-连续结构具有施工方便、减少桥面伸缩缝、行车平顺等优点，因此得到了越来越广泛的应用（图 2-10）。

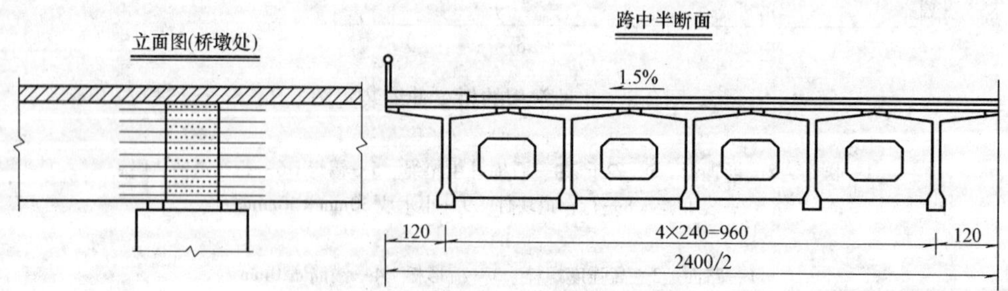

图 2-10　简支-连续构造（尺寸单位：cm）

桥面连续措施的实质，就是将简支上部构造在其伸缩缝处铰接。伸缩缝处的桥面部分应当具有适应车辆荷载作用所需的柔性，并应有足够的强度来承受因温度变化和制动作用所产生的纵向力。这样，桥面连续的多孔简支梁桥，在竖直荷载作用下属于简支体系，在纵向水平力作用下则属于连续体系。

2.1.4 人行道

位于城镇和近郊的桥梁均应设置人行道，其宽度和高度应根据行人的交通流量和周围环境来确定，人行道的宽度为0.75m或1.00m，按0.50m的倍数增加。表2-1为城市桥梁桥面人行道的参考宽度。在快速车道、主干路、次干路或行人稀少的地区，若两侧无人行道，则两侧应设置安全带，宽度为0.50～0.75m，高度为0.25～0.35m。近年来，不少桥梁设计中，为了保证行车安全，安全带的高度一般不小于0.4m。

表2-1 城市桥梁桥面人行道的参考宽度

桥梁等级及地段	人行道宽度（单侧）	桥梁等级及地段	人行道宽度（单侧）
火车站、码头、长途汽车站附近和其他行人聚集地段	3～5m	人行道	1.5～3m
大型商店和大型公共文化机关附近，商业闹市区	2.5～4.5m	大桥、特大桥	2～3m

人行道顶面应做成倾向桥面1%～1.5%的排水横坡，城市桥梁人行道顶面可铺彩砖，以增加美观。此外，人行道在桥面断缝处必须设置伸缩缝。

人行道的构造形式多种多样，根据不同的施工方法有就地浇筑式、预制装配式、部分装配和部分现浇的混合式。其中就地浇筑式的人行道现在已经很少采用，而预制装配式的人行道具有构件标准化、拼装简单化等优点，在各种桥梁结构中应用广泛。在斜拉桥中，当直柱门形塔对人行道有妨碍时，可将人行道用悬臂梁向塔柱外侧挑出，绕过塔柱，这时需采用混合式人行道，如图2-11所示。

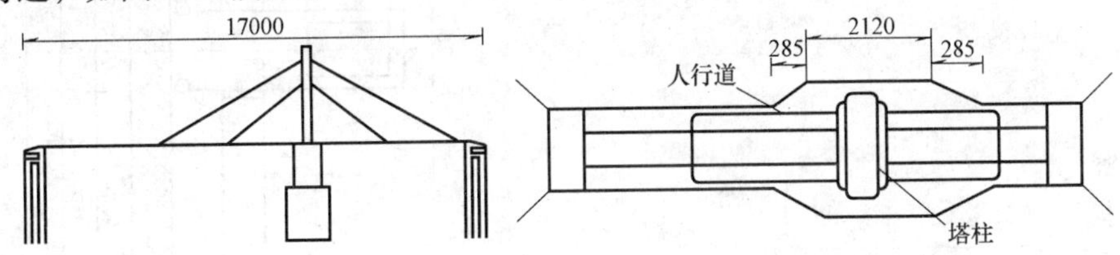

图2-11 人行道采用装配式和现浇的混合式施工（尺寸单位：cm）

图2-12a所示为预制的F形人行道，它搁置在主梁上，适用于各种净宽的人行道，人行道下可以放置过桥管线，但检修更换十分困难；图2-12b所示为人行道附设在板上，人行道部分用填料填高，上面敷设2～3cm砂浆面层或沥青砂，人行道内缘设置缘石；图2-12c所示为小跨宽桥上将人行道部分墩台加高，在其上搁置独立的人行道板；图2-12d所示为就地浇筑式人行道，适用于整体浇筑的钢筋混凝土梁桥，而将人行道设在挑出的悬臂上，这样可以缩短墩台宽度，但施工不太方便。

图2-13为JT/GQB O—197314《公路桥涵标准图 梁式桥上部公用构造 安全带、人行道、栏杆、伸缩缝、泄水管、支座》中分体预制悬臂安装的人行道板构造。人行道横梁、B搁在行车道主梁上，一端悬臂挑出，另一端则通过预埋的钢板与主梁预留的锚固钢筋焊接。支撑梁用来固定人行道梁的位置。人行道板的厚度按JTG D 62—2004《公路钢筋混凝土及预应力混凝土桥涵设计规范》规定就地浇筑的不小于8cm，装配式的不小于6cm。

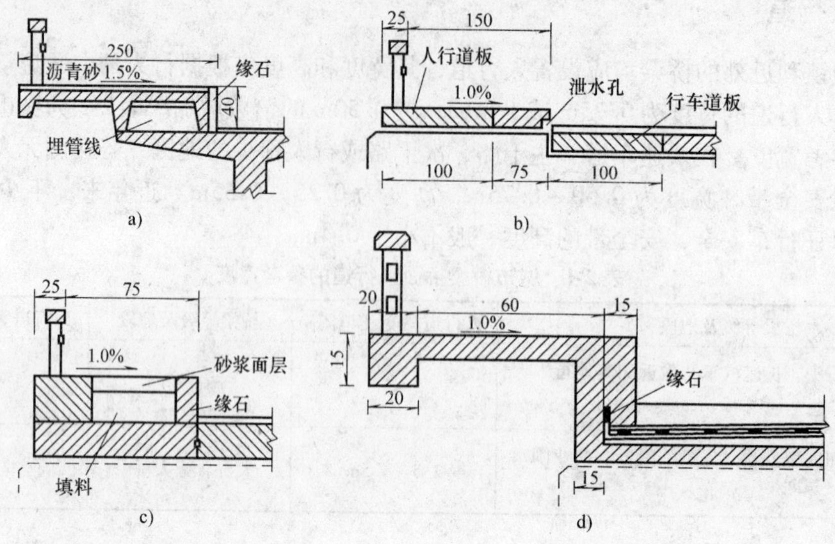

图 2-12 人行道一般构造（尺寸单位：cm）

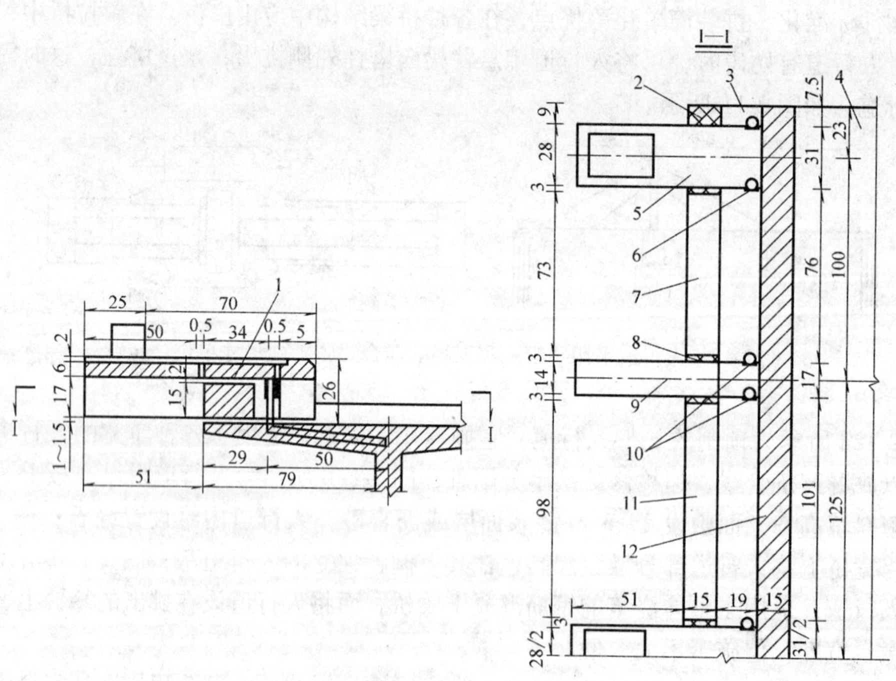

图 2-13 悬出的装配式人行道板构造（尺寸单位：cm）

1—人行道板 2—混凝土填空 3—钢板 4—翼缘（桥面板） 5—人行道梁 A
6—固定锚栓 7—支撑梁 15×22×73 8—混凝土填空 9—人行道梁 B
10—固定锚栓 11—支撑梁 12—缘石

2.1.5　栏杆和灯柱

桥梁栏杆设置在人行道上，其功能主要在于防止行人和非机动车辆掉入桥下。其设计应符合受力要求，并注意美观，高度不应小于1.1m。应注意，在靠近桥面伸缩缝处所有的栏杆，均应断开使扶手与柱之间能自由变形。

在城市桥上以及城郊行人和车辆较多的公路桥上，都要设置照明设备。桥梁照明应防止眩光，必要时应采用严格控光灯具，而不宜采用栏杆照明方式。对于大型桥梁和具有艺术、历史价值的中、小桥梁的照明应进行专门设计，既满足功能要求，又顾及艺术效果，并与桥梁的风格相协调。

照明灯柱可以设在栏杆扶手的位置上，在较宽的人行道上也可以设在靠近缘石处。照明用灯一般高出车道8～12m。钢筋混凝土灯柱的柱脚可以就地浇筑并将钢筋锚固于桥面中。铸铁灯柱柱脚可固定在预埋的锚固螺栓上。照明以及其他用途所需的电信线路等通常从人行道下的预留孔道内通过。

2.1.6　桥梁护栏

为了避免机动车辆碰撞行人和机动车辆的严重事故发生，对于高速公路、汽车专用一级公路上的特大、大、中型桥梁，必须根据其防撞等级在人行道与行车道之间设置桥梁护栏。一般公路的特大、大、中型桥梁在条件许可的情况下也应设置护栏。在有人行道的桥梁上，应按实际需要在人行道和行车道分界处设置汽车、行人分隔护栏。

桥梁护栏按构造特征可分为梁柱式护栏、钢筋混凝土墙式护栏和组合护栏，如图2-14所示。可采用的材料有金属（钢、铝合金）和钢筋混凝土。

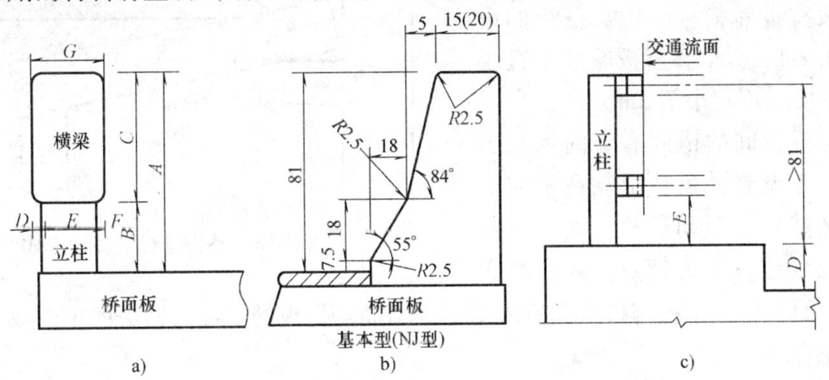

图2-14　桥梁护栏构造（尺寸单位：cm）

桥梁护栏形式的选择，首先要根据防撞等级要求，避免在相应设计条件下失控车辆跃出，同时还应综合考虑公路等级、桥梁护栏外侧危险物的特征、美观、经济性，以及养护维修等因素。如在有美观要求或积雪严重的地区宜采用梁柱式护栏组合结构；钢桥为了减轻恒载，宜采用金属制成的护栏。组合式护栏（防撞护栏）兼有钢筋混凝土墙式护栏的坚固和金属制梁柱式护栏美观的优点，在我国高速公路的桥梁上普遍采用（图2-15）。它的优越性在于：当汽车车轮与之相撞、碰撞角小于10°时，能保证汽车运行轨道的校正，而不会出现较大的损伤。

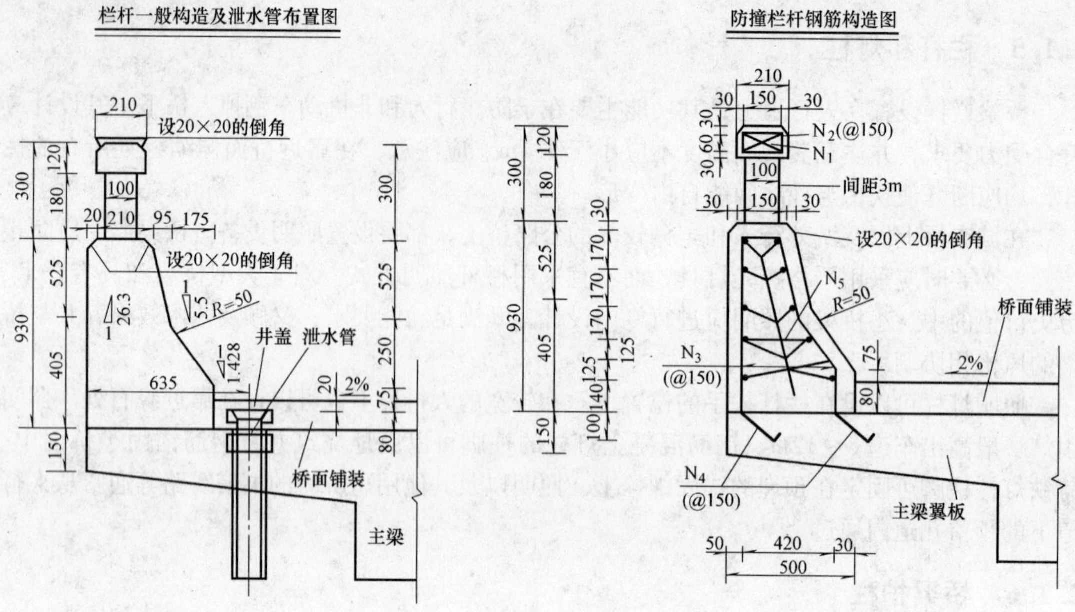

图 2-15　防撞护栏构造（尺寸单位：mm）

2.1.7　桥头搭板

为了减小由于刚度不同而引起的桥头跳车现象，JTG D 60—2004《公路桥涵设计通用规范》规定：高速公路、一级公路和二级公路的桥头宜设置搭板。桥头搭板的设置方式如图 2-16 所示。搭板厚度不宜小于 0.25m，长度不宜小于 5m。

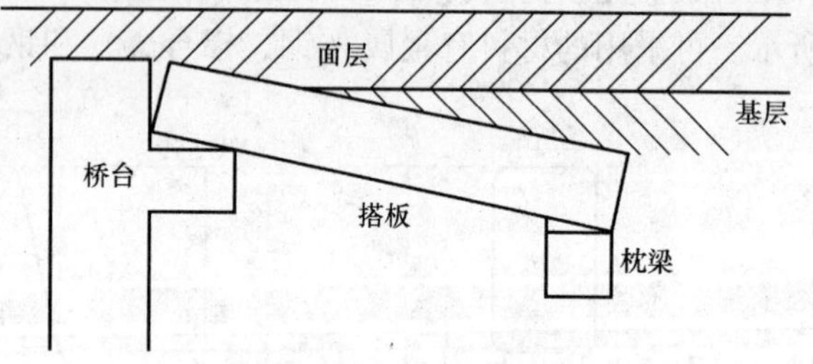

图 2-16　桥头搭板的设置方式

搭板与桥台间的锚固有竖向和水平两种方法，考虑到搭板自由端在竖向荷载作用下必然发生竖向位移，而水平向的锚固更符合这一受力特点，并有利于桥台受力，因而桥头搭板与桥台间宜采用水平锚固。搭板的长度与路堤的填高成正比，并与路基的状况有关。

2.2　梁（板）桥的总体布置

2.2.1　梁（板）桥的立面布置

1. 概述

钢筋混凝土和预应力混凝土梁式桥都是采用抗压性能好的混凝土和抗拉能力强的钢筋结合在一起建成的。目前钢筋混凝土梁桥在国内外桥梁建筑上仍占有重要的地位。中小跨径的永久性桥梁，无论是公路、铁路或城市桥梁，大部分均采用钢筋混凝土或预应力混凝土梁式桥。

梁桥是指结构在竖向荷载作用下，支座只产生垂直反力而无推力的梁式桥的总称，按静力特性可分为简支梁桥、悬臂梁桥、连续梁桥、T形刚构桥、连续刚构桥五种体系，本章主要介绍简支梁桥的构造。

钢筋混凝土梁桥按预应力度可分为普通钢筋混凝土梁桥、部分预应力混凝土梁桥、全预应力混凝土梁桥，以下介绍的预应力混凝土梁桥包括上述两类预应力混凝土梁桥。

2. 钢筋混凝土和预应力混凝土梁桥的一般特点

（1）钢筋混凝土梁桥　钢筋混凝土梁桥已经具有近百年的历史，经过长期的实践和理论研究，人们对钢筋混凝土结构设计理论的认识已经日渐成熟，钢筋混凝土结构施工技术的发展也日趋完善。钢筋混凝土梁桥是钢筋混凝土结构的一种结构类型，它具有钢筋混凝土结构的所有特点，即混凝土骨料可以就地取材，因而成本低；耐久性好，维修费用少；材料可塑性强，可以按照设计意图做成各种形状的结构，如适应道路线形的曲线桥；可以采用装配式结构，工业化程度高，既提高工程质量又加快施工速度；整体性好，结构刚度大，变形小；噪声小等。

钢筋混凝土梁桥也有一些明显的不足之处，即跨越能力差。任何一种建筑材料用于结构中，它的材料强度与材料重度是影响结构极限跨越能力的两大因素。钢筋混凝土梁桥由于材料强度不高而重度较大，当结构跨径增大时，其自重也相应增大，所以承载能力大部分消耗于结构自重，从而限制了它的跨越能力。至今，钢筋混凝土梁式桥从未突破百米大关。由于线路上，城市立交或高架桥中，中、小跨桥梁数量多、工程量大，因此钢筋混凝土梁桥在桥梁工程中仍具有一定的地位。

就地浇筑的整体式钢筋混凝土梁桥，由于施工工期长，占用支架和模板多，而且施工受季节的影响很大，使施工费用增加，因此整体式钢筋混凝土桥一般只在运输困难的地区以及某些特殊情况（如修建斜桥、弯桥及异形变宽桥）时才采用。

对于装配式钢筋混凝土简支梁桥，其经济合理的最常用跨径在20m以下；悬臂梁与连续梁桥的常用跨径为60～70m以下。

（2）预应力混凝土梁桥　除了具有钢筋混凝土梁桥的所有优点外，它的主要特点如下：

1）预应力混凝土结构由于能够充分利用高强度材料（高强度混凝土、高强度钢筋），所以构件截面小，自重弯矩占总弯矩的比例大大下降，桥梁的跨越能力得到提高。

2）与钢筋混凝土梁桥相比，一般可以节省钢材30%～40%，跨径越大，节省越多。

3）全预应力混凝土梁在使用荷载下不出现裂缝，即使部分预应力混凝土梁在常遇荷载下也无裂缝，鉴于全截面参加工作，梁的刚度就比通常开裂的钢筋混凝土梁要大。因此，预应力梁可显著减小建筑高度，使大跨径桥梁做得轻柔美观。由于能消除裂缝，这就扩大了对多种桥型的适应性，并提高了结构的耐久性。

4）预应力技术的采用，不但使钢桥采用的一些施工方法，如悬臂拼装、顶推法（由钢桥的纵向拖拉施工方法演化而成）和旋转施工法在预应力混凝土梁桥中得到新的发展与应用，而且为现代预制装配式结构提供了最有效的接合和拼装手段。根据需要可在结构纵、横和竖向任意分段，施加预应力，即可集成理想的整体。此外，还发展了逐段或逐孔现浇施工方法。这种分段现浇或分段预制拼装的施工方法，国外统称为节段施工法，用这种施工方法建成的预应力混凝土桥梁统称为预应力混凝土节段式桥梁。

显然，要建造好一座预应力混凝土桥梁，首先要有作为预应力筋的优质高强钢材和保证高强度混凝土的施工质量，同时需要有一整套专门的预应力张拉设备和质量好的材料，以及制作精度要求高的锚具，并且要掌握较复杂的施工工艺。

目前，预应力混凝土简支梁的跨径已达50~70m，最大跨径的连续刚构已达301m。

3. 梁（板）桥的立面布置

梁桥的立面布置在初步设计中占有十分重要的地位。布置得是否合理将直接影响桥梁的适用、经济和美观，这里简单叙述一下梁桥的立面布置。

简支梁（板）桥是梁式桥中应用最早，使用最广泛的一种桥型。它受力简单，梁中只有正弯矩，T形截面较适宜；体系温变、混凝土收缩徐变、张拉预应力等均不会在梁中产生附加内力，设计计算方便，最易设计成各种标准跨径的装配式结构。由于简支梁是静定结构，结构内力不受地基变形的影响，对基础要求较低，适用于在地基较差的桥址上建桥。在多孔简支梁桥中，相邻桥孔各自单独受力，便于预制、架设，简化施工管理，施工费用低，因此多孔简支梁桥在城市高架、跨河大桥的引桥上被广泛采用。为减少伸缩缝装置，改善行车，平整舒适，国内目前常采用桥面连续的预应力混凝土简支梁桥。

（1）简支梁（板）桥的立面布置　简支板桥是小跨径桥梁最常用的桥型之一。板桥按照施工方法的不同，可以分为整体式简支板桥和装配式简支板桥。板桥的跨径不宜过大，整体式板桥的跨径一般在8m以下，装配式钢筋混凝土空心板桥，常用跨径为6~13m，装配式预应力混凝土空心板桥（先张法）常用跨径为8~20m，范围较广。整体式板桥板厚与跨径之比一般为1/16~1/12。采用低预应力钢筋或钢绞线的装配式板桥，板厚可取（1/22~1/16）l。装配式板桥的立面布置尺寸可参见表2-2的比值设置。

表2-2　装配式板桥的立面布置尺寸

结构类型	截面形式	l/m	h/m
钢筋混凝土	实心	<8	0.16~0.36
	空心	6~13	0.4~0.8
预应力混凝土	实心	—	—
	空心	8~16	0.4~0.7

简支梁的设计主要受跨中正弯矩的控制。当跨径增大时，跨中恒载和活载弯矩将急剧增加，当恒载弯矩所占比例相当大时，结构能承受活载的能力就减小。在钢筋混凝土简支梁桥中，经济合理的常用跨径在20m以下。为了提高简支梁的跨越能力，采用预应力混凝土结构。由于预加应力使梁全截面参加工作，减轻了结构恒载，增大了抵抗活载的能力。目前，世界上预应力混凝土简支梁最大跨径已达76m，但在一般情况下，当跨径超过50m后，桥型显得过于笨重，安装重量较大，相对地给装配式施工带来困难，实际上并不经济。我国预应力混凝土简支梁的标准跨径在40m以下。

目前，国内外所采用的钢筋混凝土和预应力钢筋混凝土简支梁桥，绝大部分采用装配式结构。采用装配式施工方法，可以节约大量模板、支架，缩短施工期限，加快建桥速度，因此被广泛采用。

装配式钢筋混凝土简支梁常用跨径为8~20m，对于跨径为10m、13m、16m、20m的标准设计所采用的梁高相应为0.9m、1.1m、1.3m、1.5m。对跨径为10m和20m的T形梁的经济分析表明，梁高与跨径之比的经济范围为1/16～1/11，跨径大的取偏小值。

（2）悬臂梁桥的立面布置　悬臂梁桥恒载在支点处负弯矩的卸载作用，使跨中正弯矩大大减小，悬臂梁桥属于静定结构，对地基要求不高，能适用于地基较差的桥位。但其跨中有伸缩缝，行车条件不好，施工不方便，必须采用临时固定措施，牛腿处伸缩缝的构造麻烦，易于损坏，适合于中等以上跨径桥梁。钢筋混凝土悬臂梁桥国内最大跨径为55m，国外最大跨径为70～80m；预应力混凝土悬臂梁桥的世界最大跨径是150m。

悬臂梁桥的立面布置有双悬臂梁桥（图2-17a）、单悬臂梁桥（图2-17b）、多孔悬臂梁桥（图2-17c）、带挂孔的T形悬臂梁桥（图2-17d），也称为带挂孔的T形刚构。

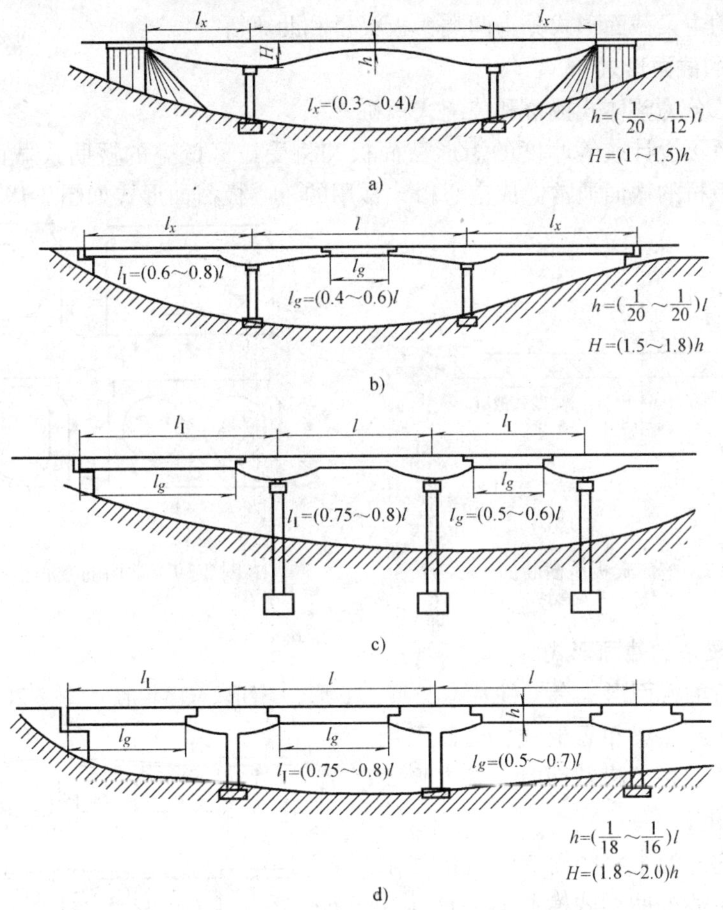

图2-17　钢筋混凝土悬臂梁桥的立面布置及概要尺寸图

a）双悬臂梁桥　b）单悬臂梁桥　c）多孔悬臂梁桥　d）带挂孔的T形悬臂梁桥

但是，无论是钢筋混凝土还是预应力混凝土悬臂梁桥，在实际桥梁工程中均较少采用。主要原因是桥梁结构体系的应用与施工方法有着较密切的关联，而判断体系的优劣同时还需顾及结构的使用性能。悬臂梁虽然在力学性能上优于简支梁，可适用于更大跨径的桥型方案，但悬臂梁中同时存在正、负弯矩区段，通常采用箱形截面梁，其构造较复杂；跨径较大时，梁体重量过大不宜装配化施工，往往要在工费昂贵的支架上现浇。同时，钢筋混凝土悬臂梁因支点负弯矩区段的存在，不可避免地将在梁顶产生裂缝，桥面虽有防护措施，但仍常因雨水侵蚀而降低使用年限。预应力混凝土悬臂梁桥虽无此患，并可采用节段悬臂施工，但它同连续梁一样，支点因是简单支承，施工时必须采用临时固定措施。但与连续梁相比，跨中要增加悬臂与挂梁间的牛腿、伸缩缝的构造；在使用时，行车又不及连续梁平顺，除了是静定结构这个特点外，别的优点不多，因而也较少采用。

关于钢筋混凝土连续梁和预应力钢筋混凝土连续梁、预应力混凝土连续刚构桥的受力和构造特点及立面布置问题，将在以后章节中进行介绍。

2.2.2 主梁截面形式

简支梁桥的主梁截面形式分为两类：板梁桥和肋梁桥。

1. 板梁桥的截面形式

按施工方法分为整体式板桥和装配式板桥。

整体式板桥可设计成等厚度的矩形截面板和将受拉区挖空的矮肋式截面板，如图 2-18 所示。装配式板桥的截面通常做成空心板，常用的空心板截面形式如图 2-19 所示。

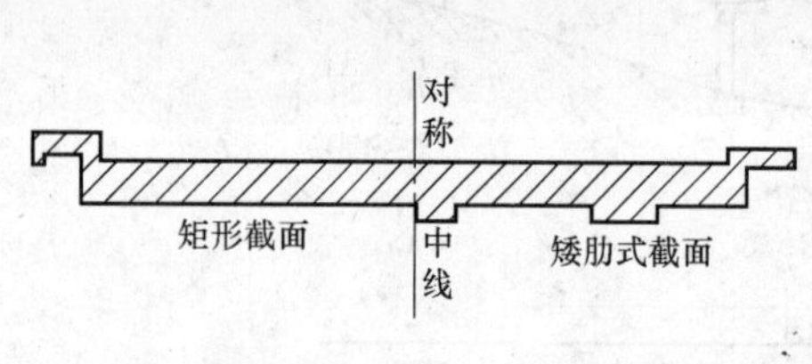

图 2-18 整体式板桥横断面

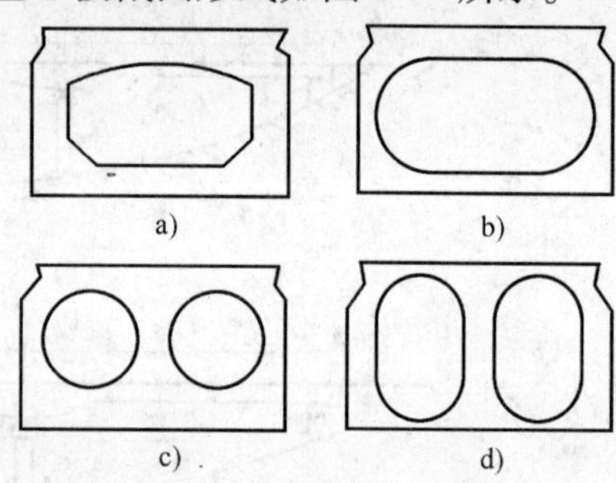

图 2-19 常用的空心板截面形式

2. 装配肋梁桥的截面形式

装配肋梁桥的截面形式有三种基本类型：T 形、箱形、工字形（图 2-20）。桥梁横截面上，一般采用多片主梁布置形式，因而采用工字形主梁截面组合成桥的横截面时，基本形式也多与 T 形截面雷同。

目前，国内外的小跨径简支梁桥依然采用多片装配式预制主梁的肋梁式横截面。它具有下列优点：将主梁划分成多片标准化预制构件，构件标准化，降低了制作费用；主梁采用工厂或现场预制，可提高质量，减小主梁尺寸，从而减轻整个桥梁自重；桥梁上部预制构件与下部墩台基础可平行作业，缩短了桥梁施工工期，节省了大量支架，降低了桥的造价。

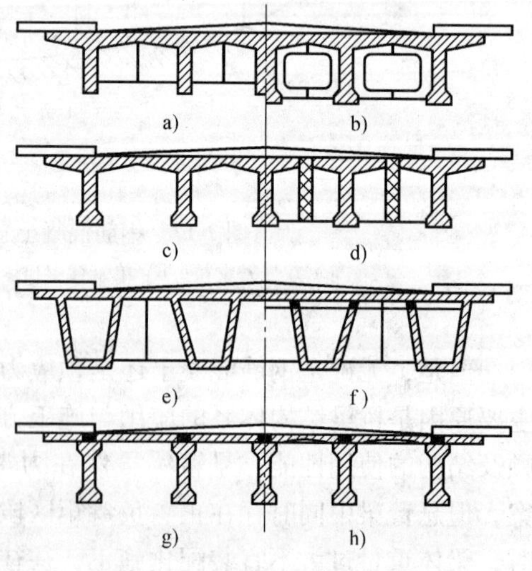

图 2-20 装配式简支梁的横截面

对一定跨径或桥宽的桥梁而言，采用何种预制主梁截面，主梁间距多大，应从经济的材料用量、尽可能减少预制工作量，并考虑单片主梁的吊装重量等各方面去优选。

显然，主梁间距小，主梁片数就多，预制工作量也增多，而主梁吊装重量也轻；反之主梁间距大，主梁片数就少，预制工作量也少，而主梁吊装重量要增大。为求得更经济的材料用量，又能解决上述矛盾，除了采用装配式预制主梁的肋梁式横截面外，也可采用较小尺寸的预制主梁，然后借现浇桥面混凝土组合而成的肋梁式横截面。

3. 各种肋梁桥的截面形式特点与应用

（1）T形截面　目前，我国主梁用得最多的装配肋梁式横截面形式是T形截面，如图2-20a ~ d所示。T形梁的翼板构成桥梁的行车道，又是主梁的受压翼缘，在预应力混凝土梁中，受拉翼缘部分做成加宽的马蹄形，以满足承受压应力和布置预应力钢筋的需要。它的特点是外形简单，制造方便，横向用横隔梁连接，整体性也较好。

（2）箱形截面　箱形截面是一种闭口薄壁截面，其抗扭刚度大，并具有较T形截面高的截面效率指标，同时它的顶板和底板面积均比较大，能有效地承担正负弯矩，并满足配筋的需要，在简支梁桥中，当跨径超过30m后，其桥梁大多为多个单箱、单室箱梁组成的横截面，如图2-20e、f所示。

（3）组合肋梁式截面　为了减少预制构件占用预制场地，并减轻构件的重量和外形尺寸，便于运输、安装，主梁可采用短翼板的T形截面或工字形截面，借现浇桥面板混凝土连成整体，或在预制主梁上现浇整体桥面板，组合成梁肋式横截面，如图2-20g、h所示。

2.2.3 装配式简支梁桥的块件划分

一座装配式梁桥按何种方式划分成预制单元，直接影响到结构受力、构件的预制、运输和安装以及拼装接头的施工等许多问题，而且这些因素往往又彼此影响、相互矛盾。如要加大安装构件的尺寸以减少接头数量和增强结构的整体性，就会要求很大的运输、起重能力；为了减小构件的重量，就会增加构件和接头的数目，或增加现浇混凝土的工序等。同时，块件的划分方式也与所选用的主梁横截面形式紧密相关。因此，在设计装配式桥梁时，必须综合考虑施工中的各种条件，通过经济、技术上的仔细比较，才能获得完善的结果。

1. 在装配式梁桥设计中块件划分应遵循的原则

根据建桥现场实际的预制、运输和起重等条件，确定拼装单元的最大尺寸重量；块件的划分应满足受力要求，拼装接头应尽量设置在内力较小处；拼装接头的数量要少，接头形式要牢固可靠，施工要方便；构件要便于预制、运输和安装；构件的形状和尺寸应力求标准化，增强互换性，构件的种类应尽量减少。

2. 钢筋混凝土与预应力混凝土桥的常用块件划分方式

（1）纵向竖缝划分　图2-20a ~ f所示均为用纵向竖缝划分块件的横截面图。这种划分方式在简支梁桥中应用最为普遍。在这种结构中，作为主要承重构件的各根主梁都是整体预制的，接头和接缝仅布置在次要构件或横隔梁和行车道板内。结构部分全部为预制拼装，不需要现浇混凝土或少量需现浇混凝土。故这种划分方法使主梁受力可靠，施工也方便。我国编制的装配式钢筋混凝土和预应力混凝土T形简支梁桥的标准设计，都采用这种块件划分方式。纵向划分的主要缺点是构件的尺寸和重量往往都很大，增加运输与安装上的困难。T形梁和工字形梁的吊装重量与跨度的关系，如图2-21曲线所示，由图可见，随着跨度增大，吊装重量急剧上升。

为了使纵向竖缝划分的构件重量及尺寸减小，有时采用缩小桥面板和横隔梁预制尺寸的办法，如图2-20d所示。在此情况下，需在预制构件内伸出接头钢筋，待安装就位后浇筑部分桥面板和横隔梁的混凝土，等现浇混凝土达到足够强度后，进行后续工序的施工。

（2）纵向水平缝划分　为了进一步减小拼装构件的起吊重量和尺寸，并使之便于集中预制和运输吊装，还可以采用纵向水平缝将桥梁的全部梁肋与板分割开来，再借助纵横向的竖缝将板划分成平面呈矩形的预制构件。施工时先架设梁肋，再安装预制板（有时采用微弯板以节省钢筋），最后在接缝内现浇一部分混凝土使结构连成整体，这样的装配式梁桥通常称为组合式梁桥，其横截面如图2-20f～h所示。目前国内外采用的组合式梁桥有T形和工字形两种形式。前者适用于钢筋混凝土和预应力混凝土简支梁桥，后者只适用于预应力混凝土梁桥。工字形梁肋的下马蹄可满足配筋和架设时所需的稳定性。上部带一点宽头，是搁置预制板和现浇混凝土接缝所必需的。这种装配式工字形构件使拼装单元尺寸和重量减小，如16m、20m的工字形构件的吊装重量相应为97.5kN、130.5kN，比装配式T形梁桥要轻40%左右（见图2-21中虚线所示）。

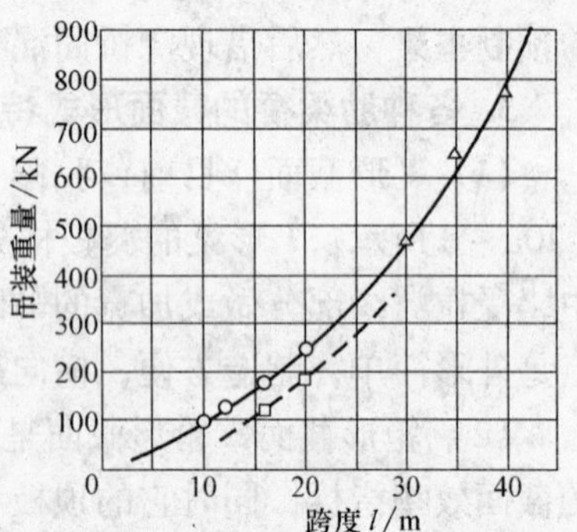

图2-21　T形梁与工字形梁的吊装重量与跨度的关系

○—钢筋混凝土T形梁　△—预应力混凝土梁　□—工字形梁

（3）纵、横向竖缝划分　如果要进一步减小装配式梁的预制块件的尺寸和重量，还可将用纵向竖缝划分的主梁再通过横向竖缝划分成较小的梁段。图2-22表示出这种横向分段装配式T形梁的纵、横截面图。显然，对于这样的预制梁段，由于没有钢筋穿过接缝，就必须在安装就位后串联以预应力筋，施加预应力才能保证所有接缝具有足够强度，使梁整体受力。因此横向分段预制梁也称串联梁。

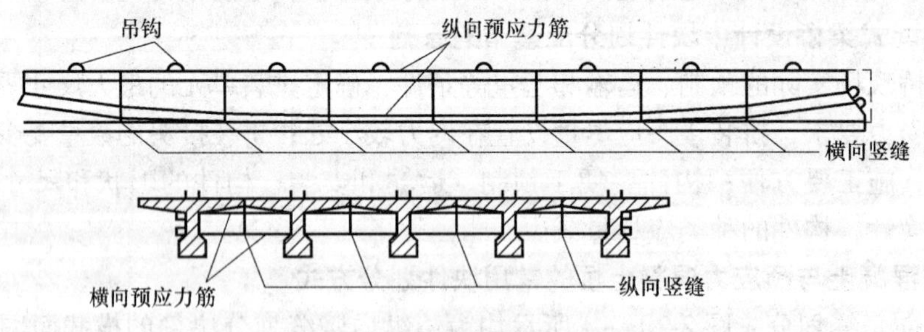

图2-22　横向分段装配式T形梁

串联梁的主要优点是块件尺寸小，重量小，可以工厂化预制后方便地运至工地。图2-23所示为各种横向分段的块件类型，在预制时均应按预应力筋设计位置留出孔道。图2-23b的工字形块件表示出了为横向预应力筋留置的孔道。施工时，将梁段在工地组拼台上或在脚手架上正确就位，并在梁段接触面上涂抹薄层环氧树脂（厚度通常在1mm以下），这样逐段拼装完成后便穿入预应力筋进行张拉，使梁连成整体。

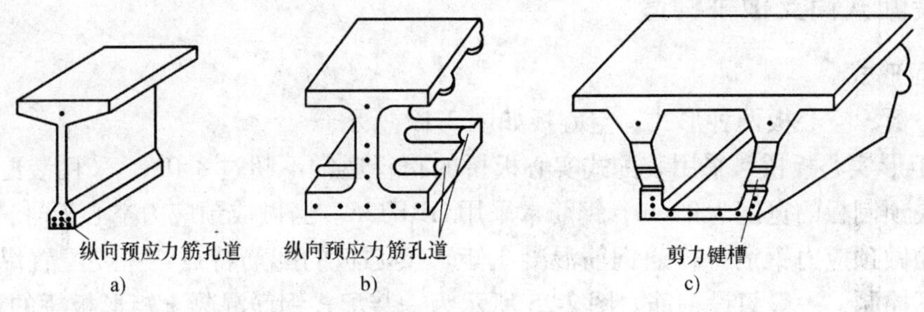

图 2-23 横向分段式构件形式

2.3 板桥的构造

2.3.1 整体式简支板桥构造

（1）截面形式 主要是整体式矩形实心板、矮肋板，如图 2-18 所示。它具有形状简单、施工方便、建筑高度小、结构整体刚度大等优点；但施工时需现浇混凝土，受季节气候影响，又需模板与支架。从受力要求看，截面材料不经济、自重大，所以只在小跨板桥使用。

（2）配筋特点 主要配置纵向主钢筋，即纵向受力钢筋，一般布置在截面受拉区，作用是承受荷载引起的拉应力。在整体式钢筋混凝土简支板中，靠两侧边缘约 1/6 板宽范围内的主钢筋，通常要比中间板带部分密一些，一般增加 15%，如图 2-24 所示。这是因为当车辆荷载偏近板边时，参与受力的板宽（荷载有效分布宽度）要小一些，板边受力要比中间板带受力不利一些。《公路钢筋混凝土及预应力混凝土桥涵设计规范》规定，钢筋混凝土板的主筋直径不应小于 10mm，主筋间距不大于 20cm。

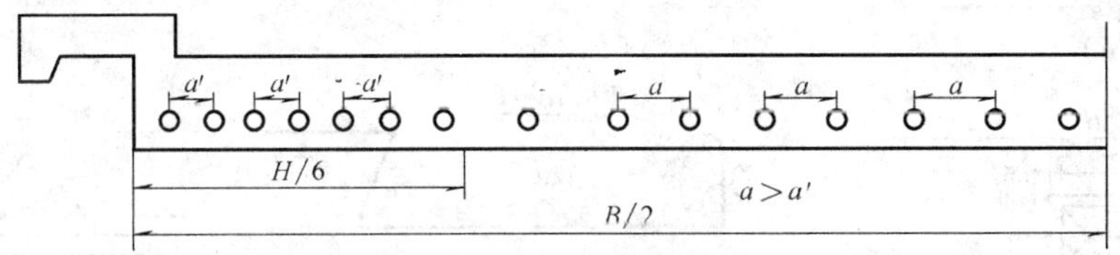

图 2-24 整体式板桥配筋构造

在垂直于主钢筋的方向，还要布置一定数量的分布钢筋。这是因为板在车辆荷载作用垂直主跨方向将产生弯曲（双向受力）。主筋与分布钢筋构成的纵横钢筋网还可防止由于混凝土收缩、温度变化等引起的裂纹。对于分布钢筋，直径应不小于 8mm，且间距不大于 20cm，同时分布钢筋截面积不宜小于板的截面积的 0.1%。在主钢筋的弯折处，应布置分布钢筋。板内主拉应力较小，抗剪不控制，一般只设箍筋及弯起钢筋。板内主筋一部分可以弯起，但通过支点的主筋每米板宽内不少于 3 根，截面积不少于主筋截面积的 1/4。整体式板内主拉应力较小，按计算不需设置弯起的斜钢筋，但习惯上还是将一部分主筋按 30°或 45°方向，在跨径 1/6 ~ 1/4 处弯起。

2.3.2 装配式简支板桥构造

1. 截面形式

有实心板、空心板两种形式。空心板如图2-19所示。

（1）矩形实心板桥　采用装配式实心板桥的跨径通常不超过8.0m。采用装配式实心板截面，每块预制板的宽度为99cm，钢筋常采用HRB335。当做成预应力空心板时，也可用精轧螺纹钢筋做预应力钢筋。普通钢筋混凝土矩形实心板的配筋特点：主要配置纵向抗弯钢筋，抗剪不控制，一般只设箍筋。图2-25所示为一装配式钢筋混凝土矩形板桥的设计实例，标准跨径6m，桥面净空为净—7m（无人行道）。全桥由6块宽度为99cm的中部块件和两块宽度为74cm的边部块件组成。

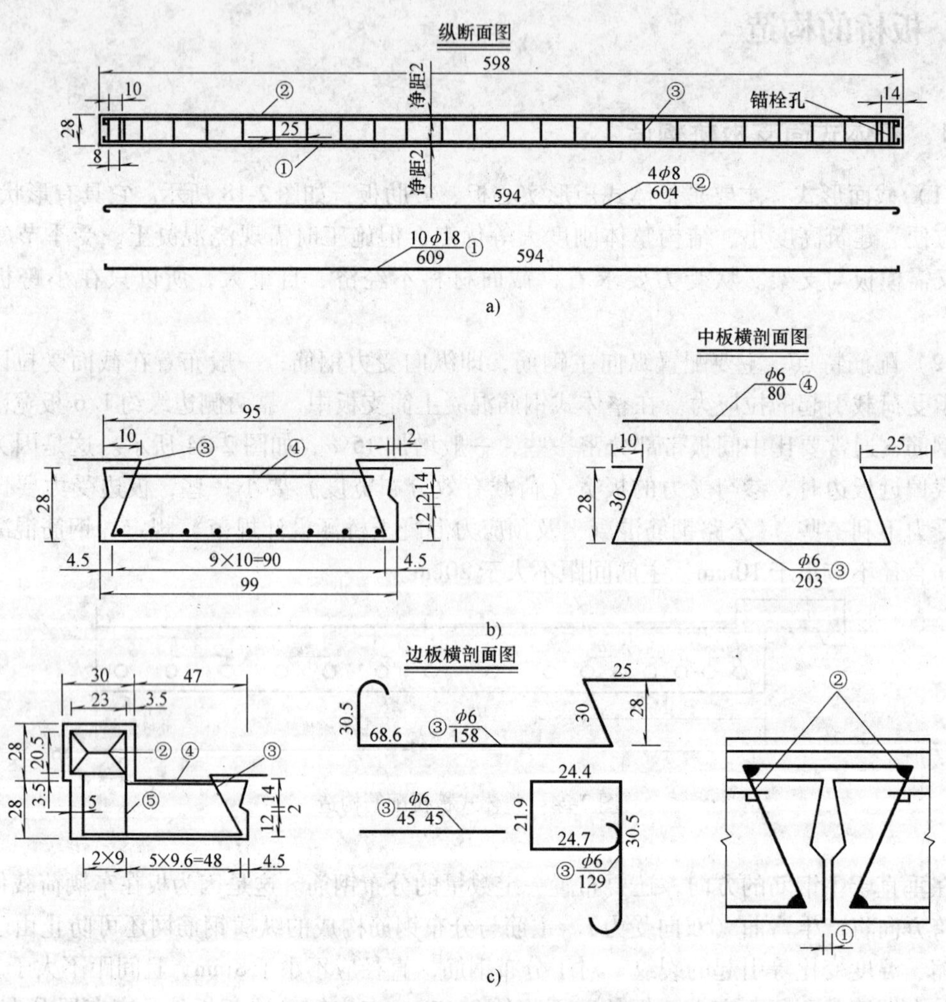

图2-25　装配式钢筋混凝土矩形钢筋构造（尺寸单位：cm）

（2）空心板　为减轻自重，跨径为6～13m的钢筋混凝土板桥可采用空心板截面，此外在跨径为8～16m的预应力混凝土板桥（先张法）中，也采用空心板截面。装配式预制空心板截面中间挖空形式很多，图2-19所示为几种常用的空心板截面形式。如挖成单个较宽的孔洞，其挖空体积最大，块件重量也最小，但在顶板内要布置一定量的横向受力钢筋。图2-19a所示的空心板的顶板略呈微弯形，可以节省一些钢筋，但模板较图2-19b所示的空心板的模板复杂些。图2-19c所示的空心板挖成两个正圆孔，当用无缝钢管作为芯模时施工方便，但其挖空体积较小。图2-19d所示的空心板的芯模由两个半圆及两块侧模板组成，对不同厚度的板只要更换两块侧模板就能形成空心，它挖空体积较大，适用性也较好。空心板的顶板和底板厚度均应不小于8cm，以保证施工质量和局部承载的需要。板的宽度越大，挖空率越大，顶板的厚度则越大，为了保证抗剪强度，应在截面内按计算需要配置弯起钢筋和箍筋。图2-26所示为预应力混凝土简支空心板桥配筋构造。

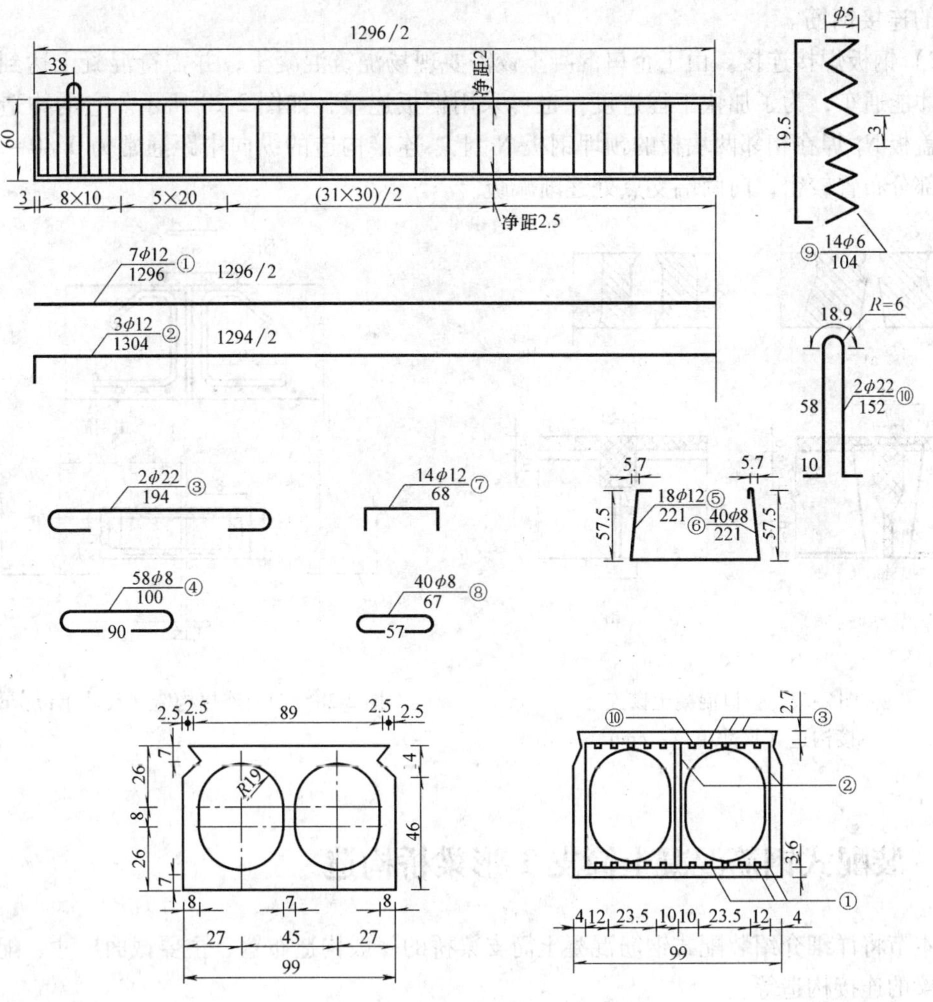

图2-26 预应力混凝土简支空心板桥配筋构造（尺寸单位：cm）

目前采用高压充气胶囊代替金属或木芯模，尽管形成的内腔因胶囊变形不如模板好，但是它具有制作及脱模方便、预制台座有效利用率高等优点，故用得较为广泛。

2. 装配式板桥的横向连接

为了使装配式板桥组成整体，共同承受车辆荷载，在块件之间必须具有横向连接构造。常用的横向连接有两种：企口混凝土铰连接和钢板焊接连接。

1）企口混凝土铰连接。常用的混凝土铰的形式有圆形、菱形、漏斗形三种，如图2-27所示。铰缝的构造处理有两种：一种是装配式板梁安装就位后，用C30以上的细骨料混凝土填入铰内，捣实后即形成混凝土铰。另一种是在板梁跨中左右各一定长度内，设置铰缝内钢筋骨架，并与预制板内的伸出钢筋绑扎在一起，再经混凝土浇筑捣实后成铰。采用何种形式的铰，主要取决于所受荷载的大小，实践证明，一般混凝土铰已能保证传递横向剪力，使各块共同参与受力。对于桥面铺装也参加受力的装配式板桥，可以将预制板中伸出的钢筋与相邻板的同样钢筋绑扎，既可作为纵向铰缝的加强钢筋，又可作为与铺装层的连接钢筋。

2）钢板焊接连接。由于企口混凝土铰需要现场浇筑混凝土，并需待混凝土达到设计强度后才能通车，为了加快工程进度，也可采用钢板连接，如图2-28所示。它的构造是用一块钢盖板 N_1 焊在相邻两块板的预埋钢板 N_2 上。连接构造的纵向中距通常为0.80～1.50m，跨中部分布置较密，向两端支点处逐渐减疏。

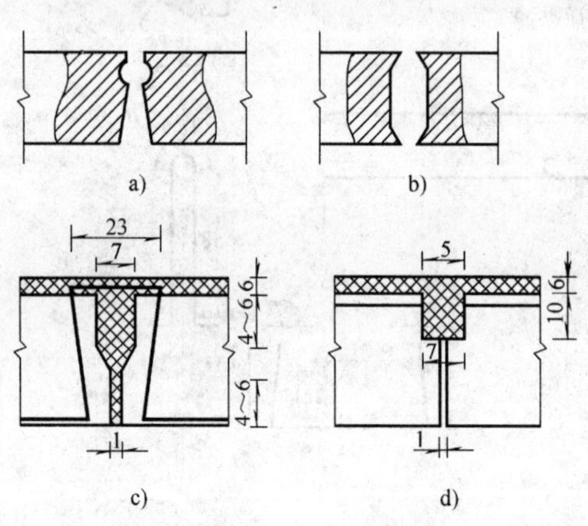

图2-27 企口混凝土铰连接构造（尺寸单位：cm）

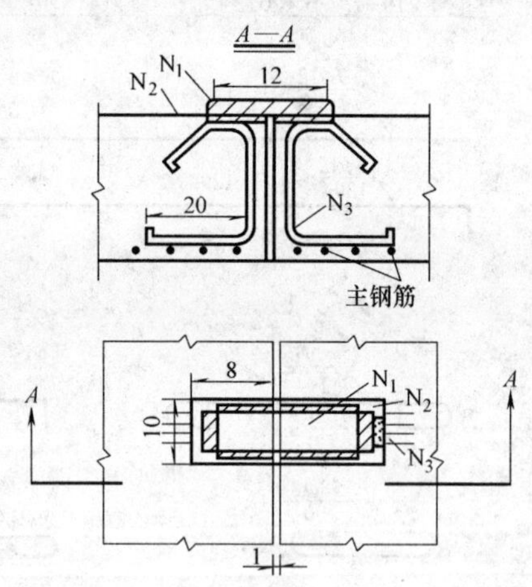

图2-28 钢板连接构造（尺寸单位：cm）

2.4 装配式钢筋混凝土简支T形梁桥构造

本节将详细介绍装配式钢筋混凝土简支梁桥的一般构造布置、主要截面尺寸、配筋特点和主梁的连接构造等。

国内外所建造的装配式钢筋混凝土简支梁桥，以T形梁桥最为普遍。图2-29所示是典型的装配式T形梁桥上部构造概貌，它由几片T形截面的主梁并列在一起装配连接而成。T形梁的顶部翼板构成行车道板，与主梁梁肋垂直相连的横隔梁的下部以及T形梁翼板的边缘，均设焊接钢板连接构造将各主梁连成整体，这样就能把作用在行车道板上的局部荷载分布给各片主梁共同承受。

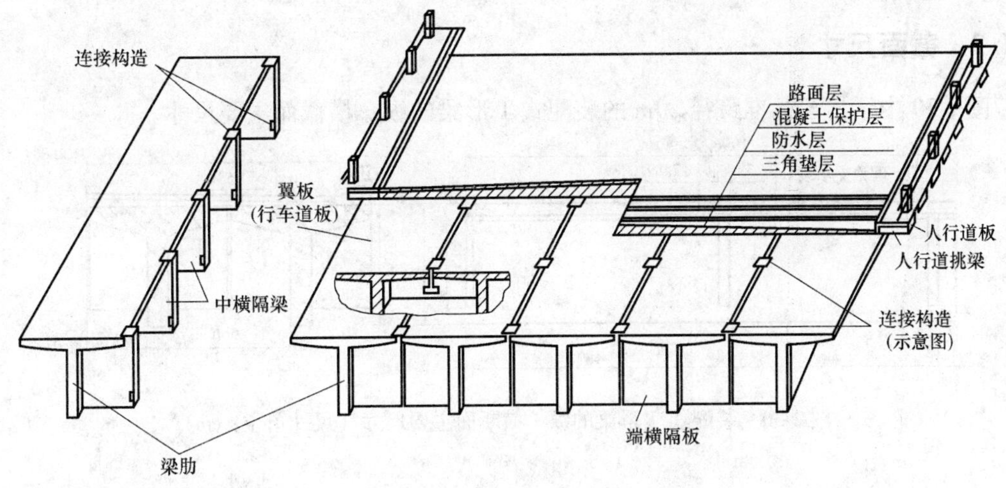

图 2-29 装配式 T 形梁桥上部构造概貌

2.4.1 构造布置

1. 主梁布置

对于设计给定的桥面宽度（包括行车道和人行道宽度），如何选定主梁的间距（或片数）是构造布局中首先要解决的课题。

主梁间距：我国 1973 年、1984 年标准图分别为 1.6m 与 2.2m。它不仅与钢筋和混凝土的材料用量以及构件的吊装重量有关，而且还涉及翼板的刚度等因素。一般说来，对于跨径大一些的桥梁，如果建筑高度不受限制，则适当加大主梁间距、减少片数，钢筋和混凝土的材料用量会少些，这样就比较经济；但此时桥面板的跨径增大，悬臂翼缘板端部挠度较大，引起桥面接缝处纵向裂缝的可能性也大。同时，构件重量的增大使运输和架设工作趋于复杂。近几年来，各地所采用的主梁间距不一，一般为 1.5 ~2.2m。对于行车道净宽—7m 并附加两侧人行道的上部结构，也就是选用四梁式或五梁式的差别。

2. 横隔梁布置

横隔梁在装配式 T 形梁中起着保证各根主梁相互连成整体的作用，它的刚度越大，桥梁的整体性越好，在荷载作用下各主梁就能更好地协同工作。然而，设置横隔梁使主梁模板构造稍趋复杂，横隔梁的焊接接头又往往要在设于桥下专门的工作架上进行，施工比较麻烦。在 20 世纪 60 年代中后期，为了简化 T 形梁的预制施工，特别是为了便于利用土模预制，我国不少地区曾试建过一些无横隔梁的 T 形梁桥。但实践表明，这种梁桥较易出现翼板接缝处的纵向裂缝，而且主梁梁肋的裂缝也比有横隔梁的 T 形梁多。因此，通过调查分析，目前人们一致认为 T 形梁的端横隔梁是必须设置的，它不但有利于保证制造、运输和安装阶段构件的稳定性，而且能显著加强全桥的整体性；有跨间横隔梁的梁桥，荷载横向分布比较均匀，且可以减轻翼板接缝处的纵向开裂现象。故 T 形梁桥应设跨间横隔梁，且当梁桥横向刚性连接时，横隔梁间距不应大于 10m。经过实践证明，对于简支梁桥，一般在跨中、四分点、支点处各设一道横隔梁就可满足要求，在跨径较大的情况下，可增设横隔梁的数目。

2.4.2 截面尺寸

图2-30中示出了标准跨径20m的装配式T形梁的纵、横截面主要尺寸。

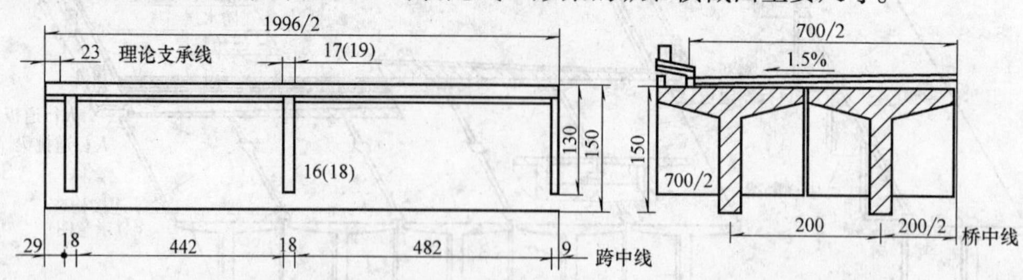

图2-30 装配式T形梁的纵、横断面主要尺寸（尺寸单位：cm）

1. 主梁尺寸

（1）梁高　主梁的合理高度与梁的间距、活载的大小等有关，装配式钢筋混凝土简支梁的常用跨径为8.0~20m。我国标准设计跨径为10m、13m、16m、20m四种，其梁高分别为0.8~0.9m、0.9~1.0m、1.0~1.1m、1.1~1.3m。经分析比较，表明高跨比（梁高与跨径之比）的经济范围在1/16~1/11，跨径大取偏小值。主梁高度如不受建筑高度限制，高跨比宜取偏大值。增大梁高，只增加腹板高度，混凝土数量增加不多，但可以节省钢筋用量，往往比较经济。当出现建筑高度受到严格限制的情况时，主梁高度就要适当减小，但需要增加钢筋的用量，必要时还需增加主梁的片数。当吊装允许时，可适当增加梁高，以取得较大的抗弯力臂。

（2）肋厚　在满足主拉应力强度和抗剪强度需要的前提下，主梁梁肋的厚度，一般都做得较薄，以减轻构件的重量，但还要注意满足梁肋的屈曲稳定性，注意不至于使浇筑混凝土发生困难。以往常用的装配式钢筋混凝土简支梁梁肋厚度为150~180mm，其上、下限取决于主钢筋的直径和钢筋骨架的片数。其次，为了提高结构的耐久性，适当增加保护层的厚度，梁肋厚度已增至160~240mm。

（3）翼板　钢筋混凝土梁中，T形梁翼板的厚度主要满足于桥面板承受的车辆局部荷载要求。根据受力特点，翼缘板一般都做成变厚度的，即端部较薄，至根部（与梁肋衔接处）加厚，并不小于主梁高度的1/10。翼缘板厚度的具体尺寸，有两种处理方法：一种是考虑翼缘板承担全部桥面上的恒载与活载，板的受力钢筋设在翼缘板内，在铺装层内只有局部的加强钢筋网，这时翼缘板做得较厚一些，端部一般取10cm，当主梁之间采用整体现浇时，其悬臂端部不应小于14cm；另一种是翼缘板只承担本身自重、桥面铺装层的恒载和施工临时荷载、活载则由布置有受力钢筋的钢筋混凝土铺装层共同承担（如在小跨径无中横隔板的桥上），在此情况下端部厚度可适当减小（图2-31）。

2. 横梁尺寸

横隔梁的高度应保证具有足够的横桥向抗弯刚度，通常可取为主梁高度的3/4左右。梁肋下部呈马蹄加宽时，横隔梁延伸至马蹄的加宽处（图2-20b、d和h）。在支点处可与主梁同高，以利于梁体在运输和安装中的稳定性。但如果端横隔梁高度比主梁略小一些，则对安装和维修支座是有利的。

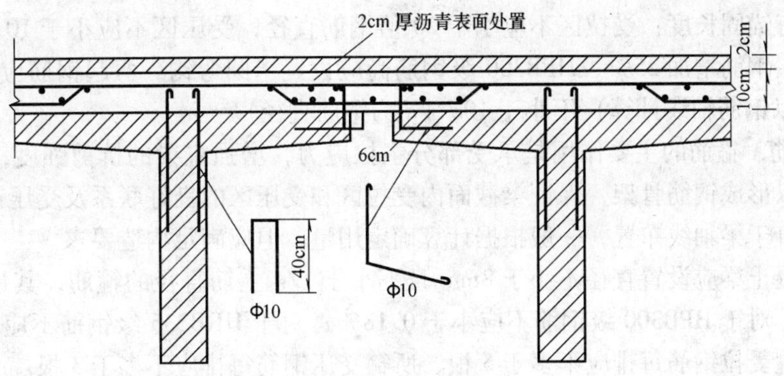

图 2-31 钢筋混凝土铺装层构造

横隔梁的肋宽常用 12 ~ 20cm。预制时做成上宽下窄和内宽外窄的楔形，以便脱模。

箱梁横隔梁的基本作用是增加截面的横向刚度，限制畸变应力。在支承处的横隔板还担负着承受和分布较大支承反力的作用。由于箱形截面具有很大的抗扭刚度，所以横隔板的布置可以比一般肋形的桥梁少一些。目前许多国家认为可以减少或不设中间横隔板。从受力角度来分析，中间横隔板对纵向应力和横向弯矩的分布影响很小，活载横向弯矩的增加很少超过 8%，而恒载应力又不受横隔板的影响，因此，单从结构上来考虑，中间横隔板的作用可以用局部加强腹板或采取特殊的横向框架的方法来代替。

2.4.3 T 形梁钢筋构造

1. 受力钢筋

（1）主钢筋（纵向受力钢筋） 一般布置在截面受拉区，简支梁承受正弯矩作用，故抵抗拉力的主钢筋设置在梁肋的下缘，主要作用是承受荷载引起的拉应力，其截面积大小由计算决定。随着弯矩向支点处减小，主钢筋可在跨间适当位置处切断或弯起。为保证主筋在梁端有足够的锚固长度和加强支承部分的强度，JTG D 62—2004《公路钢筋混凝土及预应力混凝土桥涵设计规范》规定，至少有两根，并不少于 20% 的主钢筋伸过支承截面。简支梁两侧的受拉主钢筋应伸出支点截面以外，并弯成直角顺梁端延伸至顶部，与顶层纵向架立钢筋相连。两侧之间不向上弯曲的受拉主钢筋伸出支承截面以外的长度不应小于 10 倍钢筋直径（环氧树脂涂层钢筋为 12.5 倍钢筋直径）；HPB300 级钢筋应带半圆钩，如图 2 32 所示。

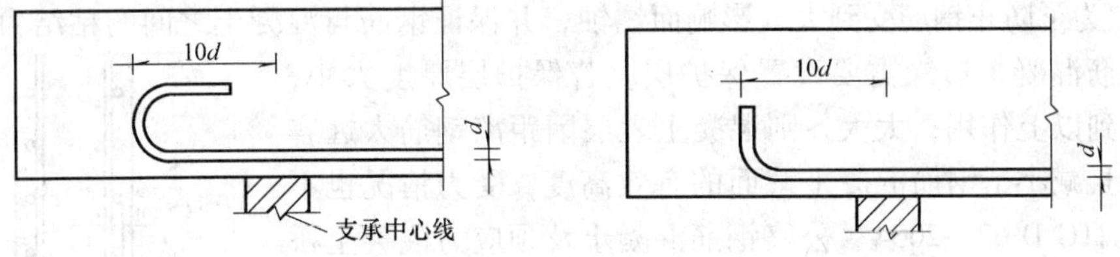

图 2-32 梁端主钢筋锚固

（2）斜钢筋（弯起钢筋） 主要承受主拉应力，通常在近梁端区域由纵向受力钢筋弯起而成，由主钢筋弯起的斜向钢筋用来增强梁体的抗剪强度，不足时，还需配置专门的焊于主筋和架立筋上的斜钢筋，与梁的轴线一般布置成 45°。其截面积大小由计算决定，弯起钢筋的末端应留有锚固长度：受拉区不应小于20倍钢筋直径，受压区不应小于10倍钢筋直径，环氧树脂涂层钢筋增加25%；HPB300级钢筋尚应设置半圆弯钩。弯起钢筋应按圆弧弯折，圆弧半径（以钢筋轴线计算）不小于$10d$（d为钢筋直径）。

（3）箍筋　箍筋的主要作用是承受部分主拉应力，增强主梁的抗剪强度，固定纵向受力钢筋位置以形成钢筋骨架，保证梁截面内受拉区和受压区的良好联系及受压钢筋的稳定性等。通常垂直于梁轴线布置，一般根据计算确定用量，但应满足构造要求。

钢筋混凝土梁应设置直径不小于8mm且不小于1/4主筋直径的箍筋，其最小配筋百分率规定如下：对于HPB300级钢筋不应小于0.18%；对于HRB335级钢筋不应小于0.12%。每根箍筋所箍受拉钢筋每排应不多于5根，所箍受压钢筋每排应不多于3根。

箍筋间距不大于梁高的1/2，且不大于40cm。当所箍为受力需要的纵向受压钢筋时，不应大于所箍钢筋直径的15倍，且不应大于40cm，在钢筋绑扎搭接接头范围内的箍筋间距，当绑扎搭接钢筋受拉时，不应大于主钢筋直径的5倍，且不大于10cm；当搭接钢筋受压时，不应大于主钢筋直径的10倍，且不大于20cm。

箍筋的末端应做成弯钩，弯钩角度可取135°。弯钩的弯曲直径应大于被箍的受力主钢筋的直径，且HPB300级钢筋不应小于箍筋直径的2.5倍，HRB335级钢筋不应小于箍筋直径的4倍。对于弯钩平直段长度，一般结构不应小于箍筋直径的5倍，抗震结构不应小于箍筋直径的10倍。在支座中心向跨径方向长度相当于不小于1倍梁高范围内，箍筋间距不宜大于10cm，直径不小于8mm。

近梁端第一根箍筋应设置在距端面1个混凝土保护层距离处。梁与梁或梁与柱的交接范围内可不设箍筋，靠近交接面的一根箍筋与交接面的距离不宜大于5cm。

受扭矩作用的梁，箍筋应制成封闭式。弯钩应箍牢纵向钢筋，相邻箍筋的弯钩接头纵向位置应交替布置。纵向钢筋应沿截面周边均匀对称布置，其间距不应大于30cm。

2. 分布钢筋

（1）纵向水平分布钢筋　为防止因混凝土收缩等原因产生裂缝，沿梁腹板两侧面布置纵向水平分布钢筋，其直径一般采用6～8mm，分布钢筋截面积宜为（0.001～0.002）bh，其中b为腹板宽度，h为梁的高度。其间距在受拉区不应大于腹板宽度，且不应大于20cm；在受压区不应大于30cm，一般取100～150mm。

（2）架立钢筋　架立钢筋布置在梁肋的上缘，主要起固定箍筋和斜筋并使梁内钢筋形成立体或平面骨架作用，根据构造要求布置，其直径依梁截面尺寸大小而定，通常采用10～14mm。为了防止钢筋受到大气影响而锈蚀，并保证钢筋与混凝土之间的粘结力充分发挥作用，钢筋混凝土边缘需要设置保护层。若保护层厚度太小，就不能起到以上作用；太大，则混凝土表层因距离钢筋太远容易破坏，且减小了钢筋混凝土截面的有效高度，受力情况也不好。因此JTG D 62—2004《公路钢筋混凝土及预应力混凝土桥涵设计规范》规定：主钢筋与梁底面的净距不应小于钢筋的公称直径，且应不小于3cm并不大于5cm（图2-33），当净距大于5cm时，应在保护层内设置直径不小于6mm、间距不大于10cm的钢筋网。主筋与梁侧面净距应不小于2.5cm。混凝土表面至箍筋或防裂分布钢筋间的净距应不小于1.5cm。

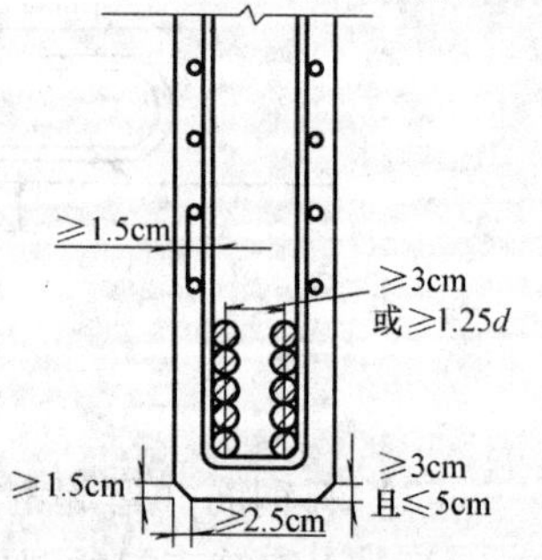

图2-33　混凝土保护层

为了使混凝土的粗骨料能填满整个梁体，以免形成灰浆层或空洞，规定各主筋之间的净距应不小于3cm。主筋在3层及3层以下时，除不小于3cm外，还要不小于钢筋直径。在3层以上时，应不小于4cm，并不小于钢筋直径的1.25倍。

在装配式T形梁中，钢筋数量多，如按钢筋最小净距要求（在高度方向钢筋的净距也要满足不小于3cm或不小于1.25d的要求），排列有困难时，可将钢筋叠置，并与斜筋、架立钢筋一起焊接成钢筋骨架（图2-34）。试验证明，焊接钢筋骨架整体性好，能保证钢筋与混凝土共同工作，其钢筋重心位置较低，梁肋混凝土体积也较小，此外可避免大量的绑扎工作，入模安装很快，是装配式T形梁桥最常用的钢筋构造形式。然而，焊接钢筋骨架的主筋与混凝土的粘结面积较小，一般说来抗裂性能稍差，因此，在实践中采用表面呈螺纹形或竹节形的钢筋，并选用较小直径的钢筋，有条件时还可将箍筋与主筋接触处定位焊固接，以增大粘结强度，从而改善其抗裂性能。

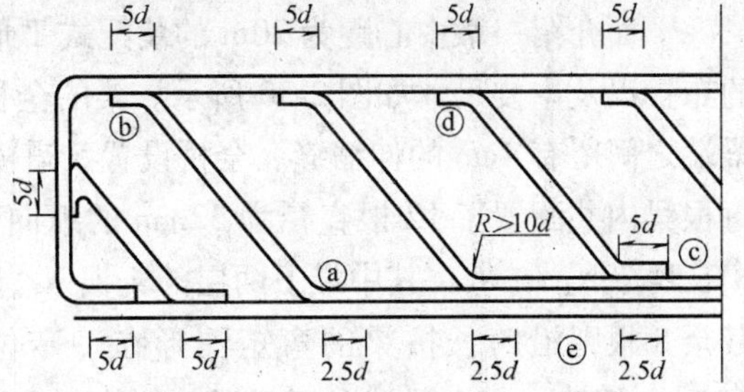

图2-34 焊接钢筋骨架焊缝尺寸图

在焊接钢筋骨架时，为保证焊接质量，使焊缝处强度不低于钢筋本身强度，焊缝的长度必须满足下述要求。

1）对于利用主钢筋弯起的斜筋，在起弯处应与其他主筋相焊接，可采用每边各长2.5d的双面焊缝（见图2-34中ⓐ）或一边长5d的单面焊缝。弯起钢筋的末端与架立钢筋（或其他主筋）相焊接时，采用长5d的双面焊缝或长10d的单面焊缝（见图2-34中ⓑ），其中d为受力钢筋直径。

2）对于附加的斜筋，其与主筋或架立筋的焊缝长度，采用每边各长5d的双面焊缝或一边长10d的单面焊缝（见图2-34中ⓒ和ⓓ）。

3）各层主钢筋相互焊接固定的焊缝长度，采用2.5d的双面焊缝或5d的单面焊缝（见图2-34中ⓔ）。

通常对于小跨径梁可采用双面焊缝，先焊好一边再把骨架翻身焊另一边，这样既可以缩短接头长度，又可减小焊接变形；但当骨架较长而不便翻身时，可用单面焊缝。

T形梁翼缘板内的受力钢筋沿横向布置在板的上缘，以承受悬臂的负弯矩，在顺主梁跨径方向还应设置少量的分布钢筋（图2-35）。按JTG D 62—2004《公路钢筋混凝土及预应力混凝土桥涵设计规范》要求，板内主筋的直径不小于10mm，每米板宽内不应少于5根。分布钢筋的直径不小于8mm，间距不大于20cm，其截面面积不少于板截面面积的10%，在有横隔梁的部位应增加分布钢筋的截面面积，以承受集中轮载作用下的局部负弯矩，所增加的分布钢筋每侧应从横隔梁轴线伸出$l/4$（l为板的跨径）的长度。T形梁在浇筑桥面铺装层以前，还应按施工荷载验算顶部主筋的受力。如施工荷载很大，则板内配筋由施工荷载控制。对于各种受力钢筋，如通过计算和作图允许将其在梁内切断，则被切断的钢筋应当比理论切断点再放长一个规定的锚

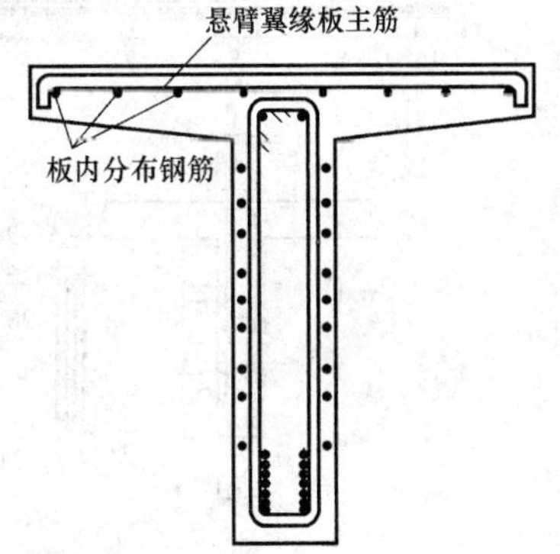

图2-35 T形梁钢筋布置图

固长度，保证该钢筋从理论切断点起能充分受力。最小锚固长度根据受力状态及钢筋种类而定，可参照 JTG D 62—2004《公路钢筋混凝土及预应力混凝土桥涵设计规范》规定采用。

2.4.4 主梁钢筋构造实例

下面介绍一墩中心距为20m 的装配式 T 形梁的钢筋构造实例（图 2-36），主梁和横隔梁的布置以及主要尺寸如图 2-30 所示。梁的全长为 19.96m，即当多跨布置时在墩上相邻梁的梁端之间留有 4cm 的伸缩缝。全桥设置 5 道横隔板，支座中心至主梁梁端的距离为 0.23m。每根梁内共配置了 12 根直径为 32mm 的纵向受力钢筋（HRB335），它们的编号分别为 N_1、N_2、N_3、N_4 和 N_5，其中最下两层的 4 根 N_1（占主截面积的 20% 以上）通过梁端支承中心，其余 8 根则沿跨长按梁的弯矩图形在一定位置弯起。设于顶部的 N_6 为架立钢筋，采用 ϕ22mm 钢筋，它在梁端向下弯折并与伸出支承中心的主筋 N_1 相焊接。箍筋 N_{12} 和 N_{13} 采用普

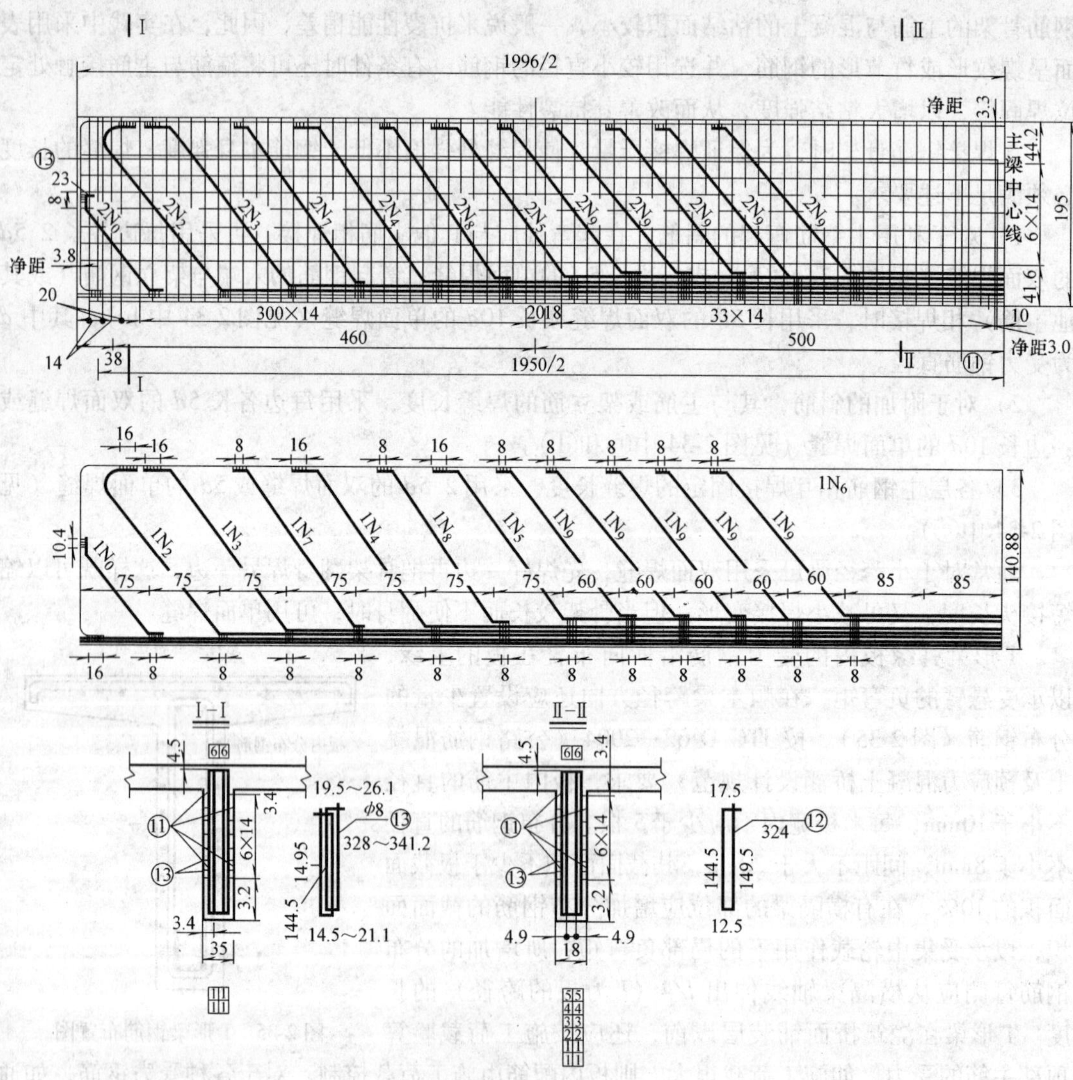

图 2-36 墩中心矩为 20m 的装配式 T 形梁的钢筋构造（尺寸单位：cm）

通光圆钢筋，直径为ϕ8mm，间距为14cm，由于靠近支点处剪力较大和支座钢板锚筋的影响，采用了四肢式箍筋（见图2-36截面Ⅰ-Ⅰ），在跨中部分则用双肢箍筋（见截面Ⅱ-Ⅱ）。N_{11}为ϕ8mm的防裂分布钢筋，其间距为14cm。附加斜筋N_7、N_8、N_9和N_{10}采用ϕ16mm钢筋，它们是根据梁内抗剪要求布置的。每片平面钢筋骨架的重量为8.1kN。

2.4.5 主梁之间的横向连接

通常在设有端横隔梁和中横隔梁的装配式T形梁桥中，均借助横隔梁的接头使所有主梁连接成整体。接头要有足够的强度，以保证结构的整体性，并使其在运营过程中不会因荷载反复作用和冲击作用而发生松动。

图2-37所示为常用的中主梁中横隔梁的钢筋构造形式。在横隔梁靠近下部边缘的两侧和顶部的翼板内均埋有焊接钢板，焊接钢板预先与横隔梁的受力钢筋焊在一起做成安装骨架。当T形梁安装就位后，即在横隔梁的预埋钢板上再加焊盖接钢板使之连成整体（图2-38）。

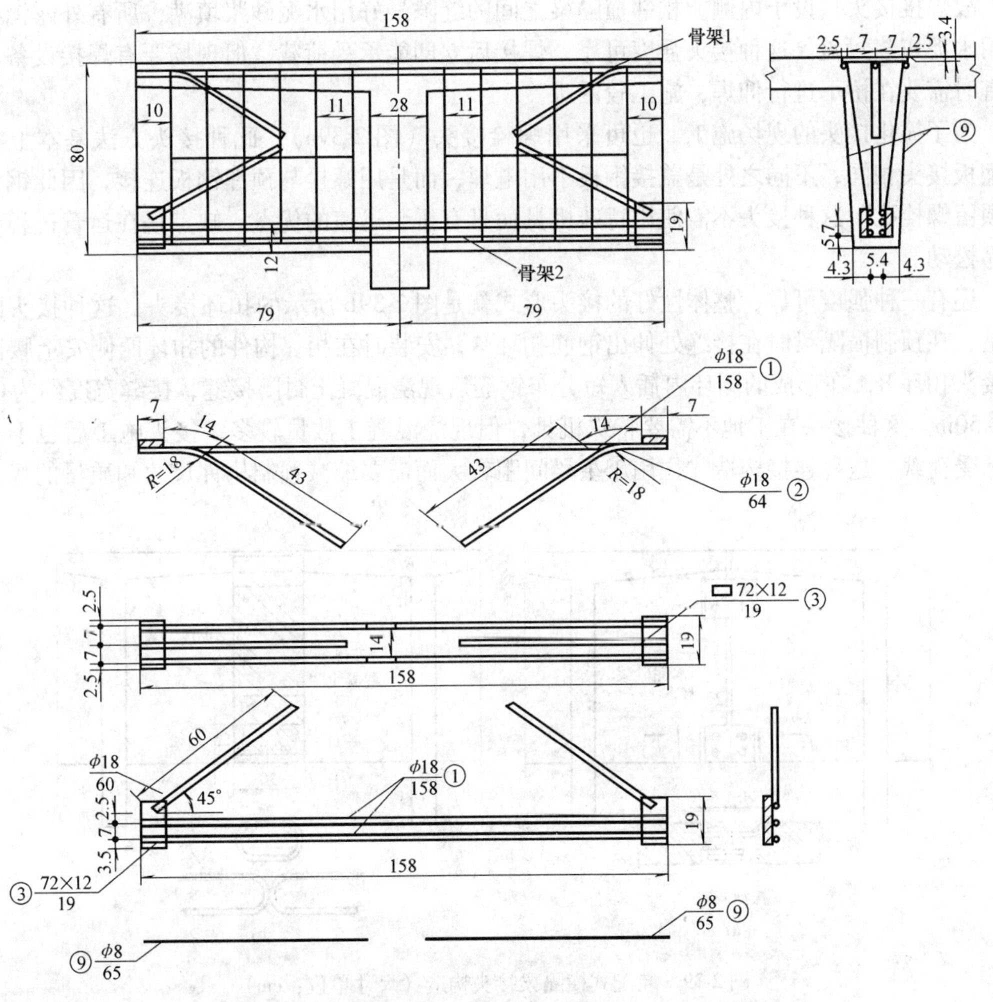

图2-37 中主梁中横隔梁的钢筋构造形式（尺寸单位：cm）

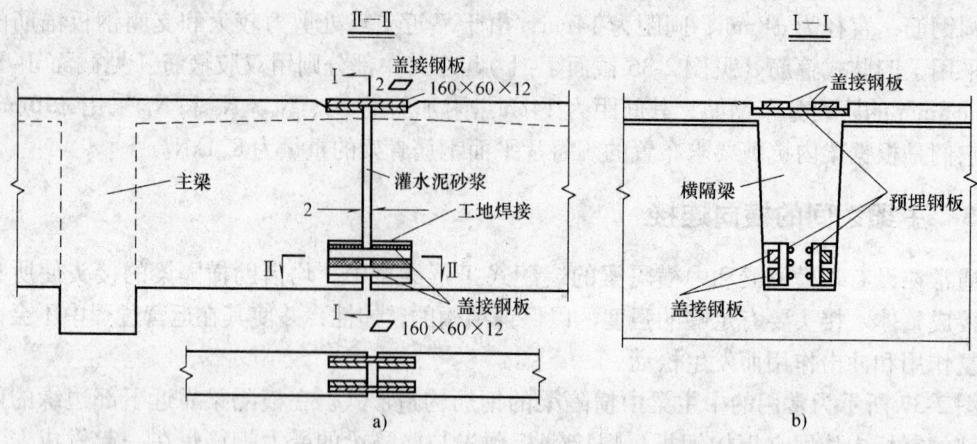

图 2-38 装配式横隔梁焊接钢板接头构造

端横隔梁的焊接钢板接头构造与中横隔梁相同，但由于其外侧（近墩台一侧）不便施焊，故焊接接头只设于内侧。相邻横隔梁之间的缝隙最好用水泥砂浆填满，所有外露钢板也应用水泥灰浆封盖。这种接头强度可靠，焊接后立即能承受荷载，但现场要有焊接设备，而且有时需要在桥下进行仰焊，施工较困难。

为了简化接头的现场施工，也可采用螺栓接头（图 2-39a），此种接头方法基本上与焊接钢板接头相同，不同之处是盖接钢板不用电焊，而是用螺栓与预埋钢板连接，因此钢板上要预留螺栓孔。这种接头不需使用特殊机具而且有拼装迅速的优点。缺点是在运营过程中螺栓易松动。

还有一种强度可靠、整体性好的接头形式就是图 2-39b 所示的扣环接头。这种接头的做法是，在预制横隔梁时在接缝处伸出钢筋扣环 A，安装时在相邻构件的扣环两侧安上腰圆形的接头扣环 B，在形成的圆环内插入短分布钢筋后现浇混凝土封闭接缝，接缝宽度约为 0.20 ~0.50m。这种接头在工地不需要特殊机具，但现浇混凝土数量较多，接头施工后也不能立即承受荷载。这种连接构造往往用于主梁间距较大而需要缩减预制构件尺寸和质量的场合。

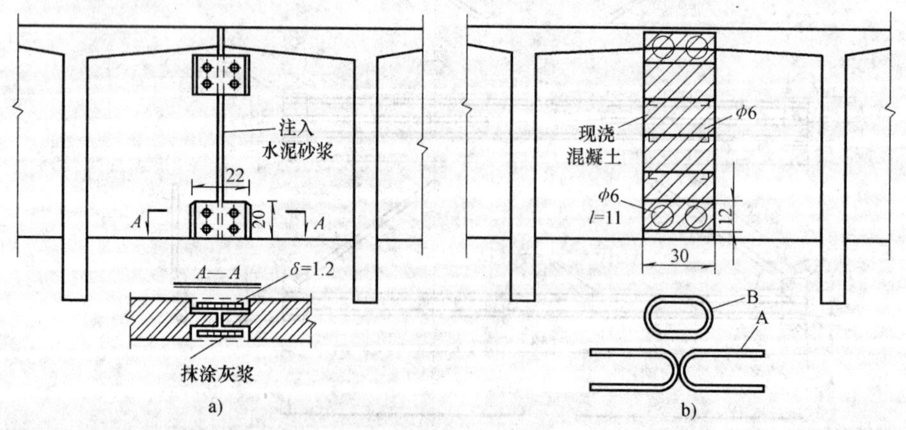

图 2-39 装配式横隔梁接头构造（尺寸单位：cm）

a）螺栓接头 b）扣环接头

2.5 装配式预应力混凝土简支T形梁桥构造

对于装配式钢筋混凝土简支梁桥，当跨径超过20m时，不但钢材耗量大，而且混凝土开裂现象也往往比较严重，影响结构的耐久性。因此，当跨径大于20m，特别是30m以上跨径的梁桥，往往采用预应力混凝土结构。我国已为25m、30m、35m和40m跨径编制了后张法装配式预应力混凝土简支梁桥的标准设计。

预应力混凝土简支梁桥主梁的横截面类型，基本上与钢筋混凝土梁桥的相似，通常也做成T形、工字形截面。有时为了提高单梁的抗扭刚度并减小混凝土截面，也采用箱形截面。

装配构件的划分方式,也与钢筋混凝土梁桥相同,最常采用的是以纵向竖缝划分的T形梁。此外,借助用预应力筋施加预压力的特点,还可做成横向也分段的串联梁(图2-22)。

2.5.1 构造布置

预应力混凝土简支梁桥主梁间距的选定，与钢筋混凝土梁桥的相同。对于跨径较大的桥梁，主梁间距大，较经济。以跨径40m、净空为净—7m+2×0.75m的设计为例进行比较：梁距为2.0m时，将比1.6m的节省预应力筋束12%、普通钢筋9%和混凝土数量12%;并且，少一片主梁,可以减少预制和吊装的工作量,加快施工进度,但梁重将增大13%。因此,当吊装质量不受控制时,对于较大跨径的T形梁,宜推荐较大的主梁间距(1.8~2.5m)。

图2-40所示是跨径30m、桥面净空为净—7m+2×0.75m的预应力混凝土T形梁构造布置图，其主梁间距为2.0m。为了防止桥面和翼缘开裂，主梁间距也不宜过大，但当对桥面板施加横向预应力时，主梁间距还可适当加大。

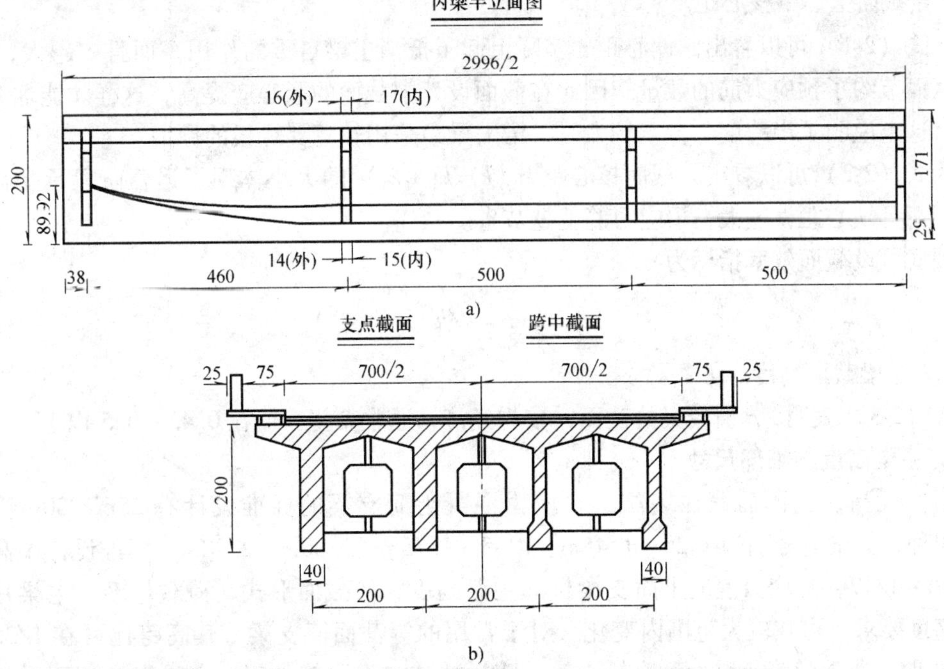

图2-40 预应力混凝土T形梁构造布置图（尺寸单位：cm）

预应力混凝土简支T形梁的梁肋下部通常要加宽做成马蹄形，以便布置钢丝束和满足承受很大预压力的需要。为了配合钢丝束的起弯，梁端能布置钢丝束锚头、安放张拉千斤顶，在靠近支点处腹板也要加厚至与马蹄同宽，加宽范围最好达1倍梁高（离锚固端）左右，这样就形成了沿纵向腰板厚度发生变化、马蹄部分也逐渐加高的变截面T形梁，如图2-40所示。沿纵向的横隔梁布置，基本上与钢筋混凝土梁桥的相同。但当主梁跨度大、梁较高时，为了减小重量而往往将横隔梁的中部挖孔，如图2-40b所示。

2.5.2 截面尺寸

1. 截面效率指标

为了合理设计预应力混凝土梁的截面尺寸，下面按简支梁在预加力阶段和运营阶段上、下缘拉应力为零的前提来分析其截面的受力特点。

对预应力混凝土梁，在预加力阶段及运营阶段，截面承受双向弯矩，通常在预加力阶段，合力 N_y 作用在下核心（使梁截面上缘应力为零），运营阶段施加了弯矩 M_y 后，合力 N_y 作用到上核心（使梁截面下缘应力为零）如图2-41所示，则有

$$N_y e' = M_q \tag{2-1}$$

$$N_y(k_s + k_x) = M_p \tag{2-2}$$

式中，e' 是预应力筋距截面下核心的偏心距；M_q 是主梁自重弯矩；M_p 是活载弯矩；k_s、k_x 是截面上、下核心距。

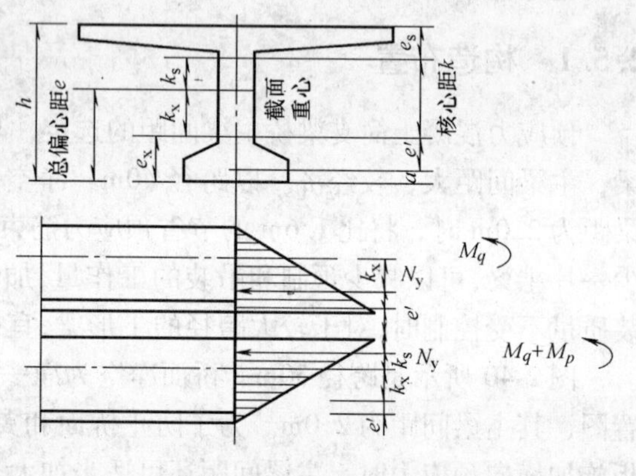

图2-41 核心距表示图

从式（2-1）可以看出，偏心距 e' 实际上起了抵消主梁自重的作用，而且 e' 越大，N_y 越小，从而节约了预应力筋的数量。因此在截面设计中截面的形心应提高，这样才能加大偏心距 e'。这也说明了当跨度、自重较大时，增大梁距采用较宽翼缘板的原因。

从式（2-2）可以看出，截面核心距 k（$k = k_s + k_x$）的大小体现了运营阶段承受荷载的能力，而且核心距 k 越大，预应力筋就越节省。

因此可设截面效率指标为

$$\rho = k/h \tag{2-3}$$

式中，h 是梁截面高度。

式（2-3）表明，ρ 值较大的截面，较为经济，通常希望 ρ 值在0.45～0.5以上。

2. 主梁高度与细部尺寸

（1）梁高　我国后张法装配式预应力混凝土简支梁的标准设计有25m、30m、35m、40m四种，其梁高分别为1.25～1.45m、1.65～1.75m、2.00m、2.30m。标准设计中高跨比为1/20～1/17，预应力混凝土简支梁桥的主梁高度，按截面形式、荷载标准、主梁片数及建筑高度要求，可在较大范围内变化。对于常用的等截面简支梁，其高跨比可在1/25～1/15内选取，通常随跨径增大而取较小值，随梁数减少而取较大值。主梁高度如不受建筑高度限制，高跨比宜取偏大值。增大梁高，只增加腹板高度，混凝土数量增加不多，但可以节

省钢筋用量，往往比较经济。故一般中等跨径的预应力混凝土T形梁的高跨比可取1/18～1/16。

（2）肋厚 预应力混凝土，由于预应力和弯起束筋的作用，肋中的主拉应力较小，肋板厚度一般都由构造决定，原则上应满足束筋保护层的要求，并力求模板简单便于浇筑。国外现浇梁的腹板没有预应力管道时最小厚度为200mm，仅有纵向或竖向管道的腹板需要300mm，既有纵向又有竖向管道的腹板需要380mm。对于高度超过2400mm的梁，这些尺寸还应增加，以减少混凝土浇筑困难，装配式梁的腹板厚度可适当减小，但不能小于165mm。如为先张法结构，最低值可达125mm。我国目前所采用的值偏低，一般采用160mm，标准设计中为140～160mm。

为满足抗剪强度和预应力束筋布置锚具的需要，T形梁的下缘一般要扩大成马蹄形。在接近梁两端的区段内，将肋厚逐渐扩展加厚。马蹄越是宽、矮，则越经济；但马蹄的形状不仅要视预应力筋的数量和排列而定，还要考虑施工方便和力筋弯起的要求。马蹄的尺寸大小要满足预加力阶段的强度要求。实践经验指出，为了防止在施工和运营中使马蹄部分产生纵向裂缝，除马蹄面积不宜小于全截面10%～20%以外，还建议具体尺寸如下：

1）马蹄宽度为肋宽的2～4倍，并注意马蹄部分（特别是斜坡区）的管道保护层不宜小于6cm。

2）马蹄全宽部分高度加1/2斜坡区高度为梁高的0.15～0.25倍，斜坡陡度宜大于45°，同时也应注意，马蹄部分不宜过高、过大，否则会降低截面形心，减小预应力筋距截面下核心的偏心距e'，并导致降低抵消主梁自重的能力。

（3）翼板 中、小跨径T形梁翼板的厚度按钢筋混凝土梁桥相应的原则来确定。为了减小翼板和梁肋连接处的局部应力集中同时便于脱模，在该处一般还设置折线形承托或圆角。

（4）横梁 横梁的尺寸和构造按钢筋混凝土梁桥相应的原则来确定。

2.5.3 装配式预应力混凝土梁的配筋特点

1. 装配式预应力混凝土梁的钢筋种类

预应力混凝土梁的钢筋主要有受力钢筋和分布钢筋两大类。

（1）受力钢筋的种类、作用与配置要求

1）预应力筋。根据结构受力配置预应力束。

2）非预应力纵向受力钢筋。在预应力混凝土简支梁中，有时为了补充局部梁段内强度的不足，有时为了满足极限强度的要求，有时为了更好地分布裂缝和提高梁的韧性，可以将非预应力钢筋与预应力钢筋协同配置，这样往往能达到经济合理的效果。

3）斜筋。一般不设斜筋。

4）箍筋。预应力混凝土梁中剪应力一般较小，故按计算仅需布置少量的箍筋。

5）翼缘板横向钢筋。根据行车道板的内力计算确定，承受行车道板的局部荷载。

6）横梁钢筋。根据横隔梁的内力计算确定，满足横向抗弯要求。

（2）分布钢筋的种类、作用与配置要求

1）架立钢筋。根据构造要求布置，用来架设箍筋，以便将各种钢筋扎成骨架。其直径依梁截面尺寸大小而定，通常采用10～14mm。

2）水平分布钢筋。由于梁的上下翼缘的横向都比腹板厚，阻碍着腹板的收缩变形，因而有可能在腹板上产生平行于轴线的裂缝，为此，需在腹板内设置防裂钢筋。这种钢筋宜用小直径钢筋组成网格放在混凝土表面，紧贴箍筋布置。

3）锚固区的加强钢筋。在梁端锚固区应力非常集中，在锚具附近不仅有很大的压应力，还有很大的拉应力，因此，为防止锚具附近混凝土裂缝，必须配置足够的钢筋予以加强。

4）支座下局部加强钢筋。提高局部承压构件的裂缝荷载和极限承载力。

与钢筋混凝土梁不同的是，预应力钢筋的布置比较复杂，其布置得合理与否将直接影响主梁各阶段的受力，后张法预应力钢筋还需要进行锚固，下面就这两个方面进行叙述。

2. 纵向预应力筋布置

预应力混凝土简支梁中所用的预应力主筋布置如图2-42所示。所有图示的共同特点是：主筋在跨中均靠近梁的下缘布置，以对混凝土施加压力来抵消荷载引起的拉应力。

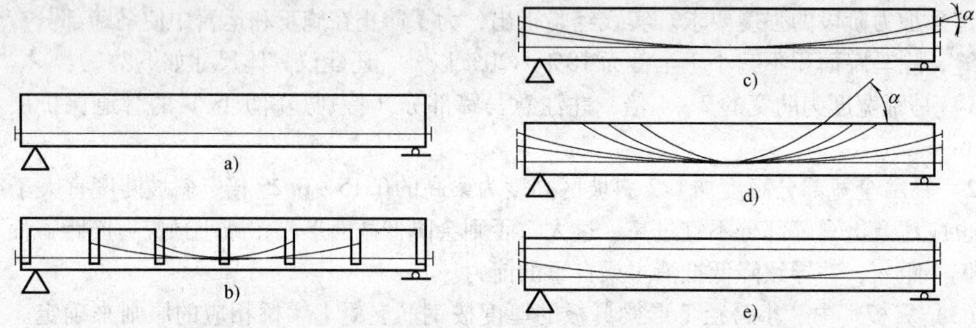

图2-42 简支梁纵向预应力钢筋布置图

全部主筋直线形布置（图2-42a）构造最简单，但仅适用于先张法施工的小跨度梁。其主要缺点是支点附近无法平衡的张拉负弯矩会在梁顶出现过高的拉应力，甚至导致梁顶严重开裂。

对于长度较大的后张梁，当采用直线形预应力筋时，为了减小梁端附近的负弯矩并节省钢材，也可像普通钢筋混凝土梁内一样，将主筋在梁的中间截面处截断（图2-42b），此时应将预应力筋在横隔梁处平缓地弯出梁体，以便张拉和锚固。这种布置的主要优点是主筋最省，张拉摩阻力也小，但预应力筋没有充分发挥抗剪作用，且梁体在锚固处的受力和构造也较复杂。

目前预应力混凝土简支梁桥上采用最广泛的布筋方式是图2-42c和d所示的两种，当预应力筋数量不太多，能全部在梁端锚固时，为使张拉工序简便，通常都将预应力筋全部弯至梁端锚固（图2-42c）。这种布置预应力筋弯起角α不大（一般在20°以下），这对减小摩阻损失有利。

然而，对于钢束根数较多的情况，或者当预应力混凝土梁的梁高受限制，以致不能全部在梁端锚固时，就必须将一部分预应力筋弯起至梁顶（图2-42d），这样的布置方式使张拉作业稍趋繁杂，使预应力筋的弯起角α较大（达20°~30°），增大了摩阻引起的预应力损失，但能缩短预应力筋长度，节约钢材，对于提高梁的抗剪能力也更有利。图2-42e表示预应力混凝土串联梁，梁顶附近的直线形预应力筋是为防止在安装过程中梁顶出现拉应力而布置的。

3. 纵向预应力筋的锚固

纵向预应力筋的锚固分两种情形：在先张法梁中，钢丝或钢筋主要靠混凝土的握裹力锚固在梁体内；在后张法中则通过各类锚具锚固在梁端或梁顶。

(1) 先张法的锚固 图 2-43 表示出先张法预应力梁中钢丝端段对混凝土的应力传布特点。当拉紧的钢丝被切断时，外端钢丝恢复至原来直径而发生回缩量 δ_c。钢丝内应力就通过与混凝土之间摩阻和粘结作用逐渐传递至混凝土，至传递长度 l_c 处，握裹力为零，混凝土承受全部预应力。此时在传力区会出现横向压力和横向拉力（劈裂力）。传递长度 l_c 的大小取决于梁端混凝土的品质、钢丝的直径和钢丝的表面形状等。通常对于 $d=3\sim5$mm 的冷拔低碳钢丝 l_c 约可取为（80~90）d，对于 $d=7.5\sim15$mm 的钢绞线可取（70~85）d。因此，为了使预应力筋可靠地锚固，最好将构件端截面加宽，加宽部分的长度不小于纵向预应力筋直径的 20 倍，而且锚固区内要配置足够的围包纵向应力筋的封闭式箍筋或螺旋钢筋。对于直径稍大的预应力钢丝，为了提高锚固效率，减小钢丝回缩量和传递长度，可以将钢丝端部轧成波浪形或用横向钢筋锁住钢丝做成钢丝锚接（图 2-44）来加强锚固作用。

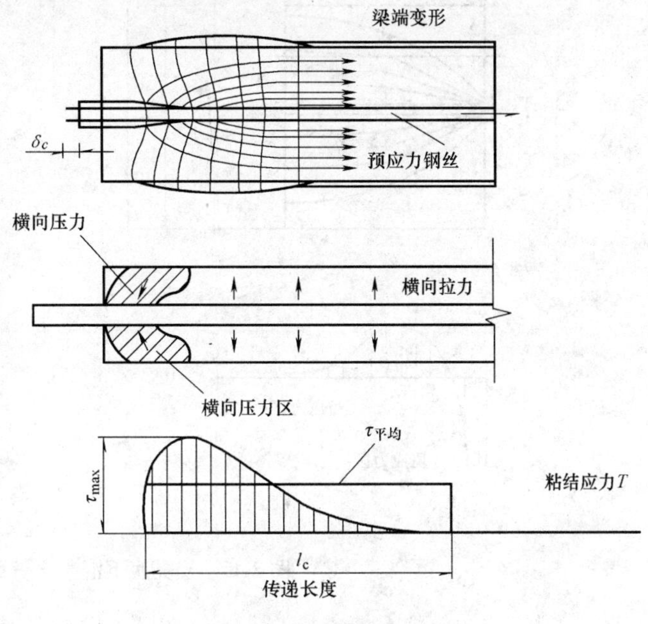

图 2-43 先张法预应力梁中钢丝端段的应力传布

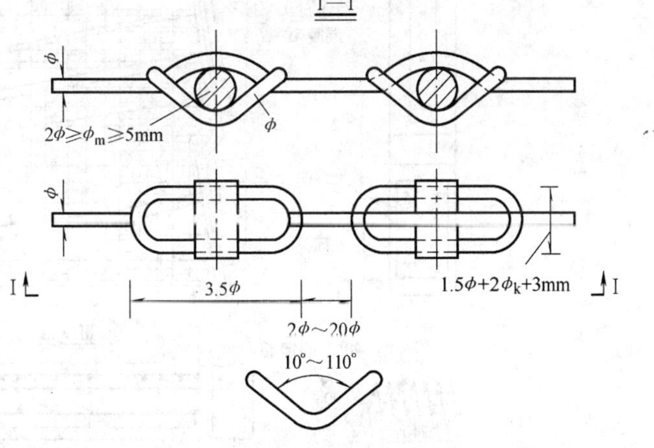

图 2-44 钢丝锚接

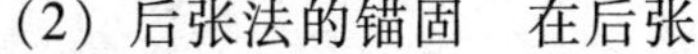

(2) 后张法的锚固 在后张法锚固构造中，锚具底部对混凝土作用着很大的压力 N，而直接承压的面积不大，应力非常集中。在锚具附近不仅有很大的压应力，还有很大的拉应力（图 2-45a），通常将沿锚具中线截面上拉应力的合力称为促使混凝土拉裂的劈裂力，图 2-45b 和 c 示出在不同的锚具布置方式下劈裂力大小和位置的近似值。因此，为防止锚具附近混凝土裂缝，必须配置足够的钢筋予以加强。图 2-46 所示为梁端锚固区（约等于梁高的长度内）的配筋构造。加强钢筋网的网格约为 10cm×10cm。锚具下设置厚度不小于 16mm 的钢垫板与Φ 8mm 的螺旋筋，以提

高混凝土的抗裂性。

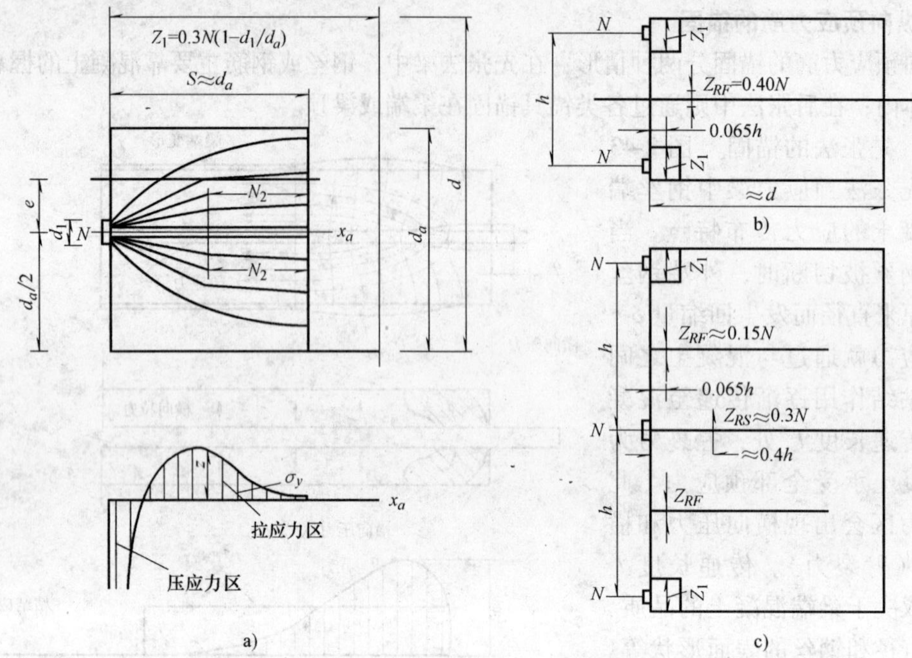

图 2-45 锚具底下混凝土劈裂力

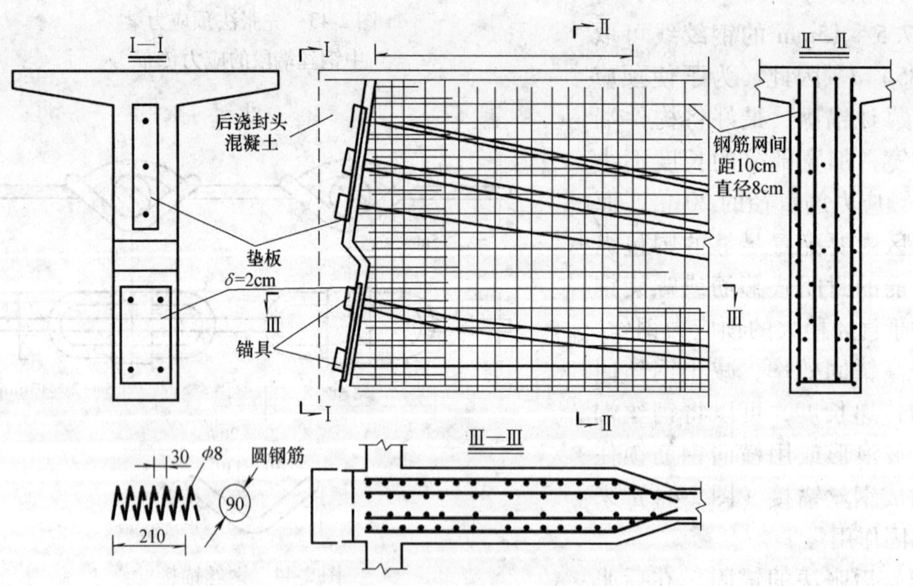

图 2-46 梁端锚固区的配筋构造（尺寸单位：cm）

在梁端也可采用带有预埋锚具的预制钢筋混凝土端板来锚固预应力筋，如图 2-47 所示。此时除了加强钢筋骨架外，锚具下设置两层叉形钢筋网，施工起来也比较方便。预埋式锚具也常常用于预应力筋弯出梁顶的情况。总的说来，锚具在梁端的布置应遵循“对称”、“分散”、“均匀”的原则，尽量减小局部应力集中，过大的锚具不如分散、小型的有利。此外，锚具应在梁端对称于竖轴布置，锚具之间应留有足够的净距，才能安装张拉设备，方便施工作业。

4. 其他钢筋的布置

预应力混凝土梁与钢筋混凝土梁一样，要按规定的构造要求布置箍筋、架立筋和纵向水平分布钢筋等。由于预应力混凝土梁肋承受的主拉应力较小，一般可不设斜筋。

此外，在预应力筋比较集中的下翼缘（下马蹄）内必须设置直径不小于8mm的闭合式加强箍筋（图2-48），其间距不大于20cm。此外，马蹄内尚应设直径不小于12mm的定位钢筋。图中d为制孔管的内径，内径的截面积不应小于两倍预应力钢筋截面面积。管道间的最小净距主要由灌注混凝土的要求所确定，在有良好振捣工艺时（如同时采用底振和侧振）最小净距不小于4cm，且不小于管道直径的0.6倍。对于预埋的金属或塑料波纹管和镀锌薄钢板管，在竖直方向可将两管道叠置。

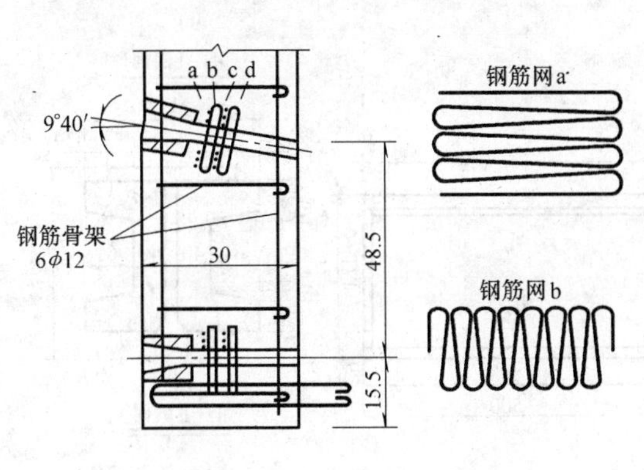

图2-47 预制钢筋混凝土端板和叉形钢筋网（尺寸单位：cm）

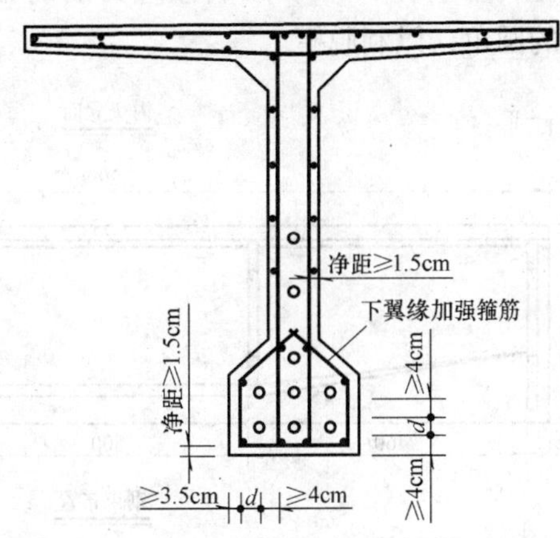

图2-48 横截面内钢筋布置

在预应力混凝土简支梁中，有时为了补充局部梁段内强度的不足，或为了满足极限强度的要求，或为了更好地分布裂缝和提高梁的韧性等，可以将无预应力的钢筋与预应力筋协同配置，这样往往能达到经济合理的效果。图2-49a表示当梁中预应力筋在两端不便弯起时，为了防止张拉阶段在梁端顶部可能开裂而布置的受拉钢筋。对于自重比恒载与活载小得多的梁，在预加力阶段跨中部分的上翼缘可能会开裂而破坏，因而也可在跨中部分的顶部加设无预应力的纵向受力钢筋（图2-49b）。这种钢筋在运营阶段还能加强混凝土的抗压能力，在破坏阶段则可提高梁的安全度。图2-49c所示的在跨中部分下翼缘内设置的钢筋，多半是在全预应力梁中为了加强混凝土承受预加压力的能力。对于部分预应力梁也往往利用布置在下翼缘的纵向钢筋来补足极限强度的需要（图2-49d），并且这种钢筋对于配置无粘结预应力筋的梁能起分

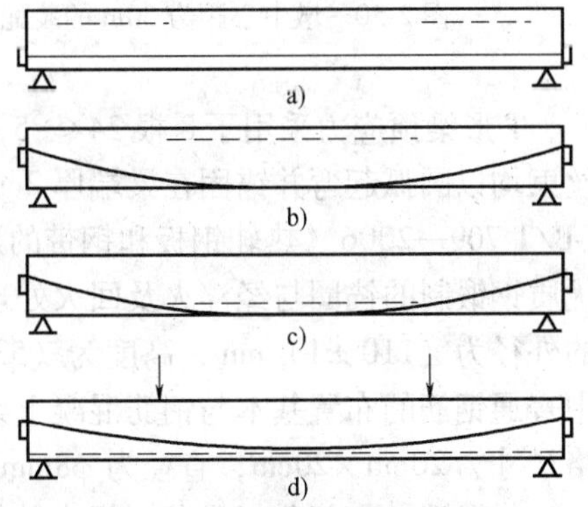

图2-49 无预应力混凝土纵向受力钢筋（虚线）的布置

散裂缝的作用。此外，无预应力的钢筋还能增加梁在反复荷载作用下的疲劳极限强度。装配式预应力混凝土梁桥的横向连接构造一般与钢筋混凝土梁桥一样。但也可在横隔梁内预留孔道，采用横向预应力筋张拉集整（图2-39b）这样的连接，整体性好，但对梁的预制精度要求较高，施工稍复杂。

2.5.4 装配式预应力混凝土梁的构造示例

图2-50为一墩中心距为30m的装配式预应力混凝土简支梁的构造实例。此梁的全长为29.96m，计算跨径为29.16m。梁肋中心距为2.20m。在横截面上，可用4~5片主梁来构成净—7m、净—9m并附不同人行道宽度的桥面净空。主梁采用C40混凝土带马蹄的T形截面，梁高为2.00m，高跨比为1/14.58，厚16cm的梁肋在梁端部分（约等于梁高的长度内）加宽至马蹄全宽40cm，以利预应力筋的锚固。在截面设计中将所有混凝土内角做成半径5cm的圆角，以利脱模。

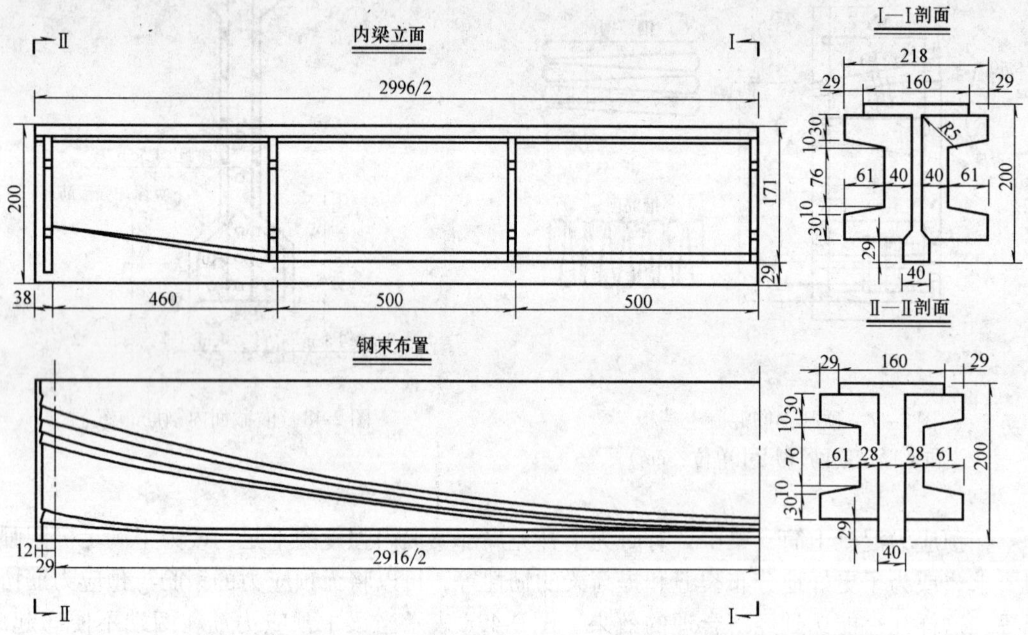

图2-50 墩中心距为30m的装配式预应力混凝土简支梁的构造实例（尺寸单位：cm）

T形梁预应力采用了8根24 $\Phi^{S}5$ 高强钢丝束，钢丝极限强度为 1.6×10^{6}kPa，且全部钢丝束均以圆弧起弯并锚固在梁端厚2cm的钢垫板上，钢板采用16锰钢，技术条件必须符合GB/T 709—2006《热轧钢板和钢带的尺寸、外形、重量及允许偏差》的规定。锚具由45号优质钢锻制的锚圈与经淬火及回火处理后硬度不小于55~58HRC的锥形锚塞所组成，锚圈的外径为（110±1）mm，高度为（53±0.5）mm，用双作用（或三作用）千斤顶张拉。梁中普通钢筋的布置基本与钢筋混凝土梁相类似，不同的是梁内不需设置斜筋，梁肋内配置网格尺寸为20cm×20cm，直径为 ϕ8mm 的钢筋网作为抗剪和纵向收缩钢筋之用。

对梁端加宽部分（约等于梁高的长度内）的钢筋网加密，以加强锚固区。设计中采用7片隔横梁，中心距为5.00m，横隔梁高1.71m，肋宽平均为0.15m，具有足够刚度来保证良好的荷载横向分布。全部横隔梁采用挖孔形式以减小吊装重量。横隔梁相互间采用钢板焊接，T形梁翼板端伸出钢筋相互搭接锚固于桥面铺装层中，可起铰接作用。

装配式预应力混凝土30m简支梁，一片内主梁用C40混凝土28.04m³，吊装重量为63.4kN，钢束总重量为9236N。

图2-51所示为另一构造实例，它是我国河南洛阳黄河公路大桥所采用墩中心距为51.05m的后张法预应力混凝土T形梁桥。梁的计算跨径为50m，全长为51m，全桥有67孔，桥面净空为净—9m附2×1.0m人行道，每孔上部结构由5片大梁组成，梁中心距为2.30m。

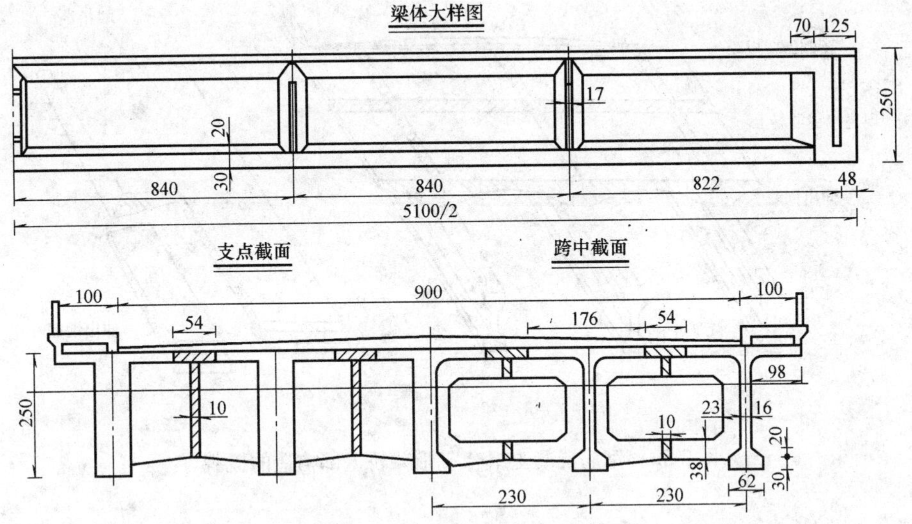

图2-51 50m跨径后张法预应力混凝土T形梁的构造（尺寸单位：cm）

此桥的截面特点是：预制翼板宽1.76m，厚0.17m，翼板间留有宽0.54m的纵向现浇扣环式刚性接头，借以减小起吊重量，减小预制T形梁的宽度和加强桥面板连接的整体性。梁体采用C50混凝土预制，主梁高2.5m，高跨比达1/20。梁肋厚16cm，下马蹄宽62cm。由计算分析，截面具有较大的效率指标（$\rho=0.58$），但对于自重很大的梁，重心轴位置还不够高，约为$0.43h$，这是因为预制翼板宽度不够大的缘故。

每片梁配置22根24 $\Phi^{S}5$的高强钢丝束，并用钢制锥形锚具将全部钢丝束锚于梁端。预制时梁内用钢丝网胶管制孔。

箍筋间距除梁端加宽部分为8cm外，其余均为20cm，箍筋直径为10mm，马蹄箍筋中Φ8mm的间距为10cm。全桥沿纵向采用7片挖孔式横隔梁，间距为8.4m。

每片梁的设计起吊重量为1310kN，为了架设总数达335片的大梁，该桥专门设计制造了大型的移动式钢桁架架桥机。

2.6 组合式梁桥

2.6.1 钢筋混凝土组合T形梁桥

图2-52表示钢筋混凝土组合T形梁桥上部构造的概貌。这种组合式结构是由顶面为平

面、底面为圆弧筒形的少筋变厚度板（或称微弯板）和工字形的钢筋混凝土主梁组合而成的。预制构件借助伸出钢筋的相互联系和在接缝内现浇少量混凝土结合成整体。由于微弯板的两侧边在纵向接缝处形成整体嵌固，在荷载作用下就具有一定程度的拱作用，这样板中就只需布置少量钢筋。

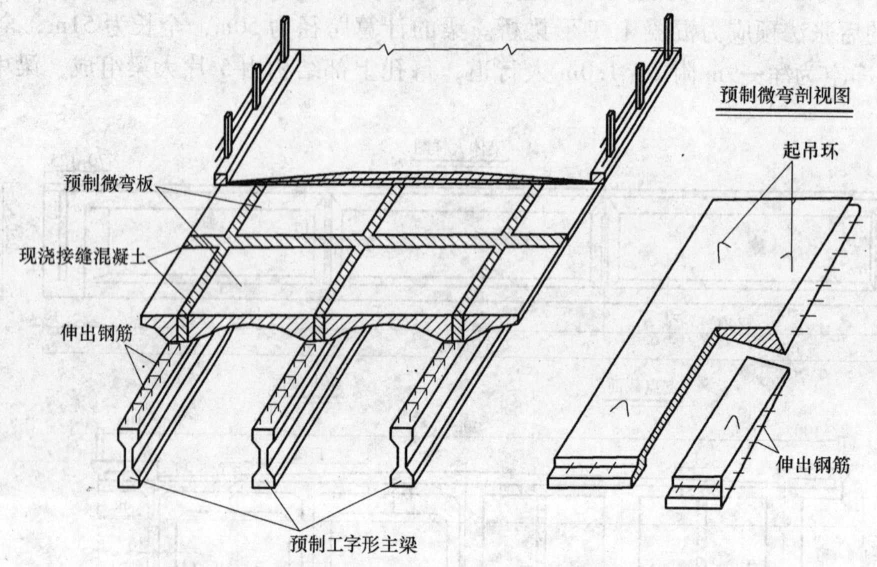

图 2-52　钢筋混凝土组合 T 形梁桥上部构造的概貌

图 2-53 所示为标准跨径 l_b = 16m 的构造实例。桥梁的总长为 15. 96m。主梁的间距与一般装配式 T 形梁一样，取用 1. 6m。微弯板的纵向长度为 2. 50m（对于 8m、10m、13m 跨径者相应为 1. 84m、2. 34m、2. 02m），净跨 1. 30m，板中部厚 10cm，端部厚 20cm，微拱度为 1/13。悬臂板的尺寸为长 2. 48m（对于 8m、13m 跨径尚有长 2. 72m 的），宽 0. 70m，这样的尺寸可组成净—7m 附 2 ×0. 25m 安全带和净—7m 附 2 ×0. 75m 人行道的两种桥面净空。微弯板和悬臂板的钢筋布置如图 2-53b 和 c 所示。

工字形主梁的高度约为跨径的 1/20 ~ 1/16，对于不同跨径的工字形主梁，其主要尺寸和吊装重量见表 2-3。

表 2-3　工字形主梁主要尺寸和吊装重量

标准跨径 /m	总长/m	工字形梁全高 /cm	上、下翼缘全宽/cm	腹板厚度 /cm	腹板高度 /cm	吊装重量 /kN
8. 0	7. 96	50	30	16	16	23
10. 0	9. 96	60	30	16	26	33
13. 0	12. 96	70	30	16	30	51
16. 0	15. 96	80	30	16	40	69

工字形主梁的配筋方式基本上与装配式 T 形梁相似，也采用焊接钢筋骨架，主筋为 HRB335ϕ22mm。为了接缝齐整的需要，间距为 20cm 的箍筋和钢筋骨架的架立钢筋都伸出梁顶。图 2-53b 中同时画出了纵向接缝的连接构造，从微弯板和悬臂板内伸出的横向钢筋均扣于主梁的架立钢筋上，然后再现浇 C25 混凝土填缝。

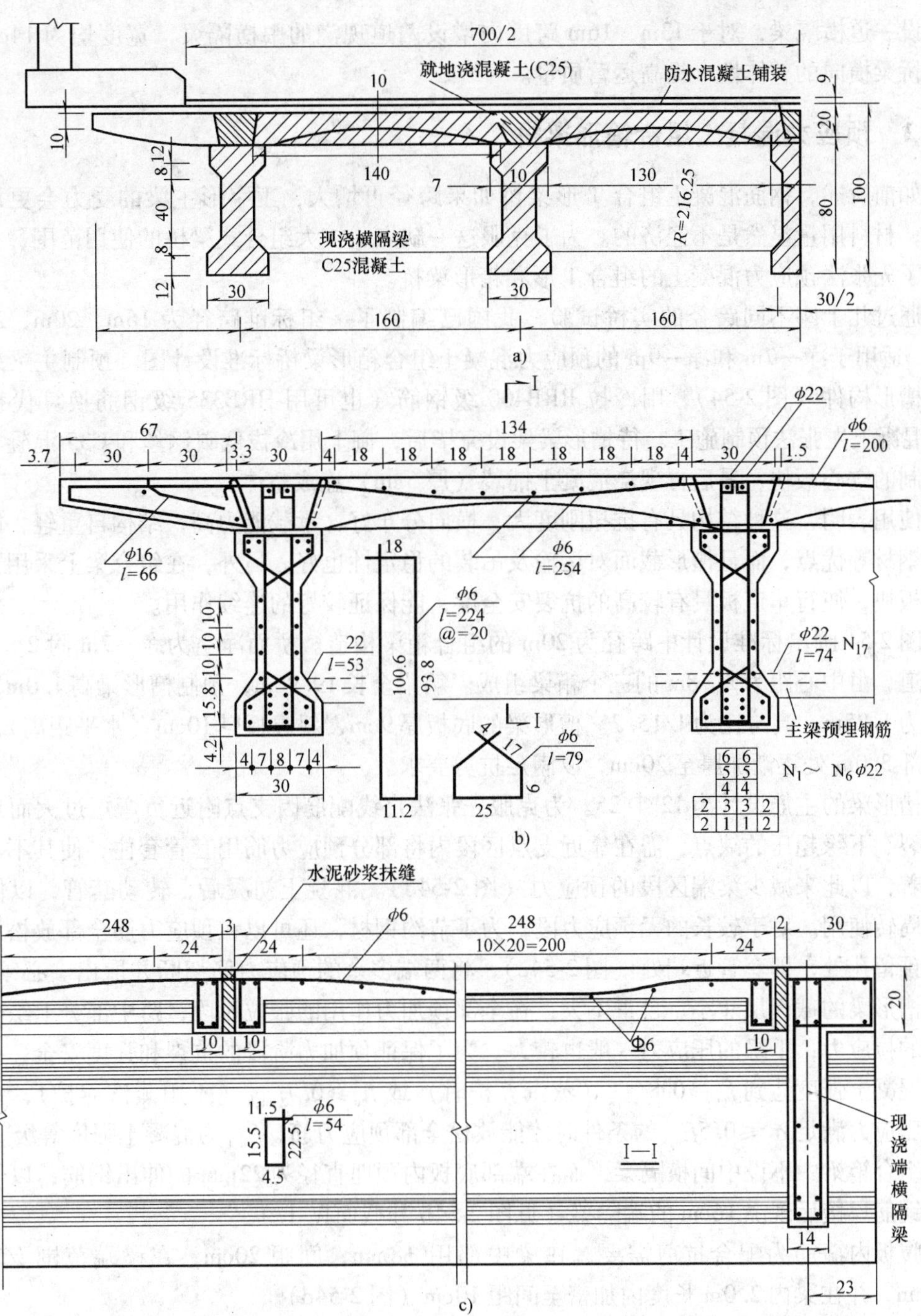

图2-53 少筋微弯板T形组合梁桥构造（$l_b=16m$）

a）横截面构造 b）钢筋布置 c）纵断面构造

必须指出，纵向接缝的施工质量是保证微弯板两端嵌固、提高其承载能力的关键。最早设计的少筋微弯板组合梁桥为了简化施工而不设置横隔梁，但使用经验表明，当无横隔梁时桥面易出现纵向裂缝。因此，目前标准设计除增设现浇的端横隔梁外，对于8m、10m跨度内增设一道横隔梁，对于13m、16m跨度内增设两道现浇的中横隔梁，宽度均为14cm，以加强桥梁横向的整体性，提高运营质量。

2.6.2 预应力混凝土组合箱形梁桥

如前所述，钢筋混凝土组合T形梁桥如果跨径再增大，工字形主梁的受力会更加趋于不利，材料用量显然是不经济的。为了克服这一缺点，扩大组合式梁桥的使用范围，我国还研制了先张法预应力混凝土的组合T形和箱形梁桥。

通过几十座不同跨径的实桥试验，我国已编制了一组标准跨径为16m、20m、25m和30m，适用于净—7m和净—9m的预应力混凝土组合箱形梁桥标准设计图。预制主梁采用开口的槽形构件（图2-54），用冷拉RRB400级钢筋（也可用HRB335级钢筋换算代替）和C40混凝土先张法预制施工。待槽形梁架设完毕后，搁上用冷拔低碳钢丝和C35混凝土先张法预制的空心板块，最后再现浇混凝土铺装（厚5cm）连成整体。

使用表明，这种结构具有抗扭刚度大，横向分布好，承载能力高，结构自重轻，能节省较多钢材等优点，而且槽形截面对运输及吊装的稳定性也好。另外，在组合梁上采用预应力空心板块，使行车道板具有较高的抗裂安全度，能保证较好的连续作用。

图2-54画出标准设计中跨径为20m的组合箱梁构造。桥面净空为净—7m附2×0.75m人行道，由中心距为2.78m的三个箱梁组成。箱梁全长19.96m，预制槽形梁高1.0m，箱梁全高为1.25m，高跨比为1/15.7。槽形梁的底板厚9cm，斜腹板厚10cm（水平距离），并从离端部3.0m处逐渐加厚至20cm，以满足抗剪要求。

槽形梁的主筋设计为12 Φ^{j}25。为克服先张法直线配筋因支点附近负弯矩过大而导致上缘开裂、下缘超压的缺点，需在靠近支点区段内将部分预应力筋用套管套住，使其不与混凝土粘着，以此来减少梁端区段的预应力（图2-54d）。混凝土初凝后，转动套管，以便取出套管周转使用。对于较长的无预应力段，为了节约钢材，还可以在预应力筋全部放松后，在底板预留孔处，即套管近端处（图2-54c），将两端多余的预应力筋切断并取出。必须注意，由于槽形梁的截面尺寸小、自重不大，在全部预加力作用的张拉阶段，跨中部分上缘会出现较大的拉应力，下缘的压应力一般也较大。为了保证预加力阶段的抗裂和强度安全，必须在梁体混凝土强度达到$f_{cu} \geqslant 0.8 f_{cu,k}$（蒸汽养护时）或$f_{cu} \geqslant 0.7 f_{cu,k}$（不用蒸汽养护），并且混凝土压应力满足$\sigma_a \leqslant 0.5 f_{cu,k}$的条件时才能放松全部预应力筋，$f_{cu,k}$为混凝土强度等级。

组合箱梁中不设中间横隔梁，而在端部底板内预埋直径为22mm的伸出钢筋，以便与相应的钢筋焊接后现浇16cm的端隔梁（见图2-54b和截面Ⅳ-Ⅳ）。

腹板内箍筋为配合抗剪需要，在梁中部用ϕ8mm，间距20cm，在梁端范围$l/5$内用ϕ10mm，并在梁内2.0m长度内加密至间距10cm（图2-54d）。

桥面空心板宽度为1.0m。为了加强空心板和槽形梁连接面上的抗剪强度，槽形梁腹板顶部伸出箍筋，并且空心板两端也留钢筋（长20cm）与之连接。桥面上配置ϕ10mm与ϕ6mm、间距为20cm的钢筋网。这样，现浇桥面板混凝土集整后就具有良好的整体性，实践表明，它的抗裂性与刚度均满足要求。

空心板厚20cm，中挖直径为14cm的圆孔，用ϕ5mm冷拔低碳钢丝作为主筋，间距为8cm。从材料用量来看，空心板比微弯板的用钢量可节省20%，混凝土用量增加4%，是一种经济合理的构造形式。

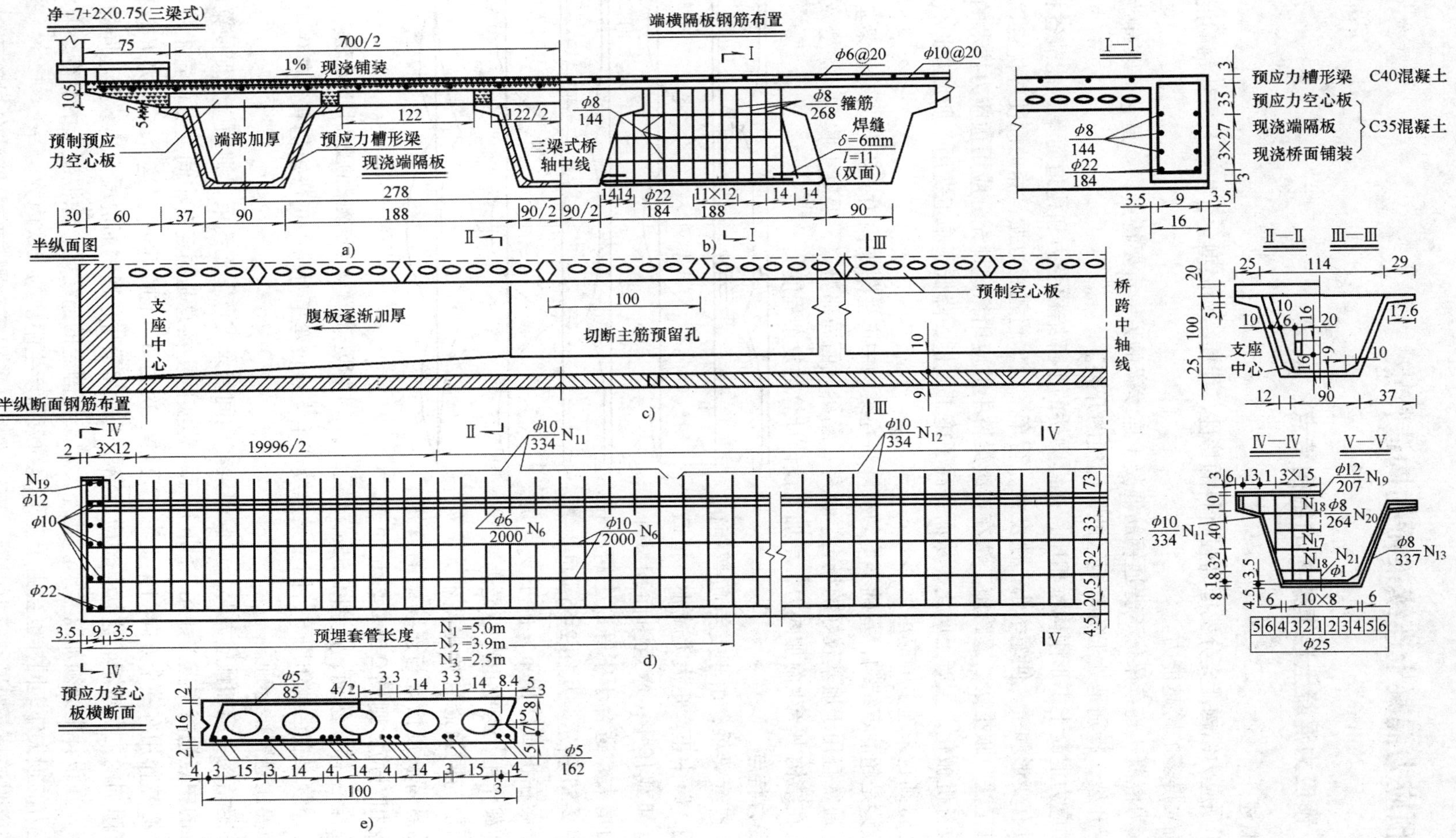

图2-54 预应力混凝土组合梁桥（l=20m）构造（尺寸单位：cm）

2.7 预应力混凝土连续梁桥的构造特点

2.7.1 预应力混凝土连续梁桥的结构特点

1. 概述

由于预应力结构能充分发挥高强材料的特性，促使结构轻型化，以致具有比钢筋混凝土连续梁桥大得多的跨越能力。

预应力混凝土连续梁优于普通钢筋混凝土连续梁的另一重要特点，就是它可以有效地避免混凝土开裂，特别是处于负弯矩区的桥面板的开裂。

与预应力混凝土T形刚构桥相比，连续梁桥的下部结构受力和构造简单，能节省材料，加之它具有变形和缓、伸缩率小、刚度大、行车平稳、超载能力强、养护简便等优点，尤其是悬臂施工法、顶推法、逐跨施工法在连续梁桥中的应用，这种充分应用预应力技术的优点使施工设备机械化，生产工厂化，从而提高了施工质量，降低了施工费用。所以在近代桥梁建筑中已得到越来越多的应用。

连续梁是超静定结构，基础不均匀沉降将在结构中产生附加内力，因此，对桥梁基础要求较高，通常宜用于地基较好的场合。此外，箱梁截面局部温差，混凝土收缩、徐变及预加应力均会在结构中产生附加内力，增加了设计计算的复杂程度。

2. 受力特点

对于连续梁桥，由于支点负弯矩的卸载作用，跨中正弯矩大大减小，恒载、活载均有卸载作用，弯矩图面积减小，跨越能力增大，适合于中等以上跨径桥梁，如图2-55所示。从图2-55b可以看出，连续梁在恒载作用下，由于支点负弯矩的卸载作用，跨中正弯矩显著减小，其弯矩图形与同跨悬臂梁相差不大，如悬臂梁的悬臂长度恰好与连续梁的弯矩零点位置相对应，则图2-55a与b的弯矩图就完全一样。然而，从图2-55c可以看出，连续梁在活载作用下，因主梁连续产生支点负弯矩对跨中正弯矩仍有卸载作用，其弯矩分布要比悬臂梁合理。

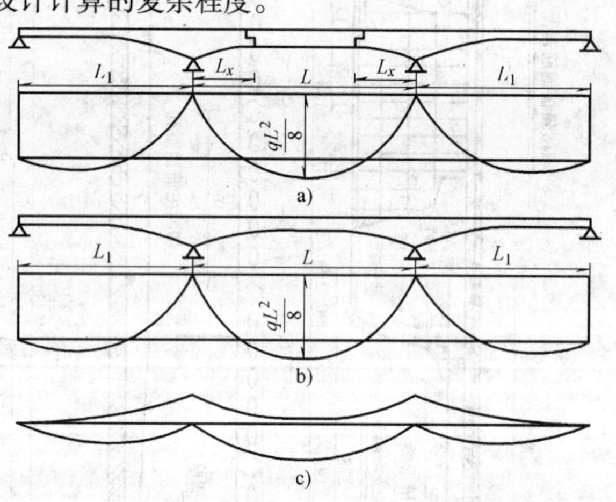

图2-55 悬臂梁与连续梁的受力情况比较

超静定结构上施加预应力时，如假想梁在中间赘余支点上无约束，则预应力促使梁的变形会使梁的中点翘离支点，如图2-56b所示。但实际上梁总是固定在中间支点位置上的。这样在其上必然作用有一个方向与梁变形相反的二次力 R（图2-56c）。这个二次力 R 就使梁内产生了附加的二次弯矩。这就是预应力混凝土连续梁与普通钢筋混凝土连续梁不同的重要力学特点，在设计中必须加以考虑。此外，对于超静定的连续梁，除混凝土的徐变、收缩除引起预应力的损失外，同样也会由于变形受约束而产生附加的二次内力。

还需说明的是，如果预应力混凝土连续梁桥也采用T形刚构的悬臂法分段施工时，在施工中必须采用墩顶与梁段间的临时固接措施，以承受施工时两侧梁段的不平衡力矩。待悬臂端达到前方墩台支座或在跨度中央合龙后，再拆除临时固接措施，设置永久支座，梁体在施工过程中由于支承条件的改变，必然会导致内力的变化，故在设计中还应计及连续梁在施工中的结构体系转化问题。

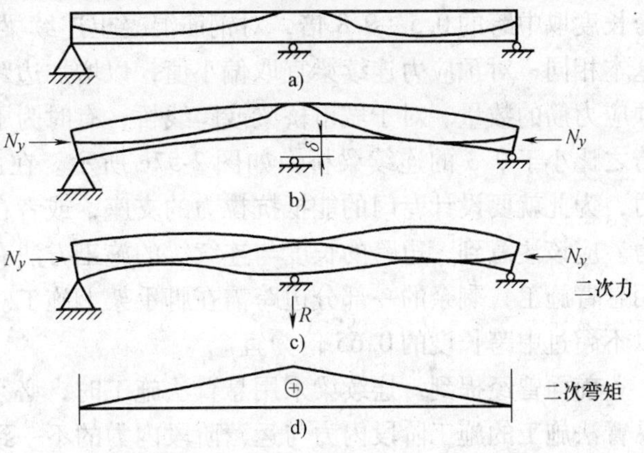

图2-56 预加力引起的二次内力

3. 应用

将简支梁梁体在支点上连续而成连续梁，连续梁可以做成二跨或三跨一联的，也可以做成多跨一联的。每联跨数太多，联长就要加大，受温度变化及混凝土收缩等影响产生的纵向位移也就较大，使伸缩缝及活动支座的构造复杂化；每联长度太短，则使伸缩缝的数目加多，不利于高速行车。为充分发挥连续梁对高速行车平顺的优点，现代的伸缩缝及支座构造不断改进，最大伸缩缝长度已达660mm，梁体的连续长度已达1000m以上，如杭州钱塘江二桥为18孔一联预应力混凝土连续梁桥，跨径布置为45m + 65m + 14 × 80m + 65m + 45m，连续长度为1340m。一般情况下，连续梁中间墩上只需设置一个支座，而相邻两联连续梁的桥墩仍需设置两个支座。在跨越山谷的连续梁中，中间高墩也可采用双柱（壁）式墩，每柱（壁）上都设有支座，并可削低连续梁支点的负弯矩尖峰。

钢筋混凝土连续梁跨径一般不超过25 ~ 30m，预应力连续梁常用跨径为40 ~ 160m，其最大跨径受支座最大吨位限制，目前国内最大跨径未超过165m（南京长江二桥北汊桥，其跨径布置为90m + 3 × 165m + 90m），如果采用墩上双支座，消去结构在支座区的弯矩高峰，它的跨径可以达到200m。

2.7.2 预应力混凝土连续梁桥的立面布置

预应力混凝土连续梁，也像普通钢筋混凝土的一样，可以设计成等跨的和不等跨的、等高的和不等高的结构形式，如图2-57所示。然而由于预应力筋在结构内能调整内力（或应力），因此预应力混凝土连续梁在孔径布置和截面设计等方面可供选择的范围比钢筋混凝土桥要大得多。除此以外，预应力混凝土连续梁桥的结构形式还与施工工艺有紧密的联系。

对于中小跨度的连续梁，当采用目前比较盛行的顶推法施工工艺时，往往就设计成等跨、等高的连续梁桥（图2-57a）。受力性能不如不等跨布置；鉴于施工工艺的独特优点，采用顶推施工时，施工方便，经济效益高。补偿了结构本身作为等跨、等高连续梁的短处。当桥梁的跨度不太大时，也可采用先预制成简支梁，待其被架设在临时支座上后，再在支点顶部张拉预应力筋来建立连续性的施工方法。在此情况下，全桥竣工后也成为等跨、等高的连续梁桥。

不等跨、不等高的预应力混凝土连续梁桥，是大跨度桥梁结合悬臂法施工最常用的结构形式，连续梁跨径的布置一般采用不等跨的形式。如果采用等跨布置，则边跨内力（包括边支墩处梁中的负弯矩）将控制全桥设计，这样是不经济的；此外，边跨过长，削弱了边跨的刚度，将增大活载在中跨跨中截面处的弯矩变化幅值，增加预应力束筋数量。故一般边跨长度取中跨的0.5～0.8倍，对钢筋混凝土连续梁取偏大值，使边跨与中跨控制截面内力基本相同；对预应力连续梁宜取偏小值，以增加边跨刚度，减小活载弯矩的变化幅度，减少预应力筋的数量。对于城市桥梁或跨线桥，有时为了增大中跨跨径，还可能设计成边跨与中跨之比小于0.3的连续梁桥，如图2-57c所示。在此情况下，端支点上将出现较大的负反力，为此就要设计专门的能抵抗拉力的支座，或者在跨端部分设置巨大的平衡重来消除负反力。应该注意到，边跨的长度与连续梁的施工方法有关，如采用悬臂法施工，一部分边跨采用悬臂施工，剩余的一部分边跨需在脚手架上施工。为减少支架及现浇段长度，边跨长度取以不超过中跨长度的0.65倍为宜。

前面曾经提到，连续梁采用悬臂法施工时，必须计及较为复杂的体系转换问题。此外，悬臂法施工的施工阶段内力与运营阶段内力的不一致，也会导致多费钢材。因此，近年来也采用图2-57d所示连续梁与刚构组合在一起的新颖结构形式。这样，中孔使墩柱与梁体连接成刚构，有利于悬臂施工，而且梁墩的刚性调整了梁体的内力，减小了施工和运营阶段内力的差异性。如果岸孔能适合于支架上施工，而其余各孔均借悬臂法施工的话，则此种桥型将更加有利。

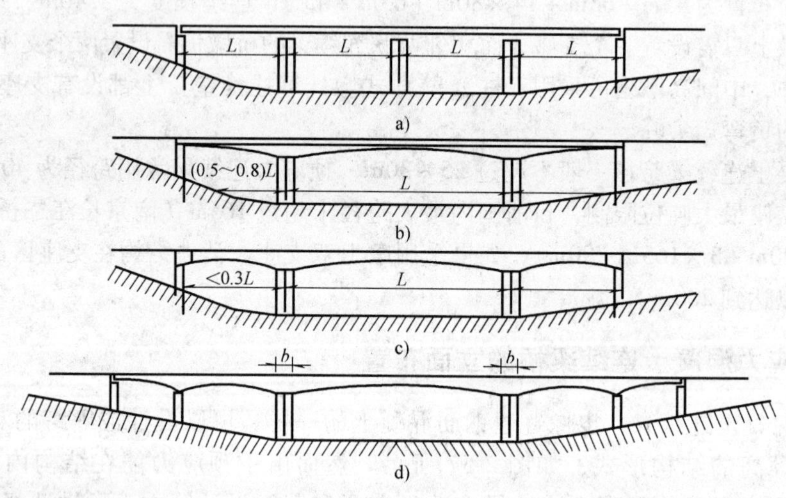

图2-57 预应力混凝土连续梁的结构形式

2.7.3 截面形式和尺寸

1. 截面形式

预应力混凝土连续梁桥的截面形式和梁底线形式，与普通钢筋混凝土桥也大同小异。

目前预应力混凝土梁桥的横截面形式主要有板式、肋梁式和箱形截面。

板式截面分实体截面和空心截面，如图2-58a、b、c、d所示。矩形实体截面使用较少，曲线形整体截面近年来相对使用较多。实体截面多用于中、小跨径的连续梁桥，且多配以支架现浇施工，此时跨中板厚为（1/28～1/22）l，支点板厚为跨中的1.2～1.5倍；空心截面常用于跨径15～30m的连续梁桥，板厚一般为0.8～1.2m，也以支架现浇为主。

肋式截面预制方便，常用于预制架设施工，并在梁段安装后经体系转换成为连续梁桥。常用跨径为25～50m，梁高取1.5～2.5m，如图2-58e所示。

箱形截面构造灵活，如图2-59所示，其中单箱单室桥宽小于18m，双箱单室桥宽为20m左右；单箱双室桥宽为25m左右。一般来说，等高度箱梁可采用直腹板或斜腹板，变高度箱梁宜采用直腹板。

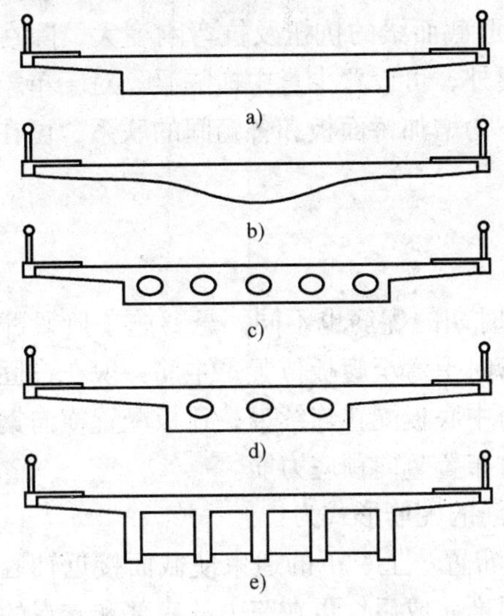

图2-58 板式截面和肋式截面

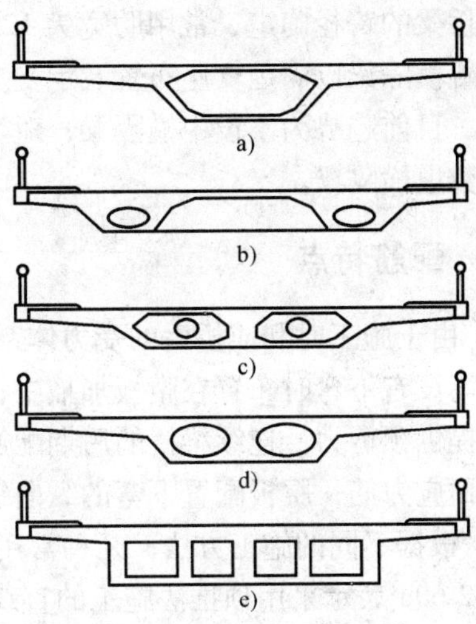

图2-59 箱形截面

除了中等跨度的桥梁仍可采用T形或工字形截面外，对于大跨度连续梁桥和采用顶推法施工的连续梁桥，一般均采用箱形截面，这样既便于顶、底板内布置预应力筋，又适合于悬臂法和顶推工艺施工。

2. 结构尺寸

（1）梁高　一般跨径在50～60m以下的中、小跨度预应力混凝土连续梁选取等高度连续梁。一般跨径在100m以上的大跨度预应力混凝土连续梁采用变高度连续梁，变高度梁的截面变化规律可采用圆弧线、二次抛物线和折线等，通常以二次抛物线为最常用，因为二次抛物线的变化规律与连续梁的弯矩变化规律基本相近。采用折线形截面变化布置可使桥梁的构造简单，施工方便，常用于中小跨径。

根据已建成桥梁的资料分析，梁高可按表2-4估算。

表2-4 连续梁在支点和跨中梁高估算值

桥型	支点梁高/m	跨中梁高/m
等高度连续梁	$H=(1/15\sim1/30)l$ 常用$(1/18\sim1/20)l$	$h=H$
变高度（折线形）连续梁	$H=(1/20\sim1/16)l$	$h=(1/28\sim1/22)l$
变高度（曲线形）连续梁	$H=(1/20\sim1/16)l$	$h=(1/50\sim1/30)l$

(2) 腹板、顶板、底板厚度

1) 腹板。主要承担剪应力和主拉应力，一般采用变厚度腹板。靠近悬臂端处受构造要求控制，而靠近支点处受主拉应力控制，需加厚。支点腹板总厚度与行车道板宽度之比约为1/21~1/16，支点处腹板厚度与梁高之比约为1/16~1/12。

2) 顶板。满足横向抗弯及纵向抗压要求，一般采用等厚度，主要由横向抗弯来控制。

3) 横隔板。采用T形和工字形截面的连续梁桥，因其抗扭刚度小，为增加桥梁的整体性并使荷载有良好的分布，一般设置端横隔梁和中横隔梁。中横隔梁的数目及位置由主梁的构造和桥梁的跨径确定，常用肋宽为12~20cm。箱形截面梁的抗扭及抗弯刚度大，除在支点处设置横隔梁以满足支座布置及承受支座反力需要外，可设置少量中横隔梁。对于单箱单室截面，目前趋势为不设中横隔梁；对于多箱截面，为增加桥面板和各箱间的联系，可在箱间设置数道横隔梁。

2.7.4 配筋特点

1) 由于施工时和成桥后的受力体系不同，不同时期的配筋也不同。悬臂施工阶段配筋有：主筋没有下弯时布置在腹板加掖中；主筋需下弯时平弯至腹板位置；主筋一般在锚固前竖弯，提供预剪力。连续梁桥的后期配筋有：各跨跨中底板配置连续束；顶板配置横向钢筋或横向预应力筋；腹板配置下弯的纵向钢筋，需要时布置竖向预应力筋。

2) 根据不同的施工方法，几种常用的预应力主筋的配筋形式为：

图2-60a表示采用顶推法施工的直线形预应力筋布置。上、下的通束使截面接近轴心受压，以抵抗顶推过程中各截面承受的正负弯矩。待顶推完成后，再在跨中的底部和支点的顶部增加局部预应力筋，用来满足运营荷载下相应的内力要求。有时按设计还在跨中的顶部和支点附近的底部设置局部施工临时束，待顶推完成后即予卸除。

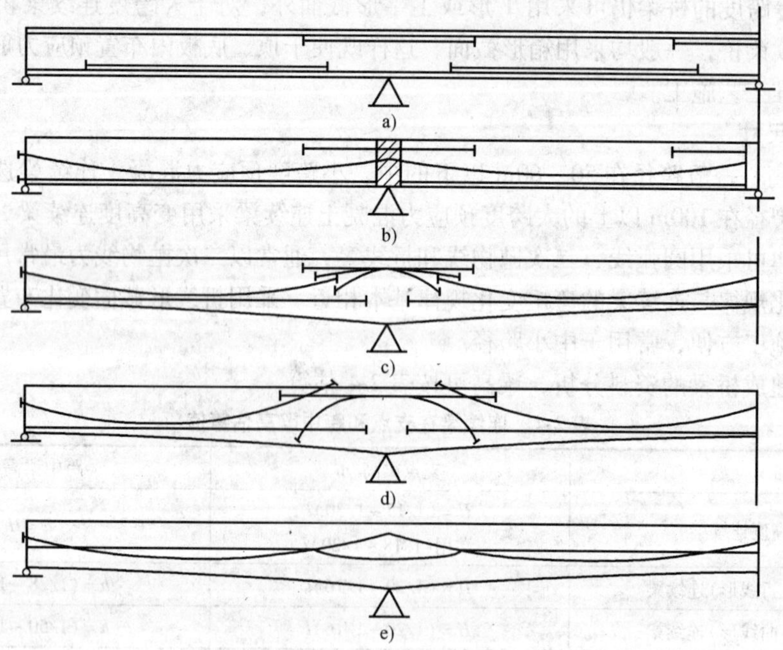

图2-60 预应力主筋的配筋形式

图2-60b所示为采用先简支后连续施工方法的预应力筋布置。待墩上接缝混凝土达到强度后，用设置在接缝顶部的局部预应力筋来建立结构的连续性。

图2-60c和d所示为曲线形的预应力筋布置。梁中除了正弯矩区和负弯矩区各需布置底部和顶部预应力筋外，在有正、负弯矩的区段内，顶、底板中均需设置预应力筋。预应力筋可以根据受力需要在跨径内截断而锚固在梁体高度内，如图2-60c所示，也可弯出梁体而锚固在梁顶和梁底，如图2-60d所示。

图2-60e表示整根曲线形通束锚固于梁端的布置方式，在此情况下，由于预应力筋既长且弯曲次数又多，这就显著加大了预应力筋的摩阻损失。预应力筋的布置要考虑到张拉操作的方便。当需要在梁内、梁顶或梁底锚固预应力筋时，应根据预应力筋锚固区的受力特点给予局部加强，以防开裂损坏。

2.8 斜、弯桥构造

2.8.1 斜桥的基本概念及其分类

1. 斜桥的基本概念

1）斜度α，指支承边（或支座连线）与桥轴线法线之间的小于90°的夹角，它表示斜桥倾斜的程度。斜度有正负之分，当支承边逆时针旋转至桥梁轴线的法线（右手法则）时，斜度为正，反之为负。

2）斜交角φ，指支承边与桥轴线的夹角（小于90°）。它与斜度互余（图2-61）。

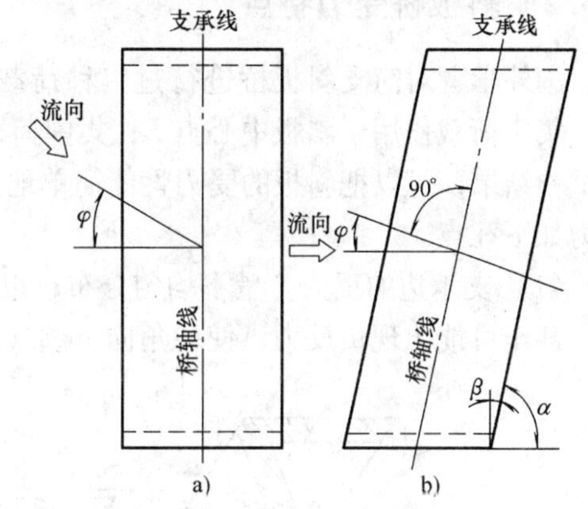

图2-61 斜交角表示法

2. 斜桥分类

斜桥主要分为斜梁桥、斜拱桥及斜交刚架桥等，这里所指的斜桥是指斜梁桥。斜梁桥按其断面形式可分为以下几种。

（1）斜板桥　它与正交板桥在断面形式上没有什么区别，一般也分整体现浇板及装配式板，实心板及空心板。钢筋混凝土板及预应力混凝土板等一般不宜采用整体现浇板。斜板桥一般只适用于中小跨度，即跨径为10~20m。在跨径较小的通道中，一般采用斜交刚架（或斜交箱涵）。

（2）多梁式斜梁桥　这一类型的斜桥可由不同断面形式的主梁与行车道板组成，通常有T形梁（图2-62a）、工字形组合梁（图2-62b）及改进型工字形组合梁（图2-62c）、槽形组合梁（图2-62d）、组合箱（图2-62e）等多种形式。近年来，我国也较多采用铰接低高度箱。可以说，在正交简支梁桥及连续梁桥中可用的断面形式，在斜交桥中均可采用。

T形梁在早期的连续斜梁及单跨斜梁桥中应用较多，但因其吊装重量过大而影响其跨越能力，最大跨径不超过40m。工字形组合梁是近几年使用较多的一种，且在单跨及连续斜梁桥中均被广泛采用。由于工字形梁少了T形梁的翼板，吊装重量变小，其经济跨径可达

50m。槽形组合梁在斜桥中用得不多，基本上不在连续斜支承梁中使用。箱形组合梁是近几年发展起来的一种桥梁形式，有吊装重量小、截面封闭、节省混凝土（比同类型的T形梁桥节省混凝土达30%）及预应力材料、抗扭刚度大、施工方便等优点。改进型的工字形组合梁是在预制工字形梁间放置一预制薄板。这一断面形式既可用于单跨，也可用于连续多跨斜梁桥中。分离箱与组合箱差不多，分离箱间连接靠现浇翼板实现，与组合箱比，吊装重量稍大，但力学性能较组合箱优越。由于箱形断面抗扭刚度大，可不设端横梁及中横梁。正是因为这个原因，建议这一断面形式不宜在跨度 $l \leqslant 20$m 及斜度 $\alpha > 45°$ 的斜梁中使用。

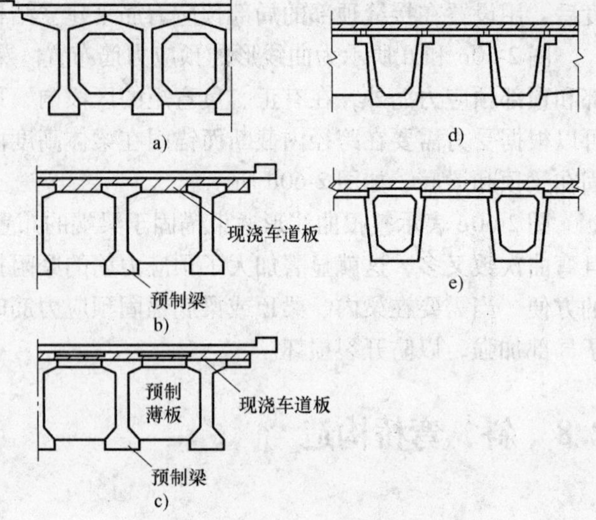

图 2-62　多梁式斜梁桥截面形式

2.8.2　斜板桥受力特点

国外学者对简支斜板桥进行过三种荷载工况的模型试验，这三种工况是：满布均布荷载；集中荷载作用于斜板中心点 E；集中荷载作用于斜板边缘的中点 F，如图 2-63 所示。根据试验结果，可以把斜板的受力性能简单地用一个三跨连续梁比拟（图 2-63a、b）。具体归纳为如下几点。

（1）支承边的反力　呈不均匀分布，以钝角 B、C 处的反力最大，以锐角 A、D 处的最小，甚至可能出现负反力，使锐角向上翘（图 2-63c）。

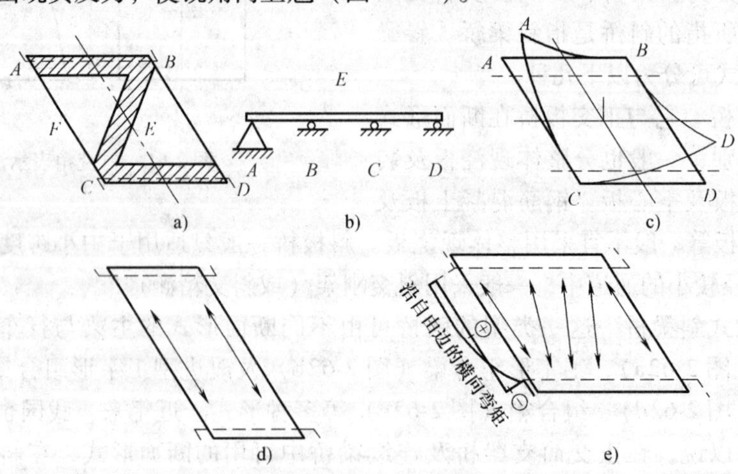

图 2-63　斜板桥的受力状态

（2）跨中主弯矩　对于宽跨比较大的斜板，其中心处的主弯矩方向接近与支承边正交。但在斜板的两侧，则无论斜板宽跨比大小，其主弯矩方向接近平行于自由边（图 2-63d、 e)；并且弯矩值沿板宽分布也是不均匀的，对于均布荷载，中部弯矩值大于两侧，对于集中荷载，则以荷载点处的最大。

(3) 钝角负弯矩　如同连续梁的中支点截面一样，在钝角 B、C 处产生负主弯矩，有时它的绝对值比跨中主弯矩还要大，其负主弯矩的方向接近与钝角的二等分线相正交。

(4) 横向弯矩　斜板的最大纵向弯矩，虽比同等跨径的直桥要小，但横向弯矩却要比同等跨径的直桥大得多，并且沿自由边的横向弯矩还出现反号，靠近锐角处为正，靠近钝角处为负，如图2-63e所示。

(5) 扭矩　图2-63c所示的 A、D 两点，有翘起的趋势。若固定 A、D 两点，则将使斜板在两个方向产生扭矩。这也是斜板的一个重要特点，它的分布十分复杂，图2-64所示是斜交角为45°的简支斜板在满布均布荷载下的扭矩分布示意图。

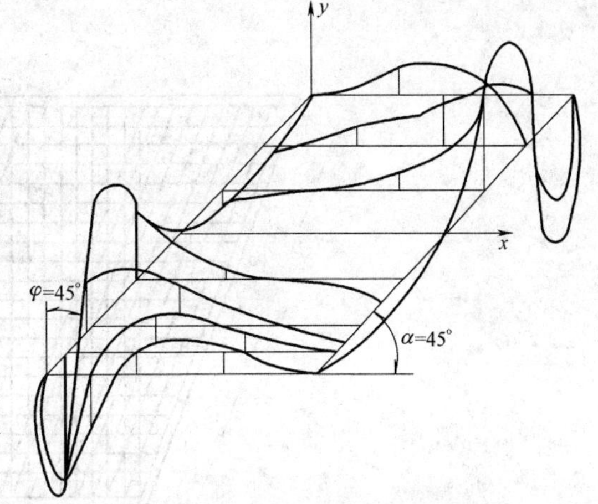

图2-64　斜交角为45°的简支斜板在满布均布荷载下的扭矩分布示意图

斜板桥是小跨径斜桥常用的结构形式，它的模板简单，建筑高度小，力的传递路线也较短。弹性斜交板分析理论比正交板理论复杂得多，用它来计算在实际使用荷载作用下斜板桥的内力和变形是不方便的。对于从事设计和施工的工程技术人员，必须在参考和分析研究成果的基础上，正确地理解和把握斜板在荷载作用下的实际工作性能。

掌握了上述几点关于斜板桥的工作性能以后，就可以用近似方法计算得来的结果，合理地配置斜板的钢筋。

2.8.3　斜板桥的钢筋构造

1. 钢筋构造

(1) 主钢筋　根据斜交角的大小，主钢筋有两种布置方式，下面分别介绍。

1) 斜交角 $\varphi \leqslant 15°$ 的情况。此时斜交板的受力特性与正交板相近，主钢筋可平行于桥纵轴线方向布置（图2-65）。

2) 斜交角 $\varphi > 15°$ 的情况。在两钝角之间，底层主钢筋垂直于支承边（见图2-65中钢筋2），在靠近两侧自由边，主钢筋平行于自由边布置（见图2-63中钢筋3）直至与中间部分的主钢筋完全衔接为止。

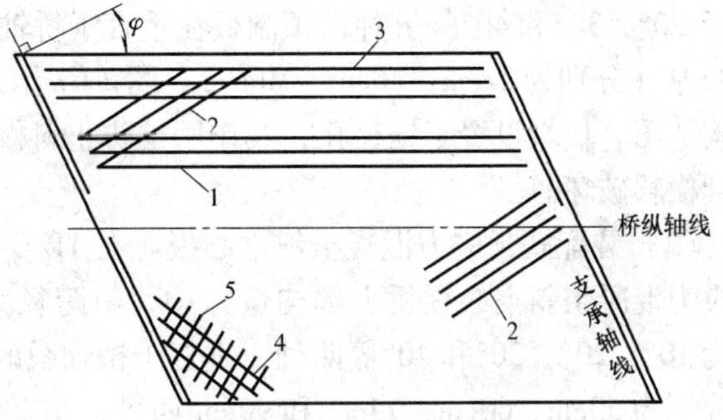

图2-65　斜板中五种主要钢筋
1—顺桥轴线钢筋　2—与支承线正交钢筋　3—自由边钢筋　4—垂直于钝角平分线的钝角钢筋　5—平行于钝角平分线的钝角钢筋

(2) 其他钢筋

1) 钝角处加强钢筋。根据上述

第1、3两点的力学特征，在两钝角处存在较大的支反力和负弯矩，故在钝角处约1/5的跨径范围内，应配置局部加强钢筋，其底层的布筋方向与钝角二等分线平行（见图2-65中钢筋5），其上层的布筋方向则与钝角二等分线垂直（见图2-65中钢筋4）。加强钢筋的直径不小于12mm，间距为10～15cm。

2）横向钢筋。平行于支承边布置，考虑到上述第4点力学特征，在靠近钝角区段内存在横向负弯矩的因素，在支座附近的顶层应增设平行于支座轴线的分布钢筋（图2-66）。

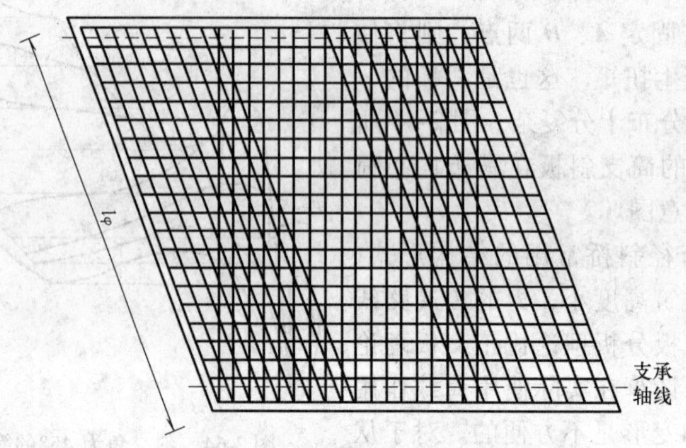

图2-66 大斜交角斜板底层钢筋构造

3）顶层边缘纵向钢筋。鉴于在靠近自由边的区段内有较大的扭矩（图2-64），故应在顶层的两侧约 $l_\varphi/5$ 的范围内布置平行于自由边的纵向钢筋（见图2-65中钢筋3）。

2. 构造实例

（1）装配式钢筋混凝土板　在（JT/GQB 017—2000）《公路桥涵标准图　装配式钢筋混凝土斜板桥上、下部构造》中，斜跨径为3m、4m、5m三种，斜交角 φ 分为0°（直桥）、10°、20°、30°和40°等五种，预制板在垂直于桥轴线的板宽为125cm，不包括后浇混凝土层的板厚（分别为22cm、26cm、30cm）。图2-67示出了斜跨 $l_\varphi=4\text{m}$、斜交角为30°和40°的钢筋构造图。板端设置了锚栓孔，其作用是防止斜板锐角起翘并防止在地震荷载下使整个桥面遭到横移破坏。

（2）装配式预应力混凝土斜空心板　在JT/GQB 001—1993《公路桥涵标准图　装配式预应力混凝土斜空心板桥上部构造》中，斜跨径为10m、13m、16m、20m四种，斜交角 φ 分为10°、20°、30°和40°等四种，垂直于桥轴线的板宽为125cm，不包括后浇混凝土层的板高分别为50cm、60cm、75cm和90cm四种，图2-68示出了斜跨长 $l_\varphi=20\text{m}$，斜交角为40°的空心板钢筋构造。从中可以看出，承受主弯矩的预应力钢绞线是平行于自由边布置的。由于空心板较高，其高宽比（h/b）比装配式钢筋混凝土实心板的大许多，故在每块预制板的底板钝角处没有布置平行于角二等分线的局部加强钢筋，而仅在两侧边板顶钝角处设置了抵抗负弯矩的加强钢筋。

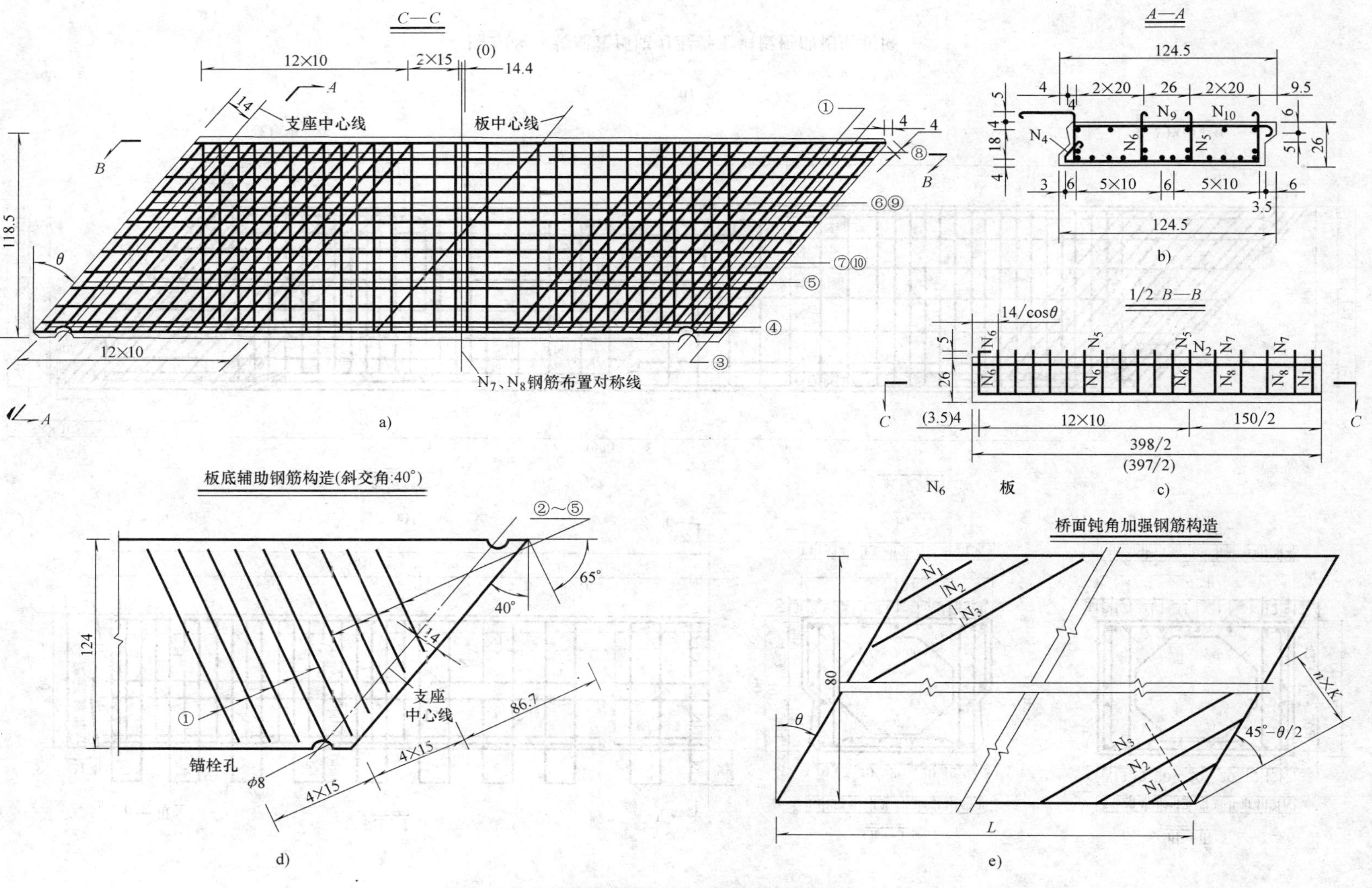

图2-67 装配式钢筋混凝土斜板桥构造实例

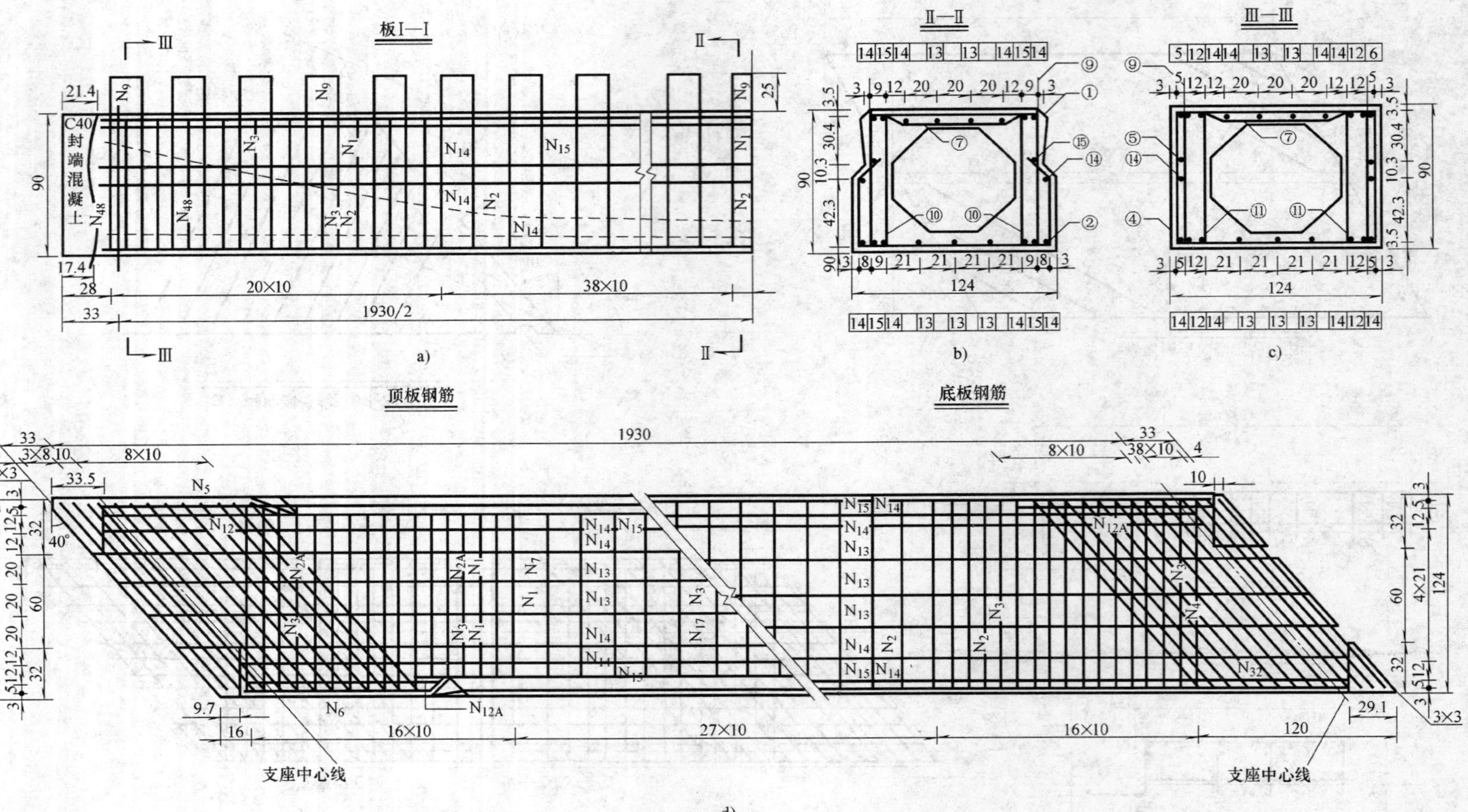

图2-68 装配式预应力混凝土斜板桥的构造实例

【本章要点】

[1] 根据道路等级、桥梁宽度、行车要求等条件，钢筋混凝土和预应力混凝土梁桥的桥面布置主要有双向车道布置和分车道布置。

[2] 桥面铺装要求有一定强度、防止开裂，并保证耐磨。水泥混凝土和沥青混凝土桥面铺装用得较广，能满足各项要求。桥面铺装一般不做受力计算。为使铺装层具有足够的强度和良好的整体性，一般宜在混凝土中铺设钢筋网。为有利于排水，桥面铺装设置纵横坡。常用的横坡设置形式有四种。通常在桥面铺装层下设置防水层，在桥面铺装上设置排水设施。

[3] 为了使车辆平稳通过桥面并满足桥变形，需要在桥面伸缩缝处设置伸缩装置。伸缩装置通常有镀锌薄钢板伸缩装置、跨搭钢板式伸缩装置、橡胶板伸缩装置及组合伸缩装置等多种类型。为了提高行车的舒适性，解决桥面上伸缩装置易于损坏的问题，多孔简支梁桥的桥面铺装采用桥面连续的结构措施。其本质就是将多孔简支梁在伸缩缝处铰接。

[4] 位于城镇和近郊的桥梁均应设置人行道。在装配式肋梁上人行道通常都是做成预制件安装的。不设人行道的桥上需设置安全带。

[5] 在公路和城市道路的桥梁上需设置栏杆或护栏。护栏既能保障行人安全，又可以吸取碰撞能量、迫使失控车辆改变行车方向。高等级公路上的特大桥、大桥、中桥均应无条件地设置桥梁护栏。

[6] 板桥是小跨径钢筋混凝土桥梁中最常用的桥型之一。钢筋混凝土简支板桥的标准跨径一般不超过13m，预应力混凝土简支板桥不超过25m。整体式板桥一般做成实心截面。装配式板桥截面形式主要有实心板和空心板两种。

[7] 为了使装配式板桥的各块板件达到共同受力的目的，在块件之间必须有横向连接构造。常用的连接方法有企口混凝土铰连接和钢板焊接连接。

[8] 梁桥的截面形式有T形、工字形、箱形；常用的块件划分方式有纵向竖缝划分、纵向水平缝划分和纵、横向竖缝划分。

[9] 装配式钢筋混凝土T形梁桥上部构造是由主梁、横隔梁、顶部翼板等部分组成的。横隔梁下部、翼板边缘设连接构造，将主梁连接成整体。装配式简支梁桥桥面板的横向连接有刚性连接和铰接连接，横隔梁的横向连接主要有钢板焊接和扣环接头两种。装配式钢筋混凝土T形梁配筋有受力钢筋、分布钢筋等。横向连接有钢板式接头、扣环式接头、桥面板的企口铰连接。

[10] 装配式预应力混凝土T形梁桥梁肋通常做成马蹄形，以便钢丝束的布置满足承受大预应力的需要。设计预应力混凝土梁的截面尺寸，通常希望截面的效率指标在0.45~0.5以上。常用的等截面简支梁的高跨比可在1/25~1/15内选取（跨径大时取较小值），中等跨径的预应力混凝土T形梁的高跨比可取1/18~1/16。中、小跨径预应力混凝土T形梁翼缘板的厚度按与钢筋混凝土梁桥相同的原则来确定。预应力混凝土简支T形梁的梁肋下缘的马蹄形状不仅要视预应力的数量和排列而定，同时还要考虑施工方便和力筋弯起的要求。马蹄的尺寸大小要满足预应力阶段的强度要求，确定其尺寸时应注意马蹄部分不宜过高，否则会降低预应力筋抵消自重的能力。

[11] 预应力筋的锚固分两种形式：在先张法梁中，钢丝或钢筋主要靠握裹力锚固在梁体内；在后张法梁中则通过各类锚具锚固在梁端或梁顶。预应力混凝土按规定的构造要求布置箍筋、架立钢筋和纵向水平钢筋。装配式预应力混凝土梁的横向连接构造一般与钢筋混凝土梁桥一样。但也可在横隔梁预留孔道，采用横向预应力筋张拉集整。

[12] 常用的组合式梁桥有钢筋混凝土组合T形梁桥和预应力混凝土组合箱形梁桥。

[13] 预应力混凝土连续梁桥具有变形和缓、伸缩缝少、刚度大、行车平稳、超载能力大、养护简便等优点而得到迅速的发展，它又可分为等截面连续梁桥、变截面连续梁桥和连续刚构桥。

[14] 预应力混凝土连续梁桥横截面形式主要有板式、肋梁式和箱形截面。其中，板式、肋梁式截面构造简单、施工方便，适用于中小跨径桥梁；箱形截面构造灵活，具有良好的抗弯和抗扭性能，是大中跨

径预应力混凝土连续梁桥的主要截面形式。

[15] 公路与河流或其他线路呈斜交形式跨越时，将桥梁结构布置成斜交桥形式较为经济。斜梁桥按其断面形式可分为：斜板桥和多梁式斜梁桥。中、小跨径的斜交桥多采用斜板桥。多梁式斜梁桥的单跨宜为20~40m，跨径不宜太大，也不宜太小，且宜采用先简支后连续的施工方法。

【思考与练习】

2-1 桥面构造包括哪些部分？

2-2 桥梁铺装的功能是什么？有哪些类型？桥面铺装层中铺设钢筋网的作用是什么？

2-3 桥梁设计时如何解决桥面排水问题？

2-4 桥面横坡的设置形式有哪些？

2-5 贴式防水层是如何铺设的？

2-6 钢筋混凝土和预应力混凝土梁桥的泄水管道有哪几种形式？

2-7 采用橡胶制品作嵌填的桥面伸缩装置有何优点？

2-8 桥面连续措施的实质是什么？有何优点？

2-9 人行道和安全带的设置原则是什么？预制人行道块件有哪几种构造形式？

2-10 栏杆和护栏的区别是什么？

2-11 板桥的特点是什么？

2-12 整体式简支板桥的配筋特点是什么？

2-13 装配式板桥空心板常用的截面形式有哪几种？各自优缺点如何？

2-14 装配式板桥横向连接方式有哪些？

2-15 钢筋混凝土和预应力混凝土梁桥按施工方法如何分类？

2-16 为什么钢筋混凝土梁桥的跨越能力会受到限制？

2-17 预应力混凝土结构得到广泛应用的原因是什么？

2-18 钢筋混凝土和预应力混凝土梁桥按承重结构静力特性分为哪几种类型？

2-19 装配式简支梁桥主梁常用的横截面有哪些类型？其常用跨径各为多少？

2-20 简述装配式梁桥设计中块件划分应遵循的原则。

2-21 装配式钢筋混凝土T形梁桥主梁和横隔梁如何布置？

2-22 阐述装配式钢筋混凝土T形主梁的钢筋构造。

2-23 装配式梁式桥横向连接有哪些方式？

2-24 简述装配式预应力混凝土简支T形梁桥内的预应力钢筋在一定区段内逐渐弯起的原因。

2-25 组合式T形梁桥与装配式T形梁桥的上部构造有什么不同？

2-26 预应力混凝土连续梁桥的特点是什么？

2-27 变截面连续梁桥和等截面连续梁桥分别在什么情况下采用？为什么？

2-28 采用不同的施工方法，预应力主筋应如何配置？

2-29 简述斜板桥的受力特点。

第3章 简支梁桥的设计计算

3.1 概述

前面章节介绍了桥梁设计的基本原则、桥梁平面和纵横断面设计的一般原则、桥梁设计程序及混凝土简支梁桥各种构件主要尺寸的选定和构造细节，以及桥梁设计方法。这些都是设计构思一座桥梁必备的知识。工程实践中，通常总是先根据使用要求、跨径大小、桥面宽度、汽车荷载等级、施工条件等基本资料，运用对桥梁的构造知识并参考已有桥梁的设计经验，拟定桥梁结构各构件的截面形式和细部尺寸；然后估算结构的自重，计算结构的各种作用效应，并进行作用效应组合，求出各构件最不利作用效应；据此进行构件的承载力、稳定性、抗裂、裂缝宽度和挠度等的验算，以此来判断原先所拟定的细部尺寸是否符合要求，如果验算结果不能满足要求，或者尺寸选得过大，则需要修正原来所拟定的尺寸再进行验算，直至满意为止。因此，设计和计算的过程是一个不断重复直至把结构修改得更为合理的过程。

关于混凝土构件的截面设计和验算内容在《结构设计原理》课程中都有介绍，本章将主要介绍主梁、横隔梁、桥面板的内力及主梁挠度、预拱度的计算。

主梁是桥梁结构的主要承重构件，是桥梁的重要组成部分。横隔梁主要起增强桥梁的横向刚性、分布荷载的作用。桥面板（或称行车道板）直接承受车辆的集中荷载，通常又是主梁的受压翼缘，它的工作状态不但影响到行车质量，而且还涉及主梁的受力。通常在桥梁上部结构计算时，可先计算主要承重构件（主梁），其次计算次要受力构件（桥面板、横隔梁）。当然，从桥面板开始，从上到下进行设计计算，也是可以的。

3.2 主梁内力计算

主梁的设计内力包括恒载内力、活载内力和其他作用引起的内力（如风力或离心力引起的内力）。桥梁设计内力中恒载的计算比较简单，除了考虑实际的结构自重外，通常可以近似地将桥面铺装、人行道、栏杆等的重量分摊给各片主梁来承担，按平面问题来计算各片主梁的内力。鉴于人行道、栏杆等构件一般是在桥梁连成整体后安装在边梁上的，必要时为了精确起见，也可以将这些恒载按下面所述的实用空间计算方法计算。

由汽车荷载和人群荷载等活载引起的内力计算相对复杂些，不能像恒载那样简单地按平面问题计算。梁桥由承重结构（主梁）及传力结构（横隔梁、桥面板等）两大部分组成，多片主梁依靠横隔梁和桥面板连成空间整体结构，当桥上作用荷载时，各片主梁将共同参与工作，考虑到活载的作用具有空间性，它们的受力特征属于空间结构的范畴，求解结构的内力属于空间计算理论问题。应用空间计算理论并借助相关的桥梁结构分析软件，由计算机分析计算可得到结构上任一点的内力或挠度。

由于空间结构分析计算量相对于平面结构要大得多，为了简化计算，也便于手算，通常采用下述实用空间计算方法，将复杂的空间问题合理转化成为简单的平面问题，来求解主梁的内力或挠度。

3.2.1 实用空间计算原理

下面先以单梁内力计算为例，来阐明一座梁式桥在活载作用下内力计算的特点。如图3-1a所示的单梁，如以 $\eta_1(x)$ 表示梁上某一截面的内力影响线，则可以方便地计算该截面的内力值 $S=P\eta_1(x)$，这里 $\eta_1(x)$ 是一个单值函数，梁在 xOz 平面内受力和变形，它是一种简单的平面问题。对于一座梁式板桥，或者多片主梁通过桥面板和横隔梁组成的梁桥来说（图3-1b），当荷载 P 作用在桥上时，由于结构的整体作用，各主梁、横梁不同程度地都要产生挠曲而形成一个挠曲面，也就是说，结构的横向刚性会使荷载在 x 和 y 方向上同时发生传布，并使所有主梁都不同程度地参与工作，显示了结构变形与受力的空间性。如果结构某点截面的内力影响面用双值函数 $\eta(x, y)$ 来表示，则该截面的内力值可以表示为 $S=P\eta(x, y)$。

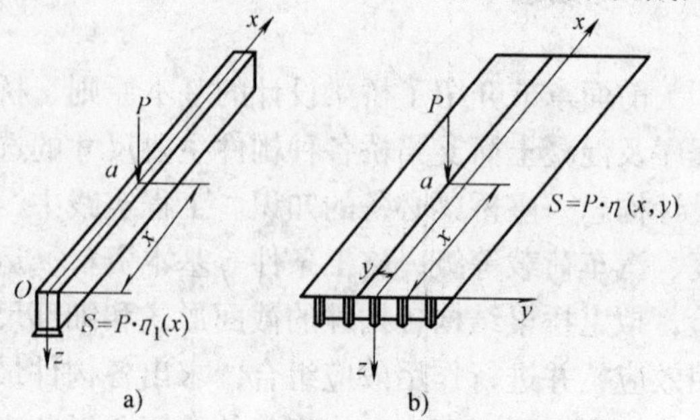

图3-1 荷载作用下的内力计算
a）在单梁上 b）在梁式桥上

实用空间计算方法，是将影响面 $\eta(x, y)$ 分离成两个单值函数的乘积，即 $\eta_1(x)\eta_2(y)$，因此，对于某根主梁某一截面的内力值就可表示为

$$S=P\eta(x,y)\approx P\eta_2(y)\eta_1(x) \tag{3-1}$$

式（3-1）中 $\eta_1(x)$ 就是单梁某一截面的内力影响线。如果将 $\eta_2(y)$ 看做是单位荷载沿横向作用在不同位置时对某梁所分配的荷载比值曲线，也称做对于某梁的荷载横向分布影响线，则 $P\eta_2(y)$ 就是当 P 作用于 $a(x, y)$ 点时，沿横向分布给某梁的荷载，暂以 P' 表示，即 $P'=P\eta_2(y)$，这样，就可看做在某梁上作用有荷载 P'，按平面问题求得其某截面的内力值。由此，可以得出空间计算实用方法原理如下：

1）梁桥空间计算的实用近似方法就是用一个近似的内力影响面去代替精确的内力影响面。近似内力影响面可用分离变量法得到，其坐标为 $\overline{\eta}(x,y)=\eta_2(y)\eta_1(x)$。

2）在梁桥空间结构的近似计算中，“荷载横向分布”仅是一个借用的概念，其实质应该是“内力”横向分布，而并不是“荷载”横向分布。只是在变量分离后在计算式的表现形式上成了“荷载”横向分布。

当桥上承受汽车荷载时，由于沿桥宽作用的车轮荷载通常不止一个，可在任一片主梁的荷载横向分布影响线上，按横向最不利位置排列荷载，求得其分配到的荷载最大值 P'_{max}，令 $P'_{max}=mP$，然后就可完全像图3-1a所示平面问题一样求得该主梁任一截面的内力值。此处 P 为车辆轴重，m 则表示主梁在横向分配到的最大荷载比例（通常小于1），称为荷载横向分布系数。

实用空间计算方法的关键是如何计算荷载横向分布影响线和荷载横向分布系数，其实质是采用什么样的近似内力影响面代替实际的内力影响面，既能简化计算又能保证计算精度。

3.2.2　荷载横向分布计算

桥上荷载横向分布的规律与结构的横向连接刚度有着密切的关系，横向连接刚度越大，荷载横向分布作用越显著，各主梁的负担也越趋于均匀。因此，需要按不同的横向连接拟定出相应的荷载横向分布计算方法。目前常用以下几种荷载横向分布计算方法：

1）杠杆原理法。把横向结构（桥面板和横隔梁）看做在主梁上断开而两端简支搁置在主梁上的简支梁或悬臂梁。

2）偏心压力方法。把横隔梁看做刚性极大的梁，当计入主梁抗扭刚度影响时，此法又称为修正偏心压力法。

3）横向铰接板（梁）法。把相邻板（梁）之间视为铰接，只传递剪力。

4）横向刚接梁法。把相邻主梁之间视为刚性连接，即传递剪力和弯矩。

5）比拟正交异性板法。将主梁和横隔梁的刚度换算成纵横向刚度不同的比拟弹性平板来求解，并由实用的曲线图表进行荷载横向分布计算。

3.2.2.1　杠杆原理法

1. 计算方法

图 3-2 所示为按杠杆原理法计算的受力图示，将桥面板看做在主梁上断开，并直接搁置在工字形主梁上。当桥上有车辆荷载作用时，板上的各轮重按简支梁反力的方式分配给左右两根主梁，而反力 R_i 的大小可利用简支板的静力平衡条件求出，这就是通常所说的作用力平衡的“杠杆原理”。如果主梁所支撑的相邻两块板上都有荷载，则该梁所受的荷载是两个支撑反力之和，如图 3-2b 中 2 号梁所受的荷载为 $R_2 = R_2' + R_2''$。

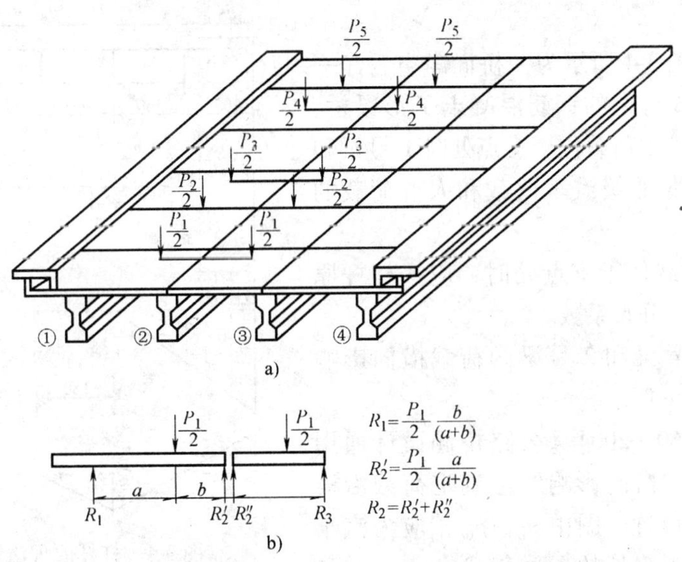

图 3-2　按杠杆原理法计算的受力图示

利用结构力学知识很容易绘出某主梁的反力影响线。此处的反力影响线就是荷载横向分布的影响线，如图3-3所示。

假定荷载横向分布影响线的坐标为η，车辆荷载轴重为P，轮重为$P/2$（图3-3），将车辆荷载按最不利情况加载，则分布到某主梁的最大荷载为

$$P'_{\max}=\sum\frac{P}{2}\cdot\eta=\left(\frac{1}{2}\sum\eta\right)P \tag{3-2}$$

根据荷载横向分布系数的定义可知，式（3-2）的$\frac{1}{2}\sum\eta$即为车辆荷载的横向分布系数。JTG D 60—2004《公路桥涵设计通用规范》中规定，车道荷载横向分布系数按车辆荷载横向分布系数计，因此，两者可统称为汽车荷载横向分布系数，其值为

$$m_{0q}=\frac{1}{2}\sum\eta_q \tag{3-3}$$

同理可得人群荷载横向分布系数为

$$m_{0r}=\eta_r \tag{3-4}$$

式中，m_0是按杠杆原理法计算的荷载横向分布系数；角标q和r分别指汽车和人群荷载；η_q和η_r是汽车车轮和每延米人群荷载集度对应的荷载横向分布影响线坐标。

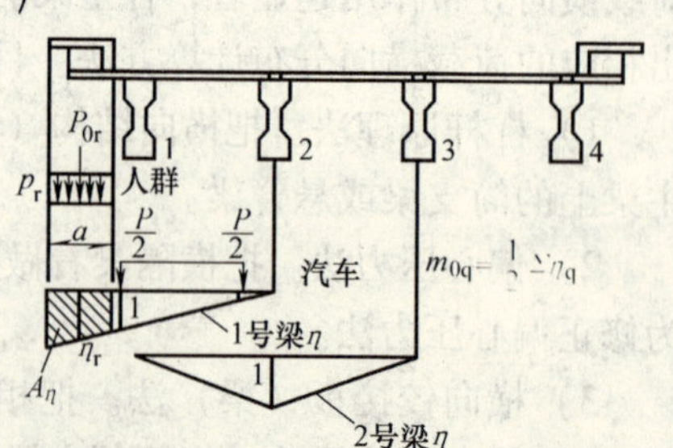

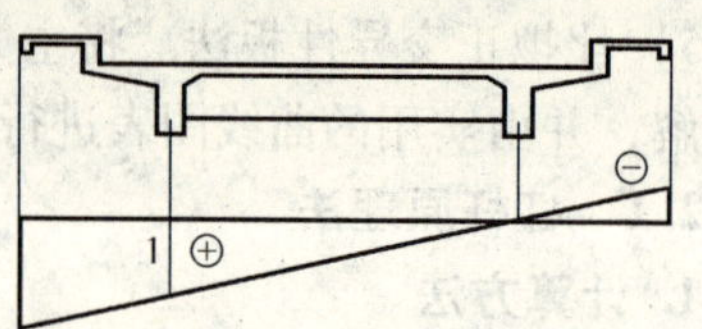

图3-3　按杠杆原理法计算横向分布系数

杠杆原理法适用于计算荷载靠近主梁支点时的荷载横向分布系数，此时主梁的支承刚度远大于主梁间横向联系的刚度，受力特性与杠杆原理法接近。此外，该方法也可以用于双主梁桥（图3-3b），或者横向联系很弱的无中间横隔梁的桥梁。

2. 计算举例

【例3-1】 图3-4所示为一桥面净空为净—7m+2×0.75m人行道的钢筋混凝土T形梁桥，共设5根主梁。试求荷载位于支点处时1号梁和2号梁相应于公路-Ⅱ级汽车荷载和人群荷载的横向分布系数。

【解】 当荷载位于支点处时，应按杠杆原理法计算荷载横向分布系数。

首先绘制1号梁和2号梁的荷载横向影响线，如图3-4b和c所示。

根据JTG D 60—2004《公路桥涵设计通用规范》的规定，在横向影响线上确定荷载沿横向最不利的布置位置。图中p_q、p_{0r}相应为汽车荷载轴重和每延米跨长的人群荷载集度；η_q和η_r为对应于汽车车轮和人群荷载集度的影响线

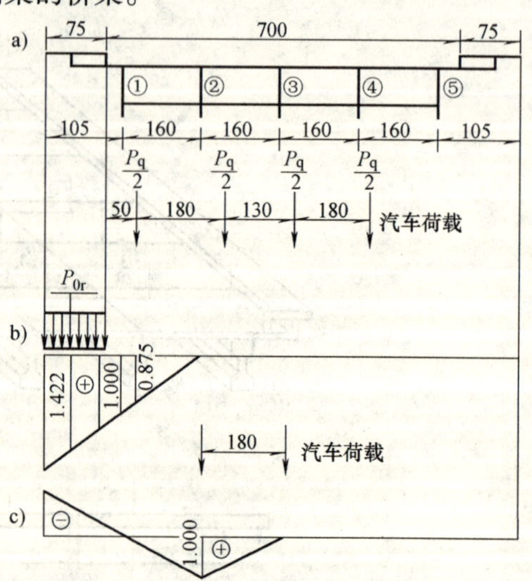

图3-4　杠杆原理法计算横向分布系数（尺寸单位：cm）

坐标。由此可得荷载横向分布系数为

1号梁：

汽车荷载
$$m_{0q}=\frac{1}{2}\sum\eta_q=\frac{1}{2}\times0.875=0.438$$

人群荷载
$$m_{0r}=\eta_r=1.422$$

2号梁：

汽车荷载
$$m_{0q}=\frac{1}{2}\sum\eta_q=\frac{1}{2}\times1=0.5$$

人群荷载
$$m_{0r}=\eta_r=0$$

2号梁人群荷载取 $m_{0r}=0$，是考虑人行道上不布载时为最不利情况；否则人行道荷载引起的负反力，在考虑作用效应组合时反而会减小2号梁的受力。

3.2.2.2　偏心压力法

1. 计算原理

偏心压力法是把梁桥看做由主梁和横隔梁组成的梁格系，荷载通过横梁由一片主梁传至其他主梁，主梁对横梁起弹性支撑作用，并假定横梁刚度无穷大，忽略主梁抗扭刚度。由此得到桥梁挠曲变形如图3-5所示(其中 ω 为跨中竖向挠度)，它完全类似于一般材料力学中杆件偏心受压的情况，故此法称为“偏心压力法”，也称“刚性横梁法”。

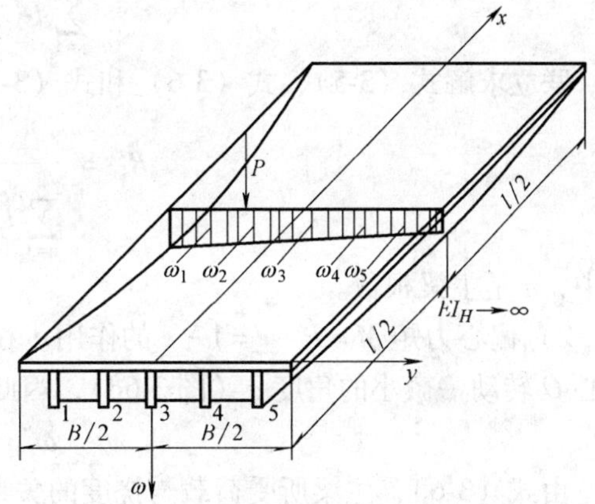

图3-5　梁桥挠曲变形（刚性横梁）

图3-6所示为一座由五片主梁组成的梁桥的跨中截面，各片主梁的抗弯刚度 I_i、主梁的间距 a_i 都各不相等，单位竖向集中荷载 $P=1$ 作用在离截面扭转中心 O 的距离为 e 处。下面分析荷载在各片主梁上的横向分布情况。

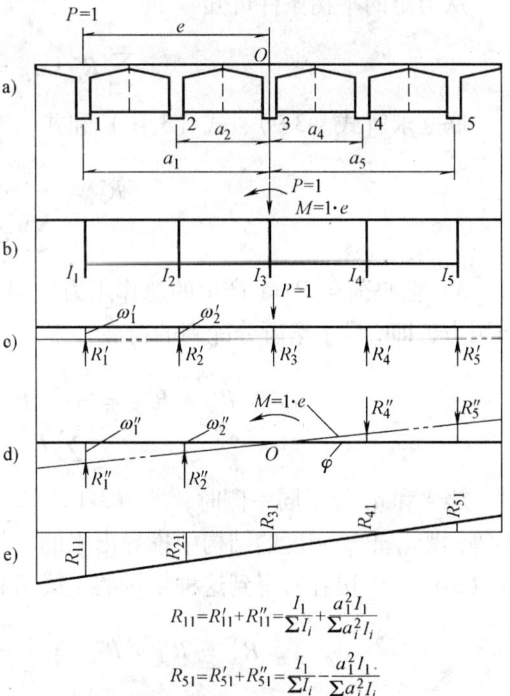

图3-6　偏心荷载 $P=1$ 对各主梁的荷载分布

由于假定横梁是刚体，所以可以按刚体力学关于力的平移原理，将荷载 P 移到 O 点，用一个作用在扭转中心 O 上的竖向力 P 和一个作用于刚体上的偏心力矩 $M=P\cdot e=1\cdot e$ 代替。偏心荷载的作用应为 P 和 M 作用的叠加。

1）中心荷载 $P=1$ 的作用。由于作用力通过扭转中心，而且假定横梁是刚性的，因此横梁只作平行下挠，各片主梁的挠度相等(图3-6c)，即

$$\omega_1' = \omega_2' = \cdots = \omega_n' \tag{3-5}$$

主梁所分担的荷载为 R_i'（图 3-6c），根据材料力学关于简支梁跨中的荷载与挠度的关系有

$$\omega_i' = \frac{R_i' l^3}{48E_c I_i} \text{或} R_i' = \alpha I_i \omega_i' \tag{3-6}$$

式中，$\alpha = \frac{48E_c}{l^3}$ = 常数（其中 E_c 为梁体混凝土的弹性模量）。

由静力平衡条件可得

$$\sum_{i=1}^{n} R_i' = P = 1 \tag{3-7}$$

联立求解式（3-5）、式（3-6）和式（3-7），得

$$R_i' = \frac{I_i}{\sum_{i=1}^{n} I_i} \cdot P = \frac{I_i}{\sum_{i=1}^{n} I_i} \tag{3-8}$$

式中，n 是主梁根数。

2）偏心力矩 $M = P \cdot e = 1 \cdot e$ 的作用。在偏心力矩 $M = P \cdot e = 1 \cdot e$ 作用下，横梁绕扭转中心 O 转动一微小的角度 φ（图 3-6d），因此各根主梁产生的竖向挠度可表示为

$$\omega_i'' = a_i \tan\varphi \tag{3-9}$$

由式（3-6），主梁所受荷载与挠度的关系为

$$R_i'' = \alpha I_i \omega_i'' \tag{3-10}$$

从力矩的平衡条件可知

$$\sum_{i=1}^{n} R_i'' \cdot a_i = P \cdot e = 1 \cdot e \tag{3-11}$$

联立求解式（3-9）、式（3-10）和式（3-11），得

$$R_i'' = \frac{Pea_i I_i}{\sum_{i=1}^{n} a_i^2 I_i} = \frac{ea_i I_i}{\sum_{i=1}^{n} a_i^2 I_i} \tag{3-12}$$

3）偏心荷载 $P = 1$ 产生的总作用力。偏心荷载 P 作用于 k 号梁时，在 i 号梁上产生的总作用力，即 i 号主梁所分配到的荷载，等于上述两种情况的叠加，即

$$R_{ik} = R_{ik}' \pm R''_{ik} = \frac{I_i}{\sum_{i=1}^{n} I_i} P \pm \frac{a_i a_k I_i}{\sum_{i=1}^{n} a_i^2 I_i} P = \frac{I_i}{\sum_{i=1}^{n} I_i} \pm \frac{a_i a_k I_i}{\sum_{i=1}^{n} a_i^2 I_i} \tag{3-13}$$

当 e 和 a_i 位于同一侧时，式（3-13）第二项取正号，反之则取负号。式（3-13）是在不等间距、不等刚度的结构中推导出来的，但大多数的梁桥还是做成等间距、等刚度的，从式（3-13）中很容易得到这种梁桥的主梁荷载分配表达式

$$R_{ik} = R_{ik}' \pm R''_{ik} = \frac{1}{n} P \pm \frac{a_i a_k}{\sum_{i=1}^{n} a_i^2} P = \frac{1}{n} \pm \frac{a_i a_k}{\sum_{i=1}^{n} a_i^2} \tag{3-14}$$

不难得到关系式

$$R_{ik}=R_{ki}\frac{I_i}{I_k} \tag{3-15}$$

4）求荷载横向分布系数 m。根据式（3-13）和式（3-14）即可计算出第 k 号主梁在 $P=1$ 的作用下，在任意 i 号梁的反力 R_{ik}，并据此绘制 k 号主梁反力影响线，也就是 k 号主梁荷载横向分布影响线，影响线坐标通常写成 η_{ki}。如果各根主梁的截面尺寸相同，则

$$\eta_{ki}=R_{ki}=R_{ik}=\frac{I_k}{\sum_{i=1}^{n}I_i}\pm\frac{a_k a_i I_k}{\sum_{i=1}^{n}a_i^2 I_i}=\frac{1}{n}\pm\frac{a_k a_i}{\sum_{i=1}^{n}a_i^2} \tag{3-16}$$

图 3-6e 所示即为 1 号主梁荷载横向分布影响线。由于荷载横向分布影响线呈直线分布，实际上只需计算两个影响线竖标即可。

有了荷载横向影响线，就可以按最不利情况横向布载，并按式（3-3）和式（3-4）分别计算汽车和人群荷载横向分布系数，式中的下标 0 改为 c，即：

汽车荷载

$$m_{\mathrm{cq}}=\frac{1}{2}\sum\eta_{\mathrm{q}} \tag{3-17}$$

人群荷载

$$m_{\mathrm{cr}}=\eta_{\mathrm{r}} \tag{3-18}$$

偏心压力法适用于具有可靠横向连接，且宽跨比 B/l 小于或接近于 0.5 的桥（一般称为窄桥）。

2. 修正偏心压力法

偏心压力法计算中由于作了横隔梁近似绝对刚性和忽略主梁抗扭刚度的两项假定，这就导致了边梁受力偏大的计算结果。为了减小计算误差，可在按偏心压力法计算时也考虑计入主梁的抗扭刚度。

由前面已知，偏心压力法计算荷载横向分布影响线坐标的公式为

$$\eta_{ki}=\frac{I_k}{\sum_{i=1}^{n}I_i}\pm\frac{a_k a_i I_k}{\sum_{i=1}^{n}a_i^{\,2}I_i}$$

上式中等号右边第一项是由中心荷载 $P=1$ 所引起的，此时各主梁只发生挠度而无转动（图 3-6），显然它与主梁的抗扭无关。等号右边的第二项是由偏心力矩 $M=P\cdot e=1\cdot e$ 作用引起的各片主梁的竖向位移，很明显由于截面的转动，各主梁不仅会发生竖向挠度，而且还必然同时引起扭转，可是在上式中却没有计入主梁的抗扭作用。由此可见，要计入主梁抗扭影响，只需对等式第二项给予修正即可。

下面就研究在力矩 $M=P\cdot e=1\cdot e$ 作用下桥梁的变形和受力情况。如图 3-7 所示，还是取跨中截面来分析，在 M 作用下，每片主梁除产生不相同的挠度 ω_i'' 外还转动一个相同的 φ 角（图 3-7b）。如假设荷载是通过跨中的刚性横隔梁传递，截出此横隔梁作为脱离体来分析，可得各片主梁对横隔梁的反作用力为竖向力 R_i'' 和扭矩 $M_{\mathrm{T}i}$（图 3-7c）。

根据平衡条件

$$\sum_{i=1}^{n}R_i''a_i+\sum_{i=1}^{n}M_{\mathrm{T}i}=1\cdot e \tag{3-19}$$

由材料力学，简支梁考虑自由扭转时，跨中截面扭矩与扭角以及竖向力与挠度的关系为

$$\varphi=\frac{lM_{\mathrm{T}i}}{4G_{\mathrm{c}}I_{\mathrm{T}i}}\text{和 }\omega_i''=\frac{R_i''l^3}{48E_{\mathrm{c}}I_i} \tag{3-20}$$

式中，l 是简支梁的跨度；$I_{\mathrm{T}i}$ 是梁的抗扭惯性矩；G_{c} 是混凝土的剪切模量；其余符号意义同前。

从几何关系有（图 3-7b）

$$\varphi\approx\tan\varphi=\frac{\omega_i''}{a_i} \tag{3-21}$$

联立求解式（3-19）、式（3-20）和式（3-21），可得到任意 k 号梁的反力为

$$R_k''=\beta\frac{ea_kI_k}{\sum_{i=1}^{n}a_i^2I_i} \tag{3-22}$$

因此，考虑主梁抗扭刚度后，可得任意 k 号梁的横向影响线坐标为

$$\eta_{ki}=\frac{I_k}{\sum_{i=1}^{n}I_i}\pm\beta\frac{ea_kI_k}{\sum_{i=1}^{n}a_i^2I_i} \tag{3-23}$$

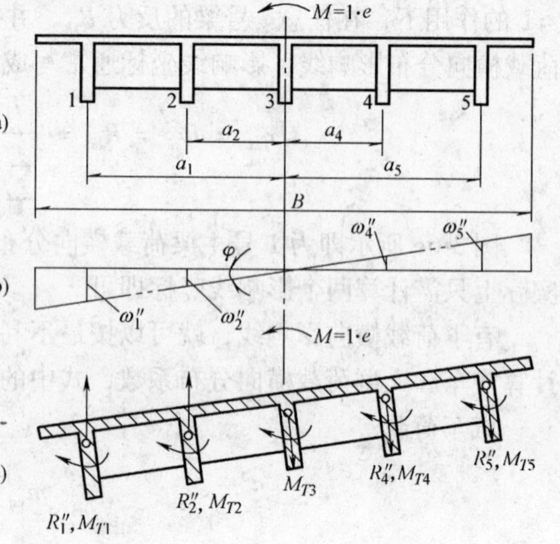

图 3-7 考虑主梁抗扭的计算图示

其中

$$\beta=\frac{1}{1+\dfrac{G_{\mathrm{c}}l^2\ \sum I_{\mathrm{T}i}}{12E_{\mathrm{c}}\sum a_i^2I_i}}<1 \tag{3-24}$$

式中，β 是抗扭修正系数（它与梁号无关，纯粹取决于结构的几何尺寸和材料特性）。

由此可见，与偏心压力法公式的不同点仅在于第二项上乘了小于 1 的抗扭修正系数 β，所以此法称为修正偏心压力法。

对于简支梁桥，若主梁的截面均相同，即 $I_i=I$，$I_{\mathrm{T}i}=I_{\mathrm{T}}$，则

$$\eta_{ki}=\frac{1}{n}\pm\beta\frac{a_ka_i}{\sum_{i=1}^{n}a_i^2} \tag{3-25}$$

其中

$$\beta=\frac{1}{1+\dfrac{nl^2G_{\mathrm{c}}I_{\mathrm{T}}}{12E_{\mathrm{c}}I\sum a_i^2}} \tag{3-26}$$

由式（3-26）可以看出，当桥梁宽度一定时，随着跨度增大，β 减小。也就是说，抗扭刚度对横向分布系数的影响增大。根据 JTG D 62—2004《公路钢筋混凝土及预应力混凝土桥涵设计规范》，式（3-26）中混凝土的剪切模量 G_{c} 可取 $0.4E_{\mathrm{c}}$；对于由矩形组合而成的梁截面，如 T 形或工字形梁，其抗扭惯性矩 I_{T} 近似等于各个矩形截面的抗扭惯性矩之和，即

$$I_{\mathrm{T}} = \sum_{i=1}^{m} c_i b_i t_i^3 \tag{3-27}$$

式中，b_i、t_i 是相应为单个矩形截面的宽度和厚度；c_i 是矩形截面抗扭刚度系数（根据 t/b 比值按表 3-1 计算）；m 是梁截面划分成单个矩形截面的块数。

表 3-1 矩形截面抗扭刚度系数

t/b	1	0.9	0.8	0.7	0.6	0.5	0.4	0.3	0.2	0.1	<0.1
c	0.141	0.155	0.171	0.189	0.209	0.229	0.250	0.270	0.291	0.312	1/3

3. 计算举例

【例 3-2】 有一座计算跨径 $l=19.50\text{m}$ 的桥梁，横截面如图 3-8a 所示，各主梁截面相同，试求荷载位于跨中时，1 号边梁的荷载横向分布系数 m_{cq}（汽车荷载）和 m_{cr}（人群荷载）。

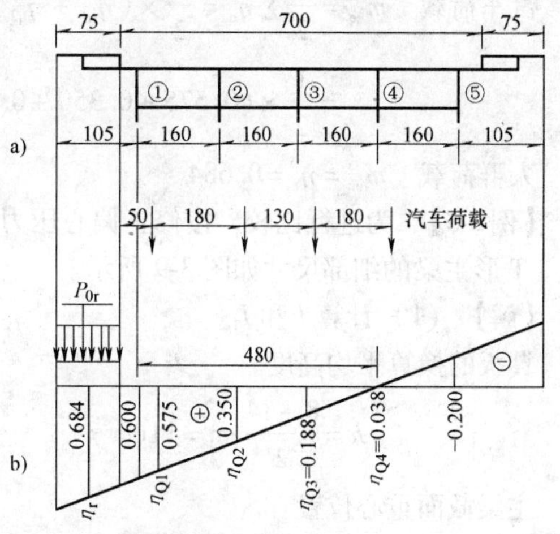

图 3-8 横向分布系数计算图示（尺寸单位：cm）
a）桥梁横截面 b）1 号梁荷载横向分布影响线

【解】 此桥在跨度内设有横隔梁，具有强大的横向连接刚性，且承重结构的跨宽比为

$$\frac{l}{B} = \frac{19.50\text{m}}{5\times1.60\text{m}} = 2.4 > 2$$

故可按偏心压力法来绘制横向影响线，并计算横向分布系数 m_{c}。

本桥各根主梁的横截面均相等，梁数 $n=5$，梁间距为 1.60m，则

$$\sum_{i=1}^{5} a_i^2 = a_1^2 + a_2^2 + a_3^2 + a_4^2 + a_5^2$$

$$= (2\times1.60)^2\text{m}^2 + 1.60^2\text{m}^2 + 0\text{m}^2 + (-1.60)^2\text{m}^2 + (2\times1.60)^2\text{m}^2 = 25.60\text{m}^2$$

由式（3-16）可得 1 号梁横向影响线的坐标值为

$$\eta_{11} = \frac{1}{n} + \frac{a_1^2}{\sum_{i=1}^{n} a_i^2} = \frac{1}{5} + \frac{(2\times1.60)^2\text{m}^2}{25.60\text{m}^2} = 0.20 + 0.40 = 0.60$$

$$\eta_{15} = \frac{1}{n} - \frac{a_1^2}{\sum_{i=1}^{n} a_i^2} = 0.2 - 0.4 = -0.2$$

由 η_{11} 和 η_{15} 绘制的 1 号梁横向影响线，如图 3-8b 所示，图中还按照 JTG D 60—2004《公路桥涵设计通用规范》的规定，确定了汽车荷载的最不利荷载位置。

设横向影响线的零点至 1 号梁位的距离为 x，则

$$\frac{x}{0.60} = \frac{4\times1.60\text{m} - x}{0.2}$$

解得

$$x = 4.80\text{m}$$

设人行道缘石至 1 号梁轴线的距离为 Δ，则

$$\Delta=(7.00-4\times1.60)\text{m}/2=0.3\text{m}$$

根据几何关系，左侧第一个轮重对应的影响线坐标为（以 x_{q1} 表示影响线零点至汽车车轮的横坐标距离）

$$\eta_{q1}=\frac{\eta_{11}}{x}x_{q1}=\frac{0.60}{4.80}\text{m}\times(4.8+0.3-0.5)\text{m}=0.575$$

同理可得各轮重和人群荷载集度对应的影响线坐标分别为（图 3-8b）：

$$\eta_{q2}=0.350;\ \eta_{q3}=0.188;\ \eta_{q4}=-0.038;\ \eta_{r}=0.684$$

于是，1 号梁的活载横向分布系数可计算如下：

汽车荷载 $m_{eq}=\frac{1}{2}\sum\eta_q=\frac{1}{2}\times(\eta_{q1}+\eta_{q2}+\eta_{q3}+\eta_{q4})$

$$=\frac{1}{2}\times(0.575+0.350+0.188-0.038)=0.538$$

人群荷载 $m_{cr}=\eta_r=0.684$

【例 3-3】 为进行比较，按修正偏心压力法计算例 3-2。T 形主梁的细部尺寸如图 3-9 所示。

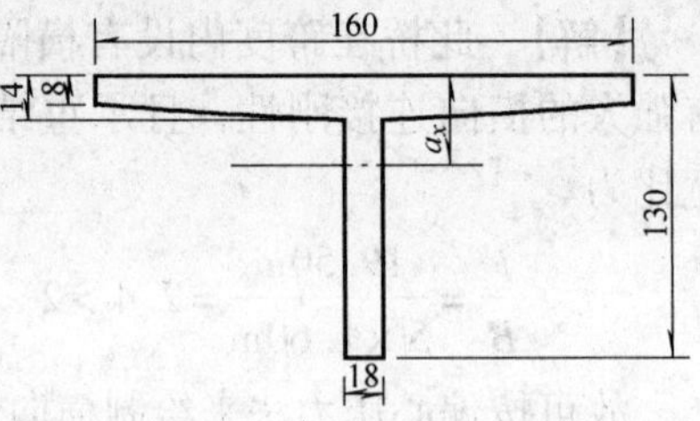

图 3-9 主梁截面尺寸
（尺寸单位：cm）

【解】 (1) 计算 I 和 I_T

翼板的换算平均高度

$$h=\frac{8+14}{2}\text{cm}=11\text{cm}$$

主梁截面重心位置

$$a_x=\frac{(160-18)\times11\times\frac{11}{2}+130\times18\times\frac{130}{2}}{(160-18)\times11+(130\times18)}\text{cm}=41.2\text{cm}$$

主梁抗弯惯性矩

$$I=\frac{1}{12}\times(160-18)\times11^3\text{cm}^4+(160-18)\times11\times\left(41.2-\frac{11}{2}\right)^2\text{cm}^4+\frac{1}{12}\times18\times130^3\text{cm}^4+18\times130\times\left(\frac{130}{2}-41.2\right)^2\text{cm}^4=6627500\text{cm}^4$$

主梁抗扭惯性矩按式 (3-27) 查表 3-1 计算：

对于翼板，$t_1/b_1=0.11/1.60=0.0687<0.1$，查表得 $c_1=\frac{1}{3}$。

对于梁肋，$t_2/b_2=0.18/1.19=0.151$，查表得 $c_2=0.301$ 则

$$I_T=\frac{1}{3}\times160\times11^3\text{cm}^4+0.301\times119\times18^3\text{cm}^4=279870\text{cm}^4$$

(2) 计算抗扭修正系数 β 取 $G_c=0.4E_c$，代入式 (3-26) 得

$$\beta=\frac{1}{1+\frac{5\times1950^2\times0.4E_c\times279870}{12\times E_c\times6627500\times256000}}=\frac{1}{1.105}=0.90$$

（3）计算横向影响线坐标值　对于1号边梁，考虑抗扭修正后的横向影响线坐标值为

$$\eta'_{11}=\frac{1}{n}+\beta\frac{a_1^2}{\sum\limits_{i=1}^{n}a_i^2}=0.2+0.90\times0.40=0.56$$

$$\eta'_{15}=\frac{1}{n}-\beta\frac{a_1^2}{\sum\limits_{i=1}^{n}a_i^2}=0.2-0.90\times0.40=-0.16$$

设影响线零点离1号梁轴线的距离为x'，则

$$\frac{x'}{0.56}=\frac{4\times1.60\text{m}-x'}{0.16}$$

解得

$$x'=4.98\text{m}$$

（4）计算荷载横向分布系数　1号边梁的横向影响线和布载图示，如图3-10所示。

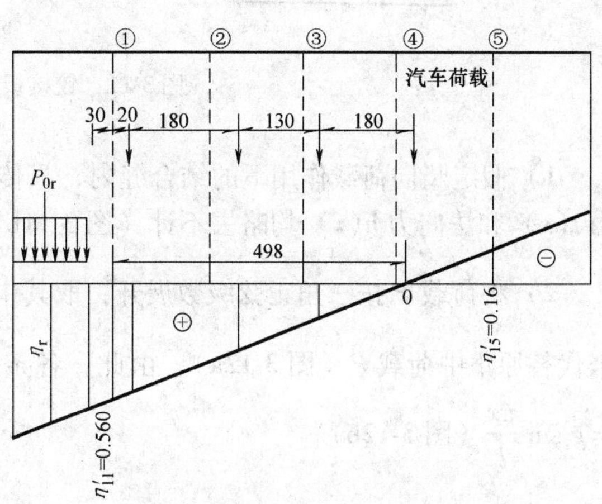

图3-10　修正偏压法m_c计算图示

汽车荷载

$$m'_{cq}=\frac{1}{2}\sum\eta'_q$$

$$=\frac{1}{2}\cdot\frac{\eta'_{11}}{x'}(x'_{q1}+x'_{q2}+x'_{q3}+x'_{q4})$$

$$=\frac{1}{2}\times\frac{0.56}{4.98}\times(4.78+2.98+1.68-0.12)=0.524$$

人群荷载　$m'_{cr}=\eta_r=\dfrac{0.56}{4.98}\times\left(4.98+0.30+\dfrac{0.75}{2}\right)=0.636$

本例计算结果表明，计及抗扭影响的m'_{cq}、m'_{cr}比不计抗扭影响的m_{cq}和m_{cr}，相应降低2.6%和7.0%。

3.2.2.3　铰接板（梁）法

对于用现浇混凝土纵向企口缝连接的装配式板桥以及仅在翼板间用焊接钢板或伸出交叉钢筋连接的无中间横隔梁的装配式桥，由于块件间横向具有一定的连接构造，但其连接刚性又很薄弱，因此对于跨中荷载横向分布的计算，上面所述的杠杆原理法和偏心压力法均不适用。鉴于这类结构的受力状态，实际接近于数根并列而相互间横向铰接的狭长板（梁），以此为基础发展了横向铰接板（梁）理论来计算荷载的横向分布。

1. 计算原理

下面首先以铰接板梁桥为例，介绍铰接板（梁）法计算原理，然后再介绍T形桥梁的计算特点。

图3-11a所示是一座铰接板桥。为了求算P作用下的荷载横向分布，铰接板（梁）法作了下面三个基本假定。

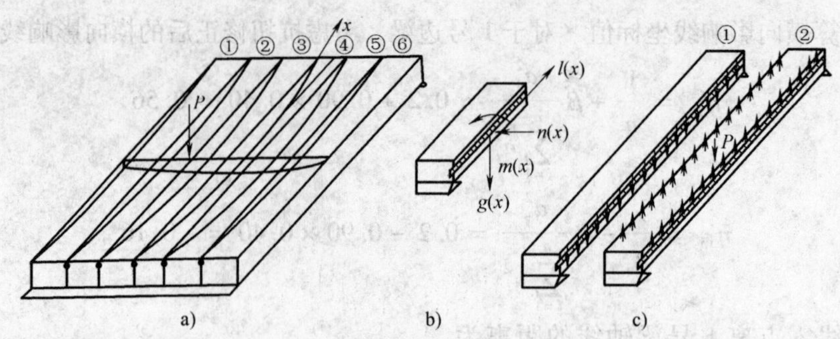

图 3-11 铰接板桥受力示意图

1）假定竖向荷载作用下的结合缝内，只传递竖向剪力 $g(x)$，横向弯矩 $m(x)$、纵向剪力 $t(x)$ 和法向力 $n(x)$ 均略去不计（图 3-11b）。

2）将荷载 P 按三角正弦级数展开，取其中第一项，即用半波正弦荷载 $p(x)=p\sin\frac{\pi x}{l}$ 来代替原集中荷载 P（图 3-12a），由此，各条结合缝内也产生正弦分布的竖向剪力 $g_i(x)=g_i\sin\frac{\pi x}{l}$（图 3-12b）。

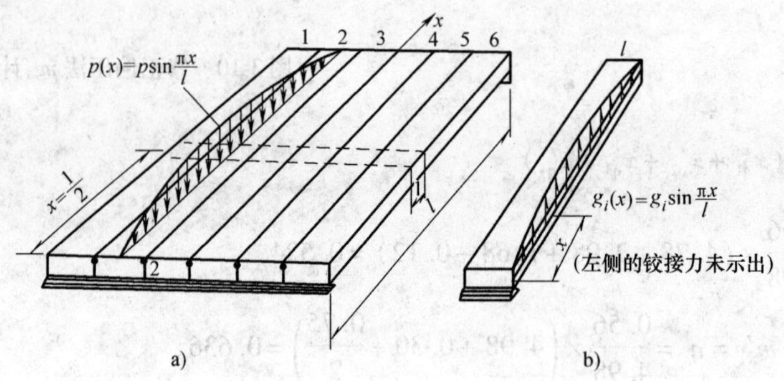

图 3-12 铰接板桥近似受力图示

采用半波正弦荷载的原因，是根据梁的挠曲理论，主梁的弯矩 $M(x)$ 和剪力 $Q(x)$ 等于其挠度在桥孔方向(x) 的二阶和三阶的导数乘以它的截面抗弯刚度 EI，即

$$\left.\begin{aligned}M(x)&=-EI\omega''(x)\\Q(x)&=-EI\omega'''(x)\end{aligned}\right\}\tag{3-28}$$

当集中荷载 P 横向分布给各片板梁 P_i（$i=1\sim n$），则各片板梁的挠度 $\omega(x)$、弯矩 $M(x)$和剪力 $Q(x)$ 之间，都应当存在着同其所受荷载的大小的比例一样的比例。如对于 1 号板梁和 2 号板梁应有

$$\frac{\omega_1(x)}{\omega_2(x)}=\frac{M_1(x)}{M_2(x)}=\frac{Q_1(x)}{Q_2(x)}=\frac{P_1(x)}{P_2(x)}=\text{常数}$$

代入式（3-28），则有

$$\frac{\omega_1(x)}{\omega_2(x)}=\frac{\omega_1''(x)}{\omega_2''(x)}=\frac{\omega_1'''(x)}{\omega_2'''(x)}=\frac{P_1(x)}{P_2(x)}=\text{常数}\tag{3-29}$$

但是，实际上无论对于集中轮重或分布荷载的作用情况，式（3-29）都不成立，只有半波正弦荷载才成立。

需要说明的是，用正弦荷载代替跨中的集中荷载，在计算各梁跨中挠度时的误差很小，而且计算内力时虽有稍大的误差，但考虑到实际计算时有许多车轮沿桥跨分布，事实上误差又进一步减少。

3）每块板梁在偏心荷载下只产生垂直位移 ω 和转角 φ，而不发生横向弯曲（图 3-13c）。

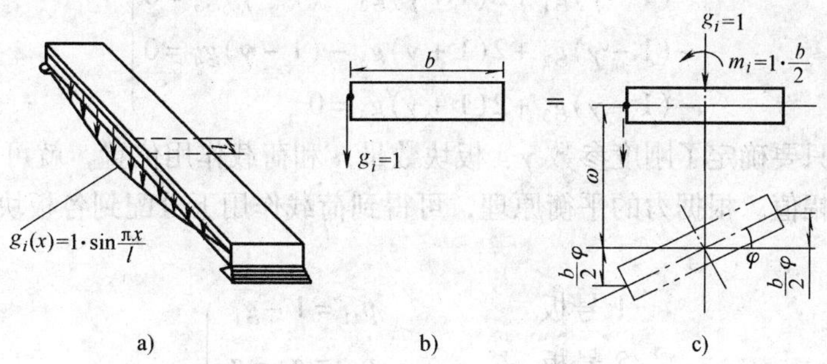

图 3-13　板梁的典型受力图示

对于研究各条板梁分布荷载的相对规律来说，方便地在跨中截取单位长度来进行分析不失其一般性，因此铰接板横向分布计算图示如图 3-14 所示。图 3-14 中 $p=1$ 和 g_i 是荷载和铰接力三角函数的幅值。显然，g_i 是待定的四个赘余力的幅值，应用结构力学中的方法，可以列出四个正则方程如下

$$
\left.\begin{aligned}
\delta_{11}g_1+\delta_{12}g_2+\delta_{13}g_3+\delta_{14}g_4+\delta_{1p}=0\\
\delta_{21}g_1+\delta_{22}g_2+\delta_{23}g_3+\delta_{24}g_4+\delta_{2p}=0\\
\delta_{31}g_1+\delta_{32}g_2+\delta_{33}g_3+\delta_{34}g_4+\delta_{3p}=0\\
\delta_{41}g_1+\delta_{42}g_2+\delta_{43}g_3+\delta_{44}g_4+\delta_{4p}=0
\end{aligned}\right\}\quad(3\text{-}30)
$$

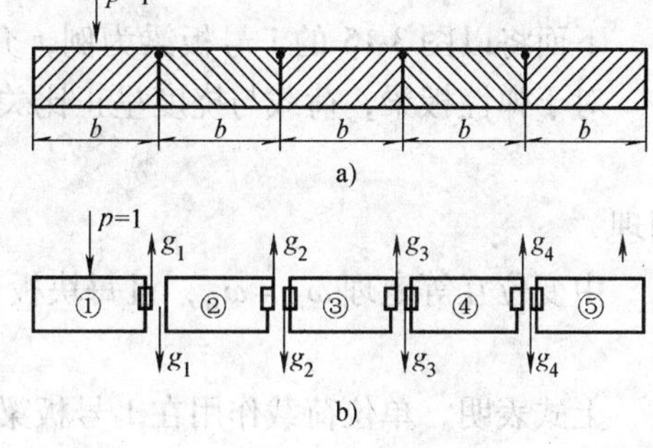

图 3-14　铰接板横向分布计算图示

式中，δ_{ik}是铰接缝 k 内作用单位正弦铰接力，在铰接缝 i 处引起的竖向相对位移；δ_{ip}是外荷载 p 在铰接缝 i 处引起的竖向位移。

为了确定正则方程中的常系数 δ_{ik} 和 δ_{ip}，考察图 3-13a 所示任意板梁在左边铰缝内作用单位正弦铰接力的典型情况。图 3-13b 为跨中单位长度截割段的示意图。

图 3-13c 所示为板的变形情况，依据图 3-14b 的基本体系，就可以写出正则方程式（3-30）中的常系数

$$\delta_{11}=\delta_{22}=\delta_{33}=\delta_{44}=2\left(\omega+\frac{b}{2}\varphi\right)$$

$$\delta_{12}=\delta_{23}=\delta_{34}=\delta_{21}=\delta_{32}=\delta_{43}=-\left(\omega-\frac{b}{2}\varphi\right)$$

$$\delta_{13}=\delta_{14}=\delta_{24}=\delta_{31}=\delta_{41}=\delta_{42}=0$$

$$\delta_{1p}=-\omega$$

$$\delta_{2p}=\delta_{3p}=\delta_{4p}=0$$

将上述的系数代入式（3-30），全式除以 ω，并设刚度参数 $\gamma=\dfrac{\frac{b}{2}\varphi}{\omega}$，则得正则方程化简形式

$$\left.\begin{aligned}&2(1+\gamma)g_1-(1-\gamma)g_2=1\\&-(1-\gamma)g_1+2(1+\gamma)g_2-(1-\gamma)g_3=0\\&-(1-\gamma)g_2+2(1+\gamma)g_3-(1-\gamma)g_4=0\\&-(1-\gamma)g_3+2(1+\gamma)g_4=0\end{aligned}\right\}\qquad(3\text{-}31)$$

由此可见，只要确定了刚度参数 γ、板块数量 n 和荷载作用位置，就可以解出所有 $n-1$ 个未知铰接力的幅值。根据力的平衡原理，可得到荷载作用下分配到各板块的竖向荷载的幅值。

$$\left.\begin{aligned}&1\text{ 号板}\qquad p_{11}=1-g_1\\&2\text{ 号板}\qquad p_{21}=g_1-g_2\\&3\text{ 号板}\qquad p_{31}=g_2-g_3\\&4\text{ 号板}\qquad p_{41}=g_3-g_4\\&5\text{ 号板}\qquad p_{51}=g_4\end{aligned}\right\}\qquad(3\text{-}32)$$

下面将以图 3-15 的 1 号板梁为例，介绍如何绘制荷载横向分布影响线。

对于弹性板梁，荷载与挠度呈正比关系，即

$$p_{i1}=\alpha_1\omega_{i1}$$

同理

$$p_{1i}=\alpha_2\omega_{1i}$$

由变位互等定理 $\omega_{i1}=\omega_{1i}$，且每块板梁的截面相同（比例常数 $\alpha_1=\alpha_2$），就得

$$p_{1i}=p_{i1}$$

上式表明，单位荷载作用在 1 号板梁轴线上时，任一板梁所分配的荷载，就等于单位荷载作用于任意板梁轴线上时 1 号板梁所分配到的荷载，这就是 1 号板梁荷载横向影响线的坐标值，通常以 η_{1i} 来表示。最后，利用式（3-32），就求得 1 号板梁横向影响线的各坐标值为

$$\left.\begin{aligned}&\eta_{11}=p_{11}=1-g_1\\&\eta_{12}=p_{21}=g_1-g_2\\&\eta_{13}=p_{31}=g_2-g_3\\&\eta_{14}=p_{41}=g_3-g_4\\&\eta_{15}=p_{51}=g_4\end{aligned}\right\}\qquad(3\text{-}33)$$

据此绘制 1 号板梁的横向影响线，如图 3-15b 所示。同理，可绘制 2 号板梁的横向影响线，如图 3-15c 所示。

在实际进行设计时，可以利用对于板块数目 $n=3\sim10$ 所编制的各号板的横向影响线坐标计算表格（见附录Ⅰ）。

有了跨中荷载横向影响线，就可以按前述方法来计算各类荷载的跨中横向分布系数 m_c。

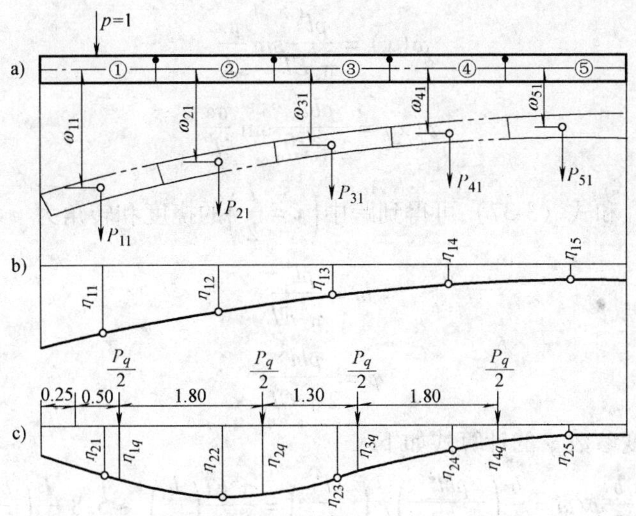

图 3-15　跨中的荷载横向影响线

2. 刚度参数 γ 值的计算

刚度参数 $\gamma=\frac{b}{2}\varphi/\omega$，为了计算 γ，首先要确定在偏心的正弦荷载作用下，所产生的简支板梁跨中竖向挠度 ω 和扭角 φ，如图 3-16 所示。

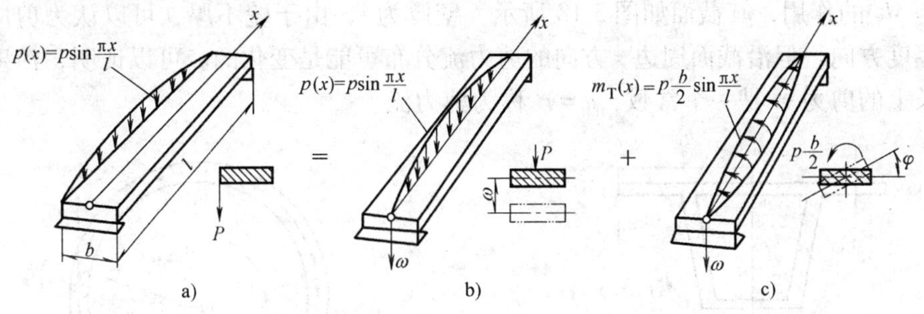

图 3-16　γ 值的计算图示

根据梁的挠曲理论可得微分方程

$$EI\omega^{(4)}(x)=p(x)=p\sin\frac{\pi x}{l} \tag{3-34}$$

式中，E、I 是材料的弹性模量和板梁的抗弯惯性矩。

根据梁的扭转理论可得微分方程

$$GI_T\varphi''(x)=-m_T(x)=-\frac{b}{2}p\sin\frac{\pi x}{l} \tag{3-35}$$

式中，G、I_T 是材料的剪切模量和板梁的抗扭惯性矩。

对式（3-34）和式（3-35）积分，并代入边界条件得

$$\omega(x)=\frac{pl^4}{\pi^4 EI}\sin\frac{\pi x}{l} \tag{3-36}$$

$$\varphi(x)=\frac{pbl^2}{2\pi^2 GI_T}\sin\frac{\pi x}{l} \tag{3-37}$$

根据式（3-36）和式（3-37）可得到跨中$\left(x=\frac{l}{2}\right)$的挠度和转角为

$$\omega=\frac{pl^4}{\pi^4 EI} \tag{3-38}$$

$$\varphi=\frac{pbl^2}{2\pi^2 GI_T} \tag{3-39}$$

因而可得到刚度参数 γ 的计算式如下

$$\gamma=\frac{b}{2}\varphi/\omega=\frac{b}{2}\left(\frac{pbl^2}{2\pi^2 GI_T}\right)\Big/\left(\frac{pl^4}{\pi^4 EI}\right)=\frac{\pi^2 EI}{4GI_T}\left(\frac{b}{l}\right)^2\approx 5.8\frac{I}{I_T}\left(\frac{b}{l}\right)^2 \tag{3-40}$$

式中对于混凝土，取 $E=E_c$，$G=G_c=0.4E_c$。

3. 主梁抗扭惯性矩 I_T 的计算

在求解主梁荷载横向分布中，需计算主、横梁的抗扭惯性矩 I_T，对于矩形截面或多个矩形组成的开口截面，如T形、I形等截面，可按式（3-27）并查表3-1计算抗扭惯性矩 I_T。

对于图3-17a所示的单箱式的薄壁箱形截面，其 I_T 的计算可以分为两个部分：两边悬出的开口部分和闭合薄壁部分。悬出部分可按矩形截面计算式式（3-27）计算，薄壁闭合部分可将其看作任意形状薄壁闭合截面的特例来计算。设有一任意不等厚的薄壁闭合截面杆件承受纯扭矩 M_T 的作用，其截面如图3-18所示，壁厚为 t，由于壁不厚，可以认为剪应力均匀分布于厚度方向，但沿截面周边 s 方向的剪力流分布可能是变化的。可以证明，沿壁作用的单位周长上的剪力 τt 是一个常数，$q=\tau t$ 称为剪力流。

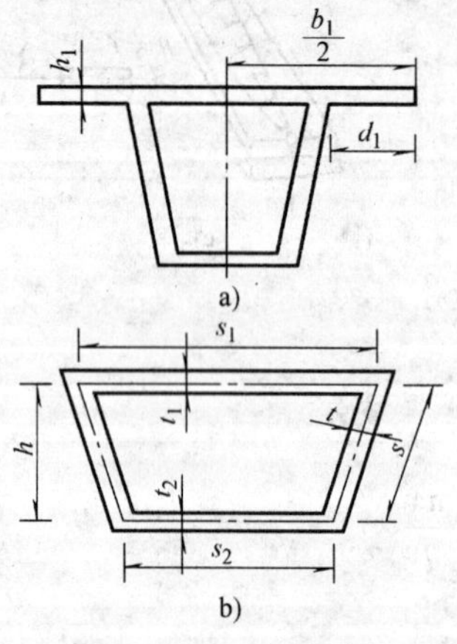

图3-17 箱形截面

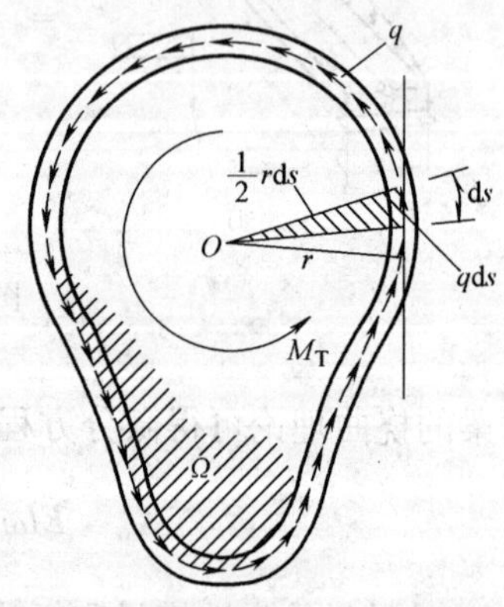

图3-18 薄壁截面上的剪力流

如图3-18所示，现取横截面的扭心 O，每个截面长度 ds 范围内的剪力 qds 对 O 点的力矩为 $qrds$，此处 r 为 O 点至剪力 qds 作用线的距离。沿整个周长进行积分所得到的力矩，一定和弯矩 M_T 相等，即

$$M_{\mathrm{T}} = \oint qr\mathrm{d}s = q\oint r\mathrm{d}s = 2\Omega q$$

剪力流

$$q = \tau t = \frac{M_{\mathrm{T}}}{2\Omega} \tag{3-41}$$

式中，Ω是薄壁中线所围的面积。

剪切变形 $\gamma = \tau/G$，所以，单位体积的应变能为 $\tau^2/2G$，因此，薄壁管单位长度内的应变能为

$$\overline{U} = \oint \frac{\tau^2}{2G}t\mathrm{d}s = \frac{(\tau t)^2}{2G}\oint\frac{\mathrm{d}s}{t} = \frac{M_{\mathrm{T}}^2}{8G\Omega^2}\oint\frac{\mathrm{d}s}{t}$$

单位长度构件上扭矩所做的功为

$$\overline{W} = \frac{1}{2}M_{\mathrm{T}}\varphi = \frac{M_{\mathrm{T}}^2}{2GI_{\mathrm{T}}}\left(\text{因为扭角 } \varphi = \frac{M_{\mathrm{T}}}{GI_{\mathrm{T}}}\right)$$

令单位长度的应变能等于单位长度构件上扭矩所做的功，最后可得出任意形状封闭薄壁截面的抗扭惯性矩计算公式

$$I_{\mathrm{T}} = \frac{4\Omega^2}{\oint\frac{\mathrm{d}s}{t}} \tag{3-42}$$

对于薄壁箱形截面闭合部分（图3-17b），可将式（3-42）具体写成

$$I'_{\mathrm{T}} = (s_1 + s_2)^2h^2\frac{1}{2\frac{s}{t} + \frac{s_1}{t_1} + \frac{s_2}{t_2}} \tag{3-43}$$

因此，薄壁箱形截面抗扭惯性矩为

$$I_{\mathrm{T}} = \frac{4\Omega^2}{\oint\frac{\mathrm{d}s}{t}} + \sum_{i=1}^{n}c_ib_it_i^3 = (s_1 + s_2)^2h^2\frac{1}{2\frac{s}{t} + \frac{s_1}{t_1} + \frac{s_2}{t_2}} + 2cd_1h_1^3 \tag{3-44}$$

其中 c 由$\frac{h_1}{d_1}$的值查表3-1求得。对于由 n 个箱拼连成的截面，其抗扭惯性矩可以近似地按各个单箱截面抗扭惯性矩之和来计算。

4. 铰接T形梁桥的计算特点

小跨径的钢筋混凝土T形梁桥，为了便于预制施工，往往不设中间横隔梁，仅对翼板的板边适当连接，或者仅由现浇的桥面板使各梁连接在一起。这种梁桥的横向连接刚度很弱，其受力特点就像横向铰接的结构。此外，对于无横隔梁的组合式梁桥，也因横向连接刚度小而可以近似作为横向铰接来计算。下面将阐明横向铰接T形梁桥与铰接板桥相比较，在计算荷载横向分布方面的不同特点。

图3-19a和b表示一座铰接T形梁桥在单位正弦荷载作用下，沿跨中单位长度截割段的铰接力计算图示。如果将它们与前面铰接板桥计算图示图3-14a、图3-14b相比较，可见两者对于荷载横向分配的表达式式（3-32）是完全一样的。唯一不同之点是利用式（3-30）的正则方程求铰接力 g_i 时，在所有主系数 δ_{ii} 中，除了考虑 ω 和 φ 的影响外，还应计入T形梁翼板悬臂端的弹性挠度 f（图3-19d）。鉴于翼缘板边缘有单位正弦荷载作用时，翼板可视为

在梁肋处固定的悬臂板，其板端挠度接近于正弦分布，即$f(x)=f\sin\frac{\pi x}{l}$（其中$f$为挠度幅值），如图3-19c所示，则得

$$f=\frac{d_1^3}{3E_cI_1}=\frac{4d_1^3}{E_ch_1^3}$$

式中，d_1是翼板的悬出长度；h_1是翼板厚度（对于改变厚度的翼板，可以近似地取距离梁肋$\frac{d_1}{3}$处的板厚来计算，见图3-19c）；I_1是单位宽度翼板的抗弯惯性矩，$I_1=\frac{h_1^3}{12}$。

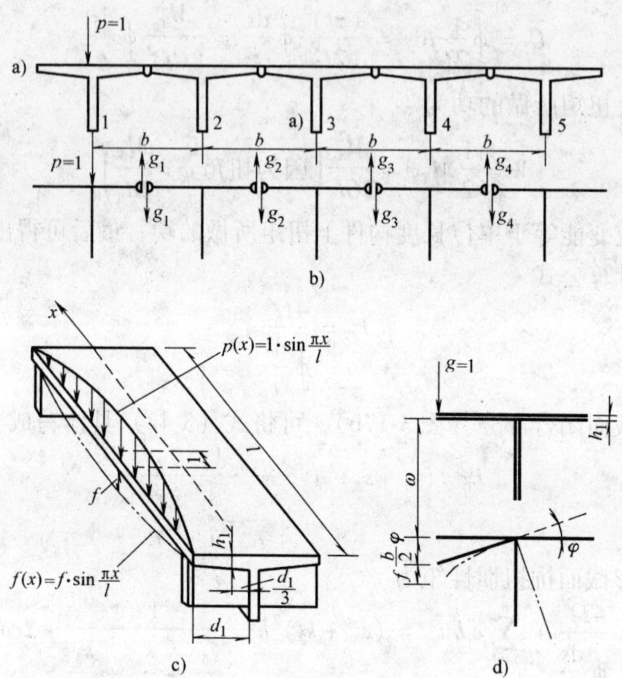

图3-19 铰接T形梁桥计算图示

因此，对于铰接T形梁桥，正则方程式（3-30）中只有δ_{ii}应改为

$$\delta_{11}=\delta_{22}=\delta_{33}=\cdots=2\left(\omega+\frac{b}{2}\varphi+f\right)$$

如果令$\beta=\frac{f}{\omega}$，则得

$$\beta=\frac{4d_1^3}{E_ch_1^3}\bigg/\frac{l^4}{\pi^4E_cI}\approx390\frac{I}{l^4}\left(\frac{d_1}{h_1}\right)^3$$

将改变后的δ_{ii}代入式（3-30），并经与铰接板的类似处理后，就得铰接T形梁的正则方程

$$\left.\begin{aligned}&2(1+\gamma+\beta)g_1-(1-\gamma)g_2=1\\&-(1-\gamma)g_1+2(1+\gamma+\beta)g_2-(1-\gamma)g_3=0\\&-(1-\gamma)g_2+2(1+\gamma+\beta)g_3-(1-\gamma)g_4=0\\&-(1-\gamma)g_3+2(1+\gamma+\beta)g_4=0\end{aligned}\right\}\tag{3-45}$$

由此可见，只要确定了刚度参数γ和β，就可以像在铰接板桥中一样，解出所有未知铰接力的峰值，并利用$\eta_{ki}=p_{ik}$的关系［见式（3-33）］，绘制荷载横向影响线。

值得指出的是，当悬臂不长（0.7~0.8m）和跨度$l\geqslant 10$m时，参数γ一般比β值显著要大$\left(\frac{\beta}{1+\gamma}<5\%\right)$，因此在不影响计算精度的条件，可以忽略$\beta$值的影响而直接利用铰接桥板的计算用表（附录Ⅰ），以简化铰接梁桥的计算。

在必须计入β值的影响时，也可以利用$\beta=0$时的η_{ii}和η_{ik}计算用表，按式（3-46）近似地计算计入β值影响的荷载横向影响线的坐标值$\eta_{ii(\beta)}$和$\eta_{ik(\beta)}$

$$\left.\begin{aligned}\eta_{ii(\beta)}&=\eta_{ii}+\frac{\beta}{1+\gamma}(1-\eta_{ii})\\ \eta_{ik(\beta)}&=\eta_{ik}+\frac{\beta}{1+\gamma}\eta_{ik}\end{aligned}\right\}\tag{3-46}$$

5. 计算举例

【例3-4】 铰接板桥。图3-20a所示为跨径$l=12.60$m的铰接空心板桥的横截面布置，桥面净空为净—7m和2×0.75m人行道。全桥由9块预应力混凝土空心板组成，欲求1号、3号和5号板在汽车和人群荷载作用下的跨中荷载横向分布系数。

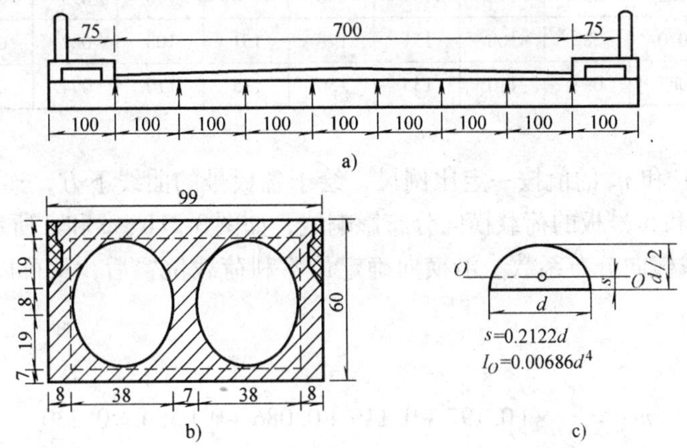

图3-20　空心板桥横截面（尺寸单位：cm）

【解】（1）计算空心板截面的抗弯惯性矩I　本例空心板是上下对称截面，形心轴位于高度中央，故其抗弯惯性矩为（见图3-20c所示半圆的几何性质）

$$I=\frac{99\times 60^3}{12}\text{cm}^4-2\times\frac{38\times 8^3}{12}\text{cm}^4-4\times\left[0.00686\times 38^4+\frac{1}{2}\times\frac{\pi\times 38^2}{4}\left(\frac{8}{2}+0.2122\times 38\right)^2\right]\text{cm}^4$$

$$=1782000\text{cm}^4-3243\text{cm}^4-4\times 96828\text{cm}^4=1391\times 10^3\text{cm}^4$$

（2）计算空心板截面的抗扭惯性矩I_T　本例空心板截面可简化为图3-20b中虚线所示的薄壁箱形截面来计算I_T，按前面式（3-43），则得

$$I_T=(91+91)^2\times 53^2\times\frac{1}{2\times\frac{53}{8}+\frac{91}{7}+\frac{91}{7}}\text{cm}^4=\frac{93045000}{13.25+26}\text{cm}^4=2.37\times 10^6\text{cm}^4$$

（3）计算刚度参数γ

$$\gamma=5.8\frac{I}{I_{\mathrm{T}}}\left(\frac{b}{l}\right)^{2}=5.8\times\frac{1391\times10^{3}}{2370\times10^{3}}\times\left(\frac{100}{1260}\right)^{2}=0.0214$$

（4）计算跨中荷载横向分布影响线　从铰接板荷载横向分布影响线计算用表（附录Ⅰ）中所属铰接板9-1、铰接板9-3和铰接板9-5的分表，在$\gamma=0.02$与0.04之间，按直线内插法求得$\gamma=0.0214$的影响线竖坐标值为η_{1i}、η_{3i}和η_{5i}。计算见表3-2（表中的数值为实际η_{ki}的小数点后的三位数字）。

表3-2　荷载横向分布影响线竖坐标计算表

板号	γ	单位荷载作用位置（i号板中心）									$\sum\eta_{ki}$
		1	2	3	4	5	6	7	8	9	
1	0.02	236	194	147	113	088	070	057	049	046	≈1000
	0.04	306	232	155	104	070	048	035	026	023	
	0.0214	241	197	148	112	087	068	055	047	044	
3	0.02	147	160	164	141	110	087	072	062	057	≈1000
	0.04	155	181	195	159	108	074	053	040	035	
	0.0214	148	161	166	142	110	086	071	060	055	
5	0.02	088	095	110	134	148	134	110	095	088	≈1000
	0.04	070	082	108	151	178	151	108	082	070	
	0.0214	087	094	110	135	150	135	110	094	087	

将表中η_{1i}、η_{3i}和η_{5i}的值按一定比例尺，绘于各板号的曲线下方，连接成光滑曲线后，就得到1号、3号和5号板的荷载横向分布影响线，如图3-21b、c和d所示。

（5）计算荷载横向分布系数　沿横向确定最不利荷载位置后，就可以计算跨中荷载横向分布系数如下。

对于1号板：

汽车荷载　$m_{\mathrm{cq}}=\frac{1}{2}\times(0.197+0.119+0.086+0.058)=0.230$

人群荷载　$m_{\mathrm{cr}}=0.235+0.044=0.279$

对于3号板：

汽车荷载　$m_{\mathrm{cq}}=\frac{1}{2}\times(0.161+0.147+0.108+0.073)=0.245$

人群荷载　$m_{\mathrm{cr}}=0.150+0.055=0.205$

对于5号板：

汽车荷载　$m_{\mathrm{cq}}=\frac{1}{2}\times(0.103+0.140+0.140+0.103)=0.243$

人群荷载　$m_{\mathrm{cr}}=0.088+0.066=0.154$

综上所得，汽车荷载横向分布系数的最大值为$m_{\mathrm{cq}}=0.245$，人群荷载的最大值为$m_{\mathrm{cr}}=0.279$。在设计中通常为了安全，取这些最大值来计算内力。

从所作各板的横向分布影响线可以看出，鉴于铰接空心板或实心板的抗扭能力比较大，故影响线竖坐标值在横桥方向还是比较均匀的。再考虑到通常在桥宽方向较大范围内要布置好多个车轮荷载，这样又导致各号板的受力比较均匀，因此通过计算分析，还可以归纳出下述近似公式，作为初步估算车辆荷载横向分布系数 m_c 之用。

$$m_c = C \cdot \frac{k}{n}$$

式中，n 是横截面内板的块数；k 是车辆荷载列数；C 是修正系数（对于汽车荷载 $C = 1.15$）。

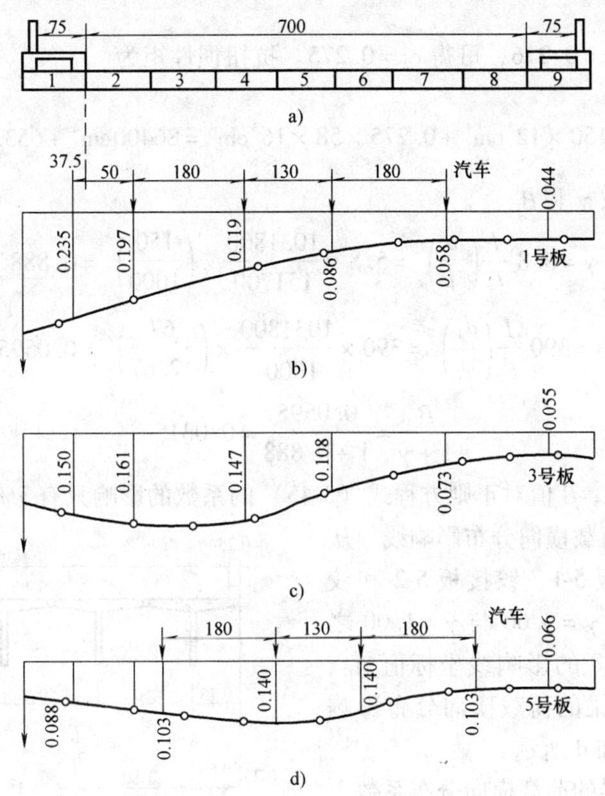

图 3-21　1、3 和 5 号板的荷载横向分布影响线

【例 3-5】　无中横隔梁的横向铰接 T 形梁桥，跨径 $l = 10.0\text{m}$，桥面净空为净—7m 附 2×0.25m 护轮带，由间距 $b = 1.5\text{m}$ 的 5 根主梁组成。主梁的截面尺寸如图 3-22 所示。试计算各主梁的汽车荷载横向分布系数。

【解】（1）计算截面特性　主梁翼板的平均厚度为 12cm，则截面形心距翼板顶面的距离 e 为

$$e = \frac{16 \times 70 \times \dfrac{70}{2} + (150 - 16) \times 12 \times \dfrac{12}{2}}{16 \times 70 + (150 - 16) \times 12}\text{cm}$$

$= 17.91\text{cm}$

抗弯惯性矩为

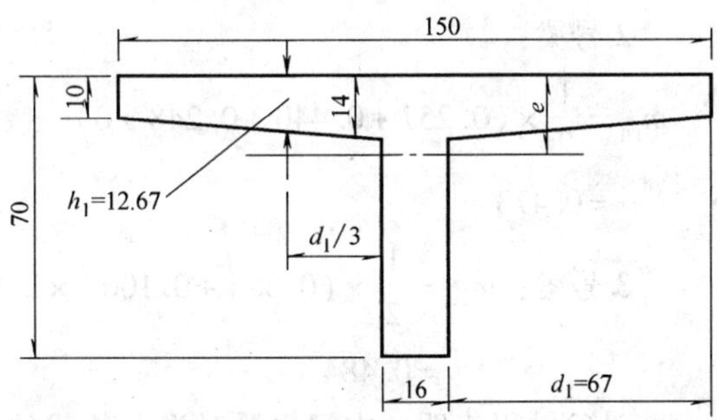

图 3-22　T 形梁截面尺寸（尺寸单位：cm）

$$I=\frac{1}{12}\times16\times70^3\text{cm}^4+(16\times17)\times\left(\frac{70}{2}-17.91\right)^2\text{cm}^4+\frac{1}{12}\times(150-16)\times12^3\text{cm}^4+$$
$$(150-16)\times12\times\left(17.91-\frac{12}{2}\right)^2\text{cm}^4=1031800\text{cm}^4$$

由式（3-27）和表 3-1 计算抗扭惯性矩 I_T。对于翼板，$\frac{t_1}{b_1}=\frac{12}{150}<0.1$，可得 $c_1=\frac{1}{3}$；对于梁肋，$\frac{t_2}{b_2}=\frac{16}{70-12}=0.276$，可得 $c_2=0.275$。抗扭惯性矩为

$$I_T=\sum c_i b_i t_i^3=\frac{1}{3}\times150\times12^3\text{cm}^4+0.275\times58\times16^3\text{cm}^4=86400\text{cm}^4+65331\text{cm}^4\approx151700\text{cm}^4$$

（2）求刚度参数 γ 和 β

$$\gamma=5.8\frac{I}{I_T}\left(\frac{b}{l}\right)^2=5.8\times\frac{1031800}{151700}\times\left(\frac{150}{1000}\right)^2=0.888$$

$$\beta=390\frac{I}{l^4}\left(\frac{d_1}{h_1}\right)^3=390\times\frac{1031800}{1000^4}\times\left(\frac{67}{12.67}\right)^3=0.0595$$

$$\frac{\beta}{1+\gamma}=\frac{0.0595}{1+0.888}=0.0315$$

由计算结果可见，β 值对正则方程式（3-45）的系数的影响只有3%左右，可忽略不计。

（3）绘制跨中荷载横向分布影响线　从附录Ⅰ中所属铰接板 5-1、铰接板 5-2 和铰接板 5-3 的分表，在 $\gamma=0.60$ 与 $\gamma=1.00$ 之间内插求得 $\gamma=0.888$ 的影响线坐标值 η_{1i}、η_{2i} 和 η_{3i}，并绘成各梁的荷载横向分布影响线，如图 3-23b、c 和 d 所示。

（4）计算各主梁的荷载横向分布系数　汽车荷载的横向最不利布置如图 3-23 中所示，求得的各主梁的横向分布系数为

1 号梁：$m_{cq}=\frac{1}{2}\times(0.731+0.216)$
$=0.474$

2 号梁：

$m_{cq}=\frac{1}{2}\times(0.257+0.440+0.248+0)$
$=0.473$

3 号梁：$m_{cq}=\frac{1}{2}\times(0.384+0.100)\times2$
$=0.484$

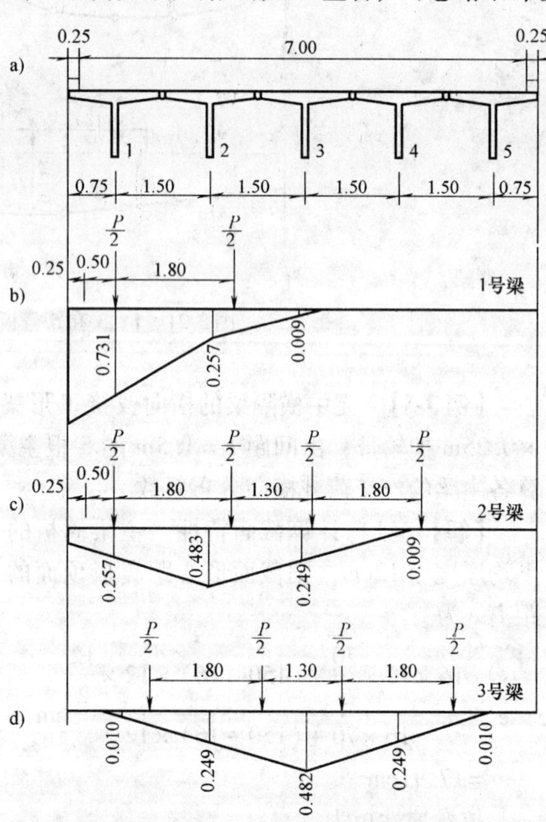

图 3-23　1、2 和 3 号梁的荷载横向影响线

计算结果表明，中间主梁对汽车荷载的横向分布系数比边主梁的要稍大一些，而且

各主梁的横向分布系数均较接近。

3.2.2.4 刚接梁法计算特点

对于翼缘板刚性连接的肋梁桥，只要在铰接板（梁）桥计算理论的基础上，在接缝处补充引入赘余弯矩 m_i，就可建立计及横向刚性连接特点的赘余力正则方程。用这一方法来求解各梁荷载横向分布的问题，就称为刚接梁法。

图 3-24a 表示翼缘板刚性连接的 T 形简支梁桥的跨中横截面。与图 3-19a 一样，设有单位正弦荷载 $p(x)=1\cdot\sin\dfrac{\pi x}{l}$作用在 1 号梁的轴线上。在各板跨中央沿纵缝将板切开，并代入按正弦分布的赘余力素 $x_i\sin\dfrac{\pi x}{l}$（这里 $i=1$、2 和 3 表示剪力，$i=4$、5 和 6 表示弯矩），式中 x_i 均为赘余力素在梁的跨中截面处的峰值，就得到计算刚接梁桥的基本体系，如图 3-24b 所示。

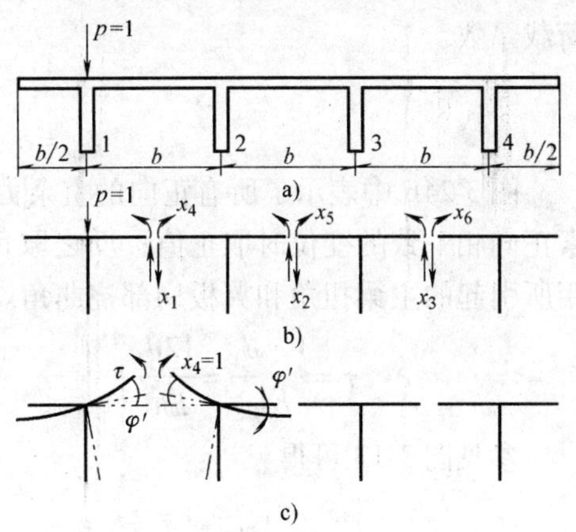

图 3-24 刚接梁桥计算图示

根据熟知的力法原理，就可得到求解所有赘余力素的一般正则方程式，用矩阵形式可简明表示为

$$\boldsymbol{\delta}_{ij}\boldsymbol{x}_j+\boldsymbol{\delta}_{ip}=\mathbf{0}\quad(i\text{ 或 }j=1,2,3,\cdots,6)\tag{3-47}$$

式中，$\boldsymbol{\delta}_{ij}$是正则方程中位于赘余力素前的计算系数，它表示赘余力素峰值 $\boldsymbol{x}_j=1$ 时在 i 处引起的相对变位（包括 $i=j$ 和 $i\neq j$ 的情形）；$\boldsymbol{\delta}_{ip}$是外荷载在 i 处引起的相对变位；$\boldsymbol{x}_j$ 是 j 处赘余力素的峰值。

下面按照图 3-24b 的计算图示来具体分析一下 δ_{ij}和 δ_{ip}的赋值。

不难看出，在系数矩阵 $\boldsymbol{\delta}_{ij}$中，对于仅涉及赘余剪力 x_1、x_2、x_3 和相应竖向位移的系数，与前面铰接 T 形梁桥的完全一样，即

$$\delta_{11}=\delta_{22}=\delta_{33}=2\left(\omega+\frac{b}{2}\varphi+f\right)$$

$$\delta_{12}=\delta_{23}=\delta_{21}=\delta_{32}=-\left(\omega-\frac{b}{2}\varphi\right)$$

$$\delta_{13}=\delta_{31}=0$$

对于仅涉及赘余弯矩 x_4、x_5、x_6 和相应转角的系数，由图 3-24c 可得

$$\delta_{44}=\delta_{55}=\delta_{66}=2(\varphi'+\tau)$$

$$\delta_{45}=\delta_{56}=\delta_{54}=\delta_{65}=-\varphi'$$

$$\delta_{46}=\delta_{64}=0$$

由于对称弯矩 $x_i=1(i=4,\ 5,\ 6)$作用下接缝两侧不产生相对挠度以及各切缝两侧的剪切位移不引起相对转角，故有

$$\delta_{14}=\delta_{25}=\delta_{36}=\delta_{41}=\delta_{52}=\delta_{63}=0$$

此外，还可以写出

$$\delta_{34}=\delta_{16}=\delta_{43}=\delta_{61}=0$$

$$\delta_{15}=\delta_{26}=\delta_{51}=\delta_{62}=\varphi'\frac{b}{2}$$

$$\delta_{24}=\delta_{35}=\delta_{42}=\delta_{53}=-\varphi'\frac{b}{2}$$

当单位正弦荷载作用于1号梁轴线上时（作用于其他梁上时，也可以类似处理），可得荷载系数

$$\delta_{1p}=-\omega$$

$$\delta_{2p}=\delta_{3p}=\delta_{4p}=\delta_{5p}=\delta_{6p}=0$$

图3-24b中表示了所有正向的赘余力素 x_i，在变位系数的计算中，接缝任一侧产生与力素正向相一致的变位时取正值；反之取负值。系数中涉及的 φ' 和 τ 分别为缝端单位弯矩作用所引起的主梁扭角和翼板局部挠曲角。由图3-25可知

$$\tau=\frac{1\cdot d_1}{EI_1}=\frac{12d_1}{Eh_1^3}$$

参见图3-13可得

$$\frac{m_T}{\varphi}=\frac{x_i}{\varphi'}$$

$$\varphi'=\varphi\cdot\frac{x_i}{m_T}=\varphi\cdot\frac{1}{b/2}=\varphi\cdot\frac{2}{b}$$

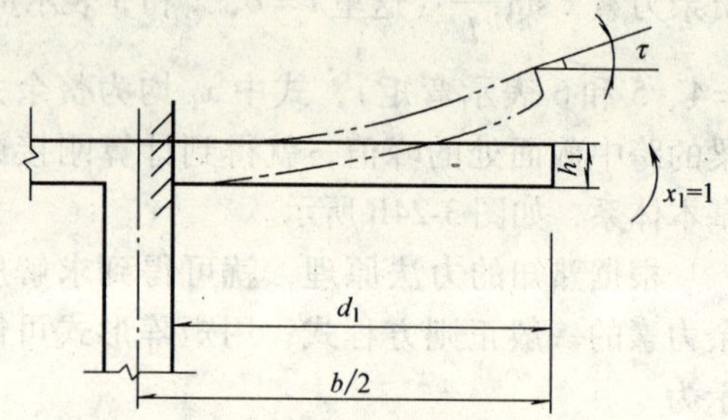

图3-25 局部挠曲计算图示

式中，φ 是缝端单位竖剪力引起主梁扭角，可按式（3-39）计算。

由上述分析可得，$\boldsymbol{\delta}_{ij}$ 中的许多元素为零，实际可表示为

$$\boldsymbol{\delta}_{ij}=\begin{pmatrix}\delta_{11} & \delta_{12} & 0 & 0 & \delta_{15} & 0\\ \delta_{21} & \delta_{22} & \delta_{23} & \delta_{24} & 0 & \delta_{26}\\ 0 & \delta_{32} & \delta_{33} & 0 & \delta_{35} & 0\\ 0 & \delta_{42} & 0 & \delta_{44} & \delta_{45} & 0\\ \delta_{51} & 0 & \delta_{53} & \delta_{54} & \delta_{55} & \delta_{56}\\ 0 & \delta_{62} & 0 & 0 & \delta_{65} & \delta_{66}\end{pmatrix}$$

如将 δ_{ij} 和 δ_{ip} 都除以 ω，将式（3-47）中下部三个方程各乘以$\frac{b}{2}$，并令 $g_1=x_1$，$g_2=x_2$，$g_3=x_3$ 和 $m_1=\frac{2}{b}x_4$，$m_2=\frac{2}{b}x_5$，$m_3=\frac{2}{b}x_6$，最后可得赘余力素 g_i 和 m_i 的正则方程为

$$\begin{pmatrix}\delta_g & r-1 & 0 & 0 & r & 0\\ r-1 & \delta_g & r-1 & -r & 0 & r\\ 0 & r-1 & \delta_g & 0 & -r & 0\\ \hline 0 & -r & 0 & \delta_m & -r & 0\\ r & 0 & -r & -r & \delta_m & -r\\ 0 & r & 0 & 0 & -r & \delta_m\end{pmatrix}\begin{pmatrix}g_1\\ g_2\\ g_3\\ m_1\\ m_2\\ m_3\end{pmatrix}+\begin{pmatrix}-1\\ 0\\ 0\\ 0\\ 0\\ 0\end{pmatrix}=0 \tag{3-48}$$

其中

$$\delta_g = 2(1+\gamma+\beta)\text{（与铰接 T 形梁桥相同）}$$

$$\delta_m = 2(\gamma+3\beta')$$

$$\beta' = \left(\frac{b}{2d_1}\right)^2 \beta \tag{3-49}$$

式（3-48）中包含 γ、β 和 β' 三个参数，其中 γ 和 β 与铰接梁桥的相同，对于 T 形梁和 I 字形梁也可以近似地认为 $\beta \approx \beta'$，这样可以减少参数的数目，使计算表格得以简化。

竖向荷载的横向分布，与前面铰接梁桥一样，仍只考虑剪力 g_i 的影响。因此，由式（3-48）求得 g_i 后，就可按式（3-33）编制荷载横向分布影响线坐标 η_{ik} 的计算表格。

以上介绍了无横隔梁的刚接梁桥计算，当有中间横隔梁时，可以近似地把横隔梁与实有的桥面板一起化成等刚度的虚拟桥面板来计算。有关刚接梁法的详细阐述和计算表格，可参阅同济大学路桥教研室编写的《公路桥梁荷载横向分布计算》一书。

3.2.2.5　比拟正交异性板法

前面介绍的几种计算荷载横向分布系数的方法，都有一个共同的特点，就是把全桥视作由一系列并排放置的主梁所构成的梁系结构来进行力学分析。各种方法的不同之处，就在于根据各种不同桥梁结构的具体特点对横向结构的连接刚性作了不同程度的假设。然而，由于实际的钢筋混凝土梁式桥结构的多样性，这些方法还不足以反映与上述梁系力学图示差别较大的桥梁结构的受力情况。如对于由主梁、连续的桥面板和多道横隔梁所组成的钢筋混凝土梁桥，当其宽度与其跨度之比值较大时，为了能比较精确地反映实际结构的受力情况，还可把此类结构简化成为纵横相交的梁格系，按杆件系统的空间结构来求解，也可设法将其比拟简化为一块矩形的平板，作为弹性薄板按古典弹性理论来进行分析，并且作出计算图表便于实际应用。目前最常用的是后一种方法，即所谓“比拟正交异性板法”或称“G-M 法”。

为了使读者能领会“比拟正交异性板法”的基本概念，并掌握其实用计算图表的具体应用，本小节将在各向同性板挠曲微分方程的基础上，引出比拟正交异性板的挠曲微分方程，阐明桥梁结构近似比拟成板的途径，最后再详述应用图表的原理和实用计算方法，并且在节末给出了计算实例。

1. 弹性板的挠曲面微分方程

在均质弹性薄板的古典理论中，对于图 3-26 所示的正交均质弹性薄板，有下述关系：

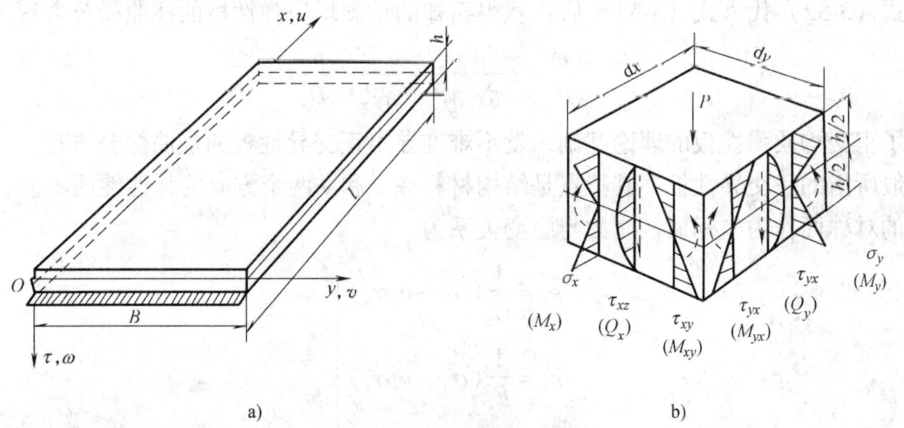

图 3-26　弹性薄板计算图示

a）板的一般图示　b）板微元上的应力和内力

应力与应变

$$\left.\begin{aligned}\sigma_x&=\frac{E}{1-\nu^2}(\varepsilon_x+\nu\varepsilon_y)\\\sigma_y&=\frac{E}{1-\nu^2}(\varepsilon_y+\nu\varepsilon_x)\\\tau_{xy}&=G\gamma_{xy}=\frac{E}{2(1+\nu)}\gamma_{xy}\end{aligned}\right\}\tag{3-50}$$

应变与位移

$$\left.\begin{aligned}\varepsilon_x&=-z\frac{\partial^2\omega}{\partial x^2}\\\varepsilon_y&=-z\frac{\partial^2\omega}{\partial y^2}\\\gamma_{xy}&=-2z\frac{\partial^2\omega}{\partial x\partial y}\end{aligned}\right\}\tag{3-51}$$

内力与位移

$$\left.\begin{aligned}M_x&=-D\left(\frac{\partial^2\omega}{\partial x^2}+\nu\frac{\partial^2\omega}{\partial y^2}\right)\\M_y&=-D\left(\frac{\partial^2\omega}{\partial y^2}+\nu\frac{\partial^2\omega}{\partial x^2}\right)\\M_{xy}&=-(1-\nu)D\frac{\partial^2\omega}{\partial x\partial y}\end{aligned}\right\}\tag{3-52}$$

式中，$D=\dfrac{Eh^3}{12(1-\nu^2)}$，是板的单宽抗弯刚度。

内力与荷载的平衡关系为

$$\frac{\partial^2 M_x}{\partial x^2}+2\frac{\partial^2 M_{xy}}{\partial x\partial y}+\frac{\partial^2 M_y}{\partial y^2}=-p\tag{3-53}$$

将式（3-52）代入式（3-53）后，就得熟知的正交均质弹性板的挠曲微分方程为

$$\frac{\partial^4\omega}{\partial x^4}+2\frac{\partial^4\omega}{\partial x^2\partial y^2}+\frac{\partial^4\omega}{\partial y^4}=\frac{p}{D}\tag{3-54}$$

有了正交均质弹性板的理论基础，就不难推导出正交异性板的挠曲微分方程。

一般所指的正交异性板，其特点是结构材料在 x 和 y 两个方向的弹性性质不同，如以弹性性质的对称面作为坐标面，应力与应变关系为

$$\left.\begin{aligned}\varepsilon_x&=\frac{1}{E_x}(\sigma_x-\nu_x\sigma_y)\\\varepsilon_y&=\frac{1}{E_y}(\sigma_y-\nu_y\sigma_x)\\\gamma_{xy}&=\frac{\tau_{xy}}{G}\end{aligned}\right\}\tag{3-55a}$$

式中，E_x、E_y 是相应为材料沿 x、y 方向的弹性模量；ν_x、ν_y 相应为引起变形 ε_x、ε_y 的泊松比。

式（3-55a）也可写成

$$\left.\begin{aligned}\sigma_x &= E'_x\varepsilon_x + E''\varepsilon_y\\ \sigma_y &= E'_y\varepsilon_y + E''\varepsilon_x\\ \tau_{xy} &= G\gamma_{xy}\end{aligned}\right\} \tag{3-55b}$$

式（3-55b）中的常量为

$$E'_x = \frac{E_x}{1-\nu_x\nu_y}; E'_y = \frac{E_y}{1-\nu_x\nu_y}; E'' = \frac{\nu_x E_y}{1-\nu_x\nu_y} = \frac{\nu_y E_x}{1-\nu_x\nu_y}$$

于是，像均质板理论一样，将式（3-51）代入式（3-55b），并将所得的应力式代入内力计算式，即得

$$\left.\begin{aligned}M_x &= \int_{-\frac{h}{2}}^{+\frac{h}{2}}\sigma_x z\mathrm{d}z = -\left(D_x\frac{\partial^2\omega}{\partial x^2} + D_1\frac{\partial^2\omega}{\partial y^2}\right)\\ M_y &= \int_{-\frac{h}{2}}^{+\frac{h}{2}}\sigma_y z\mathrm{d}z = -\left(D_y\frac{\partial^2\omega}{\partial y^2} + D_1\frac{\partial^2\omega}{\partial x^2}\right)\\ M_{xy} &= \int_{-\frac{h}{2}}^{+\frac{h}{2}}\tau_{xy} z\mathrm{d}z = -D_{xy}\frac{\partial^2\omega}{\partial x\partial y}\end{aligned}\right\} \tag{3-56}$$

式中，$D_x = \dfrac{E'_x h^3}{12}$和 $D_y = \dfrac{E'_y h^3}{12}$分别为 x 和 y 方向的单宽抗弯刚度；$D_{xy} = \dfrac{Gh^3}{6}$为单宽抗扭刚度；$D_1 = \dfrac{E''h^3}{12}$为单宽相关抗弯刚度。

将式（3-56）作相应微分后代入平衡方程式（3-53），经整理后可得

$$D_x\frac{\partial^4\omega}{\partial x^4} + 2H\frac{\partial^4\omega}{\partial x^2\partial y^2} + D_y\frac{\partial^4\omega}{\partial y^4} = p(x,y) \tag{3-57}$$

其中：$H = D_1 + D_{xy}$。

式（3-57）即为正交各向（材料）异性板的挠曲面微分方程。式中如设 $E_x = E_y = E$ 和 $\nu_x = \nu_y = \nu$，就可得到各向同性板的方程式（3-54）。

下面进一步阐明对于具有多根纵向主梁和横向横隔梁的肋形梁桥，如何比拟成正交各向异性板来分析其挠曲问题。

2. 比拟正交异性板挠曲微分方程

图 3-27a 表示实际桥跨结构纵横向的构造，纵向主梁的中心距离为 b，每根主梁的截面抗弯惯性矩和抗扭惯性矩分别为 I_x 和 I_{Tx}；横隔梁的中心距离为 a，其截面抗弯惯性矩和抗扭惯性矩为 I_y 和 I_{Ty}。如果梁肋间距 a 和 b 相应地与桥跨结构的宽度或长度相比是相当小的，并且桥面板与梁肋之间具有完善的结合，就可设想将主梁的截面惯性矩 I_x 和 I_{Tx} 平均分摊于宽度 b，将横隔梁的截面惯性矩 I_y 和 I_{Ty} 平均分摊于宽度 a，这样就把实际的纵横梁格系比拟成了一块假想的平板，如图 3-27b 所示。图中沿 x 方向的板厚表示成虚线，这说明所比拟的板在 x 和 y 两个方向的换算厚度是不相同的。此时，比拟板在纵向和横向每米宽度的截面抗弯惯性矩和抗扭惯性矩相应为

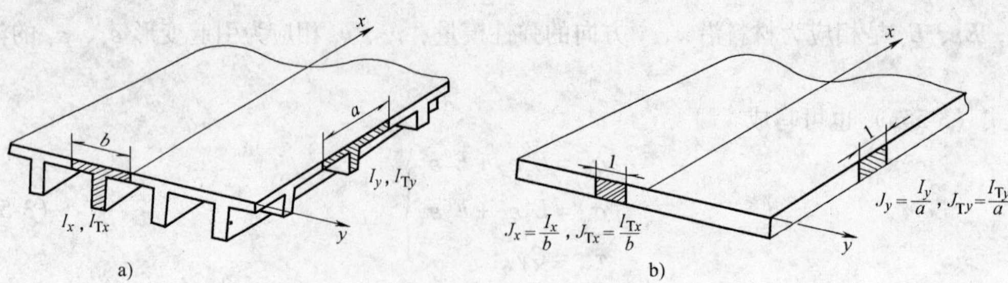

图 3-27 实际桥跨结构换算成比拟异性板的图示

a）实际桥跨结构 b）换算后的比拟异性板

$$J_x=\frac{I_x}{b}\text{和}\ J_{\mathrm{Tx}}=\frac{I_{\mathrm{Tx}}}{b}$$

以及

$$J_y=\frac{I_y}{a}\text{和}\ J_{\mathrm{Ty}}=\frac{I_{\mathrm{Ty}}}{a}$$

对于肋梁式钢筋混凝土或预应力混凝土结构，为了简化理论分析，可近似地忽略混凝土的泊松比 ν 的影响。这样便得到一块在 x 和 y 两个正交方向的截面单宽刚度为 EJ_x、GJ_{Tx} 和 EJ_y、GJ_{Ty} 的比拟正交异性板。依照式（3-56）并注意到 $E_x=E_y=E$ 和 $\nu_x=\nu_y=0$，就得内力与挠曲变形的关系为

$$\left.\begin{aligned}M_x=-EJ_x\frac{\partial^2\omega}{\partial x^2},M_y=-EJ_y\frac{\partial^2\omega}{\partial y^2}\\M_{xy}=-GJ_{\mathrm{Tx}}\frac{\partial^2\omega}{\partial x\partial y},M_{yx}=-GJ_{\mathrm{Ty}}\frac{\partial^2\omega}{\partial x\partial y}\end{aligned}\right\}\tag{3-58}$$

把上列关系代入板微元的平衡方程式（3-53）中，便得到比拟正交（构造）异性板的挠曲微分方程

$$EJ_x\frac{\partial^4\omega}{\partial x^4}+G(J_{\mathrm{Tx}}+J_{\mathrm{Ty}})\frac{\partial^4\omega}{\partial x^2\partial y^2}+EJ_y\frac{\partial^4\omega}{\partial y^4}=p(x,y)\tag{3-59a}$$

式（3-59a）可改写成如下的形式

$$EJ_x\frac{\partial^4\omega}{\partial x^4}+2\alpha E\sqrt{J_xJ_y}\frac{\partial^4\omega}{\partial x^2\partial y^2}+EJ_y\frac{\partial^4\omega}{\partial y^4}=p(x,y)\tag{3-59b}$$

式中

$$\alpha=\frac{G(J_{\mathrm{Tx}}+J_{\mathrm{Ty}})}{2E\sqrt{J_xJ_y}}$$

如设 $D_x=EJ_x$，$D_y=EJ_y$ 和 $H=\alpha E\sqrt{J_xJ_y}$，式（3-59b）就可写成

$$D_x\frac{\partial^4\omega}{\partial x^4}+2H\sqrt{J_xJ_y}\frac{\partial^4\omega}{\partial x^2\partial y^2}+D_y\frac{\partial^4\omega}{\partial y^4}=p(x,y)$$

这样就得到与正交各向（材料）异性板的式（3-57）在形式上完全一致的挠曲微分方程，它是一个四阶非齐次的偏微分方程，解得荷载作用下任意点的挠度值 ω 后，就可得到相应的内力值。

由此可见，任何纵横梁格系结构比拟成的异性板，可以完全依照真正的材料异性板来求解，只是方程中的刚度常数不同罢了。这就是“比拟正交异性板”的真实意义。同时必须指出，由于梁格系的梁肋并非对称于板的中面布置的，故此法所得的解也是近似的。

式（3-59b）中的常数 α 称为扭弯参数，它表示比拟板两个方向的单宽抗扭刚度代数平均值与单宽抗弯刚度几何平均值之比。对于常用的T形梁或I字形梁，α 在0~1之间变化。

1946年法国的居翁（Guyon）引用正交异性板的理论解决了无扭梁格（$\alpha=0$）的荷载横向分布计算问题。1950年麦桑纳特（Massonnet）又在保留参数 α 的情况下使居翁的理论得到了推广，因此人们就习惯地把这两个方法合称为“G-M法”。

当 $\alpha=1$ 且两个方向的单宽抗弯刚度相同（$J_x=J_y$）时，式（3-59b）又简化成各向同性板的式（3-54）。

关于比拟正交异性板挠曲面控制方程式（3-59b）的详细求解这里不作介绍，下面将详细介绍应用“G-M法”计算图表的原理和方法。

3. 应用图表计算荷载的横向分布

在生产设计中如直接利用弹性挠曲面方程来求解简支梁的各点内力值，将是费时的。“G-M法”的最大优点在于能利用编制的计算图表得出相对来说比较精确的结果。同时，此法概念明确，计算简捷。对于各种桥面净空宽度和多种荷载组合的情况，可以很快地求出各片主梁的相应内力值，因此这一方法在实际设计中得到了广泛的应用。

在计算时，也像前面已经介绍的几种方法一样，可以通过求解荷载横向分布系数的熟知方法来计算主梁的内力。下面就介绍如何利用计算图表来绘制荷载横向影响线的问题。

（1）荷载横向影响线的绘制　设图3-28a表示一块纵、横向截面单宽惯性矩分别为 J_x、J_{Tx} 和 J_y、J_{Ty} 的简支比拟板。当板上在任意横向位置 k 作用单位正弦荷载 $p(x)=1\cdot\sin\frac{\pi x}{l}$ 时，板在跨中就产生弹性挠曲，如图中 $o'e'$ 线所示。

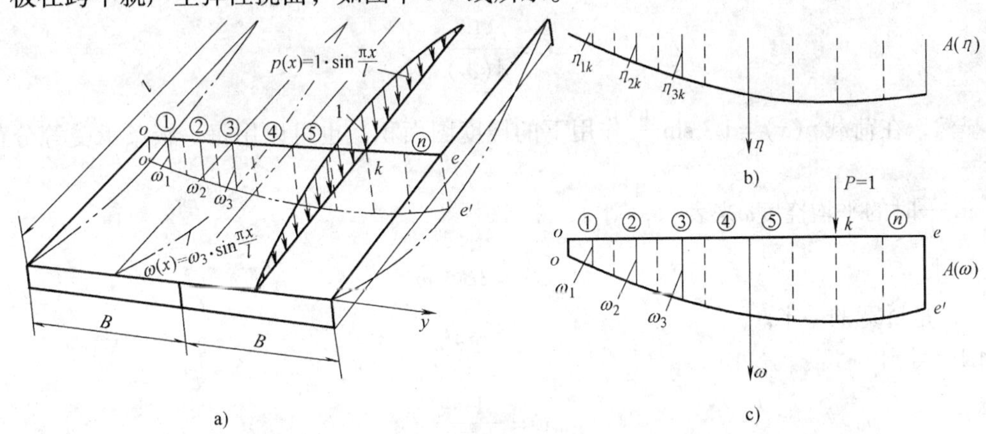

图3-28　比拟板的横向挠度 ω 和横向影响线竖标 η

为了分析方便，将全板按横向不同位置分作许多纵向板条①、②、③……，并且以单位板宽（简称板条）来考虑。于是，在 k 处有单位正弦荷载作用下，任一板条沿 x 方向的挠度将为

$$\omega_i(x)=\omega_i\sin\frac{\pi x}{l}$$

式中，ω_i 是与荷载峰值1相对应的第 i 根板条的挠度峰值。

如果研究各板条在跨中$\left(\text{即 } x = \dfrac{l}{2}\right)$的挠度和受力的关系，则可得荷载和挠度分布图形，如图 3-28b 和 c 所示。图中 η_{1k}，η_{2k}，η_{3k}，…，η_{nk} 表示 k 点有单位荷载作用下各板条所分担的荷载。

根据荷载与挠度的正比关系，显然有

$$\eta_{1k} = C\omega_1$$
$$\eta_{2k} = C\omega_2$$
$$\eta_{3k} = C\omega_3$$
$$\cdots\cdots$$
$$\eta_{nk} = C\omega_n$$

式中，C 为与跨度和截面刚度相关的常数。

将等号左边所有的 η_{ik} 相加并乘以板条宽度，再由平衡条件得

$$(\eta_{1k} + \eta_{2k} + \eta_{3k} + \cdots + \eta_{nk}) \cdot 1 = \sum_{i=1}^{n} \eta_{ik} \cdot 1 = A(\eta) = 1$$

同样，将等号右边所有的 $C\omega_i$ 相加并乘以板条宽度，可得

$$(C\omega_1 + C\omega_2 + C\omega_3 + \cdots + C\omega_n) \cdot 1 = C \cdot \sum_{i=1}^{n} \omega_i \cdot 1 = CA(\omega)$$

式中，$A(\eta)$、$A(\omega)$相应为跨中荷载横向分布图形的面积和挠度横向分布图形的面积（图 3-28b 和 c）。

上述两式应相等，由此可得

$$C = \frac{1}{A(\omega)}$$

显然，在荷载 $p(x) = 1 \cdot \sin\dfrac{\pi x}{l}$作用下的挠度图面积，也可以用每一板条承受等分荷载 $\dfrac{1}{n} \cdot \sin\dfrac{\pi x}{l}$时的平均挠度$\overline{\omega}$来表示，则

$$A(\omega) = 2B \cdot \overline{\omega}$$

式中，B 是桥宽的一半。

因此得到

$$C = \frac{1}{2B\,\overline{\omega}}$$

这样，当 $p = 1$ 作用在跨中截面 k 点时，任一板条所分配的荷载峰值可写成

$$\eta_{ik} = G\omega_{ik} = \frac{\omega_{ik}}{2B\,\overline{\omega}}$$

根据变位互等定理和反力互等定理，上式也可写成

$$\eta_{ki} = \frac{\omega_{ki}}{2B\,\overline{\omega}} \tag{3-60a}$$

将荷载作用在任意位置 i 时，k 点的挠度值 ω_{ki} 与同一荷载下设想的平均挠度值$\overline{\omega}$之比定义为影响系数 K_{ki}，即

$$K_{ki}=\frac{\omega_{ki}}{\overline{\omega}}$$

代入式（3-60a）就得

$$\eta_{ki}=\frac{K_{ki}}{2B} \tag{3-60b}$$

这里 η_{ki} 为 $p=1$ 作用在任意位置 i 时分配至 k 点的荷载；显然，这就是对于 k 点的荷载横向影响线的坐标值，它就等于影响系数 K_{ki} 除以桥宽 $2B$。

由求解 ω_{ki} 不难看出，K_{ki} 是欲计算的板条位置 k，荷载位置 i，扭弯参数 α 以及纵、横向截面抗弯刚度之比 θ 的函数，居翁和麦桑纳特已根据理论分析编制了 $K_0=f(\alpha=0,\theta,k,i)$ 和 $K_1=f(\alpha=1,\theta,k,i)$ 的曲线图（附录Ⅱ图Ⅱ-1 至图Ⅱ-11）。直接利用 K_1 曲线可以对钢筋混凝土桥板作比较精确的计算，此时 $\theta=\frac{B}{l}$。对于一般从肋式结构所比拟成的正交各向异性板来说，α 的变化范围在 0～1 之间，而 K_α 可足够精确地由下式内插求得

$$K_\alpha=K_0+(K_1-K_0)\sqrt{\alpha}$$

参数 θ 和 α 为

$$\theta=\frac{B}{l}\cdot\sqrt[4]{\frac{J_x}{J_y}};\quad \alpha=\frac{G(J_{Tx}+J_{Ty})}{2E\sqrt{J_xJ_y}}$$

这里需要说明，附录Ⅱ中 K_0 和 K_1 的图是将桥的全宽分为八等分共九个点的位置来计算的，以桥宽中间点为 0，向左（或向右）依次为正的（或负的）$\frac{1}{4}B$、$\frac{1}{2}B$、$\frac{3}{4}B$ 和 B，如图 3-29 所示。如果需求的主梁位置不是正好在这九个点上，如欲求图 3-29 中①号梁（梁位 $f=\xi B$）处的 K 值时，则要根据相邻两个点的 K_{Bi} 和 $K_{\frac{3}{4}Bi}$ 值（由图查得）进行内插，最后求得的 $K_{\xi Bi}$，如图中虚线所示。需指出的是，K 值是可以互换的，即 $K_{ki}=K_{ik}$，适当利用这一关系可缩减计算工作量。

至此，说明了对于比拟板上某点位置（或某一板条）的横向影响线 9 个坐标值的计算方法。显然，如果要针对中距为 b 的某一主梁求算其影响线坐标值，则只要首先求出对于轴线位置 k 处的各点影响线坐标，再将这些坐标值各乘以 b 就可以了，也即

$$R_{ki}=\eta_{ki}\cdot b=\frac{K_{ki}}{2B}\cdot b$$

式中，R_{ki} 是对于某根主梁的荷载横向影响线坐标。

考虑到全桥宽共有 n 根主梁，即 $b=\frac{2B}{n}$，则可得

$$R_{ki}=\frac{K_{ki}}{2B}\cdot\frac{2B}{n}=\frac{K_{ki}}{n} \tag{3-61}$$

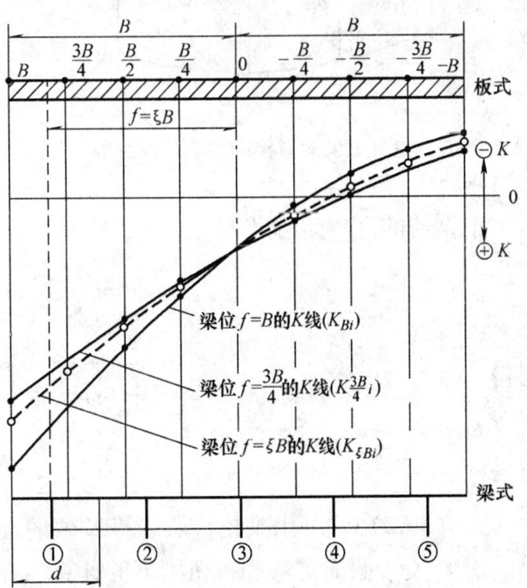

图 3-29 梁位 $f=\xi B$ 的 K 值计算

由此可见，对于横截面整齐布置的梁桥，只要将影响系数 K 除以梁数 n 就可绘出对于一根主梁的荷载横向影响线，如图 3-30c 所示。

有了荷载横向影响线，就可用一般方法来计算某一主梁的荷载横向分布系数，诚然，用比拟板法求得的荷载横向分布系数也是对于位于跨中的荷载而言的，在计算支点剪力时，也要按“杠杆原理法”来计算位于支点荷载的横向分布系数。

需指出的是，细察附录Ⅱ中 K_0 和 K_1 的曲线图就可发现，当弯曲刚度参数 $\theta<0.3$ 时，曲线沿 K 轴方向的间隔基本上相等，也就是说，当 $\theta<0.3$ 时，横断面的挠曲线接近于直线。这就与“偏心压力法”中假定横向刚度无限大的结果趋于一致。因此为了计算方便可以认为：$\theta\leqslant 0.3$ 时属于窄桥，$\theta>0.3$ 时属于宽桥，这样规定所发生的误差在 5% 左右，最大不超过 10%。可见，用 θ 的值来考虑窄桥与宽桥的界限，要比简单地由宽跨比来考虑更加合理。

（2）关于 K 值的校核　为了简捷地校验查表、内插等的正确性，可对所得的各个 K 值进行快速检查。

图 3-31 为比拟板跨中横截面在 $P=1$ 作用下（图 3-31a）和将 $P=1$ 均分作用于 1 ~ 9 点上（图 3-31b）的挠曲图形，很明显，后者产生平均挠度$\overline{\omega}$。

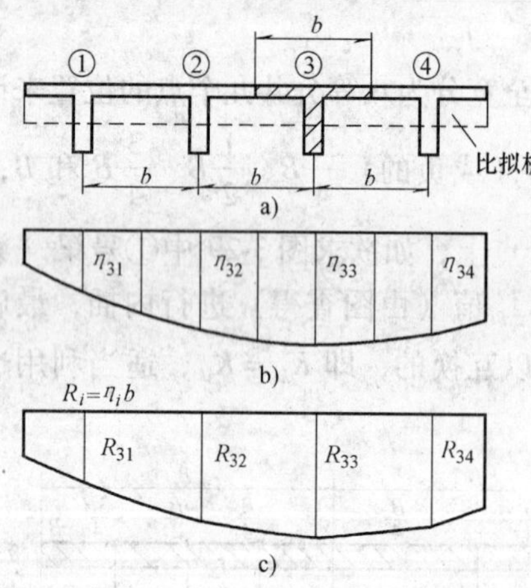

图 3-30　主梁荷载横向影响线的计算

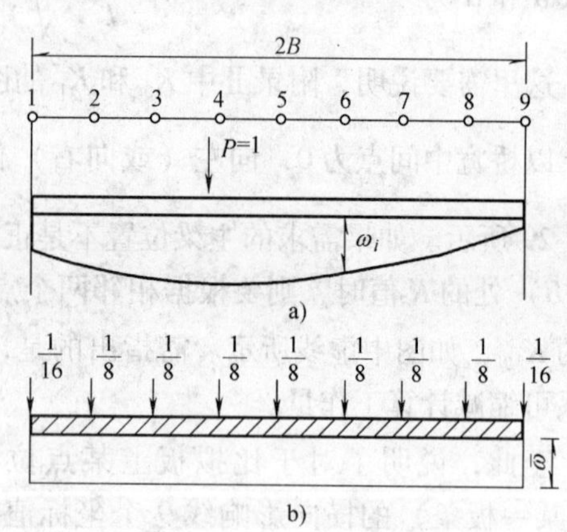

图 3-31　跨中截面的挠曲图示

根据功的互等定理我们有

$$1\cdot\overline{\omega}=\frac{1}{8}\sum_{i=2}^{8}\omega_i+\frac{1}{16}(\omega_1+\omega_9)$$

则得

$$\sum_{i=2}^{8}\frac{\omega_i}{\overline{\omega}}+\frac{1}{2}\left(\frac{\omega_i}{\overline{\omega}}+\frac{\omega_9}{\overline{\omega}}\right)=8$$

或

$$\sum_{i=2}^{8}K_i+\frac{1}{2}(K_1+K_9)=8 \tag{3-62}$$

式（3-62）就可用来校核所计算 K 值的准确性。

（3）关于截面抗弯和抗扭刚度的计算　在利用 G-M 法的图计算荷载横向影响线坐标时，需要预先算出参数 θ 和 α，因此就要计算纵、横向的单宽惯性矩值（参见图 3-27）

$$J_x = \frac{I_x}{b} \text{和} J_{Tx} = \frac{I_{Tx}}{b}$$

以及

$$J_y = \frac{I_y}{a} \text{和} J_{Ty} = \frac{I_{Ty}}{a}$$

1）抗弯惯性矩。对于纵向主梁的抗弯惯性矩 I_x，可按翼板宽为 b 的T形截面用一般方法计算，这里不再赘述。对于横隔梁的抗弯惯性矩 I_y，由于肋的间距较大，受弯时翼板宽度为 a 的T形梁不再符合平截面假设，也就是说，翼板内的压应力沿宽度 a 的分布是很不均匀的，如图3-32所示。为了较精确地考虑这一因素，通常就引入受压翼板有效宽度的概念。每侧翼板有效宽度的值就相当于把实际应力图形换算成以最大应力 σ_{max} 为基准的矩形图形的长度 λ，如图3-32所示。根据理论分析结果，λ 值可按 c/l 的值由表3-3计算，其中 l 为横梁的长度，可取两根边主梁的中心距。知道 λ 值后，就可按翼板宽度为 $(2\lambda+\delta)$ 的T形截面来计算 I_y 值。

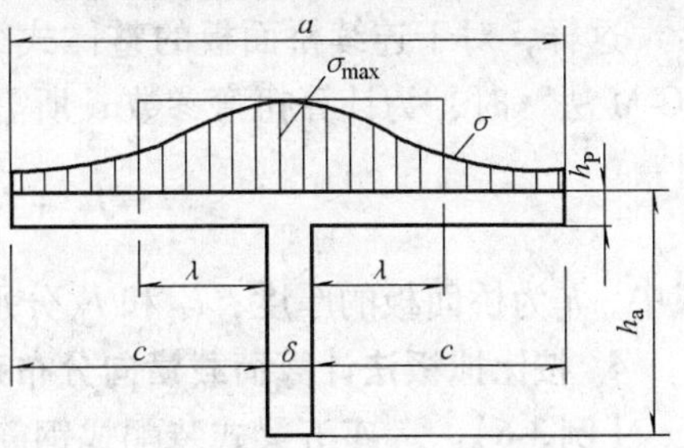

图3-32　沿桥横向翼板内的应力分布

表3-3　λ取值

c/l	0.05	0.10	0.15	0.20	0.25	0.30	0.35	0.40	0.45	0.50
λ/c	0.983	0.936	0.867	0.789	0.710	0.635	0.568	0.509	0.459	0.416

2）抗扭惯性矩。纵向和横向单宽惯性矩 J_{Tx} 和 J_{Ty}，可分成梁肋和翼板两部分来计算。梁肋部分的抗扭惯性矩按式（3-27）和表3-1来计算。对于翼板部分，应分图3-33所示的两种情况。

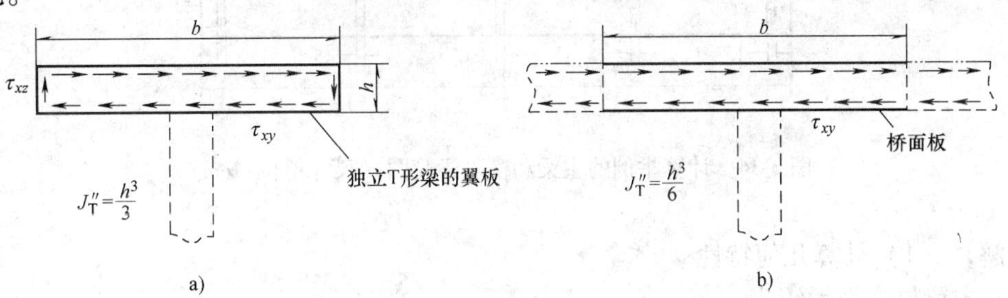

图3-33　翼板抗扭惯性矩计算图示

图3-33a表示独立的宽扁矩形截面（b 比 h 大得多），按一般公式可知其抗扭惯性矩为

$$J''_T = \frac{I''_T}{b} = \frac{1}{b} \cdot \frac{1}{3} bh^3 = \frac{h^3}{3}$$

对于图3-33b所示连续的桥面板来说，情况就不同。根据弹性薄板的分析，从式（3-52）和式（3-58）则有

$$GJ_T = (1-\nu)D$$

将 $G = \dfrac{E}{2(1+\nu)}$ 和 $D = \dfrac{Eh^3}{12(1-\nu)}$ 带入上式，可得

$$J_{\mathrm{T}}=\frac{h^{3}}{6}$$

由此可见，连续桥面板的单宽抗扭惯性矩只有独立宽扁板的一半。这一点可以这样解释：独立板沿短边的剪力 τ_{xz} 也参与抗扭作用，而连续板的单宽部分不出现此种剪应力（参见图 3-33）。

这样，对于连续桥面板的整体式梁桥以及对于翼缘板刚性连接的装配式梁桥，在应用“G-M 法”时，为计算扭弯参数 α 所需的纵横向截面单宽抗扭惯性矩之和可由下式求得

$$J_{\mathrm{T}x}+J_{\mathrm{T}y}=\frac{1}{3}h^{3}+\frac{1}{b}I'_{\mathrm{T}x}+\frac{1}{a}I'_{\mathrm{T}y} \tag{3-63}$$

式中，h 为桥面板的厚度；$I'_{\mathrm{T}x}$ 和 $I'_{\mathrm{T}y}$ 分别表示主梁肋和内横梁肋的截面抗扭惯性矩。

4. 按比拟板法计算荷载横向分布系数举例

【例 3-6】 一座五梁式装配式钢筋混凝土简支梁桥的主梁和横隔梁截面如图 3-34a 和 b 所示，计算跨径 $l=19.50\mathrm{m}$，主梁翼缘板刚性连接。求各主梁汽车荷载和人群荷载的横向分布系数。

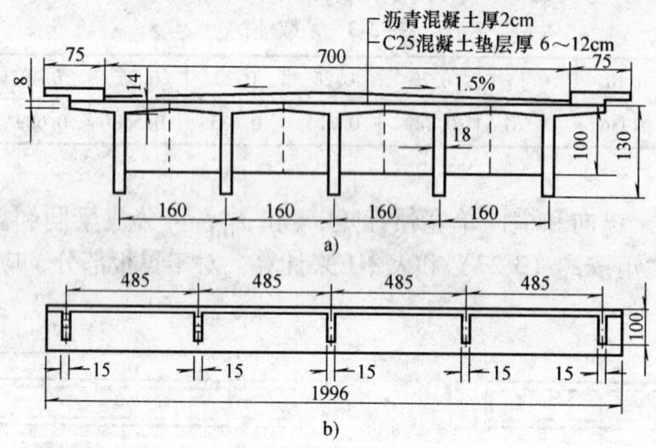

图 3-34　计算举例的主梁和横隔梁简图（尺寸单位：cm）

【解】（1）计算几何特性

1）主梁抗弯惯性矩为

$$I_x=6626\times10^{3}\mathrm{cm}^{4}$$

主梁的比拟单宽抗弯惯性矩为

$$J_x=\frac{I_x}{b}=\frac{6626\times10^{3}\mathrm{cm}^{4}}{160\mathrm{cm}}=41410\mathrm{cm}^{4}/\mathrm{cm}$$

2）横隔梁抗弯惯性矩。每根中横隔梁的尺寸如图 3-35 所示。按表 3-3 确定翼板的有效作用宽度 λ。

横隔梁的长度取为两根边主梁的轴线距离，即

$$l'=4b=4\times160\mathrm{cm}=640\mathrm{cm},\text{则 } c/l'=\frac{235}{640}=0.368$$

查表 3-3 得，当 $c/l'=0.368$ 时，$\lambda/c=0.547$，所以 $\lambda=0.547\times235\mathrm{cm}=128\mathrm{cm}$。

求横隔梁截面重心位置 a_y

$$a_y=\frac{2\times128\times11\times\frac{11}{2}+15\times100\times\frac{100}{2}}{2\times128\times11+15\times100}\text{cm}=21.0\text{cm}$$

故横隔梁抗弯惯性矩为

$$I_y=\frac{1}{12}\times2\times128\times11^3\text{cm}^4+2\times128\times11\times\left(21-\frac{11}{2}\right)^2\text{cm}^4+$$

$$\frac{1}{12}\times5\times100^3\text{cm}^4+15\times100\times\left(\frac{100}{2}-21\right)^2\text{cm}^4=3220\times10^3\text{cm}^4$$

横隔梁比拟单宽抗弯惯性矩为

$$J_y=\frac{I_y}{a}=\frac{3220\times10^3\text{cm}^4}{485\text{cm}}=6640\text{cm}^4/\text{cm}$$

3）主梁和横隔梁的抗扭惯性矩。对于T形梁翼板刚性连接的情况，应由式（3-63）来计算抗扭惯性矩。

对于主梁梁肋，主梁翼板的平均厚度

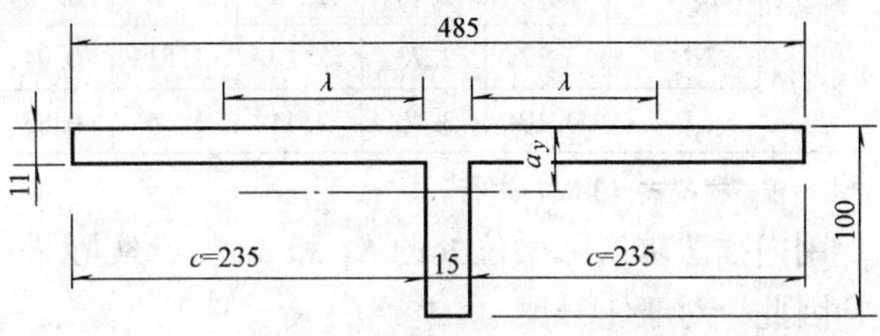

图3-35 横隔梁截面图（尺寸单位：cm）

$$h_1=\frac{8+14}{2}\text{cm}=11\text{cm}$$

$$t/b=18/(130-11)=0.151$$

由表3-1查得 $c=0.300$，则

$$I'_{\text{T}x}=cbt^3=0.300\times(130-11)\times18^3\text{cm}^4=208\times10^3\text{cm}^4$$

对于横隔梁梁肋

$$t/b=15/(100-11)=0.167$$

查表得 $c=0.295$，则

$$I'_{\text{T}y}=0.295\times(100-11)\times15^3\text{cm}^4=88.61\times10^3\text{cm}^4$$

$$J_{\text{T}x}+J_{\text{T}y}=\frac{1}{3}h_1^3+\frac{1}{b}I'_{\text{T}x}+\frac{1}{a}I'_{\text{T}y}=\left(\frac{1}{3}\times11^3+\frac{208000}{160}+\frac{88610}{485}\right)\text{cm}^4/\text{cm}$$

$$=(444+1301+183)\text{cm}^4/\text{cm}=1928\text{cm}^4/\text{cm}$$

（2）计算参数 θ 和 α

$$\theta=\frac{B}{l}\sqrt[4]{\frac{J_x}{J_y}}=\frac{400}{1950}\sqrt[4]{\frac{41410}{6640}}=0.324$$

式中，B 为桥梁承重结构的半宽，即 $B=\frac{5\times160}{2}\text{cm}=400\text{cm}$。

$$\alpha=\frac{G(J_{\text{T}x}+J_{\text{T}y})}{2E\sqrt{J_xJ_y}}=\frac{0.425E\times1928}{2E\sqrt{41410\times6640}}=0.02471$$

则
$$\sqrt{\alpha}=\sqrt{0.02471}=0.1572$$

（3）计算各主梁横向影响线坐标 已知 $\theta=0.324$，从附录Ⅱ“G-M法”计算图查得影

响系数 K_1 和 K_0 的值，见表3-4。

表3-4 影响系数 K_1 和 K_0 的值

系数	梁位	荷载位置									校核
		B	$3B/4$	$B/2$	$B/4$	0	$-B/4$	$-B/2$	$-3B/4$	$-B$	
K_1	0	0.94	0.97	1.00	1.03	1.05	1.03	1.00	0.97	0.94	7.99
	$B/4$	1.05	1.06	1.07	1.07	1.02	0.97	0.93	0.87	0.83	7.93
	$B/2$	1.22	1.18	1.14	1.07	1.00	0.93	0.87	0.80	0.75	7.98
	$3B/4$	1.41	1.31	1.20	1.07	0.97	0.87	0.79	0.72	0.67	7.97
	B	1.65	1.12	1.24	1.07	0.93	0.84	0.74	0.68	0.60	8.04
K_0	0	0.83	0.91	0.99	1.08	1.13	1.08	0.99	0.91	0.83	7.92
	$B/4$	1.66	1.51	1.35	1.23	1.06	0.88	0.63	0.39	0.18	7.97
	$B/2$	2.46	2.10	1.73	1.38	0.98	0.64	0.23	−0.17	−0.55	7.85
	$3B/4$	3.32	2.73	2.10	1.51	0.94	0.40	−0.16	−0.62	−1.13	8.00
	B	4.10	3.40	2.44	1.64	0.83	0.18	−0.54	−1.14	−1.77	7.98

注：校核栏按式（3-62）进行。

用内插法求实际梁位处的 K_1 和 K_0 值，实际梁位与表列梁位的关系如图3-36所示。因此，对于①号梁

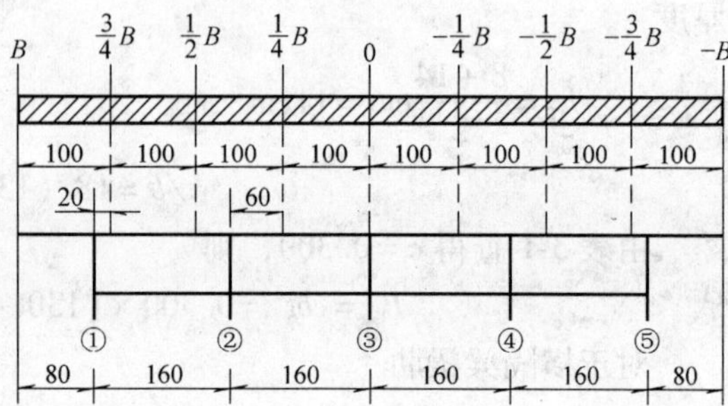

图3-36 梁位关系图（尺寸单位：cm）

$$K' = K_{\frac{3}{4}B} + (K_B - K_{\frac{3}{4}B}) \times \frac{20}{100}$$

$$= 0.2K_B + 0.8K_{\frac{3}{4}B}$$

对于②号梁

$$K' = K_{\frac{1}{4}B} + (K_{\frac{1}{2}B} - K_{\frac{1}{4}B}) \times \frac{60}{100}$$

$$= 0.6K_{\frac{1}{2}B} + 0.4K_{\frac{1}{4}B}$$

对于③号梁

$$K' = K_0 \text{（这里 } K_0 \text{ 是指表列梁位在0点的 } K \text{ 值）}$$

现将①、②和③号梁的横向影响线坐标值列表计算，见表3-5。

表3-5 计算数据

梁号	算式	荷载位置								
		B	$\frac{3}{4}B$	$\frac{1}{2}B$	$\frac{1}{4}B$	0	$-\frac{1}{4}B$	$-\frac{1}{2}B$	$-\frac{3}{4}B$	$-B$
1	$K_1' = 0.2K_{1B} + 0.8K_{1\frac{3}{4}B}$	1.458	1.332	1.208	1.070	0.962	0.864	0.780	0.712	0.656
	$K' = 0.2K_{0B} + 0.8K_{0\frac{3}{4}B}$	3.476	2.864	2.168	1.536	0.918	0.356	−0.236	−0.724	−1.258
	$K_1' - K_0'$	−2.018	−1.532	−0.960	−0.466	0.044	0.508	1.016	1.436	1.914
	$(K_1' - K_0')\sqrt{\alpha}$	−0.318	−0.242	−0.152	−0.074	0.007	0.080	0.161	0.227	0.302
	$K_\alpha = K_0' + (K_4' - K_0')\sqrt{\alpha}$	3.158	2.622	2.016	1.462	0.925	0.436	−0.075	−0.497	−0.956
	$\eta_{14} = \frac{K_\alpha}{5}$	0.632	0.524	0.403	0.292	0.185	0.087	−0.015	−0.099	−0.191

（续）

梁号	算式	荷载位置								
		B	$\frac{3}{4}B$	$\frac{1}{2}B$	$\frac{1}{4}B$	0	$-\frac{1}{4}B$	$-\frac{1}{2}B$	$-\frac{3}{4}B$	$-B$
2	$K_1'=0.6K_{1\frac{1}{2}B}+0.4K_{1\frac{3}{4}B}$	1.152	1.132	1.112	1.070	1.008	0.946	0.894	0.828	0.782
	$K_0'=0.6K_{0\frac{1}{2}B}+0.4K_{0\frac{1}{4}B}$	2.140	1.864	1.578	1.320	1.012	0.736	0.390	0.054	-0.258
	$K_1'+K_0'$	-0.988	-0.732	-0.466	-0.250	-0.004	0.210	0.504	0.774	1.040
	$(K_1'-K_0')\sqrt{\alpha}$	-0.156	-0.115	-0.074	-0.040	-0.001	0.033	0.080	0.122	0.164
	$K_\alpha=K_0'+(K_1'-K_0')\sqrt{\alpha}$	1.984	1.749	1.504	1.280	1.011	0.769	0.470	0.176	-0.094
	$\eta_{21}=\frac{K_\alpha}{5}$	0.397	0.350	0.301	0.256	0.202	0.154	0.094	0.035	-0.019
3	$K_1'=K_{10}$	0.940	0.970	1.000	1.030	1.050	1.030	1.000	0.970	0.940
	$K_0'=K_{00}$	0.830	0.910	0.990	1.080	1.130	1.080	0.990	0.910	0.830
	$K_1'-K_0'$	0.110	0.060	0.010	-0.050	-0.080	-0.050	0.010	0.060	0.110
	$(K_1'-K_0')\sqrt{\alpha}$	0.017	0.010	0.002	-0.008	-0.013	-0.008	0.002	0.010	0.017
	$K_\alpha=K_0'+(K_1'-K_0')\sqrt{\alpha}$	0.847	0.920	0.992	1.072	1.117	1.072	0.992	0.920	0.847
	$\eta_{31}=\frac{K_\alpha}{5}$	0.170	0.184	0.198	0.214	0.223	0.214	0.198	0.184	0.170

（4）计算各梁的荷载横向分布系数　首先用由表3-4中数据计算所得的荷载横向影响线坐标值绘制横向影响线图，如图3-37所示（图中带小圈点的坐标都是表列各荷载点的数值）。

在影响线上按横向最不利位置布置荷载后，就可按相对应的影响线坐标值求得主梁的荷载横向分布系数。

对于①号梁：

汽车荷载　$m_{cq}=\frac{1}{2}\sum\eta=\frac{1}{2}\times(0.524+0.313+0.177-0.005)=0.504$

人群荷载　$m_{cr}=\eta_r=0.620$

对于②号梁：

汽车荷载　$m_{cq}=\frac{1}{2}\times(0.350+0.266+0.200+0.095)=0.455$

人群荷载　$m_{cr}=0.391$

对于③号梁：

汽车荷载　$m_{cq}=\frac{1}{2}\times(0.184+0.212+0.222+0.200)=0.409$

人群荷载　$m_{cr}=2\times0.171=0.342$

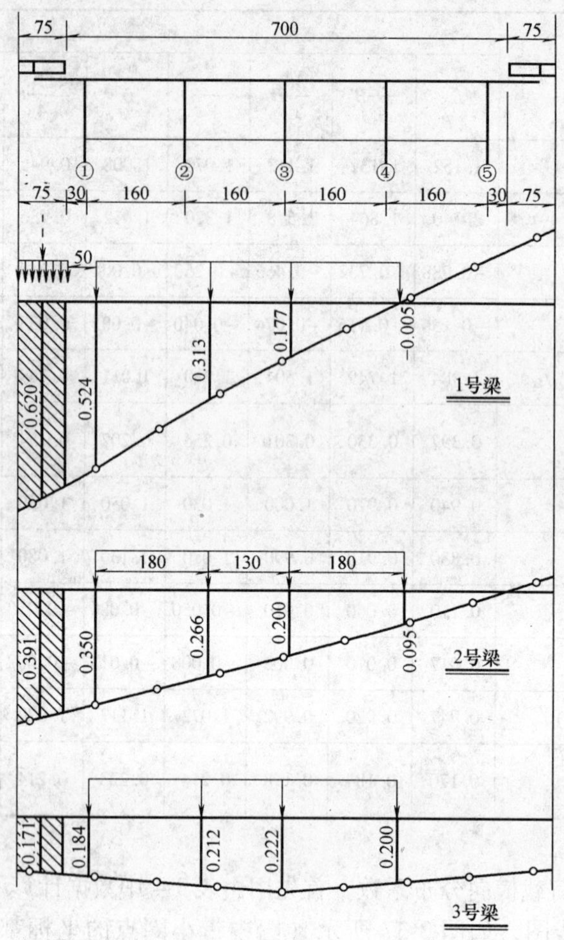

图 3-37 荷载横向分布系数的计算（尺寸单位：cm）

3.2.2.6 荷载横向分布系数沿桥跨变化

一般来说，荷载在桥跨纵向的位置不同，对某一主梁产生的横向分布系数也不一定相同。按照实用计算方法的基本原理，若精确内力影响面的图形在纵横向各自有相似的特征，则跨中各点荷载横向分布系数采用相同的值，否则荷载横向分布系数沿桥跨应采用不同值。在实际应用中，当求简支梁弯矩时，由于横向分布系数沿跨内部分的变化不大，为了简化起见，通常均可按不变化的 m_c 来计算。此处，m_c 为采用其他非杠杆原理法的方法计算所得的荷载横向分布系数。

图 3-38 所示为边梁支点截面剪力影响面。由图 3-38 可见，影响面纵横向完全异形，无法做变量分离，不能得出一个简化的在全跨单一的荷载横向分布系数。目前在设计实践中，当计算支点截面剪力时，采用下面的荷载横向分布系数近似计算的方法来计算。

对于有多根内横隔梁的情况，梁端采用按杠杆原理法计算得到的荷载横向分布系数 m_0，从第一根内横隔梁起则近似采用按其他方法计算得到的荷载横向分布系数 m_c，从梁端到第一根内横隔梁之间，采用从 m_0 到 m_c 的直线过渡形式（图 3-39）。

对于无中间横隔梁或仅有一根中间横隔梁的情况，荷载横向分布系数也采用图 3-39 的变化规律，但荷载横向分布系数变化点改为离支点$\frac{l}{4}$处。这样，主梁上的活载因其纵向位置不同，就应有不同的横向分布系数。图 3-39 中，m_0 可能大于也可能小于 m_c。对于主梁其他截面的剪力，也可视具体情况计及 m 沿桥跨变化的影响。

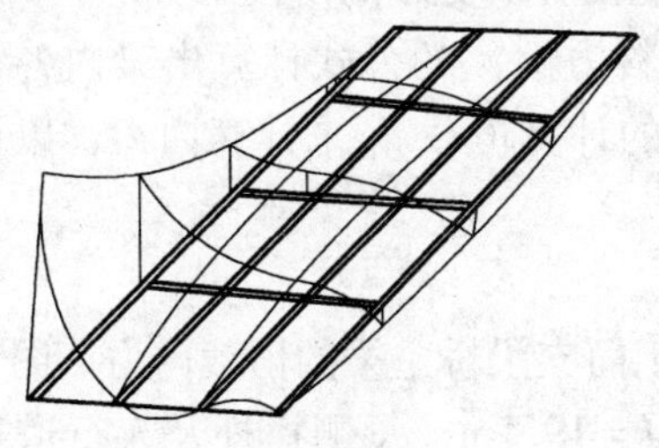

图 3-38　边梁支点截面剪力影响面

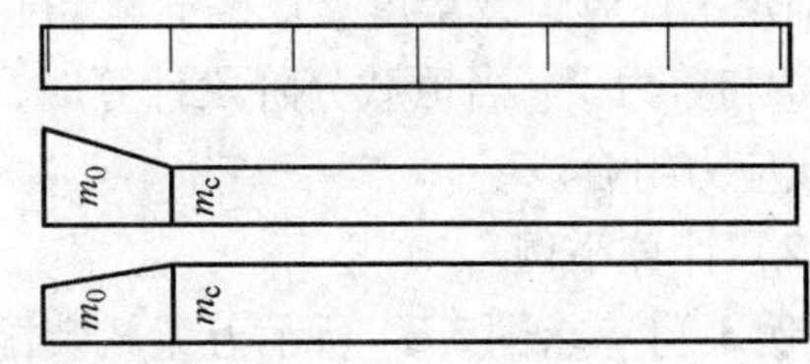

图 3-39　计算剪力时荷载横向分布系数沿跨长分布

3.2.3　主梁内力计算

根据作用于一片主梁的恒载和通过横向分布系数求得的计算活载，就可计算主梁的截面内力（弯矩 M 和剪力 V）。有了截面内力，就可以按钢筋混凝土和预应力混凝土结构的计算原理，进行主梁各截面的配筋设计或验算。

对于一般小跨径的简支梁，通常只需要计算跨中截面的最大弯矩和支点截面及跨中截面的剪力。跨中与支点之间各截面的剪力可以近似地按直线规律变化，弯矩可以假设按二次抛物线规律变化，即

$$M_x = \frac{4M_{\max}}{l^2}x(l-x)$$

式中，M_x是主梁在离支点 x 处任一截面的弯矩值；$M_{\max}$是主梁跨中最大弯矩设计值；l 是主梁的计算跨径。

对于较大跨径的简支梁，一般还应计算 1/4 跨径处截面的弯矩和剪力。如果主梁沿桥轴方向截面有变化，如梁肋宽度或梁高变化，则还应计算截面变化处的内力。

1. 恒载内力计算

主梁恒载内力，包括主梁自重（前期恒载）引起的主梁自重内力和后期恒载（如桥面铺装、人行道、栏杆、灯柱等）引起的主梁后期恒载内力，总称为主梁恒载内力。钢筋混凝土或预应力混凝土公路桥梁的恒载效应，往往在总作用效应中占很大的比例，梁的跨径越大，恒载所占的比例也越大。因此，设计时应正确地确定作用于梁上的计算恒载。

（1）计算方法　在计算恒载时，为了简化起见，习惯上往往将沿桥跨分点作用的横隔梁重量、沿桥横向不等分布的铺装层重量以及作用于两侧的人行道和栏杆等重量均匀分布地分摊给各主梁承受。因此，对于等截面梁桥的主梁，其计算恒载是简单的均布荷载。为了更精确，也可以根据施工安装的情况，将人行道、栏杆、灯柱和管道等重量像活载计算那样，按荷载横向分布的规律进行分配。

对于组合式梁桥，应按实际施工组合的情况，分阶段计算其恒载内力。如先按预制主

梁、微弯板和现浇桥面板的重量计算仅由预制主梁承受的第一阶段恒载内力，再按桥面铺装、人行道、栏杆等重量计算由梁面板和预制主梁结合而成的组合梁所承受的第二阶段的恒载内力。

对于预应力混凝土简支梁桥，在施加预应力阶段，往往要利用梁体自重来抵消强大钢丝束张拉力在梁体上翼缘产生的拉应力。在此情况下，也要将恒载分成两个阶段（即先期恒载和后期恒载）来进行分析。在特殊情况下，恒载可能要分成更多的阶段来考虑。

确定了计算恒载集度 g 之后，就可以按一般《材料力学》的公式计算出梁内各截面的弯矩 M 和剪力 V。当恒载分阶段计算时，应按各阶段的计算恒载 g_i 来计算内力，以便进行内力或应力组合。

（2）计算举例

【例 3-7】 求图 3-34 所示五梁式装配式钢筋混凝土简支梁桥主梁的恒载内力。图 3-34a、b 分别为主梁横截面和横隔梁布置图。已知计算跨径 $l=19.5$m，每侧栏杆及人行道重量为 5kN/m，钢筋混凝土、沥青混凝土和混凝土的重度分别为 25kN/m³、23kN/m³ 和 24kN/m³。

【解】 1）恒载集度。

主梁：

$$g_1=\left[0.18\times1.30+\left(\frac{0.08+0.14}{2}\right)\times(1.60-0.18)\right]\times25\text{kN/m}=9.76\text{kN/m}$$

横隔梁：

对于边主梁

$$g_2=\left[1.00-\left(\frac{0.08+0.14}{2}\right)\right]\times\left(\frac{1.60-0.18}{2}\right)\times0.15\times5\times25\text{kN/}(19.50\text{m})$$

$$=0.61\text{kN/m}$$

对于中主梁

$$g_2'=2\times0.61\text{kN/m}=1.22\text{kN/m}$$

桥面铺装层

$$g_3=0.02\times7.00\times23+\frac{1}{2}\times(0.06+0.12)\times7.00\times24\text{kN/}(5\text{m})=3.70\text{kN/m}$$

栏杆和人行道

$$g_4=(5\times2/5)\text{kN/m}=2.00\text{kN/m}$$

作用于边主梁的全部恒载 g 为

$$g=\sum g_i=(9.76+0.61+3.70+2.00)\text{kN/m}=16.07\text{kN/m}$$

作用于中主梁的恒载为

$$g'=(9.76+1.22+3.70+2.00)\text{kN/m}=16.68\text{kN/m}$$

2）荷载内力。计算边主梁距离支座为 x 的横截面弯矩和剪力

$$M_x=\frac{gl}{2}\cdot x-gx\cdot\frac{x}{2}=\frac{gx}{2}(l-x)$$

$$V_x=\frac{gl}{2}-gx=\frac{g}{2}(l-2x)$$

各计算截面的剪力和弯矩值列于表 3-6 内。

表 3-6　边主梁的恒载内力

截面位置 \ 内力	剪力 V / kN	弯矩 M / kN · m
$x=0$	$V=157.0$	$M=0$
$x=l/4$	$V=16.07\times\left(19.5-2\times\frac{19.5}{4}\right)\Big/2=78.4$	$M=\frac{16.07}{2}\times\frac{19.5}{4}\times\left(19.5-\frac{19.5}{4}\right)=572.90$
$x=l/2$	$V=0$	$M=19.5^2\times16.07/8=763.8$

2. 活载内力计算

主梁活载内力是由可变作用中车道荷载、人群荷载等产生的。当求得了活载的横向分布系数后，就可以具体确定作用于一根主梁上的荷载数值，然后就可利用工程力学的方法来计算活载内力。

(1) 计算方法　主梁活载内力计算分为两步：第一步求某主梁的最不利荷载横向分布系数 m_i；第二步应用主梁内力影响线，给荷载乘以横向分布系数后计算截面活载内力。对于车道荷载，应将其均布和集中荷载引起的内力进行叠加求出总效应。对于人群荷载内力计算方法同车道均布荷载，但不计冲击力的影响。

均布荷载
$$S_{qk}=(1+\mu)\cdot\xi\cdot m_i\cdot q_k\cdot\Omega \tag{3-64}$$
集中荷载
$$S_{Pk}=(1+\mu)\cdot\xi\cdot m_i\cdot P_k\cdot y_k \tag{3-65}$$

车道荷载总效应
$$S=S_{qk}+S_{Pk}=(1+\mu)\cdot\xi\cdot m_i\cdot(q_k\cdot\Omega+P_k\cdot y_k) \tag{3-66}$$

式中，S_{qk}是主梁在车道荷载的均布荷载作用下的内力；S_{Pk}是主梁在车道荷载的集中荷载作用下的内力；μ 是汽车荷载的冲击系数（按规定取值）；ξ 是多车道横向折减系数（按照规范的规定，多车道桥梁的汽车荷载应考虑折减，当桥涵设计车道数等于或大于 2 时，由汽车荷载产生的效应应按规定的多车道横向折减系数进行折减，但折减后的效应不得小于两条设计车道的荷载效应）；m_i 是荷载横向分布系数（计算主梁弯矩可用跨中荷载横向分布系数 m_c 代替全跨各点上的 m_i，在计算主梁剪力时，应考虑 m_i 在跨内的变化）；q_k 是车道荷载的均布荷载；P_k 是车道荷载的集中荷载；Ω 是相应的主梁内力影响线的面积；y_k 是对应于车道集中荷载的影响线最大竖坐标值。

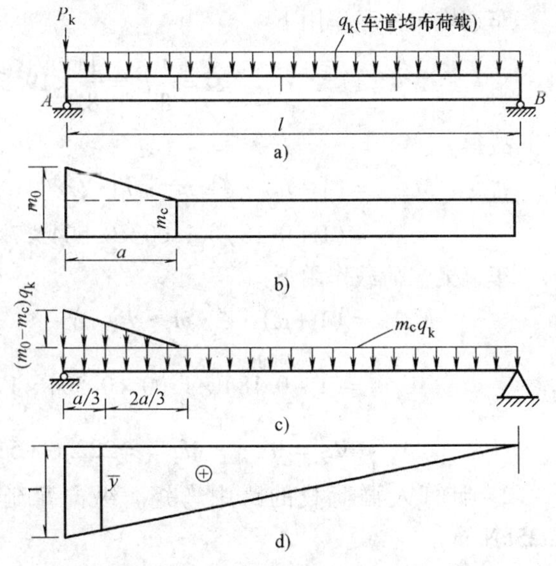

图 3-40　车道均布荷载支点剪力计算

在求汽车荷载中车道均布荷载及人群荷载作用下的主梁支点或靠近支点截面的剪力时，荷载横向分布系数在这一区段内是变化的，如图 3-40 所示，以支点截面为例，其计算公式为

$$V_A=V_A'+\Delta V_A \tag{3-67}$$

式中，V_A'是由式（3-64）按不变的m_c计算的内力值；ΔV_A是计及靠近支点处横向分布系数变化而引起的内力增（或减）值，其值计算方法如下

$$\Delta V_A=(1+\mu)\cdot\xi\cdot\frac{a}{2}(m_0-m_c)q_k\cdot\bar{y} \tag{3-68}$$

式中，$\bar{y}$是对应于附加三角形荷载重心位置的内力影响线的坐标值（图3-40）。

在上述计算中，当$m_0<m_c$时，ΔV_A为负值，这意味着剪力反而减小了。

（2）计算举例

【例3-8】 如图3-34所示，五梁式装配钢筋混凝土简支梁桥，计算跨径$l=19.50\text{m}$，主梁翼板刚性连接。计算边主梁在公路—Ⅱ级车道荷载和人群荷载标准值$p_r=3.0\text{kN/m}^2$作用下的跨中最大弯矩和最大剪力以及支点截面的最大剪力。汽车冲击系数$\mu=0.18$，荷载横向分布系数可按表3-7中的值选取。

表3-7 荷载横向分布系数

梁 号	荷载位置	汽车荷载	人群荷载
边主梁	跨中m_c	0.504	0.620
	支点m_0	0.438	1.422

【解】 公路—Ⅱ级车道荷载标准值为：

均布荷载 $q_k=0.75\times10.5\text{kN/m}=7.875\text{kN/m}$

计算弯矩时的集中荷载

$$P_k=0.75\times\left[180+\frac{19.5-5}{50-5}\times(360-180)\right]\text{kN}=178.5\text{kN}$$

计算剪力时的集中荷载 $P_k=1.2\times178.5\text{kN}=214.2\text{kN}$

1）计算车道荷载的跨中弯矩。

双车道不折减 $\xi=1.00$

车道均布荷载作用下

$$\Omega=\frac{1}{8}l^2=\frac{1}{8}\times19.5^2\text{m}^2=47.53\text{m}^2$$

故得

$$\begin{aligned}M_{\frac{l}{2},qk}&=(1+\mu)\cdot\xi\cdot m_c\cdot q_k\cdot\Omega\\&=(1+0.18)\times1.00\times0.504\times7.875\times47.53\text{kN}\cdot\text{m}=222.6\text{kN}\cdot\text{m}\end{aligned}$$

车道集中荷载作用下

$$\begin{aligned}M_{\frac{l}{2},Pk}&=(1+\mu)\cdot\xi\cdot m_c\cdot P_k\cdot y_k\\&=(1+0.18)\times1.00\times0.504\times178.5\times\frac{19.5}{4}\text{kN}\cdot\text{m}=517.5\text{kN}\cdot\text{m}\end{aligned}$$

$$M_{\frac{l}{2}}=M_{\frac{l}{2},qk}+M_{\frac{l}{2},Pk}=222.6+517.5\text{kN}\cdot\text{m}=740.1\text{kN}\cdot\text{m}$$

2）计算人群荷载的跨中弯矩。纵向每延米人群荷载集度$p_{0r}=3.0\times0.75\text{kN/m}=2.25\text{kN/m}$。

$$M_{\frac{l}{2},r}=m_{cr}\cdot p_{0r}\cdot\Omega=0.620\times2.25\times47.53\text{kN}\cdot\text{m}=66.3\text{kN}\cdot\text{m}$$

3）计算跨中截面车道荷载最大剪力。鉴于跨中剪力 $V_{\frac{l}{2}}$ 影响线的较大坐标位于跨中部分（图3-41），故也采用全跨统一的荷载横向分布系数 m_c 来计算。

$$\Omega=\frac{1}{2}\times\frac{1}{2}\times19.5\times0.5\text{m}^2=2.438\text{m}^2$$

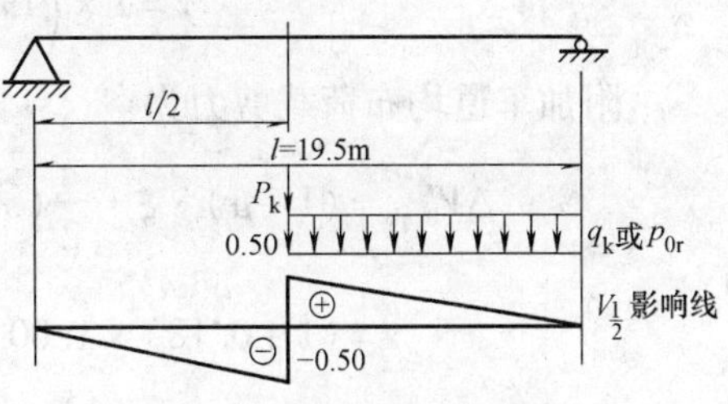

图3-41 跨中剪力计算图示

车道均布荷载作用下

$$\begin{aligned}V_{\frac{l}{2},qk}&=(1+\mu)\cdot\xi\cdot m_c\cdot q_k\cdot\Omega\\&=(1+0.18)\times1.00\times0.504\times7.875\times2.438\text{kN}\\&=11.4\text{kN}\end{aligned}$$

车道集中荷载作用下

$$\begin{aligned}V_{\frac{l}{2},Pk}&=(1+\mu)\cdot\xi\cdot m_c\cdot P_k\cdot y_k\\&=(1+0.18)\times1.00\times0.504\times214.2\times0.50\text{kN}=63.7\text{kN}\end{aligned}$$

$$V_{\frac{l}{2}}=V_{\frac{l}{2},qk}+V_{\frac{l}{2},Pk}=11.4\text{kN}+63.7\text{kN}=75.1\text{kN}$$

4）计算跨中截面人群荷载最大剪力

$$V_{\frac{l}{2},r}=m_c\cdot p_{0r}\cdot\Omega=0.620\times2.25\times2.438\text{kN}=3.40\text{kN}$$

5）计算支点截面汽车荷载最大剪力。作荷载横向分布系数沿桥跨方向的变化图形和支点剪力影响线，如图3-42a、b和c所示。

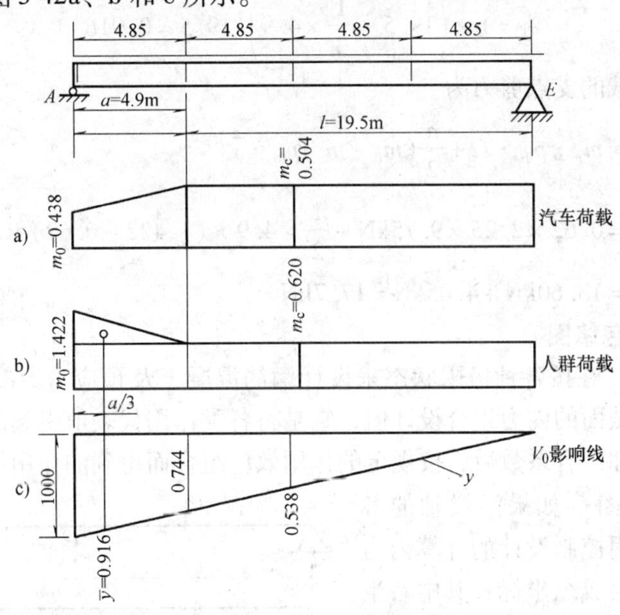

图3-42 支点剪力计算图示

横向分布系数变化区段的长度 $a=\frac{1}{2}\times19.5\text{m}-4.85\text{m}=4.9\text{m}$

影响线面积 $\Omega=\frac{1}{2}\times19.5\times1\text{m}=9.75\text{m}$

车道均布荷载作用下（$m=m_c$ 时）

$$V'_{0,qk}=(1+\mu)\cdot\xi\cdot m_c\cdot q_k\cdot\Omega=(1+0.18)\times1.00\times0.504\times7.875\times9.75\text{kN}=45.7\text{kN}$$

附加三角形荷载重心的影响线坐标为

$$\overline{y}=1\times\left(19.5-\frac{1}{3}\times4.9\right)/19.5=0.916$$

附加车道均布荷载剪力为

$$\Delta V'_{0,qk}=(1+\mu)\cdot\xi\cdot\frac{a}{2}(m_0-m_c)\cdot q_k\cdot\overline{y}$$

$$=(1+0.18)\times1.00\times\frac{4.9}{2}\times(0.438-0.504)\times7.875\times0.916\text{kN}=-1.4\text{kN}$$

故车道均布荷载作用下的支点剪力为

$$V_{0,qk}=V'_{0,qk}+\Delta V_{0,qk}=45.7\text{kN}-1.4\text{kN}=44.3\text{kN}$$

车道集中荷载作用下

$$V_{0,Pk}=(1+\mu)\cdot\xi\cdot m_0\cdot P_k\cdot y_k$$
$$=(1+0.18)\times1.00\times0.438\times214.2\times1.000\text{kN}=110.71\text{kN}$$

车道荷载作用下的支点剪力为

$$V_0=V_{0,qk}+V_{0,Pk}=44.3\text{kN}+110.7\text{kN}=155.0\text{kN}$$

6）计算支点截面人群荷载最大剪力。人群荷载的横向分布系数如图 3-42b 所示。附加三角形荷载重心的影响线坐标为

$$\overline{y}=1\times\left(19.5-\frac{1}{3}\times4.9\right)/19.5=0.916$$

故可得人群荷载的支点剪力为

$$V_{0r}=m_c\cdot p_{0r}\cdot\Omega+\frac{a}{2}(m_0-m_c)p_{0r}\cdot\overline{y}$$

$$=0.62\times2.25\times9.75\text{kN}+\frac{1}{2}\times4.9\times(1.422-0.62)\times2.25\times0.916\text{kN}$$

$$=13.60\text{kN}+4.05\text{kN}=17.7\text{kN}$$

3. 内力组合及包络图

（1）内力组合　在按各种极限状态来设计钢筋混凝土及预应力混凝土梁时，需要确定主梁沿桥跨方向各截面的内力组合设计值，它是将各类作用代表值引起的最不利内力分别乘以相应的分项系数和组合系数后，按规定的作用效应组合而得到的作用效应组合设计值。

（2）内力包络图　如果沿梁轴的各个截面处，将所采用控制设计的计算内力值按适当的比例尺绘成纵坐标，其中右半跨的弯矩值（M_{max}）对称于左半跨，右半跨的剪力值（V_{min}）反对称于左半跨（V_{max}），连接这些坐标点而绘成的曲线，就称为内力包络图，如图 3-43 所示。对于小跨径梁如果仅计算 $M_{\frac{l}{2}}$ 以及 $V_{\frac{l}{2}}$，则弯矩包络图可以绘成二次抛物线，而剪力包络图绘成直线形。

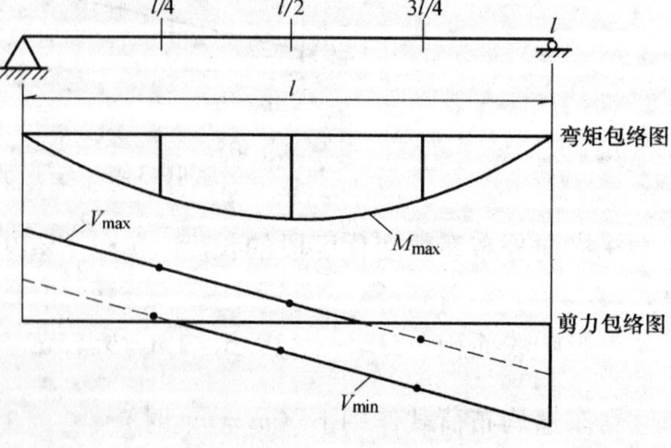

图 3-43　内力包络图

内力包络图既已确定，就可以按钢筋混凝土或预应力混凝土结构设计原理和方法来设计整根梁内纵向主筋、斜筋和箍筋，并进行各种验算。

3.3　桥面板内力计算

3.3.1　桥面板的分类

钢筋混凝土和预应力混凝土肋梁桥的桥面板（也称行车道板）是直接承受车辆轮压的承重结构，在构造上，它通常与主梁梁肋和横隔梁（或横隔板）连接在一起，这样既保证了梁的整体作用，又能将车辆荷载传给主梁。桥面板一般用钢筋混凝土制造，对于跨度较大的桥面板也可以施加横向预应力，做成预应力混凝土板。

从结构形式上看，对于具有主梁和横隔梁的简单梁格（图3-44a）以及具有主梁、横梁和内纵梁（或称副纵梁）的复杂梁格（图3-45b）体系，行车道板实际上都是周边支承的板。

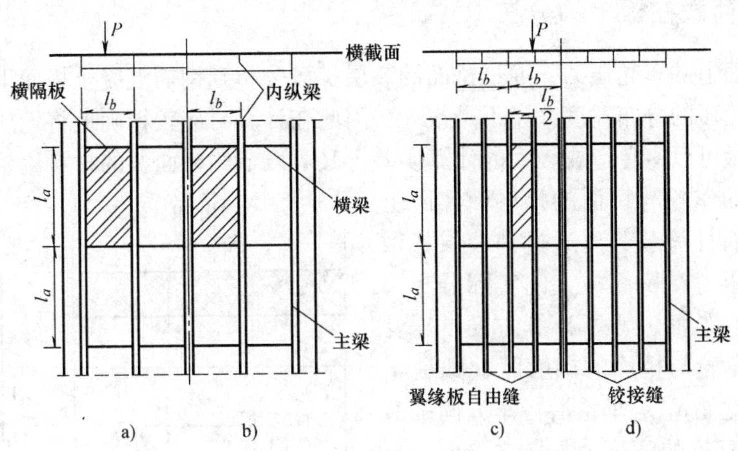

图3-44　梁格系构造和桥面板的支承方式

从承受荷载的特点来看，在矩形的四边支承板上，当板中央作用一竖向荷载 P 时，虽然荷载 P 要向相互垂直的两对支承边传递，但当支承跨径 l_a 和 l_b 不相同时，由于板沿 l_a 和 l_b 的跨径的相对刚度不同，将使向两个方向传递的荷载也不相等。根据弹性薄板理论的研究，对于四边简支的板，只要板的长边与短边之比（l_a/l_b）接近2时，荷载的绝大部分会沿短跨方向传递，沿长跨方向传递的荷载将不足6%。l_a/l_b 的值越大，向 l_a 跨度方向传递的荷载就越小。为了简明起见，只要应用一般的力学原理对图3-45所示十字形梁在荷载 P 作用下进行简单的受力分析，即求出 P_a 和 P_b，就不难领会这一概念的基本道理。

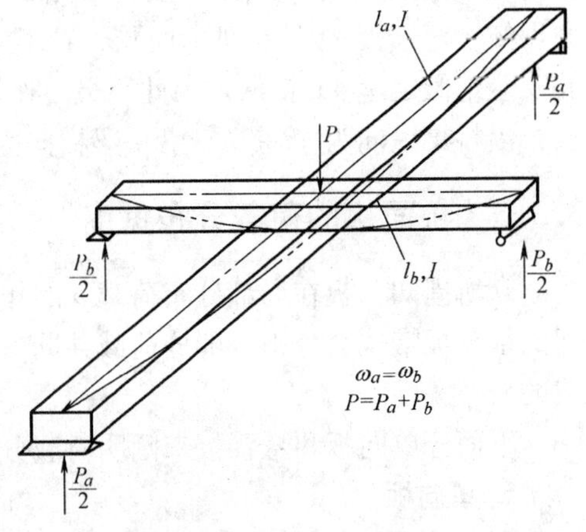

图3-45　荷载的双向传递

鉴于上述理由，通常就可把边长比或长宽比等于和大于 2 的周边支承板看做是只由短跨承受荷载的单向受力板（简称单向板）来设计，而在长跨方向只要适当配置一些分布钢筋即可。对于长宽比小于 2 的板，则称为双向板，需要按两个方向的内力分别配置受力钢筋。

目前，桥梁设计的趋势是横隔板稀疏布置，因此主梁的间距往往比横隔板的间距小得多，桥面板属单向板的居多。有时也会遇到桥面板两个支承跨径之比小于 2 的情况，如在 T 形梁刚架桥空心墩的墩顶 0 号块上的桥面板等，对此就必须按双向板进行设计。一般地，双向桥面板的用钢量较大，构造也较复杂，宜尽量少用。对于常见 $l_a/l_b \geqslant 2$ 的装配式 T 形梁桥，也可能遇到两种情形。其一是当翼缘板的端边是自由边（图 3-44c）时，鉴于上述同样的原因，实际上是三边支承的板可以像边梁外侧的翼缘板一样，作为沿短跨一端嵌固，而另一端为自由端的悬臂板来分析。另一种是相邻翼缘板在端部互相做成铰接接缝的构造（图 3-44d），在这种情况下，桥面板应按一端嵌固一端铰接的铰接悬臂板进行计算。

综上所述，在实践中最常遇到的桥面板受力为：梁式单向板、悬臂板、铰接悬臂板和双向板。下面将分别阐明它们的计算方法。

3.3.2 车轮荷载在板上的分布

作用在桥面上的车轮压力，通过桥面铺装层扩散分布到钢筋混凝土板面上，由于板的计算跨径相对于轮压的分布宽度来说不是很大，因此在计算时应较精确地将轮压作为分布荷载来处理，这样做可以避免造成较大的计算误差，又可以节约桥面板的材料用量。

富于弹性的车轮与桥面的接触面实际上接近于椭圆，而且荷载又要通过铺装层扩散分布，故车轮压力在桥面板上的实际分布形状是很复杂的。然而，为了计算方便，通常可以近似地把车轮与桥面的接触面看做是 $a_1 \times b_1$ 的矩形，此处 a_1 是车轮沿行车方向的着地长度，b_1 为车轮的宽度，如图 3-46 所示。各级荷载的 a_1 和 b_1 值，可以从 JTG D 60—2004《公路桥涵设计通用规范》中查得。至于荷载在铺装层内的扩散程度，根据试验研究得知，对于混凝土或沥青面层，荷载可以偏安全地假定呈 45°扩散。因此，最后作用于钢筋混凝土承重板顶面的矩形荷载压力面的边长：沿桥梁纵向为 a_1+2h，沿桥梁横向为 b_1+2h，式中，h 是铺装层的厚度。

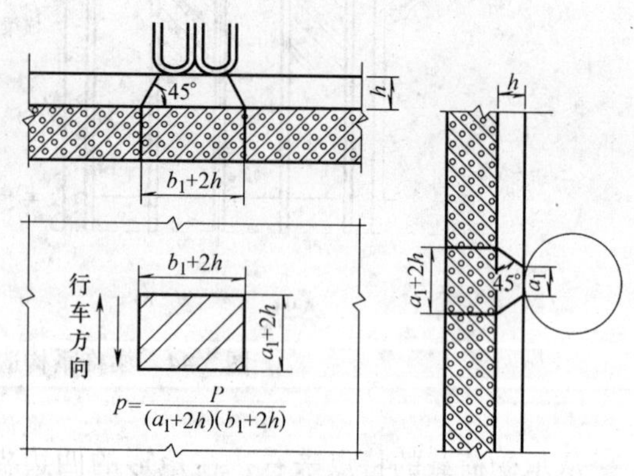

图 3-46 汽车荷载在板面上的分布

3.3.3 桥面板的荷载分布宽度

众所周知，板在局部分布荷载 p 的作用下，不仅直接承压部分的板带参加工作，与其相邻的部分板带也会分担一部分荷载共同参与工作。因此，在桥面板的计算中，就需要确定荷载的分布宽度。

下面分单向板和悬臂板来阐明荷载分布宽度的计算方法。

1. 单向板

图 3-47 所示为一块跨径为 l、宽度较大的梁式桥面板，板中央作用着局部分布荷载，其

分布面积为$(a_1+2h)\times(b_1+2h)$。显然，板除了沿计算跨径 x 方向产生挠曲变形 ω_x 外，在 y 方向也必然发生挠曲变形 ω_y（图 3-47b）。这说明荷载作用下不仅直接承压的宽度为 a_1+2h 的板条受力，其邻近的板也参与工作，共同承受车轮荷载所产生的弯矩。图 3-47a 示出了沿 y 方向板条所分担弯矩 m_x 的分布图形，在荷载中心处，板条负担的弯矩达到最大值 $m_{x\max}$，离荷载越远的板条所承受的弯矩就越小。

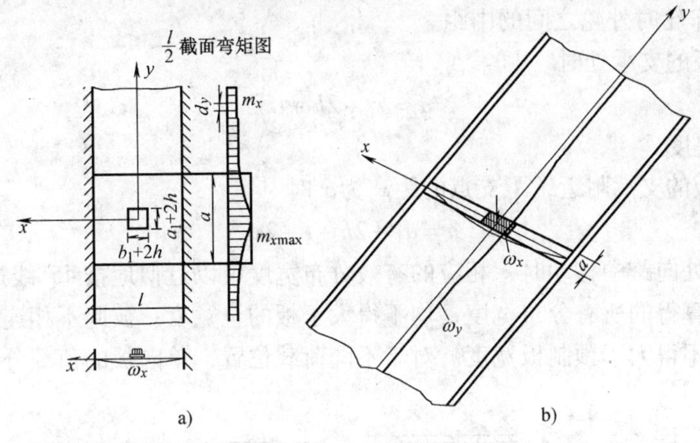

图 3-47　桥面板的受力状态

如果设想以 $a\times m_{x\max}$ 的矩形来代替实际的曲线分布图形，也就是

$$a\times m_{x\max}=\int m_x\mathrm{d}y=M$$

则得弯矩图形的换算宽度为

$$a=\frac{M}{m_{x\max}}$$

式中，M 是车轮荷载产生的跨中总弯矩；$m_{x\max}$ 是荷载中心处的最大单宽弯矩值，可按弹性薄板理论求得。

上式的 a 就定义为车轮传递到板上的荷载分布宽度，也称为板的有效工作宽度，以此板宽来承受车轮荷载产生的总弯矩，既满足了弯矩最大值的要求，计算起来也很方便。

荷载分布宽度 a 的大小与板的支承条件、荷载性质以及荷载作用位置有关。两边固接的板的荷载分布宽度要比简支板小 30%～40%；全跨满布的条形荷载的有效分布宽度比局部分布荷载的小；荷载越靠近支承边，其有效工作宽度越小。

考虑到实际上$(a_1+2h)/l$ 的比值不会很小，而且桥面板属于弹性固接支承，因此为了计算方便，JTG D 62—2004《公路钢筋混凝土及预应力混凝土桥涵设计规范》中对于梁式单向板的荷载分布宽度作了如下的规定。

（1）平行于板的跨径方向的荷载分布宽度

$$b=b_1+2h \tag{3-69}$$

（2）垂直于板的跨径方向的荷载分布宽度

1）单个车轮在板的跨径中部时（图 3-48a）

$$a=a_1+2h+\frac{l}{3}\geqslant\frac{2}{3}l \tag{3-70}$$

式中，l 是板的计算跨径。

2）多个相同车轮在板的跨径中部时，当各单个车轮按式（3-70）计算的荷载分布宽度有重叠时（图 3-48b）

$$a = a_1 + 2h + d + \frac{l}{3} \geqslant \frac{2}{3}l + d \tag{3-71}$$

式中，d 是多个车轮时外轮之间的中距。

3）车轮在板的支承处时

$$a = a_1 + 2h + t \tag{3-72}$$

式中，t 是板的厚度。

4）车轮在板的支承附近，距支点的距离为 x 时

$$a = a_1 + 2h + t + 2x \tag{3-73}$$

荷载由支点处向跨中移动时，相应的有效分布宽度可以近似地按 45°线过渡。

按以上公式算得的所有分布宽度，均不得大于板的全宽度；彼此不相连的预制板，车轮在板内分布宽度不得大于预制板宽度。对于不同荷载位置，单向板的荷载分布宽度图形如图 3-48c 所示。

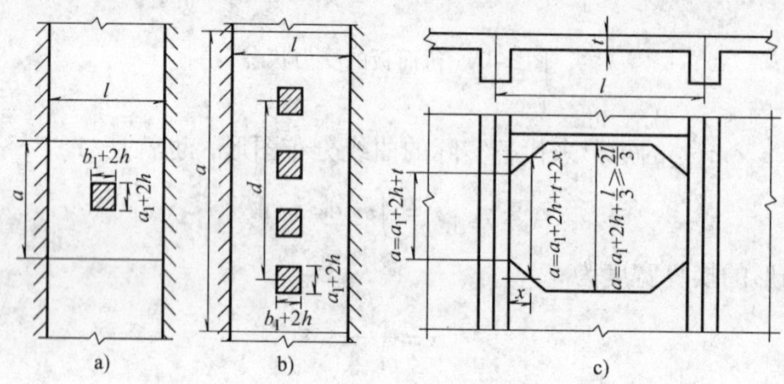

图 3-48 荷载分布宽度

2. 悬臂板

悬臂板在荷载作用下，除了直接承受荷载的板条外，相邻板条也会发生挠曲变形（见图 3-49b 中 ω_y）而承受部分弯矩。悬臂根部沿 y 方向各板条弯矩分布如图 3-49a 中 m_x 所示。

根据弹性薄板理论分析，当板端作用集中力 P 时，在荷载中心处的根部最大负弯矩为 $m_{x\max} \approx -0.465P$，而荷载所引起的总弯矩为 $M_0 = -Pl_0$，l_0 为悬臂板的净跨径。因此，按最大负弯矩值换算的荷载分布宽度为

$$a = \frac{M_0}{M_{x\max}} = \frac{-Pl_0}{-0.465P} = 2.15l_0$$

由此可见，悬臂板的有效工作宽度接近于 2 倍的悬臂长度，也就是说，荷载可近似地按 45°向悬臂板支承处分布（图 3-49a）。

JTG D 62—2004《公路钢筋混凝土及预应力混凝土桥涵设计规范》中规定，当 c 值（图 3-50）不大于 2.5m 时，垂直于悬臂板跨径的车轮荷载分布宽度按下式计算

$$a = (a_1 + 2h) + 2c \tag{3-74}$$

式中，c 是平行于悬臂板跨径的车轮着地尺寸的外缘，通过铺装层45°分布线的外边线至腹板外边缘的距离。

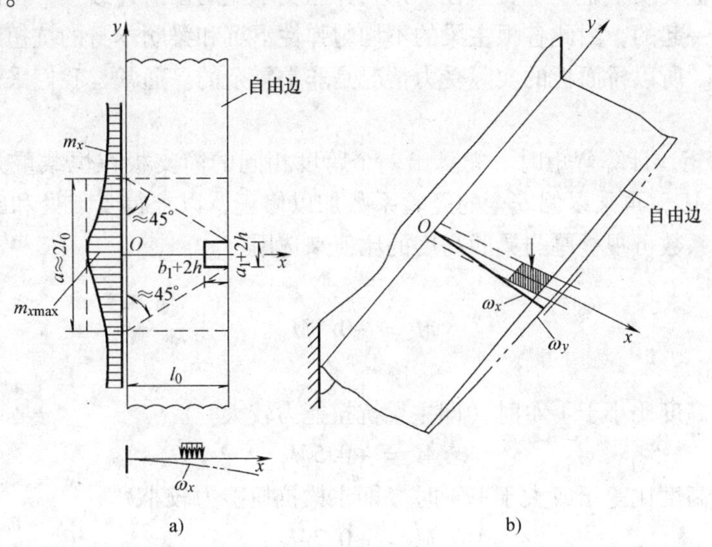

图3-49　悬臂板受力状态

对于分布荷载靠近板边的最不利情况，c 就等于悬臂板的跨径 l_0（图3-50a），于是

$$a=(a_1+2h)+2l_0 \tag{3-75}$$

当长悬臂板 c 值大于2.5m时，悬臂根部负弯矩是按式（3-74）计算的1.15～1.30倍。此外，在车轮荷载作用点下方的无限宽度板条中还有正弯矩出现，因此还应考虑正弯矩配筋。

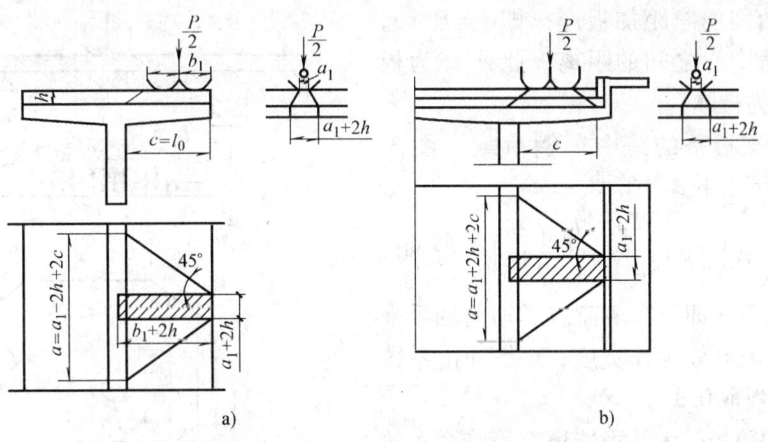

图3-50　悬臂板的荷载分布宽度

3.3.4　桥面板的内力计算

对于实体的矩形截面桥面板，一般均由弯矩控制设计。设计时，以每米宽的板条来进行计算比较方便。对于梁式单向板或悬臂板，只要借助板的荷载分布宽度，就不难得到作用在每米宽板条上的荷载和其引起的弯矩。对于双向板，除可以按弹性理论进行分析外，在工程实践中常用简化的计算方法或现成的图表进行计算。

1. 多跨连续单向板

常见的桥面板实质上是一个支承在一系列弹性支承上的多跨连续板，在构造上，板与梁肋是整体连接在一起的，因此各根主梁的不均匀弹性下沉和梁肋本身的抗扭刚度必然会影响到桥面板的内力，所以桥面板的实际受力情况是非常复杂的。通常，我们采用简便的近似方法进行计算。

（1）计算弯矩　计算弯矩时，先算出一个跨度相同的简支板在恒载重力和汽车荷载作用下的跨中弯矩 M_0，再乘以偏安全的经验系数加以修正，以求得支点处和跨中截面的设计弯矩。弯矩修正系数可视板厚与梁肋高度的比值来选用。

1）支点弯矩。

$$M_s = -0.7M_0 \tag{3-76}$$

2）跨中弯矩。

板厚与梁肋高度比小于 1/4 时（即主梁抗扭能力较大）

$$M_c = +0.5M_0 \tag{3-77}$$

板厚与梁肋高度比等于或大于 1/4 时（即主梁抗扭能力较小）

$$M_c = +0.7M_0 \tag{3-78}$$

式中，M_0 是与计算跨径相同的简支板的跨中弯矩。

每米板宽的跨中恒载弯矩可由下式计算

$$M_{0g} = \frac{1}{8}gl^2 \tag{3-79}$$

式中，g 是 1m 宽板条每延米的恒载重力；l 是简支板的计算跨径，应为两支撑中心之间的距离（与梁肋整体连接的板，计算弯矩时，计算跨径取两肋间的净距加板厚，即 $l = l_0 + t$，但不大于两肋中心之间的距离，此处 l_0 为板的净跨径，t 为板厚）。

1m 宽简支板条的跨中车辆荷载（图 3-51a）弯矩，可由下式计算

$$M_{0p} = (1+\mu)\frac{P}{8a}\left(l - \frac{b_1+2h}{2}\right) \tag{3-80}$$

式中，P 是轴重，即取车辆荷载后轴的轴重来计算；a 是板的有效工作宽度；μ 是冲击系数（对于行车道板取 0.3）。

如果板的跨径较大，可能还有第二个车轮进入跨径内时，可按工程力学方法将荷载布置得使跨中弯矩为最大。

（2）计算剪力　计算单向板的支点剪力时，可不考虑板和主梁的弹性固接作用，此时，荷载必须尽量靠近梁肋边缘布置。考虑了相应的有效工作宽度后，每米板宽承受的分布荷载如图 3-51b 所示。

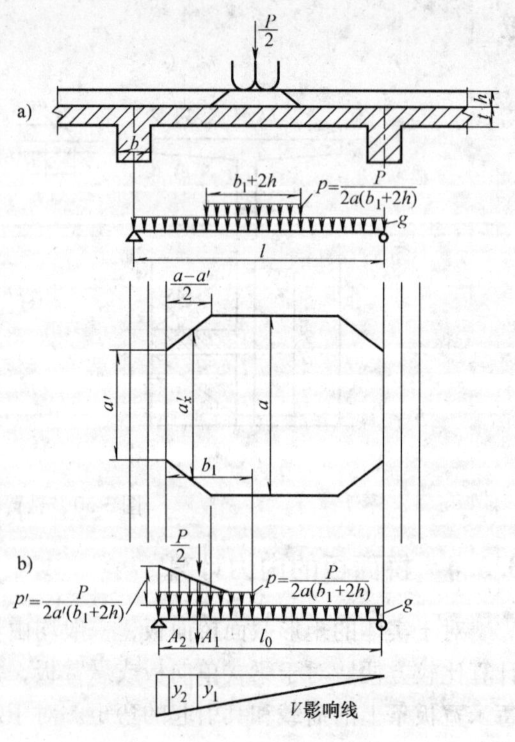

图 3-51　单向板内力计算图示

支点剪力 V_s 的计算公式为：

恒载剪力

$$V_{sg}=\frac{gl_0}{2} \tag{3-81}$$

跨内作用于一个车轮荷载的剪力

$$V_{sp}=(1+\mu)(A_1y_1+A_2y_2) \tag{3-82}$$

其中矩形部分荷载的合力为

$$A_1=p(b_1+2h)=\frac{P}{2a(b_1+2h)}\cdot(b_1+2h)=\frac{P}{2a}$$

三角形部分荷载的合力为

$$A_2=\frac{1}{2}(p'-p)\cdot\frac{1}{2}(a-a')=\frac{P}{8aa'(b_1+2h)}(a-a')^2$$

式中，p、p'是对应于有效工作宽度 a 和 a'处的荷载集度；y_1、y_2 是对应于荷载合力 A_1 和 A_2 的支点剪力影响线的竖坐标值；l_0 是板的净跨径。

2. 铰接悬臂板

T 形梁翼缘板作为行车道板往往用铰接的方式连接，其最大弯矩在悬臂根部。

根据计算分析可知，计算活载弯矩 M_{sp}时，最不利的荷载位置是把车轮荷载对中布置在铰接处，这时铰内的剪力为零，两相邻悬臂板各承受半个车轮荷载，即 $P/4$，如图 3-52a 所示。

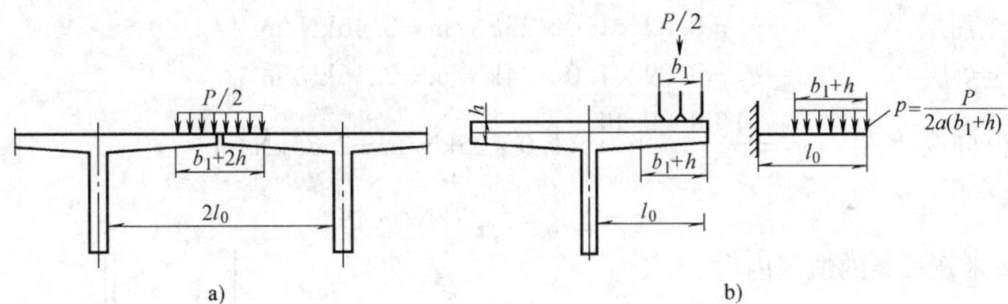

图 3-52 悬臂板计算图示

因此，每米宽悬臂板在根部的活载弯矩为

$$M_{sp}=-(1+\mu)\frac{P}{4a}\left(l_0-\frac{b_1+2h}{4}\right) \tag{3-83}$$

每米板宽的恒载弯矩为

$$M_{sg}=-\frac{1}{2}gl_0{}^2 \tag{3-84}$$

注意，此处 l_0 为铰接悬臂板的净跨径。

悬臂根部的剪力可以偏安全地按一般悬臂板的图示来计算，这里从略。

3. 悬臂板

对于沿纵缝不相连接的悬臂板，在计算根部最大弯矩时，应将车轮荷载靠板的边缘布置，如图 3-52b 所示，则恒载和活载弯矩值可由一般公式求得。

活载弯矩

$$M_{sp}=-(1+\mu)\frac{1}{2}pl_0^2=-(1+\mu)\frac{P}{4a(b_1+h)}l_0^2 \quad (b_1+h\geqslant l_0\text{ 时}) \tag{3-85}$$

或 $$M_{sp}=-(1+\mu)\cdot p\cdot(b_1+h)\cdot\left(l_0-\frac{b_1+h}{2}\right)=-(1+\mu)\frac{P}{2a}\left(l_0-\frac{b_1+h}{2}\right) \quad (b_1+h<l_0\text{ 时}) \tag{3-86}$$

式中，l_0 是悬臂板的净长度。

恒载弯矩

$$M_{sg}=-\frac{1}{2}gl_0{}^2 \tag{3-87}$$

剪力计算从略。

4. 桥面板的计算举例

【例 3-9】 计算图 3-53 所示 T 形梁翼板所构成铰接悬臂板的恒载及车辆荷载内力。桥面铺装为 2cm 的沥青混凝土面层（重度为 23kN/m³）和平均 9cm 厚 C25 混凝土垫层（重度为 24kN/m³），T 形梁翼板的重度为 25kN/m³。

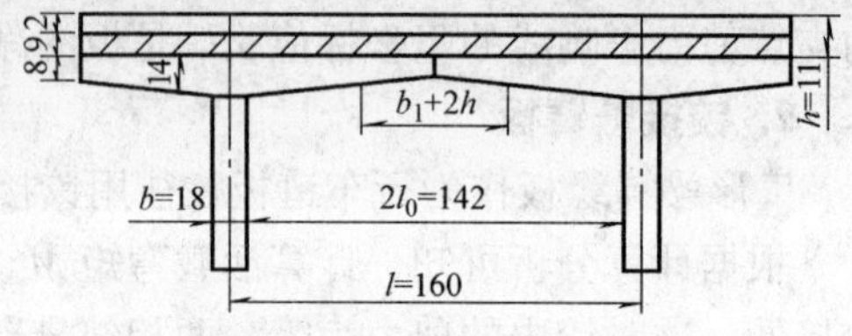

图 3-53 铰接悬臂行车道板

【解】（1）恒载及其内力（以纵向 1m 宽的板条进行计算）

1）每延米板上的恒载 g。

沥青混凝土面层 $g_1=0.02\times1.0\times23\text{kN/m}=0.46\text{kN/m}$

C25 混凝土垫层 $g_2=0.09\times1.0\times24\text{kN/m}=2.16\text{kN/m}$

T 形梁翼板自重 $g_3=\dfrac{0.08+0.14}{2}\times1.0\times25\text{kN/m}=2.75\text{kN/m}$

合计 $g=\sum g_i=5.37\text{kN/m}$

2）每米宽板条的恒载内力。

弯矩 $M_{sg}=-\dfrac{1}{2}gl_0{}^2=-\dfrac{1}{2}\times5.37\times0.71^2\text{kN}\cdot\text{m}$

$=-1.35\text{kN}\cdot\text{m}$

剪力 $V_{sg}=gl_0=5.37\times0.71\text{kN}=3.81\text{kN}$

（2）车辆荷载产生的内力　将车辆荷载的后轮作用于铰缝轴线上（图 3-52a），后轴作用力为 $P=140\text{kN}$，轮压分布宽度如图 3-54 所示。汽车荷载后轮的着地长度为 $a_1=0.20\text{m}$，宽度为 $b_1=0.60\text{m}$，则得

$$a_1+2h=0.20\text{m}+2\times0.11\text{m}=0.42\text{m}$$

$$b_1+2h=0.60\text{m}+2\times0.11\text{m}=0.82\text{m}$$

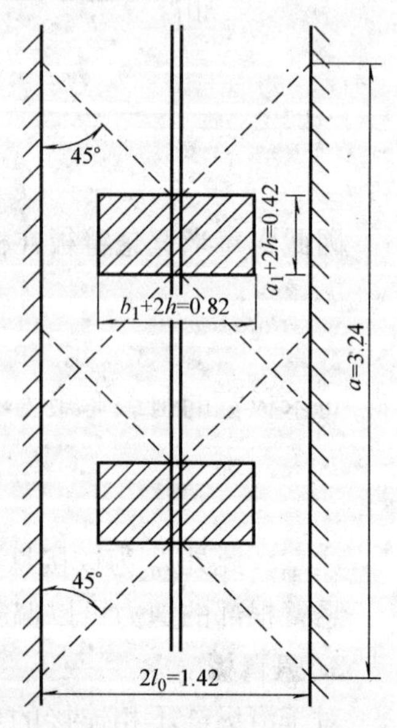

图 3-54 汽车荷载计算图示

荷载对于悬臂根部的有效分布宽度

$$a=(a_1+2h)+d+2l_0=0.42\text{m}+1.4\text{m}+2\times0.71\text{m}=3.24\text{m}$$

冲击系数 $\mu=0.3$

作用于每米宽板条上的弯矩为

$$M_{sp} = -(1+\mu)\frac{2P}{4a}\left(l_0 - \frac{b_1+2h}{4}\right)$$

$$= -1.3 \times \frac{140 \times 2}{4 \times 3.24} \times \left(0.71 - \frac{0.60 + 2 \times 0.11}{4}\right)\text{kN} \cdot \text{m} = -14.2\text{kN} \cdot \text{m}$$

作用于每米宽板条上的剪力为

$$V_{sp} = (1+\mu)\frac{2P}{4a} = 1.3 \times \frac{140 \times 2}{4 \times 3.24}\text{kN} = 28.1\text{kN}$$

3.4　横隔梁内力计算

在钢筋混凝土及预应力混凝土桥中，横梁对于加强结构的横向联系，保证结构的整体性有很大的作用，故横梁本身或其装配接头应具有足够的强度。下面介绍刚性横梁法计算横梁内力的实用方法。

3.4.1　按刚性横梁计算内力影响线

对于具有多根内横梁的桥梁，由于位于跨中的横梁受力最大，通常只要计算跨中横梁的内力，其他横梁可偏安全地仿此设计。

将桥梁的中横隔梁近似地看做支承在多根弹性主梁上的多跨弹性支承连续梁，如图3-55b所示。鉴于各主梁的荷载横向影响线（也就是弹性支承力影响线）在主梁计算中已经求得，故连续梁可以简单地用静力平衡条件来求解。

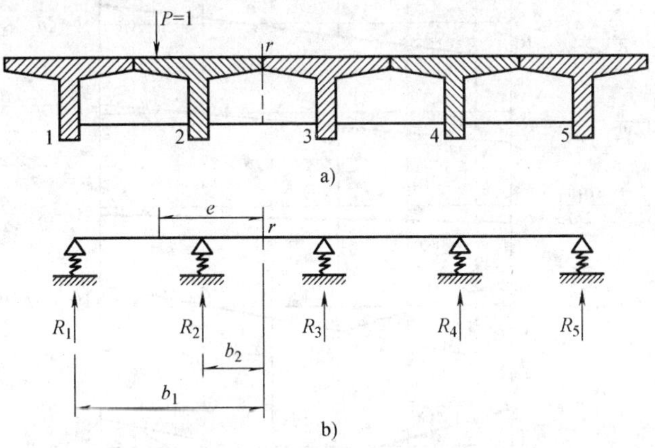

图3-55　横隔梁计算图示

当桥梁在跨中有单位荷载 $P=1$ 作用时（图3-55），各主梁所受的荷载将为 R_1，R_2，R_3，…，R_n，也就是横隔梁的弹性支承反力。因此，由力的平衡条件就可以写出横隔梁任意截面 r 的内力计算公式。

（1）荷载 $P=1$ 位于截面 r 的左侧时

$$M_r = R_1 \cdot b_1 + R_2 \cdot b_2 - 1 \cdot e = \sum^{左} R_i b_i - e$$

$$V_r = R_1 + R_2 - 1 = \sum^{左} R_i - 1 \tag{3-88}$$

（2）荷载 $P=1$ 位于截面 r 的右侧时

$$M_r = R_1 \cdot b_1 + R_2 \cdot b_2 = \sum^{\text{左}} R_i b_i$$

$$V_r = R_1 + R_2 = \sum^{\text{左}} R_i \tag{3-89}$$

式中，M_r、V_r 是横隔梁任意截面 r 的弯矩和剪力；e 是荷载 $P=1$ 至所求截面的距离；b_i 是支承反力 R_i 至所求截面的距离；$\sum^{\text{左}}$ 表示涉及所求截面以左的全部支承反力的作用。

以上公式中对于确定的计算截面 r 来说，所有的 b_i 是已知的，而 R_i 则随荷载 $P=1$ 的位置 e 而变化。因此，可以直接利用已经求得的 R_i 的横向影响线来绘制横隔梁的内力影响线。

通常横隔梁的弯矩在靠近桥中线的截面处较大，剪力则在靠近桥两侧边缘处的截面较大。所以，以图 3-55 为例，一般可以只求 3 号梁处和 2 号与 3 号主梁之间（对于装配式桥即为横隔板接头处）截面的弯矩，以及 1 号主梁右侧和 2 号主梁右侧等截面的剪力。

图 3-56 所示为按刚性横梁法计算的横隔梁支撑反力 R、弯矩 M 和剪力 V 的影响线。鉴于 R_i 影响线呈直线规律变化，故绘制内力影响线时只需要标出几个控制点的竖坐标值。还需指出，对于非直接作用于横隔梁上的荷载，在计算内力时实际上应考虑间接传力的影响，

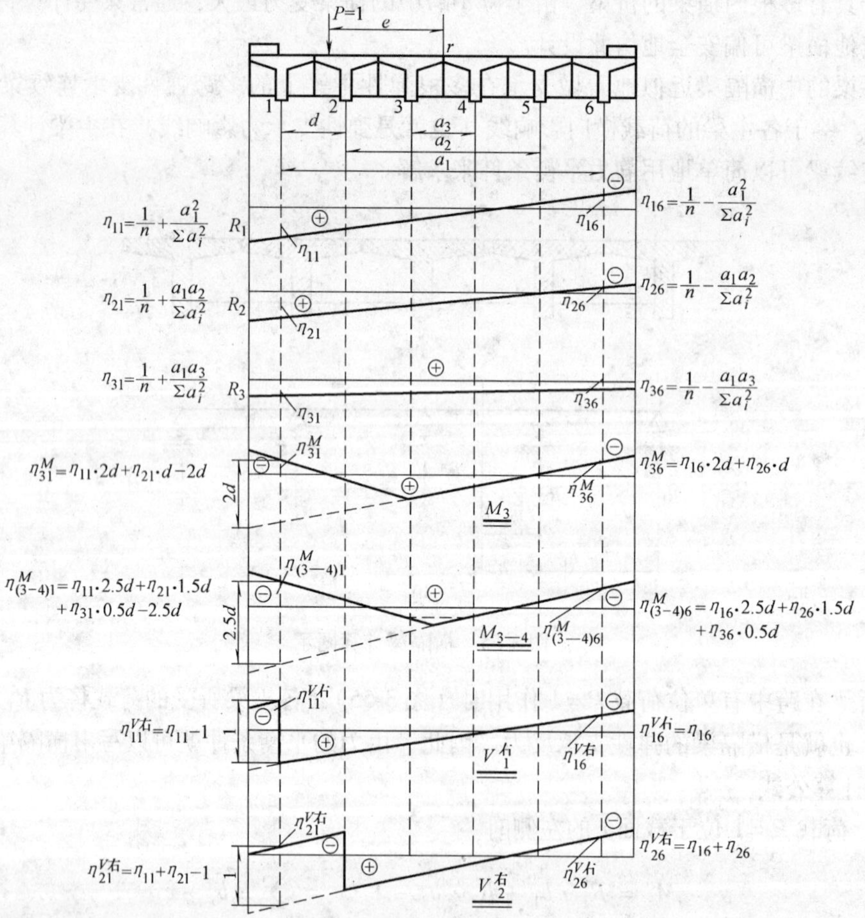

图 3-56 按刚性横梁法计算的横隔梁的支撑反力 R、弯矩 M 和剪力 V 影响线

如在图 3-56 中，M_{3-4}影响线在 3 号梁和 4 号梁之间区段应取虚线的值。但鉴于计算中主要荷载作用于横隔梁上，为了简化起见，仍可偏安全地忽略间接传力的影响。

也可以按修正的偏心压力法来计算横隔梁的内力影响线，计算方法同上，只是影响线的竖坐标稍有变化，所不同的仅是反力 R_i 影响线竖向坐标的计算公式不同。

3.4.2　作用在横隔梁上的计算荷载

有了横隔梁的内力影响线，就可以直接在其上加载来计算截面内力。但要注意，对于跨中的一片横隔梁来说，除了直接作用在其上的轮重外，前后的轮重对它也有影响，在计算中可假设荷载在相邻横隔梁之间按杠杆原理法传递，如图 3-57 所示。因此，纵向一辆汽车轮重分布给该横隔梁的计算荷载为

$$P_{0q}=\left(\frac{P_1}{2}\cdot y_1+\frac{P_2}{2}\cdot y_2+\frac{P_3}{2}\cdot y_3\right)=\frac{1}{2}\sum P_i y_i \tag{3-90}$$

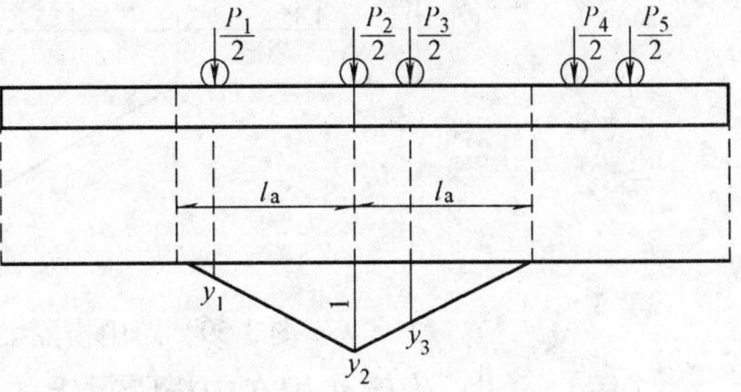

图 3-57　横隔梁上计算荷载的计算图示

式中，P_i 是轴重（应注意将车辆荷载的重轴布置在将要计算的横隔梁上）；y_i 是对于所计算的横隔梁按杠杆原理计算的纵向荷载影响线竖坐标值。

对于人群荷载，其计算荷载相应为

$$P_{0r}=p_{0r}\cdot\Omega=p_{0r}\cdot l_a\quad（影响线上布满荷载）\tag{3-91}$$

式中，p_{0r}是相应于一侧人行道每延米的人群荷载。

3.4.3　横隔梁内力计算

将计算荷载在横隔梁内力影响线上按最不利位置加载，就可以求得作用在一根横隔梁上的最大（或最小）内力值。在计算中对于汽车荷载应计入冲击作用。

图 3-58 所示为计算 3 号梁和 4 号梁之间的 M_{3-4}的计算图示。

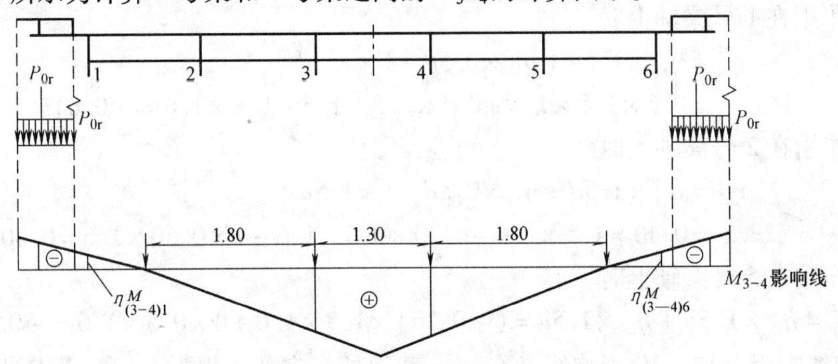

图 3-58　横隔梁内力计算图示

求出横隔梁的内力后，就可以按钢筋混凝土或预应力混凝土结构的计算原理来配置钢筋，并进行承载能力计算和其他验算。对于横隔梁用焊接钢板接头连接的装配式 T 形梁桥，应根据接头处的最大弯矩值来确定所需钢板的尺寸和焊缝长度。

【例 3-10】 某装配式钢筋混凝土简支梁桥，横截面由 5 片主梁组成，沿桥梁纵向设有 5 根横梁（图 3-59），计算在公路—Ⅰ级荷载作用下，跨中横梁在 2 号和 3 号主梁之间 r—r 截面上的弯矩 M_r 和靠近 1 号主梁处截面的剪力 $V_1^{右}$。

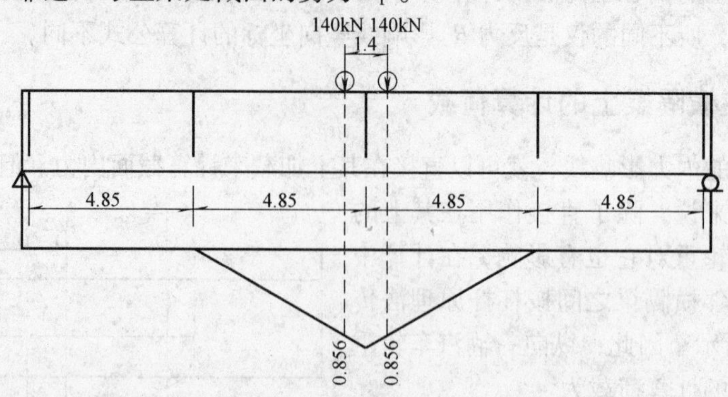

图 3-59 跨中横隔梁的受载图示（尺寸单位：m）

【解】 （1）确定作用在中横隔梁上的计算荷载 跨中横隔梁的最不利荷载布置如图 3-59 所示。

纵向一列车轮对于中横隔梁的计算荷载为

$$P_{0q} = \frac{1}{2}\sum P_i \cdot y_i = \frac{1}{2} \times 2 \times 140 \times 0.856\text{kN} = 119.84\text{kN}$$

（2）绘制中横隔梁的内力影响线 本例横截面布置与例 3-2 相同。在例 3-2 中已按偏心压力法求得 1 号梁的荷载横向分布影响线竖坐标值为

$$\eta_{11} = 0.60, \eta_{15} = -0.20$$

同理，也可求得 2 号梁的荷载横向分布影响线竖坐标值为

$$\eta_{21} = 0.40, \eta_{22} = 0.30, \eta_{23} = 0.20, \eta_{25} = 0.0$$

绘制 1、2 号梁的荷载横向分布影响线，如图 3-60a 所示。

1）绘制弯矩 M_r 影响线。

$P = 1$ 作用在 1 号梁轴上时

$$\begin{aligned}\eta_{r1}^{M} &= \eta_{11} \times 1.5d + \eta_{21} \times 0.5d - 1 \times 1.5d \\ &= 0.6 \times 1.5 \times 1.6 + 0.4 \times 0.5 \times 1.6 - 1.5 \times 1.6 = -0.64\end{aligned}$$

$P = 1$ 作用在 2 号梁轴上时

$$\begin{aligned}\eta_{r2}^{M} &= \eta_{12} \times 1.5d + \eta_{22} \times 0.5d - 1 \times 1.5d \\ &= 0.40 \times 1.5 \times 1.6 + 0.30 \times 0.5 \times 1.6 - 1 \times 0.50 \times 1.6 = 0.40\end{aligned}$$

$P = 1$ 作用在 5 号梁轴上时

$$\eta_{r5}^{M} = \eta_{15} \times 1.5d + \eta_{25} \times 1.5d = (-0.20) \times 1.5 \times 1.6 + 0 \times 0.5 \times 1.6 = -0.48$$

由影响线知识可知，M_r 影响线必在 r—r 截面处有突变，根据 η_{r5}^{M} 和 η_{r3}^{M} 连线延伸至 r—r 截面，即为 η_{rr}^{M} 值（$\eta_{rr}^{M} = 0.92$），由此即可绘出 M_r 影响线，如图 3-60b 所示。

2）绘制剪力 $V_1^{右}$ 影响线。

$P = 1$ 作用在计算截面以右时 $\eta_{1i}^{右} = \eta_{1i}$

$P = 1$ 作用在计算截面以左时 $\eta_{1i}^{左} = \eta_{1i} - 1$

绘成的 $V_1^{右}$ 影响线如图 3-60c 所示。

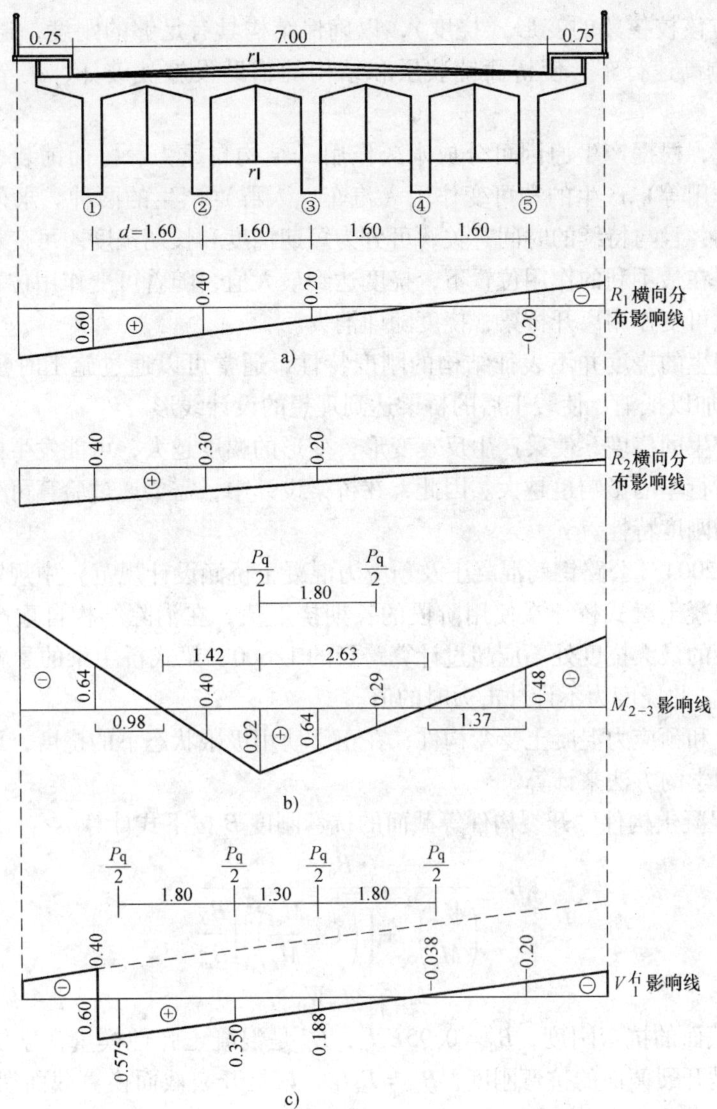

图3-60　中横隔梁 R、M、V 影响线（尺寸单位：m）

（3）截面内力计算　将求得的计算荷载 P_{0q} 在相应的影响线上按最不利荷载位置加载，并按 $1+\mu=1.3$ 计入冲击影响力，则得：

弯矩　$M_{2-3}=(1+\mu)\cdot\xi\cdot P_{0q}\cdot\sum\eta$

$$=1.3\times1\times119.84\times(0.92+0.29)\text{kN}\cdot\text{m}=188.51\text{kN}\cdot\text{m}$$

剪力　$V_1^{右}=(1+\mu)\cdot\xi\cdot P_{0q}\cdot\sum\eta$

$$=1.3\times1\times119.84\times(0.575+0.350+0.188-0.038)\text{kN}=167.48\text{kN}$$

3.5　挠度、预拱度计算

在进行钢筋混凝土或预应力混凝土梁桥设计时，除了要对主梁进行承载能力计算和应力验算外，还应该校核梁的变形（挠度），以确保结构具有足够的刚度，避免因变形（挠度）过大而影响高速行车，使桥面铺装层和结构的辅助设施被破坏，甚至危及桥梁的安全。

桥梁的挠度，根据产生原因可分成永久作用（结构自重力、桥面铺装、预应力、混凝土徐变和收缩作用等）产生的和可变作用（汽车、人群）产生的两种。永久作用产生的挠度是恒久存在的，且与持续的时间有关，可分为短期挠度和长期挠度。可变作用产生的挠度是临时出现的，在最不利的作用位置下，挠度达到最大值，随着可变作用位置的移动，挠度逐渐减小，一旦可变作用离开桥梁，挠度随即消失。

永久作用产生的挠度并不表征结构的刚度特性，通常可以通过施工时预设的反向挠度（即预拱度）来加以抵消，使竣工后的桥梁达到理想的设计线形。

可变作用产生的挠度，使梁产生反复变形，变形的幅度越大，可能发生的冲击和振动作用也越强烈，对行车的影响也越大。因此，在桥梁设计中，需要通过验算可变作用产生的挠度以体现结构的刚度特性。

JTG D 62—2004《公路钢筋混凝土及预应力混凝土桥涵设计规范》中规定，对于钢筋混凝土及预应力混凝土梁式桥，在使用阶段的长期挠度值，在消除结构自重产生的长期挠度后，梁式桥主梁的最大挠度处不应超过计算跨径的1/600，梁式桥主梁的悬臂端不应超过悬臂长度的1/300。此挠度为不计冲击力时的值。

钢筋混凝土和预应力混凝土受弯构件，在正常使用极限状态下的挠度，可根据给定的构件刚度用结构力学的方法来计算。

（1）钢筋混凝土构件　开裂构件等截面的抗弯刚度 B 按下式计算

$$B=\frac{B_0}{\left(\frac{M_{cr}}{M_s}\right)^2+\left[\left(1-\frac{M_{cr}}{M_s}\right)^2\right]\frac{B_0}{B_{cr}}} \tag{3-92}$$

开裂弯矩

$$M_{cr}=\gamma f_{tk}W_0 \tag{3-93}$$

式中，B_0 是全截面的抗弯刚度，$B_0=0.95E_cI_0$，E_c 是混凝土弹性模量，I_0 是全截面换算截面惯性矩；B_{cr}是开裂截面的抗弯刚度，$B_{cr}=E_cI_{cr}$，I_{cr}是开裂截面换算截面惯性矩；M_s 是按作用短期效应组合计算的弯矩值；γ 是构件受拉区混凝土塑性影响系数，$\gamma=\frac{2S_0}{W_0}$，其中，S_0 为全截面换算截面重心轴以上（或以下）部分面积对重心轴的面积矩，W_0 为换算截面抗裂边缘的弹性抵抗矩；f_{tk}是混凝土轴心抗拉强度标准值。

（2）预应力混凝土构件

1）全预应力混凝土和A类预应力混凝土构件。

$$B_0=0.95E_cI_0 \tag{3-94}$$

2）允许开裂的B类预应力混凝土构件。

在开裂弯矩 M_{cr}作用下

$$B_0=0.95E_cI_0 \tag{3-95}$$

在（M_s-M_{cr}）作用下

$$B_{cr}=E_cI_{cr} \tag{3-96}$$

开裂弯矩

$$M_{cr}=(\sigma_{pc}+\gamma f_{tk})W_0 \tag{3-97}$$

式中，σ_{pc}是扣除全部预应力损失预应力钢筋和普通钢筋合力在构件抗裂边缘产生的混凝土预压应力（计算方法见JTG D 62—2004《公路钢筋混凝土及预应力混凝土桥涵设计规范》)。

受弯构件在使用阶段的挠度应考虑荷载长期效应的影响（长期挠度），即按荷载短期效应计算的挠度值，乘以挠度长期增长系数 η_θ。当采用 C40 以下混凝土时，$\eta_\theta=1.60$；当采用 C40 ~ C80 混凝土时，$\eta_\theta=1.45\sim1.35$，中间强度等级可以按直线内插取用。

预应力混凝土受弯构件由预加力引起的反拱值，可用结构力学方法按刚度 E_cI_0 进行计算，并乘以长期增长系数。计算使用阶段预加力的反拱值时，预应力钢筋的预加力应扣除全部预应力损失，长期增长系数取用 2.0。

预应力混凝土受弯构件在施工阶段的挠度，可以按构件自重和预加力产生的初始弹性变形乘以 $1+\phi(t,t_0)$ 求得。此处 $\phi(t,t_0)$ 为混凝土徐变系数，按 JTG D 62—2004《公路钢筋混凝土及预应力混凝土桥涵设计规范》规定的方法计算。

《公路钢筋混凝土及预应力混凝土桥涵设计规范》中规定，对于钢筋混凝土梁桥，当由荷载短期效应组合并考虑荷载长期效应影响而产生的长期挠度不超过计算跨径的 1/1600 时，可不设预拱度；当不符合上述规定时，应设预拱度，且其值应按结构自重和 1/2 可变荷载频遇值计算的长期挠度值之和采用。对于预应力混凝土梁桥，当预加应力产生的长期反拱值大于按荷载短期效应组合计算的长期挠度时，可不设预拱度；反之应设预拱度，其值应按该项荷载的挠度值与预加应力长期反拱值之差采用。

【例 3-11】 某装配式钢筋混凝土简支 T 形梁，计算跨径 $L=19.50\text{m}$，恒载弯矩标准值 $M_{Gk}=912.52\text{kN}\cdot\text{m}$，荷载短期效应为 $M_s=1503.59\text{kN}\cdot\text{m}$，已知混凝土弹性模量 $E_c=3.0\times10^4\text{MPa}$，混凝土轴心抗拉强度标准值 $f_{tk}=2.01\text{MPa}$，全截面换算截面惯性矩 $I_0=5.9881\times10^{10}\text{mm}^4$，开裂截面换算截面惯性矩 $I_{cr}=3.5202\times10^{10}\text{mm}^4$，换算截面重心至受拉边缘的距离 $y_0=613.8\text{mm}$，换算截面重心以上部分面积对重心轴的面积矩为 $S_0=78179812.8\text{mm}^3$，求梁跨中截面挠度。

【解】 在荷载短期效应作用下，跨中截面挠度可按下式计算

$$f_s=\frac{5}{48}\times\frac{M_sL^2}{B}$$

其中

$$B=\frac{B_0}{\left(\frac{M_{cr}}{M_s}\right)^2+\left[1-\left(\frac{M_{cr}}{M_s}\right)^2\right]\frac{B_0}{B_{cr}}}$$

全截面的抗弯刚度 B_0 为

$$B_0=0.95E_cI_0=0.95\times3.0\times10^4\times5.9881\times10^{10}\text{N}\cdot\text{mm}^2=17.0661\times10^{14}\text{N}\cdot\text{mm}^2$$

$$B_{cr}=E_cI_{cr}=3.0\times10^4\times3.5202\times10^{10}\text{N}\cdot\text{mm}^2=10.5607\times10^{14}\text{N}\cdot\text{mm}^2$$

因为

$$W_0=I_0/y_0=(5.9881\times10^{10}/613.8)\text{mm}^3=9.7557\times10^7\text{mm}^3$$

$$\gamma=2S_0/W_0=2\times78179812.8/9.7557\times10^7=1.6028$$

开裂弯矩为

$$M_{cr}=\gamma f_{tk}W_0=1.6028\times2.01\times9.7557\times10^7\text{N}\cdot\text{mm}=314.29\times10^6\text{N}\cdot\text{mm}$$

故 $$B=\frac{17.0061\times10^{14}}{\left(\frac{314.29}{1503.59}\right)^2+\left[1-\left(\frac{314.29}{1503.59}\right)^2\right]\times\frac{17.0061\times10^{14}}{10.5607\times10^{14}}}\text{N}\cdot\text{mm}=10.738\times10^{14}\text{N}\cdot\text{mm}$$

在荷载短期效应作用下，跨中截面挠度为

$$f_s=\frac{5}{48}\times\frac{M_s l^2}{B}=\frac{5}{48}\times\frac{1503.59\times10^6\times19500^2}{10.738\times10^{14}}\text{mm}=53.2\text{mm}$$

长期挠度为

$$f_l=\eta_\theta f_s=1.6\times53.2\text{mm}=85.2\text{mm}>l/1600=19500\text{mm}/1600=12.19\text{mm}$$

所以应设置预拱度，预拱度值按结构自重和1/2可变荷载频遇值计算的长期挠度值之和采用。

因此，消除自重影响后的长期挠度为

$$f_{lQ}=\eta_\theta\times\frac{5}{48}\times\frac{(M_s-M_{Gk})l^2}{B}=1.6\times\frac{5}{48}\times\frac{(1503.59-912.52)\times10^6\times19500^2}{10.738\times10^{14}}\text{mm}$$

$$=34.9\text{mm}>l/600=19500\text{mm}/600=32.5\text{mm}$$

计算挠度略大于规范限值，但仅相差2.4mm，可以认为基本满足规范要求。

【本章要点】

[1] 在计算主梁内力时，应首先求出其荷载横向分布系数 m，然后由 m 确定欲求主梁所承担的最大荷载值，最后再利用影响线的概念找出最不利荷载位置，从而计算出最大内力值。

[2] 杠杆原理法视桥面板和横梁为简支于各主梁上的独立单元，一般用于只有两片主梁、桥梁的两端部位以及无中间横隔梁等情况。

[3] 偏心压力法（又称刚性横梁法），是按材料力学偏心受压公式计算荷载横向分布系数的方法。它假设各主梁间荷载的分配与其在该荷载作用下的挠度成比例，并视桥面系的横向刚度为无穷大，则横向挠度为一直线。当桥宽与跨长之比等于或小于0.5时，此法足够精确。修正的偏心压力法考虑主梁抗扭影响，以弥补偏心压力法中边梁的荷载横向分布系数偏大的缺点。

[4] 刚接梁法具有普遍性，铰接板（梁）法可视为其特例。铰接板（梁）是一种视相邻板（梁）条之间为铰接计算荷载横向分布系数的分析方法。它假设接缝处不传递横向弯矩，只传递竖向剪力。这种方法适用于块件间连接刚性甚弱的装配式铰接板（梁）桥。而刚接板（梁）法可以看做是它的一种推广。

[5] 对于由主梁、连续的桥面板和多道横隔梁所组成的钢筋混凝土梁桥，当其宽度与其跨度比值较大时，为了能比较精确地反映实际结构的受力情况，可设法将其比拟简化为一块矩形的平板，作为弹性薄板按古典弹性理论来进行分析，并且做出计算图表便于实际应用。一般把这种方法称为“比拟正交异性板法”，该方法适用于各种情况，但当 $\alpha>1$ 时不能应用，此时可用有限元法进行计算。

[6] 中横隔梁所受的内力最大。计算时，先从桥梁纵向按杠杆原理计算中横隔梁所承担的最大荷载，再从桥梁的横向计算中横梁某截面的最不利内力值。

[7] 混凝土梁桥上部结构设计计算的项目一般有主梁、横隔梁和桥面板等三部分。

[8] 内力组合时，还应按JTG D 60—2004《公路桥涵设计通用规范》进行。

【思考与练习】

3-1 何为单向板？何为双向板？

3-2 简述内力影响线的概念。

3-3 计算桥梁的荷载横向分布系数有哪些方法？

3-4　杠杆原理法进行荷载横向分布系数计算的基本假定是什么?

3-5　偏心压力法进行荷载横向分布系数计算的基本假定是什么?

3-6　何为铰接板（梁）法?

3-7　何为刚接梁法?

3-8　何为“比拟正交异性板法”?

3-9　图 3-4a 所示出桥面净空为净—7m + 2 × 0.75m 人行道的五梁式钢筋混凝土 T 形梁桥。试求荷载位于支点处时 4 号梁和 5 号梁相应于公路—Ⅰ级设计荷载和人群荷载的横向分布系数。

3-10　有一计算跨径 l = 19.5m 的简支梁，沿桥长有 5 道横隔梁，如图 3-8a 所示。试求荷载位于跨中时 5 号梁相应于公路—Ⅰ级设计荷载和人群荷载的横向分布系数（提示：按偏心压力法计算荷载横向分布系数）。

第4章　梁式桥支座

4.1　支座的类型及布置

支座是位于桥梁上部结构和下部结构之间的传力装置。它的作用是：①传递上部结构的支承反力（包括恒载和活载引起的竖向力和水平力）；②保证结构在荷载、温度变化、混凝土收缩和徐变等因素作用下发生一定的变形，以使上、下部结构的实际受力情况符合结构的静力计算图示。本节主要讲述支座的常见类型及布置原则。

4.1.1　支座类型

梁式桥的支座按其功能一般分成固定支座和活动支座两种。固定支座允许主梁截面自由转动，但不能移动，如图4-1左端所示。活动支座允许主梁在支撑处既能自由转动又能水平移动，如图4-1右端所示。

按支座采用的材料分，梁桥的支座有钢支座、橡胶支座、钢筋混凝土支座及简易油毡支座等类型。随着桥梁工程技术的不断发展，支座类型也在更新换代，简易油毡支座、钢板支座、钢筋混凝土摆柱式支座等目前已不常使用。

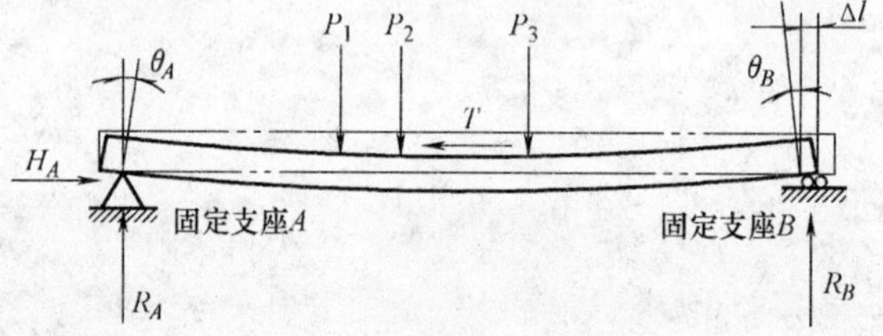

图4-1　简支梁的静力图示

按支座外形分，橡胶支座又可以分为板式支座、盆式支座和球形支座等。

按支座能否承受拉力，或者是否具有减震功能，又可以分为普通支座、拉压支座和减震支座。

4.1.2　支座布置

按照静力图示，简支梁桥应在每跨的一端设置固定支座，另一端设置活动支座。悬臂梁桥的锚固跨也应在一侧设置固定支座，另一侧设置活动支座。多孔悬臂梁桥挂梁的支座布置与简支梁相同。连续梁桥一般在每联中的一个桥墩（或桥台）上设置固定支座，其余墩台上一般设置活动支座。此外，悬臂梁桥和连续梁桥在某些特殊情况下，支座需要传递竖向拉力时，还应设置也能承受拉力的支座。

固定支座和活动支座的布置应以有利于墩台传递纵向水平力为原则。对于多跨的简支梁桥，相邻两跨简支梁的固定支座不宜集中布置在一个桥墩上；但若个别桥墩较高，为了减小水平力的作用，可在其上布置相邻两跨的活动支座。对于坡桥，宜将固定支座布置在标高低的墩台上。对于连续梁桥，为使全梁的纵向变形分散在梁的两端，宜将固定支座设置在靠中间的支点处；但若中间支点的桥墩较高或因地基受力等原因对承受水平力十分不利时，可以根据具体情况将固定支座布置在靠边的其他墩台上。

此外，对于特别宽的梁桥，还应设置沿纵向和横向均能移动的活动支座；对于桥墩较高的高架桥，可在相邻桥墩上设置固定支座，以分散设置固定支座的桥墩的水平力；对于弯桥，则应考虑活动支座沿弧线方向移动的可能性；对于处在地震地区的梁桥，其支座构造还应考虑桥梁防震和减震的设施。

4.2 支座的构造及工作原理

下面介绍钢筋混凝土和预应力混凝土公路桥梁中几种常见支座类型的构造及工作原理。

4.2.1 板式橡胶支座

板式橡胶支座的构造最为简单，从外形上看，它就是一块放置在上下部结构之间的矩形黑色橡胶板，如图4-2a、b所示。它的工作原理是：利用橡胶的不均匀弹性压缩实现转角 θ，利用其剪切变形实现水平位移 Δ，如图4-2c所示。板式橡胶支座一般无固定支座与活动支座之分，所有纵向水平力由各个支座按抗推刚度的大小进行分配。必要时，也可以采用高度不同的橡胶板来调节各支座传递的水平力和位移。

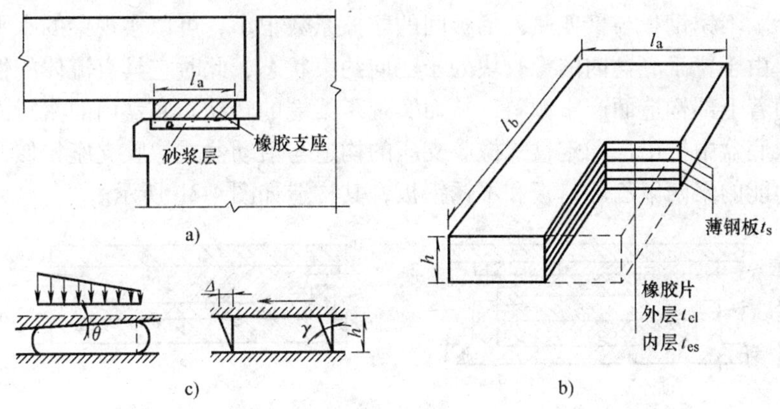

图4-2 板式橡胶支座

常见的板式橡胶支座均内设有几层薄钢板作为加劲层，加劲层的作用是阻止橡胶片侧向膨胀，提高橡胶片的抗压强度。目前，国内定型产品规格很多，可参见JT/T 4—2004《公路桥梁板式橡胶支座》。在定型产品中，中间橡胶层厚度 t_{es} 有5mm、8mm和11mm三种情况，外层橡胶层厚度为2.5mm，单层加劲钢板厚度 t_s 有2mm和3mm两种情况，支座高度 $h=14\sim106$mm，平面尺寸 $l_a\times l_b$ 的范围为100mm×100mm～450mm×800mm。

板式橡胶支座有矩形和圆形两种形状，支座的橡胶材料以氯丁橡胶为主，也可采用天然橡胶和三元乙丙橡胶。其中氯丁橡胶支座适于在－25～60℃的范围内使用；天然橡胶支座适于在－35～60℃的范围内使用；三元乙丙橡胶支座适于在－40～60℃的范围内使用。

板式橡胶支座的竖向承载力一般为70～3600kN，标准跨径在20m以内的梁、板桥多采用此种支座。圆板橡胶支座多用于弯桥，以适应结构多向变形的需要。

为了使橡胶支座受力均匀，在安装时应使梁底面和墩台顶面清洁平整，安装位置要正确。必要时可在墩台顶面铺设一层1∶3水泥砂浆。由于施工等原因在倾斜安装时，其坡度最大不能超过2%。在水平荷载较大的情况下，为防止支座滑动，可在支座顶面、底面上设置浅的定位孔槽，并使梁底和墩台顶预埋的伸出锚钉伸入定位孔槽加以固定。应注意，锚钉不能伸入支座过深，以免影响支座的活动性。

4.2.2 聚四氟乙烯滑板式橡胶支座

聚四氟乙烯滑板式橡胶支座（简称四氟滑板支座）是板式橡胶支座的一种特殊形式，是将一块平面尺寸与橡胶支座相同、厚度为1.5～3mm的聚四氟乙烯板材，与橡胶支座粘合在一起，另外在梁底设置一块有一定光洁度的不锈钢板。由于不锈钢板与四氟板之间的摩擦系数很小，通常$\mu_f=0.06$，因而能提供较大的水平位移。因此，这种支座不仅适用于较大跨度的简支梁，而且适用于桥面连续的桥梁和连续梁等。

4.2.3 盆式橡胶支座

盆式橡胶支座也分为活动盆式橡胶支座和固定盆式橡胶支座。活动盆式橡胶支座的基本结构一般可分为上座板和下座板（图4-3a）。上座板由顶板和不锈钢板组成，上座板与桥的上部构造连接。下座板由底盆、橡胶块、密封圈、中间钢板、聚四氟乙烯滑板组成，下座板固接在桥墩上。不锈钢板与聚四氟乙烯板间的摩擦系数很小，可以实现梁的水平位移。在转矩的作用下，由于置于底盆内的橡胶块处于三向约束状态，此时它具有流体的性质，故中间钢板顺利地随着上部构造而产生倾斜，从而实现了梁端的转动。底盆内的密封圈使橡胶受压后不至于被从底盆中挤出。固定盆式橡胶支座的构造与活动盆式橡胶支座相似，但取消了实现水平位移功能的聚四氟乙烯滑板和不锈钢板，其构造如图4-3b所示。

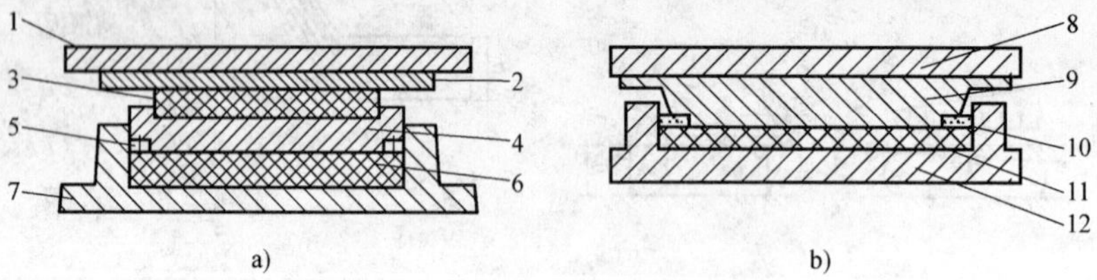

图4-3 盆式橡胶支座的基本结构

a）活动盆式橡胶支座 b）固定盆式橡胶支座

1—顶板 2—不锈钢板 3—聚四氟乙烯板 4—中间钢板 5—密封圈 6—橡胶块 7—底盆 8—顶板 9—凸板 10—钢密封圈 11—橡胶 12—底盆

盆式橡胶支座是桥梁中采用较多的形式之一，主要用于较大跨径和支反力较大的各种桥梁。目前，我国使用的每种盆式橡胶支座的竖向承载力分为18级，从1050～21000kN。按温度适用范围通常有常温型支座和耐寒型支座两种，常温型支座适用于－25～60℃，耐寒型支座适用于－40～60℃。

4.2.4 其他支座

1. 球形钢支座

球形钢支座是一种新型支座，它的结构如图4-4所示，主要由下座板、球面四氟板、密封裙、中座板、平面四氟板、上滑板和上座板组成。球形钢支座通过球面四氟板的滑动来实现支座的转动，转角大，转动灵活，且承载能力高，特别适用于大跨度桥梁及宽桥、曲线桥、坡道桥等构造复杂的桥梁。

2. 减震支座

减震支座是一种应用于地震区的新型桥梁支座。它共有12种型号。这种支座适用于设计支反力在400～3600kN内的各类梁式桥，特别是跨度在20m以上的公路梁式桥。滑板式减震支座的主要构造如图4-5所示。

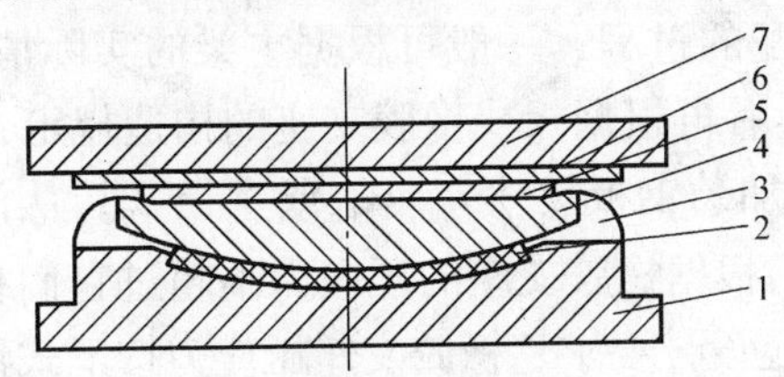

图4-4 球形钢支座的构造

1—下座板 2—球面四氟板 3—密封裙 4—中座板 5—平面四氟板 6—上滑板 7—上座板

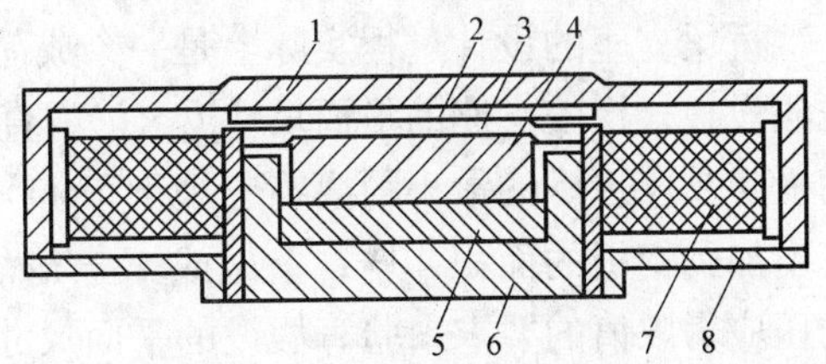

图4-5 滑板式减震支座的构造

1—上支座盆 2—不锈钢板 3—聚四氟乙烯板 4—中支座板 5—盆式橡胶板 6—下支座盆 7—橡胶减震器或弹簧-橡胶减震器 8—密封底板以及制动销、防跳动装置等

上、下支座盆构成传力机构，连接上下部结构和限制梁墩之间过大变位的承载系统。不锈钢板、聚四氟乙烯板和钢盆共同构成竖向承载力高、水平滑动摩擦系数小的滑动系统。减震器和侧摩擦板组成水平减震消能系统。

3. 拉压支座

在一定荷载条件下，在某些桥上可能会出现个别支座既要承受压力也要抵抗拉力的情况，通常出现在连续梁桥的短跨、斜桥、带宽侧面悬臂箱梁桥以及小半径曲线桥上。在这种情况下，必须安装拉压支座，以承受向上的拉力或向下的压力，以及相应的转动和水平位移。这种支座设计比较精确，价格昂贵。

球面、盆式和板式橡胶支座能变更功能作为拉压支座，这种变更既可用于固定支座，也可用于单向或多向活动支座。板式橡胶拉压支座（如图4-6所示）能够用于压力较小的桥梁，而反力较大的桥梁则采用球面（图4-7）或盆式拉压支座更适合。但是当支座拉力超过1000kN时，上述结构是不经济的。

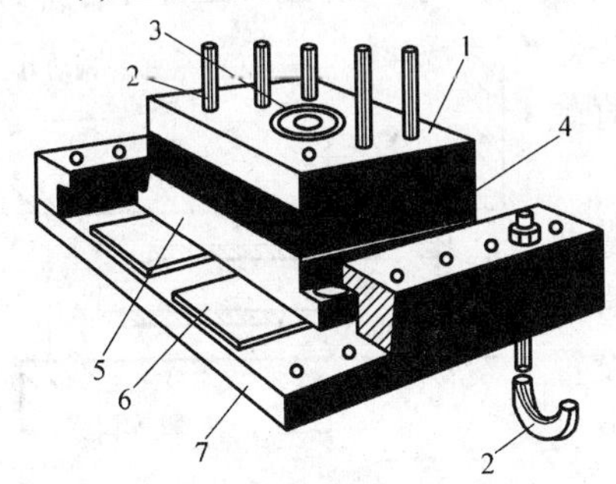

图4-6 板式橡胶拉压支座

1—上支座板 2—锚筋 3—受拉螺栓 4—承压橡胶块 5—滑板 6—奥氏体钢 7—上支座板

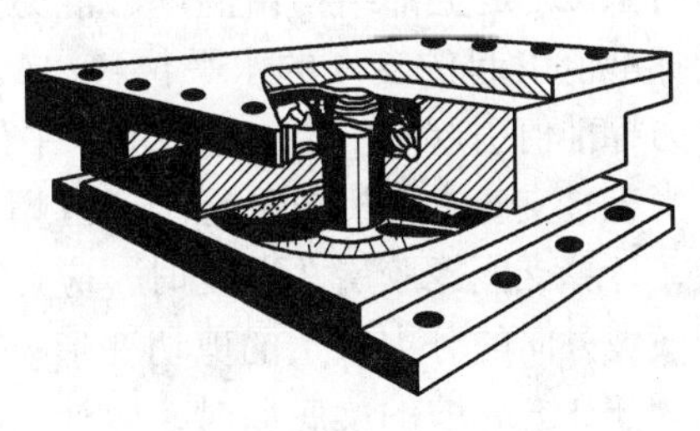

图4-7 球面拉压支座

4.3 板式橡胶支座的设计计算

板式橡胶支座的设计计算包括确定支座尺寸、验算支座受压偏转角情况及验算支座的抗滑稳定性。

1. 确定支座的平面尺寸

桥梁支座的设计过程实际上是一个成品支座选配的过程，一般可根据主梁的实际情况，先假设板式橡胶支座的平面尺寸 $l_a \times l_b$ 或直径 d，然后再根据板式橡胶支座的构造规定（加劲板与支座边缘的最小距离不应小于5mm）来确定加劲钢板尺寸 $l_{0a} \times l_{0b}$或直径 d_0，从而计算出加劲钢板的面积 $A_e = l_{0a} \times l_{0b}$或 $A_e = \pi d_0^2/4$。最后根据橡胶支座的压应力不超过它们相应的压应力限值的要求来验算假设的平面尺寸是否满足设计要求。橡胶支座压应力按下式计算

$$\sigma = \frac{R_{ck}}{A_e} \leqslant \sigma_c \tag{4-1}$$

式中，A_e 是支座有效承压面积（承压加劲钢板面积）；R_{ck}是支座使用阶段的压力标准值，车道荷载应计入冲击系数；σ_c 是支座使用阶段的平均压应力限值，$\sigma_c = 10.0\text{MPa}$。

2. 确定支座的厚度

梁的水平位移要通过全部橡胶片的剪切变形来实现（图 4-8），因此要确定支座的厚度 h，首先要知道主梁由于温度变化、混凝土收缩、徐变及制动力产生的支座剪切变形值 Δ_l。显然，橡胶层的总厚度 t_e 与水平位移 Δ_l 之间应满足下列关系

$$\tan\alpha = \frac{\Delta_l}{t_e} \leqslant [\tan\alpha]$$

式中，$[\tan\alpha]$是橡胶片的允许剪切角正切值（对于硬度为55°~60°的氯丁橡胶，当不计汽车制动力作用时，采用0.5；计及汽车制动力时，可采用0.7）。

因此上式可写成：

不计制动力时
$$t_e \geqslant 2\Delta_l \tag{4-2}$$

计入制动力时
$$t_e \geqslant 1.43\Delta_l \tag{4-3}$$

式中，t_e 是支座橡胶层总厚度，$t_e = t_{el} + (n-1)\,t_{es} + t_{eu}$，$t_{eu}$、$t_{el}$、$t_{es}$是支座上、下层和中间层橡胶层的厚度，$n$ 是加劲钢板层数；$\Delta_l = \Delta_g$（不计制动力时）或 $\Delta_l = \Delta_g + \Delta_{Fbk}$（计入制动力时）；$\Delta_g$ 是上部结构由温度、混凝土收缩和徐变等作用标准值引起的支座的水平位移；Δ_{Fbk}是由车道荷载制动力标准值引起的一个支座上的水平位移。

当板式支座在横桥向平行于墩台帽横坡或盖梁横坡设置，计算支座橡胶层总厚度时，应计入支座压力值平行于横坡方向的分力产生的剪切变形；当支座直接设置于不大于 1% 纵坡的梁底面时，应计入在支座顶面由支座承压力标准值顺纵桥向分力产生的剪切变形。

设简支梁的计算跨径为 l，支座顺桥向尺寸为 l_a，混凝土的线膨胀系数为 α'，则温度引起的支座的水平位移为

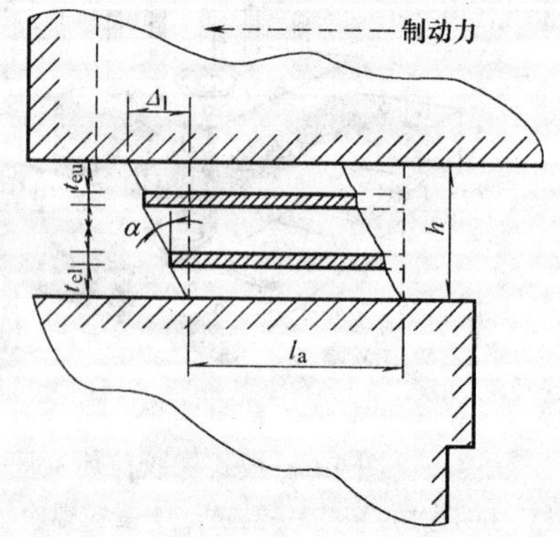

图 4-8 支座厚度的计算图示

$$\Delta_g = \frac{1}{2}\alpha' \Delta t (l + l_a) \tag{4-4}$$

式中，Δt 是计算温差（对于砖、石、混凝土、钢筋混凝土结构，一般按当地最高、最低有效气温值确定）。

活载制动力引起的支座的水平位移 Δ_{Fbk} 可按下式计算

$$\Delta_{Fbk} = t_e r = t_e \frac{\tau}{G'_e} = \frac{F_{bk} t'_e}{2G_e l_a l_b} \tag{4-5}$$

式中，r、τ 是作用于一个支座上的制动力所引起的剪切角和剪应力；G'_e是车道荷载作用时橡胶支座的动态剪切模量，可取 $G'_e = 2G_e$；G_e 是支座剪变模量，常温下 $G_e = 1.0\text{MPa}$；F_{bk}是作用于一个支座上的制动力。

将式（4-5）代入式（4-3），则可得式（4-3）的另一表达式

$$t_e \geqslant \frac{\Delta_g}{0.7 - \dfrac{F_{bk}}{2G_e l_a l_b}} \tag{4-6}$$

同时，考虑到橡胶支座的稳定性，JTG D 62—2004《公路钢筋混凝土及预应力混凝土桥涵设计规范》规定 t_e 应满足下列条件：

矩形支座　$\frac{l_a}{10} \leqslant t_e \leqslant \frac{l_a}{5}$（$l_a$ 为矩形支座短边尺寸）

圆形支座　$\frac{d}{10} \leqslant t_e \leqslant \frac{d}{5}$（$d$ 为圆形支座的直径）

确定橡胶支座的平面尺寸以后，还应确定支座钢板的厚度，一般按下式确定

$$t_s = \frac{K_p R_{ck}(t_{es,u} + t_{es,l})}{A_e \sigma_s} \tag{4-7}$$

式中，t_s 是支座加劲钢板厚度（不得小于2mm）；K_p 是应力校正系数（取 $K_p = 1.3$）；$t_{es,u}$，$t_{es,l}$是一块加劲钢板上、下橡胶层厚度；σ_s 是加劲钢板轴向拉应力限值（可取钢材屈服强度的0.65倍）。

确定了橡胶支座总厚度和单层钢板厚度之后，按有关构造要求，确定钢板层数，计算钢板总厚度，橡胶支座总厚度和钢板总厚度之和即为橡胶支座的总高度。

3. 验算支座的偏转情况

主梁受荷载以后发生挠曲变形，梁端将产生转角 θ，如图4-9所示。

此时伴随支座出现的压缩变形，在外侧为 $\delta_{c,1}$，内侧为 $\delta_{c,2}$，其平均压缩变形（忽略钢板变形）为

$$\delta_{c,m} = \frac{1}{2}(\delta_{c,1} + \delta_{c,2}) = \frac{R_{ck} t_e}{A_e E_e} + \frac{R_{ck} t_e}{A_e E_b} \tag{4-8}$$

式中，E_b 是橡胶弹性体体积模量（取2000MPa）；E_e 是支座抗压弹性模量（MPa）。

E_e 与支座形状系数 S 有关，按下列公式计算

$$E_e = 5.4 G_e S^2 \tag{4-9}$$

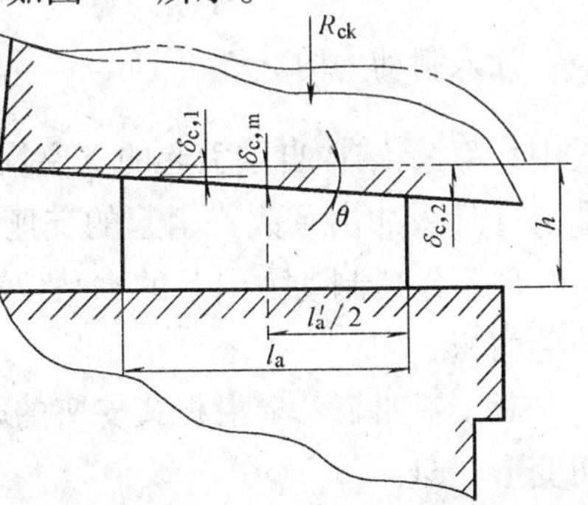

图4-9　支座偏转图示

矩形支座
$$S=\frac{l_{0a}l_{0b}}{2t_{es}(l_{0a}+l_{0b})} \tag{4-10}$$

圆形支座
$$S=\frac{d_0}{4t_{es}} \tag{4-11}$$

式中，l_{0a}是矩形支座加劲钢板的短边尺寸；l_{0b}是矩形支座加劲钢板的长边尺寸；d_0是圆形支座钢板的直径；t_{es}是支座中间层单层橡胶的厚度。

梁端转角θ可表示为

$$\theta=\frac{1}{l_a}(\delta_{c,2}-\delta_{c,1}) \tag{4-12}$$

由式（4-8）和式（4-12）可解得

$$\delta_{c,1}=\delta_{c,m}-\frac{l_a\theta}{2}$$

为确保支座偏转时，橡胶支座与梁底不发生脱空而出现局部承压的现象，则必须满足下列条件

$$\delta_{c,1}\geqslant 0$$

即

$$\delta_{c,m}=\frac{R_{ck}t_e}{A_eE_e}+\frac{R_{ck}t_e}{A_eE_b}\geqslant\frac{l_a\theta}{2} \tag{4-13}$$

若计算结果$\delta_{c,m}<\frac{l_a\theta}{2}$，则需要重新修改支座尺寸。

此外，为限制支座竖向压缩变形，不致影响支座稳定，JTG D 62—2004《公路钢筋混凝土及预应力混凝土桥涵设计规范》中还规定，$\delta_{c,m}\leqslant 0.07t_e$。

4. 验算支座的抗滑稳定性

板式橡胶支座通常放置在墩台顶面与梁底之间，橡胶面直接与混凝土相接触。当梁体因温度变化等因素引起水平位移以及有活载制动力作用时，支座将承受相应的纵向水平力作用。为了保证橡胶支座与梁底或墩台顶面间不发生相对滑动，板式橡胶支座应满足以下条件：

不计制动力时
$$\mu R_{Gk}\geqslant 1.4G_eA_g\frac{\Delta_l}{t_e} \tag{4-14}$$

计入制动力时
$$\mu R_{ck}\geqslant 1.4G_eA_g\frac{\Delta_l}{t_e}+F_{bk} \tag{4-15}$$

式中，R_{Gk}是结构自重引起的支座反力标准值；R_{ck}是由结构自重标准值和0.5倍汽车荷载标准值（计入冲击系数）引起的支座反力；Δ_l是由温度、混凝土收缩徐变引起的支座水平位移，但不包括制动力引起的水平位移；F_{bk}是汽车荷载引起的制动力标准值；A_g是支座平面的毛面积。

对于聚四氟乙烯滑板式支座的摩擦力产生的剪切变形，不应大于支座内橡胶层允许的剪切变形，即：

不计制动力时
$$\mu_f R_{Gk}\leqslant G_eA_g\tan\alpha \tag{4-16}$$

计入制动力时　　$\mu_f R_{ck} \leqslant G_e A_g \tan\alpha$　　(4-17)

式中，μ_f 是聚四氟乙烯与不锈钢板的摩擦系数；$\tan\alpha$ 是橡胶支座剪切角正切值的限值；R_{ck}是由结构自重和汽车荷载标准值（计入冲击系数）引起的支座反力。

【例4-1】 取用例3-7及例3-8中的装配式钢筋混凝土简支五梁式T形梁桥的设计资料和计算资料。已知桥梁计算跨径 $l=19.5\text{m}$，梁长 $L=19.96\text{m}$，桥梁横断面及主梁尺寸如图3-34所示。汽车荷载为公路—Ⅱ级：车道均布荷载 $q_k=7.875\text{kN/m}$，按计算跨径推得集中荷载 $P_k=178.5\text{kN}$，人群荷载为 3.0kN/m^2，计算温差为36℃，安全设计等级取二级。由例3-8可知，边主梁在人群荷载作用下，最大支点反力 $R_{0,r_k}=17.7\text{kN}$，车道集中荷载作用下最大支点反力 $R_{0,p_k}=110.70\text{kN}$，车道均布荷载作用下最大支点反力 $R_{0,q_k}=44.3\text{kN}$，恒载支点反力标准值 $R_{0,g_k}=157.00\text{kN}$。边主梁跨中横向分布系数：车道荷载 $m_{c,q_c}=0.504$，人群荷载 $m_{c,r}=0.620$。假设梁的抗弯刚度 $B=0.19877\times10^7\text{kN/m}^2$。试确定支座的型号和规格。

【解】（1）确定支座的平面尺寸　由于主梁肋宽为18cm，故初步选定板式橡胶支座的平面尺寸为 $l_a=18\text{cm}$，$l_b=20\text{cm}$（顺桥），则按构造最小尺寸确定 $l_{0a}=17\text{cm}$，$l_{0b}=19\text{cm}$。

首先，根据橡胶支座的压应力限值验算支座是否满足要求，支座压力标准值

$$R_{ck}=R_{0,g}+R_{0,P_k}+R_{0,q_k}+R_{0,r_k}=157\text{kN}+110.70\text{kN}+44.3\text{kN}+17.7\text{kN}=329.70\text{kN}$$

支座应力为

$$\sigma=\frac{R_{ck}}{A_e}=\frac{329.70\times10^{-3}}{0.17\times0.19}\text{MPa}=10.21\text{MPa}\approx10\text{MPa}\quad 满足要求$$

通过验算可知，混凝土局部承压强度也满足要求（过程略），因此所选定的支座的平面尺寸满足设计要求。

（2）确定支座高度　支座的高度由橡胶层厚度和加劲钢板厚度两部分组成，应分别计算。

假设本例中支座水平放置，且不考虑混凝土收缩与徐变的影响。温差 $\Delta t=36℃$ 时引起的温度变形，由主梁两端均摊，则每一支座的水平位移 Δ_g 为

$$\Delta_g=\frac{1}{2}\alpha'\Delta t l'=\frac{1}{2}\times10^{-5}\times36\times(19.5+0.2)\text{m}=0.0035\text{m}=0.35\text{cm}$$

式中，l'是构件计算长度，$l'=l+l_a$，如图4-10所示。

因此，不计入制动力时，$\Delta_l=\Delta_g$，$t_e\geqslant 2\Delta_g=2\times0.35\text{cm}=0.70\text{cm}$。

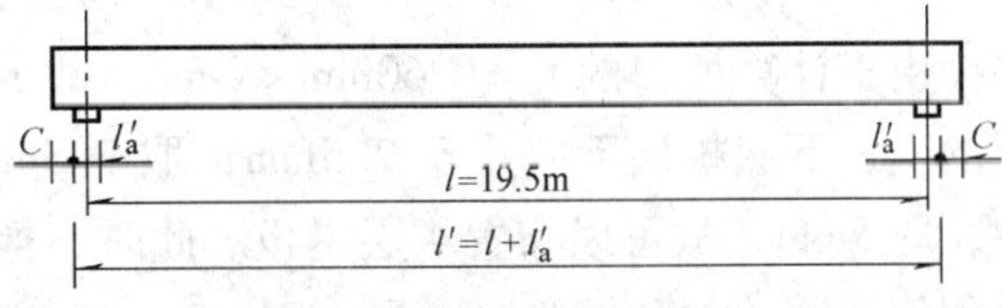

图4-10　计算长度示意图

为了计算制动力引起的水平位移 Δ_{Fbk}，首先要确定一个支座上的制动力标准值 F_{bk}。由于计算跨径为19.5m，故纵向折减系数 ζ' 取1.0，由于该桥桥面净宽为7.0m，按二车道设计，故车道折减系数 ζ 取1.0。车道荷载制动力按同向行驶时的车道荷载（不计入冲击力）计算，故计算制动力时按一个车道计算，一个车道上由车道荷载产生的制动力为在加载长度上的车道荷载标准值的总重力的10%，故本例的制动力为

$$F'_{bk}=(q_k l+P_k)\times10\%=(7.875\times19.5+178.5)\text{kN}\times10\%=33.21\text{kN}$$

由于 F'_{bk}小于公路—Ⅱ级汽车荷载制动力的最低限值90kN，故 F'_{bk}取90kN计算。由于本例中有5根T形梁，每根T形梁设2个支座，共有10个支座，且假设桥墩为刚性墩，各支

座抗推刚度相同，因此制动力可平均分配，则一个支座的制动力为

$$F_{bk}=\frac{F'_{bk}}{10}=\frac{90}{10}\text{kN}=9.0\text{kN}$$

因此，计入制动力时，橡胶厚度 t_e 的最小值为

$$t_e\geqslant\frac{\Delta_g}{0.7-\dfrac{F_{bk}}{2G_el_al_b}}=\frac{0.35}{0.7-\dfrac{9\times10^3}{2\times1.0\times10^6\times0.2\times0.18}}\text{cm}=0.61\text{cm}$$

式中

$$G_e=1.0\text{MPa}$$

此外，从保证受压的稳定考虑，矩形板式橡胶支座的橡胶厚度 t_e 应满足

$$1.8\text{cm}=\frac{18}{10}\text{cm}=\frac{l_a}{10}\leqslant t_e\leqslant\frac{l_a}{5}=\frac{18}{5}\text{cm}=3.6\text{cm}$$

由上述分析可知，按计入制动力和不计入制动力计算的橡胶厚度最大值为0.70cm，小于1.8cm，因此，橡胶层总厚度 t_e 的最小值取1.8cm。由于定型产品中，对于平面尺寸为18cm×25cm的板式橡胶支座中，t_e 只有2cm、2.5cm、3.0cm和3.5cm四种型号，t_e 暂取2cm。

选择加劲钢板，JTG D 62—2004《公路钢筋混凝土及预应力混凝土桥涵设计规范》中规定，单层加劲钢板厚度应按下式计算

$$t_s=\frac{K_pR_{ck}(t_{es,u}+t_{es,l})}{A_e\sigma_s}$$

且单层加劲钢板厚度不小于2mm。在本例中：K_p 为应力校正系数，取1.3；$A_e=17\times19\text{cm}^2=323\text{cm}^2$；$t_{es,u}$、$t_{es,l}$为一块加劲钢板上、下橡胶层的厚度，参照《桥梁附属构造与支座》中定型产品规格中间橡胶层厚度均取5mm；σ_s 为加劲钢板轴向拉应力限值，取钢材屈服强度的0.65倍，取钢材的屈服强度为340MPa，因此，$\sigma_s=0.65\times340\text{MPa}=221\text{MPa}$；$R_{ck}$为支座压力标准值，将上述各项代入 t_s 的计算公式得

$$t_s=\frac{1.3\times329.9\times10^3\times(5+5)}{323\times10^{-4}\times221\times10^6}\text{mm}=0.60\text{mm}$$

由于计算所得的 $t_s=0.60\text{mm}<2\text{mm}$，故 t_s 取2mm。按板式橡胶支座的构造规定，加劲板的上、下保护层不应小于2.5mm，取2.5mm，中间橡胶层厚度有5mm、8mm、11mm三种，取5mm，故可以布置4层钢板。此时，橡胶厚度 $t_e=2\times0.25\text{mm}+3\times5\text{mm}=20\text{mm}$，与取用值一致。加劲板总厚度 $\sum t_s=4\times2\text{mm}=8\text{mm}$，故支座高度 $h=20\text{mm}+8\text{mm}=28\text{mm}$。

（3）支座偏转情况验算　支座的平均压缩变形 $\delta_{c,m}$ 为

$$\delta_{c,m}=\frac{R_{ck}t_e}{A_eE_e}+\frac{R_{ck}t_e}{A_eE_b}$$

式中，E_b 是橡胶体积模量（取2000MPa）；E_e 是支座抗压弹性模量，可按下式计算

$$S=\frac{l_{0a}l_{0b}}{2t_{es}(l_{0a}+l_{0b})}=\frac{17\times19}{2\times0.5\times(17+19)}=8.97$$

$$E_e=5.4G_eS^2=5.4\times1.0\times8.97^2\text{MPa}=434.49\text{MPa}$$

将上述各值代入$\delta_{c,m}$计算式，得

$$\delta_{c,m}=\frac{329.90\times10^3\times20}{0.17\times0.19\times434.49\times10^6}\text{mm}+\frac{329.90\times10^3\times20}{0.17\times0.19\times2000\times10^6}\text{mm}=0.573\text{mm}$$

在恒载、车道荷载和人群荷载作用下，主梁挠曲在支座顶面引起的倾角，应按结构力学方法计算，则有：

恒载产生的转角

$$\theta_1=\frac{gl^3}{24B}=\frac{16.07\times19.5^3}{24\times0.19877\times10^7}\text{rad}=0.00250\text{rad}$$

车道均布荷载产生的转角

$$\begin{aligned}\theta_2&=\frac{m_c q_k l^3}{24B}(\text{略去 }m\text{ 的变化})\\&=\frac{0.504\times7.875\times19.5^3}{24\times0.19877\times10^7}\text{rad}=0.0006169\text{rad}\end{aligned}$$

车道集中荷载产生的转角

$$\theta_3=\frac{m_c P_k l^2}{16B}=\frac{0.504\times178.5\times19.5^2}{16\times0.19877\times10^7}\text{rad}=0.001075\text{rad}$$

人群荷载产生的转角

$$\begin{aligned}\theta_4&=\frac{m_c p_{0r} l^3}{24B}(\text{略去 }m\text{ 的变化})\\&=\frac{0.62\times3.00\times0.75\times19.5^3}{24\times0.19877\times10^7}\text{rad}=0.00022\text{rad}\end{aligned}$$

因此，转角$\theta=\theta_1+\theta_2+\theta_3+\theta_4=0.0044\text{rad}$，$\frac{l_a\theta}{2}=\frac{200}{2}\times0.0044\text{mm}=0.44\text{mm}$，小于$\delta_{c,m}$，支座不会落空。

此外，为了限制竖向压缩变形，JTG D 62—2004《公路钢筋混凝土及预应力混凝土桥涵设计规范》中规定，$\delta_{c,m}$不得大于$0.07t_e$，由于$0.07t_e=0.07\times20\text{mm}=1.4\text{mm}>\delta_{c,m}=0.573\text{mm}$，因此$\delta_{c,m}$满足$\frac{l_a\theta}{2}\leqslant\delta_{c,m}\leqslant0.07t_e$的条件，验算通过。

（4）板式橡胶支座抗滑稳定性验算　为保证板式橡胶支座和墩台顶面或主梁底面不产生滑移，需对其抗滑稳定性进行验算，验算时应当对无汽车荷载和有汽车荷载（支反力最小）两种情况分别进行验算。

仅有结构自重作用时

$$\mu R_{Gk}=0.3\times157\text{kN}=47.1\text{kN}$$

$$1.4G_eA_g\frac{\Delta_l}{t_e}=1.4\times1.0\times10^3\times0.18\times0.20\times\frac{3.5}{20}\text{kN}=8.82\text{kN}$$

可见，$\mu R_{gk}>1.4G_eA_g\frac{\Delta_l}{t_e}$，这说明，在自重作用下，支座不会滑动。

计入制动力时

$$R_{ck}=R_{0,gk}+(R_{0,qk}+R_{0,Pk})\times 0.5(\text{相当于车道荷载最小反力})$$
$$=157\text{kN}+(110.7+44.5)\times 0.5\text{kN}=234.6\text{kN}$$

故有

$$\mu R_{ck}=0.3\times 234.6\text{kN}=70.38\text{kN}$$

而

$$1.4G_eA_g\frac{\Delta_l}{t_e}+F_{bk}=1.4\times 1.0\times 10^3\times 0.18\times 0.20\times\frac{3.5}{20}\text{kN}+9.0\text{kN}=17.82\text{kN}$$

小于$\mu R_{ck}=70.38\text{kN}$。因此，制动力作用下支座不会滑动。

【本章要点】

［1］梁式桥设置支座的目的在于将作用于上部结构的荷载传递到桥梁的下部结构，并能适应上部结构的自由变形。

［2］梁式桥支座一般分为固定支座和活动支座两种，其布置以有利于墩台传递纵向水平力为原则。

［3］我国目前使用最广泛的是橡胶支座，它一般分为板式橡胶支座和盆式橡胶支座两类。板式橡胶支座的活动机理是，利用橡胶的不均匀弹性压缩实现转角θ，利用剪切变形实现水平移动Δ；盆式橡胶支座用设置在钢盆中的橡胶板承压和转动，用聚四氟乙烯板和不锈钢板之间的平面滑动来适应桥梁的位移要求。盆式橡胶支座特别适宜在大跨度桥梁上使用。

［4］板式橡胶支座的设计与计算包括确定支座尺寸、验算支座受压偏转情况θ及验算支座的抗滑稳定性等内容。

［5］盆式橡胶支座的设计与计算包括确定其基本尺寸，验算上支座板的尺寸、支承混凝土局部承压强度和支座偏转等情况。

【思考与练习】

4-1　桥梁支座的功能是什么？

4-2　桥梁支座布置的基本原则是什么？

4-3　按支座变形可能性分类，桥梁支座一般可分成哪两种？如何区别？

4-4　从立面图上看，简支梁桥和连续梁桥支座的布置有什么异同？

4-5　橡胶支座一般分为哪两类？各适用于哪些情况？

4-6　板式橡胶支座的活动机理是什么？

4-7　板式橡胶支座的平面尺寸及厚度如何确定？

4-8　预应力混凝土五梁式T形梁桥全长19.4m，计算跨径$l=19.3$m。主梁采用C40混凝土，支座处梁肋宽度为25cm。已知汽车荷载为公路—Ⅱ级，支座处最大支承反力$N=307$kN，其中恒载反力$N_D=165$kN，汽车荷载作用时跨中挠度$f=1.38$cm，主梁的计算温差$\Delta t=36$℃。试按两端等厚度设计计算板式橡胶支座。

第5章 拱 桥

5.1 概述

5.1.1 拱桥的主要特点

拱桥是我国公路上使用较广泛的一种桥型。拱桥与梁桥的区别不仅在于外形不同，更重要的是两者受力性能有较大差别。由力学知，梁式结构在竖向荷载作用下，支承处仅产生竖向支承反力；而拱式结构在竖向荷载作用下，两端支承除了有竖向反力外，还将产生水平推力。正是这个水平推力，使拱内产生轴向压力，从而大大减小了拱圈的截面弯矩，使之成为偏心受压构件，截面上的应力分布（图5-1a）与受弯梁的应力（图5-1b）相比，较为均匀。因此，可以充分利用主拱截面材料强度，使跨越能力增大。

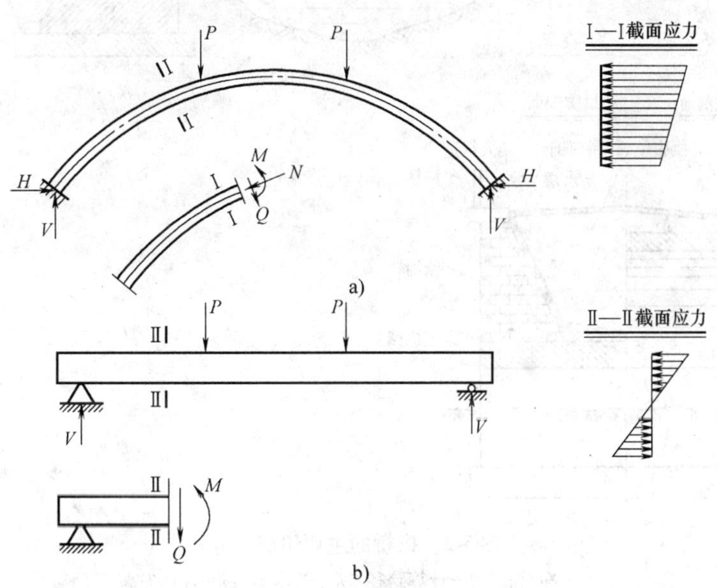

图5-1 拱和梁的应力分布

拱桥的主要优点是：①跨越能力较大；②能充分就地取材，与混凝土梁式桥相比，可以节省大量的钢材和水泥；③耐久性能好，维修、养护费用少；④外形美观；⑤构造较简单。

但拱桥也有缺点，主要是：①自重较大，相应的水平推力也较大，增加了下部结构的工程量，当采用无铰拱时，对地基条件要求高；②拱桥（尤其是圬工拱桥）一般都采用有支架施工法修建，随着跨径和桥高的增大，支架或其他辅助设备的费用也大大增加，从而增加了拱桥的总造价；③由于拱桥水平推力较大，在连续多孔的大、中桥梁中，为防止一孔破坏而影响全桥的安全，需要采用较复杂的措施，如设置单向推力墩，也会增加造价；④与梁式桥相比，上承式拱桥的建筑高度较高，当用于城市立交及平原地区时，因桥面标高提高，使两岸接线长度增长，或者使桥面纵坡增大，既增加了造价又对行车不利，因此也使拱桥的使用范围受到一定的限制。

5.1.2 拱桥的组成及主要类型

5.1.2.1 拱桥的主要组成

拱桥的上部结构和下部结构各主要组成部分的名称如图5-2所示。

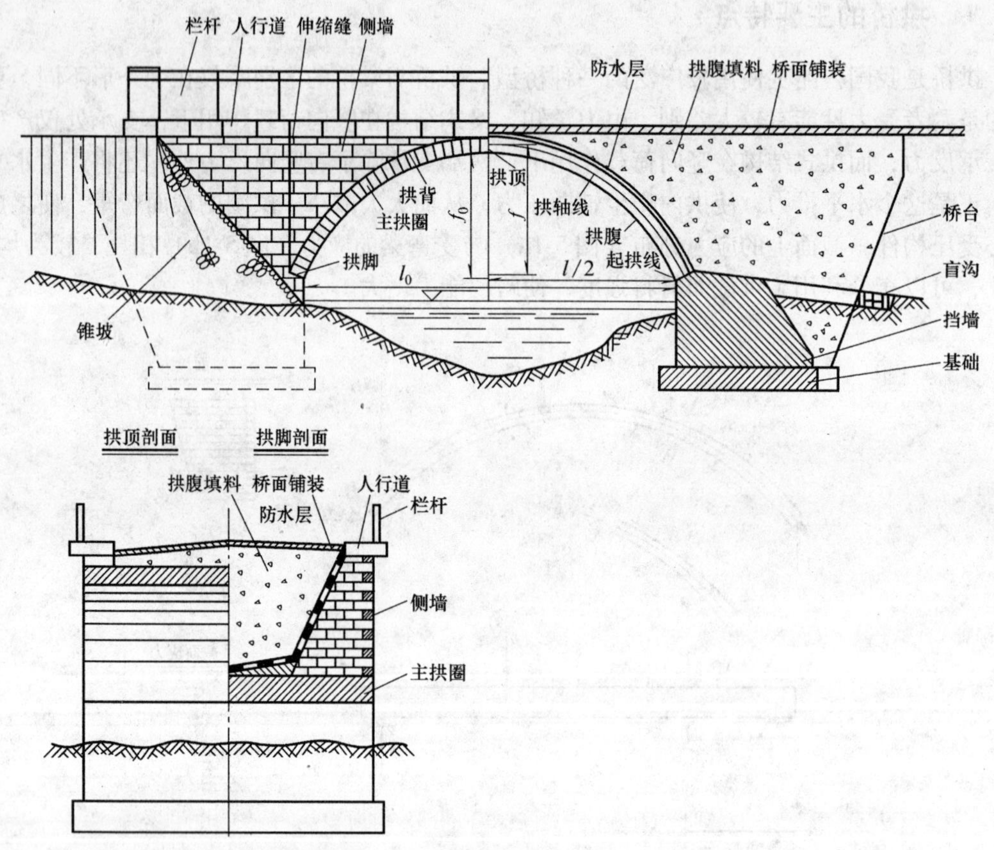

图5-2 拱桥的主要组成部分

l_0—净跨径 l—计算跨径 f_0—净矢高 f—计算矢高

拱桥上部结构由主拱圈和拱上建筑组成。主拱圈是拱桥的主要承重结构。由于拱圈是曲线形，一般情况下车辆都无法直接在弧面上行驶，所以在桥面与主拱圈之间需要有传递压力的构件或填充物，以使车辆能在平顺的桥道上行驶。桥面系和这些传力构件或填充物统称为拱上结构或拱上建筑。

拱桥的下部结构由桥墩、桥台及基础等组成，用以支承桥跨结构，将桥跨结构的荷载传至地基。桥台还起到与两岸路堤相连接的作用，使路桥形成一个协调的整体。

拱圈最高处称为拱顶，拱圈和墩台连接处称为拱脚（或起拱面）。拱圈各横向截面（或换算截面）的形心连线称为拱轴线。拱圈的上曲面称为拱背，下曲面称为拱腹。起拱面与拱腹相交的直线称为起拱线。

下面介绍拱桥的几个主要技术名称。

净跨径(l_0)：每孔拱跨两个起拱线之间的水平距离。

计算跨径(l)：相邻两拱脚截面形心点之间的水平距离。因为拱圈（或拱肋）各截面形心点的连线称为拱轴线，故也就是拱轴线两端点之间的水平距离。

净矢高(f_0)：拱顶截面下缘至起拱线连线的垂直距离。

计算矢高(f)：拱顶截面形心至相邻两拱脚截面形心之连线的垂直距离。

矢跨比(D或D_0)：拱圈（或拱肋）的净矢高与净跨径之比，或计算矢高与计算跨径之比，即$D=\dfrac{f}{l}$或$D_0=\dfrac{f_0}{l_0}$。

一般将矢跨比大于或等于$\dfrac{1}{5}$的拱称为陡拱，矢跨比小于$\dfrac{1}{5}$的拱称为坦拱。

5.1.2.2 拱桥的主要类型

拱桥的形式可以按照以下几种不同的方式进行分类。

1）按照主拱圈所使用的建筑材料可以分为圬工拱桥、钢筋混凝土拱桥、钢拱桥和钢-混凝土组合拱桥等。

2）按照拱上建筑的形式可以分为实腹式拱桥和空腹式拱桥。

3）按照主拱圈线型可分为圆弧线拱桥、抛物线拱桥和悬链线拱桥。

4）按照桥面的位置可分为上承式拱桥、中承式拱桥和下承式拱桥（图5-3）。

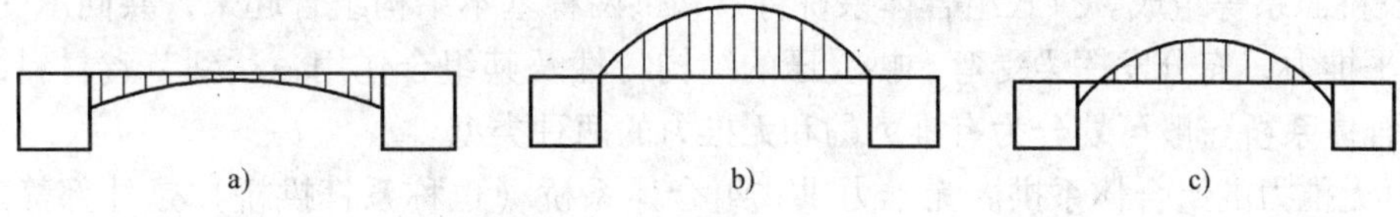

图5-3 拱桥的桥跨结构

a）上承式 b）下承式 c）中承式

5）按照有无水平推力可分为有推力拱桥和无推力拱桥。

6）按照结构受力图可分为简单体系拱桥、组合体系拱桥和拱片桥。

7）按照拱圈截面形式可分为：板拱桥、板肋拱桥、肋拱桥、双曲拱桥、箱形拱桥、钢管混凝土拱桥、劲性骨架混凝土拱桥。

下面仅按其中两种分类方式作一些介绍。

1. 按照结构受力图分类

（1）简单体系拱桥 简单体系拱桥，均为有推力拱，可以做成上承式、中承式和下承式。在简单体系拱桥中，上承式拱桥的拱上结构或中、下承式拱桥的拱下悬吊结构（统称为行车道系结构），一般都不考虑它与主拱的联合作用来共同承受桥面荷载，主拱将以裸拱的形式作为主要承重结构，拱的水平推力直接由墩台或基础承受。按照主拱的静力体系，简单体系拱桥又可以分成如下三种（图5-4）。

1）三铰拱（图5-4a）。它属外部静定结构。由温度变化、混凝土收缩徐变、支座沉陷等因素引起的变形不会对它产生附加内力，故计算时无需考虑体系变形对内力的影响。它适合于在地基条件很差的地区修建，但由于铰的存在，使其构造复杂，施工困难，维护费用增高，而且减小了结构的整体刚度，降低了抗震能力，又由于拱的挠度曲线在顶铰处有转折，对行车不利，因此，三铰拱一般较少采用。

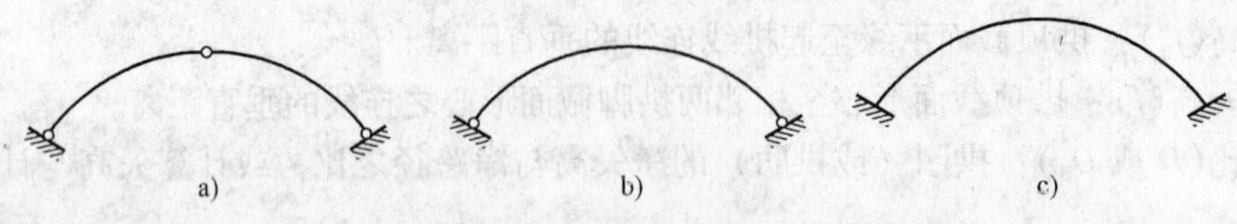

图5-4　简单体系的拱桥

2）两铰拱（图5-4b）。它属外部一次超静定结构。由于取消了拱顶铰，使结构整体刚度较相应三铰拱大。由基础位移、温度变化、混凝土收缩和徐变等引起的附加内力比对无铰拱的影响要小，故可在地基条件较差时或坦拱中采用。

3）无铰拱（图5-4c）。它属外部三次超静定结构。在自重及外荷载作用下，拱内的弯矩分布比两铰拱均匀，材料用量省。由于没有设铰，结构的整体刚度大，构造简单，施工方便，维护费用少，因此在实际中使用最广泛。但由于无铰拱的超静定次数高，温度变化、收缩徐变、特别是墩台位移会在拱内产生较大的附加内力，无铰拱一般修建在地基良好的条件下。

（2）组合体系拱桥　拱式组合体系桥一般由拱肋、系杆、吊杆（或立柱）、行车道梁（板）及桥面系等组成。拱式组合体系桥将梁和拱两种基本结构组合起来，共同承受桥面荷载和水平推力，充分发挥梁受弯、拱受压的结构特性及其组合作用，达到节省材料的目的。拱式组合体系桥一般可划分为有推力的和无推力的两种类型。

1）无推力的组合体系拱。无推力拱式组合体系桥（也称系杆拱桥）是外部静定结构，兼有拱桥的较大跨越能力和简支梁桥对地基适应能力强的两大特点。拱的推力由系杆承受，系杆的含义就是一个将两拱脚相互联系在一起的水平构件，因而墩台不承受水平推力。根据拱肋和系杆（梁）相对刚度的大小及吊杆的布置形式可以分为：具有竖直吊杆的柔性系杆刚性拱——系杆拱（图5-5a）；具有竖直吊杆的刚性系杆柔性拱——蓝格尔拱（图5-5b）；具有竖直吊杆的刚性系杆刚性拱——洛泽拱（图5-5c）。以上三种拱，当用斜吊杆来代替竖直吊杆时，称为尼尔森拱（图5-5d、e、f）。

2）有推力的组合体系拱。此种组合体系拱没有系杆，由单独的梁和拱共同受力，拱的推力仍由墩台承受。图5-5g所示是刚性梁柔性拱（倒蓝格尔拱）；图5-5h所示是刚性梁刚性拱（倒洛泽拱）。

（3）拱片桥　上边缘与桥面纵向平行，下边缘是拱形的有推力结构，称为拱片，如图5-6所示。在拱片中，行车道系与拱肋刚性连成一整体，共同承受荷载。故它仅能用于上承式拱桥。拱片的立面一般被挖空做成桁架的形式。根据桥梁宽度的不同，拱片桥可由两片以上的拱片组成，并用横向连接系将各拱片连成整体，行车道板支承在拱片上。拱片桥可以做成无铰、两铰或三铰结构，它的推力均由墩台承受。

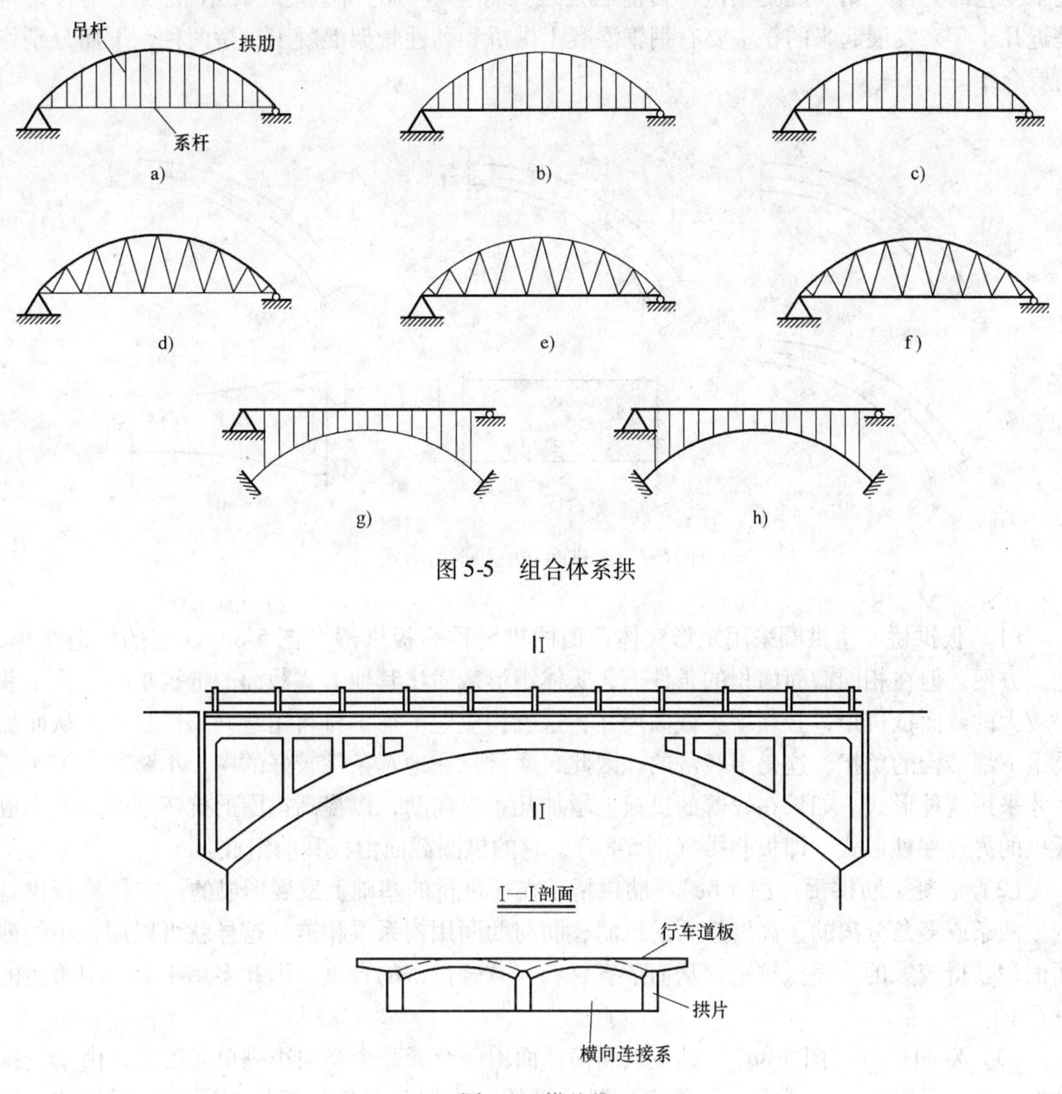

图5-5 组合体系拱

图5-6 拱片桥

2. 按主拱圈截面形式分类

拱桥的主拱圈，沿拱轴线可以做成等截面或变截面的形式。所谓等截面拱（图5-7a），就是在沿桥跨方向主拱圈的横截面尺寸是相同的。而变截面拱（图5-7b）的主拱圈横截面，从拱顶到拱脚是逐渐变化的，变截面拱圈的做法通常有两种，一种是拱圈宽度方向不变而只变厚度（图5-7c），一种是厚度不变而改变拱圈宽度（图5-7d）。由于等截面拱的构造简单，施工方便，因此它是目前采用最普遍的形式。随着桥梁路径的增大，为了使结构受力更合理，截面形式更经济，也有同时采用变宽度和变高度的截面形式。

主拱圈所使用的建筑材料主要有圬工、钢筋混凝土、钢材和钢-混凝土组合结构等。根据材料的特性，圬工拱桥主要用于跨径小，并且能就地取材的情况，目前使用较少；钢拱桥主要用于大跨径，从已建拱桥看，我国大部分拱桥都采用钢筋混凝土结构，随着设计理论和施工工艺的完善，钢筋混凝土拱桥目前已是最具有竞争力的桥型之一；钢-混凝土组合结构是近几十年来发展起来的，主要有钢管混凝土拱桥和劲性骨架混凝土拱桥两种，下面分别作简要介绍。

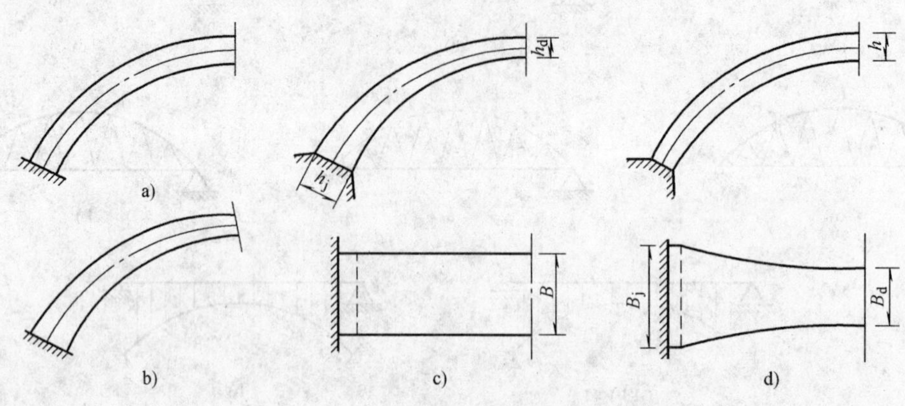

图 5-7　主拱圈立面和平面形式

（1）板拱桥　主拱圈采用矩形实体截面的拱桥称为板拱桥（图 5-8a）。它的构造简单、施工方便，但在相同截面面积的条件下，实体矩形截面比其他形式截面的抵抗矩小。为了获得较大的截面抵抗矩，必须增大截面尺寸，这就相应地增加了材料用量和结构自重，从而加重了下部结构的负担，这是不经济的。因此，通常只在地基条件较好的中、小跨径圬工拱桥中才采用这种形式。如果在较薄的拱板上增加几条纵向肋，以提高拱圈的抗弯刚度，就构成板拱的另外一种形式，即板肋拱（图 5-8b），它的拱圈截面由板和肋组成。

（2）混凝土肋拱桥（图 5-8c）　肋拱桥是在板拱桥的基础上发展形成的，它是将板拱划分成两条或多条分离的、高度较大的拱肋，肋与肋间用横系梁相连。这样就可以用较小的截面面积获得较大的截面抵抗矩，从而节省材料，减轻拱桥的自重，因此多用于大、中跨径的拱桥。

（3）双曲拱桥（图 5-8d）　其主拱圈横截面由一个或数个横向小拱单元组成，由于主拱圈的纵向及横向均呈曲线形，故称之为双曲拱桥。这种截面抵抗矩较相同材料用量的板拱大，故可节省材料。施工中可采用预制拼装，较板拱有较大的优越性，但存在着施工工序多、组合截面整体性较差和易开裂等缺点，一般用于中、小跨径拱桥。

（4）箱形拱桥（图 5-8e）　这类拱桥外形与板拱相似，由于截面挖空，使箱形拱的截面抵抗矩较相同材料用量的板拱大很多，所以能节省材料，减轻自重，相应地也减少下部结构材料用量，对于大跨径拱桥则效果更为显著。又因它是闭口箱形截面，截面抗扭刚度大，横向整体性和结构稳定性均较双曲拱好，故特别适用于无支架施工。但箱形截面施工制作较复杂，因此，大跨径拱桥采用箱形截面才是合适的。

（5）钢管混凝土拱桥　钢管混凝土简称为 CFST（Concrete Filled Steel Tube），它属于钢-混凝土组合结构中的一种，主要用于以受压为主的结构。它一方面借助内填混凝土增强钢管壁的稳定性，另一方面又利用钢管对核心混凝土的套箍作用，使核心混凝土处于三向受压状态，从而使其具有更高的抗压强度和抗变形能力，如图 5-8f 所示。

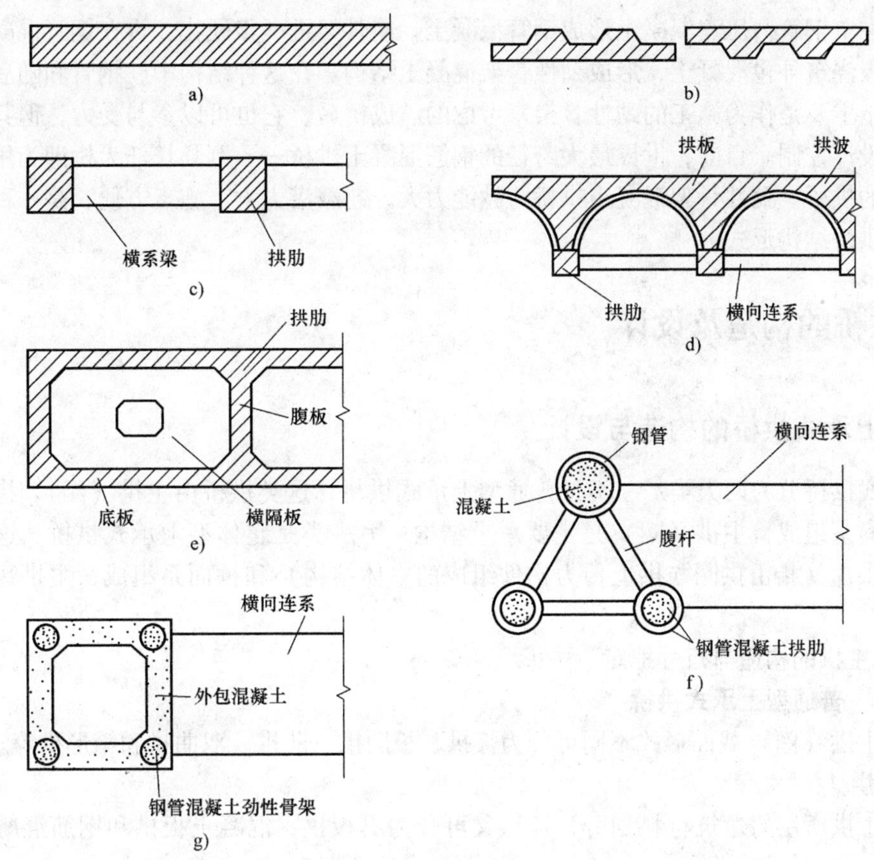

图 5-8 主拱圈横截面形式

a）板拱 b）板肋拱 c）肋拱 d）双曲拱 e）箱形拱

f）钢管混凝土拱 g）劲性骨架混凝土拱

此外，钢管混凝土拱桥尚具有以下几方面的优点：

1）总体性能方面。由于钢管混凝土承载能力大，正常使用状态是以应力控制设计，外表不存在混凝土裂缝问题，因而可以使主拱圈截面及其宽度相对地减小，这样便可以减小桥面上由承重结构所占的宽度，提高了中、下承式拱的桥面宽度的使用效率。

2）施工方面。钢管本身相当于混凝土的外模板，它具有强度高，重量小，易于吊装或转体的特点，可以先将空钢管拱肋合龙，再压注管内混凝土，从而大大降低了大跨径拱桥施工的难度，省去了支模、拆模等工序，并可适应泵送混凝土工艺。

与所有材料一样，钢管混凝土材料也有它自身的缺点。对于管壁外露的钢管混凝土，在阳光照射下，钢管膨胀，容易造成钢管与内填混凝土之间出现脱空现象；另外，由于施工中钢管先于管内混凝土受力，往往造成钢管应力偏高而混凝土不能发挥应有的作用。这些问题都需要予以解决。

（6）劲性骨架混凝土拱桥　劲性骨架混凝土拱桥与普通钢筋混凝土拱桥的区别在于前者以钢骨拱桁架作为受力筋，它可以是型钢，也可以是钢管，采用钢管作劲性骨架的混凝土拱又可称为内填外包型钢管混凝土拱，如图 5-8g 所示。它主要用在大跨度拱桥中，同时也解决了大跨度拱桥施工的“自架设问题”，即首先架设自重小，刚度、强度均较大的钢管骨架，然后在空钢管内压注混凝土形成钢管混凝土，使骨架进一步硬化，再在钢管混凝土骨架上外挂模板浇筑外包混凝土，形成劲性骨架混凝土结构。在这种结构中，钢管和随后形成的钢管混凝土主要是作为施工的劲性骨架来考虑的。成桥后，它也可以参与受力，但其用量通常由施工设计控制。目前，世界最大跨径的钢筋混凝土拱桥——万县长江大桥即为用钢管作劲性骨架的拱桥。劲性骨架混凝土拱桥跨越能力大、超载潜力大、施工方便，是一种极具发展前途的拱桥结构形式。

5.2 拱桥的构造及设计

5.2.1 上承式拱桥的构造与设计

上承式拱桥分为两大类：一类是普通型上承式拱桥，这类拱桥由主拱（圈）、拱上传力构件、桥面系组成，主拱（圈）是主要承重结构；另一类是整体型上承式拱桥，这类拱桥则是由主拱片（指由拱圈与拱上传力构件组成的整体结构）和桥面系组成，主拱片是主要承重结构。

5.2.1.1 主拱的构造与尺寸拟定

5.2.1.1.1 普通型上承式拱桥

根据主拱（圈）截面形式不同可分为板拱、板肋拱、肋拱、双曲拱和箱形拱等。

1. 板拱

按照主拱所用的建筑材料划分，板拱又可分为石板拱、混凝土板拱和钢筋混凝土板拱等。

（1）石板拱　砌筑石板拱主拱圈的石料主要有料石、块石和砖石等。用粗料石砌筑拱圈时，拱石需要随拱轴线和截面形式不同而分别进行编号，以便加工，等截面圆弧拱（图5-9a）的拱石规格少，编号简单；变截面圆弧拱圈（图5-9b）的拱石类型较多，编号较复杂，施工不便。有的石拱桥也采用等截面或变截面的悬链线作为拱轴线，这时，拱石的编号更为复杂（图5-10）。因此，目前大多采用等截面拱桥。

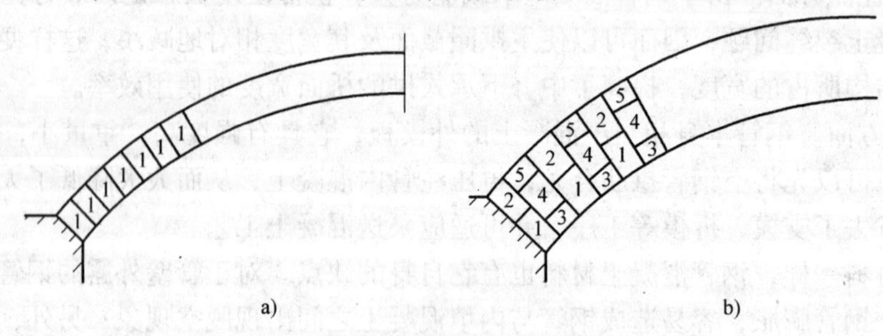

图5-9　等截面圆弧拱的拱石编号

注：图中数字为拱石编号。

用于拱圈砌筑的石料应要求石质均匀，不易风化和无裂纹。石料强度等级不得低于MU30，砌筑拱石用的砂浆，对大、中跨径拱桥不得低于M7.5，对于小跨径拱桥不得低于M5。在必要时也可用小石子混凝土进行砌筑，小石子粒径一般不得大于2cm。采用小石子混凝土砌筑的片石板拱，其砌体强度要比用同强度的水泥砂浆的砌体强度高，而且可以节约水泥$\frac{1}{4}$~$\frac{1}{3}$。

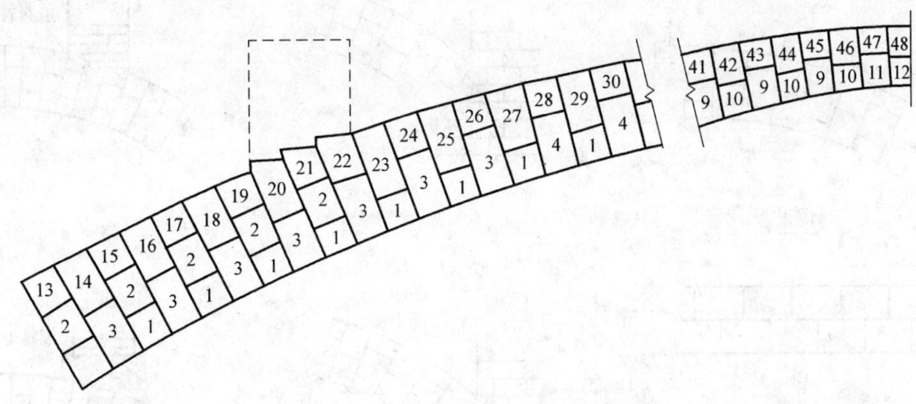

图5-10 变截面拱圈的拱石编号

根据拱圈的受力（主要承受压力，其次是弯矩）特点和需要，拱圈砌筑应满足下列构造要求：

1）错缝。对料石拱，拱石受压面的砌缝应与拱轴线垂直，可以不错缝；当拱圈厚度不大时，可采用单层砌筑（图5-9a），但其横向砌缝必须错开且不小于10cm；当拱圈厚度较大时，采用多层砌筑（图5-9b，图5-10），但其垂直于受压面的顺桥向砌缝（图5-11a），拱圈横截面内拱石竖向砌缝（图5-11b、c）以及各层横向砌缝必须错开且不小于10cm，以免因存在通缝而降低砌体的抗剪强度和削弱其整体性。对于块石拱，应选择较大平面与拱轴线垂直，拱石大头在上，小头在下，砌缝错开且不小于8cm。对于片石拱，拱石较大面与拱轴线垂直，大头在上，砌缝交错。

2）限制砌缝宽度。拱石砌缝宽度不能太大，因砂浆强度比拱石低得多，缝太宽必将影响砌体强度和整体性。通常，对料石拱不大于2cm，对块石拱不大于3cm，对片石拱不大于4cm，采用小石子混凝土砌筑时，块石砌缝宽不大于5cm，片石砌缝宽为7cm。

3）设五角石。拱圈与墩台以及拱圈与空腹式拱上建筑的腹孔墩连接处，应采用特别的五角石（图5-12a），以改善该处的受力状况。为避免施工时损坏或被压碎，五角石不得带有锐角，为了简化施工，目前常用现浇混凝土拱座及腹孔墩底梁（图5-12b）代替石质五角石。

小跨径等截面石板拱的拱圈厚度可按下式估算

$$h=\beta k\sqrt[3]{l_0}$$

式中，h是拱圈厚度（cm）；l_0是拱圈净跨径（cm）；β是系数，一般为4.5~6.0，取值随矢跨比的减小而增大；k是荷载系数，一般取1.2。

（2）混凝土板拱

1）素混凝土板拱。这类拱桥主要用于缺乏合格天然石料的地区，可以采用整体现浇，也可以预制砌筑。整体现浇混凝土拱圈，拱内收缩应力大，受力不利，同时拱架、模板木材用量大，工期长，质量不易控制，故较少采用。预制砌筑就是将混凝土板拱划分成若干块件，然后预制混凝土块件，最后进行块件砌筑成拱。预制砌块在砌筑前应有足够的养生期，以消除或减少混凝土收缩的影响。

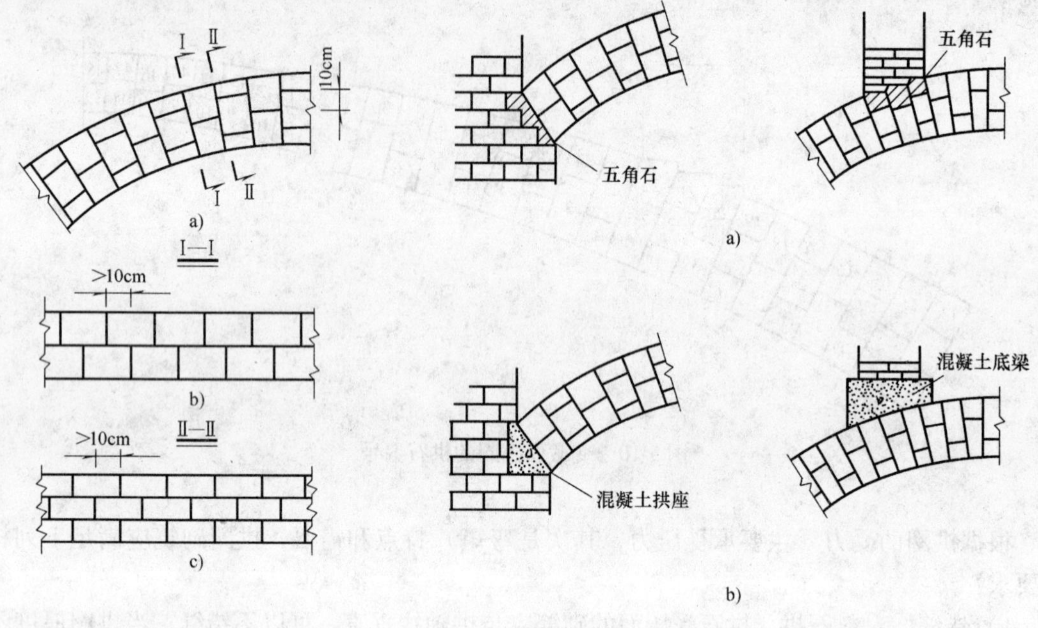

图 5-11 拱石的错缝要求

图 5-12 拱圈与墩台及腹孔墩连接

2）钢筋混凝土板拱。与混凝土板拱相比，这类拱桥可以设计成较小的板厚，其构造简单、外表整齐、轻巧美观，如图 5-13 所示。根据桥宽需要可做成单条整体拱圈或多条平行板（肋）拱圈，施工时可反复利用一套较窄的拱架与模板来完成，大大节省材料。钢筋混凝土等截面板拱的拱圈高度可按跨径的 1/60 ~ 1/70 初拟，跨径大时取小者。

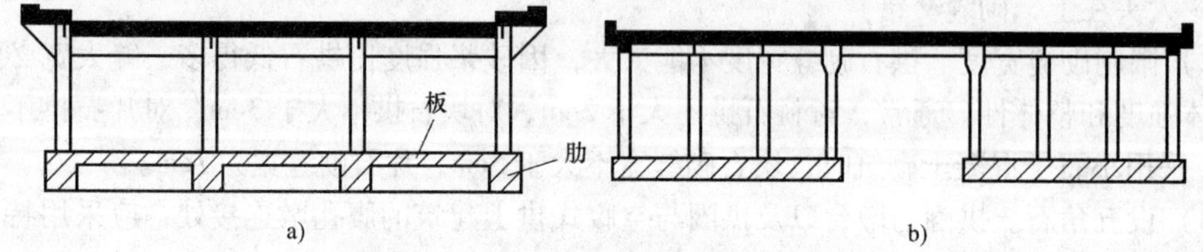

图 5-13 钢筋混凝土板拱的横断面

2. 肋拱

肋拱桥是由两条或多条分离的拱肋、横系梁、立柱和由横梁支承的行车道部分组成的，如图 5-14 所示。拱肋是主要承重结构，可由混凝土、钢筋混凝土、钢管混凝土、劲性骨架混凝土建成。拱肋的数目和间距以及截面形式主要根据桥梁宽度、肋型、材料性能、荷载等级、施工条件、拱上结构等各方面综合考虑决定。为了简化构造，一般在吊装能力满足要求的情况下，宜采用少肋型式。通常，桥宽在 20m 以内时均可考虑采用双肋式，当桥宽在 20m 以上时，宜采用分离的双幅双肋拱，以避免由于肋中距增大而使肋间横系梁、拱上结构横向跨度与尺寸增大太多。上下游拱肋最外缘的间距一般不宜小于跨径的 1/20，以保证肋拱的横向整体稳定性。

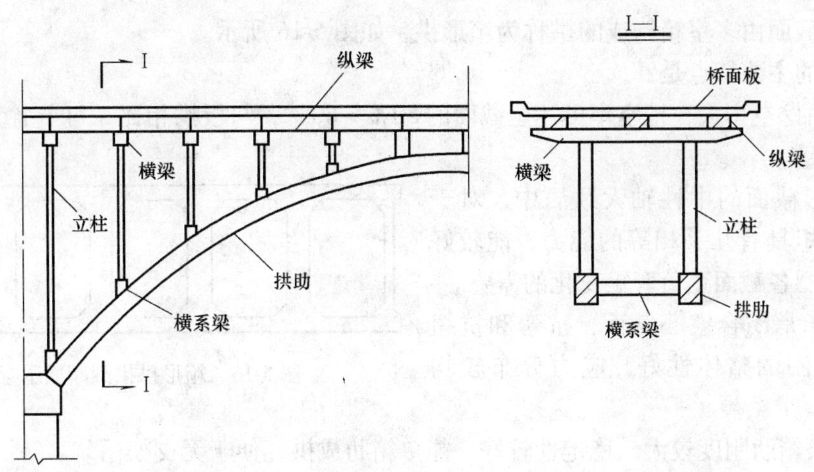

图5-14 肋拱桥立面布置图

拱肋的截面形式分为实体矩形、工字形、箱形、管形和劲性骨架混凝土箱形等。矩形截面构造简单、施工方便，一般仅用于中小跨径的肋拱。肋高可取跨径的1/40～1/60，肋宽可为肋高的0.5～2.0倍。工字形截面，常用于大、中跨径的肋拱桥，肋高一般为跨径的1/25～1/35，肋宽约为肋高的0.4～0.5倍，腹板厚度常为30～50cm。管形肋拱是指采用钢管混凝土结构作为拱肋的拱桥，其肋高与跨径之比常为$\frac{1}{45}$～$\frac{1}{65}$。当肋拱桥的跨径大，桥面宽时，拱肋还可采用箱形截面，这样可减少更多的圬工体积。

箱形肋拱由双肋或多肋组成，肋间设置系梁使之形成整体。

箱形肋拱拱肋尺寸根据受力需要确定，初拟时一般肋高取为跨径的1/50～1/70。肋宽取为肋高的1.0～2.0倍。箱形肋之间的系梁除具有增强肋拱横向整体稳定性的作用外，还可起到横向分布荷载的作用，要求具有足够的强度和刚度，并与拱肋固接。肋间系梁常用钢筋混凝土材料，目前有三种断面类型，如图5-15所示。

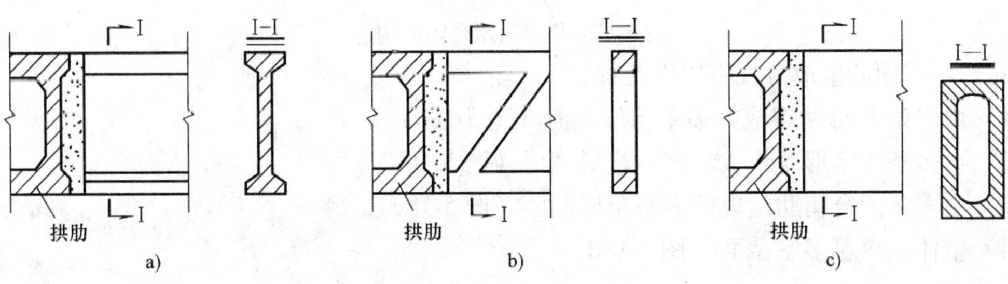

图5-15 箱形肋拱横系梁

a）工字形 b）桁片 c）箱形

箱形肋拱通常采用等截面形式，以方便施工。对于特大跨径的箱形肋拱也可采用受力更为合理的变截面形式。

3. 箱形拱

主拱圈截面由多室箱构成的拱称为箱形拱，如图 5-16 所示。

箱形拱的主要特点是：

1）截面挖空率大，挖空率可达全截面的 50% ~60%，与板拱相比，可节省大量圬工体积，减小重量。

2）箱形截面的中性轴大致居中，对于抵抗正负弯矩具有几乎相等的能力，能较好地适应主拱圈各截面正负弯矩变化的需要。

图 5-16 箱形拱拱圈断面示意

3）由于是闭合空心截面，抗弯和抗扭刚度大，拱圈的整体性好，应力分布较均匀。

4）单条箱肋刚度较大，稳定性较好，能单箱肋成拱，便于无支架吊装。

5）制作要求较高，吊装设备较多，主要用于大跨径拱桥。

箱形拱的拱圈，可以由一个闭合箱（单室箱）或由几个闭合箱（多室箱）组成，每一个闭合箱又由箱壁（侧板）、顶板（盖板）、底板及横隔板组成（图 5-17）。

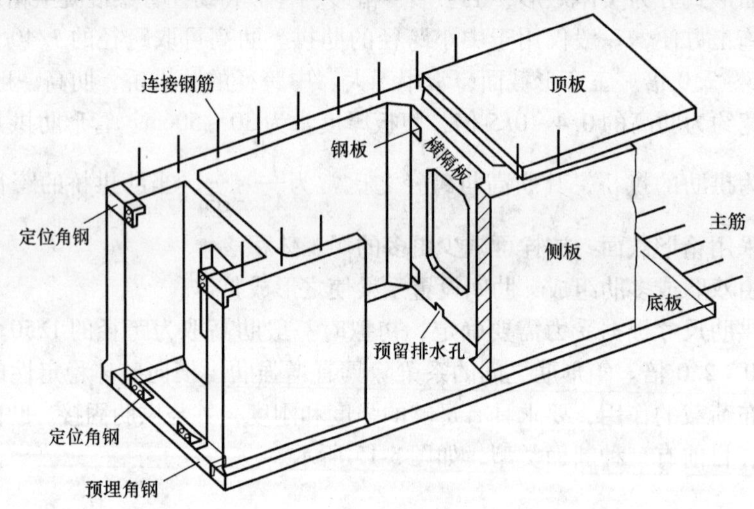

图 5-17 箱形拱闭合箱的构造

箱形拱截面的组成方式有以下几种：

1）由多条 U 形肋组成的多室箱形截面（图 5-18a）。

2）由多条工字形肋组成的多室箱形截面（图 5-18b）。

3）由多条闭合箱肋组成的多室箱形截面（图 5-18c）。

4）整体式单箱多室截面（图 5-18d）。

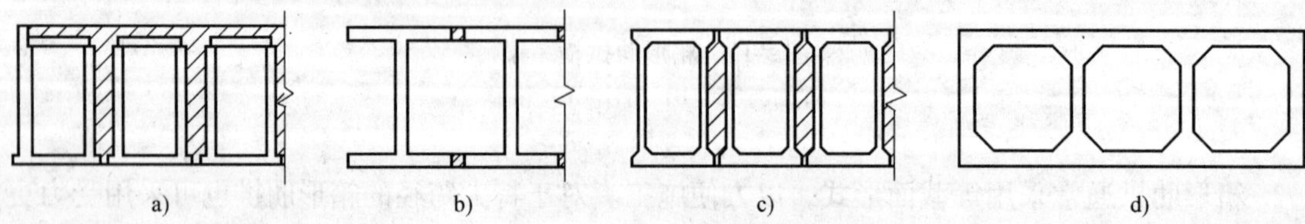

图 5-18 箱形截面组成方式

拟定箱形拱截面尺寸主要包括拱圈的高度、宽度、箱肋的宽度以及顶底板及腹板尺寸。

拱圈的高度主要取决于拱的跨度，还与拱圈所用混凝土强度有很大关系。初拟拱圈的高度时，拱圈高度可取跨径的1/55～1/75，或者按如下经验公式估算

$$h=\frac{l_0}{100}+\Delta$$

式中，h 是拱圈高度（m）；l_0 是净跨径（m）；Δ 的取值，箱形拱为0.6～0.7m，箱肋拱为0.8～1.0m。

提高混凝土的强度，可以减小截面尺寸，从而减小拱体自重或加大跨径。目前常用C40～C50混凝土，对特大跨径拱桥应尽量采用强度等级更高的混凝土。

拟定拱圈的宽度时，可考虑采用悬挑桥面，减小拱圈宽度，即采用窄拱圈形式。拱圈宽度一般可为桥宽的1.0～0.6倍，桥面悬挑可达到4.0m，但为保证其横向稳定性，一般希望拱宽不小于跨径的1/20，但特大跨径桥的拱圈宽度常难以满足该条件，只要横向稳定性能得到保证即可。

箱肋是组成预制吊装施工的箱形拱桥的基本构件。拱圈宽度确定后，根据（缆索）吊装能力，在横向划分为几个箱肋，即可确定箱肋的宽度。

对常用的由多条闭口箱肋组成的箱形拱（图5-19），其顶、底板及腹板各部分尺寸采用何值，与跨径及荷载大小有关。顶、底板厚度 t_d 一般为15～22cm，两外箱肋外腹板厚 t_{wf} 一般为12～15cm，内箱肋腹板厚 t_{Nf} 常取5～7cm，以尽量减小吊装重量，但需注意的是，拱圈顶、底、腹板太薄可能出现压溃，其原因除构造尺寸太小外，就是应力允许值用得太大（国际上对压板应力值限制很严），故应对其作必要的局部应力验算。填缝宽度 t_f 根据受力大小确定（主要考虑轴力大小），一般采用20～35cm。为保证填缝混凝土浇筑质量，Δ_1 不宜小于15cm，Δ_2 为安装缝，通常为4cm。

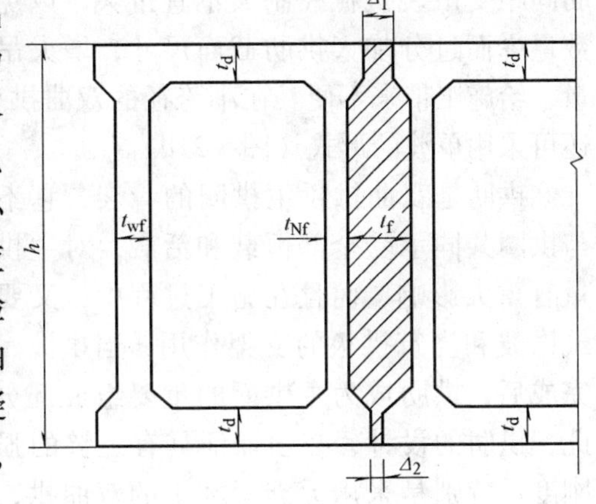

图5-19 常用的箱形拱截面构造

箱形拱的构造与施工方法有密切的联系。修建箱形拱，可以采用预制拱箱无支架吊装或有支架现场浇筑等施工方法。若采用无支架施工时，拱箱可分段预制，当吊装能力很大时，可以采用封闭式拱箱，这样可以增加拱箱在施工过程中的整体稳定性，减少施工步骤。其具体过程为：在横向将拱截面划分为多条箱形肋，在纵向将箱形肋分段。先预制各箱肋段，然后安装各箱肋段成拱，最后现浇各箱肋间的填缝混凝土形成箱形拱。

4. 双曲拱桥

双曲拱桥主拱圈通常由拱肋、拱波、拱板和横向连系等几部分组成，如图5-20所示。双曲拱桥的主要特点是将主拱圈以“化整为零”的方法按先后顺序进行施工，再以“集零为整”的组合式整体结构承重。施工时，先将拱圈划分成拱肋、拱波、拱板及横向连系四部分，并预制拱肋、拱波和横向连系，即“化整为零”；然后吊装钢筋混凝土拱肋成拱并与横向连系构件组成拱形框架，在拱肋间安装拱波，随后浇筑拱板混凝土，形成主拱圈，即

“集零为整”。双曲拱桥是我国于20世纪70年代提出的，当时的主要目的是减小吊装重量。

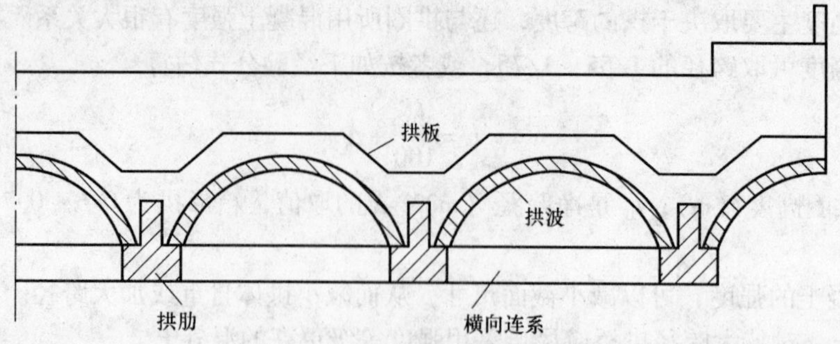

图 5-20 双曲拱桥主拱圈横断面

双曲拱桥主拱圈截面，根据桥梁的跨径、宽度、设计荷载的大小、材料类型和施工工艺等各种情况，可以采用不同的形式（图 5-21）。采用最多的是多肋多波的截面形式（图 5-21a、b、c）。一般说来，肋间距不宜过小，以免限制了拱波的矢高，减小拱圈的截面刚度，但同时肋间距受吊装机械控制又不宜过大，以免拱肋数量少而过分加大拱肋截面尺寸，增大吊装重量，给施工带来不便。在小跨径的双曲拱桥中，还可采用单波的形式（图 5-21d）。

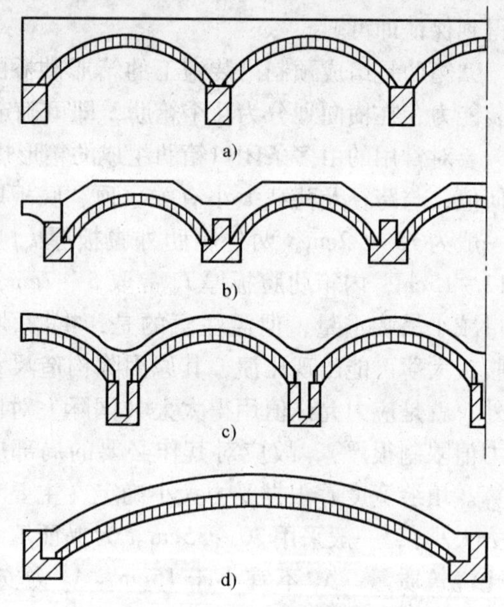

图 5-21 双曲拱桥主拱圈截面形式

拱肋是双曲拱桥主拱圈的骨架，它不仅参与拱圈共同承受全部恒载和活载，对主拱圈重量有重大影响，而且在施工过程中，又要起砌筑拱波和浇筑拱板的支架作用，当拱波、拱板完成后，拱肋成为主拱圈的重要组成部分。因此，拱肋的设计，必须保证具有足够的强度和刚度。特别是采用无支架施工的双曲拱，除应满足吊装阶段的强度和纵横向稳定性以外，还需满足截面在组合过程中各阶段荷载作用下的强度要求。

常用的拱肋截面形式有矩形、倒T形（凸形）、槽形和工字形等（图 5-22）。一般根据跨径大小、受力性能、施工难易等条件综合选择合理的截面形式，要求所选拱肋截面有利于增强主拱圈的整体性，制作简单且能保证施工安全。

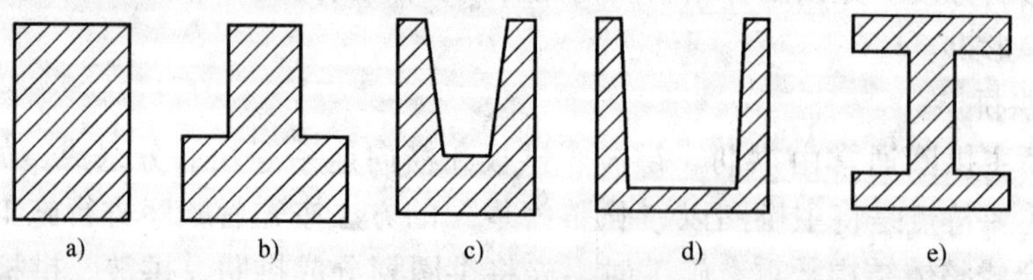

图 5-22 拱肋截面形式

a）矩形拱肋 b）凸形拱肋 c）、d）槽形拱肋 e）工字形拱肋拱肋一般为钢筋混凝土构件，常采用预制安装的方法施工。预制的拱肋，如果长度太大，不便于预制、运输和吊装，则常常分成几段，分段数目和长度应根据桥梁路径大小、运输设备和吊装能力等条件来考虑。由于拱顶往往是受力最不利的截面，因此拱肋分段时接头不宜布置在拱顶。接头宜设置在拱肋自重作用下弯矩最小的地方，一般在跨径的0.3倍附近。这样，拱肋一般可分为三段(图5-23)。当跨径超过80m时，可以分为5段。

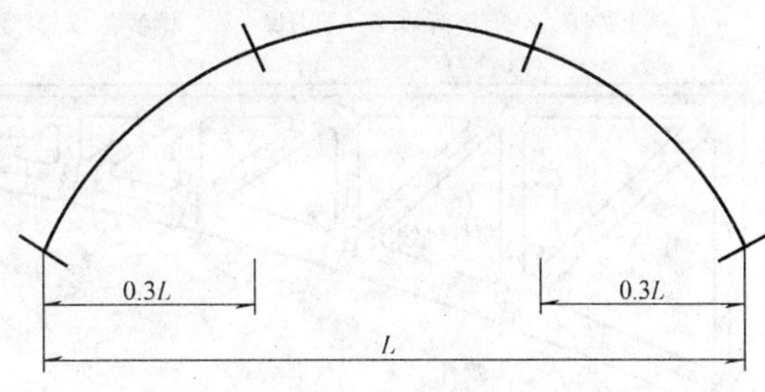

图5-23 肋分段的接头位置

拱波一般都用混凝土预制，常做成圆弧形，矢跨比一般为1/3~1/5，单波的矢跨比为1/3~1/6。拱波跨度由拱肋间距确定，以1.3~2.0m为宜，单波截面以3~5m为宜。拱波厚一般为6~8cm，拱波的宽度为0.3~0.5m。拱波不仅是参与主拱圈共同承受荷载的组成部分，而在浇筑拱板混凝土时，它又起模板的作用。

拱板在拱圈截面占有最大比重，而且现浇混凝土拱板又将拱肋、拱波连成整体，使拱圈能实现“集零为整”。因此，拱板在加强拱圈整体性方面起着重要的作用。

双曲拱桥主拱圈截面高度一般为跨径的1/40~1/55，跨径大者取小值。

为使拱肋的变形在横桥方向均匀，避免拱顶可能出现的纵向裂缝，需在拱肋间设置横向连系。常用的形式有横系梁和横隔板，通常布置在拱顶、腹孔墩下面、分段吊装的拱肋接头处等，间距一般为3~5m，拱顶部分可适当加密。

5.2.1.1.2 整体型上承式拱桥

整体型上承式拱桥包括桁架拱桥和刚架拱桥。这些桥型进一步减小了拱桥自重，增强桥梁结构的整体性，充分发挥装配式结构工业化程度高、施工进度快等优点，扩大了拱桥的使用范围。

1. 桁架拱桥

桁架拱桥又称拱形桁架桥。桁架拱桥是一种有水平推力的桁架结构。其上部结构由桁架拱片、横向连接系和桥面组成。桁架拱片是主要承重结构，由上、下弦杆、腹杆和实腹段组成，其立面布置如图5-24所示。

(1) 结构形式 根据其构造不同可以分为斜（腹）杆式、竖（腹）杆式、桁肋式和组合式四种。

1）斜（腹）杆式。斜（腹）杆式，如图5-25所示。三角形桁架拱片腹杆根数少，杆件的总长度最短，因此腹杆用料省，整体刚度较大。

2）竖（腹）杆式。竖杆式桁架拱片（图5-26a）外形美观，节点构造简单，施工较方便，但整体刚度较小，竖杆与上、下弦杆连接的节点处易开裂，故适用于荷载小、跨径较小的桥梁。

3）桁肋式。桁肋式拱桥（图5-26b）实质上为普通型上承式拱桥，仅是将主拱圈改为桁架结构。桁肋自重小，吊装方便，适宜于无支架施工。但由于桁架在拱脚处固结，基础变位、温度变化和混凝土收缩徐变引起的附加内力较大，拱脚上弦杆易开裂。

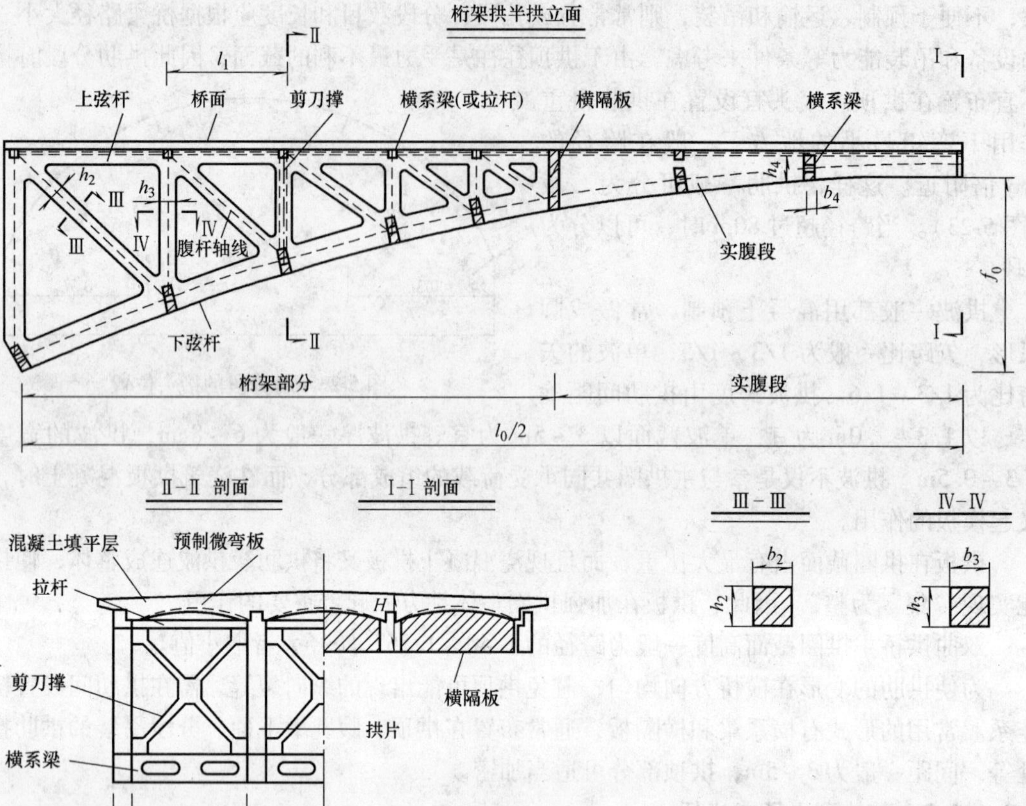

图 5-24 桁架拱桥的主要组成部分

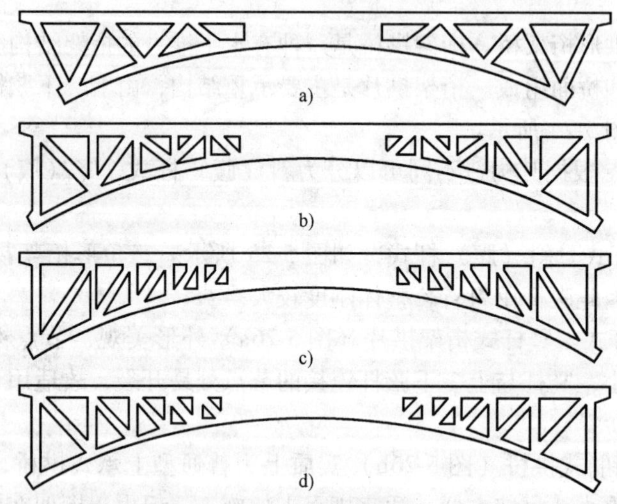

图 5-25 斜杆式桁架拱桥

a）斜（腹）杆式 b）带竖杆的三角形桁架拱 c）斜压杆 d）斜拉杆

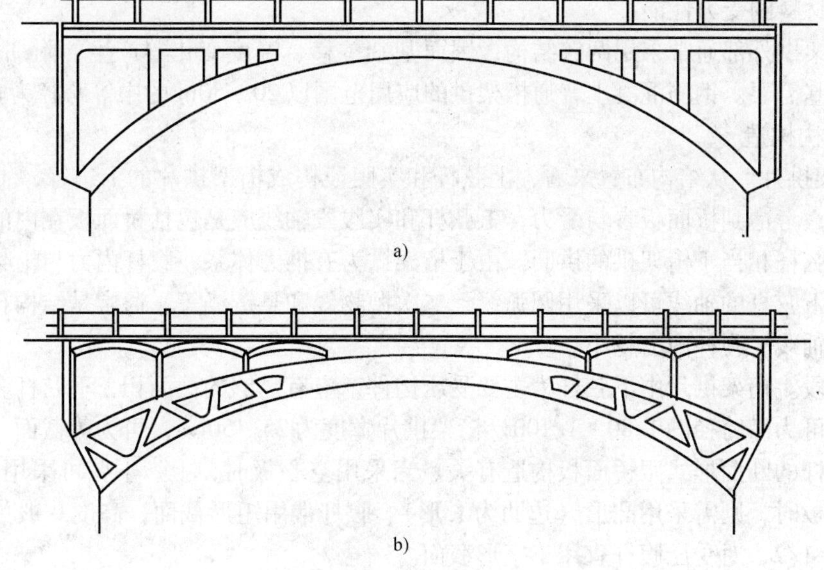

图5-26 竖杆式和桁肋式拱片

a）竖杆式 b）桁肋式

4）组合式。桁式组合拱与前面三种桁架拱的主要区别在于上弦杆断点位置不同。普通桁架拱的上弦杆简支于墩（台）上，上弦杆在墩（台）之间没有断缝（即断点），而桁式组合拱上弦杆却是在墩（台）顶部至拱顶之间适当位置断开，形成一条断缝（即断点），从断点至墩（台）顶部形成一个悬臂桁架［与墩（台）固接］，跨间两断点之间为一普通桁架拱，全桥下弦杆保持连续，如图5-27所示。桁式组合拱常用于100m以上的特大型预应力混凝土拱桥，设断缝对减小由于日照温差引起的附加内力有好处。

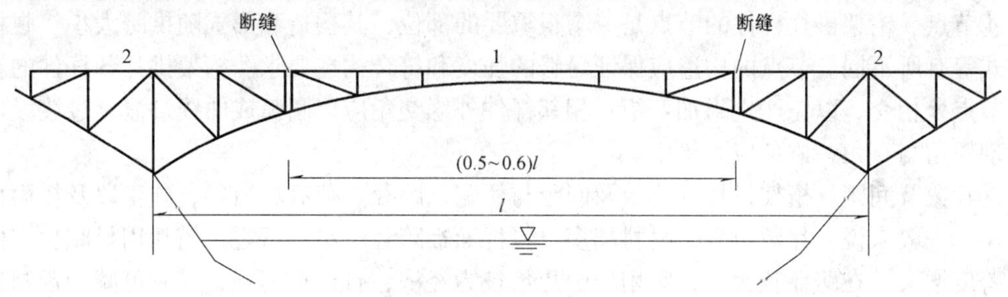

图5-27 桁式组合拱桥的组成

1—桁架拱部分 2—悬臂桁梁部分

（2）结构特点 作为主要承重结构的桁架拱片在施工期间单独受力，在竣工后与桥面板共同受力。其中下弦杆为拱形，上弦杆一般与桥道结构组合成一整体而共同工作。在跨中部分，因上、下弦杆很靠近而做成实腹段。桁架拱在荷载作用下具有水平推力，使跨中实腹段在恒载作用下弯矩减小，主要承受轴向压力，在活载作用下将承受弯矩，成为一偏心受压构件，即具有拱的受力特点。同时，由于它相当于把普通型上承式拱的传载构件（拱上结构）与拱肋连成整体，拱与拱上结构共同受力，相当于加大了拱圈高度，各杆件又主要承受轴力。所以又具有桁架的受力特点。由于桁架拱兼备了桁架和拱式结构的有利因素，因此能充分发挥材料的受力性能。

由于桁架拱外部通常采用两铰结构，因而基础位移、温度变化等产生的附加内力较小，适合软弱地基需要。钢筋混凝土普通桁架拱的应用范围以 20 ~ 50m 的中等跨径为宜。

（3）结构构造

1）桁架拱片。从结构布置来看，上弦杆和实腹段构成桁架拱片的上边缘，上弦杆轴线平行于桥面，考虑到桥面板参与受力，上弦杆和实腹段轴线应是包括桥面板在内的截面重心的连线。下弦杆相当于桁架拱的拱肋。由于桁架拱为有推力体系，腹杆内力与桁架拱下弦杆轴线有关，下弦杆的轴线可以采用圆弧线、二次抛物线和悬链线等。通常是结构自重压力线越接近下弦轴线，腹杆内力越小。

①桁架段。桁架拱片中下弦杆为主要受压构件，应有足够的截面积，下弦杆多用矩形截面，其高度可为净跨径的 1/80 ~ 1/100。桁架拱片宽度为 25 ~ 50cm，可为等截面，也可是变截面。上弦杆的断面形式跟桥面板构造有关。当采用空心板时，上、下弦可采用矩形截面；当采用微弯板时，则需采用凸形（边肋为 L 形）。腹杆常用矩形截面，高度一般为下弦杆高度的 1/1.5 ~ 1/2，对受压腹杆宜用工字形截面。

②实腹段。实腹段长度与拱底曲线有关。陡拱时，实腹段就短，坦拱时则长。在确定其长度时还应考虑实腹段与桁架段之间强度与刚度的差别、外观上的协调以及要便于施工的要求。通常，实腹段长度为计算跨径的 0.3 ~ 0.5 倍，实腹段跨中截面高度（包括桥面板在内）与跨径、矢跨比、拱片数（或间距）等有关，初拟时可取为净跨径的 1/40 ~ 1/50。

③节间大小。桁架拱片的节间大小与上弦杆局部受力有关。节间大，节点就少，结构简化，但上弦杆需增大截面和自重，所以，节间长度一般不大于计算跨径的 1/8 ~ 1/12。对斜杆式桁架拱，还应使其与上弦杆的夹角为 30° ~ 50°，以避免产生过大的内力和变形，这就要求节间长度自端部向拱顶递减。

④节点。桁架拱片杆件的节点是一个很重要的部位，其构造和形式随拱跨大小、腹杆布置方式等有所不同。节点的构造应保证足够的强度和符合构造要求。桁架拱片各杆件的轴线应于节点处相交，以免产生附加弯矩；相邻杆件外缘交角应以圆弧或曲线过渡，过渡段内不得出现锐角与直角，避免应力集中。

⑤片数及间距。桁架拱片的片数及间距与桥宽、跨径、荷载、材料、施工以及桥面板构造有关。一般来说，片数越多，材料越多，但桥面板跨径减小。反之，桁片用材减少，但桥面板跨度增大。在跨径较大时，采用较少片数较为经济，且外形美观，同时可减少预制安装工程量，但需考虑到桥面板的跨越能力。采用微弯板桥面时，双车道可采用 3 ~ 4 片，采用中心板桥面时，则可采用 2 ~ 3 片。

⑥矢跨比。与一般拱桥相同，矢跨比也是桁架拱片需要确定的重要因素。桁架拱片矢跨比的确定应从桥址情况、桥下净空、桥面标高、构造形式、受力与施工诸方面综合考虑确定。当矢跨比小时，立面外形轻巧美观，腹杆较短，刚度大，吊装重量小，节省材料。但矢跨比越小水平推力就越大，造成墩台负担增大。当矢跨比大时，则情况相反。一般其净矢跨比在 1/6 ~ 1/10 之间选用。

2）横向连系。为把桁架拱片连成整体，使之共同受力，并保证其横向稳定，需在桁架拱片之间设置横向连系。横向连系根据设置部位不同，分为横拉杆、横系梁、横隔板和剪刀撑等。

横系梁和横拉杆分别设置在上、下弦杆节点处，拱顶实腹段每隔 3 ~ 5m 也应设置横系梁，横拉杆常用矩形截面，高度与上弦杆根部（翼缘）相同，宽为 12 ~ 20cm。横系梁也用矩形截面，高度同下弦杆，并不小于其长度的 1/15，宽 12 ~ 20cm。横隔板一般设在实腹段与桁架部分连接处及跨中，它在高度方向直抵桥面板，与横系梁同厚。横桥向的剪刀撑一般设在 1/4 跨径附近的上、下节点之间及跨径端部，剪刀撑杆件常用边长为 10 ~ 18cm 的正方形截面。

3）桥面系。桁架拱桥桥面板既承受局部荷载，又与桁架拱片形成整体，共同受力。桥面结构形式很多，有横向微弯板、纵向微弯板和预应力混凝土空心板等。

4）桁架拱片与墩（台）的连接。桁架拱片与墩（台）的连接形式包括上、下弦杆与墩（台）的连接和多孔桁架拱桥桥跨之间的连接。连接构造随上、下部结构的形式，施工方法及美观要求等而异。下弦杆与墩（台）的连接一般是在墩（台）帽上预留深 10cm 左右（或与肋高相同）的槽孔，将下弦杆插入并封以砂浆。在跨径较大时，由于墩（台）位移等原因，往往造成支承面局部承压，引起反力偏心和结构内力变化，故宜采用较完善的铰接。桁架拱上部在墩（台）处的连接以及多跨拱间的连接分为悬臂式（图 5-28a、b）、过梁式（图 5-28c、d）和伸入式（图 5-28e、f）等三种，一般以受力明确的过梁式为好。与桥台的连接分为过梁式和伸入式两种。

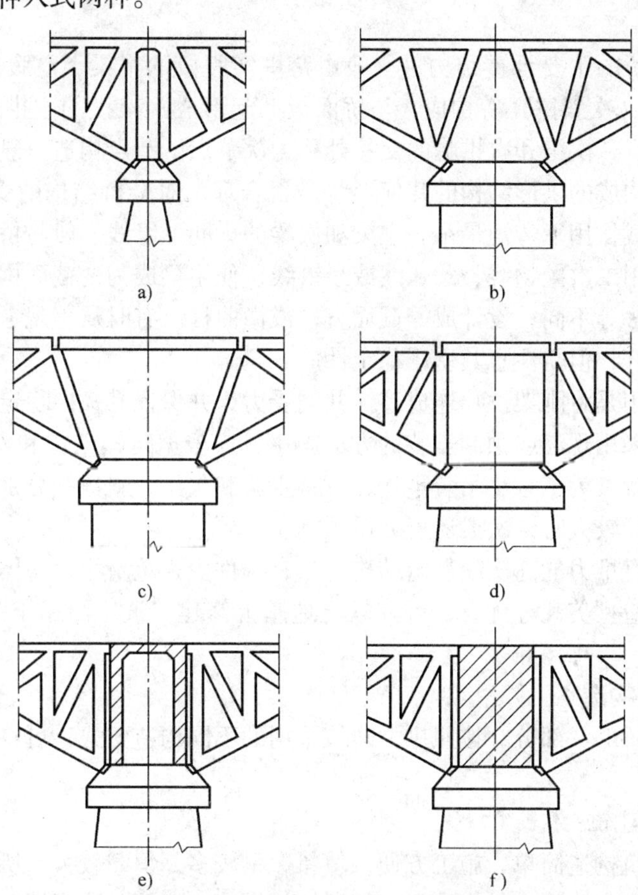

图 5-28 桁架拱与墩（台）的连接形式

2. 刚架拱桥

刚架拱桥的上部结构由刚架拱片、横向连接系和桥面等部分组成（图5-29）。

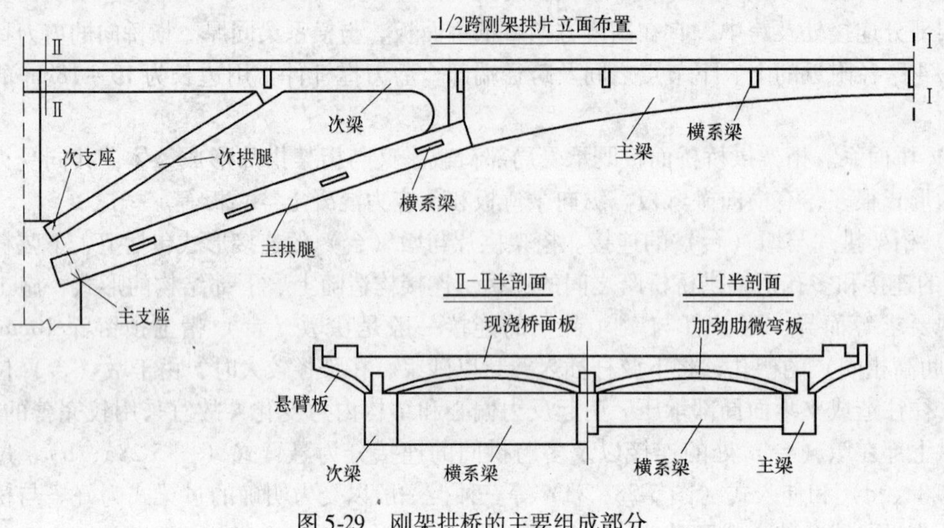

图5-29　刚架拱桥的主要组成部分

拱片是刚架拱桥的主要承重结构，一般由跨中实腹段的主梁、空腹段的次梁、主拱腿（主斜撑）、次拱腿（次斜撑）等构成，与桥面板一起形成刚架拱的主拱片。主梁和主拱腿的交接处称为主节点，次梁和次拱腿的交接处称为次节点。节点构造一般均按固接设计。

主梁和主拱腿构成的拱形结构的几何形状是否合理，对全桥结构的受力有显著的影响，其设计原则是在恒载作用下弯矩最小。主梁和次梁的梁肋上缘线一般与桥面纵向平行，主梁下边缘线一般可采用二次抛物线、圆弧线或悬链线，使主梁成为变截面构件；主拱腿可根据跨径大小和施工方法等不同，设计成等截面直杆或微曲杆。有时从美观考虑，也可采用与主梁同一曲线的弧形杆，但需注意其受压稳定性。

横向连系的作用是将刚架拱片连成整体共同受力，并保证其横向稳定。

刚架拱片可以采用现浇或预制安装的方法施工，应根据运输条件和安装能力具体确定，目前大多数采用后者。为了减小吊装重量，可将主梁和次梁、斜撑等分别预制，用现浇混凝土接头连接。当跨径较大时，次梁还可分段预制。

刚架拱桥属于有推力的高次超静定结构，具有构件少、重量小、整体性好、刚度大、施工简便、造价低、造型美观等优点，可在软土地基上修建，被广泛用于跨径为25～70m的桥梁。

5.2.1.2　拱上建筑构造

拱上建筑是拱桥的一部分，按照拱上建筑采用的不同构造方式，可将拱桥分为实腹式和空腹式两种。

1. 实腹式拱上建筑

实腹式拱上建筑构造简单，施工方便，填料数量较多，恒载较大，所以，一般用于小跨径的拱桥。实腹式拱上建筑由拱腹填料、侧墙、护拱、变形缝、防水层、泄水管以及桥面系组成（图5-30）。

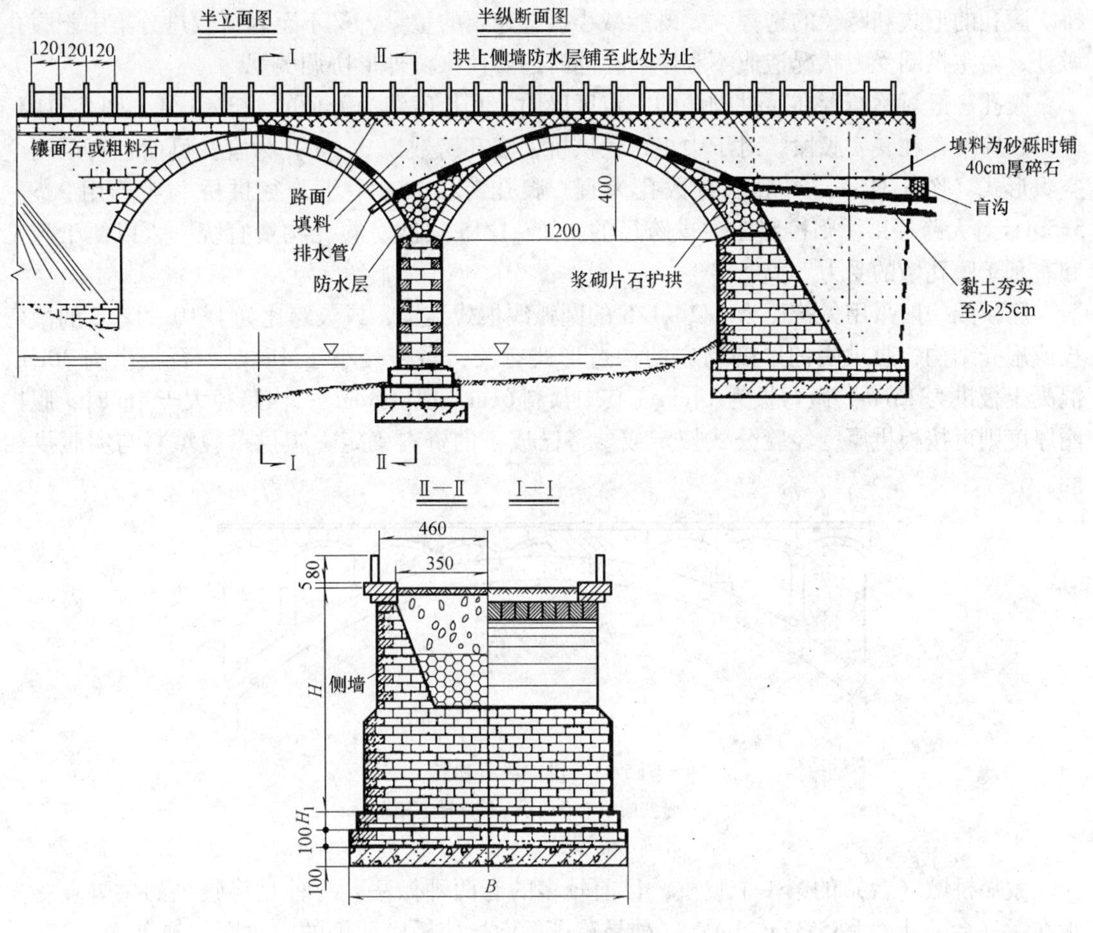

图5-30 实腹式拱桥构造图

拱腹填料分为填充式和砌筑式两种。填充式拱腹填料应尽量做到就地取材，通常采用透水性好、土侧压力小的砾石、碎石、粗砂或卵石类粘土等材料，分层夯实，还可采用其他轻质材料，如炉渣与粘土的混合物、陶粒混凝土等，以减小拱上建筑重量，使其适用于地质条件较差的地区。砌筑式拱腹填料就是在散粒料不易取得时才采用的一种干砌圬工方式。侧墙围护拱腹上的散粒填料，设置在拱圈两侧，通常采用浆砌块、片石，若有特殊的美观要求，可用料石镶面。对混凝土或钢筋混凝土板拱，也可用钢筋混凝土护壁式侧墙。这种侧墙可以与主拱浇筑为一体。侧墙一般要求承受填料土侧压力和车辆作用下的土侧压力，故按挡土墙进行设计。对浆砌圬工侧墙，顶面厚度一般为50～70cm，向下逐渐增厚，墙脚厚度取用该处墙高的0.4倍。护拱设于拱脚段，以便加强拱脚段的拱圈，同时，便于在多孔拱桥上设置防水层和泄水管，通常采用浆砌块、片石结构。

2. 空腹式拱上建筑

大、中跨径的拱桥，特别是当矢高较大时，应以空腹式拱上建筑为宜。空腹式拱上建筑除具有与实腹式拱上建筑相同的构造外，还具有腹孔和腹孔墩。

（1）腹孔　根据腹孔构造，可分为拱式拱上建筑和梁式拱上建筑两种。

1）拱式拱上建筑。拱式拱上建筑构造简单，外形美观，但重量较大，一般用于圬工拱桥。腹孔的形式和跨径的选择，要既能减小拱上建筑的重量，又不至因荷载过分集中于腹孔墩处，给主拱圈受力状况造成不利影响，同时还要使拱桥外形协调美观。

腹孔一般对称布置在靠拱脚侧的一定区段内，其长度约为跨径的1/3～1/4（图5-31a），此时，跨中存在一实腹段。对于中小跨径拱桥，腹孔跨数以3～6孔为宜。目前也有采用全空腹形式（图5-31b），一般以奇数孔为宜。腹孔跨径，对中小跨径拱桥一般选用2.5～5.5m，对大跨径拱桥则控制在主拱跨径的1/8～1/15之间。腹孔构造宜统一，以便于施工和有利于腹孔墩的受力。

腹拱圈一般采用矢跨比为1/2～1/5的圆弧线板式结构，或矢跨比为1/10～1/12的微弯板或扁壳结构，腹拱圈的厚度与它的构造形式有关，当跨径小于4m时，石板拱为30cm，混凝土板拱为15cm，微弯板为14cm（其中预制6cm，现浇8cm）；当跨径大于4m时，腹拱圈厚度则可按板拱厚度经验公式拟定或参考已成桥的资料确定。腹拱拱腹填料与实腹拱相同。

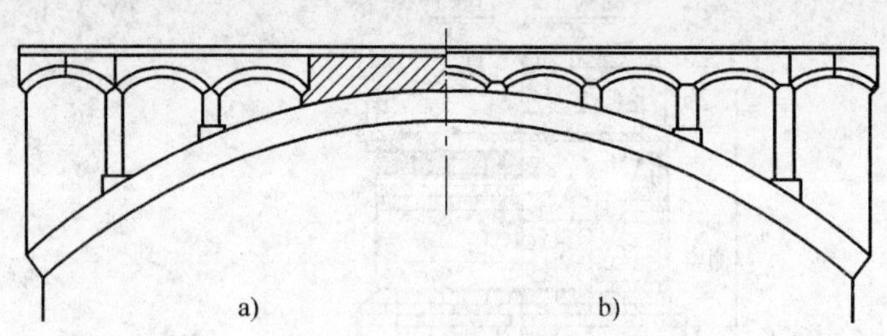

图5-31 拱式拱上建筑
a）带实腹段的空腹拱 b）全空腹拱

紧靠桥墩（台）的第一个腹拱，目前较多的有两种做法，一种是将腹拱的拱脚直接支承在墩（台）上（图5-32a、b）；一种是跨越桥墩，使桥墩两侧的腹拱圈相连（图5-32c），由于拱圈受力后变形较大，而墩台变形较小，容易造成第一个腹拱因拱脚变位而开裂，因而靠近墩台的第一个腹拱应做成三铰拱。

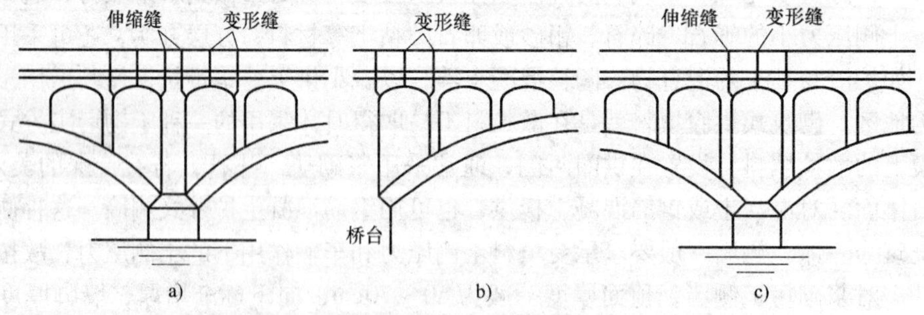

图5-32 桥墩（台）上腹拱的布置方式

2）梁式拱上建筑。梁式腹孔拱上建筑，可减小拱上重量，降低拱轴系数（使拱上建筑的恒载分布接近于均布荷载），改善拱圈在施工过程中的受力状况，获得更好的经济效果。腹孔的布置与上述拱式拱上建筑的腹拱布置要求基本相同。

梁式腹孔结构有简支、连续和框架式等多种形式。

①简支腹孔（纵铺桥道板梁，图5-33a、b）。简支腹孔由底梁（座）、立柱、盖梁和纵向简支桥道板（梁）组成。这种形式的结构体系简单，基本上不存在拱与拱上结构的联合作用，受力明确，是大跨径拱桥拱上建筑主要采用的形式。

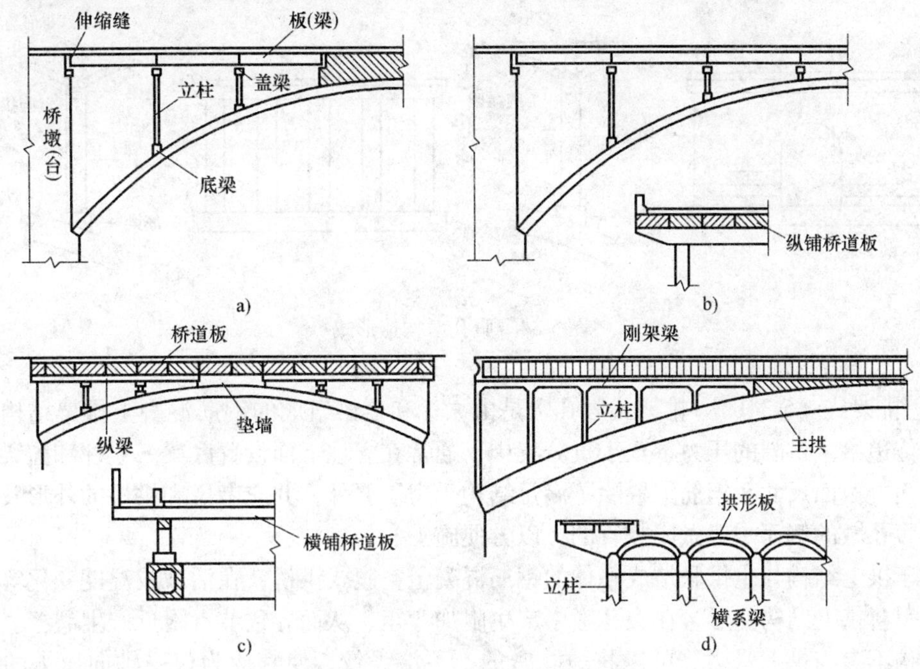

图5-33 梁式空腹式拱上建筑
a）带实腹段的简支腹孔 b）全空腹式的简支腹孔
c）连续腹孔 d）框架式腹孔

腹孔布置的范围及实腹段的构造与拱式腹拱相同（图5-33a）。由于拱顶段上面全部被覆盖，空腹段、实腹段拱上荷载差异较大。目前，大跨径拱桥的梁式拱上建筑一般都取消拱顶实腹段，而采用全空腹式拱上建筑（图5-33b）。

全空腹式腹孔数宜采用奇数，避免拱顶设有立柱，使拱顶受力不利。通常先确定两拱脚的立柱位置，然后将其间距除以某个奇数后，即可确定各立柱位置和腹孔跨径，若得出的腹孔跨径不恰当，可调整孔数以满足受力需要。

②连续腹孔（横铺桥道板梁，图5-33c）。连续腹孔由立柱、纵梁、实腹段垫墙及桥道板组成。先在拱上立柱上设置连续纵梁，然后再在纵梁上和拱顶段垫墙上铺设横向桥道板，形成拱上传载结构，这种形式主要用于肋拱桥。其特点是桥面板横置，拱顶上只有一个板厚（含垫墙）及桥面铺装厚，建筑高度很小，适合于建筑高度受限制的拱桥。

③框架腹孔（图5-33d）。框架腹孔在横桥向根据需要需设置多片，每片通过系梁形成整体。

（2）腹孔墩 腹孔墩可分为横墙式或排架式两种。

1）横墙式（5-34a）。这种腹孔墩采用横墙式墩身，一般用圬工材料砌筑或现浇混凝土形成，施工简便。为了便于维修、减轻重量，可在横向挖一个或几个孔。横墙式腹孔墩，自重较大，但节省钢材，多用于砖、石拱桥中。腹孔墩的厚度，用浆砌片、块石时，不宜小于

0.60m，用混凝土砌筑时，一般应大于腹拱圈厚度的一倍。底梁能使横墙传下来的压力较均匀地分布到主拱圈全宽上，其每边尺寸较横墙宽5cm，其高度则以使较矮一侧为5~10cm为原则来确定。底梁常采用素混凝土结构。墩帽宽度宜大于墙宽5cm，也采用素混凝土。

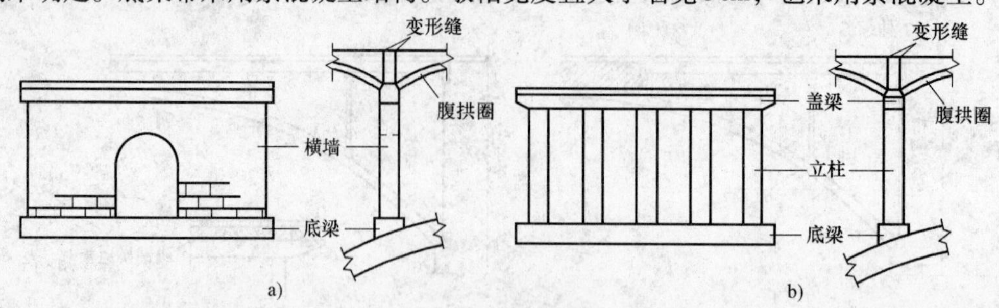

图5-34 腹孔墩构造形式

2）排架式（5-34b）。排架式腹孔墩是由立柱和盖梁组成的钢筋混凝土排架结构。为了使立柱传递给主拱圈的压力不至于过分集中，通常在立柱下面设置底梁。立柱和盖梁常采用矩形截面。截面尺寸及钢筋配置除了满足结构受力需要外，并应考虑和拱桥的外形及构造相协调。腹孔墩的侧面一般做成竖直的，以方便施工。

对于拱上结构与主拱联结成整体的钢筋混凝土空腹式拱桥，在活载或温度变化等因素作用下将引起拱上结构变形，在腹孔墩中产生附加弯矩，从而导致节点附近产生裂缝。为了使拱上结构不参与拱上受力，可以将腹孔墩的上下端设铰，使它成为仅受轴向压力的受力构件，以改善拱上建筑腹孔墩的受力情况。由力学知识可知，当腹孔墩的截面尺寸相同时，高度较大的腹孔墩的相对刚度要比矮腹孔墩小，因此附加内力的影响也较小。为了简化构造和方便施工，一般高立柱仍可采用固接形式，而只将靠近拱顶处的1~2根高度较小的矮立柱上、下端设铰（图5-35）。

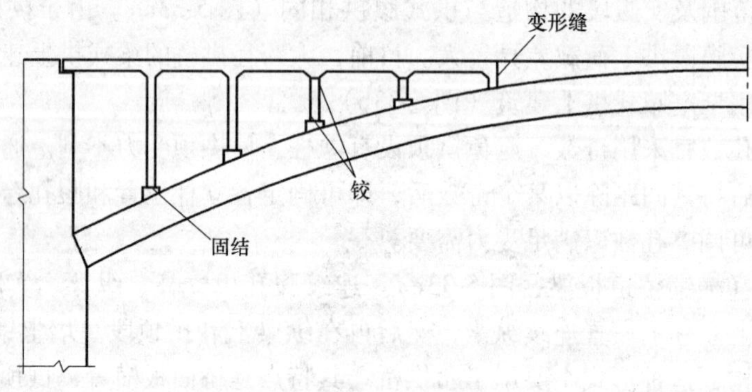

图5-35 立柱的连接方式

5.2.1.3 其他细部构造

1. 拱上填料、桥面及人行道

拱上建筑中的填料．一方面可以扩大车辆荷载作用的面积，同时还可以减小车辆荷载对拱圈的冲击，但也增大了拱桥的恒载。无论是实腹拱，还是空腹拱（除了无拱上填料的轻型拱桥），在拱顶截面上缘以上都作了拱腹填充处理。填充后，通常还需设置一层填料，即拱顶填料，在该填料以上才是桥面铺装（图5-36）主拱圈及腹拱圈的拱顶处，填料厚度（包括路面厚度）均不宜小于30cm，根据JTG D60—2004《公路桥涵设计通用规范》的规定，当拱上填料厚度（包括桥面铺装厚度）等于或大于50cm时，设计计算中不计汽车荷载的冲击力。

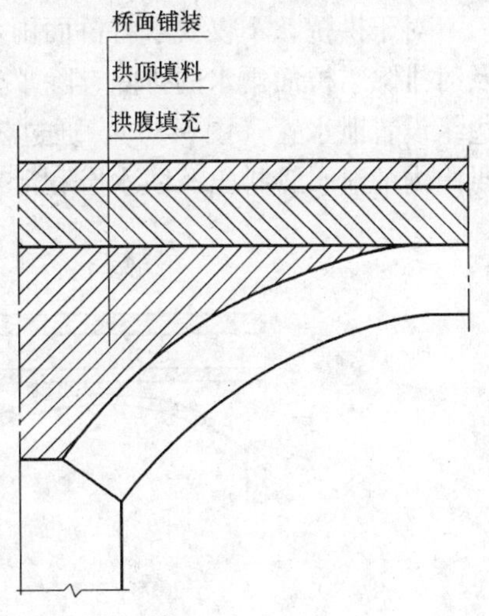

图5-36 拱上填料图示

在地基条件很差的情况下，为了进一步减小拱上建筑重量，可减薄拱上填料厚度，甚至可以不要拱上填料，直接在拱顶截面上缘以上铺筑混凝土桥面，此时应计入汽车荷载的冲击力。

2. 伸缩缝与变形缝

由于拱上建筑与主拱圈的共同作用，一方面拱上建筑能够提高主拱圈的承载能力，但另一方面，它对主拱圈的变形又起约束作用，在主拱圈和拱上建筑内均产生附加内力，使结构受力复杂。

为了使结构的计算尽量与实际的受力情况相符，避免拱上建筑的不规则开裂，保证结构的安全使用和耐久性，除在设计计算上应作充分考虑外，还需在构造上采取必要的措施。通常是在相对变形（位移或转角）较大的位置设置伸缩缝，而在相对变形较小处设置变形缝。

对小跨径实腹拱，伸缩缝设在两拱脚的上方（图5-37a），并在横桥方向贯通全宽和侧墙的全高及至人行道。伸缩缝多做成直线形，以使构造简单，施工方便。对拱式空腹拱桥（图5-37b），通常将紧靠墩（台）的第一个腹拱做成三铰拱，并在紧靠墩（台）的拱铰上方设置伸缩缝，且应贯通全桥宽，而其余两拱铰上方设置变形缝。在大跨径拱桥中，还应将靠拱顶的腹拱做成两铰或三铰拱，并在拱铰上方也设置变形缝，以使拱上建筑更好地适应主拱的变形。对梁式腹孔，通常是在桥台和墩顶立柱处设置标准伸缩缝，而在其余立柱处采用桥面连续。

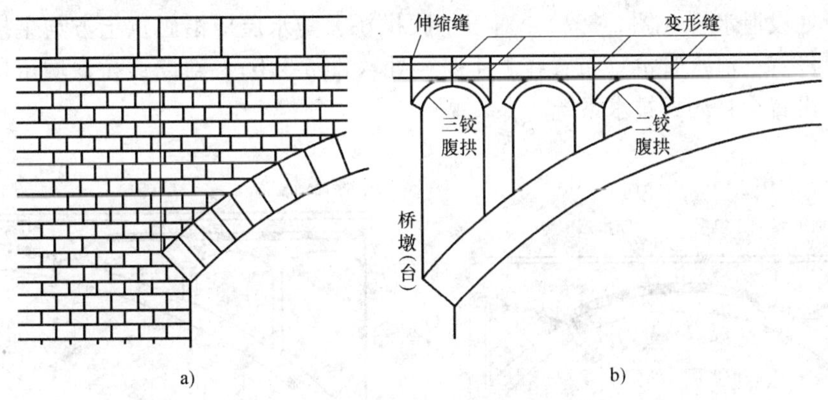

图5-37 拱桥伸缩缝及变形缝的布置

伸缩缝宽2~3cm，其缝内填料可用锯末屑与沥青按1:1的比例制成预制板，在施工时嵌入，并在上缘设置能活动而不透水的覆盖层，另外，也可采用沥青砂等其他材料填塞伸缩缝。变形缝不留缝宽，其缝可干砌、用油毛毡隔开或用低强度等级的砂浆砌筑。

3. 排水与防水层

对于拱桥，不仅要求将桥面雨水及时排除，而且要求将透过桥面铺装渗入到拱腹的雨水及时排除。桥面雨水的排除，除了桥梁设置纵坡和桥面设置横坡外，一般还沿桥面两侧缘石边缘设置泄水管（图5-38）。通过桥面铺装渗入到拱腹内的雨水，应由防水层汇集于预埋在拱腹内的泄水管排出，防水层和泄水管的设置方式与上部结构的形式有关。

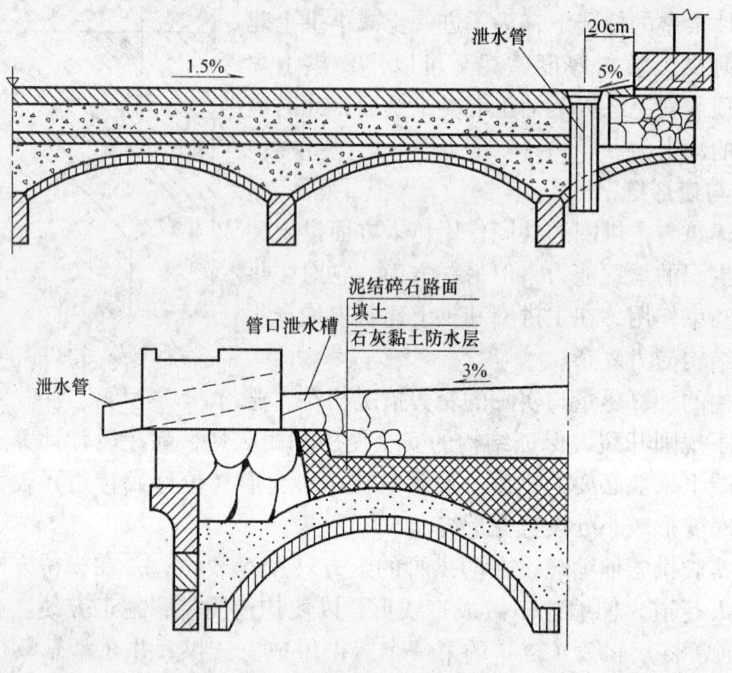

图5-38　拱桥桥面排水装置

实腹式拱桥防水层应沿拱背护拱、侧墙铺设。如果是单孔，可以不设拱腹泄水管，积水沿防水层流至两个桥台后面的盲沟，然后沿盲沟排出路堤（图5-39）。如果是多孔拱桥，可在跨径1/4处设泄水管（图5-39a）。对于空腹拱桥，防水层应沿腹拱上方与主拱圈跨中实腹段的拱背设置，泄水管也宜布置在1/4跨径处（图5-39b）。对路线桥、城市桥或其他特殊桥梁，需设置全封闭式排水系统。

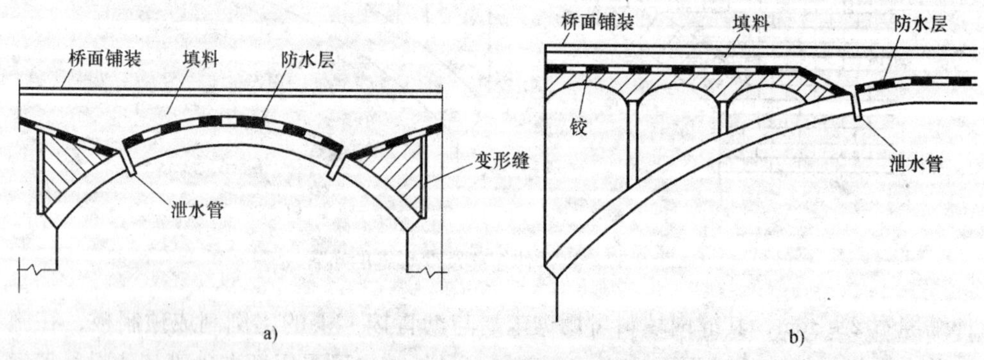

图5-39　防水层与拱腹泄水管的布置

防水层在全桥范围内不宜断开，在通过伸缩缝或变形缝处应妥善处理，使其既能防水又可以适应变形。

4. 拱桥中铰的设置

拱桥中需要设置铰的情况有四种：

1）按两铰拱或三铰拱设计的主拱圈。

2）按构造要求需要采用两铰拱或三铰拱的腹拱圈。

3）需设置铰的矮小腹孔墩，即将铰设置在墩上端与顶梁和下端与底梁的连接处。

4）在施工过程中，为消除或减小主拱圈的部分附加内力，以及对主拱圈内力作适当调整时，需要在拱脚处设置临时铰。

前面三种情况属于永久性拱铰，故对其要求较高，构造较复杂，需经常养护，费用较高。最后一种是临时性拱铰，一般待施工结束时就将其封固，故构造较简单，但必须可靠。

常用的拱铰形式有：弧形铰、铅垫铰、平铰、不完全铰和钢铰。

（1）弧形铰（图5-40） 弧形铰由两个具有不同半径的弧形表面块件组成，一个为凹面（半径为R_2），一个为凸面（半径为R_1）。R_2与R_1的比值常在1.2～1.5范围内。铰的宽度应等于构件的宽度，沿拱轴线的长度取为拱厚的1.15～1.20倍。铰的接触面应精加工，以保证紧密结合。由于构造复杂，加工难度大，故主要用于主拱圈的拱铰。弧形铰一般用钢筋混凝土、混凝土或石料等做成。

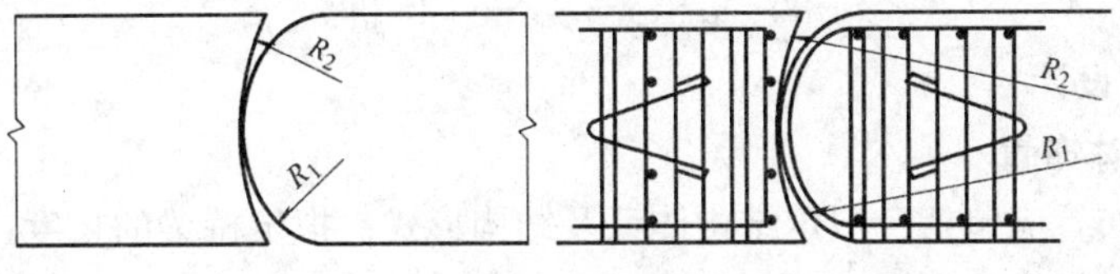

图5-40 弧形铰

（2）铅垫铰（图5-41） 铅垫铰是利用铅的塑性变形达到支承面的自由转动，从而实现铰的功能，主要用于中小跨径的板拱或肋拱，此外，铅垫铰也可用作临时铰。铅垫铰一般由厚度1.5～2.0cm的铅垫板外包以锌、铜薄片（1.0～2.0cm）构成。垫板宽度为拱圈厚度的1/4～3/4，在主拱圈的全部宽度上分段设置。

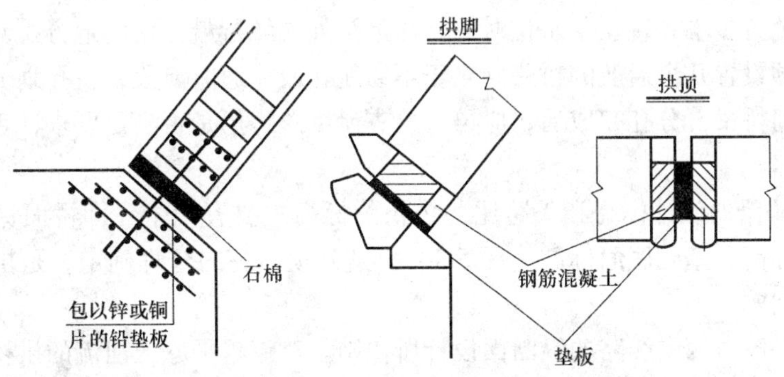

图5-41 铅垫铰

（3）平铰（图5-42） 平铰就是构件两端面（平面）直接抵承，其接缝可铺一层低强度砂浆，也可垫衬油毛毡或直接干砌，一般用在空腹式的腹拱圈上。

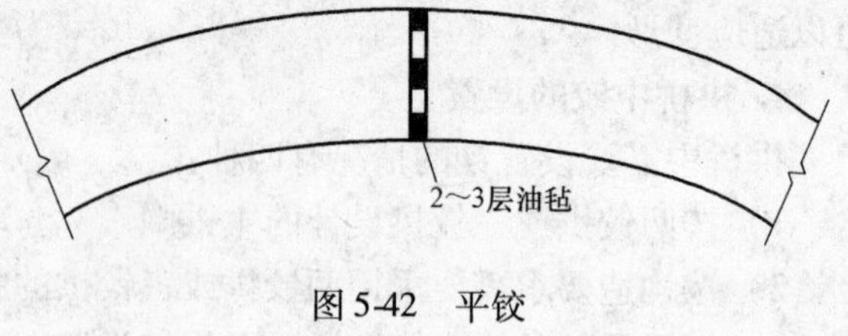

图5-42 平铰

（4）不完全铰（图5-43a、b、c） 多用在小跨径或轻型的拱圈以及空腹式拱桥的腹孔墩柱上，其构造是将拱截面突然减小（一般为全截面的1/3～2/5），以保证该截面的转动功能。在施工时拱圈不断开，使用时又能起铰的作用。由于截面突然变小而使其应力很大，容易开裂，故必须配以斜钢筋。

（5）钢铰 钢铰（图5-43d）通常做成理想铰。钢铰除用于少数有铰钢拱桥的永久性铰结构外，更多用于施工需要的临时铰。

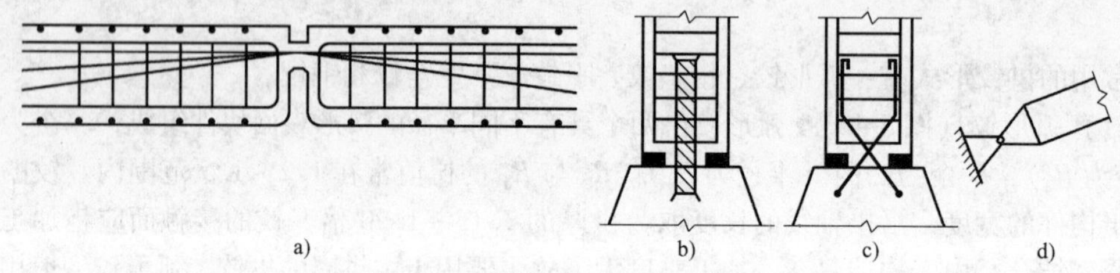

图5-43 其他类型铰

a）、b）、c）不完全铰 d）钢铰

5.2.1.4 拱桥的设计

1. 拱桥的总体布置

拱桥的总体布置应包括：拟定结构体系及结构形式；拟定桥梁的长度、跨径、孔数，拱的主要几何尺寸，桥梁的高度，墩台及其基础形式和埋置深度，桥上及桥头引道的纵坡等。

（1）确定桥梁长度及分孔 首先在平、纵、横三个方向综合考虑桥梁与两头路线的衔接，根据泄洪总跨径及其他方面的要求，确定两岸桥台之间的总长度，并确定桥台的位置。在桥梁全长拟定后，再根据桥址处的通航、地形、地质等情况，并结合选用的结构体系、结构形式和施工条件，进一步选择单孔或是多孔。如果采用多孔拱桥，如何进行分孔，是总体布置中一个比较重要的问题。对于通航河流，在确定孔数与跨径时，一般分为通航孔和不通航孔两部分。通航孔跨径和通航标高的大小应满足航道等级规定的要求，并与航道部门协商。通航孔的位置多半布置在常水位时的河床最深处或航行最方便的地方。对于航道可能变迁的河流，必须设置几个通航的桥跨。对于不通航孔或非通航河段，桥孔划分可按经济原则考虑。对于跨河桥梁，分孔完成后，应再次检查泄洪总跨径是否满足要求，否则应适当调整墩台位置。

（2）确定桥梁的设计标高和矢跨比 拱桥的标高主要有四个，即桥面标高、拱顶底面标高、起拱线标高和基础底面标高（图5-44）。这几项标高的合理确定，是拱桥总体布置中的另一个重要问题。

桥面标高一般由两岸线路的纵断面设计所控制。对跨越平原区河流的拱桥，其桥面最小高度一般由桥下净空所控制，并且还需满足宣泄设计洪水流量或不同航道等级所规定的桥下净空界限的要求。当桥面标高确定之后，由桥面标高减去拱顶处的建筑高度（拱顶填料厚度和主拱圈厚度)，就可得到拱顶底面的标高。起拱线标高由矢跨比的要求确定。基础底面的标高，应根据冲刷深度、地基承载能力等因素确定。

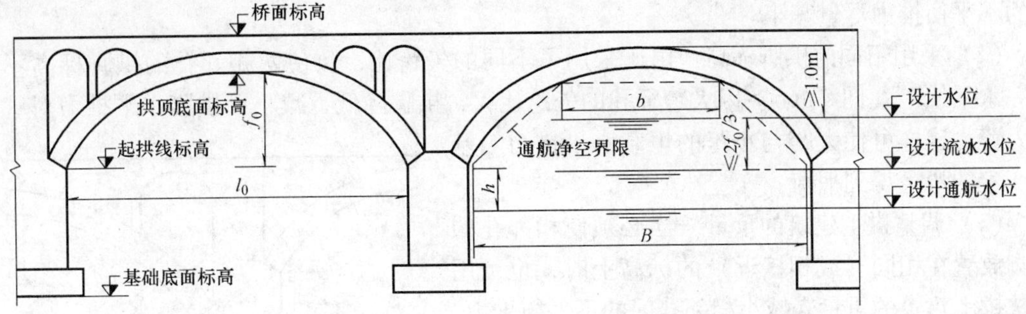

图5-44 拱桥的主要标高示意图

主拱圈矢跨比是拱桥的主要设计参数之一。它不但影响主拱圈内力，还影响拱桥的构造形式和施工方法的选择，应从上、下部结构受力、通航、泄洪等综合因素考虑确定矢跨比。

拱桥的水平推力与垂直反力之比值，随矢跨比的减小而增大。当矢跨比减小时，拱的推力增大，反之则推力减小。众所周知，推力大，相应地在拱圈产生的轴向力也大，对拱圈自身的受力状况是有利的，但对墩台基础不利。同时，当拱圈受力后因其弹性压缩，或因温度变化、混凝土收缩，或因墩台位移的原因，都会在无铰拱的拱圈内产生附加的内力，因而拱越坦（即矢跨比越小)，附加内力越大。反之，当拱的矢跨比过大时，拱脚区段过陡，给拱圈的砌筑或混凝土的浇筑带来困难。另外，拱桥的外形是否美观，与周围景物能否协调，也与矢跨比有很大的关系，因此在设计时，矢跨比的大小应经过综合比较后进行选定。通常，对于砖、石、混凝土板拱桥及双曲拱桥，矢跨比一般为1/4~1/6，不宜超过1/8；箱形拱桥的矢跨比一般为1/6~1/8，钢筋混凝土拱桥的矢跨比一般为1/6~1/10，或者再小一些，但也不宜小于1/12。

2. 不等跨连续拱桥的处理方法

多孔连续拱桥最好选用等跨或分组等跨的分孔方案。但当受地形、地质、通航等条件的限制，或引桥很长，考虑与桥面纵坡协调一致时，或对桥梁的美观有特殊要求时，可以考虑采用不等跨的分孔（图5-45)。

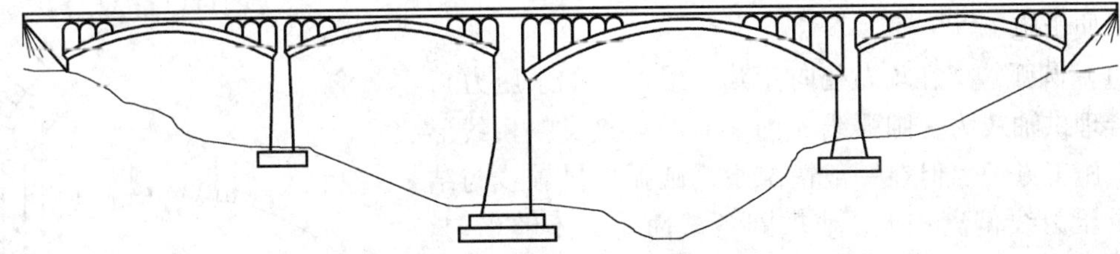

图5-45 不等跨分孔的拱桥桥型图

不等跨拱桥，由于相邻孔的恒载推力不相等，使桥墩和基础增加了恒载的不平衡推力。在采用柔性墩的多孔连续拱桥中，还需考虑恒载不平衡推力产生的连拱作用，使计算和构造复杂。为了减小这个不平衡推力，改善桥墩、基础的受力状况，节省材料和造价，可采用以下措施。

（1）采用不同的矢跨比　利用矢跨比与推力大小成反比的关系，在相邻两孔中，大跨径用较陡的拱（矢跨比较大），小跨径用较坦的拱（矢跨比较小），使两相邻孔在恒载作用下的不平衡推力尽量减小。

（2）采用不同的拱脚标高　由于采用了不同的矢跨比，致使两相邻孔的拱脚标高不在同一水平线上（图5-46）。因大跨径孔的矢跨比大，拱脚降低，减小了拱脚水平推力对基底的力臂，这样可使大跨与小跨的恒载水平推力对基底产生的弯矩得到平衡。

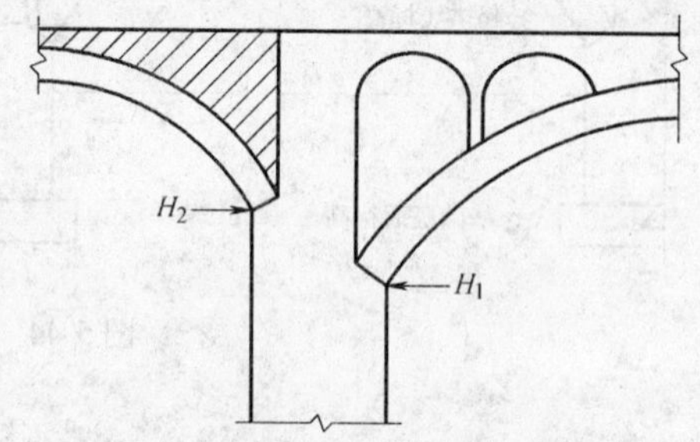

图5-46　大跨与小跨的拱脚标高

（3）调整拱上建筑的重量　当必须使相邻孔的拱脚放置在相同（或相接近）的标高上时，也可用调整拱上建筑的重量来减小相邻孔间的不平衡推力。大跨径可用轻质的拱上填料或采用空腹式拱上建筑，小跨径用重质的拱上填料或采用实腹式拱上建筑，用增大小跨径拱上建筑的重量来增大恒载的水平推力。

（4）采用不同类型的拱跨结构　常常是小跨径用板拱或厚壁箱拱结构，大跨径用分离式肋拱或薄壁箱拱结构，以减小大跨径拱上建筑重量来减小恒载的水平推力。有时，为了进一步减小大跨径拱的恒载水平推力，可以将大跨径部分做成中承式肋拱。

在具体设计时，也可以将以上几种措施同时采用。如果不能达到平衡推力的目的，可加大桥墩和基础的尺寸，或将其做成不对称的形式。

3. 拱轴线的选择和拱上建筑的布置

理想的拱轴线是在各种荷载作用下拱圈截面只受轴向压力，而无弯矩作用，这就能充分利用圬工材料的抗压性能。但事实上是不可能获得这种拱轴线的，因为除结构自重外，拱圈还要受到活载、温度变化和材料弹塑性变形等因素的作用。考虑到公路拱桥的结构自重占全部荷载的比重较大，以结构自重压力线作为设计拱轴线，基本上是适宜的。

一般来说，拱桥设计中所选择的拱轴线应满足以下要求：尽量减小拱圈截面的弯矩，使主拱圈在计入弹性压缩、温升温降、混凝土收缩徐变等影响后，各主要截面的应力较为均匀，且最大限度减小截面拉应力，最好是不出现拉应力；对于无支架施工的拱桥，还应满足各施工阶段的要求，并尽可能少用或不用临时性施工措施，以便于施工。

（1）圆弧线　在均布径向荷载作用下（如水压力），拱的合理拱轴线为一圆弧线（图5-47a）。这类拱桥线形简单，施工方便。但在一般情况下，圆弧形拱轴线与结构自重压力线偏离较大，使拱圈各截面受力不够均匀。因此圆弧线常用于20m以下的小跨径拱桥。对于较大跨径的预制装配式钢筋混凝土拱桥，有时为了简化施工，也可采用圆弧形拱轴线。

（2）悬链线　实腹式拱桥恒载集度，从拱顶向拱脚是均匀增加的（均变荷载），这种荷载分布的拱圈压力线是一条悬链线（图5-47b）。因此，实腹式拱桥采用悬链

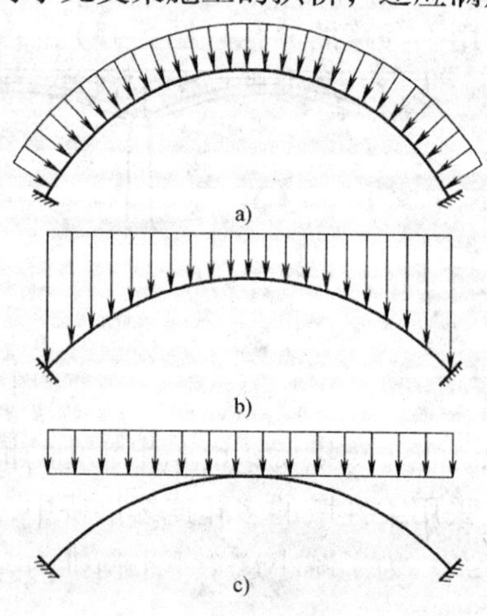

图5-47　拱桥拱轴线形

线作拱轴线。在结构自重作用下，当不计拱圈由结构自重弹性压缩产生的影响时，拱圈截面将只承受轴力而无弯矩。

(3) 抛物线　在竖向均布荷载作用下，拱的合理拱轴线是二次抛物线（图5-47c）。对于结构自重集度接近均布的拱桥，往往可以采用二次抛物线作为拱轴线。

在某些大跨径拱桥中，由于拱上建筑布置的特殊性，为了使拱轴线尽可能与结构自重压力线相吻合，也可采用高次抛物线（如四次或六次抛物线）作为拱轴线。

综上所述，拱上建筑的形式及其布置，与合理选择拱轴线形是有密切联系的。在一般情况下，小跨径拱桥可采用实腹式圆弧线拱或实腹式悬链线拱；大、中跨径拱桥可采用空腹式悬链线拱；轻型拱桥或全透空的大跨径拱桥可以采用抛物线拱。

5.2.2 中、下承式钢筋混凝土拱桥的设计与构造

1. 概述

中承式拱桥的行车道位于拱肋的中部，桥面系（行车道、人行道、栏杆等）一部分用吊杆悬挂在拱肋下，一部分用刚架立柱支承在拱肋上，如图5-48所示。

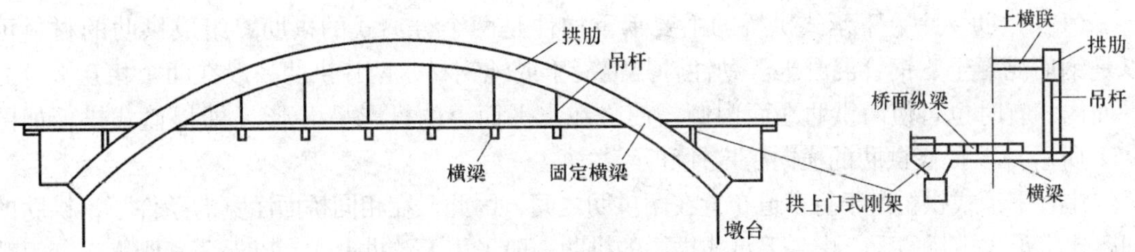

图5-48　中承式钢筋混凝土拱桥的总体布置

图5-49所示为一桁式拱肋形式的中承式拱桥。

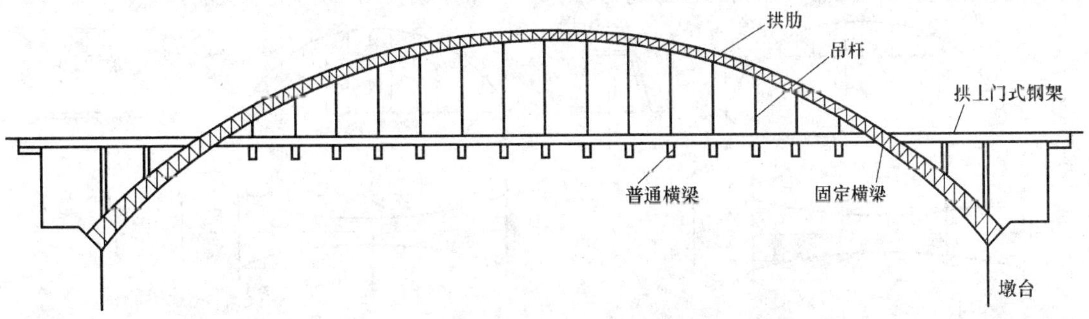

图5-49　桁式拱肋形式中承式拱桥的总体布置

下承式拱桥的桥跨结构由拱肋、悬吊结构和横向连接系三部分组成，如图5-50所示。由于车辆在两片拱肋之间行驶，所以，需要用吊杆将纵、横梁系统悬挂在拱肋下，在纵、横梁系统上支承车道板，组成桥面系（行车道、人行道、栏杆等）。桥面系和这些传力构件统称为悬吊结构。

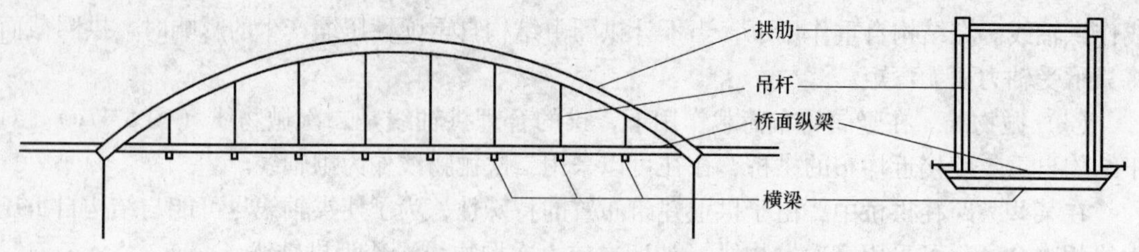

图 5-50　下承式钢筋混凝土拱桥的总体布置

从图中可以看出，中、下承式拱桥仍保持了上承式拱桥的基本力学特性，可以充分发挥拱圈混凝土材料的抗压性能。更重要的一点是，当桥梁的建筑高度受到严格限制时，采用上承式拱桥往往有困难，或矢跨比过小时，可采用中、下承式拱桥满足桥下净空要求；在不等跨的多孔连续拱桥中，为了平衡左右桥墩的水平推力，将较大跨径一孔的矢跨比加大，做成中承式拱桥，可以减小大跨的水平推力；在平坦地形的河流上，采用中、下承式拱桥可以降低桥面高度，有利于改善桥梁两端引道的纵面线形，减少引道的工程数量；多孔连续的中、下承式拱桥，以其波浪形起伏、构件轻巧给人以美感。

2. 中、下承式拱桥的基本组成和构造

（1）拱肋　中、下承式拱桥的主要承重构件是两个分离式的拱肋，组成拱肋的材料可以是钢筋混凝土、钢管混凝土、劲性骨架混凝土或纯钢材，两片拱肋一般在两个相互平行的平面内。有时也可使两拱肋平面内倾，使之在水平面上的投影呈 X 形（即提篮式拱，如图 5-51 所示）以提高拱肋的横向稳定性和承载力。

中、下承式拱桥由于行车道布置在两拱肋之间，因此，在相同桥面净宽的条件下，拱肋的间距比上承式拱桥的大。中、下承式拱桥的拱肋一般采用无铰拱形式，以保证其刚度。其恒载分布比较均匀，因此拱轴线形可采用二次抛物线，也可采用悬链线。钢筋混凝土拱肋的截面形状根据跨径的大小、荷载等级和结构的总体尺寸，可以选用矩形、工字形、箱形或管形（即构成钢管混凝土拱肋）。截面沿拱轴的变化规律可以为等截面或变截面。有时为了增强肋拱的横向刚度和稳定，可将拱脚段的肋宽增大。其截面尺寸的拟定及配筋与上承式肋拱一样。

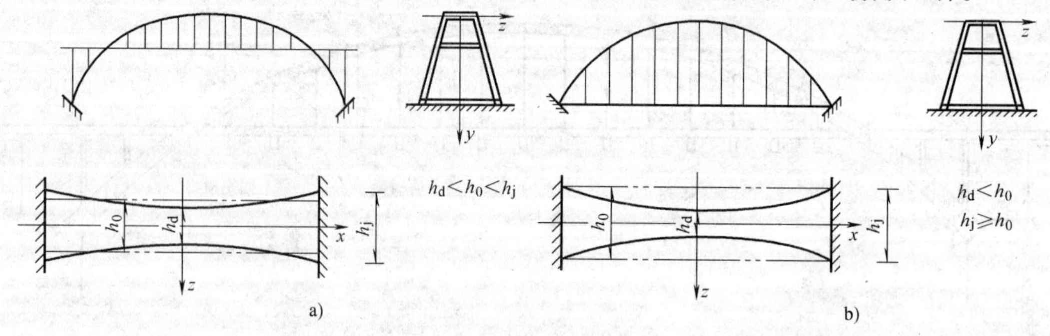

图 5-51　提篮拱示意图

a）中承式　b）下承式

矩形截面的拱肋施工简单，一般用于中、小跨径的拱桥，拱肋的高度约为跨径的 1/40 ~1/70，肋宽约为肋高的 0.5 ~ 1.0 倍；工字形和箱形截面常用于大跨径的拱肋。拱顶肋高的拟定采用下列经验公式：

1）跨径 $l_0 \leqslant 100$m 时

$$h_d = \frac{1}{100}l_0 + \Delta$$

式中，l_0 是拱的净跨径；Δ 是常数，取0.6～1.0m，跨径大时选用上限。

2）当跨径为 $100m < l_0 \leqslant 300m$ 时

$$h_d = \frac{1}{100}l_0 + \alpha\Delta$$

式中，l_0 是拱的净跨径；α 是高度修正系数，取0.6～1.0；Δ 是常数，取2.0～2.5m。

肋拱矢跨比为1/4～1/7。拱肋可以在拱架上立模现浇、也可采用预制拼装。

（2）横向连系　为了保证两片拱肋的横向刚度和稳定以承受作用在拱肋、桥面及吊杆上的横向水平力，一般需在两片分离的拱肋间设置横向连系。横向连系可做成横撑、对角撑或空格式构造等形式（图5-52），横撑的宽度不应小于其长度的1/15。横向连系的设置往往受桥面净空高度的限制，横向连系构件只允许设置在桥面净空高度范围之外的拱段（对于中承式拱肋，还可以设置在桥面系以下的肋段），有时为了满足规定的桥面净空高度要求，而不得不将拱肋矢高加大来设置横向连系构件。有时为了满足桥面净空要求和改善桥上的视野而取消行车道以上的横向连系构件，做成敞口式拱桥。

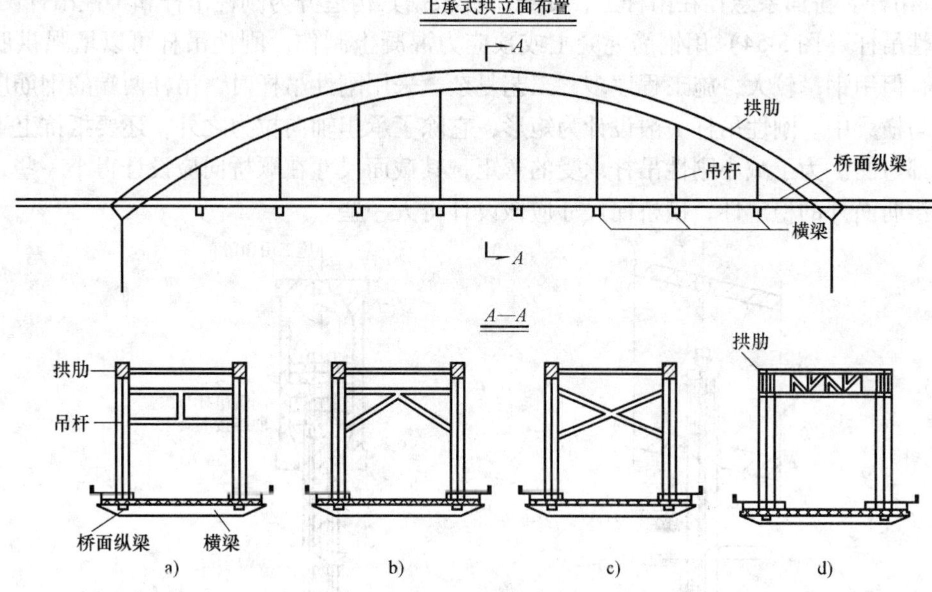

图5-52　横向连系类型

a）一字形和H形横撑　b）K形对角撑　c）X形对角撑　d）空格式构造型

无横向风撑的中、下承式拱桥主要依赖以下几个主要因素来保证横向稳定：

1）拱脚具有牢靠的刚性固接。

2）对于中承式拱桥，要加强桥面以下至拱脚区段的拱肋间固接横梁的刚度，并设置K撑或X撑。

3）对于下承式拱桥，可采用半框架式的结构，即采用刚性吊杆，并与整体式桥面结构或刚度较大的横梁固接，如图5-53a所示，以给拱肋提供足够刚劲的侧向弹性支承，以承受拱肋上的横向水平力。

4）加大拱肋的宽度，使其本身具有足够的横向刚度和稳定性。

5）柔性吊杆的“非保向力”作用，如图5-53b所示。

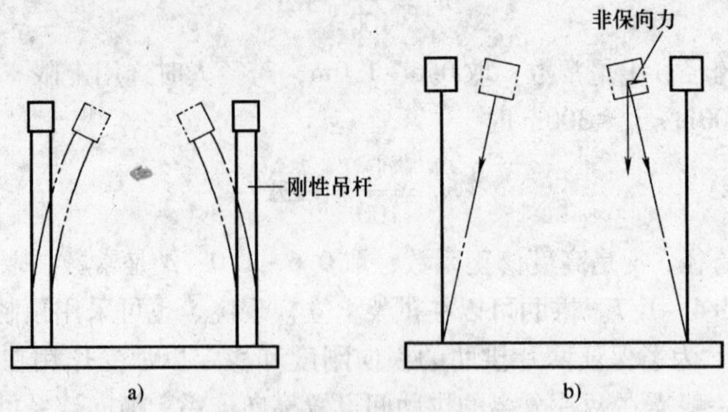

图5-53 无横向风撑的拱桥断面
a）刚性吊杆 b）柔性吊杆

（3）悬挂结构 悬挂结构包括吊杆和桥面系等，吊杆将纵梁和横梁系统悬挂在拱肋下，桥面荷载通过吊杆和桥面系将作用力传递到拱肋上。

1）吊杆。桥面系悬挂在吊杆上，受拉吊杆根据其构造分为刚性吊杆和柔性吊杆两类。

刚性吊杆（图5-54）用钢筋混凝土或预应力混凝土制作，刚性吊杆可以增强拱肋的横向刚度，但用钢量较大，施工程序多，工艺复杂。采用刚性吊杆时，吊杆两端的钢筋应扣牢在拱肋与横梁中。刚性吊杆一般设计为矩形，它除了承担轴向拉力之外，还要抵抗上下节点处的局部弯曲。为了减小刚性吊杆承受的弯矩，其截面尺寸在顺桥向应设计得小一些，但为了增强拱肋面外的稳定性，横桥向尺寸应该设计得大一些。

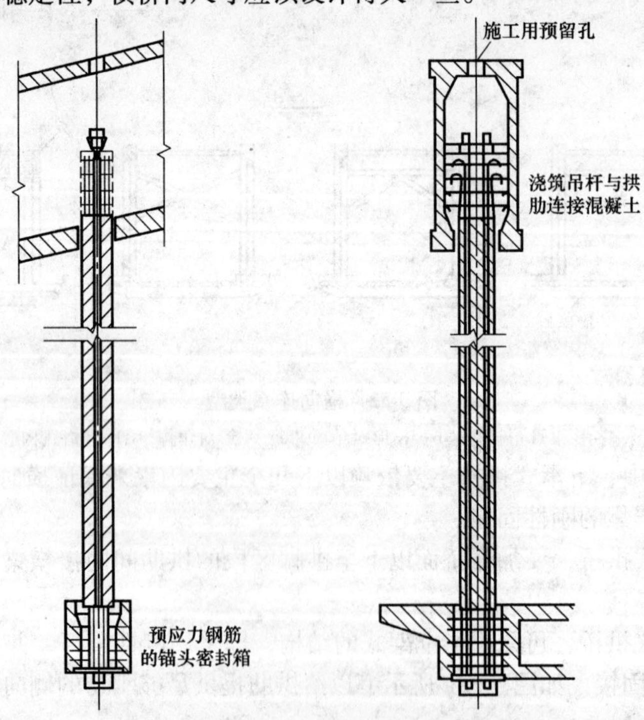

图5-54 预应力混凝土刚性吊杆构造图

柔性吊杆（图 5-55）一般用冷轧粗钢筋、高强钢丝或钢绞线等高强钢材制作。高强钢丝束做的吊杆通常采用镦头锚，而粗钢筋则采用轧丝锚与拱肋、横梁相连。

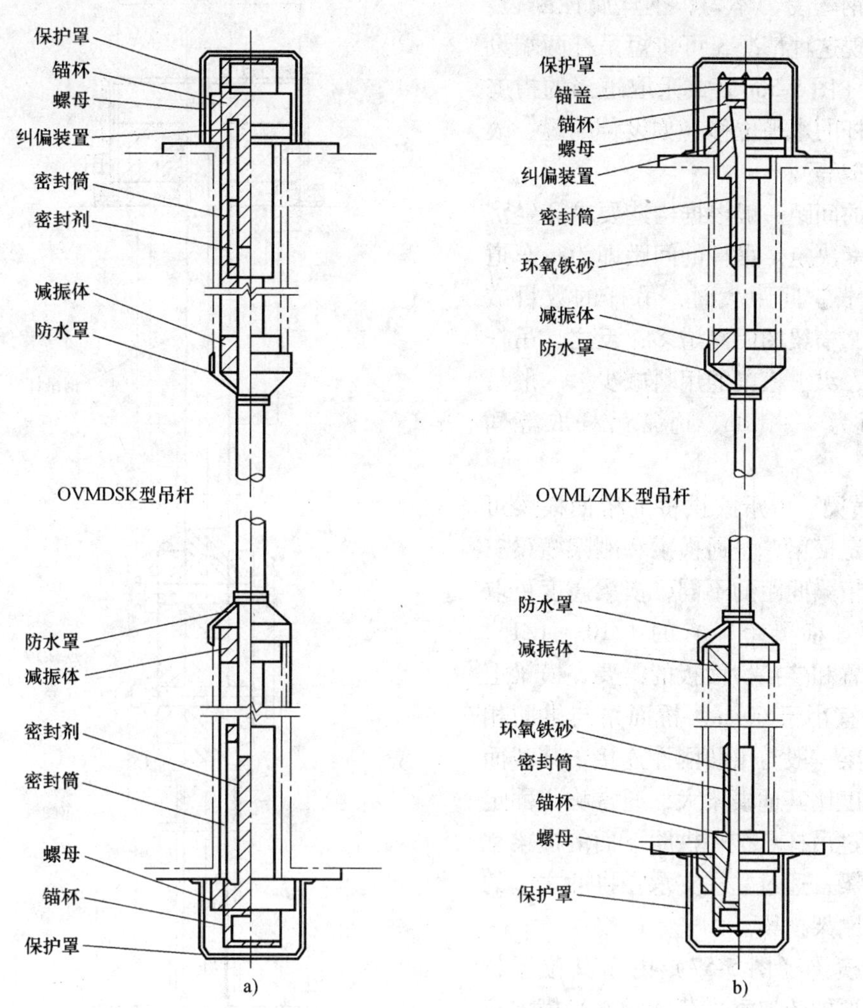

图 5-55　柔性吊杆构造图
a）镦头锚式吊杆构造图　b）冷铸锚式吊杆构造图

为了提高钢索的耐久性，必须防止钢索腐蚀。为此要求防护层有足够的强度、韧性、抗老化性和附着性，确保使用周期内防护层不裂或脱落。钢索的防护方法很多，主要有缠包法和套管法等。目前主要用 PE 热挤索套防护工艺，直接在工厂制成成品索，简单可靠，且较经济。

中、下承式拱桥的吊杆长度相差较大，接近拱脚处的短吊杆设计应特别注意。吊杆较短时，其线刚度$\left(\frac{EA}{l}\right)$就较大，相应地，它比长吊杆承担更大的活载及活载冲击力，因而短吊杆内的应力及应力变幅均较大，需适当增大短吊杆的截面面积。另一方面，在温度变化的作用下，短吊杆下端随桥面一起发生水平位移，若设计处理不当，短吊杆的上下两个锚点将偏离垂直线，形成很大的折角，致使吊杆护套破损，钢丝受力不匀，钢丝腐蚀断裂。为避免出现这种情况，可将短吊杆两端设计成销接（图 5-56），或采取适当的措施减小短吊杆的水平位移（如设伸缩缝、改变局部构造等）。

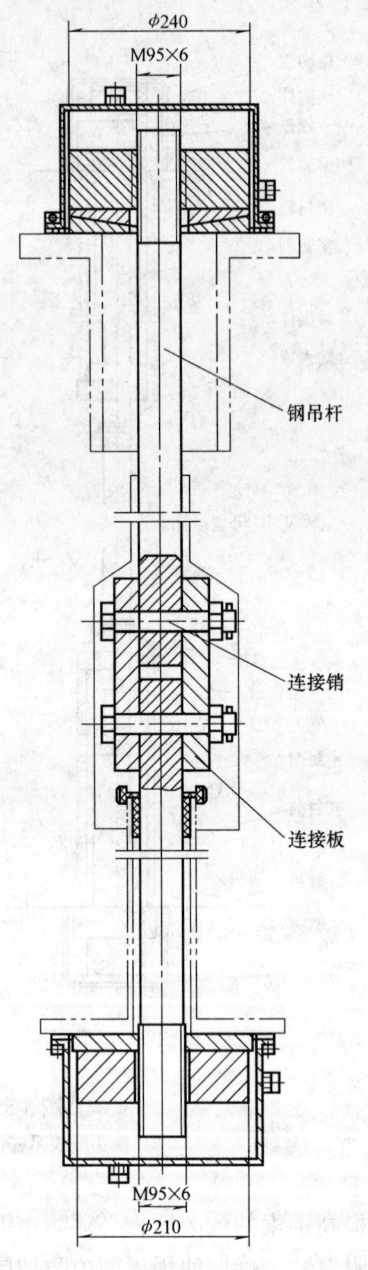

图 5-56　销接式短吊杆构造示意图

吊杆的间距一般根据构造要求和经济美观等因素决定。吊杆的间距即为行车道纵梁的跨长。间距大时，吊杆的数目减少，但纵、横梁的用料增多；反之，吊杆数目增多，纵、横梁的用料减少。一般吊杆的间距为 4 ~ 10m，通常吊杆取等间距。

2）横梁。中承式拱桥的桥面横梁可以分为固定横梁、普通横梁和刚架横梁三类。根据横梁间距的不同，横梁高度可取拱肋间距（横梁跨径）的 1/10 ~ 1/15，为满足搁置和连接桥面板的需要，横梁上缘宽度不宜小于 60cm。桥面系与拱肋相交处的横梁一般与拱肋刚性连接，其截面尺寸与刚度比其他横梁大，通常称为固定横梁；通过吊杆悬挂在拱肋下面的横梁称为普通横梁；通过立柱支承在拱肋之上的横梁称为刚架横梁。

固定横梁（图 5-57）由于其位置特殊，它既要能传递垂直荷载和水平横向荷载，有时还要传递纵向制动力以及从拱肋和桥面传来的弯矩、扭矩和剪力，因此必须与拱肋刚性连接，且其外形须与拱肋和桥面系相适应。因为在此处，主拱占去了一定宽度的桥面，为了保证人行道宽度不在此处颈缩，故固定横梁一般要比普通横梁长，常用的截面形式有工字形、不对称工字形和三角形等。

普通横梁如图 5-58 所示，其截面形式常用的有矩形、工字形和土字形。

大型横梁也可以采用箱形截面，其尺寸取决于横梁的跨度（拱肋中距）和承担桥面荷载的长度（吊杆间距），一般为钢筋混凝土构件，跨度较大时，也可以采用预应力混凝土构件。图 5-59 示出了一下承式拱桥的横梁处横断面构造图。

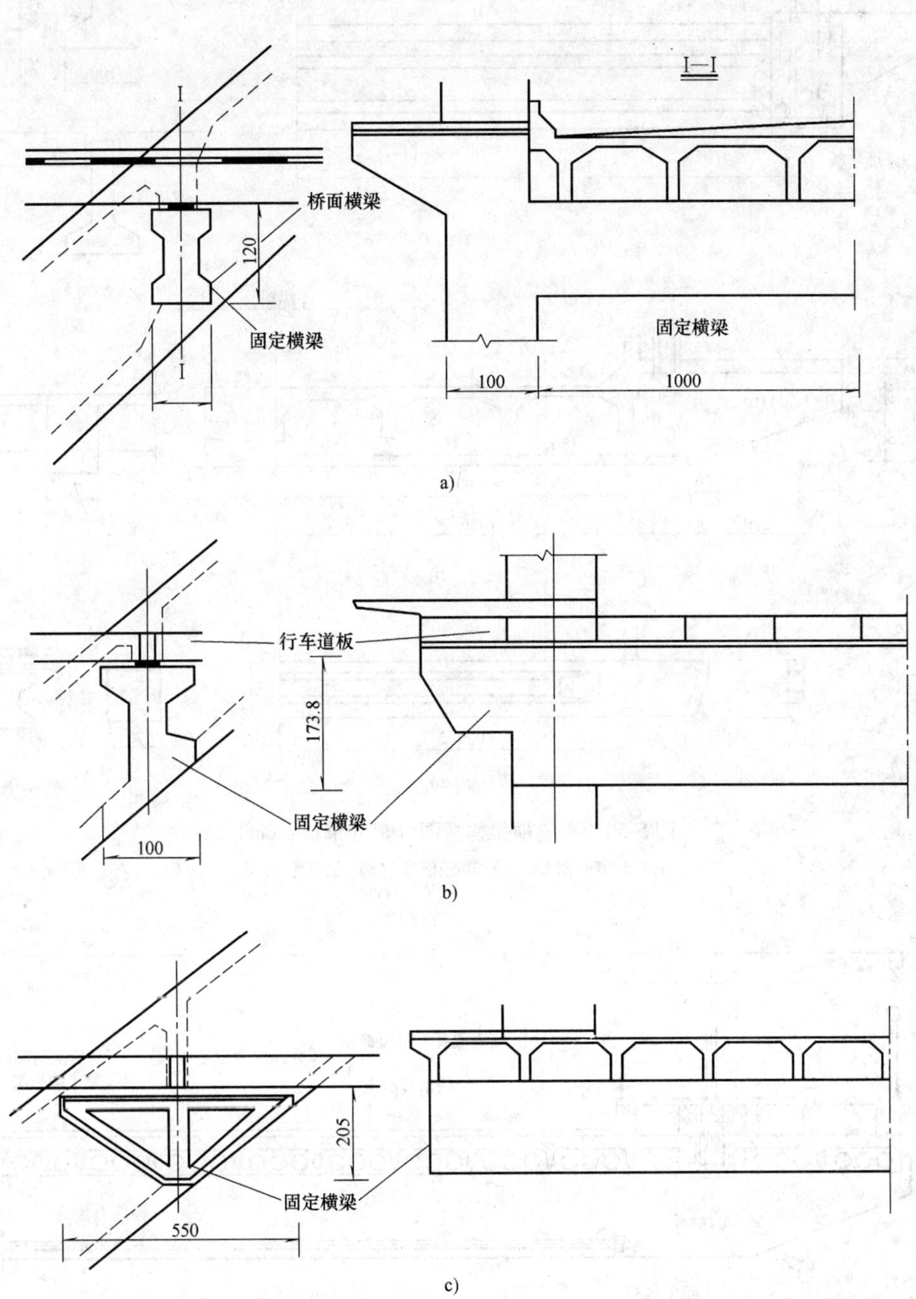

图 5-57　固定横梁构造图（尺寸单位：cm）

a）工字形固定横梁　b）不对称工字形固定横梁　c）三角形双室箱形固定横梁

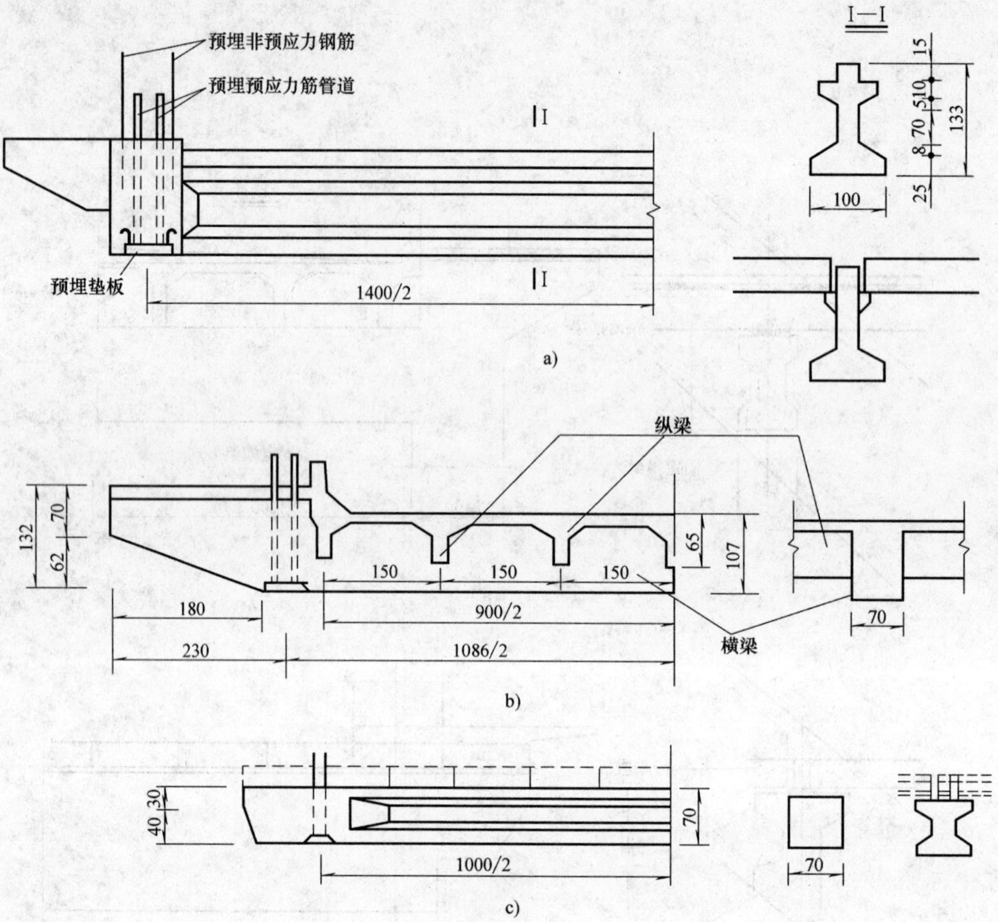

图5-58 普通横梁构造图（尺寸单位：cm）

a）土字形横梁 b）矩形横梁 c）工字形横梁

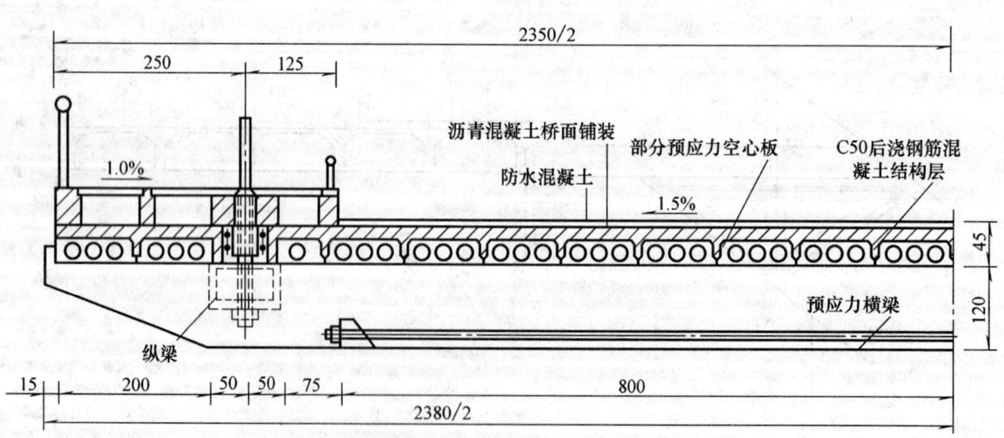

图5-59 横梁处横断面构造图（尺寸单位：cm）

3）纵梁（图5-60）。由于横梁的间距一般为4～10m，纵梁多采用T形、Π形小梁，设计成简支梁结构或连续梁结构，或直接在横梁上满铺空心板、实心板。

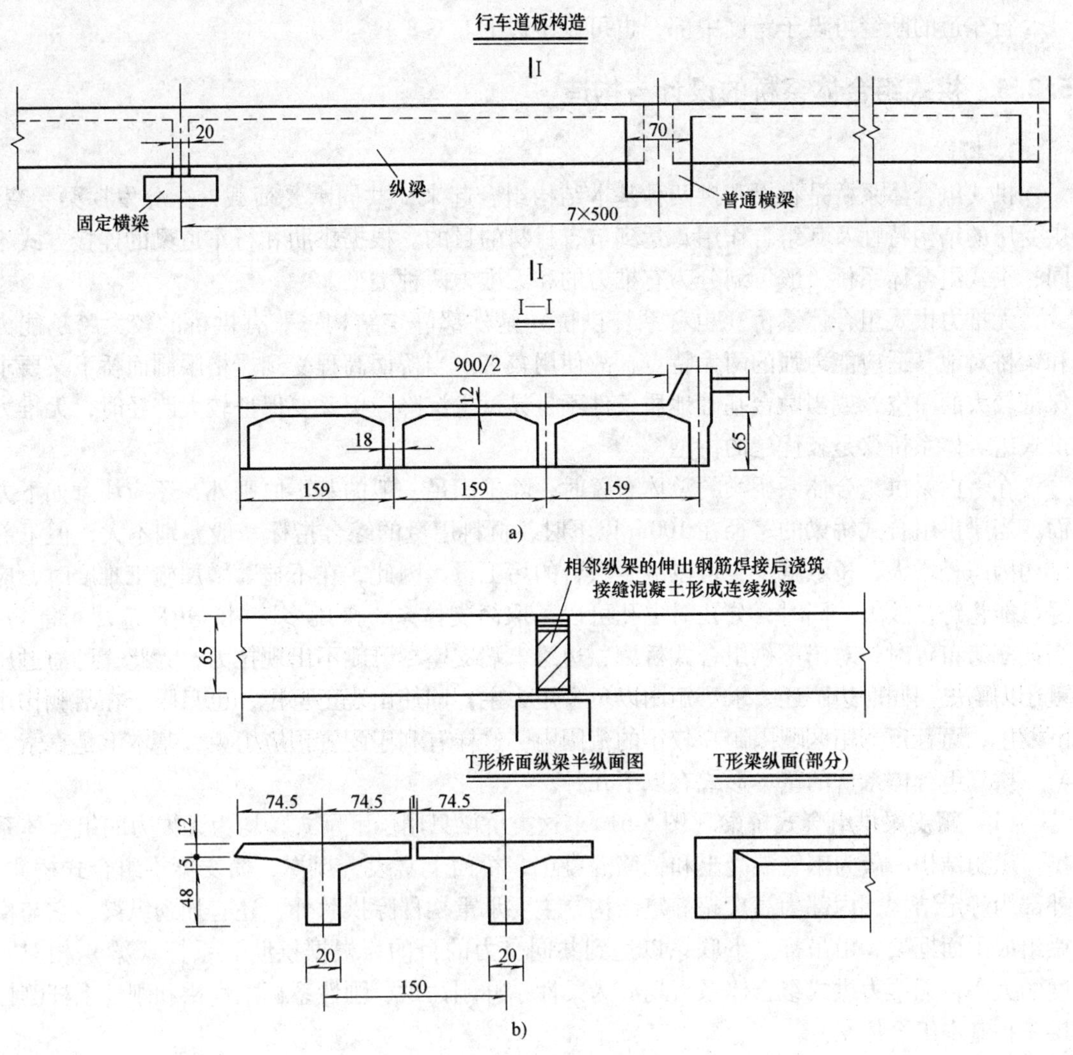

图5-60 纵梁构造图（尺寸单位：cm）

a）T形桥面简支纵梁构造图 b）T形桥面连续纵梁构造图

4）行车道系。行车道系由纵、横梁和车道板组成。车道板上铺桥面铺装，安设人行道和栏杆等。桥面板有时可与纵梁连成整体，形成T形梁或H形梁，也可在预制的纵梁上现浇桥面板形成组合梁。另一种方案是在横梁上密铺预制空心板或实心板来取代桥面板和纵梁两者的作用。桥面板一般为普通钢筋混凝土结构，也可采用预应力或部分预应力结构。

为减小横梁和横向连系的跨度，通常将人行道布置在吊杆的外侧。为确保安全，要在吊杆位于行车道一侧的桥面上设置防撞栏杆，以避免吊杆遭到车辆碰撞破坏，造成桥面垮塌的严重事故。

在布置行车道时，必须注意在适当位置设横向断缝，以避免由于拱肋的变形而使桥面被拉坏。在中承式拱桥中，行车道系与拱肋交会处，行车道系总是支承在固定横梁上（该横梁还起横撑的作用）而与拱肋连接在一起。如果行车道不设断缝，拱肋在外力（包括拱肋和桥面之间温度变化的影响）作用下发生变形时，行车道系将受到附加拉伸，行车道的防水层和混凝土可能被拉裂，因而影响桥梁的耐久性。

行车道的断缝可设于跨度中部，也可设于边上。

5.2.3 拱式组合体系桥的设计与构造

1. 概述

拱式组合体系桥是将梁和拱两种基本结构组合起来，共同承受荷载，充分发挥梁受弯、拱受压的结构特性及其组合作用，达到节省材料的目的。根据拱肋和行车道梁的连接方式不同，拱式组合体系桥一般可划分为有推力的和无推力两种类型。

无推力拱式组合体系桥（也称系杆拱桥）是外部静定结构，兼有拱桥的较大跨越能力和梁桥对地基适应能力强的两大特点，故使用较多。当桥面高程受到严格限制而桥下又要求保证较大的净空，或当墩台基础地质条件不良易发生沉降，但又要保证较大跨径时，无推力拱式组合体系桥梁是较优越的桥型。

在考虑梁拱组合体系桥梁的总体布置时，除了满足一般的基本原则外，还应注意如下方面：当梁拱组合式桥梁的跨径在100m以下时，材料用量的综合指标一般差别不大，但下部结构因跨径增大，桥墩减少，可以减少墩台的圬工量。因此，在不显著增加施工难度时，应尽可能将跨径放大。同时，分孔时主孔可以采取简支体系，采用多跨时，边跨应尽可能短；当按三跨布置时，对于梁拱组合式桥梁，边跨末端支座尽可能不出现拉力，为此，可通过压重予以解决。同时边跨还要求弯矩图以负弯矩为主，即使出现正弯矩，也只限于在活载作用下发生，而且正弯矩区域限制在较小的范围内，这样有利于配置预应力束，基本上是直索。

拱式组合体系桥的基本形式有以下几种。

（1）简支梁拱组合式桥梁（图5-61） 这类桥梁只用于下承式，均为无推力的组合体系拱。拱肋结构一般为钢管混凝土和钢筋混凝土，桥面上常设置风撑，简支梁拱组合式桥梁，外部为静定结构，内部为高次超静定结构，主要承重构件除拱肋外，还有加劲纵梁，它与横梁组成平面框架，由吊杆上下联系以达到共同受力的目的。根据拱肋和系杆（梁）相对刚度的大小，无推力拱式组合体系可划分为柔性系杆刚性拱、刚性系杆柔性拱和刚性系杆刚性拱三种基本组合体系。

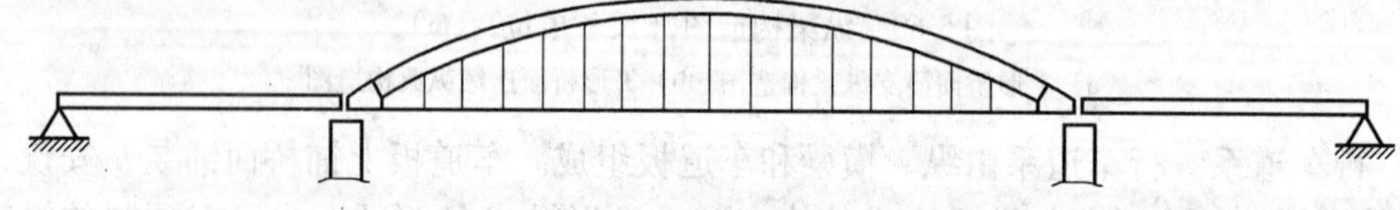

图5-61 简支梁拱组合体系示意图

（2）连续梁拱组合式桥梁（图5-62） 这种体系可以是上承式、中承式及下承式，也可以是多肋拱、双肋拱或单肋拱与加劲梁组合。多肋拱及双肋拱的加劲梁的截面形式可类似于简支梁拱组合式桥梁布置；而单片拱肋必须配置有箱形加劲梁，以加劲梁强大的抗扭刚度抵消偏载影响。这种桥型本身刚度大，跨越能力大，造型美观。

（3）单悬臂组合式桥梁（图5-63） 单悬臂组合式桥梁只适用于上承式，采用转体施工特别方便。单悬臂梁拱组合式桥梁实际上是将实腹梁挖空，用立柱代替梁腹板，原腹板剪力主要由拱肋竖向分力及加劲梁剪力平衡。这样的结构加劲梁受拉弯作用，加劲梁采用预应力混凝土，拱肋为钢筋混凝土。

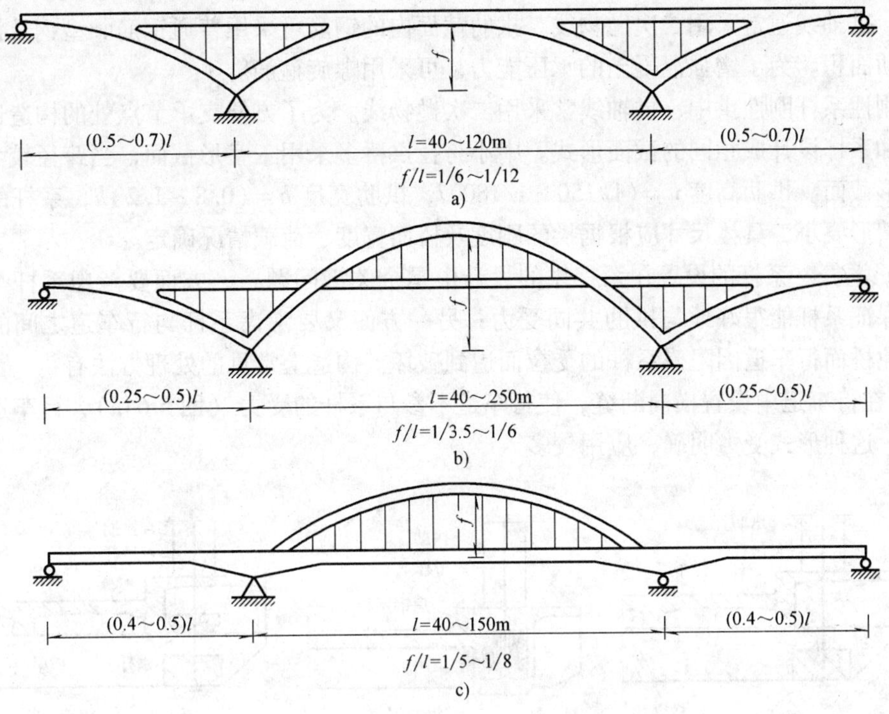

图5-62 连续梁拱组合体系示意图

a）上承式 b）中承式 c）下承式

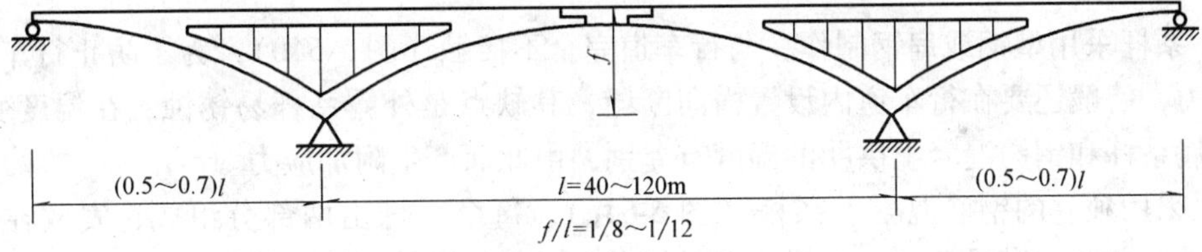

图5-63 悬臂梁拱组合体系示意图

2. 拱式组合体系桥的基本组成和构造

拱式组合体系桥一般由拱肋、系杆、吊杆（或立柱）、行车道梁（板）及桥面系等组成。

（1）拱肋 对于柔性系杆刚性拱，拱肋的构造和截面形式基本上可参考普通的下承式肋拱桥，矢跨比一般为1/4~1/5。拱肋截面可根据跨径的大小和荷载等级选用矩形、工字形或箱形。拱肋高度对于公路桥 $h=(1/30\sim1/50)l$，拱肋宽度 $b=(0.4\sim0.5)h$。一般矩形截面用于较小跨径，当肋高超过1.5~3.5m时，采用工字形或箱形较为合理。

刚性系杆柔性拱以梁为受力主体，矢跨比通常为1/5~1/7。拱肋在保证一定强度和稳定性的条件下，可将拱肋高度 h 从常用的 $(1/100\sim1/120)l$ 压缩到 $(1/140\sim1/160)l$，拱肋宽度一般采用 $b=(1.5\sim2.5)h$，对公路桥，刚性系杆高度为 $h=(1/25\sim1/35)l$，跨度较大时，还可做成变截面。拱肋截面常采用宽矮实心矩形断面。若采用刚性吊杆，则横向刚度较大的拱肋与吊杆、横梁组成半框架，一般情况下，拱肋间可不设横撑，设计成敞口桥，使视野开阔。拱轴线通常采用二次抛物线。拱肋截面内的钢筋可采用普通钢筋、型钢及钢管，以缩小拱肋面积。为了增强混凝土的承压能力，可采用螺旋箍筋。

在刚性系杆刚性拱中，拱轴线常采用二次抛物线。为了方便支承节点处的构造连接，常将拱肋和系杆设计成相同的截面形式。中小跨径拱桥多采用工字形截面，当跨径较大时，常采用箱形截面。拱肋高度 $h=(1/150\sim1/180)l$，拱肋宽度 $b=(0.8\sim1.2)h$，系杆的梁高较柔性拱情形要小，具体尺寸应根据拱的刚度及桥面宽度、荷载情况确定。

（2）系杆　系杆的设置在系杆拱的设计中是个关键问题，一方面要考虑系杆与拱肋的连接，保证系杆能很好地与拱肋共同受力；另一方面又要考虑系杆与行车道之间的相互作用，避免桥面行车道因阻碍系杆的受拉而遭到破坏。构造上常见的处理方法有：

1）在行车道中设置横向断缝，使行车道不参与系杆的受力（图5-64a），行车道简支在横梁上。这种形式受力明确，应用较多。

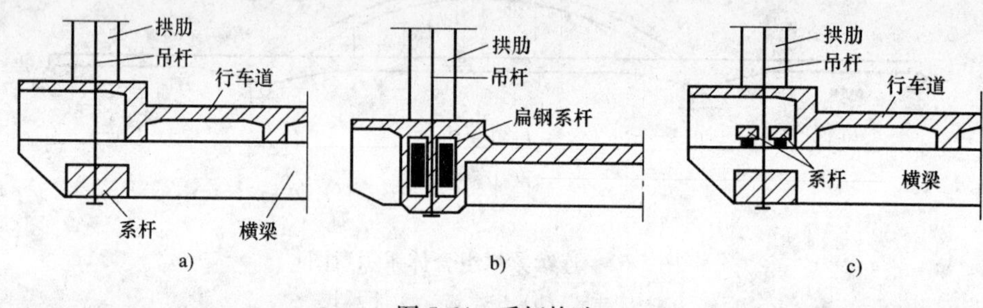

图5-64　系杆构造

2）系杆采用型钢或扁钢制作，与行车道完全不接触（图5-64b），为了防止行车道参与系杆受力，一般还要在行车道内设置横向断缝，其缺点是外露系杆易锈蚀，在温度变化时，外露金属系杆和钢筋混凝土拱肋的温度有差别，由此而产生附加应力。

3）采用独立的钢筋混凝土系杆（图5-64c），每个系杆由两部分组成，安放在吊杆两旁，自由地搁置在横梁上，一般尽量把系杆做得矮宽以增加柔性，故常用于柔性系杆刚性拱中。

4）采用预应力钢筋混凝土系杆，为了方便连接，系杆截面形式与拱肋截面形式一致，行车道可设横向断缝，也可不设，考虑行车条件，不设为宜。这种系杆较为合理，由于预加压力可克服混凝土承受的拉力，避免了混凝土的裂缝，维修费用比钢系杆低。

刚性系杆是偏心受拉构件，一般设计成箱形或工字形截面。由于截面正负弯矩的绝对值一般相差不大，故钢筋宜靠上下缘对称或接近对称布置。同时，沿截面高度应布置一定数量的分布钢筋，防止裂缝扩展。

值得注意的是，拱肋与系杆的连接构造是重要而又复杂的一部分，其构造形式随拱肋和系杆截面尺寸的不同而不同，具体连接构造方法可参考相关书目。

（3）吊杆　吊杆一般是长细构件，设计时通常将其作为轴向受力构件考虑，故顺桥向尺寸一般设计得较小，使之具有柔性而不承受弯矩，只承受拉力，横桥向尺寸设计得较大，以增强拱肋的稳定性。吊杆以前多采用钢筋混凝土或预应力混凝土构件，由于钢筋混凝土吊杆易产生裂缝，预应力混凝土吊杆施工麻烦，现在的发展趋势是采用高强钢丝束或粗钢筋。

3. 拱式组合体系桥的基本力学特征

(1) 简支梁拱组合体系　简支梁拱组合体系相当于在简支梁上设置加强拱，梁拱端结点刚接，其间布置吊杆，通过调整吊杆张拉力，可使纵梁的受力状态处于最有利状态。可先按吊杆刚性无限大的假设进行计算，得到恒载状态下的弯矩、剪力和轴力图(图5-65)。从图中可以看出，体系中拱肋主要承担轴压力，梁主要承担轴拉力，而弯矩及剪力主要受节间荷载的影响。

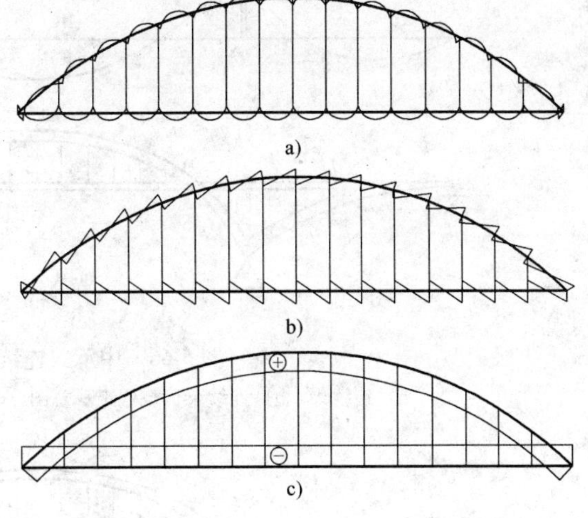

图5-65　恒载状态下的弯矩、轴力及剪力图
a) 弯矩　b) 剪力　c) 轴力 (+为压，-为拉)

了解了上述基本受力规律之后，通过模拟施工和运营过程，调整索力，使拱和梁处于均匀受力状态。

(2) 连续梁拱组合式体系

1) 上承式连续梁拱组合式桥梁。上承式梁拱组合结构，上弦加劲梁承受拉弯作用，下弦拱肋承受压弯作用。这类桥梁是一种用拱肋来加强的连续梁，由空腹范围内上弦产生的拉力，与拱内水平推力组成力矩来平衡截面内连续梁的弯矩；同时连续梁中墩附近的高度依靠拱来加大，使跨中弯矩减小。中墩位置处的较大负弯矩则靠梁内预应力来平衡。在跨径布置中，应尽可能减小边跨长度，使边跨上基本不出现正弯矩，以避免下弦出现拉应力。为了避免负反力出现，可在端部设置平衡重，或将边跨连续地向外延伸形成五跨连续的梁拱组合体系。预应力索可采用直索，通长布置，不仅可靠，而且可以减少锚头的用量及预应力沿管道损失。拱内剪力一般很小，不控制断面设计；同样加劲梁的剪力也很小，不再是控制腹板厚度的因素。

2) 中承式连续梁拱组合体系。中承式连续梁拱组合式桥梁是目前我国在梁拱组合式桥梁的设计与建造中用得较多的一种桥型，它的特点是结构布置合理、造型美观、施工方便。这类桥梁一般由三跨组成，它包括两个边跨的半拱和中跨全拱以及通长的加劲纵梁，其间设置立柱及吊杆，即由两个半拱与中间简支梁拱相组合。一般根据连续梁的弯矩图来布置加劲梁的拱肋，在负弯矩区用桥面以下两组拱腿来加强，在中跨正弯矩区用一组拱肋来加强，连续梁不仅承担弯矩与剪力，而且还需以轴向拉力来平衡拱的轴向压力，如图5-66所示。由于连续梁的弯矩图是随着梁的刚度而变化的，随着拱的加强，由梁拱所组合的连续梁刚度已非原来的连续梁，其弯矩零点位置必然有所调整。但是梁与拱的弯矩、剪力与轴力的内部分配仍然服从同类上承式连续梁拱组合式桥梁的基本原则。这类桥型一般用较大的矢跨比，对施工不会带来多大的困难，但可减小水平推力，也可以减小梁内的水平拉力。桥上、桥下矢高的分配，从美观的角度，桥上约占$2f/3$，桥下约占$f/3$。

3) 下承式连续梁拱组合体系。三跨下承式连续梁拱组合桥梁实际上属三跨变截面连续梁，如图5-67所示。当中孔用全拱加强后，通过张拉吊杆，显著地减小了中跨主梁的正负弯矩，使得主梁的建筑高度可以大幅度减小。两个边跨由于受到中跨拱的刚度影响，虽减小了负弯矩的负担，但边跨正弯矩比原来的有所增大，因而宜将边跨跨径适当减小。

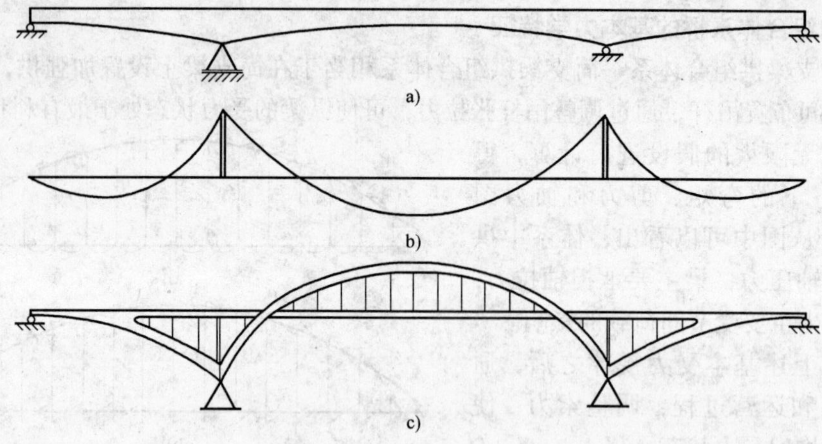

图 5-66　中承式连续梁拱组合体系

a）连续梁　b）连续梁恒载弯矩示意图　c）中承式连续梁拱组合体系示意图

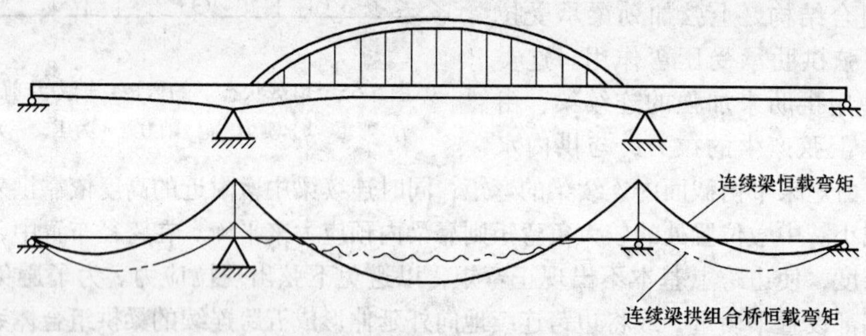

图 5-67　下承式连续梁拱组合体系

5.3　拱桥的计算

5.3.1　上承式拱桥的计算

本节所要讨论的是普通型上承式拱桥的计算问题，这类拱桥为多次超静定的空间结构。实际上存在“拱上建筑与主拱的联合作用”，但为了简化分析，一般偏安全地不去考虑它。在横桥方向，不论活载是否作用在桥面的中心，在桥梁的横断面上都会出现应力的不均匀分布，这种现象称为“活载的横向分布”。拱上建筑为排架式时，应考虑活载的横向不均匀分布，拱上建筑为横墙式的板拱、双曲拱和箱形拱时，一般不考虑这个影响，对于刚架拱和桁架拱均应考虑活载的横向分布。

5.3.1.1　拱轴方程的建立

1. 实腹式悬链线拱

实腹式悬链线拱采用结构自重压力线（不计弹性压缩）作为拱轴线。实腹式拱的结构自重包括拱圈、拱上填料和桥面的自重图 5-68a，它的分布规律如图 5-68b 所示。实腹式悬链线拱的拱轴方程就是在图 5-68b 所示的结构自重作用下，根据拱轴线与压力线完全吻合的条件推导出来的。

取图5-68b所示的坐标系，设拱轴线即为结构自重压力线，故在结构自重作用下，拱顶截面的弯矩 $M_d=0$，由于对称性，剪力 $Q_d=0$，于是，拱顶截面仅有结构自重推力 H_g。对拱脚截面取矩，则有

$$H_g=\frac{\sum M_j}{f} \tag{5-1}$$

式中，$\sum M_j$ 是半拱结构自重对拱脚截面的弯矩；H_g 是拱的结构自重水平推力（不考虑弹性压缩）；f 是拱的计算矢高。

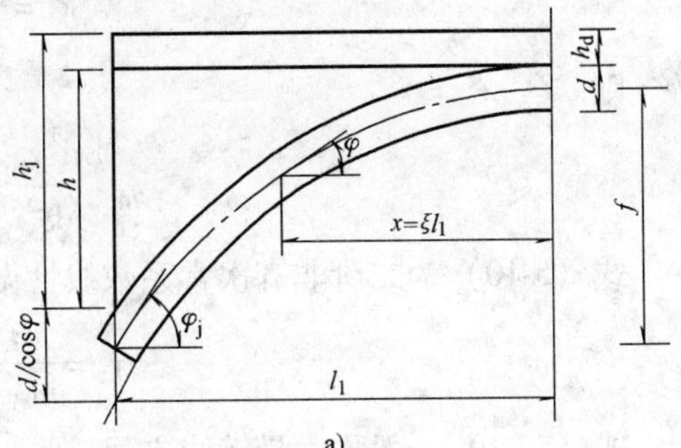

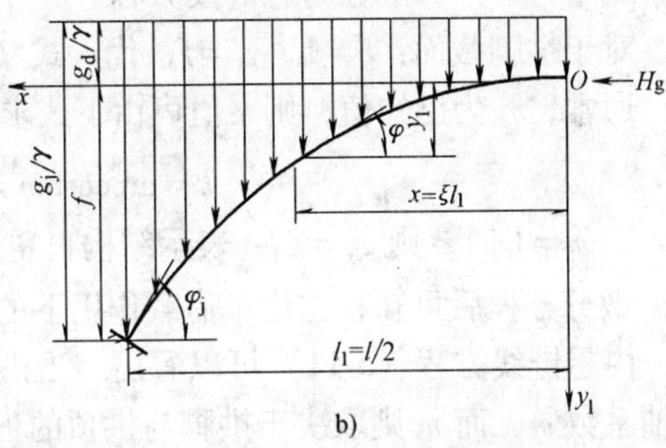

图5-68 悬链线拱轴计算图示

对任意截面取矩，可得

$$y_1=\frac{M_x}{H_g} \tag{5-2}$$

式中，M_x 是任意截面以右的全部恒载对该截面的弯矩值；y_1 是以拱顶为坐标原点，拱轴上任意点的纵坐标。

式（5-2）即为求算结构自重压力线的基本方程。将上式两边对 x 求二阶导数得

$$\frac{d^2y_1}{dx^2}=\frac{1}{H_g}\cdot\frac{d^2M_x}{dx^2}=\frac{g_x}{H_g} \tag{5-3}$$

式（5-3）即为求算结构自重压力线的基本微分方程式。为了得到拱轴线（即结构自重压力线）的一般方程，必须知道结构自重的分布规律。由图5-68b，任意点的结构自重集度 g_x 可以用下式表示

$$g_x=g_d+\gamma y_1 \tag{5-4}$$

式中，g_d 是拱顶处结构自重集度；γ 是拱上材料的重度。

令

$$m=\frac{g_j}{g_d} \tag{5-5}$$

由式（5-4）、式（5-5）得

$$g_j=g_d+\gamma f=mg_d \tag{5-6}$$

式中，m 是拱轴系数（或称拱轴曲线系数）；g_j 是拱脚处结构自重集度。

由式（5-6）得

$$\gamma=(m-1)\frac{g_d}{f} \tag{5-7}$$

将式（5-7）代入式（5-4）可得

$$g_x=g_d+(m-1)\frac{g_d}{f}y_1=g_d\left[1+(m-1)\frac{y_1}{f}\right] \tag{5-8}$$

再将上式代入基本微分方程（5-3），引入参数：$x=\xi l_1$，则 $dx=l_1d\xi$

可得

$$\frac{d^2y_1}{d\xi^2}=\frac{l_1^2}{H_g}g_d\left[1+(m-1)\frac{y_1}{f}\right]$$

令

$$k^2=\frac{l_1^2 g_d}{H_g f}(m-1) \tag{5-9}$$

则

$$\frac{d^2 y_1}{d\xi^2}=\frac{l_1^2 g_d}{H_g}+k^2 y_1 \tag{5-10}$$

式（5-10）为二阶非齐次常系数线性微分方程。解此方程，则得拱轴线方程为

$$y_1=\frac{f}{m-1}(\cosh k\xi-1) \tag{5-11}$$

式（5-11）一般称为悬链线方程。

对于拱脚截面：$\xi=1$，$y_1=f$，代入式（5-11）得：$\cosh k=m$。

通常，m 为已知值，则 k 值可由下式求得

$$k=\text{arccosh}m=\ln(m+\sqrt{m^2-1}) \tag{5-12}$$

当 $m=1$ 时，则 $g_x=g_d$，表示结构自重是均布荷载。将 $m=1$ 代入式（5-9），解式（5-10）微分方程后可知，在均布荷载作用下的压力线为二次抛物线，其方程为：$y_1=f\xi^2$。

由悬链线方程（5-11）可以看出，当拱的矢跨比确定后，拱轴线各点的纵坐标将取决于拱轴系数 m，而 m 则取决于拱脚与拱顶的恒载集度比。各种 m 值的拱轴线坐标 y_1 值可直接由《公路桥涵设计手册——拱桥（上册）》[9]（以下简称《拱桥（上）》）附录（Ⅲ）表（Ⅲ）-1 查出。

下面介绍实腹式悬链线拱拱轴系数的确定。

因为 $m=g_j/g_d$，由图 5-68 知，拱顶处恒载集度为

$$g_d=h_d\gamma_1+\gamma d \tag{5-13}$$

在拱脚处 $h_j=h_d+h$，则其恒载集度为

$$g_j=h_d\gamma_1+h\gamma_2+\frac{d}{\cos\varphi_j}\gamma \tag{5-14}$$

式中，h_d 是拱顶填料厚度，一般为 0.30～0.50m；d 是拱圈厚度；γ 是拱圈材料重度；γ_1 是拱顶填料及路面的平均重度；γ_2 是拱腹填料平均重度；φ_j 是拱脚处拱轴线的水平倾角。

$$h=f+\frac{d}{2}-\frac{d}{2\cos\varphi_j} \tag{5-15}$$

从式（5-13）和式（5-14）可以看出，这两式中除了 φ_j 为未知数外，其余均为已知数。由于 φ_j 为未知，故不能直接算出 m 值，需用逐次逼近法确定，即先根据跨径和矢高假定 m 值，由《拱桥（上）》[9]表（Ⅲ）-20 查得拱脚处的 $\cos\varphi_j$ 值，代入式（5-14）求得 g_j 后，再连同 g_d 一起代入式（5-5）算得 m 值。然后与假定的 m 值相比较，如算得的 m 值与假定的 m 值相符，则假定的 m 值即为真实值；如两者不符，则应以算得的 m 值作为假定值（为了计算的方便，m 值应按表 5-1 所列数值假定），重新进行计算，直至两者接近为止。

表 5-1 拱轴系数 m 与 $y_{l/4}/f$ 的关系表

m	1.000	1.167	1.347	1.543	1.756	1.988	2.240	2.514	2.814	3.142	3.500	…	5.321
$y_{l/4}/f$	0.250	0.245	0.240	0.235	0.230	0.225	0.220	0.215	0.210	0.205	0.200	…	0.180

当拱的跨径和矢高确定之后，悬链线的形状取决于拱轴系数 m，其线型特征可用 $l/4$ 点纵坐标 $y_{l/4}$ 的大小表示（图 5-69）。

拱跨 $l/4$ 点的纵坐标 $y_{l/4}$ 与 m 有下述关系：当 $\xi=1/2$ 时，$y_1=y_{l/4}$，代入式（5-11）得 $\dfrac{y_{l/4}}{f}=\dfrac{1}{m-1}\left(\cosh\dfrac{k}{2}-1\right)$。因为 $\cosh\dfrac{k}{2}=\sqrt{\dfrac{\cosh k+1}{2}}=\sqrt{\dfrac{m+1}{2}}$，所以

$$\frac{y_{l/4}}{f}=\frac{\sqrt{\dfrac{m+1}{2}}-1}{m-1}=\frac{1}{\sqrt{2(m+1)}+2} \tag{5-16}$$

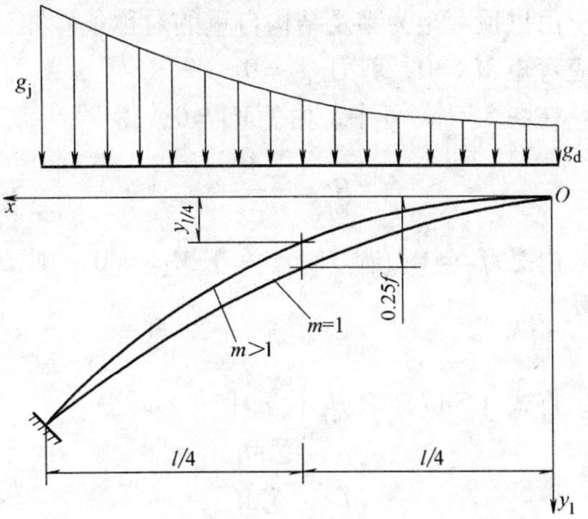

图 5-69　拱跨 $l/4$ 点纵坐标与 m 的关系

由式（5-16）可见，$y_{l/4}$ 随 m 的增大而减小，随 m 的减小而增大。当 m 增大时，拱轴线抬高；反之，当 m 减小时，拱轴线降低（图 5-69）。在一般的悬链线拱桥中，结构自重从拱顶向拱脚增加，$g_j>g_d$，因而 $m>1$。只有在均布荷载作用下，$g_j=g_d$ 时，方能出现 $m=1$ 的情况。由式（5-16）可得，在这种情况下 $y_{l/4}=0.25f$（图 5-69）。g_j、g_d、m 与拱轴线（压力线）坐标的关系如图 5-70 所示。$y_{l/4}/f$ 与 m 的对应关系见表 5-1。

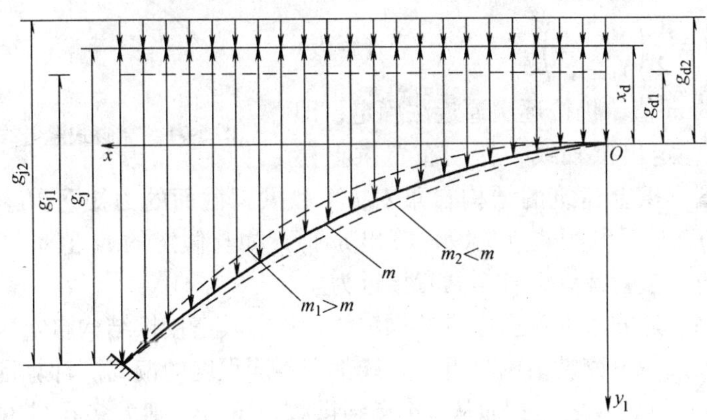

图 5-70　g_j、g_d、m 与拱轴线坐标的关系

2. 空腹式悬链线拱

空腹式拱桥中，桥跨结构的结构自重可视为由两部分组成，即主拱圈与实腹段自重的分布力以及空腹部分通过腹孔墩传下的集中力（图 5-71a）。由于集中力的存在，拱的结构自重压力线是一条在集中力下有转折的曲线，它不是悬链线，甚至不是一条光滑的曲线。在设计空腹式拱桥时，由于悬链线拱的受力情况较好，又有完整的计算表格可供利用，故多用悬链线作为拱轴线。为使悬链线拱轴线与其结构自重压力线接近，一般采用“五点重合法”确定悬链线拱轴线的 m 值，即要求拱轴线在全拱有五点（拱顶、两 $l/4$ 点和两拱脚）与其相应的三铰拱结构自重压力线重合（图 5-71b）。

由此，可以根据上述五点弯矩为零的条件确定 m 值。

由拱顶弯矩为零及结构自重的对称条件知，拱顶仅有通过截面重心的结构自重推力 H_g，相应弯矩 $M_d=0$，剪力 $Q_d=0$。

在图 5-71a、b 中，由 $\sum M_A=0$，得

$$H_g=\frac{\sum M_j}{f} \tag{5-17}$$

由 $\sum M_B=0$，得 $H_g y_{l/4}-\sum M_{l/4}=0$，则 $H_g=\dfrac{\sum M_{l/4}}{y_{l/4}}$。

将式（5-17）之 H_g 代入上式，可得

$$\frac{y_{l/4}}{f}=\frac{\sum M_{l/4}}{\sum M_j} \tag{5-18}$$

式中，M_j 是半拱结构自重对拱脚截面的弯矩；$M_{l/4}$ 是拱顶至拱跨 $l/4$ 点区域的结构自重对 $l/4$ 截面的弯矩。

等截面悬链线拱主拱圈结构自重对 $l/4$ 及拱脚截面的弯矩 $M_{l/4}$、M_j 可由《拱桥（上）》[9] 表（Ⅲ）-19 查得。

求得 $y_{l/4}/f$ 之后，可由（5-16）反求 m，即

$$m=\frac{1}{2}\left(\frac{f}{y_{l/4}}-2\right)^2-1 \tag{5-19}$$

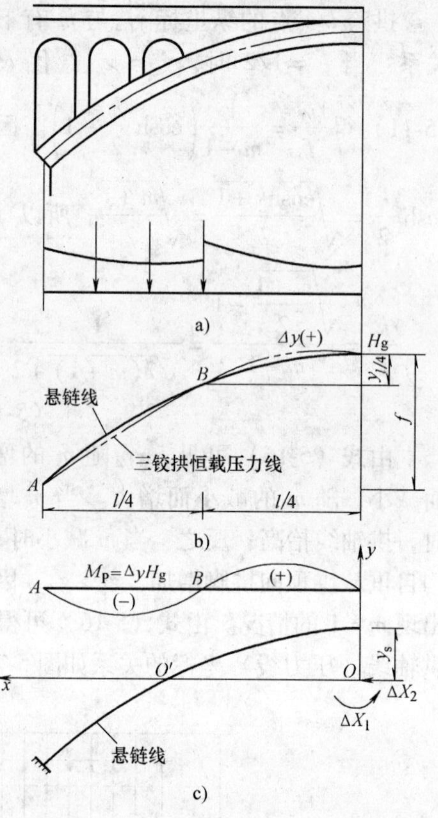

图 5-71 空腹式悬链线拱轴计算图示

空腹式拱桥的 m 值，仍按逐次逼近法确定，即先假定一个 m 值，定出拱轴线，作图布置拱上建筑，然后计算拱圈和拱上建筑的结构自重对 $l/4$ 和拱脚截面的力矩 $\sum M_{l/4}$ 和 $\sum M_j$，根据式（5-18）求出 $y_{l/4}/f$，然后利用式（5-19）算出 m 值，如与假定的 m 值不符，则应以求得的 m 值作为新假定值，重新计算，直至两者接近为止。

应当注意，用上述方法确定空腹拱的拱轴线，仅与其三铰拱结构自重压力线保持五点重合，其他截面拱轴线与三铰拱结构自重压力线都有不同程度的偏离。计算证明，从拱顶到 $l/4$ 点，一般压力线在拱轴线之上；而从 $l/4$ 点到拱脚，压力线则大多在拱轴线之下。拱轴线与相应三铰拱结构自重压力线的偏离类似于一个正弦波（图 5-71b）。

由力学知识得到，压力线与拱轴线的偏离会在拱中产生附加内力。对于静定三铰拱，各截面的偏离弯矩值 M_P 可以三铰拱压力线与拱轴线在该截面的偏离值 Δy 表示（$M_P=H_g\Delta y$）；对于无铰拱，偏离弯矩的大小，不能以三铰拱压力线与拱轴线的偏离值表示，而应以该偏离值 M_P 作为荷载，算出无铰拱的偏离弯矩值。

由结构力学知，荷载作用在基本结构上引起弹性中心的赘余力为

$$\Delta X_1=-\frac{\Delta_{1P}}{\delta_{11}}=-\frac{\int_s \frac{\overline{M}_1 M_P}{EI}\mathrm{d}s}{\int_s \frac{\overline{M}_1^2\mathrm{d}s}{EI}}=-\frac{\int_s \frac{M_P}{I}\mathrm{d}s}{\int_s \frac{\mathrm{d}s}{I}}=-H_g\frac{\int_s \frac{\Delta y}{I}\mathrm{d}s}{\int_s \frac{\mathrm{d}s}{I}} \tag{5-20}$$

$$\Delta X_2 = -\frac{\Delta_{2P}}{\delta_{22}} = -\frac{\int_s \frac{\overline{M}_2 M_P}{EI}ds}{\int_s \frac{\overline{M}_2^2 ds}{EI}} = H_g \frac{\int_s \frac{y\Delta y}{I}ds}{\int_s \frac{y^2 ds}{I}} \tag{5-21}$$

式中，$\overline{M}_1=1$，$\overline{M}_2=-y$；M_P 是三铰拱结构自重压力线偏离拱轴线所产生的弯矩，$M_P=H_g\Delta y$；Δy 是三铰拱结构自重压力线与拱轴线的偏离值（图 5-71b）。

由图 5-71b 可见，Δy 有正有负，沿全拱积分 $\int_s \frac{\Delta y ds}{I}$ 的数值不大，由式（5-20）知，ΔX_1 数值较小。若 $\int_s \frac{\Delta y ds}{I}=0$，则 $\Delta X_1=0$。

由计算得知，由式（5-21）决定的 ΔX_2 恒为正值（压力）。

任意截面之偏离弯矩（图 5-71c）为

$$\Delta M = \Delta X_1 - \Delta X_2 y + M_P \tag{5-22}$$

式中，y 是以弹性中心为原点（向上为正）的拱轴纵坐标。

对于拱顶、拱脚截面，$M_P=0$，偏离弯矩为

$$\left.\begin{aligned}\Delta M_d &= \Delta X_1 - \Delta X_2 y_s < 0\\ \Delta M_j &= \Delta X_1 + \Delta X_2 (f-y_s) > 0\end{aligned}\right\} \tag{5-23}$$

式中，y_s 是弹性中心至拱顶的距离。

空腹式无铰拱桥采用“五点重合法”确定的拱轴线，与相应三铰拱的结构自重压力线在拱顶、两 $l/4$ 点和两拱脚五点重合，而与无铰拱的结构自重压力线（简称结构自重压力线）实际上并不存在五点重合的关系。由式（5-23）可见，由于拱轴线与结构自重压力线有偏离，在拱顶、拱脚都产生了偏离弯矩。研究证明，拱顶的偏离弯矩 ΔM_d 为负，而拱脚的偏离弯矩 ΔM_j 为正，恰好与这两截面控制弯矩的符号相反。这一事实说明，在空腹式拱桥中，用“五点重合法”确定的悬链线拱轴，偏离弯矩对拱顶、拱脚都是有利的。因而，空腹式无铰拱的拱轴线，用悬链线比用结构自重压力线更加合理。

3. 拱轴线的水平倾角 φ

将式（5-11）对 ξ 取导数得

$$\frac{dy_1}{d\xi} = \frac{fk}{m-1}\sinh k\xi \tag{5-24}$$

因为 $\tan\varphi = \frac{dy_1}{dx} = \frac{dy_1}{l_1 d\xi} = \frac{2dy_1}{l d\xi}$，将式（5-24）代入得

$$\tan\varphi = \frac{2fk\sinh k\xi}{l(m-1)} = \eta\sinh k\xi \tag{5-25}$$

式中，$\eta = \frac{2kf}{l(m-1)}$。

由式（5-25）可见，拱轴水平倾角与拱轴系数 m 有关。拱轴线上各点的水平倾角 $\tan\varphi$ 值，可直接由《拱桥（上）》[9]表（Ⅲ）-2 查出。

4. 悬链线无铰拱的弹性中心

在计算无铰拱的内力（结构自重、活载、温度变化、混凝土收缩和拱脚变位等）时，

为了简化计算工作，常利用拱的弹性中心的概念，目的是将求解三个赘余力的联立方程的问题解耦，从而变为解三个独立的一元一次方程的问题。

如图5-72所示，在荷载作用下，以半拱悬臂为基本结构，在拱顶处会产生三个赘余力X_1、X_2、X_3，典型方程为

$$\left.\begin{aligned}\delta_{11}X_1+\delta_{12}X_2+\delta_{13}X_3+\Delta_{1P}=0\\ \delta_{21}X_1+\delta_{22}X_2+\delta_{23}X_3+\Delta_{2P}=0\\ \delta_{31}X_1+\delta_{32}X_2+\delta_{33}X_3+\Delta_{3P}=0\end{aligned}\right\}\tag{5-26}$$

赘余力中弯矩X_1和轴力X_2是正对称的，剪力X_3是反对称的，故知副系数

$$\delta_{13}=\delta_{31}=0$$

$$\delta_{23}=\delta_{32}=0$$

但仍有$\delta_{12}=\delta_{21}\neq0$。

如果能设法使$\delta_{12}=\delta_{21}$也等于零，则典型方程中的全部副系数都为零，则求解联立方程的问题变为解三个独立的一元一次方程的问题，从而简化计算。

由于讨论的是对称拱，弹性中心在对称轴上。基本结构的取法有两种：图5-73a所示为以悬臂曲梁为基本结构，图5-73b所示为以简支曲梁为基本结构。

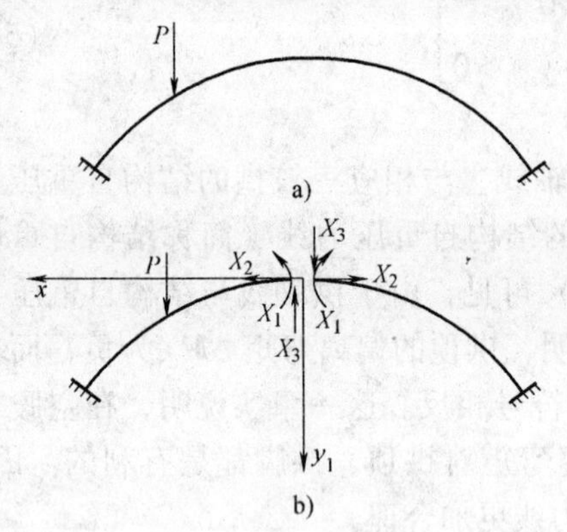

图5-72 无铰拱的赘余力

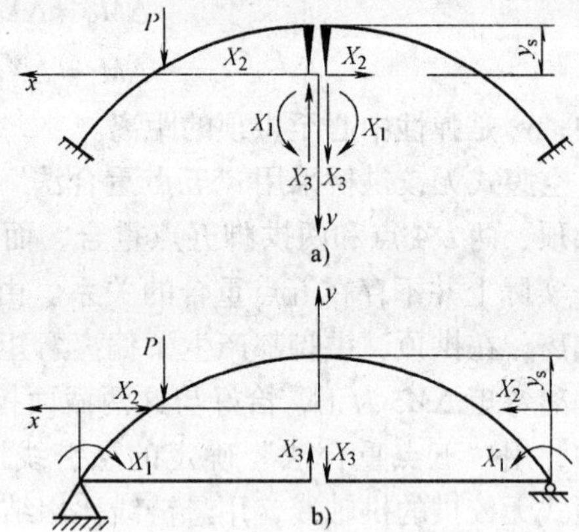

图5-73 拱的弹性中心

以悬臂曲梁为基本结构（图5-73a），由计算得知，作用于弹性中心的三个赘余力以单位力分别作用时引起的内力为

$$\left.\begin{aligned}\overline{M}_1=1,\overline{Q}_1=0,\overline{N}_1=0\\ \overline{M}_2=y,\overline{Q}_2=-\sin\varphi,\overline{N}_2=\cos\varphi\\ \overline{M}_3=x,\overline{Q}_3=\cos\varphi,\overline{N}_3=\sin\varphi\end{aligned}\right\}\tag{5-27}$$

式中，x轴向左为正，y轴向下为正；弯矩以使拱下缘受拉为正；剪力以绕隔离体逆时针方向转动为正，轴力以压力为正；φ在右半拱取正，左半拱取负。因此

$$\delta_{12}=\delta_{21}=\int_s\frac{\overline{M}_1\overline{M}_2\mathrm{d}s}{EI}+\int_s\frac{\overline{N}_1\ \overline{N}_2\mathrm{d}s}{EA}+\int_s k\frac{\overline{Q}_1\overline{Q}_2\mathrm{d}s}{GA}=\int_s\frac{\overline{M}_1\overline{M}_2\mathrm{d}s}{EI}+0+0$$

$$=\int_s y\frac{\mathrm{d}s}{EI}=\int_s(y_1-y_s)\frac{\mathrm{d}s}{EI}=\int_s y_1\frac{\mathrm{d}s}{EI}-\int_s y_s\frac{\mathrm{d}s}{EI}$$

令 $\delta_{12}=\delta_{21}=0$，便可得到弹性中心距拱顶之距离为

$$y_s=\frac{\int_s \frac{y_1 \mathrm{d}s}{EI}}{\int_s \frac{\mathrm{d}s}{EI}} \tag{5-28}$$

式中，$y_1=\frac{f}{m-1}(\cosh k\xi-1)$；$\mathrm{d}s=\frac{\mathrm{d}x}{\cos\varphi}=\frac{l}{2}\cdot\frac{1}{\cos\varphi}\mathrm{d}\xi$。

其中

$$\cos\varphi=\frac{1}{\sqrt{1+\tan^2\varphi}}=\frac{1}{\sqrt{1+\eta^2\sinh^2 k\xi}}$$

则

$$\mathrm{d}s=\frac{l}{2}\sqrt{1+\eta^2\sinh^2 k\xi}\,\mathrm{d}\xi \tag{5-29}$$

以 y_1 及 $\mathrm{d}s$ 代入式（5-28），并注意到等截面拱中 I 为常数，则

$$y_s=\frac{\int_s y_1 \mathrm{d}s}{\int_s \mathrm{d}s}=\frac{f}{m-1}\cdot\frac{\int_0^1(\cosh k\xi-1)\sqrt{1+\eta^2\sinh^2 k\xi}\,\mathrm{d}\xi}{\int_0^1\sqrt{1+\eta^2\sinh^2 k\xi}\,\mathrm{d}\xi}=\alpha_1\cdot f \tag{5-30}$$

系数 α_1 可由《拱桥（上）》[9]表（Ⅲ）-3查得。

【例5-1】 某无铰拱桥，计算跨径 $l=80\mathrm{m}$，主拱圈及拱上建筑结构自重简化为图中所示的荷载作用（图5-74），主拱圈截面面积 $A=5.0\mathrm{m}^2$，重度为 $\gamma=25\mathrm{kN/m}^3$，试应用“五点重合法”确定拱桥拱轴系数 m，并计算拱脚竖向力 V_g、水平推力 H_g 以及结构自重轴力 N_g。

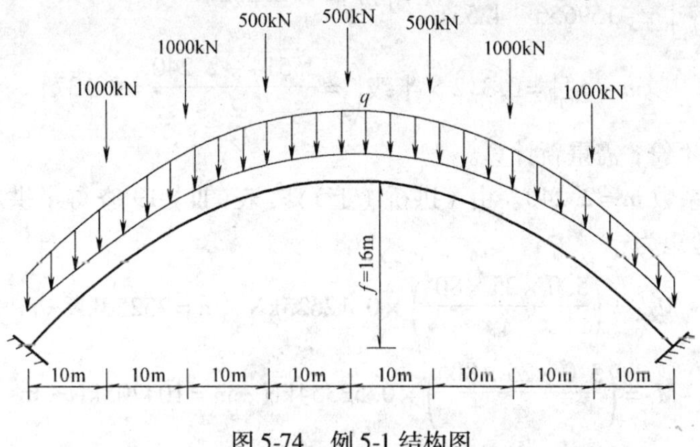

图5-74 例5-1结构图

【解】 取悬臂曲梁为基本结构，如图5-75所示。

因结构正对称，荷载也是正对称的，故在弹性中心的赘余力 $X_3=0$，仅有正对称的赘余力 X_1、X_2。

由式（5-16）、式（5-18）联立解得

$$\frac{1}{\sqrt{2(m+1)}+2}=\frac{y_{l/4}}{f}=\frac{\sum M_{l/4}}{\sum M_j}$$

由图 5-75 可以得到，半拱悬臂集中力荷载对拱跨 $l/4$ 截面和拱脚截面的弯矩为

$$M_{l/4}=500\times10\text{kN}\cdot\text{m}+250\times20\text{kN}\cdot\text{m}=10000\text{kN}\cdot\text{m}$$

$$M_{\text{j}}=1000\times10\text{kN}\cdot\text{m}+1000\times20\text{kN}\cdot\text{m}+500\times30\text{kN}\cdot\text{m}+250\times40\text{kN}\cdot\text{m}=55000\text{kN}\cdot\text{m}$$

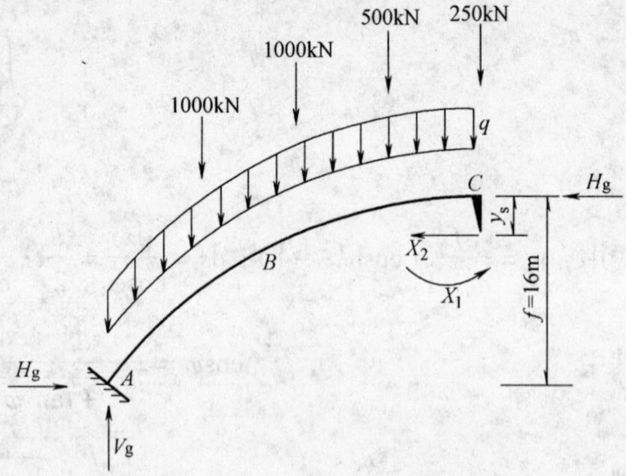

1）假定拱轴系数 $m=2.514$，因 $\dfrac{f}{l}=\dfrac{16}{80}=\dfrac{1}{5}$，由《拱桥（上）》[9] 表（Ⅲ)-19 查得半拱悬臂自重对 $l/4$ 截面和拱脚截面的弯矩为

图 5-75 例 5-1 半结构图

$$M_{\text{k}}=\left(\frac{A\gamma l^2}{4}\right)\times[\text{表值}]$$

故

$$M_{l/4}=\left(\frac{5.0\times25\times80^2}{4}\right)\times0.12619\text{kN}\cdot\text{m}=25238\text{kN}\cdot\text{m}$$

$$M_{\text{j}}=\left(\frac{5.0\times25\times80^2}{4}\right)\times0.52328\text{kN}\cdot\text{m}=104656\text{kN}\cdot\text{m}$$

所有半拱悬臂荷载对 $l/4$ 截面和拱脚截面的弯矩为

$$\sum M_{l/4}=10000\text{kN}\cdot\text{m}+25238\text{kN}\cdot\text{m}=35238\text{kN}\cdot\text{m}$$

$$\sum M_{\text{j}}=55000\text{kN}\cdot\text{m}+104656\text{kN}\cdot\text{m}=159656\text{kN}\cdot\text{m}$$

所以，$\dfrac{1}{\sqrt{2(m'+1)}+2}=\dfrac{35238}{159656}=\dfrac{1}{4.531}$，解得 $m'=2.202$。

$$|m-m'|=0.312>\text{半级}\left(=\frac{2.514-2.240}{2}=0.137\right)$$

所以 m 与 m' 不符，需重新计算。

2）假定拱轴系数 $m=2.240$。由《拱桥（上）》[9] 表(Ⅲ)-19 查得半拱悬臂自重对 $l/4$ 截面和拱脚截面的弯矩为

$$M_{l/4}=\left(\frac{5.0\times25\times80^2}{4}\right)\times0.12625\text{kN}\cdot\text{m}=25250\text{kN}\cdot\text{m}$$

$$M_{\text{j}}=\left(\frac{5.0\times25\times80^2}{4}\right)\times0.52354\text{kN}\cdot\text{m}=104708\text{kN}\cdot\text{m}$$

所有半拱悬臂荷载对 $l/4$ 截面和拱脚截面的弯矩为

$$\sum M_{l/4}=10000\text{kN}\cdot\text{m}+25250\text{kN}\cdot\text{m}=35250\text{kN}\cdot\text{m}$$

$$\sum M_{\text{j}}=55000\text{kN}\cdot\text{m}+104708\text{kN}\cdot\text{m}=159708\text{kN}\cdot\text{m}$$

所以，$\dfrac{1}{\sqrt{2(m'+1)}+2}=\dfrac{35250}{159708}=\dfrac{1}{4.531}$，$m'=2.202$。

$$|m-m'|=0.038$$

m 与 m' 之差小于半级，因此取拱轴系数 $m=2.240$。

3）由《拱桥（上）》[9] 表（Ⅲ)-19 查得半拱悬臂自重对拱脚截面的竖向剪力为

$$P_j = A\gamma l \times [\text{表值}] = 5.0 \times 25 \times 80 \times 0.55184\text{kN} = 5518.4\text{kN}$$

半拱悬臂集中力对拱脚截面的竖向剪力为

$$P_j = 1000\text{kN} + 1000\text{kN} + 500\text{kN} + 250\text{kN} = 2750\text{kN}$$

半拱悬臂荷载对拱脚截面的竖向总剪力为

$$\sum P_j = 5518.4\text{kN} + 2750\text{kN} = 8268.4\text{kN}$$

由前式可得$\dfrac{1}{\sqrt{2(m+1)}+2} = \dfrac{y_{l/4}}{f} = \dfrac{1}{4.531}$，$y_{l/4} = \dfrac{1}{4.531} \cdot f = 3.531\text{m}$。

故
$$H_g = \frac{\sum M_j}{f} = \frac{159708}{16}\text{kN} = 9981.8\text{kN}$$

$$V_g = \sum P = 5518.4\text{kN} + 2750\text{kN} = 8268.4\text{kN}$$

拱脚截面结构自重轴力为 $N_g = \sqrt{H_g^2 + V_g^2} = \sqrt{9981.8^2 + 8268.4^2}\text{kN} = 12961.6\text{kN}$。

5.3.1.2 结构自重作用下拱的内力计算

当采用结构自重压力线作为拱轴线而不考虑拱圈变形的影响时，拱圈各截面的结构自重内力均只有轴向压力，即拱圈处于纯压状态。实际上拱圈在结构自重作用下会产生弹性压缩，使拱轴长度缩短。由于无铰拱是超静定结构，它将会在拱中产生附加内力。但是，在设计中为了计算的方便，往往将结构自重内力分为两部分，即不考虑弹性压缩影响的内力与仅因弹性压缩引起的内力。然后将两者相加，便得到结构自重作用下的总内力。

1. 不考虑弹性压缩的结构自重内力

（1）实腹拱　如前所述，实腹式悬链线拱的拱轴线与结构自重压力线完全吻合，所以，在结构自重作用下，拱圈任何截面上都只存在轴向压力。此时，拱中的内力，可按纯压拱的公式计算。

由式（5-9）可得结构自重水平推力为

$$H_g = \frac{m-1}{4k^2} \cdot \frac{g_d l^2}{f} = k_g \frac{g_d l^2}{f} \tag{5-31}$$

式中，$k_g = \dfrac{m-1}{4k^2}$。

在结构自重作用下,拱脚的竖向反力为半拱的结构自重重量，即

$$V_g = \int_0^{l_1} g_x \mathrm{d}x - \int_0^1 g_x l_1 \mathrm{d}\xi$$

将式（5-8）、式（5-11）代入上式积分得

$$V_g = \frac{\sqrt{m^2-1}}{2[\ln(m+\sqrt{m^2-1})]} g_d l = k_g' g_d l \tag{5-32}$$

式中，$k_g' = \dfrac{\sqrt{m^2-1}}{2[\ln(m+\sqrt{m^2-1})]}$。

系数 k_g、k_g'可自《拱桥(上)》[9]表(Ⅲ)-4 查得。

因为结构自重弯矩和剪力均为零，拱圈各截面的轴向力 N 按下式计算

$$N = \frac{H_g}{\cos\varphi} \tag{5-33}$$

（2）空腹拱　空腹式悬链线无铰拱，由于拱轴线与结构自重压力线有偏离，拱顶、拱脚和 $l/4$ 点都有结构自重弯矩。在设计中，为了计算的方便，空腹式无铰拱桥的结构自重内力又可分为两部分，即先不考虑偏离的影响，将拱轴线视为与结构自重压力线完全吻合，然后再考虑偏离的影响，计算由偏离引起的结构自重内力。两者叠加，即得空腹式无铰拱不考虑弹性压缩时的结构自重内力。

不考虑偏离的影响时，空腹拱的结构自重内力也按纯压拱计算。此时，拱的结构自重推力 H_g 和拱脚竖向反力 V_g，可直接由静力平衡条件写出

$$H_g = \frac{\sum M_j}{f}$$

$$V_g = \sum P \text{（半拱结构自重）}$$

因为此时拱中的弯矩和剪力均为零，所以轴力可由下式计算

$$N = \frac{H_g}{\cos\varphi}$$

在设计中、小跨径的空腹式拱桥时，可偏安全地不考虑偏离弯矩的影响。大跨径空腹式拱桥，结构自重压力线与拱轴线的偏离一般比中、小跨径大，结构自重偏离弯矩是一种可供利用的有利因素。此时，应当计入偏离弯矩的影响。

2. 弹性压缩引起的内力

在结构自重轴力作用下，拱圈的弹性压缩表现为拱轴长度的缩短。拱圈的这种变形，会在拱中产生相应的内力。取悬臂曲梁为基本结构，弹性压缩会使拱轴在跨径方向缩短 Δl。由于实际结构中，拱顶并没有相对水平变位，则在弹性中心必有一个水平拉力 S（图 5-76a），使拱顶的相对水平变位变为零。

弹性压缩产生的赘余力 S，可由拱顶的变形协调条件求得，即

$$S\delta'_{22} - \Delta l = 0$$

所以

$$S = \frac{\Delta l}{\delta'_{22}} \tag{5-34}$$

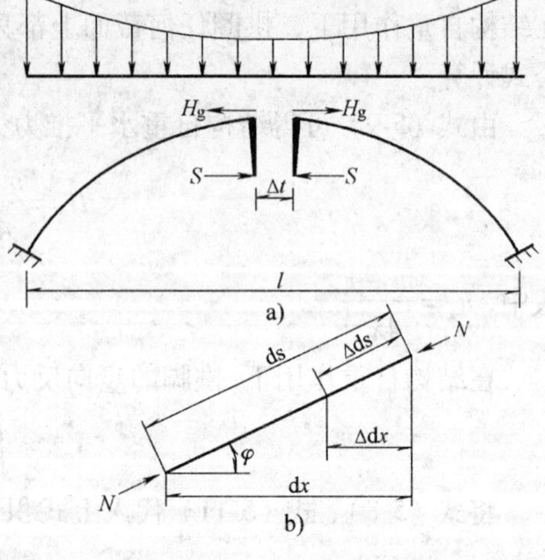

图 5-76　拱圈弹性压缩

从拱中取出一微段 ds（图 5-76b），则 $dx = ds\cos\varphi$，在轴向力 N 作用下缩短 Δds，其水平分量为 $\Delta dx = \Delta ds\cos\varphi$，则整个拱轴缩短的水平分量为

$$\Delta l = \int_0^l \Delta dx = \int_s \Delta ds\cos\varphi = \int_s \frac{N ds}{EA}\cos\varphi \tag{5-35}$$

将式（5-33）代入式（5-35）得

$$\Delta l = \int_0^l \frac{H_g dx}{EA\cos\varphi} = H_g \int_0^l \frac{dx}{EA\cos\varphi} \tag{5-36}$$

由单位水平力作用在弹性中心产生的水平位移（考虑轴向力影响）为

$$\delta'_{22} = \int_s \frac{\overline{M}_2^2 \mathrm{d}s}{EI} + \int_s \frac{\overline{N}_2^2 \mathrm{d}s}{EA} = \int_s \frac{y^2 \mathrm{d}s}{EI} + \int_s \frac{\cos^2\varphi \mathrm{d}s}{EA} = (1+\mu)\int_s \frac{y^2 \mathrm{d}s}{EI} \tag{5-37}$$

式中

$$\mu = \frac{\int_s \frac{\cos^2\varphi \mathrm{d}s}{EA}}{\int_s \frac{y^2 \mathrm{d}s}{EI}} \tag{5-38}$$

以式（5-36）、式（5-37）代入式（5-34）得

$$S = H_g \frac{1}{1+\mu} \cdot \frac{\int_0^l \frac{\mathrm{d}x}{EA \cdot \cos\varphi}}{\int_s \frac{y^2 \mathrm{d}s}{EI}} = H_g \frac{\mu_1}{1+\mu} \tag{5-39}$$

式中

$$\mu_1 = \frac{\int_0^l \frac{\mathrm{d}x}{EA\cos\varphi}}{\int_s \frac{y^2 \mathrm{d}s}{EI}} \tag{5-40}$$

为了便于制表计算，对于等截面拱，可将式（5-38）、式（5-40）的分子项改写为

$$\int_s \frac{\cos^2\varphi \mathrm{d}s}{EA} = \frac{l}{EA}\int_0^l \cos\varphi \frac{\mathrm{d}x}{l} = \frac{l}{EA}\int_0^1 \frac{\mathrm{d}\xi}{\sqrt{1+\eta^2 \sinh^2 k\xi}} = \frac{l}{E\upsilon A} \tag{5-41}$$

$$\int_s \frac{\mathrm{d}x}{EA\cos\varphi} = \frac{l}{EA}\int_0^l \frac{1}{\cos\varphi} \cdot \frac{\mathrm{d}x}{l} = \frac{l}{EA}\int_0^1 \sqrt{1+\eta^2 \sinh^2 k\xi}\,\mathrm{d}\xi = \frac{l}{E\upsilon_1 A} \tag{5-42}$$

于是

$$\mu = \frac{1}{E\upsilon A \int_s \frac{y^2 \mathrm{d}s}{EI}} \tag{5-43}$$

$$\mu_1 = \frac{1}{E\upsilon_1 A \int_s \frac{y^2 \mathrm{d}s}{EI}} \tag{5-44}$$

以上诸式中，$\int_s \frac{y^2 \mathrm{d}s}{EI}$ 可自《拱桥（上）》[9] 附录（Ⅲ）表（Ⅲ）-5 查得，υ、υ_1 可自表（Ⅲ）-8、表（Ⅲ）-10 查得。等截面拱的 μ_1 和 μ 也可直接由表（Ⅲ）-9、（Ⅲ）-11 查出。

对于砖石及混凝土的拱圈结构，在下列情况下，设计时可不计弹性压缩的影响：$l \leqslant 30\text{m}$，$\frac{f}{l} \geqslant 1/3$；$l \leqslant 20\text{m}$，$\frac{f}{l} \geqslant 1/4$；$l \leqslant 10\text{m}$，$\frac{f}{l} \geqslant 1/5$。

3. 结构自重作用下拱圈各截面的总内力

在拱桥计算中，拱中内力的符号，采用下述规定：拱中弯矩以使拱圈下缘受拉为正，拱中剪力以绕脱离体逆时针转动为正，轴向力则以使拱圈受压为正。图 5-77 中所示 M、N、Q 均为正。

当不考虑空腹拱结构自重压力线偏离拱轴线的影响时，拱圈各截面的结构自重内力为：不考虑弹性压缩的结构自重内力［仅有按式（5-33）计算的轴向力 N］加上弹性压缩产生的内力（图5-77）。

轴向力 $$N=\frac{H_g}{\cos\varphi}-\frac{\mu_1}{1+\mu}H_g\cos\varphi \tag{5-45}$$

弯矩 $$M=\frac{\mu_1}{1+\mu}H_g(y_s-y_1) \tag{5-46}$$

剪力 $$Q=\mp\frac{\mu_1}{1+\mu}H_g(y_s-y_1)\sin\varphi \tag{5-47}$$

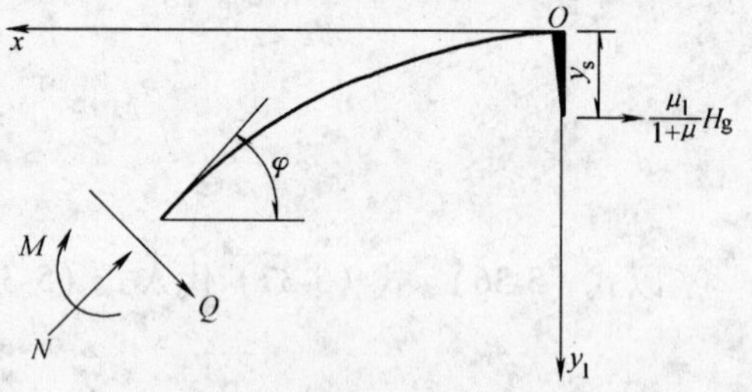

图5-77 弹性压缩产生的内力

式（5-47）中，上边符号适用于左半拱，下边符号适用于右半拱。

从以上各式可见，考虑了结构自重弹性压缩之后，拱中便有结构自重弯矩和剪力，这就说明，不论是空腹式拱还是实腹式拱，考虑弹性压缩后的结构自重压力线，将无法与拱轴线重合。

按式（5-20）~式（5-22）计入偏离的影响之后，各截面的结构自重总内力为

$$\left.\begin{aligned}N&=\frac{H_g}{\cos\varphi}+\Delta X_2\cos\varphi-\frac{\mu_1}{1+\mu}(H_g+\Delta X_2)\cos\varphi\\M&=\frac{\mu_1}{1+\mu}(H_g+\Delta X_2)(y_s-y_1)+\Delta M\\Q&=\mp\frac{\mu_1}{1+\mu}(H_g+\Delta X_2)\sin\varphi\pm\Delta X_2\sin\varphi\end{aligned}\right\} \tag{5-48}$$

式（5-48）中的 ΔX_2、ΔM 按式（5-21）、式（5-22）计算。

【例5-2】 续例5-1，截面抗弯惯性矩 $I=1.0\text{m}^4$，计算考虑弹性压缩影响后，拱脚竖向力 V_g、水平推力 H_g、结构自重轴力 N_g，以及弹性压缩引起的拱脚截面弯矩。

【解】 参考例5-1可知，拱轴系数 $m=2.24$。

1）不考虑弹性压缩时的 V_g、H_g 和 N_g。由例5-1可知

$$H_g=\frac{\sum M_j}{f}=\frac{159708}{16}\text{kN}=9981.2\text{kN}$$

$$V_g=\sum P=5518.4\text{kN}+2750\text{kN}=8268.4\text{kN}$$

$$N_g=\sqrt{H_g^2+V_g^2}=12961.6\text{kN}$$

2）由弹性压缩引起的 V_g、H_g 和 N_g。拱圈在结构自重轴力作用下产生弹性压缩，会使拱轴缩短，在弹性中心必有一个水平拉力 S，如图5-78所示。

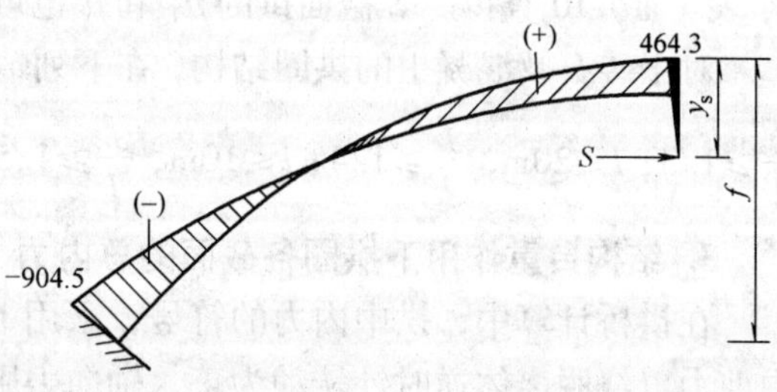

图5-78 例5-2图（单位：力 kN；弯矩 kN·m）

由式（5-30）可知 $y_s=\alpha_1 f$。由《拱桥（上）》[9]表（Ⅲ）-3查得，$\alpha_1=0.339193$。

故 $y_s=0.339193\times16\text{m}=5.427\text{m}$

由式（5-39）求 S：

$$\mu_1=[\text{表值}]\times\left(\frac{r}{f}\right)^2$$

$$\mu=[\text{表值}]\times\left(\frac{r}{f}\right)^2$$

上述［表值］由《拱桥（上）》[9]表（Ⅲ）-9 和（Ⅲ)-11 查得。

$$r=\sqrt{\frac{I}{A}}=\sqrt{\frac{1}{5}}\text{m}=0.4472\text{m}$$

故

$$\mu_1=11.0501\times\left(\frac{0.4472}{16}\right)^2=0.008632$$

$$\mu=9.14719\times\left(\frac{0.4472}{16}\right)^2=0.007146$$

所以

$$S=9981.8\times\frac{0.008632}{1+0.007146}\text{kN}=85.55\text{kN}$$

$$H_g=-S=-85.55\text{kN}$$

$$V_g=0$$

$$N_g=-\sqrt{H_g^2+V_g^2}=-85.55\text{kN}$$

$$M_j=-S(f-y_s)=-85.55\times(16-5.427)\text{kN}\cdot\text{m}=-904.5\text{kN}\cdot\text{m}$$

$$M_d=Sy_s=85.55\times5.427\text{kN}\cdot\text{m}=464.3\text{kN}\cdot\text{m}$$

弯矩图如图 5-78 所示。

3）考虑弹性压缩后的 H_g、V_g 和 N_g。考虑弹性压缩后的值为不考虑弹性压缩的内力值与弹性压缩引起的内力值的总和。

$$H_g=9981.8\text{kN}-85.85\text{kN}=9896.25\text{kN}$$

$$V_g=8268.4\text{kN}$$

$$N_g=\sqrt{H_g^2+V_g^2}=\sqrt{9896.25^2+8268.4^2}\text{kN}=12895.8\text{kN}$$

5.3.1.3 汽车和人群荷载的内力计算

汽车和人群荷载内力计算仍分两步进行：先计算不考虑弹性压缩的汽车和人群荷载内力，然后再计入弹性压缩对汽车荷载内力的影响。

1. 不考虑弹性压缩影响的汽车和人群荷载内力

超静定无铰拱桥汽车荷载内力计算的办法是：先计算赘余力影响线，然后用叠加的办法计算内力影响线，最后，根据内力影响线按最不利情况布载，求得最不利内力值。

（1）绘制赘余力影响线

1）以简支曲梁为基本结构（图 5-79a)。为了便于编制影响线表，在求拱中内力影响线时，常采用简支曲梁为基本结构。根据结构力学知识和弹性中心的特性可求出单位荷载 $P=1$ 在图示位置时结构的赘余力 X_1、X_2、X_3。

2）计算赘余力影响线。为了计算赘余力的影响线，一般将拱圈沿跨径方向 48（或 24）等分。相邻两分点的水平距离为 $\Delta l=l/48$（或 $l/24$），当 $P=1$ 从（图 5-79a）中的左拱脚向右拱脚以 Δl 步长移动时，即可利用结构力学知识计算出 P 在各个分点上 X_1、X_2、X_3 的影响线竖标。三个赘余力影响线的图形如图 5-79b、c、d 所示。

(2) 内力影响线　有了赘余力的影响线之后，拱中任何截面的内力影响线，均可利用静力平衡条件建立计算式并借助叠加的办法求得。

1) 任意截面的弯矩影响线。由图 5-79a 可得任意截面 i 的弯矩为

$$M = M_0 - H_1 y \pm X_3 x + X_1 \quad (5\text{-}49)$$

式中，M_0 是相应简支梁弯矩。

现以拱顶弯矩 M_d 影响线为例，说明利用已知影响线相叠加求解未知影响线的方法。

因拱顶截面 $x=0$，故 $X_3 x=0$。拱顶截面的弯矩 M_d 为

$$M_d = M_0 - H_1 y + X_1$$

由 $\sum X=0$ 知，拱中任意截面的水平推力 $H_1 = X_2$；因此，H_1 的影响线与赘余力 X_2 的影响线是完全一致的。H_1 的影响线的图形如图 5-79c 所示，各点的影响线竖标可由《拱桥（上）》[9] 附录（Ⅲ）表（Ⅲ）-12 查得。

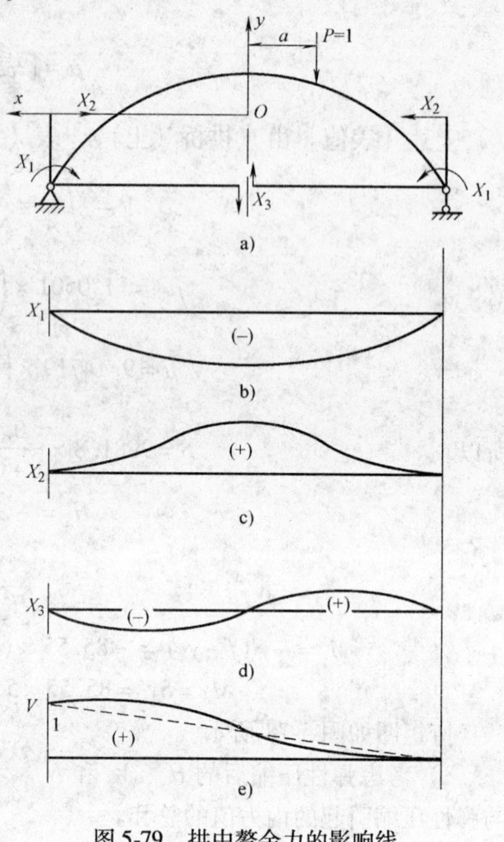

图 5-79　拱中赘余力的影响线

先绘出简支梁影响线 M_0，减去 X_1 影响线，得 $M_0 - X_1$，影响线如图 5-80b 所示有竖线的部分。在图 5-80c 中，以水平线为基线绘出 $M_0 - X_1$ 影响线，在此图上再与 $H_1 y$ 影响线相叠加，图中有竖线部分即为拱顶弯矩影响线。再以水平线为基线，即得 M_d 影响线如图 5-80d 所示。同理可得，拱中任意截面 i 的弯矩影响线 M_i 如图 5-80e 所示。拱中各截面不考虑弹性压缩的弯矩影响线坐标可由《拱桥（上）》[9] 附录（Ⅲ）表（Ⅲ）-13 查得。

2) 任意截面的轴向力 N 和剪力 Q 影响线。截面 i 的轴向力 N_i 及剪力 Q_i 的影响线，在截面 i 处均有突变，图 5-80f、g 所示。故当集中荷载作用在 i 截面的左、右两边时，轴向力 N 及剪力 Q 均有较大的差异，不便于编制等代荷载，一般也不利用 N、Q 的影响线计算其内力。通常，先算出该截面的水平力 H_1 和拱脚的竖向反力 V，再按下式计算轴力 N 和剪力 Q。

轴向力
$$\left.\begin{aligned}&\text{拱顶：} N = H_1\\&\text{拱脚：} N = H_1\cos\varphi_j + V\sin\varphi_j\\&\text{其他截面：} N \approx H_1/\cos\varphi\end{aligned}\right\} \quad (5\text{-}50)$$

剪力
$$\left.\begin{aligned}&\text{拱顶：数值很小，一般不计算}\\&\text{拱脚：} Q = H_1\sin\varphi_j - V\cos\varphi_j\\&\text{其他截面：数值很小，一般不计算}\end{aligned}\right\} \quad (5\text{-}51)$$

3) 拱脚竖向反力 V 的影响线。将 X_3 移至两支点后，由 $\sum Y=0$ 得

$$V = V_0 \mp X_3 \quad (5\text{-}52)$$

式中，V_0 是简支梁的反力影响线；负号适用于左拱脚，正号适用于右拱脚。

由 V_0 与 X_3 两条影响线叠加而成的竖向反力影响线 V，具有图5-79e的形式（图中为左拱脚的竖向反力影响线），显而易见，拱脚竖向反力 V 影响线的总面积 $\omega=\dfrac{l}{2}$。

现以拱脚截面为例，说明计算拱中最大汽车荷载内力的方法。

【例5-3】 等截面悬链线无铰拱，$l=50\text{m}$，$f=10\text{m}$，$m=2.240$，计算荷载为公路—Ⅱ级车道荷载，求左拱脚 A 最大正弯矩及相应的轴向力。

【解】 公路—Ⅱ级车道荷载的均布荷载为7.9kN/m，集中荷载为270kN。图5-80所示为左拱脚 A 的弯矩 M_j 影响线、水平力 H_1 影响线和竖向反力 V 影响线。求拱脚的最大正弯矩时，应将均布荷载满布在弯矩影响线的正面积部分，集中荷载布置于弯矩影响线的最大正值处（图5-81）。

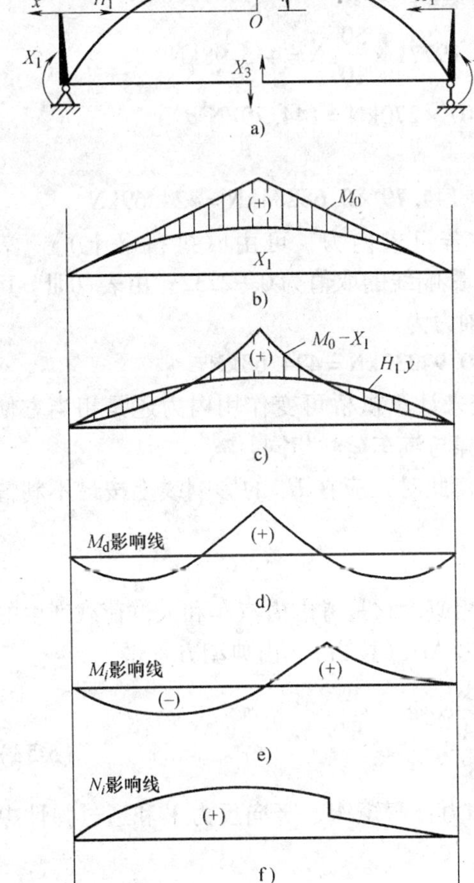

图5-80 拱中内力影响线

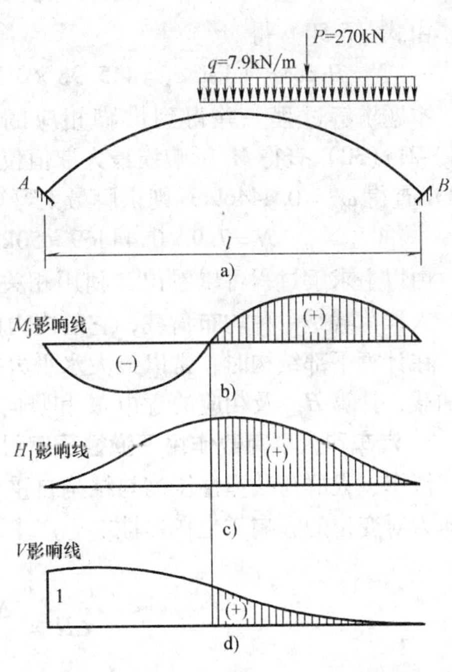

图5-81 求拱脚 M_{max} 及相应 N 的布载图示

1）根据 $m=2.240$，$\dfrac{f}{l}=\dfrac{1}{5}$，由《拱桥（上）》[9] 附录（Ⅲ）表（Ⅲ）-20（6）得拱脚处水平倾角的正弦及余弦为 $\sin\varphi_j=0.68284$；$\cos\varphi_j=0.73057$。

2）根据 $m=2.240$，$\dfrac{f}{l}=\dfrac{1}{5}$，由《拱桥（上）》[9] 附录（Ⅲ）表（Ⅲ）-14（43）查得 M_{maxc} 的影响线面积为 $\omega_M=0.01905l^2$；$\omega_H=0.09067\dfrac{l^2}{f}$；$\omega_V=0.16622l$。

3）根据 $m=2.240$，$\dfrac{f}{l}=\dfrac{1}{5}$，由《拱桥（上）》[9] 附录（Ⅲ）表（Ⅲ）-13（30）、表（Ⅲ）-12（6）及表（Ⅲ）-7（6）查得 M_j 影响线最大峰值为 $0.05227l$；相应 H_1 影响线的取值为 $0.19771\dfrac{l}{f}$；相应 V 影响线的取值为 0.29307。

4）拱脚 M_{max} 及其相应的轴向力 N。

$$M_{max}=7.9\times0.01905\times50^2\text{kN}\cdot\text{m}+270\times0.05227\times50\text{kN}\cdot\text{m}=1081.88\text{kN}\cdot\text{m}$$

相应的 $$H_1=7.9\times0.09067\times\frac{50^2}{10}\text{kN}+270\times0.19771\times\frac{50}{10}\text{kN}=445.98\text{kN}$$

相应的 $$V=7.9\times0.16622\times50\text{kN}+0.29307\times270\text{kN}=144.79\text{kN}$$

由式（5-50）得

$$N=H_1\cos\varphi_j+V\sin\varphi_j=445.98\times0.73057\text{kN}+144.79\times0.68284\text{kN}=424.69\text{kN}$$

本题求解过程一并得到拱脚相应的支反力，若只求内力，可由《拱桥（上）》[9] 表（Ⅲ）-21（30）查得 M_j 影响线最大取值位置相应 N 影响线的取值为 0.92232；由表（Ⅲ）-14（43）查得 $\omega_N=0.44469l$；则拱脚最大弯矩相应的轴力为

$$N=7.9\times0.44469\times50\text{kN}+270\times0.92232\text{kN}=424.68\text{kN}$$

由以上求解过程可以看出，利用相关计算用表来计算拱桥可变作用内力还是相当方便的。人群荷载是一种均布荷载，它的内力的计算步骤与汽车荷载相同。

在计算下部结构时，常以最大水平力控制设计，此时，应在 H_1 的影响线上按最不利情况加载，计算 H_{max} 及相应的弯矩 M 和竖向反力 V。

2. 汽车和人群荷载作用下弹性压缩引起的内力

汽车、人群荷载弹性压缩与结构自重弹性压缩相似，它是考虑由汽车和人群荷载产生的轴向力对变位的影响，也在弹性中心产生赘余水平力 ΔH（拉力）。由典型方程得

$$\Delta H=\frac{\Delta l}{\delta'_{22}}=\frac{\int_s\frac{N\text{d}s}{EA}\cos\varphi}{\delta'_{22}} \tag{5-53}$$

取脱离体如图 5-82 所示，拱脚作用有三个已知力：弯矩 M、竖向反力 V 和通过弹性中心的水平力 H_1。

将各力投影到水平方向上得

$$N=\frac{H_1-Q\sin\varphi}{\cos\varphi}=\frac{H_1}{\cos\varphi}\left(1-\frac{Q}{H_1}\sin\varphi\right) \tag{5-54}$$

在式（5-54）中，第二项的数值常比第一项小很多，近似地略去一项，则得 $N=\dfrac{H_1}{\cos\varphi}$，

于是，$\Delta l = \int_s \frac{N\mathrm{d}s}{EA}\cos\varphi = H_1\int_l \frac{\mathrm{d}x}{EA\cos\varphi}$，将其代入式（5-53）得

$$\Delta H = -\frac{H_1\int_l \frac{\mathrm{d}x}{EA\cos\varphi}}{\delta'_{22}} = -\frac{H_1\int_l \frac{\mathrm{d}x}{EA\cos\varphi}}{(1+\mu)\int_s \frac{y^2\mathrm{d}s}{EI}} = -H_1\frac{\mu_1}{1+\mu} \tag{5-55}$$

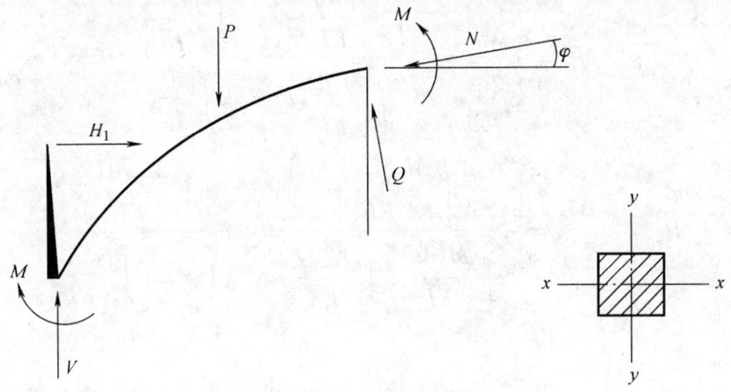

图5-82 汽车荷载弹性压缩引起的内力

考虑弹性压缩后的汽车、人群荷载推力（总推力）为

$$H = H_1 + \Delta H = H_1 - H_1\frac{\mu_1}{1+\mu} = H_1\frac{1+\mu-\mu_1}{1+\mu} \tag{5-56}$$

考虑到 $\Delta\mu = \mu_1 - \mu$ 远比 μ_1 为小，实际应用时尚可将式（5-56）进一步简化为

$$H = H_1\frac{1+\mu-\mu_1}{1+\mu} = H_1\frac{1-\Delta\mu}{1+\mu_1-\Delta\mu} \approx \frac{H_1}{1+\mu_1} \tag{5-57}$$

汽车、人群荷载弹性压缩引起的内力为

$$\left.\begin{aligned} &\text{弯矩} && \Delta M = -\Delta H y = \frac{\mu_1}{1+\mu}H_1 y \\ &\text{轴向力} && \Delta N = -\Delta H\cos\varphi = -\frac{\mu_1}{1+\mu}H_1\cos\varphi \\ &\text{剪力} && \Delta Q = \pm\Delta H\sin\varphi = \mp\frac{\mu_1}{1+\mu}H_1\sin\varphi \end{aligned}\right\} \tag{5-58}$$

将不考虑弹性压缩的汽车（或人群）荷载与汽车（或人群）荷载弹性压缩产生的内力叠加起来，即得汽车（或人群）荷载作用下的总内力。

5.3.1.4 裸拱内力计算

采用早脱架施工（拱圈合龙达到一定强度后就卸落拱架）及无支架施工的拱桥，需计算裸拱自重产生的内力，以便进行裸拱强度和稳定性的验算。

取悬臂曲梁为基本结构（图5-83）。

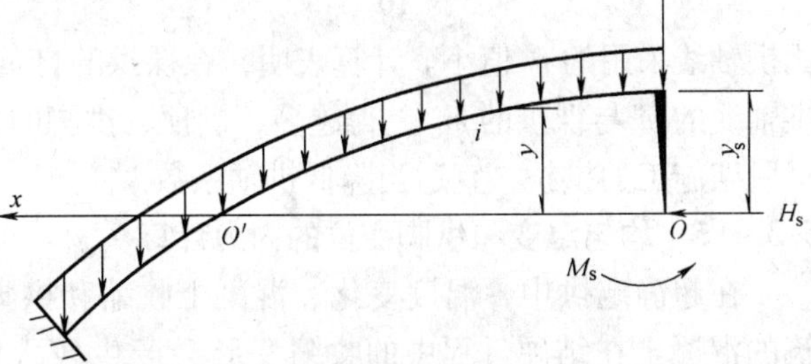

图5-83 拱圈自重作用下内力计算图示

对于等截面拱，任意截面 i 的结构自重集度 g_i 为

$$g_i = \frac{g_d}{\cos\varphi_i} \tag{5-59}$$

由于结构和荷载均为正对称，故在弹性中心仅有两个正对称的赘余力：弯矩 M_s 和水平力 H_s。由典型方程得

$$M_s = -\frac{\Delta_{1P}}{\delta'_{11}} = -\frac{\int_s \frac{\overline{M}_1 M_P \mathrm{d}s}{EI}}{\int_s \frac{\overline{M}_1^2 \mathrm{d}s}{EI}} = -\frac{\int_s \frac{M_P \mathrm{d}s}{EI}}{\int_s \frac{\mathrm{d}s}{EI}} \tag{5-60}$$

$$H_s = -\frac{\Delta_{2P}}{\delta'_{22}} = -\frac{\int_s \frac{\overline{M}_2 M_P \mathrm{d}s}{EI}}{\int_s \frac{\overline{M}_2^2 \mathrm{d}s}{EI} + \int_s \frac{\overline{N}^2 \mathrm{d}s}{EA}} = -\frac{\int_s \frac{M_P y \mathrm{d}s}{EI}}{(1+\mu)\int_s \frac{y^2 \mathrm{d}s}{EI}} \tag{5-61}$$

积分后可得

$$\left.\begin{aligned} M_s &= \frac{A\gamma l^2}{4} V_1 \\ H_s &= \frac{A\gamma l^2}{4(1+\mu)f} V_2 \end{aligned}\right\} \tag{5-62}$$

式中，γ 是拱圈材料重度；A 是拱圈截面积（净面积或实际面积）；V_1、V_2 是系数，可自《拱桥（上）》[9] 表（Ⅲ)-15、表（Ⅲ)-16 查得。

由静力平衡条件得任意截面 i 的弯矩和轴向力为

$$\left.\begin{aligned} M_i &= M_s - H_s y - \sum_n^i M \\ N_i &= H_s \cos\varphi_i + \sin\varphi_i \sum_n^i P \end{aligned}\right\} \tag{5-63}$$

式中，$\sum_n^i M$ 是拱顶至 i 截面间裸拱自重对该截面的弯矩；$\sum_n^i P$ 是拱顶至 i 截面间裸拱自重的总和；n 是拱顶截面的编号，在设计中 n 常采用 12 或 24。

$\sum_n^i M$、$\sum_n^i P$ 均可由《拱桥(上)》[9] 表（Ⅲ)-19 查得。

当拱的矢跨比为$\frac{1}{5}$ ~ $\frac{1}{10}$时，裸拱结构自重压力线的拱轴系数 m_0 = 1.305 ~ 1.079，通常比拱轴线采用的 m 值小。计算表明，在裸拱的自重作用下，拱顶、拱脚一般都产生正弯矩。拱轴线的 m 与裸拱的 m_0 差得越多，拱顶、拱脚的正弯矩就越大。因而，采用无支架施工或早脱架施工的拱桥，宜适当降低拱轴系数。

5.3.1.5 均匀温变和拱脚变位的内力计算

在超静定拱中，温度变化、混凝土收缩和拱脚变位都会产生附加内力。特别是就地浇筑的混凝土在结硬过程中的收缩变形会产生较大的附加内力，可使拱桥开裂。在软土地基上建造圬工拱桥，墩台发生变位，尤其是水平变位，对拱桥产生较大的影响，引起较

大的附加内力。

1. 均匀温变产生的附加内力计算

根据热胀冷缩的道理，当大气温度比成拱时的温度（即主拱圈施工合龙时温度，称为合龙温度）高时，称为温度上升，引起拱体膨胀；反之，当大气温度比合龙温度低时，称为温度下降引起拱体收缩。不论是拱体膨胀（拱轴伸长）还是拱体收缩（拱轴缩短）都会在拱中产生内力。

在图5-84a中，设温度变化引起拱轴在水平方向的变位为 Δl_t，与弹性压缩同样道理，必然在弹性中心产生一对水平力 H_t。由典型方程得

$$\left.\begin{aligned}H_t&=\frac{\Delta l_t}{\delta_{22}}\\ \Delta l_t&=\alpha l\Delta t\end{aligned}\right\}\tag{5-64}$$

式中，Δt 是温度变化值，即最高（或最低）温度与合龙温度之差，温度上升时，Δt 和 H_t 均为正；温度下降时，Δt 及 H_t 均为负；α 是材料的线膨胀系数：混凝土或钢筋混凝土结构 $\alpha=1\times10^{-5}$，混凝土预制块砌体 $\alpha=0.9\times10^{-5}$，石砌体 $\alpha=0.8\times10^{-5}$。

由温度变化引起拱中任意截面的附加内力为（图5-84b）

$$\left.\begin{aligned}&\text{弯矩} && M_t=-H_ty=-H_t(y_s-y_1)\\ &\text{轴向力} && N_t=H_t\cos\varphi\\ &\text{剪力} && Q_t=\pm H_t\sin\varphi\end{aligned}\right\}\tag{5-65}$$

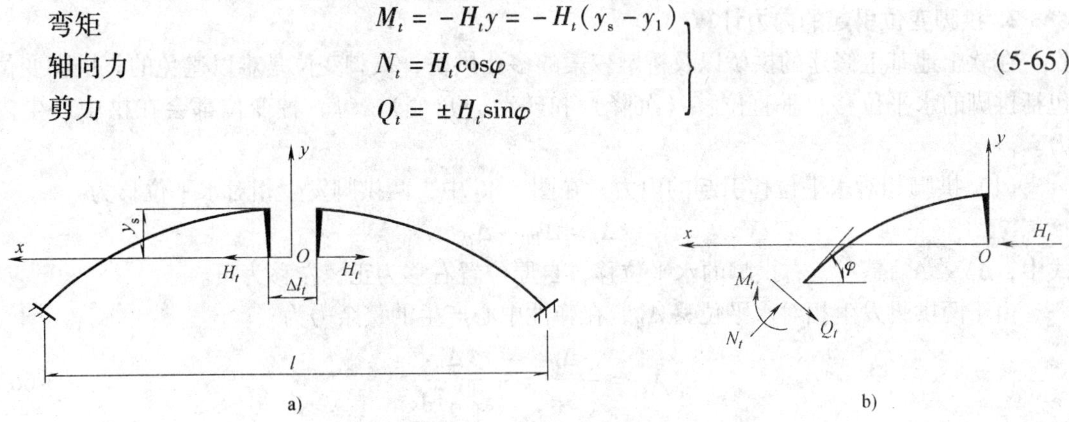

图5-84 均匀温变产生的附加内力计算

a）温度变化引起赘余力计算图示 b）温度变化引起拱中的内力

【例5-4】 如图5-85a所示的等截面悬链线无铰拱，拱轴系数 $m=2.24$，施工时的合龙温度为15℃，主拱圈线膨胀系数 $\alpha=1.0\times10^{-5}$，弹性模量 $E=3.0\times10^4\text{MPa}$，主拱圈截面抗弯惯性矩为 $I=2\text{m}^4$，试求大气温度为 -5℃时，拱顶和拱脚截面由温度变化引起的弯矩，并绘出弯矩图。

【解】 取悬臂曲梁为基本结构，如图5-85b所示。

由《拱桥（上）》[9]表Ⅲ-3查得，$y_s=0.332068f$。

由《拱桥（上）》[9]表Ⅲ-5查得，$\delta_{22}=\int_s\frac{y^2\text{d}s}{EI}=0.095818\frac{lf^2}{EI}$

由于温度下降，会在弹性中心产生一对水平赘余力 H_t，由典型方程可以得到

$$H_t=\frac{\Delta l_t}{\delta_{22}},\ \Delta l_t=\alpha l\Delta t$$

故 $$H_t = \frac{\Delta l_t}{\delta_{22}} = \frac{\alpha l \Delta t}{\delta_{22}} = \frac{10^{-5} \times 30 \times (-20)}{\dfrac{0.095818 \times 30 \times 5^2}{3 \times 10^7 \times 2}} \text{kN} = -5009.5 \text{kN}$$

温度变化在各截面产生的弯矩如下：

拱顶截面产生的弯矩 $M_d = -H_t y_s = -(-5009.5) \times 0.332068 \times 5 \text{kN} \cdot \text{m} = 8317.5 \text{kN} \cdot \text{m}$

拱脚截面产生的弯矩 $M_j = H_t(f - y_s) = (-5099.5) \times (f - 0.332068f) = -17030.6 \text{kN} \cdot \text{m}$

绘制温度变化产生的弯矩图如图 5-85c 所示。

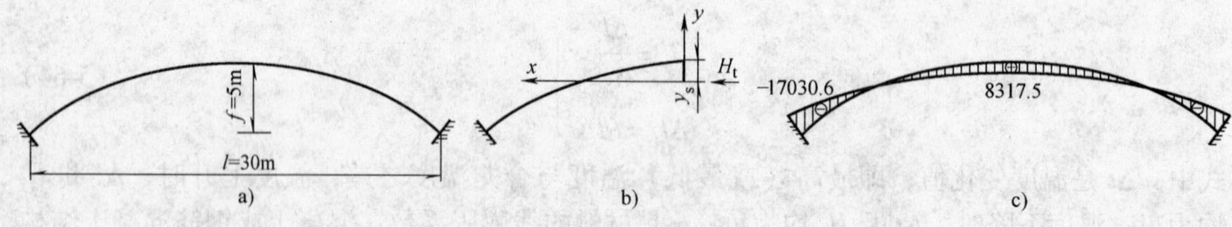

图 5-85 例 5-4 图

2. 拱脚变位引起的内力计算

在软土地基上修建的拱桥以及桥墩较柔的多孔拱桥，拱脚变位是难以避免的。拱脚变位包括拱脚的水平位移、垂直位移（沉降）和转动（角变），每一种变位都会在拱中产生内力。

（1）拱脚相对水平位移引起的内力 在图 5-86 中，两拱脚发生相对水平位移为

$$\Delta_H = \Delta_{HB} - \Delta_{HA}$$

式中，Δ_{HA}、Δ_{HB}是左、右拱脚的水平位移，自原位置右移为正、左移为负。

由于两拱脚发生相对水平位移 Δ_H，在弹性中心产生的赘余力为

$$X_2 = -\frac{\Delta_H}{\delta_{22}} = -\frac{\Delta_H}{\int_s \frac{y^2 \mathrm{d}s}{EI}} \tag{5-66}$$

如两拱脚相对靠拢（Δ_H 为负），X_2 为正；反之则相反。

（2）拱脚相对垂直位移引起的内力 在图 5-87 中，拱脚相对垂直位移为

$$\Delta_V = \Delta_{VB} - \Delta_{VA}$$

式中，Δ_{VA}、Δ_{VB}是左、右拱脚的垂直位移，均以自原位置下移为正，上移为负。

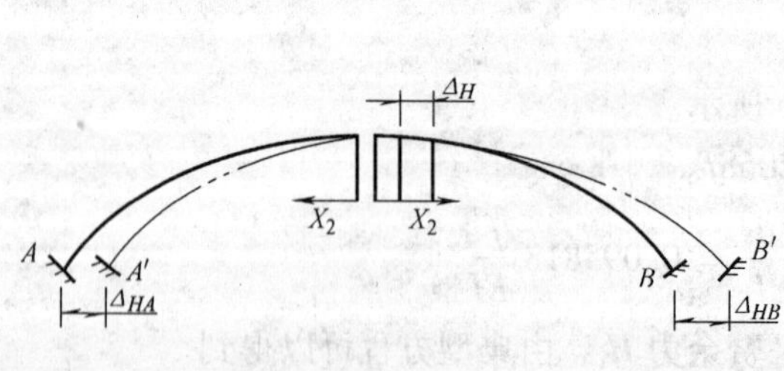

图 5-86 拱脚水平位移引起内力计算图示

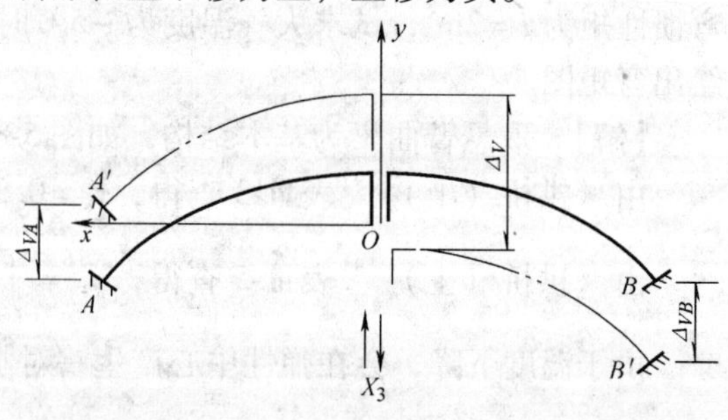

图 5-87 拱脚竖向位移引起内力计算图示

由两拱脚相对垂直位移引起弹性中心的赘余力为

$$X_3 = -\frac{\Delta_V}{\delta_{33}} = -\frac{\Delta_V}{\int_s \frac{x^2 ds}{EI}} \tag{5-67}$$

等截面悬链线拱的 $\int_s \frac{x^2 ds}{EI}$ 可由《拱桥（上）》[9] 表（Ⅲ）-6 查得。

（3）拱脚相对角变引起的内力　在图 5-88a 中，拱脚 B 发生转角 θ_B（θ_B 顺时针为正）之后，在弹性中心除产生相同的转角 θ_B 之外，还引起相对水平位移 Δ_H 和垂直位移 Δ_V。因此，在弹性中心会产生三个赘余力 X_1、X_2、X_3。

由典型方程得

$$\left.\begin{aligned} X_1\delta_{11} + \theta_B = 0 \\ X_2\delta_{22} + \Delta_H = 0 \\ X_3\delta_{33} + \Delta_V = 0 \end{aligned}\right\} \tag{5-68}$$

式中，θ_B 为已知，Δ_H、Δ_V 不难根据图 5-88b 的几何关系求出。

$$\Delta_H = \theta_B(f - y_s)$$

$$\Delta_V = \frac{\theta_B l}{2}$$

将 Δ_H 及 Δ_V 代入式（5-68）得

$$\left.\begin{aligned} X_1 &= -\frac{\theta_B}{\delta_{11}} \\ X_2 &= -\frac{\theta_B(f - y_s)}{\int_s \frac{y^2 ds}{EI}} \\ X_3 &= \frac{\theta_B l}{2\int_s \frac{x^2 ds}{EI}} \end{aligned}\right\} \tag{5-69}$$

式中，$\delta_{11} = \int_s \frac{\overline{M}_1^2 ds}{EI} = \int_s \frac{ds}{EI} = \frac{l}{EI}\int_0^1 \frac{d\xi}{\cos\varphi} = \frac{l}{EI} \cdot \frac{1}{v_1}$。

$\frac{1}{v_1}$ 可自《拱桥（上）》[9] 表（Ⅲ）-8 查得。

拱脚相对角变位引起各截面的内力为（图 5-88c）

$$\left.\begin{aligned} M &= X_1 - X_2 y \pm X_3 x \\ N &= \mp X_3 \sin\varphi + X_2 \cos\varphi \\ Q &= X_3 \cos\varphi \pm X_2 \sin\varphi \end{aligned}\right\} \tag{5-70}$$

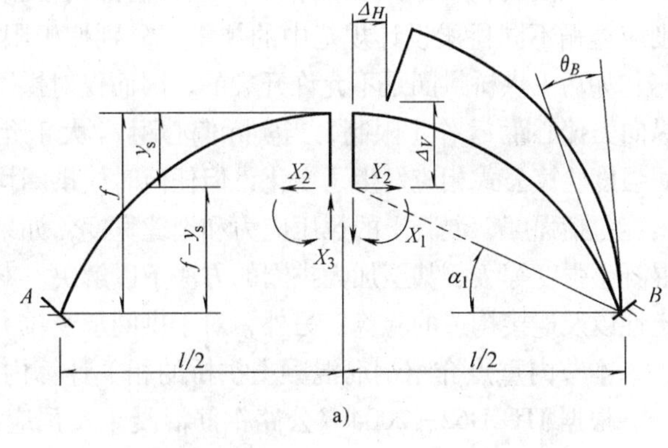

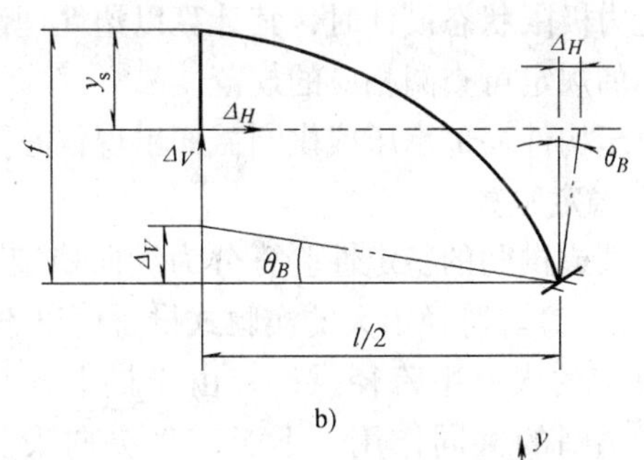

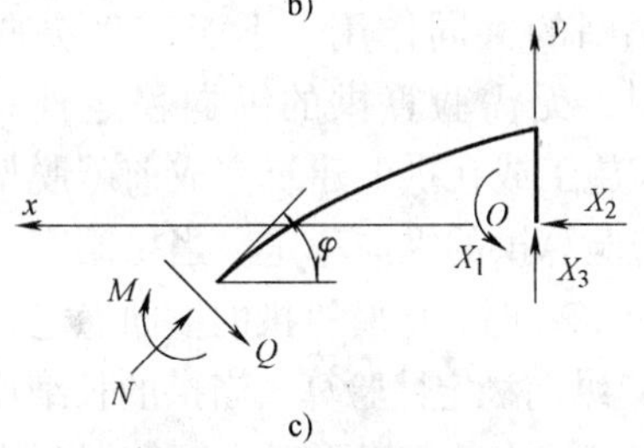

图 5-88　拱脚相对角变引起的赘余力及各截面的内力图

5.3.1.6 主拱验算

单跨无铰拱的验算包括强度验算和稳定验算这两项主要内容。

1. 强度验算

强度验算即作用效应组合值与结构抗力的比较。

当求出了各种作用的内力后，便可进行最不利情况下的作用效应组合。在前述基础上，在车道荷载引起的拱圈正弯矩参与组合时，应适当折减，拱顶、拱跨 $l/4$ 截面折减系数为 0.7，拱脚应乘以 0.9 的折减系数，中间各个截面的正弯矩折减系数可用直线插入法确定。依此规定，例 5-3 中直接求得车道荷载作用下的拱脚最大正弯矩 M_{max} 为 1081.88kN·m，在与其他作用效应组合以控制设计时，应当折减为 973.69kN·m。

一般无铰拱桥，拱脚和拱顶是主要控制截面。大跨度拱桥应验算拱顶、拱跨 $3l/8$、拱跨 $l/4$ 和拱脚四个截面；对于中、小跨径拱桥，拱跨 $l/4$ 截面可不验算；对于特大跨径拱桥，除以上四个截面外，需视截面配筋情况，另行选择截面进行验算。如拱上建筑布置特殊，则视具体情况增加验算截面。

主拱圈的截面形式虽然各异，但它们都属于偏心受压构件。对于不同材料的截面强度，则应遵循不同桥梁设计规范中的规定，分别按极限状态法或者允许应力法进行验算。

如圬工拱桥拱圈是不允许开裂的，因而仅对拱圈强度作验算，为确保全截面受压，规范对纵向力偏心距 e_0 作了限制，当实际偏心距 e_0 大于允许值 $[e_0]$ 时，因截面出现了拉应力，拱圈强度验算公式相应发生了变化，但任何时候拱圈均不允许开裂。对于钢筋混凝土拱圈，验算内容包括强度、混凝土的拉压应力和裂缝宽度，如果不能满足要求，可通过增加配筋量、提高混凝土强度等级、甚至加大拱圈的方法予以解决。对于钢拱圈，主要是作钢材的应力、局部稳定性以及连接构造的验算。另外，对于拱圈承受拉力的部位，尚应验算其疲劳强度。

本节内重点介绍钢筋混凝土拱桥的相关计算内容。

根据 JTG D62—2004《公路钢筋混凝土及预应力混凝土桥涵设计规范》规定，当构件按承载能力极限状态设计时，其计算以塑性理论为基础。拱圈截面基本上是偏心受压构件，有关具体的规定可查阅相应的规范。

对于构件局部承压或拱圈截面出现偏心受拉或受弯的情况，可参考规范中的有关内容。

2. 稳定验算

拱圈或拱肋的稳定性验算分为纵向稳定（又称面内稳定）和横向稳定（又称面外稳定或侧倾稳定）。跨径不大的实腹式拱桥可以不验算其纵、横向稳定性；在拱上建筑完成后再卸落拱架的大、中跨径拱桥，由于拱上建筑与主拱圈的共同作用，不至产生纵向失稳，此时，无需验算拱的纵向稳定性。采用无支架施工或在拱上建筑完成前就脱架的拱桥，应验算拱的纵向稳定。当拱圈宽度小于跨径的 $l/20$ 时，应验算拱的横向稳定。

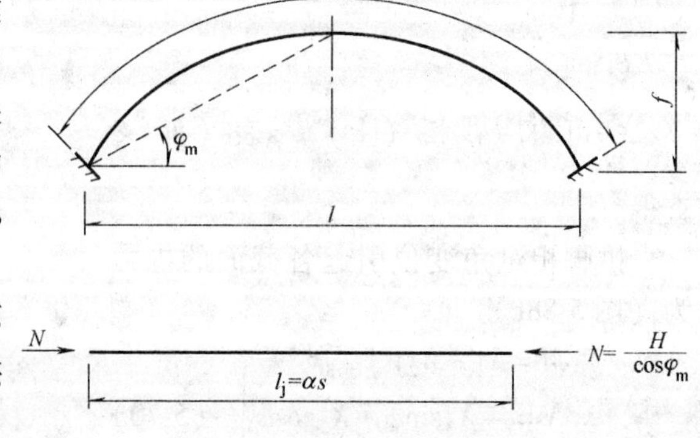

图 5-89 拱肋纵向稳定验算

（1）纵向稳定性验算　当拱的长细比不大，且矢跨比在 0.3 以下时，钢筋混凝土拱的纵向稳定性验算可表达为强度校核形式，即将拱肋换算为相当长度的压杆（图 5-89），

按平均轴力采用钢筋混凝土轴向受压构件强度计算公式

$$\gamma_0 N_d \leqslant 0.9\varphi(f_{cd}A + f'_{sd}A'_s) \tag{5-71}$$

$$N_d = \frac{H_d}{\cos\varphi_m} \tag{5-72}$$

式中，N_d 是轴向力组合设计值；H_d 是拱的水平推力组合设计值；φ_m 是拱脚至拱顶连线与水平线的夹角，$\cos\varphi_m = \frac{1}{\sqrt{1+4(f/l)^2}}$；$\varphi$ 是轴压构件的稳定系数，按表5-2采用；f_{cd}、f'_{sd}是混凝土抗压强度设计值和纵向钢筋抗压强度设计值；A 是构件截面面积，对于变截面拱，若拱截面变化不大，则直接取 $l/4$ 处拱的横截面面积，当纵向配筋率大于3%时，A 改用 A_H（$A_H = A - A'_s$）；A'_s是全部纵向钢筋截面面积。

表5-2 钢筋混凝土构件的纵向弯曲系数 φ

l_0/b	≤8	10	12	14	16	18	20	22	24	26	28
l_0/d	≤7	8.5	10.5	12	14	15.5	17	19	21	22.5	24
l_0/i	≤28	35	42	48	55	62	69	76	83	90	97
φ	1.0	0.98	0.95	0.92	0.87	0.81	0.75	0.70	0.65	0.60	0.56
l_0/b	30	32	34	36	38	40	42	44	46	48	50
l_0/d	26	28	29.5	31	33	34.5	36.5	38	40	41.5	43
l_0/i	104	111	118	125	132	139	146	153	160	167	174
φ	0.52	0.48	0.44	0.40	0.36	0.32	0.29	0.26	0.23	0.21	0.19

注：1. 表中 l_0 为构件计算长度，b 为矩形截面短边尺寸，d 为圆形截面直径，i 为截面最小回转半径。

2. 拱圈的计算长度：三铰拱为 $0.58L_a$，双铰拱为 $0.54\ L_a$，无铰拱为 $0.36\ L_a$（L_a 为拱圈的拱轴线长度）。

（2）横向稳定性验算　拱的横向稳定性验算，目前尚无成熟的计算办法，工程上常用与纵向稳定相似的公式来验算拱的横向稳定性，即

$$N_j \leqslant \frac{N_L}{\gamma_m} \tag{5-73}$$

式中，N_j 是按承载能力极限状态组合计算的平均轴向力；N_L 是拱丧失横向稳定时的临界轴向力；γ_m 是横向稳定安全系数，一般为4～5。

1）对于拱圈或采用单肋合龙时的拱肋，丧失横向稳定时的临界轴向力，常用竖向均布荷载作用下，等截面抛物线双铰拱的横向稳定公式计算

$$N_L = \frac{H_L}{\cos\varphi_m} \tag{5-74}$$

$$\cos\varphi_m = \frac{1}{\sqrt{1+4(f/l)^2}} \tag{5-75}$$

$$H_L = K_2\frac{EI_y}{8fl} \tag{5-76}$$

式中，φ_m 是半拱的弦与水平线的夹角：H_L 是临界推力；K_2 是临界荷载系数，与矢跨比、拱端固定方式等有关，在设计中，为了简化计算工作，K_2 值可偏安全地按表5-3确定；I_y 是单根拱肋对自身竖轴的惯性矩。

表 5-3 临界荷载系数 K_2 值表

f/l	0.1	0.2	0.3
K_2	28.0	40.0	36.5

理论与实践证明：无铰拱的临界荷载比有铰拱大得多。悬链线无铰拱的横向稳定，精确的方法是作空间有限元电算分析，手算时，可偏安全地采用两铰拱的计算公式，或者近似采用圆弧无铰拱的公式计算临界轴向力。

2）对于肋拱或无支架施工时采用双肋合龙的拱肋，在验算横向稳定性时，可视为组合压杆（图 5-90），组合压杆的长度等于拱轴长度 S。

临界轴向力可按下式计算

$$N_{\mathrm{L}}=\frac{\pi^2 E_{\mathrm{a}} I_y}{l_0^2} \tag{5-77}$$

式中，I_y 是两拱肋对桥纵轴（y—y 轴）的惯性矩；E_{a} 是拱肋材料的弹性模量；l_0 是组合压杆计算长度，$l_0=\rho a S$；a 是与支承条件相关的系数，无铰拱为 0.5，两铰拱为 1.0；S 是拱轴线长度；ρ 是考虑剪力对稳定的影响系数。

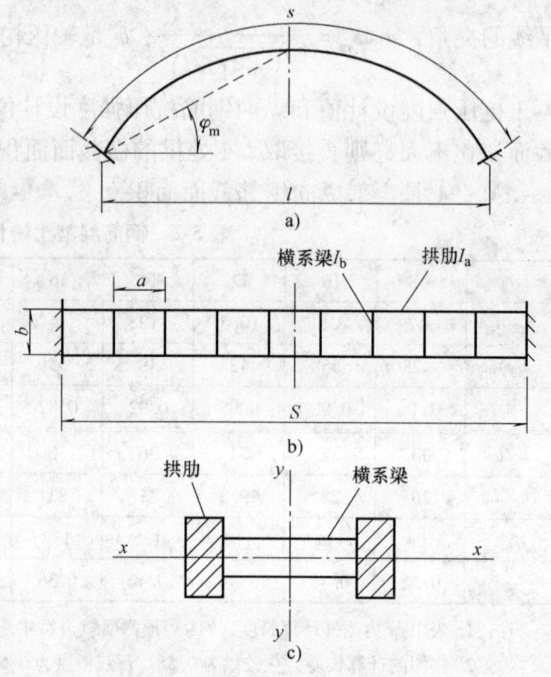

图 5-90 拱肋稳定计算图示
a）立面 b）平面 c）拱肋横断面

$$\rho=\sqrt{1+\frac{\pi^2 E_{\mathrm{a}} I_y}{L_{\mathrm{j}}^2}\left(\frac{ab}{12E_{\mathrm{b}}I_{\mathrm{b}}}+\frac{a^2}{24E_{\mathrm{a}}I_{\mathrm{a}}}\cdot\frac{1}{1-\beta}+\frac{na}{bA_{\mathrm{b}}G}\right)}$$

式中，$L_{\mathrm{j}}=\alpha S$；$\beta=\dfrac{N_{\mathrm{L}}a^2}{2\pi^2 E_{\mathrm{a}} I_{\mathrm{a}}}$；$a$ 是横系梁的间距；b 是两拱肋中距，即横系梁的计算长度；I_{a} 是单根拱肋对自身重心轴（与 y—y 轴平行）的惯性矩；I_{b} 是单根横梁对自身重心轴（y—y 轴平行）的惯性矩；E_{b} 是横系梁的弹性模量；G 是横系梁的剪切模量；A_{b} 是横系梁的截面积；n 是与横系梁截面形状有关的系数，矩形截两取 1.20，圆形截面取 1.11；β 是考虑节间稳定的系数，与临界力有关，当横系梁足以保证节间稳定时，可以略去。

5.3.2 中、下承式钢筋混凝土拱桥计算

中、下承式钢筋混凝土拱桥计算的主要内容有：主拱内力计算及截面强度验算。主拱纵、横向稳定性验算。吊杆计算。桥面系计算等。

主拱截面强度验算的具体方法与普通型上承式拱桥并无大的差别，只是在内力计算和作用效应组合时，在车辆荷载的内力中应计入荷载横向分布系数，这是因为在它们上面没有拱上结构联合作用的有利影响。荷载横向分布系数的计算方法一般采用杠杆法或者偏心压力

法。对于验算内容的其余项也是如此，都应考虑荷载横向分布系数，这也是与上承式拱桥计算的一个最大差别。

其次，由于没有拱上联合作用，中、下承式拱肋的稳定性验算显得更为重要，尤其是无横向风撑连接的敞口式拱桥，其横向稳定性验算更不容忽视。不过，目前关于中、下承式拱桥的纵向稳定性验算，基本上与上承式拱桥的验算方法相同，故本节也不用重复。

本节将从主拱横向稳定性验算开始，对每种验算内容分别予以介绍。

1. 肋拱横向稳定性验算

迄今尚无成熟的关于肋拱横向稳定性的计算方法，一般是靠实验方法或近似计算方法求解。下面分三种情况进行介绍。

（1）具有横向风撑连接的肋拱稳定性验算　对于这类情况，可按式（5-76）的近似公式计算。

（2）无风撑连接且为柔性吊杆的抛物线肋拱稳定性验算

1）侧倾临界均布荷载。前苏联学者对于承受均布铅垂荷载等截面固端抛物线拱，提出了近似的侧倾临界均布荷载 q_{cr} 的近似计算公式，即

$$q_{cr}=K\frac{EJ_{\gamma}}{l^{3}} \tag{5-78}$$

式中，EJ_{γ} 是拱肋平面外抗弯刚度；l 是主拱计算跨径；K 是侧倾临界荷载系数，或者侧倾稳定系数，它与矢跨比$\left(\frac{f}{l}\right)$和弯扭刚度比 $\lambda=\left(\frac{EI_{\gamma}}{GI_{d}}\right)$有关，见表 5-4。

表 5-4　侧倾系数 K

f/l \ λ	0.7	1.0	1.3
0.1	28.5	28.5	28.0
0.2	41.5	41.0	40.0
0.3	40.0	38.5	36.5

实际上拱肋所承受的并不完全是均布的荷载，故在应用式（5-78）时，可根据实际拱顶处的最大水平推力 $H_{max}=H_{恒}+H_{活}$ 按下式进行换算，以求得等效的均布荷载 q_e，即

$$q_{e}=\frac{8f}{l^{2}}H_{max} \tag{5-79}$$

并要求

$$q_{e}<q_{cr} \tag{5-80}$$

2）考虑吊杆“非保向力效应”后的侧倾修正系数。有些文献结合下承式拱桥的构造特点，从理论和试验上对上述计算公式作了修正。其前提是，下承式拱桥的桥面结构相对于拱肋而言（在面外屈曲之前，拱肋可看作是纯压构件），可以认为是完全刚性的，它能制止下弦 OP 的侧向移动（图 5-91a）。因此，当拱肋有侧向位移时，吊杆则变为倾斜的，而拱肋上的所有点都将以弦 OP 为中心，以吊杆的长度为半径作圆弧式的移动（图 5-91b）。此时，假定吊杆是不可拉伸但无拉弯刚度的受拉构件，这样，吊杆将以其张力的水平分力施加到拱肋上，从而增强了拱肋的侧向稳定性，这个效应被称之为吊杆的“非保向力效应”。

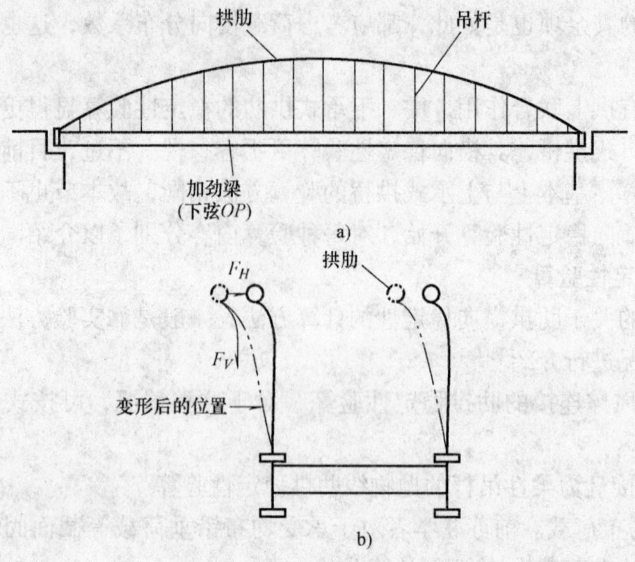

图 5-91　下承式拱桥侧倾示意图

根据能量准则，可以导得下承式拱在发生面外屈曲（侧倾）时的临界水平推力值 H_{cr} 及其相应的侧倾临界荷载 q'_{cr}。详细推导过程可参阅文献。当矢跨比 $f/l=0.16$ 时，则有

$$H_{cr}=\frac{EI_y^2}{l^2}\left(\frac{81.92}{1+0.0264\lambda}\right) \tag{5-81}$$

$$q'_{cr}=H_{cr}\cdot\frac{8f}{l^2}=\frac{EI_y^2}{l^2}\cdot\frac{f}{l}\cdot\frac{655.36}{1+0.0264\lambda} \tag{5-82}$$

式中的各符号意义同前。

先将上述结果与式（5-78）的结果作一对比，发现当 $f/l=0.16$，$\lambda=1.3$ 时，q'_{cr} 约为 q_{cr} 的 2.88 倍。基于这个分析，故《拱桥（上）》[9] 中建议，在进行初步设计时，可以偏安全地先按式（5-78）求出 q_{cr} 值，然后乘以 2.5 的增大系数，即

$$q'_{cr}=2.5K\frac{EI_y}{l^3} \tag{5-83}$$

式中 K 仍按表 5-4 查找，供确定初步设计方案参考。在施工图阶段，可再按其他相关文献中的公式进行详细计算。

（3）无横撑连接但具有刚性吊杆的肋拱稳定验算　对于刚性吊杆铰支承失稳的拱肋临界力为

$$N_L=\frac{\pi^2EI_y}{(\mu l)^2}=\frac{\pi^2EI_y}{L^2}\left(n^2+\frac{D}{n^2}\right) \tag{5-84}$$

式中，μ 为拱肋自由长度的弹力的折减系数，$\mu=\frac{1}{\sqrt{n^2+\frac{D}{n^2}}}$，也可根据参变数 D 查图 5-92；n 为视拱肋的弹性而定的半波数，计算时分别设波数 $n=1$、2、3、4，求出失稳的不同临界力，取最小者作为控制设计；I_y 为拱肋平面外惯性矩；L 为拱肋计算跨径；D 为拱肋弹性的

参变数。

式（5-84）中 D 按下式计算

$$D=\beta\frac{L^4}{\pi^4 EI_y}$$

当吊杆排得足够密时，框架的弹力可用材料的假想弹性 $\beta=\frac{1}{\delta d}$ 来代替，其中 d 为吊杆间距，$\frac{1}{\delta}$ 为半框架的弹率，δ 为吊杆顶端作用单位水平力而引起的水平挠度，按下式计算

$$\delta=\delta_1+\delta_2=\frac{h^3}{3EI_x(1+a^2)}+\frac{bh^2}{2EI_c}$$

式中，δ_1 为一根吊杆顶端因吊杆本身变形而产生的变位，系数（$1+a^2$）考虑了吊杆所存在的拉力 V，$a^2=\frac{4h^2}{\pi^2 EI_x}V$；$\delta_2$ 为一根吊杆顶端由于横梁变形而引起的变位；I_c 为固定横梁横向惯性矩；I_x 为吊杆横桥向惯性矩；b 为两片拱肋间距（横梁跨径）；h 为吊杆长度。

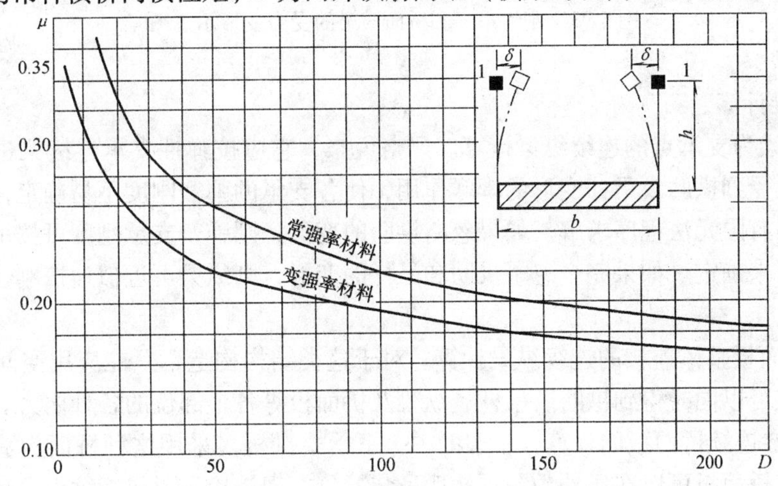

图5-92 决定于参变数 D 的自由长度折减系数 μ 的图解

2. 吊杆的计算

中、下承式拱桥的吊杆通常分为柔性吊杆和刚性吊杆两类。

柔性吊杆只承受轴向拉力，而不承受弯矩，故按轴向受拉构件计算；刚性吊杆与拱肋及横梁的连接一般是刚性连接，吊杆兼受轴力和弯矩，故按偏心受拉构件计算。

刚性吊杆通常用预应力或部分预应力混凝土制作，当采用普通钢筋混凝土吊杆时，施工上常在使钢筋承受全部结构自重拉力（或全部结构自重拉力 + 局部压重拉力）情况下浇筑混凝土，以防止产生较大的裂缝，实际上也是一种部分预应力混凝土构件。计算应包括承载能力极限状态和正常使用状态两种情况。前者应区分小偏心受拉和大偏心受拉两种情况，主要应满足强度要求；后者主要验算在使用荷载下的应力幅度和裂缝宽度，以确定不发生疲劳破坏和过大的裂缝。

3. 桥面系的计算

中、下承式拱桥桥面系的计算通常包括以下三个方面。

（1）横梁计算

1）由柔性吊杆支承的横梁计算。对于这种类型的横梁，一般按简支梁进行作用效应力分析。

2）与刚性吊杆固结的横梁计算。如图 5-93 所示，当横梁与刚性吊杆固接时，受力比较复杂，简化计算时，对于横梁上方有横撑的情形，可按图 5-93c 的模式计算，对于无风撑的情形，与吊杆相接处的负弯矩仍按图 5-93c 模式计算，跨中弯矩则按简支梁计算。精确计算应采用空间有限元法。

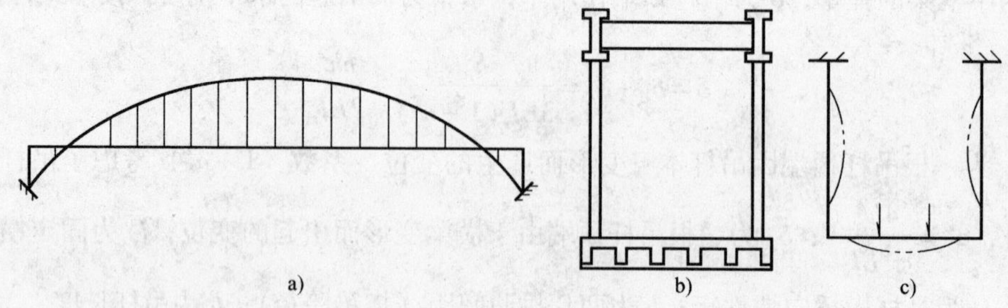

图 5-93 刚性吊杆和桥面横梁的受力变形示意图

（2）纵梁计算

1）以横梁为支承点的连续纵梁计算。严格说来，它应按弹性支承连续梁进行分析。但是它的变形又受到拱肋及吊杆变形的耦联作用，使各支承的弹簧刚度不易确定，故目前多采用平面杆系的有限元法程序求解。如果忽略拱肋的变形，则弹簧支承刚度可按吊杆单位变形需要的垂直力来确定。如果完全忽略拱肋和吊杆的变形，则纵梁可近似地按刚性支承连续梁计算。

2）与桥面板整体连接的连续纵梁计算。对于这类结构构造，只能应用空间有限元法进行分析，并且可以同时得到拱肋、吊杆、纵梁及桥面板等各个部位的各种内力。

（3）简支-连续桥面板的计算　一般的中、下承式拱桥多采用这种桥面构造，它不仅受力明确，而且桥面板可以在场外预制，然后吊装就位，现浇接头形成连续板，从而加快施工进度。

1）预制板自重。按简支板计算。

2）二期结构自重和汽车、人群荷载。可参照第 3 章桥面板的计算方法：

跨中弯矩　$$M_{中} = 0.7M_{简支}$$

支点弯矩　$$M_{支} = -0.7M_{简支}$$

式中，$M_{简支}$是按简支板计算的相应弯矩。

3）板内轴力。包括温度变化、混凝土收缩徐变及汽车制动力引起的轴力。

5.3.3 其他类型拱桥的计算特点

5.3.3.1 桁架拱桥

1. 受力特点

桁架拱桥的主要受力特点有以下几点：

1）桁架拱桥在受力上最主要的特点是拱上建筑参与拱圈的共同作用，使结构各个部分的材料都能得到充分利用。

2）拱形桁架部分各杆件主要承受轴向力，这与普通桁架拱的受力相似；实腹段部分承受轴向力和弯矩，与拱圈的受力相类似。

3）桁架部分的上弦杆除了作为整体桁架杆件承受轴向力外，在运营时还要直接承受局部荷载产生的弯矩，尤其是第一个节间不但间距大，而且杆件长，局部荷载产生的弯矩最大，常是控制设计的杆件。

2. 基本假定及计算图示

为了简化桁架拱桥的计算工作，在试验研究的基础上，可采取下列假定：

1）以1片桁架拱片作为计算单元，将空间桁架简化为平面桁架。荷载在横桥向的不均匀分布，以荷载横向分布系数来体现。

2）考虑到桁架拱片两端仅有一小段截面不大的下弦杆插入墩台预留孔中，故假定桁架拱片两端与墩台的连接为铰接。此时，桁架拱可按外部一次超静定结构计算，在支点处（拱脚）仅产生水平反力和竖向反力，不产生弯矩。

3）假定桁架拱的节点为理想铰接。试验研究证明，采用铰接的假定是允许的，由于节点固接产生的次弯矩，除下弦杆外可以不予考虑。

计算分析桁架拱时，可将各节点视为刚接，直接算出各杆件的内力。

根据以上假定，桁架拱桥就简化为外部一次超静定、内部静定的双铰桁架拱式结构，其简化计算图示如图5-94所示。

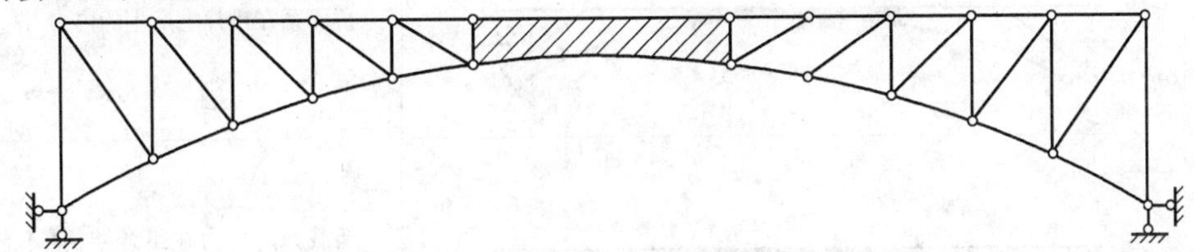

图5-94 桁架拱桥的计算图示

5.3.3.2 刚架拱桥

1. 受力特点

如同桁架拱桥一样，刚架拱桥的拱上建筑也参与拱圈的共同作用。除了它两端的腹孔梁为受弯构件外，其余所有构件，如主拱腿、腹孔弦杆、斜撑及实腹段均有轴向压力，属于压弯构件。全桥没有受拉构件，这也体现了刚架拱桥在受力方面的优点。

其次，由于考虑了桥面与刚架拱片的共同作用，故在进行活载内力分析时应考虑活载横向不均匀分布的影响。试验表明，实测的横向分布曲线，与按弹性支承连续梁简化法计算的分布曲线比较接近。因而，刚架拱桥的荷载横向分布系数，可用弹性支承连续梁简化法计算。

2. 基本假定及计算图示

1）结构自重作用时，假定主拱脚和斜撑脚均为铰接（施工时不封固）；活载作用时，主拱脚已经封固，假定主拱脚为固接，斜撑脚为铰接，弦杆支座无论结构自重、活载，均作为允许水平位移的竖向链杆。

2）结构自重全部由刚架拱片与横系梁组成的结构承担。考虑到施工过程中结构体系的变化，应按表5-5的次序分阶段计算结构自重内力，然后进行叠加。

3）二期结构自重、活载和各种附加力由裸拱片与桥面系组成的整体结构承担（不包括桥面磨耗层），它的计算图示采用表5-5中的4阶段图示。

4）在内力计算中，按单元全截面特征进行计算，在配筋计算中，应考虑桥面板剪滞效应，采用有效宽度进行配筋计算，即受弯时由有效宽度承受，轴向力由单元全截面承受。

表5-5 按施工顺序拟定的刚架拱桥图示与内力计算

阶段	结构图示和荷载	内力计算
1	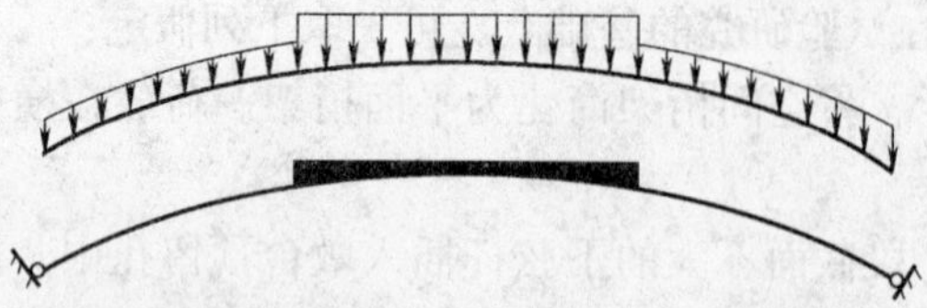	裸拱自重力产生的内力
2	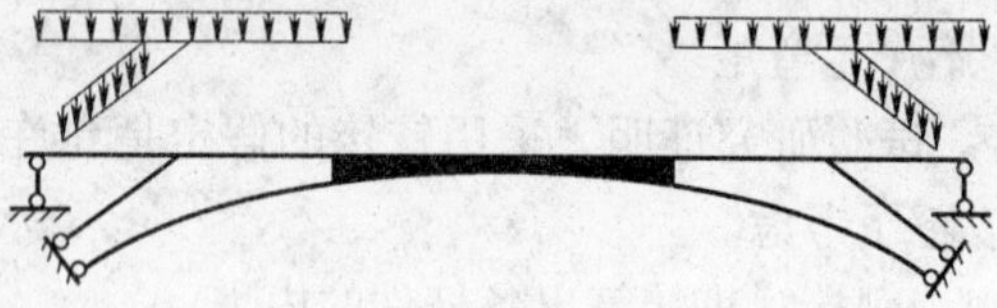	腹孔弦杆和斜撑重量产生的内力（结构图示因施工方法不同而不同）
3	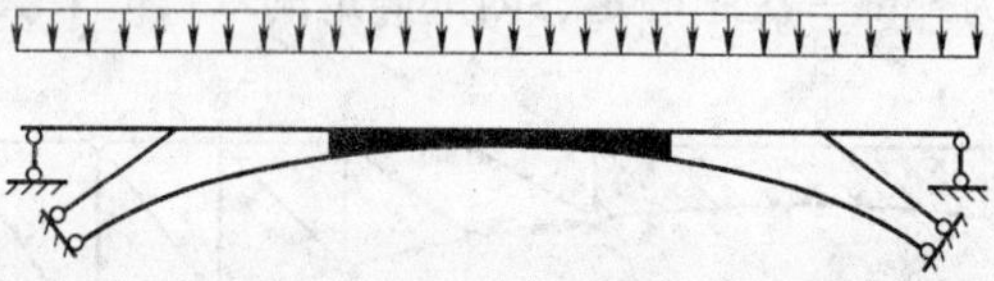	桥面系在拱片上产生的内力
4	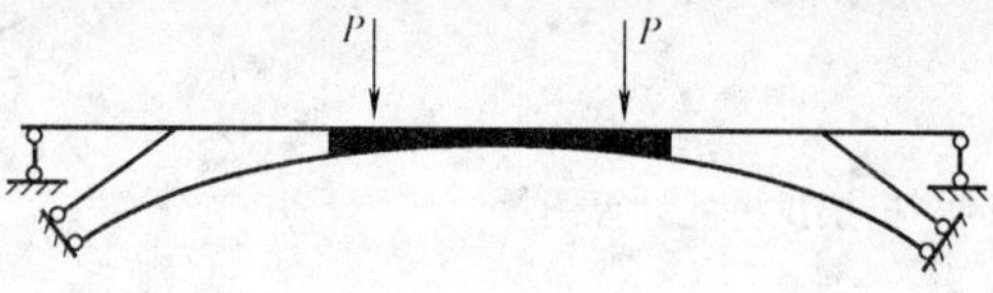 P P	活载和附加力在组合结构（不包含磨耗层）上产生的内力

5.3.3.3 钢管混凝土拱桥计算特点

1. 受力特点

钢管混凝土作为主拱承压用的结构材料，它可以被应用到上承式拱桥上，但比较多地被用在中、下承式拱桥上。钢管混凝土拱桥有它独具的特点，在进行结构分析时，必须考虑以下因素：

1）钢管混凝土拱桥内力计算与施工过程密切相关。受吊装能力限制，一般将拱肋分数段加工，然后吊装形成钢管拱肋桁架，此时钢管拱肋桁架重力由其自身承受。浇注钢管内混凝土时，混凝土作为外荷载作用在钢管拱肋上，因此仍由钢管拱肋承受，应按钢结构计算。以后随着混凝土凝固和强度的提高，混凝土开始与钢管一起参与受力。后期拱上建筑、桥面系结构自重和活载均由钢管混凝土组合截面承担。因此，钢管混凝土拱桥应采用“应力叠加法”进行设计。

2）钢管混凝土作为一种钢-混凝土组合材料，一般采用合成法确定钢管混凝土的基本性能。所谓合成法，是指分别选定钢管和核心混凝土在轴心力作用下的本构关系，运用平衡条件和变形协调条件将两者的本构关系合成构件的组合关系，由此组合关系可得到钢管混凝土的各种物理力学组合性能指标。由于在钢管和混凝土的本构关系中包含有套箍力作用，因此在组合关系中也就包含了这种套箍效应。但是上述方法对大偏心受压构件不适用，此时仍采用钢筋混凝土截面的计算方法。

3）我国应用的钢管混凝土拱桥全是超静定结构，对于温度变化、混凝土收缩和徐变产生的次内力尚缺乏系统的试验和理论研究，因此在沿用现行的钢筋混凝土桥梁设计规范时，在缺乏可靠资料的情况下，应偏安全地取值，并应随时将来自各方面的设计和试验资料加以整理总结。

2. 基本假定及计算图示

1）钢管混凝土拱桥绝大部分是无铰拱，其计算和一般钢筋混凝土无铰拱一样，取悬臂曲梁为基本结构，首先进行截面计算。对于钢筋混凝土拱桥，计算超静定钢筋混凝土拱的赘余未知力时，其计算截面采用全部混凝土截面，不计钢筋的影响，这是由于钢筋混凝土拱桥的配筋率不大，截面计算时不计及钢筋影响时，对附加力影响不大，对结构总的受力影响很小。但是对于钢管混凝土拱桥，由于其截面含筋率较高，计算截面刚度时要考虑钢管的影响。实践证明，钢管混凝土拱肋截面刚度按钢筋混凝土的计算方法和按钢管混凝土的计算方法计算出来的刚度两者相差很大。实用中钢管混凝土截面的刚度计算公式如下

$$EA = E_c A_c + E_s A_s \tag{5-85}$$

$$EI = E_c I_c + E_s I_s \tag{5-86}$$

式中，EA 是钢管混凝土压缩和拉伸刚度；EI 是钢管混凝土弯曲刚度；E_c、A_c、I_c 分别为混凝土的弹性模量、截面面积和惯性矩；E_s、A_s、I_s 分别为钢管的弹性模量、截面积和惯性矩。

2）JTG D62—2004《公路钢筋混凝土及预应力混凝土桥涵设计规范》规定，当进行钢筋混凝土超静定结构变形计算时，允许开裂截面的刚度应采用 $0.8E_cI$，其中 E_c 为混凝土的弹性模量，I 为构件毛截面的惯性矩。这主要是考虑到钢筋混凝土构件中混凝土开裂对截面刚度削弱的影响。而对于钢管混凝土构件，混凝土的裂缝开展受到钢管的约束而较迟出现且不发育，弹性、塑性性能均强于钢筋混凝土结构，而且其含筋率较高，因此可以不考虑折减。

3）钢管混凝土拱桥由于材料强度高，主拱圈的刚度相对较小，而且桥面系一般均为梁板式结构（下承式多为柔性吊杆梁板式），活载横向分布作用明显，而拱上建筑联合作用较弱，因此在汽车、人群荷载计算时采用单根拱肋的计算模型。双肋拱拱肋的荷载横向分布系数计算一般采用杠杆法，如图 5-95 所示。对于多拱肋，弹性支承连续梁法乃是一种有效的计算方法。对于自重，由于对称性，不需考虑横向分布。

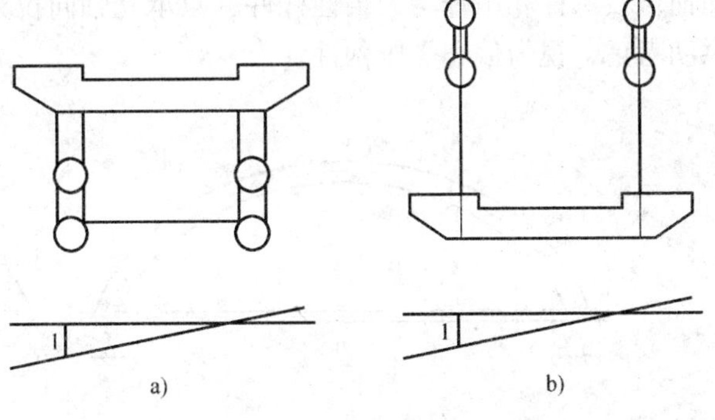

图 5-95 双肋拱横向分布计算图示

4）钢管混凝土温度变化、混凝土收缩徐变产生的内力计算中，当结构处于弹性阶段时，钢管混凝土拱桥与

一般拱桥的不同主要是截面刚度和上述荷载的取值。

①计算合龙温度。鉴于影响合龙温度的因素较多，当没有更精确与详细的资料时，建议在考虑温降计算时取合龙当月平均温度加上 4～5℃；计算温升时则以当月平均温度作为计算合龙温度。

②对钢管混凝土的收缩徐变目前还缺乏系统研究，仍然采用钢筋混凝土拱桥的计算方法，即收缩影响当做额外的温度降低 15～20℃。徐变对结构内力的不利影响可不计，仅计及徐变对温度变化、混凝土收缩引起的附加内力的调整作用，即在无可靠资料时，温度变化内力和混凝土收缩产生的内力分别乘以 0.7 和 0.45 的徐变影响系数。但是，混凝土的徐变将导致截面上原先由混凝土承担的应力部分向钢管转移，使钢管应力增大。因此，在钢管应力控制中必须考虑这一不利影响。

5）钢管混凝土拱桥采用自架设方法施工，主拱圈是逐步形成的，因而各部分受力先后不一。强度验算有应力叠加法和内力叠加法两种。在施工过程中，以采用应力叠加法验算钢拱架的强度与稳定性较为合理，并用允许应力法进行验算。当管内混凝土达到设计强度后，则应采用内力叠加法计算内力，计算内力的截面刚度采用式（5-85）、式（5-86）进行计算。这时的验算方法则采用极限状态法。

6）由于钢管对核心混凝土的套箍作用只有当构件处于轴心或小偏心受压状态，且混凝土进入塑性状态后才能显现，因而对于轴心或小偏心受压构件的承载能力极限状态验算，可考虑套箍作用的有利影响，其他情况一概不考虑。

7）对于两根和两根以上钢管混凝土组成的拱肋除进行整体承载力验算外，还需进行组成构件的局部承载力验算，以防局部破坏。对于桁式断面，还应对腹杆、平联等进行局部受力验算。

8）钢管混凝土肋拱面内承载力是二类稳定问题，它小于一类弹性稳定临界荷载，因此，钢管混凝土拱肋整体验算只需进行二类问题的验算。同时，还需进行钢管混凝土肋拱侧向极限承载力（即横向稳定性）的验算。

5.3.3.4 系杆拱桥

1. 受力特点

（1）柔性系杆刚性拱　图 5-96 所示的柔性系杆刚性拱组合体系是将拱肋的推力传给下弦（即系杆）承受，使体系成为外部静定的结构。当基础发生不均匀位移时，结构内不产生附加内力。该体系设计过程中，比普通下承式拱桥多设了承受拱肋推力的受拉柔性系杆，因而假设系杆和吊杆均为柔性杆件，只承受轴向拉力，基本不承受弯矩；拱肋按普通拱桥的拱肋考虑，视为偏心受压构件。

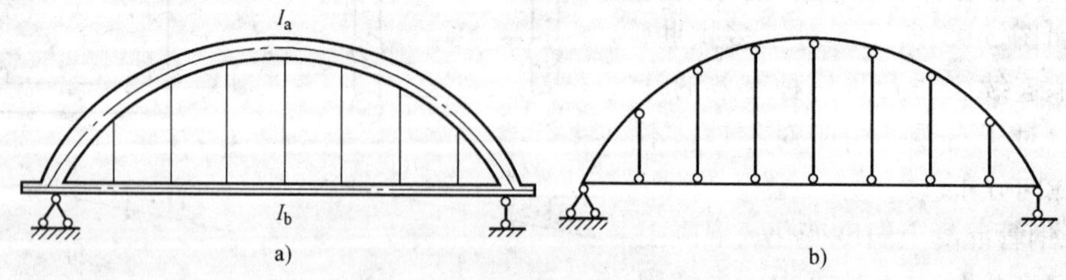

图 5-96　柔性系杆刚性拱计算简图

（2）刚性系杆柔性拱　图 5-97 所示的刚性系杆柔性拱组合体系中，拱的推力传给刚性系杆承受，也属外部静定体系。由于外形有粗大的系杆和纤细的拱肋，拱肋与系杆的刚度比相对小很多，形成刚性的系杆和柔性的拱肋。因此，可以认为拱肋只承受轴向压力，基本不承受弯矩；而系杆不仅承受拱的推力，还要承受弯矩，故它为拉、弯组合的梁式构件。该体系以梁（系杆）为主要承重结构，柔性拱肋对梁只起加劲作用。

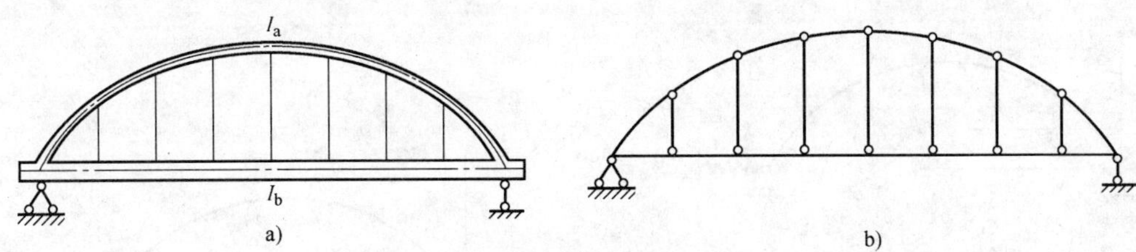

图 5-97　刚性系杆柔性拱简化图示

（3）刚性系杆刚性拱　图 5-98 所示的刚性系杆刚性拱的受力特点介于柔性系杆刚性拱和刚性系杆柔性拱之间。系杆和拱肋均有一定的抗弯刚度，荷载引起的内力在系杆和拱肋之间按刚度分配，共同承担轴力和弯矩。系杆和拱肋的端部是刚性连接的，体系为外部静定而内部超静定结构，超静定次数为 $3+n$（n 为吊杆根数）。

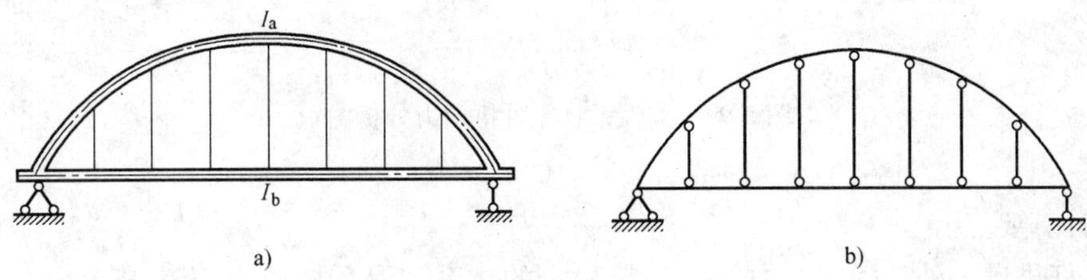

图 5-98　刚性系杆刚性拱简化图示

2. 基本假定与计算简图

（1）柔性系杆刚性拱

1）基本假定。柔性系杆刚性拱计算分析的基本假定如下：

①系杆只承受拱肋传递的推力，即截面中只有拉力。

②拱肋为主要承重构件，由于它的刚度比系杆大得多，故其截面要承受弯矩、轴力和剪力。

③桥面系刚度不参与系杆刚度作用。

④对于变截面拱，一般拱肋截面惯性矩变化规律取 $I_{肋}=\dfrac{I_d}{\cos\varphi}$（$I_d$ 为拱肋顶部的惯性矩）。

根据上述基本假定，拟定计算简图时，所有吊杆均视作链杆，整个结构可简化为一带拉杆的两铰拱（图 5-99a）。分析时还可将系杆用水平弹簧支承等代，得到一次超静定体系的计算简图，如图 5-99b 所示。

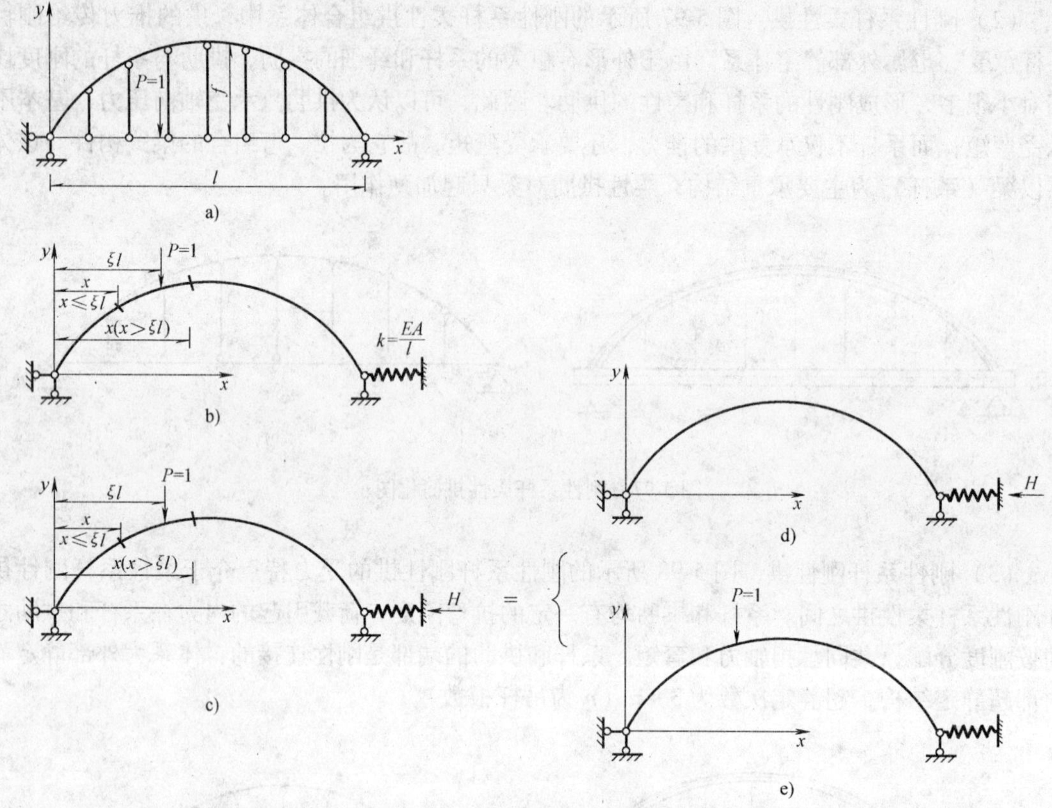

图 5-99 柔性系杆刚性拱内力分析图示

2）计算要点。

①系杆拱属于外部静定，内部一次超静定的体系。取系杆拉力 H 为赘余未知力，原点为拱脚，坐标系如图 5-99 所示。分析中忽略吊杆拉力的影响，根据此基本体系可用力法方程求出赘余未知力 H。结构自重内力计算时，可取系杆的拉压刚度 EA 趋于无穷大，弯曲刚度 EI 则为零，由此求得系杆的轴力，作为拟定系杆初张力的根据。在任意荷载 $P=1$ 作用下，结构内力分析步骤如图 5-99 所示。当采用预应力钢筋混凝土系杆时，应在计算中采用换算的系杆面积。

②拱肋和系杆在温度变化、混凝土收缩时不一致，可能产生附加内力，计算中应考虑这种因素对内力的影响。

③根据图 5-99b 所示的计算图示，可先计算出赘余未知力 H 的影响线；然后据此计算拱肋截面的内力计算图示，可导出拱肋内力影响线和拱肋截面内力。

（2）刚性系杆柔性拱

1）基本假定。刚性系杆柔性拱属于外部静定，内部一次超静定结构。拱肋刚度甚小，可以认为拱肋只承受轴力，系杆承受弯矩和剪力，结构可简化为一带链杆的加劲梁，如图 5-97 所示。分析的基本假设如下：

①由于桥面系结构自重和拱肋结构自重沿跨度方向的分布大致均匀，从拱脚到拱顶的荷载集度大致一样，拱轴线一般采用二次抛物线。

②柔性拱肋的拱轴线可以是平滑曲线，为简化施工也可以采用内接二次曲线的曲多边形。

③当拱肋为曲多边形时，各吊杆的节点之间的拱肋是直杆构件，只承受其轴线方向的轴力，由于节点刚性连接产生的弯矩比刚性系杆中的弯矩小得多，而且在直杆拱肋段中引起的应力也远小于轴力引起的内力，工程上计算时略去此项弯矩。

④当拱肋是平滑曲线时，由于拱肋节点间的曲杆上相当于没有荷载（拱肋自重远小于吊杆传递的荷载），因此，每个节间的中点会出现较大的附加弯矩，其值等于轴向力 N 与节间拱段对其弦的矢高 Δf 之积，即 $\Delta M = N\Delta f$。附加弯矩仅在精确分析中需要，由于它引起的截面应力远小于轴力所引起的截面应力，在工程实用计算中可忽略不计。

2）计算要点。

①由于系杆端部节间的中点有较大的正弯矩，而当系杆轴线与拱轴线在支点轴线处相交时（图5-100），该交点的弯矩为零，为了设计出经济的系杆截面，常将支座中线之上的拱轴线设计成与系杆不相交，如图5-101所示。这样，由于拱脚水平推力的偏心作用，可以造成支点负弯矩，从而减小正弯矩，使系杆截面较为经济。

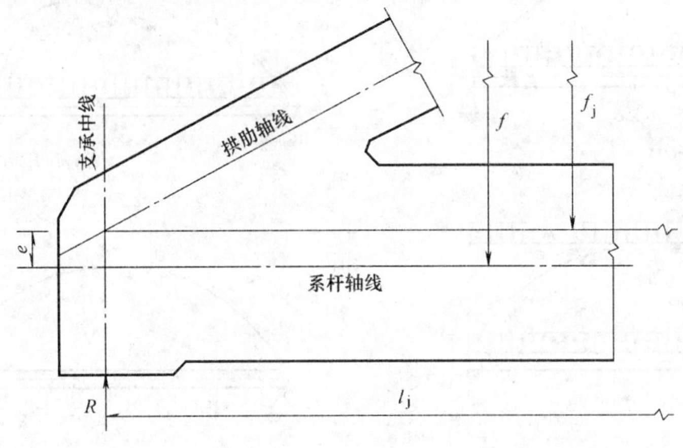

图5-100 系杆轴线、拱肋轴线与支承中线关系

②当分析在任意荷载 P 作用下的结构内力时，可以从拱顶将柔性拱肋切开，由于拱肋只承受轴力，故设拱顶的推力 H 为赘余未知力，计算图示如图5-101c所示。

③计算拱顶赘余力 H 时，为了简化计算，可将分散布置的吊杆看做连续分布的薄膜，将吊杆内力（图5-101b）转变为等效的薄膜分布内力（图5-101c）。相应地，作用于系杆上的节点荷载也转化为分布荷载，如图5-101c所示。计算分析中可将图5-101d的计算图示分解为图5-101e和图5-101f。

假设薄膜内力的集度为 q 时，则 $H=\dfrac{ql^2}{8f}$，当 $H=1$ 时，$q=\dfrac{8f}{l^2}$。

力法基本方程为

$$\delta_{HH}H+\Delta_{HP}=0 \tag{5-87}$$

式中，δ_{HH} 由图5-101e内力图自乘得到；Δ_{HP} 由图5-101e与图5-101f内力图互乘得到。

④这种拱虽属于外部静定体系，理论上在温度变化时不产生温变附加内力，但实际上拱

肋和系杆在温度变化、混凝土收缩时是不一致的，计算中应考虑温度变化和混凝土收缩产生的附加力。

⑤刚性系杆柔性拱中，拱肋截面要求纤细，以达到柔性的特点，这样就增加了构件的长细比，因此全拱的结构稳定性非常重要。失稳状态以发生不对称失稳变形为最不利。

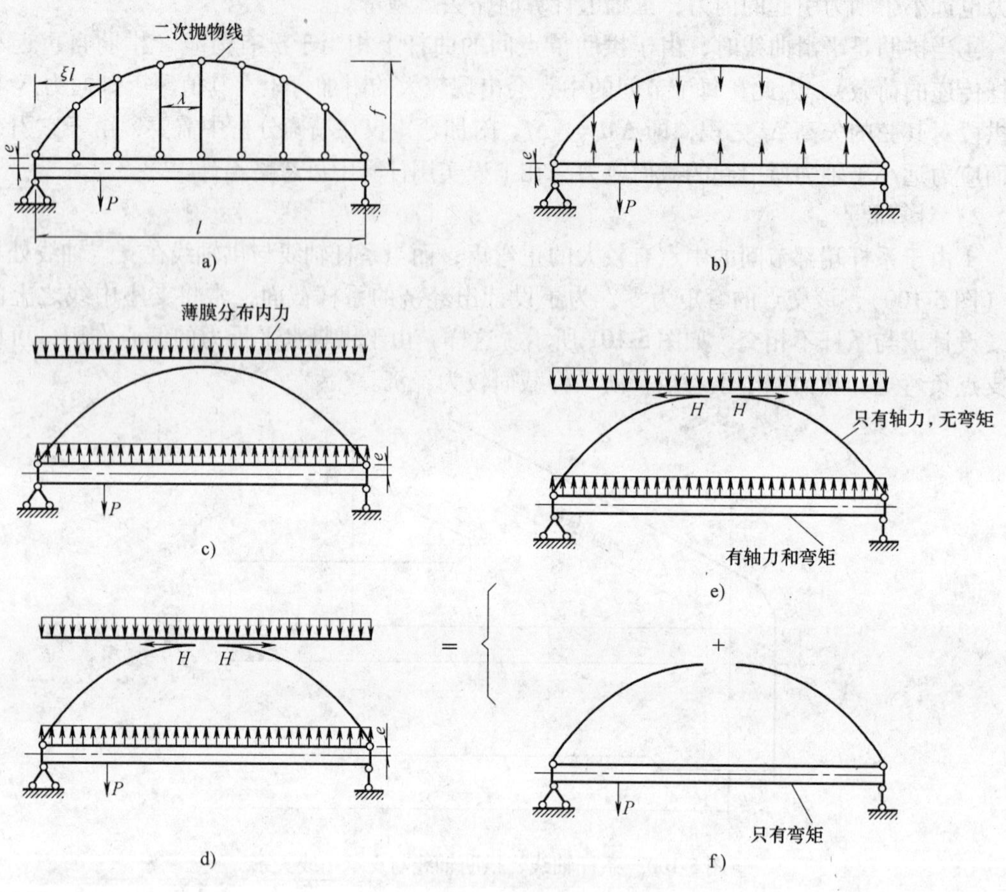

图 5-101 刚性系杆柔性拱计算图示

(3) 刚性系杆刚性拱

1) 基本假定。刚性系杆刚性拱组合体系桥，由于系杆及拱肋的刚度接近，拱肋和系杆均能承受弯矩和剪力，吊杆（竖杆）刚度通常较小，仍可视为两端设铰的链杆，其计算简图如图 5-98 所示，此时的体系为外部静定、内部为 $n+3$ 次超静定结构（n 为吊杆数）。分析的基本假设如下：

①吊杆为轴向受力的柔性杆件，其两端点与拱肋及系杆铰接。

②拱轴线为左右对称的二次抛物线，且有几个相等的节间距，如图 5-102 所示。

2) 计算要点。为了叙述简单明了，下面用一座仅有四根吊杆的组合体系拱桥来说明其计算原理，如图 5-102 所示。其中的图 5-102b 所示是所取的一般基本结构，它具有 $n+3=4+3=7$ 个赘余未知力 X_1、X_2、X_3、…、X_6、X_7。为了减少力法方程中的副系数的计算，首先，将拱肋上的三个赘余力 X_1、X_2、X_3 选在弹性中心处，如图 5-102c 所示。

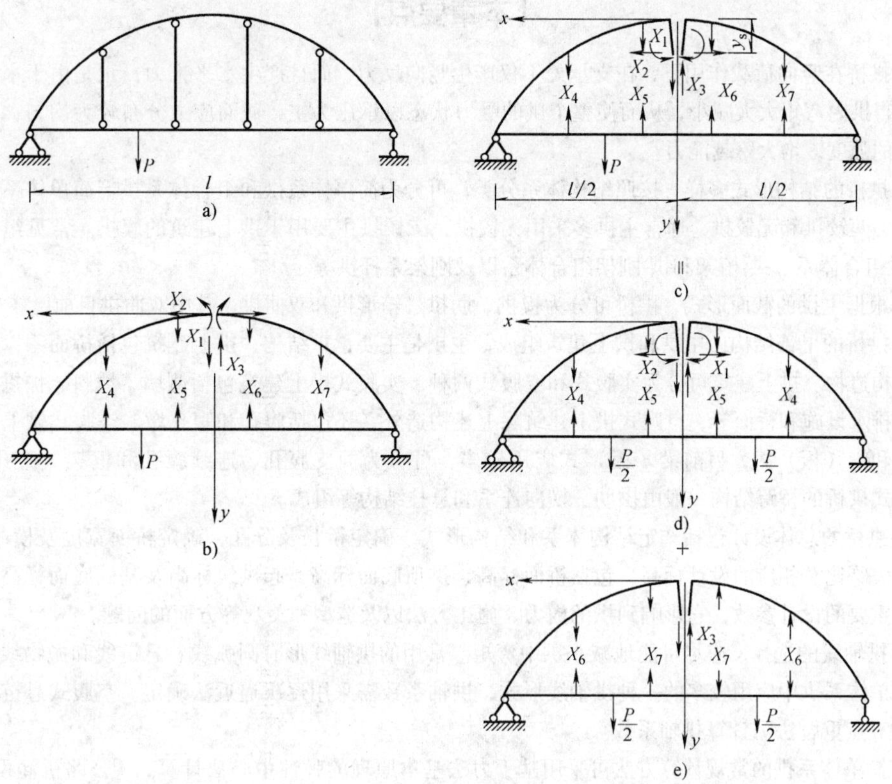

图 5-102 刚性系杆刚性拱计算分析图示

其次，再利用结构及荷载的对称性，进一步将图 5-102e 所示的基本结构分解为对称型（图 5-102d）和反对称型（图 5-102e）两种简单情况的叠加，从而大大简化了计算。

对称型的力法方程为

$$\begin{pmatrix} \delta_{11} & \delta_{12} & \delta_{14} & \delta_{15} \\ \delta_{21} & \delta_{22} & \delta_{24} & \delta_{25} \\ \delta_{41} & \delta_{42} & \delta_{44} & \delta_{45} \\ \delta_{51} & \delta_{52} & \delta_{54} & \delta_{55} \end{pmatrix} \begin{pmatrix} X_1 \\ X_2 \\ X_4 \\ X_5 \end{pmatrix} + \begin{pmatrix} \Delta_{1P} \\ \Delta_{2P} \\ \Delta_{4P} \\ \Delta_{5P} \end{pmatrix} = 0 \tag{5-88}$$

其中 $\delta_{11}=\delta_{21}=0$。

反对称型的力法方程为

$$\begin{pmatrix} \delta_{33} & \delta_{36} & \delta_{37} \\ \delta_{63} & \delta_{66} & \delta_{67} \\ \delta_{73} & \delta_{76} & \delta_{77} \end{pmatrix} \begin{pmatrix} X_3 \\ X_6 \\ X_7 \end{pmatrix} + \begin{pmatrix} \Delta_{3P} \\ \Delta_{6P} \\ \Delta_{7P} \end{pmatrix} = 0 \tag{5-89}$$

分别解得上述两组力法方程中的赘余力后，然后进行相应力的内力叠加，便可以得到拱肋各截面及吊杆的内力。

本结构体系也可以直接应用有限单元法求解。

【本章要点】

[1] 拱桥在竖向荷载作用下，在支承处不仅产生竖向反力，而且产生水平推力，正是由于水平推力的存在，使得拱内弯矩大大减小，从而使整个拱的受力状态以承压为主，截面应力分布较为均匀，可以充分发挥材料的强度，增大跨越能力。

[2] 拱桥的结构形式多样，按照结构体系分类，可分为简单体系拱和组合体系拱。简单体系拱又可分为三铰拱、两铰拱和无铰拱，通常主拱多采用无铰拱，三铰拱主要用于拱上建筑的腹拱。常见组合体系拱桥有拱-梁组合体系、拱-桁架和拱-刚架组合体系以及刚架系杆拱等。

[3] 根据主拱的截面形式，拱桥可分为板拱、肋拱、箱形拱和双曲拱，其中双曲拱目前已较少采用。

[4] 拱桥的上部结构由主拱和拱上建筑组成，主拱是主要承重结构，拱上建筑包括桥面系以及传力构件或填充构造物。拱上建筑可分为实腹式和空腹式两种。实腹式拱上建筑包括侧墙、填料、护拱、变形缝以及防、排水设施和桥面等，空腹式拱上建筑除上述构造外，还包括腹孔和腹孔墩。空腹式拱上建筑又可分为拱式和梁（板）式，目前梁（板）式应用较多，可分为简支腹孔、连续腹孔和框架式腹孔等形式。中、下承式拱桥的桥跨结构一般由拱肋、横向连系和悬挂结构等组成。

[5] 拱桥的总体设计包括选定结构体系和结构形式，确定桥长及分孔，确定桥面宽度及横截面形式，确定拱的矢跨比及相应的设计标高，包括桥面标高、拱顶底面标高、起拱线标高及基础底面标高等。矢跨比是拱桥重要的设计参数，它影响到拱的内力、施工方法以及造型和美观等方面的问题。

[6] 拱轴线的选择，应尽可能地减小拱中弯矩。常用的拱轴线形有圆弧线、悬链线和抛物线，其中悬链线是简单体系拱中应用较多的一种拱轴线形式，拱轴系数需采用逐次逼近法确定。空腹式悬链线无铰拱可利用“五点重合法”计算拱轴系数。

[7] 简单体系拱的常规计算方法可采用基于力法基本原理的弹性中心法计算，《公路桥涵设计手册》中给出了较为完整的计算用表，可查表手工计算，也可借助计算机计算。目前计算机应用已相当普及，有限元技术发展迅速，运用有限元方法可以完成各类拱桥的结构计算和分析，在掌握力学基本原理和结构构造特点的前提下，有限元程序成为更加有效的工具和手段。

[8] 主拱的验算包括截面强度验算和稳定性验算，需根据桥梁设计规范的相关规定进行。

[9] 多跨连续拱桥在荷载作用下，由于拱墩节点弹性变形而产生的各孔拱跨结构与桥墩共同作用，称为连拱作用；考虑拱墩节点变位，即拱跨结构与桥墩共同变形的受力计算称为连拱计算。有限元方法是解决各类拱桥连拱计算的有效手段，设计中也可以采用可靠的简化方法进行连拱计算。

【思考与练习】

5-1 拱桥的分类方式有哪些？

5-2 按照截面形式的不同，拱桥可划分为哪几类？各自的特点和适用范围是什么？

5-3 简述拱上填料的作用，对填料的基本要求有哪些？

5-4 上承式简单体系拱桥，一般在哪些部位设置伸缩缝或变形缝？设缝的目的是什么？

5-5 不等跨连续拱桥为了减小不平衡推力的影响，通常采用哪些措施？简要说明其原理。

5-6 什么是理想拱轴线？

5-7 常用的拱轴线形有哪几种？分别对应于何种荷载？

5-8 选择拱轴线的基本要求是什么？

5-9 矢跨比是拱桥的重要设计参数，体现在哪些方面？

5-10 实腹式、空腹式悬链线拱桥的拱轴系数分别如何确定？

5-11 拱桥施工时，为何要强调低温合龙？

5-12 为什么拱桥的主拱较少采用三铰拱？

5-13 简述各类系杆拱的受力特点，计算简图如何选取？

5-14 简述桁架拱、刚架拱的结构组成。

5-15 某实腹式等截面悬链线无铰石板拱桥，立面和横断面布置如图5-103所示（图中尺寸以cm为单位）。

设计资料：桥面净空净$-7.0\text{m}+2\times1.0\text{m}$人行道；净跨径$l_0=20.000\text{m}$；净矢高$f_0=3.333\text{m}$；拱圈厚度$d=0.7\text{m}$；拱圈宽度$B=9.0\text{m}$；拱顶填料厚度（不含桥面系）$h_d=0.5\text{m}$；桥面铺装采用10～17cm厚防水混凝土，重度$\gamma_0=24\text{kN/m}^3$；侧墙采用浆砌片石，填料采用碎石，平均重度$\gamma_1=22\text{kN/m}^3$；主拱圈采用浆砌粗料石，重度$\gamma=24\text{kN/m}^3$；每侧人行道、栏杆恒载按5kN/m计算。

设计内容：确定拱轴系数m及计算跨径l和计算矢高f（精确至小数点后3位）。

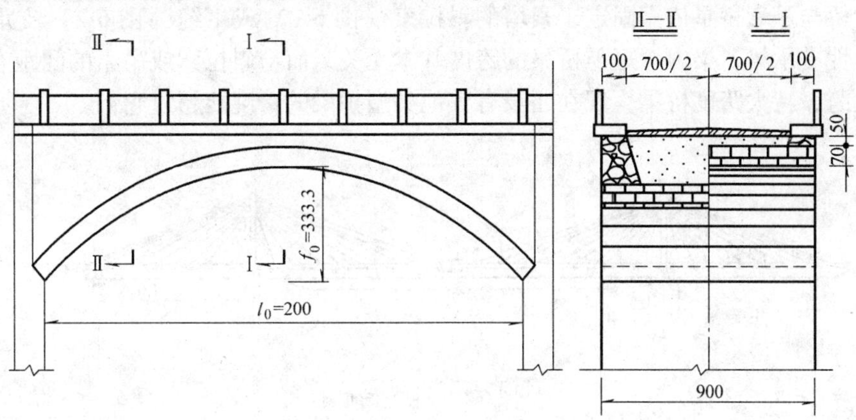

图5-103 石板拱桥

5-16 某钢筋混凝土等截面悬链线无铰板拱，净跨径$l_0=30\text{m}$，净矢高$f_0=5\text{m}$，截面高度$d=0.6\text{m}$，拱圈宽度$B=8.5\text{m}$，拱轴系数$m=2.24$，主拱线膨胀系数$\alpha=1.0\times10^{-5}$，弹性模量$E=3.0\times10^7\text{kPa}$。试确定拱的计算跨径和计算矢高，并确定弹性中心位置，计算温度下降1℃时弹性中心的多余未知力及其引起的拱顶、$l/4$、拱脚截面的内力。

第6章　斜拉桥与悬索桥

6.1　斜拉桥与悬索桥的特点与发展

斜拉桥与悬索桥是依靠固定于索塔的斜拉索（图6-1）或主缆（图6-2）支承梁跨，梁似多跨弹性支承梁，梁内弯矩与桥梁的跨度基本无关，而与斜拉索或吊索的间距有关。它们适用于大跨、特大跨度桥梁，现在还没有其他类型桥梁的跨度能超过它们。

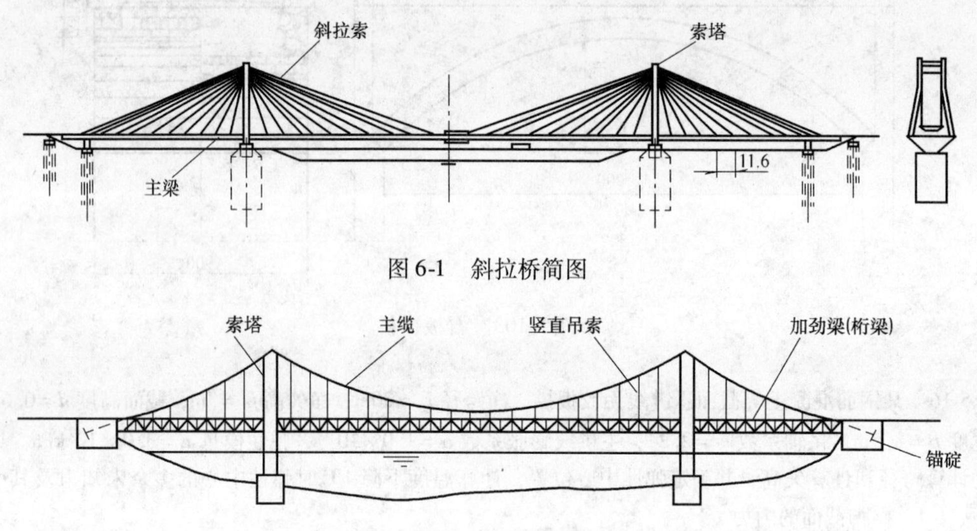

图6-1　斜拉桥简图

图6-2　悬索桥简图

斜拉桥与悬索桥的不同之处是，斜拉索直接锚于主梁上，称为自锚体系，斜拉索承受巨大拉力，斜拉索的水平分力使主梁受压，因此塔、梁均为压弯构件。斜拉桥的主梁通过拉紧的斜拉索与塔直接相连，增加了主梁抗弯、抗扭刚度，在动力特性上一般远胜于悬索桥。悬索桥的主缆为承重索，它通过吊索吊住加劲梁，索两端锚于地面，称为地锚体系。

第一座现代斜拉桥是1955年在瑞典建成的斯特勒姆桑德桥，其跨径为74.7m + 182m + 74.7m，是采用钢筋混凝土板和钢板梁的结合梁。早期的斜拉桥多数为稀索体系，20世纪60年代开始采用索距很小的密索体系（图6-1）。斜拉桥具有施工方便、桥型美观、用料省、主梁高度小、梁底直线容易满足通航和排洪要求、动力性能好等优点，发展非常迅速，跨径不断增大。专家们分析斜拉桥跨度可以达到千米，同时可以应用于百米以下的较小跨度，应用范围非常广阔。

我国现代斜拉桥建设始于20世纪70年代，1975年2月四川省建成第一座斜拉桥——云阳桥，主跨76m，边跨35m。我国已建成的斜拉桥达40余座，其中以混凝土斜拉桥为主。

表6-1是世界大跨径（跨径大于或等于400m）斜拉桥一览表，表中未予说明的均指公

路桥。斜拉桥主要在公路及公铁两用桥上应用，由于桥梁竖向与横向刚度、斜拉索疲劳等原因，世界上纯铁路斜拉桥修建很少，仅有几座，且跨度不大，一般在百米左右，最大跨度为253.7m（前南斯拉夫，双线）。我国 1980 年年底在广西红水河上建成迄今为止唯一的一座铁路单线混凝土斜拉桥，跨度为 48m + 96m + 48m。不过在高速铁路上斜拉桥可能被采用，这是因为高速铁路都为双线，线间距比一般铁路线大，道床厚，增加了梁及道床的重量及索面积，活载小，活载与恒载比例比一般铁路桥小。总的说来高速铁路桥桥面加重，活载比例减小，有利于设计，但也只能用于不大的跨度。

表 6-1　世界大跨（跨径大于或等于 400m）斜拉桥一览表

序　号	桥　名	主跨长/m	国　家	竣工年份	备　注
1	多多罗	890	日本	1999	钢箱梁
2	诺曼底	856	法国	1995	混合梁
3	杨浦	602	中国	1994	结合梁
4	名港中央	590	日本	1997	钢箱梁
5	徐浦	590	中国	1996	结合梁、混合梁
6	斯卡恩圣特	530	挪威	1991	混凝土箱梁
7	鹤见航道	510	日本	1995	钢箱梁
8	生口	490	日本	1991	混合梁
9	东神户	485	日本	1997	钢桁梁双层公路
10	汀九	475	中国	1994	结合梁
11	西奥哈	470	韩国	1998	结合梁
12	安纳西斯	465	加拿大	1986	结合梁
13	横滨港湾	460	日本	1989	钢桁梁双层公路
14	第二胡克利	457	印度	1996	结合梁
15	第二塞文	456	英国	1987	结合梁
16	湄南河	450	泰国	1990	钢箱梁
17	达特福德	450	英国	1995	钢箱梁
18	重庆长江	444	中国	1983	混凝土梁
19	卢纳	440	西班牙	1995	混凝土箱梁
20	钢陵长江	432	中国	1997	混凝土梁
21	汲水门	430	中国	1991	公钬两用
22	赫尔格兰特	425	挪威	1991	混凝土梁
23	南浦	423	中国	1988	结合梁
24	岩黑岛	420	日本	1988	钢桁梁公铁两用
25	柜石岛	420	日本	1994	钢桁梁公铁两用
26	郧阳汉江	414	中国	1997	混凝土箱梁地锚
27	名港东	410	日本	1985	钢箱梁
28	名港西	405	日本	1975	钢箱梁
29	圣纳泽尔	404	法国	1995	钢箱梁
30	武汉长江	400	中国	1978	混凝土箱梁
31	浪德	400	西班牙	1977	钢箱梁

专家们分析，跨度 1000m 以上的斜拉桥不论动力性能还是经济性能与悬索桥相比均已不占优势。随着跨度的增大，传统的自锚体系斜拉桥使主梁承受巨大轴向压力。为防止主梁

的失稳和混凝土的压溃，要求增大梁的截面积，斜拉索太长，垂度增大使索弹性模量降低，刚度降低。当今跨越能力最大的桥型要推悬索桥。现代悬索桥以1883年美国建造的主跨为486m的布鲁克林桥为起点，至今已经历了一个多世纪。随着理论及技术进步，尤其在20世纪后期，悬索桥不论在跨径还是在技术上都有重大突破。我国的现代悬索桥起步较晚，但发展迅速，在20世纪90年代，已有7座现代悬索桥建成（包括香港一座），其中两座跨径超过1300m。表6-2是世界大跨悬索桥一览表（跨径大于700m），其加劲梁都为钢桁梁或钢箱梁。

表6-2 世界大跨悬索桥一览表（跨径大于700m）

桥名	中跨长/m	国家	竣工年份	锚固方式	备注
明石海峡	1990	日本	1998	重力式	公铁两用
大贝尔特	1624	丹麦	1997	重力式	
恒比尔	1410	英国	1981	重力式	
江阴长江	1385	中国	1999	重力式	
青马	1377	中国	1997	一端隧道	公铁两用
韦拉扎诺	1298	美国	1964	重力式	
金门	1280	美国	1937	重力式	
延姆海湾	1257	挪威	1992	重力式	
赫加海湾	1210	瑞典	1997	重力式	
麦金纳克	1158	美国	1957	重力式	
南备赞濑户	1100	日本	1988	重力式	公铁两用
博斯普鲁斯二	1090	土耳其	1988	重力式	
博斯普鲁斯一	1074	土耳其	1973	重力式	
乔治华盛顿	1067	美国	1931	隧道式	双层公路
来岛第三	1030	日本	1999	重力式	
来岛第二	1020	日本	1999	重力式	
4月25日	1013	葡萄牙	1966	重力式	公铁两用
福斯	1006	英国	1964	隧道式	
北备赞濑户	990	日本	1988	重力式	公铁两用
塞文	988	英国	1966	重力式	
虢亭长江	960	中国	施工中	重力式	
下津井濑户	940	日本	1988	重力式	公铁两用
西陵	900	中国	1997	重力式	
虎门	888	中国	1997	重力式	
大鸣门	876	日本	1985	重力式	公铁两用
塔科玛	853	美国	1950	重力式	
阿斯克于岛	850	挪威	1992	重力式	
因岛	770	日本	1983	重力式	
白鸟	720	日本	1997	重力式	
安果斯都拉	712	委内瑞拉	1967	重力式	
关门	712	日本	1973	重力式	
旧金山奥克兰	705	美国	1936	隧道式	双层公路
布朗克斯怀特斯通	701	美国	1939	重力式	

我国除表列四座悬索桥外，1995 年建成的广东汕头海湾桥，中跨 452m，采用预应力混凝土箱形加劲梁，是混凝土箱梁型悬索桥世界第一，也是我国的第一座现代悬索桥。另有一座为 1997 年通车的丰都长江大桥，主跨 450m。虢亭长江大桥主跨为 960m。7 座桥的塔均为钢筋混凝土结构。

从表例知悬索体系也主要用于公路桥或公铁两用桥梁，同样是桥的竖向与横向刚度等原因，世界上还没有一座纯铁路悬索桥。

6.2　斜拉桥的构造

斜拉桥主要组成部分为斜拉索、主梁及索塔（图 6-1）。它们的不同构造、相互连接形式及不同材料形成多种体系与特点。

6.2.1　斜拉索

1. 斜拉索纵向布置

按斜拉索纵向布置形式不同，可以分为四种：辐射形、竖琴形、扇形、星形（图 6-3）。

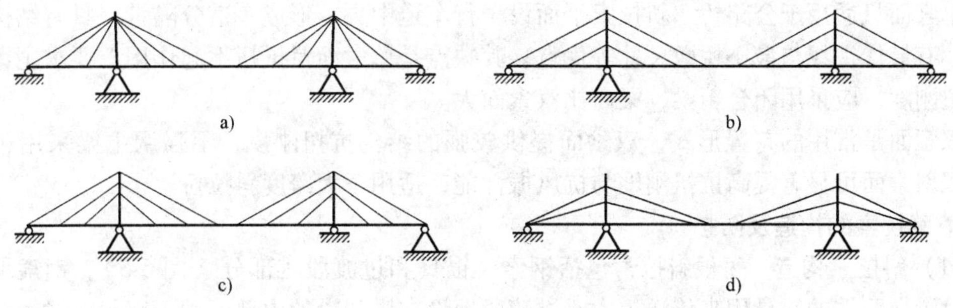

图 6-3　斜拉索纵向布置形式
a）辐射形　b）竖琴形　c）扇形　d）星形

辐射形的特点是所有斜拉索集中于塔顶，使各根斜拉索具有可能的最大倾角。由于索力主要由垂直力的需要而定，因此斜拉索效率发挥最好，斜拉索用钢量最少。其主要缺点是斜拉索汇交于塔顶，构造处理较困难，一般塔顶要采用鞍座。

竖琴形斜拉索平行，倾角相同。从斜拉索的受力分析来看，竖琴形是最不好形式，用钢量最大。它的突出优点是，从各个方面看，索不会交叉，比较美观、整齐。

扇形介于辐射形与竖琴形之间。索在塔处的锚固间距宜尽量减小，主要满足锚头布置与张拉空间要求。

星形布置的唯一特点是边跨斜拉索锚于梁端，可以增大桥梁的整体刚度。

目前采用最多的布置形式为扇形，从美观角度考虑，也有采用竖琴形的，很少采用辐射形与星形，但星形在边跨的布置方式，对设计者可有所启发。

2. 斜拉索横向布置

斜拉索横向布置，通常有两种基本形式，即双索面的和单索面。双索面又分双垂直索面与双斜索面两种（图6-4）。有时为了减少每索面积及减小千斤顶张拉吨位，将一个索面分成两个横向间距很小的索面，这仍然算一个索面。

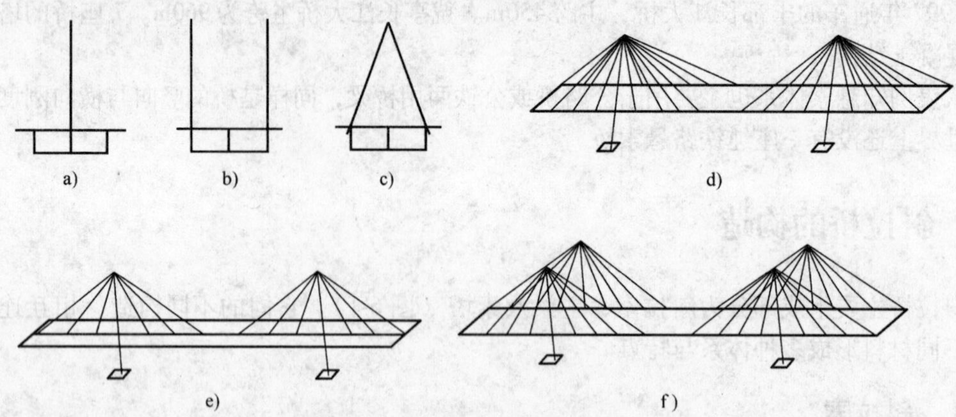

图6-4　斜拉索横向布置形式

a)、d) 单索面　b)、e) 双垂直索面　c)、f) 双斜索面

单索面只适用于公路桥，斜拉索平面设于行车道中央，形成车道分隔带，具有结构外形简洁、有最佳视线与最小桥墩尺寸等优点。其缺点是单索面对抗扭不起作用，要求主梁有较大抗扭刚度，应采用闭合箱梁，梁高比双索面大。

双索面是常用的布置形式，双索面提供较强的结构抗扭刚度，不强调主梁采用箱形截面。双斜索面可显著提高抗扭刚度与抗风振性能，适用于大跨度斜拉桥。

3. 斜拉索的构造及防护

（1）斜拉索构造　每根斜拉索包括钢索、锚具和过渡段三部分（图6-5）。钢索承受拉力，设置在两端的锚具用来传递拉力。过渡段埋设在塔和梁的内部，用于密封穿过梁和塔体内的钢索，且不与混凝土接触，其中减振器对钢索起减振作用。由平行钢绞线组成的钢索在过渡段内呈扩散状，减振器还起夹紧钢索的作用。

1）钢索。钢索宜采用抗拉强度高、疲劳性能好、弹性模量大、截面密度大的高强钢丝制成。弹性模量小的钢索变形大，影响结构刚度和梁的内力。

钢索是在悬索桥主缆类型基础上发展起来的，主要有图6-6所示三种类型：封闭式钢索、平行钢丝索、平行钢绞线索。封闭式钢索被国外早期采用。封闭式钢索截面中心部分由若干根圆截面的钢丝排列而成，在其外有1~2圈梯形截面钢丝和1~2圈Z形截面钢丝，这种截面密度最大，表面封闭，防腐简便，抗拉弹性及弹性模量比平行钢丝略小。20世纪70年代开始发展平行钢丝索，20世纪80年代开发出平行钢绞线索。平行钢丝或钢绞线索由若干平行钢丝或钢绞线组合而成。为便于盘绕，常将平行钢丝索作同心扭绞2°~4°。平行钢丝或钢绞线的抗拉强度和弹性模量均大，抗疲劳性能较好，便于制造，目前大都采用这两种钢索。我国已建成的斜拉桥采用平行钢丝索居多数。平行钢绞线索比平行钢丝索更具有优越性：消除平行钢丝索由于刚度较大引起二次应力问题；制作、运输和安装更方便；单根钢绞线作防护处理，可以单根更换；允许逐根穿挂、张拉、锚固。平行钢绞线索将会得到推广。

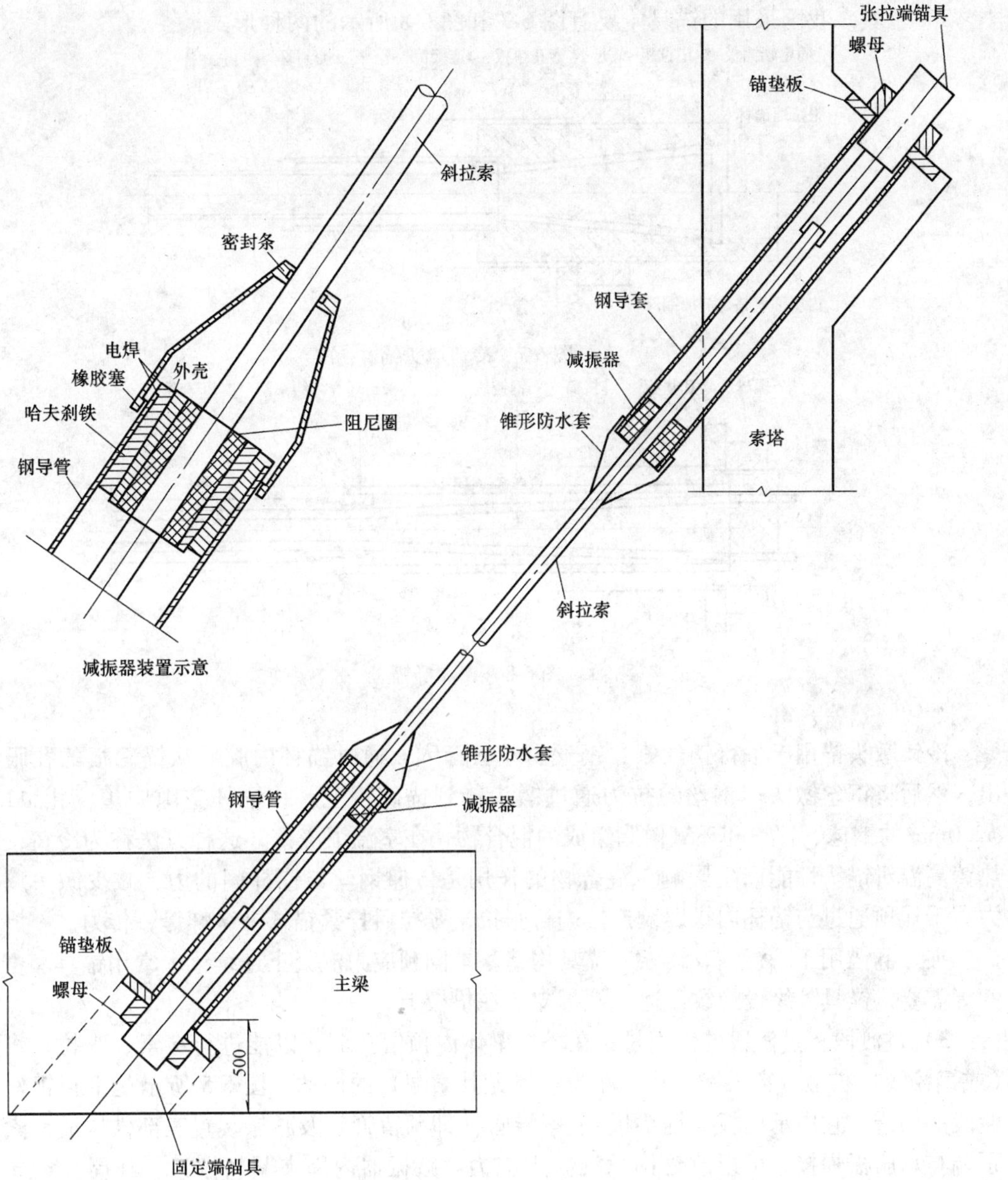

张拉端锚具
螺母
锚垫板
斜拉索
密封条
电焊
橡胶塞
外壳
哈夫剎铁
钢导管
阻尼圈
减振器装置示意
钢导套
减振器
锥形防水套
索塔
斜拉索
锥形防水套
钢导管
减振器
锚垫板
螺母
主梁
500
固定端锚具

图 6-5　斜拉索的构造

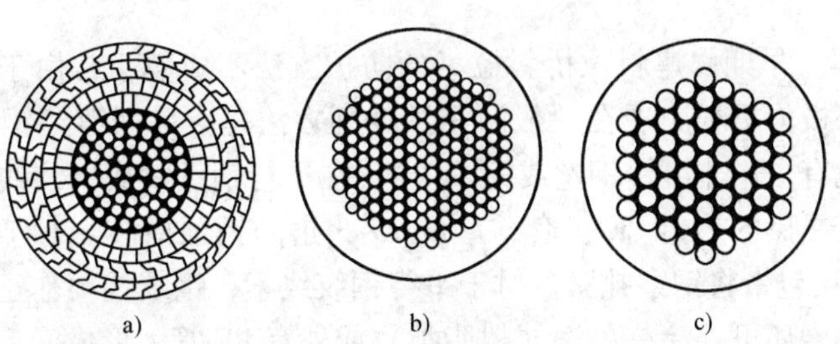

图 6-6　钢索构造

a）封闭式钢索　b）平行钢丝索　c）平行钢绞线索

2）锚具。我国采用的锚具主要有图 6-7 和图 6-8 所示的两种形式。

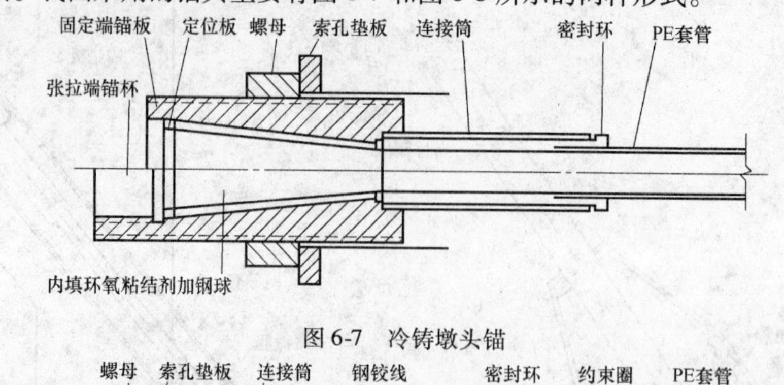

图 6-7 冷铸墩头锚

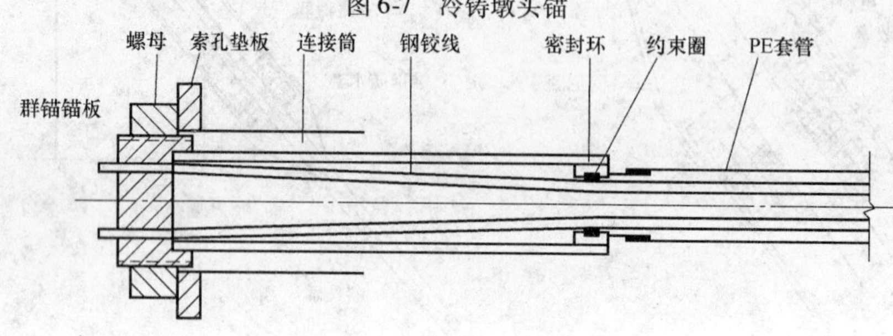

图 6-8 夹片群锚

冷铸墩头锚用于平行钢丝索，钢丝由丝板穿入，通过锚杯内腔后从锚碇板的孔眼中穿出，然后将钢丝镦头。钢丝的拉力通过镦头传到锚碇板上。在锚杯空隙中填满由 $\phi1.5\sim\phi2.0$mm 的钢球、锌粉和环氧树脂组成的混合物，在室温下浇铸，这种方法称为冷铸，防止热铸高温对锚头性能产生影响。混合物的作用是传递钢丝与锚杯间的力，减少镦头疲劳受力。千斤顶通过与锚杯内缘螺纹连接进行张拉，张拉后拧紧锚杯外缘螺母，传力。

夹片群锚用于平行钢绞线索，锚具构造基本同预应力混凝土连续梁中常用锚具。由于调索等需要，锚具外缘设螺纹，通过螺母支承在垫板上。

3）过渡段。过渡段的作用是：在塔、梁体内预留孔洞，以能进行穿索、张拉；将钢丝（或钢绞线）扩散，穿入锚具孔；减少索（尤其索端）的振动。图 6-5 所示是平行钢丝索过渡段的构造，它由承压板（锚垫板）、索导管（即预留管）及减振装置三部件构成。索导管顶端与承压板焊接，可以改善锚下混凝土应力。减振器内周夹紧斜拉索，外周与索导管密贴，使索的振动直接传到混凝土结构上，起到有效减振作用。图 6-8 中介绍有钢绞线过渡段。

（2）钢索防锈　早期修建斜拉桥斜拉索的防护方法不成熟，常由于腐蚀导致换索。对防锈处理，各国都极为重视。现在一般防锈蚀处理方法是：采用镀锌钢丝或钢绞线（由于镀锌价格较高，也有采用非镀锌钢丝或钢绞线）；在平行钢丝索或钢绞线外涂油脂或石蜡等防锈脂，外包加有炭黑的热塑 PE 护套，形成 2～3 道防锈蚀措施。对于平行钢丝索，在外包 PE 护套前还要用包带将钢索扎紧。对于平行钢绞线索，钢绞线要作逐根防锈处理，在工厂加工。最后对钢索还可外涂有色漆（树脂类）或外套 PE 管，形成又一道防锈蚀措施，并形成美丽的外观。套管按一定长度分为两半制作，利用榫头楔合成圆筒，将套管纵、横向接缝热焊接成全长，圆筒套管内间隔设有定形隔板支垫。外套圆筒除防止钢索意外伤害外，同时有利于改善斜拉索的气动外形。

6.2.2 主梁

1. 主梁类型

主梁材料一般有钢和混凝土两种，这两种材料可组合成以下几种类型的主梁。

（1）钢主梁　其主要特点是重量轻、跨越能力大、构件可在工厂制作、质量可靠、便于安装、施工速度快、养护工作量大。世界上钢主梁使用最多的是德国和日本。它特别适用于大跨度斜拉桥，以减轻自重。钢主梁以箱形截面为主，这是由于其抗扭刚度大和抗风性能好。钢桁梁采用甚少，多数用于双层桥面或公铁两用桥。

（2）混凝土主梁　混凝土主梁的特点是刚度大、挠度小、阻尼效果好、混凝土自重大、抗振动性能较好。我国砂石料资源丰富，劳动力便宜，除个别桥外，都采用混凝土梁，是世界上混凝土斜拉桥修建最多的国家。从表6-1可看出，我国混凝土斜拉桥最大跨度未超过450m。

（3）钢-混凝土结合梁　结合梁是在钢主梁上用混凝土桥面板代替正交异性钢桥面板，这是近年来大跨斜拉桥主梁形式之一。它除有钢主梁的特点外，与钢主梁相比，能节省钢材用量，且其刚度大，抗风稳定性好，能有利分担斜拉索的水平分力，但自重比钢主梁大；与混凝土主梁相比，主梁轻，结构简单，施工速度快。500～700m的跨度范围比较适合采用主梁为结合梁的斜拉桥。我国上海南浦、福建闽江大桥（主跨605m）主梁采用两片工字形钢梁，上海杨浦、徐浦大桥主梁采用两个分离钢箱梁分别与预应力混凝土桥面板结合，形成结合梁，I字梁间用横梁连接。芜湖长江大桥公路桥面为预应力混凝土与钢桁梁结合梁。混凝土桥面板作为主梁的组成部分，由于主梁可能出现负弯矩，在设计时特别要防止混凝土桥面板受拉、开裂。

（4）钢-混凝土混合梁　混合梁是指在中孔大跨以钢梁为主，两侧边跨采用预应力混凝土梁的结构。这种结构的特点是：加大边跨主梁的刚度和重量，有利于减小中跨内力及变形；能减小或避免边跨端支点负反力。它特别适用于边跨与中跨比值较小的情况，有利于塔顶处、中跨、边跨水平分力得到平衡。法国诺曼底大桥、我国上海徐浦大桥采用混合梁形式。

2. 混凝土主梁截面形式

常用的混凝土主梁截面形式如图6-9所示。

图6-9a所示为实心混凝土板梁，构造简单，建筑高度小，比较轻巧，抗风性能好，适用于小跨径（在150m以内）、桥宽不超过20m的公路桥梁。

图6-9b所示是我国早期采用的截面形式之一，它由两个分离箱梁组成，之间设桥面系，它的特点是将梁施工化整为零，便于施工。

图6-9c、d所示是单箱截面。单箱截面抗扭刚度大，是我国早期采用的截面形式之一。单索面桥应采用单箱截面。图6-9c、d是示例，实践中有单箱单室、单箱多室，外腹板有直腹板或斜腹板等多种形式。直腹板抗风性能差，斜腹板既可改善风动力性能，又可减少墩宽，减轻主体重量，但施工较复杂。一箱分成多少个室由桥面宽度而定。室多增加工作量及钢筋用量，目前设计的趋势是少室，相应采取横向加预应力或加设横隔板，让桥面板纵向受力等措施。图6-9d所示截面用于单索面，将中间腹板改为斜撑可以减轻梁体重量。

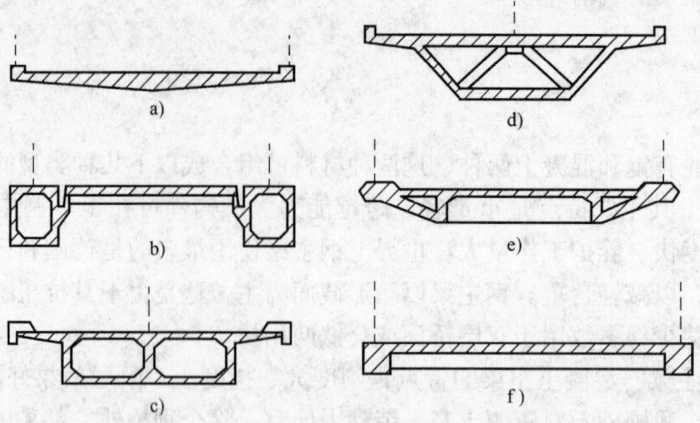

图 6-9 常用主梁截面形式

图 6-9e 所示为半封闭双三角形或双室梯形箱形截面，外缘做成风嘴状，以减少迎风阻力，端部加厚以便锚固拉索。风洞试验证明这种截面具有最佳空气动力性能，它首次应用于美国 Pasco-Kennewick 桥（简称 P-K 桥）。我国天津永和桥等采用这种截面。

图 6-9f 所示是双主肋截面，肋之间为整体桥面板，这种截面形式简单，施工方便。现在主梁高度设计得越来越小，空心箱节省混凝土数量不多，而增加工作量与钢筋用量，使斜拉索锚固复杂，施工不便。大量的风动试验结果表明，混凝土斜拉桥具有相当大的系统阻尼，对非特大跨度桥风动力稳定性一般不控制设计，所以近年来采用双索面实心双矩形主肋截面越来越多。根据风洞试验与分析，在一般设计风速下，400m 跨度以下斜拉桥，配以双斜索面，采用这种截面形式是可行的。我国现在正在设计的 300m、400m 跨度斜拉桥不少采用这种截面形式，在双主肋之间加设横隔板，间距一般为 4 ~ 5m，以减小桥面板受力跨度，桥面板在纵向受力。

3. 主梁在塔墩上的支承体系

主梁两端都支承在桥墩上，区别在于主梁与塔墩的连接，形成不同的支承体系。

（1）支座支承体系　支座支承体系是墩塔固结，主梁通过支座支承在塔墩上。我国早期修建的斜拉桥常采用这种支承形式。当主梁为连续梁时，纵向可以是一个固定支座和三个活动支座或四个活动支座。一般全部设活动支座，以避免因不均衡的纵向温度引起的变位，水平位移由斜拉索制约。这种支承体系的主要缺点是：塔墩两侧均由斜拉索弹性支承主梁，塔墩处为刚性支承，如不作特殊处理，因混凝土塔的竖向徐变变形，使斜拉索吊点下垂，在塔墩刚性支承处的主梁内产生很大的负弯矩。

（2）塔梁固结体系　塔梁固结体系是塔梁固结支承在墩上。这种体系仅在个别桥中采用过。它的主要缺点是上部结构重量和活载都需由支座传给桥墩，需要设置很大吨位的支座，支座制造困难，造价高。

（3）刚构体系　刚构体系是梁、塔、墩为固结。这种体系的优点是：省支座、满足悬臂施工的稳定要求，主梁挠度减小。其缺点是：主梁固结处负弯矩更大；在双塔斜拉桥中如不设挂梁，将产生很大温度力、混凝土收缩徐变力。它较适用于独塔斜拉桥及有良好的地基条件与地震烈度低的地区。

(4) 悬浮体系　悬浮体系是塔墩固结，塔墩处从塔的横梁处设竖直吊索吊住主梁。这种体系现已广泛采用。它的主要优点是：主梁可随塔柱的缩短而下降；温度、混凝土收缩、徐变力均较小；塔墩处主梁不产生负弯矩峰值；地震时允许全梁纵向摆荡，从而吸震消能。为抵抗由于风力等引起横向水平力，一般在塔柱和主梁间设置板式或聚四氟乙烯盆式橡胶支座，横向顶紧（图6-10）。飘浮体系的缺点是，当采用悬臂施工时，塔柱处需将主梁临时固结。

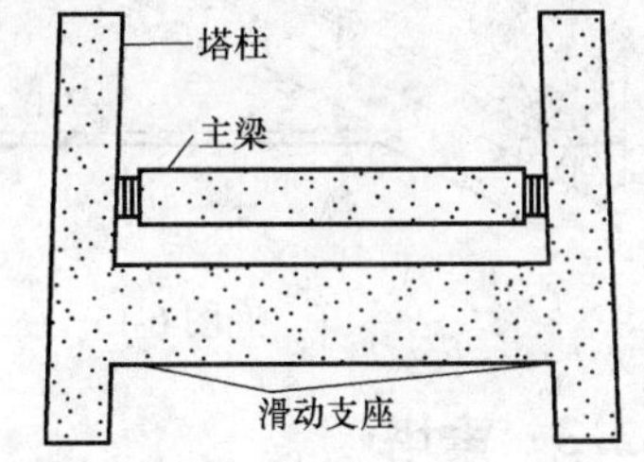

图6-10　主梁与塔柱的横向连接

4. 斜拉索在梁宽度方向布置

单索面布置于梁中心线上，为了保护斜拉索防撞，桥面中央设隔离带，也是上、下行车道的分离带。双索面在桥宽方向有两种布置方式：索布置在桥宽之外与索布置在桥宽之内。当索在桥宽之外时，桥面通顺，不受索和塔妨碍，抗扭刚度好，但横梁跨度增大。当索布置在桥宽之内时，要采取防撞措施，人行道在塔柱处不通顺，桥面有部分无效宽度，桥面宽度增大，但可减小横梁跨度。

5. 斜拉索与混凝土主梁的连接

斜拉索与主梁的连接是指主梁上斜拉索的锚固构造。这是一个重要部位，要保证连接的可靠性，要承担集中应力并将其分散到全截面，要防止索端锈蚀及斜拉索产生颤振应力腐蚀，便于斜拉索养护和更换。如需在此端张拉，则应具备操作空间。

斜拉索的锚固构造分锚固于主梁内与主梁外。锚于梁体内，锚头不外露，比较美观。图6-11所示为锚固于箱梁内，一般由于双箱截面（图6-9b）、单箱三室单索面，或单箱多室双索面，锚固块设在箱室内，上与顶板相连，两侧与腹板固结，两侧腹板承受很大局部拉应力，要设预应力筋和钢筋等措施补强。图6-12所示为锚固于实体梁内，在锚固区主梁断面受到削弱。在一般区段，可采用钢箱和增加钢筋的办法补强，如图6-12所示。在近塔柱两侧主梁受较大压力，必要时可采取局部加厚梁肋的措施。

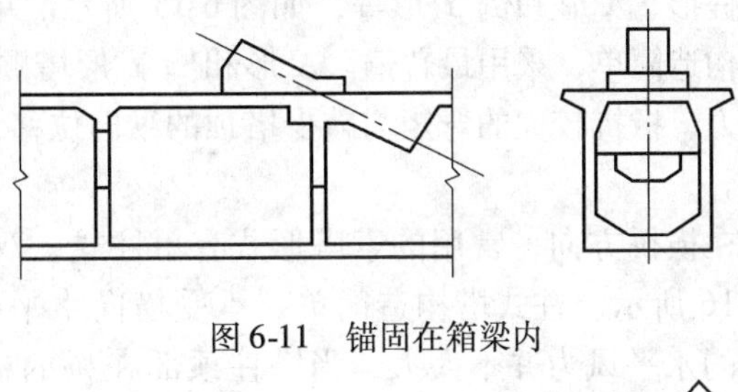
图6-11　锚固在箱梁内

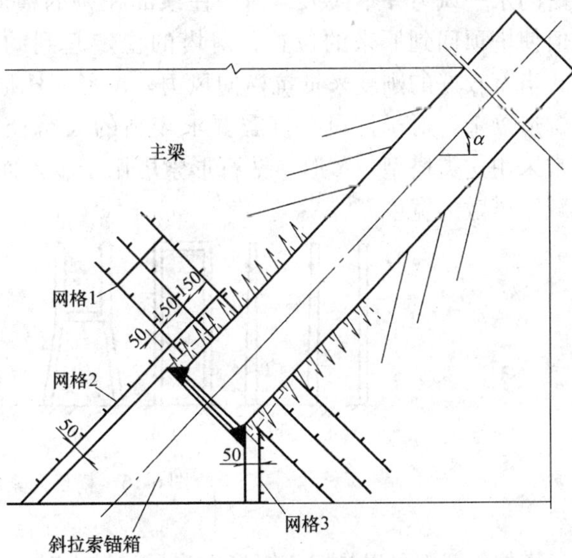

图6-12　锚固在实体梁内（尺寸单位：mm）

斜拉索锚于梁外，锚固处构造处理比较简单，对梁体受力有利。图6-13所示为锚于箱梁外，此时要求设置斜向横隔板，对每对斜拉索，横隔板斜度可能不一致。图6-14所示是以索面带三角形箱（图6-9c）常用的锚固形式。

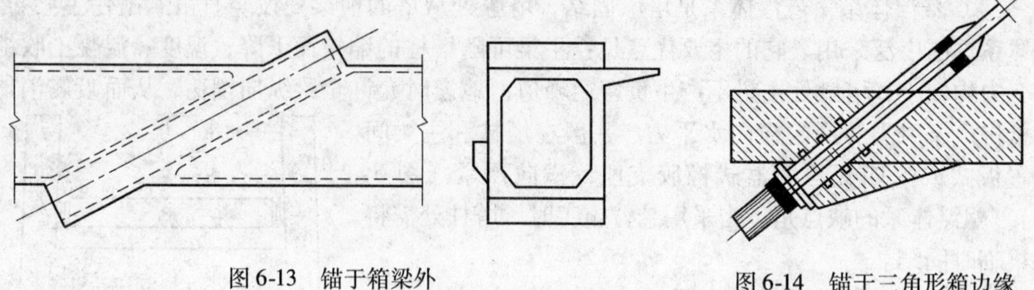

图 6-13 锚于箱梁外　　图 6-14 锚于三角形箱边缘

6.2.3 索塔

索塔承受塔自重，斜拉索、主梁及桥面系的恒载与活载。索塔可以是钢结构或钢筋混凝土结构。由于索塔是以受压为主的压弯构件，混凝土材料能发挥其承压的优点，且养护维修费用少，因此趋向采用混凝土材料。我国的斜拉桥索塔全是混凝土的，下面主要介绍混凝土索塔构造。

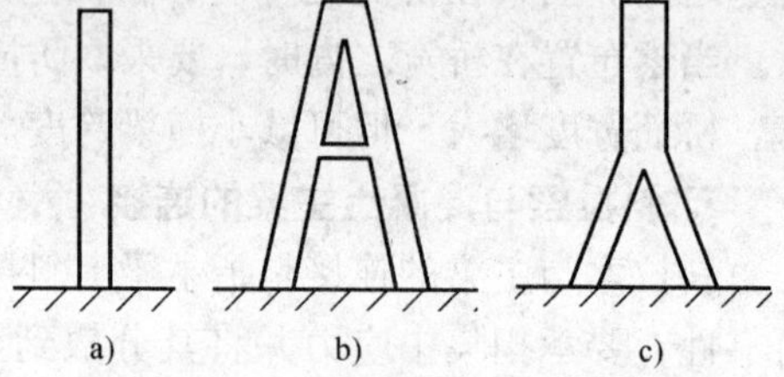

图 6-15 顺桥向索塔形式

1. 索塔的结构形式

索塔的结构形式根据斜拉索布置、主梁跨度、桥面宽度等因素确定。常用的索塔形式在顺桥方向有柱形、A 形和倒 Y 形等，如图 6-15 所示。单柱塔构造简单，采用最普遍。A 形和倒 Y 形塔顺桥向刚度大，有利于承受索塔两侧的不平衡拉力，抵抗较大的弯矩与减少塔顶的纵向位移，减少梁的挠度。此时一般设计双壁墩与其配合。

在横桥方向，常用的索塔形式有单柱式、双柱式、门式、A 形、H 形及钻石形等，如图 6-16 所示。柱式塔构造简单，承受横向水平荷载能力较差，但实践证明由斜拉索传给主塔的水平风力并不太大，当塔柱顶部在桥的横向产生移动时，斜拉索伸长产生索力的增值使塔顶回到原来的位置，对塔的稳定起到约束作用。单柱式仅用于单索面斜拉桥，门式塔有较好的刚度来抵抗横向风力。A 形、H 形、钻石形塔的特点是结构横向刚度大，但构造复杂。对于抗风、抗震要求较高的大跨径或特大跨径斜拉桥及飘浮体系斜拉桥，经常采用这类塔型。A 形、钻石形索塔用于单索面或双斜索面布置。采用钻石形结构是为了减小塔墩的宽度。

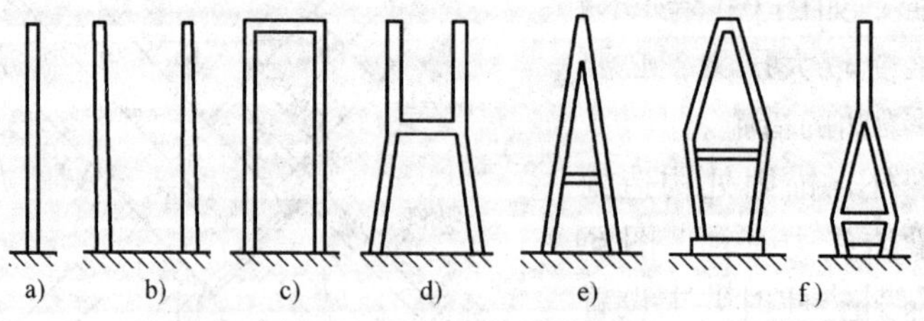

图 6-16 横桥向索塔形式

塔柱的截面可以是实心矩形，当尺寸较大时，可采用 I 形或箱形截面。塔柱截面形式的选择，一般应与斜拉索在塔上锚固形式相对应（图 6-17 ~ 图 6-19）。

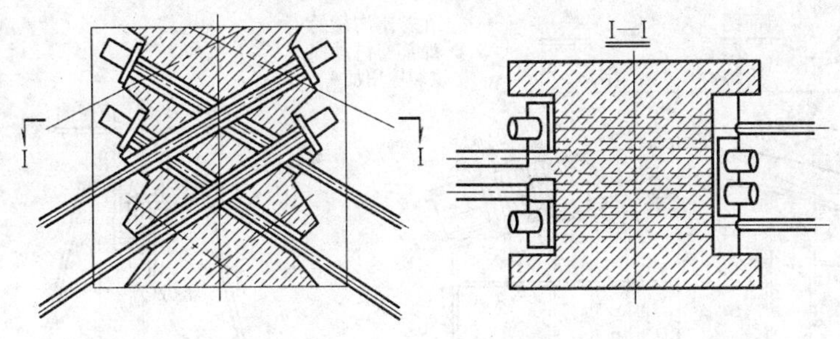

图 6-17　斜拉索交叉锚固形式

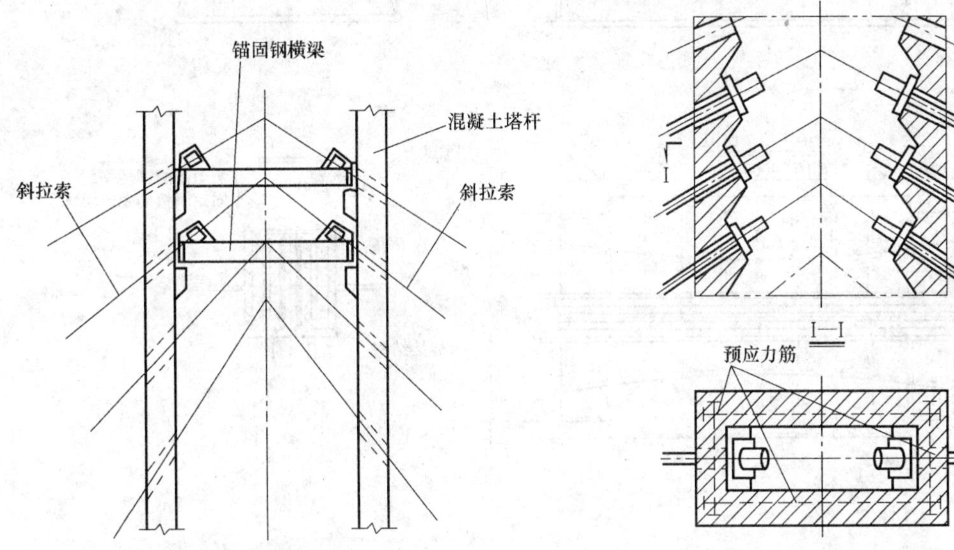

图 6-18　斜拉索对称锚固，钢横梁构造

图 6-19　斜拉索对称锚固，预应力筋构造

2. 斜拉索与索塔的连接

斜拉索与索塔的连接是指索塔上索锚固构造，这也是重要部位，要保证索锚固的可靠性。

斜拉索在塔上的锚固形式主要有三种。

（1）鞍座形式　鞍座构造类似于悬索桥上鞍座构造（图 6-20），鞍座固定于塔顶，斜拉索在鞍座上连续通过。由于斜拉索的竖直分力对鞍座产生很大的压力，使鞍座及索相对鞍座在顺桥向不可能移动。早期的斜拉桥稀索布置，索力很大，曾采用这种锚固形式；放射形布置的斜拉索汇交于塔顶，也常采用鞍座形式。现代密索布置的斜拉桥已不采用这种形式。

（2）交叉锚固形式　交叉锚固形式用于矩形、I 形截面索塔。对工字形截面索塔，斜拉索锚固于塔截面的腹板上。为了保证塔柱不产生扭转，斜拉索的合力通过塔柱轴心，每个索面实际由两个并列的索面组成，塔柱两侧的斜拉索交叉锚固于截面两侧的锯齿块上（图 6-17）。两个并列索面增加索的数量，增大塔截面腹板宽度，因此也有采用一个索面的情况，这时索对塔柱产生扭矩，在构造上要采取对应措施。

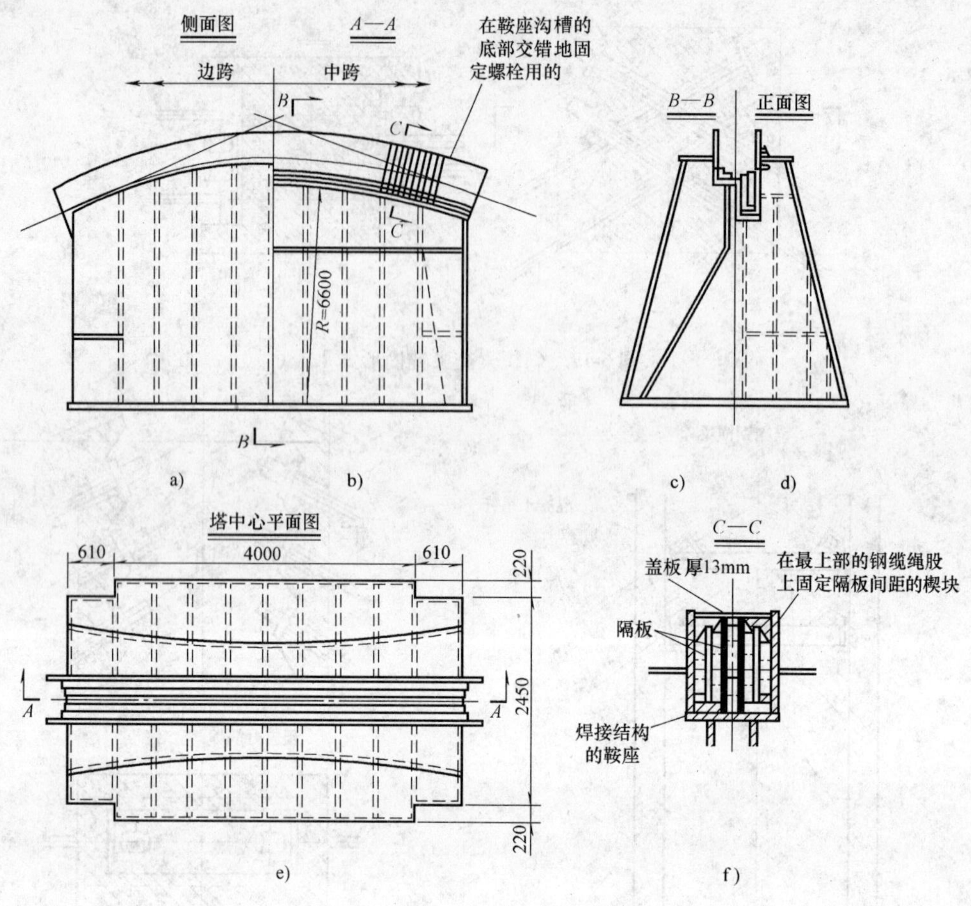

图6-20　塞文桥塔顶鞍座

a）侧面图　b）截面A—A　c）截面B—B　d）立面图　e）平面图　f）截面C—C

斜拉索一般在塔上张拉，锚头间距要保证操作、张拉及换索的空间。交叉锚固使截面处于剪切状态，要注意其抗剪设计与验算。

图6-17所示锚固形式的特点是，将一根索分成两根锚固，减小了每根索的索面积及张拉吨位，我国在20世纪80年代应用较多。随着大吨位斜拉索、锚固体系，千斤顶的出现，这种锚固形式已用得越来越少。

（3）斜拉索对称锚固形式　这种锚固形式用于塔柱为箱形截面，拉索对称锚固于箱形截面两侧的横向腹板内（图6-18、图6-19）。箱形截面的腹板受到斜拉索水平分力引起的很大拉力、剪力与弯矩的作用。为克服拉力，一般采用两种构造措施：一种是采用钢横梁构造（图6-18），它支承于箱腹板壁内侧伸出的牛腿上，可在顺、横桥向作微小的移动和转动，但在两端两个方向都设置了限位装置。钢横梁上焊有钢锚固箱，斜拉索锚头支承在钢锚固箱上，钢横梁承受斜拉索的水平分力、垂直分力及偏心弯矩。斜拉索的竖直分力，通过牛腿传到塔柱上，斜拉索的不平衡水平分力通过摩阻力传到牛腿及箱腹板上，这样箱腹板所受的水平力大大减小。这种锚固构造使塔柱在斜拉索锚固区受力明确，内力减少，混凝土不会产生裂缝，锚固可靠。另一种是在塔柱箱形截面的纵、横向均设置预应力钢束（图6-19），以预应力钢束产生的预应力来平衡索力产生的拉力与弯矩。

6.3　斜拉桥的设计

6.3.1　总体构思

1. 斜拉桥分跨

斜拉桥分跨有三种基本形式：对称或不对称的双跨（图6-21）、三跨（图6-1）和多跨，相应有独塔、双塔和多塔。对称三跨、双塔为常见形式。多塔方案，由于中塔无背索拉住，桥刚度不如三跨，只在特殊地段才采用。独塔双跨可以节省一个塔及基础，缩短斜拉桥总长，可能取得较好的经济效果。独塔方案主跨梁上的斜拉索均汇交于一个索塔，塔高及索长增加，影响主梁的弯曲与挠度，因此独塔方案一般用于主跨在300m以下的斜拉桥。目前混凝土独塔斜拉桥最大主跨跨度为274m，独塔钢斜拉桥最大主跨跨度为368m。采用独塔或双塔方案应根据地形等条件进行经济、技术、造型等比较。

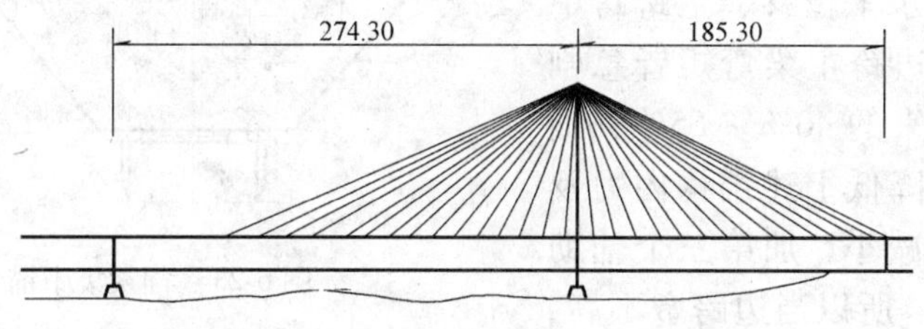

图6-21　不对称独塔斜拉桥方案

斜拉桥跨分主跨与边跨。双跨斜拉桥，跨度大的一跨称主跨，其他称边跨。三跨、多跨斜拉桥的两侧为边跨，中间跨为主跨。斜拉桥主跨跨度取决于地形、河床断面及通航要求等。边跨的主要作用是锚固背索，以控制塔顶的水平变位及便于对称悬臂施工。边跨跨度取决于主跨跨度及地形等条件。对独塔方案边跨与主跨之比一般为0.4～0.6；双塔方案边跨与主跨之比的变化范围一般为0.35～0.5，最大值一般不超过0.5，以便塔两侧主梁对称悬臂施工，跨中合龙。

2. 主梁弯矩与挠度的控制

斜拉桥的主要特点是，利用索塔引出斜拉索，拉住跨越两墩间的主梁，主梁如弹性支承多跨连续梁，以达到增大跨度的目的。主梁弹性支承点的挠曲往往控制斜拉桥的设计，对铁路斜拉桥主梁挠度更是控制要点。JTG/T D65-01—2007《公路斜拉桥设计细则》规定，主梁在汽车荷载（不计冲击力）作用下的最大竖向挠度：当为混凝土主梁时不应大于$l/500$；钢主梁时不应大于$l/400$（l为主跨跨径）。铁路没有斜拉桥设计规范，可参考公路规范及铁路梁桥挠度限值选定。斜拉桥设计的重要内容之一是如何减小弹性支承点的挠曲。影响梁挠曲的因素有索的弹性与非弹性的变形、主梁自身的刚度及索塔的变位等。依靠增加索面积或加大主梁、索塔刚度来减小主梁的挠曲，不是理想的设计，因为增大了工程量，但收效并不大。索非弹性变形，由初始张拉力及索的最小倾角予以控制。减小主梁挠曲最常用的有效且经济的构造措施是边跨内增设辅助墩（图6-22），减小边跨跨长，将背索集中锚于梁端（图6-23）或减小靠近边墩处几根索的索距。

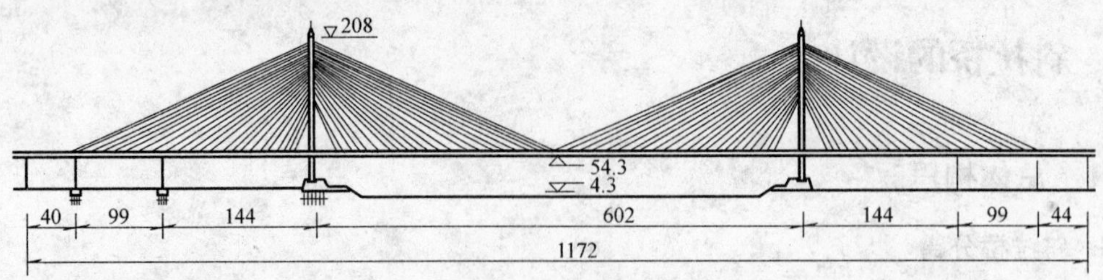

图6-22 边跨内设辅助墩（尺寸单位：m）

采用哪种构造措施，应根据桥址地形、河床断面等因素而定。边跨增设辅助墩是最有效果的措施。辅助墩约束了边跨梁的上拱或下挠，提高了边跨的刚度，有效约束塔顶的水平位移。根据计算分析，设一个辅助墩后，塔顶水平位移、主跨跨中挠度、塔根弯矩和边跨主梁弯矩皆急剧降低，一般约为原来的40%～65%；加两个辅助墩能继续降低上述结构内力及位移，但降低幅度减小；加第三个辅助墩，效果已不明显。所以当边跨墩不高、水不深，应优先考虑此措施。辅助墩的位置，当仅布置一个时，可设在离塔0.55～0.6倍边跨长的范围内。

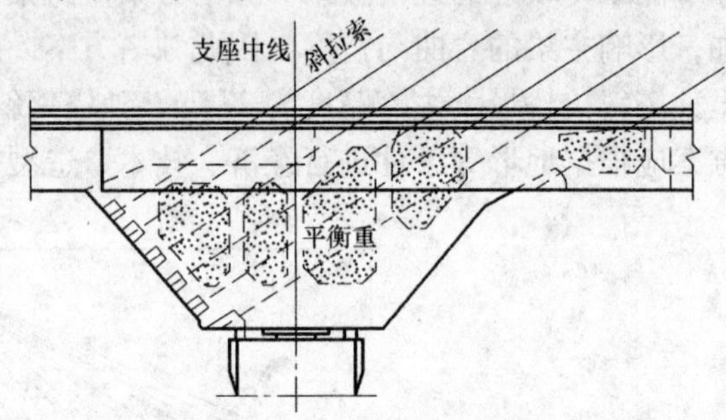

图6-23 背索集中锚于梁端

如果地形适宜，可以考虑减小边跨跨度，以提高边跨梁刚度，减小边跨梁弯矩与下挠或上拱，减小塔的水平位移及主跨跨中挠度、塔根弯矩。当边跨跨度减小较多时，可以考虑主梁为混合梁方案，即主跨为钢梁，边跨为混凝土梁。混凝土梁重于钢梁，可以使塔两侧斜拉索水平力及悬臂施工主梁时倾覆力矩得到尽可能平衡。边跨为混凝土梁还可提高边跨的刚度。将背索集中锚固于梁端部或减小背索索距，也是常用的构造措施，同时也必然减小边跨跨度。图6-23所示是上海南浦、杨浦大桥实例，梁端加厚便于布置斜拉索及增加边跨梁端部压重，以抵消端支点负反力。图6-23构造措施示意图是使索尽量锚固于梁端部，使边梁少上拱，拉住索塔。减少塔顶的水平位移，从而减小主跨梁的弯曲与挠度。

在斜拉桥设计中要注意如何消除梁端负反力，可采用梁端设平衡重，或梁端伸出牛腿让引桥跨压在牛腿上（图6-23）或边跨与引桥跨连续等措施。前两种措施，设计比较简单。边跨与引桥跨连续往往给设计及调索增加难度，在特殊情况下采用。不管压重是否消除了支座负拉力，设拉力支座是必要的，以作为意外情况下的保险措施。

关于斜拉索体系、主梁支承体系及梁、塔形式等，可根据上节的构造介绍，结合实际桥址，桥跨参考已建桥例选择。表6-3、表6-4是国内外混凝土斜拉桥资料，供参考，桥例是按建造年份先后排列的，注意其发展趋势。

表 6-3 国外混凝土斜拉桥资料

桥 名	跨度/m	体 系	梁截面	桥宽/m	梁高/m	索面	索距/m	塔高/m
阿根廷科林特斯	183.5+245+183.5	刚构挂梁	二单室箱	14.5	3.5	双	二对索	48
法国伯劳东纳	143.5+320+143.5	塔梁固结	单室箱	19.2	3.8	单	8	70.5
美国 P-K	123.9+299+123.9	漂浮	双三角箱	24.3	2.13	双	8.2	57
西班牙卢纳	101.72+440+106.88	刚构跨中设铰	单箱三室	22.5	2.5	双	8.16	90
美国日照	164.5+366+164.5	刚构	梯形单箱	29	4.25	单	—	—
美国东敦廷	274.3+185.3	独塔	双主肋	12.2	1.45	双	13.7	85.2
美国达姆山甲	198.2+396.5+198.2	刚构	双主肋	32.3	1.52	双	5.34	90
哈秋阿尔特	138.1+339.8+138.1	—	双主肋	12.35	1.12	双	—	—
挪威斯卡思圣特	190+530+190	—	三角形双室箱	13	2.15	双	—	104.5

表 6-4 国内混凝土斜拉桥资料

桥 名	跨度/m	体 系	梁截面	桥宽/m	梁高/m	索面	索距/m	塔高/m
辽宁长兴岛	83.2+176+83.2	支座支承	单箱三室	10	1.75	双	6	40.0
上海泖港	85+200+85	刚构挂梁	分离双箱	12	2.2	双	6.5	44
济南黄河	104+220+104	悬浮	双三角箱	19.5	2.25	双	8	51.8
天津永和	125+260+125	悬浮	双三角箱	14.5	2.0	双	11.8	50.5
上海恒丰北立交	77.2+73.8	刚构,独塔	单箱四室	24	1.5	单	—	—
广东九江	160+160	刚构,独塔	单箱四室	18.9	2.5	双	8	—
重庆石门	230+200	刚构,独塔	单箱三室	25.5	4.0	单	8	113
广州海印	85.5+175+85.5	刚构	单箱三室	35	3.0	单	5	—
长沙湘江北	105+210+105	刚构	单箱三室	30.1	3.4	单	8	52.7
郧阳汉江	86+414+86	跨中铰部分地锚	单箱四室	15.6	2.0	双	8	92
武汉长江二	180+400+180	支座支承	双梯形箱	29.2	3.0	双	8	90
重庆长江二	169+444+169	悬浮	双主肋	24	2.5	双	9	110

6.3.2 主要尺寸拟定

1. 主梁

主梁通常为等高度梁。对主梁支承于塔墩上的支承体系，为承受支承截面较大负弯矩，在局部区段可加大梁高或加厚下翼缘厚度。

现代斜拉桥都为密索体系，主梁高度越来越小，向着桁式体系转化。密索体系梁高一般为跨径的 1/70 ~ 1/200，或为节段长的 1/15 ~ 1/18。对于单索面，要适当加大梁高，取梁跨比的上限，以提高梁的抗扭刚度。

在选择梁高时，要考虑以下因素：索间距、主梁承受的压力、横梁跨度、索与梁的锚固要求等。主梁为弹性支承多跨连续梁，梁内弯矩决定于弹性支承位移、索间距及梁的刚度，梁的刚度越大，弯矩越大。主梁承受的斜拉索水平分压力与桥的跨度有关，一般靠墩塔处压力最大，必要时可局部加大截面。主梁高度要大于等于横梁高度，横梁高度取决于横梁的跨度，对双索面，横梁高度约为索面横向间距的 1/20。从横向风力稳定性角度考虑，桥宽与梁高之比宜大于8，最低限度不宜小于6。

除梁高设计外，对于铁路斜拉桥或大跨度斜拉桥，要考虑宽跨比，以保证桥的横向刚度及抗风稳定性。JTG/T D65-01—2007《公路斜拉桥设计细则》要求宽跨比不宜小于1/30。

2. 斜拉索

（1）索距　现代斜拉桥均采用密索体系。密索体系有以下优点：有利于降低梁高；便于悬臂法施工；索力小，使锚固构造简单，且便于换索。密索间距也有限度，由于索与梁的锚固要求及能承受斜拉索的水平压力，梁截面不可能太小，过密的索不能充分利用梁的强度。混凝土主梁上索距一般为6～10m，多数取8m。钢主梁上索距为12～16m，多数取12m。索距还要结合挂篮吊重或起吊能力、施工进度要求等因素确定。中孔最中间的两根索距一般没有斜拉索水平分力的压缩作用，因而可以采用稍大些的节间长，一般取1.2～1.3倍的索距。

中孔索距除跨中一段外，一般为等距。为对称施工的需要，要将尽量多的边孔索安排成与中孔同等的索距。如果边跨短，尾部几根索可集中锚固于梁端或用小的索距，同时提高了边跨梁的刚度。尾部几根索主梁段可在支架上施工。

斜拉索布置多数为扇形，为此要拟定斜拉索锚于塔上的间距。根据主梁的受力要求或为了减小索面积，斜拉索的竖直分力越大越好，因此应尽量减小斜拉索在塔上的间距，一般取为1.6～2.2m，它决定于斜拉索锚头布置及张拉空间的要求。

（2）斜拉索的最小倾角　斜拉索的最小倾角决定了塔高。倾角大，塔高加大；倾角小，则斜拉索的竖直分力小，索面积加大，且索垂度大，非线性变形影响大。综合以上因素，根据设计经验，斜拉索最小倾角宜控制在25°以上。

（3）斜拉索面积估算　在结构分析前需要拟定斜拉索截面积。斜拉索承受的荷载有：斜拉索自重，主梁、桥面、人行道及栏杆等恒载及活载。近似可令每个斜拉索的垂直分力承受索间距内的恒载及活载。对于汽车或列车，精确计算应考虑主梁的荷载分配效应，这使计算复杂化。在初次估算时，不考虑主梁对荷载的分配效应，对汽车荷载可按4kN/m²（宽桥）或5kN/m²（窄桥），对列车荷载可按每线100kN/m计。则每根斜拉索垂直分力承受的荷载为

$$V=\frac{1}{n}[g+q_1+q_2(1+\mu)]a \tag{6-1}$$

式中，n是索面数；g是恒载集度；q_1是人群荷载集度；q_2是汽车或列车荷载集度，对于汽车荷载，$q_2=4(\text{或}5)\cdot B(\mathrm{kN/m})$，$B$为行车道宽，以m计，对于列车荷载为100kN/m；μ是活载冲击系数；a是索距。

由此可得索力$T=\dfrac{V}{\tan\alpha}$，α为斜拉索的倾角。

索面积$A=\dfrac{KT}{R_p^{\mathrm{b}}}$，$R_p^{\mathrm{b}}$为斜拉索的抗拉标准强度，$K$为斜拉索强度安全系数。关于$K$值，各国规范规定值不尽一致。该安全系数值考虑了疲劳因素，但对公路斜拉桥，斜拉索索力变幅不大。JTG/T D65-01—2007《公路斜拉桥设计细则》规定$K\geqslant2.5$。当计入其他可变荷载时，安全系数可适当降低。

对于边跨，如索距小于跨中索距，可按边跨斜拉索的水平分力等于中跨对应的斜拉索水

平分力计算出边跨斜拉索的索力及需要的截面积。

3. 索塔

确定了斜拉索最小倾角，基本上就确定了塔高。如以斜拉索倾角为25°计，塔高 $h = S\tan25°$，S 为主跨梁上最外侧索到塔中心的水平距离，因此对双塔斜拉桥一般桥面以上索塔高度 $h = \left(\frac{1}{4.5} \sim \frac{1}{5}\right)l$，$l$ 为主跨跨长。

索塔截面尺寸的拟定，可参考设计桥例，主要考虑满足塔自身的稳定及抗压弯强度的要求。

6.4 斜拉桥的计算

斜拉桥是一个空间结构，为便于计算，一般按平面结构处理，而用横向分布系数计入空间影响。根据结构构造的特点，可以用杠杆原理法或偏心受压法等合适的计算方法计算横向分布系数。对于平面结构，用有限梁元法按线弹性结构进行分析，因此内力叠加原理成立。斜拉索的内力与变形存在非线性关系，用修正弹性模量的方法处理后，斜拉索仍可按弹性杆件对待，引起的误差很小。对于较大跨度的斜拉桥，要计入非线性影响，处理方法是在线弹性结构分析的基础上，对控制截面的内力或变形追加非线性影响。由于斜拉桥具有较大的刚度，一般考虑非线性影响后主梁弯矩增大百分之几，部分可达到10%左右。

6.4.1 恒载内力计算

公路混凝土斜拉桥一般都是大跨径桥梁，虽然较其他同跨桥型（除悬索桥外）的梁高小，但恒载内力占总内力的比重仍然很大。这对斜拉桥的设计比较有利，可以减少疲劳影响，容易满足活载挠度的限制。

恒载分一期恒载与二期恒载，一期恒载指施工阶段发生的恒载，二期恒载是在形成整体结构后发生的恒载，如桥面铺装层、人行道板、栏杆等。

斜拉桥的恒载内力计算比较复杂，一期恒载内力不仅与安装顺序有关，还取决于张拉索力。在恒载下的斜拉索松弛，混凝土徐变使计算更趋复杂。为使结构受力比较合理，设计比较经济，斜拉桥在恒载计算阶段的索力计算与调整是斜拉桥计算的重点及难点。

1. 确定恒载索力方法

这里所指恒载索力是成桥状态下，恒载全部作用后，斜拉索的期望索力或称设计索力。确定索力的目标是使结构受力比较合理。当前确定恒载下索力的方法众多，下面介绍几种方法。

（1）连续梁法　连续梁法是指结构在各施工阶段完成后，在一、二期恒载作用下，主梁内力与以斜拉索锚固点为主梁刚性支点的连续梁内力接近。这是最简单的确定索力的方法。这种方法使混凝土徐变产生的二次内力较小。

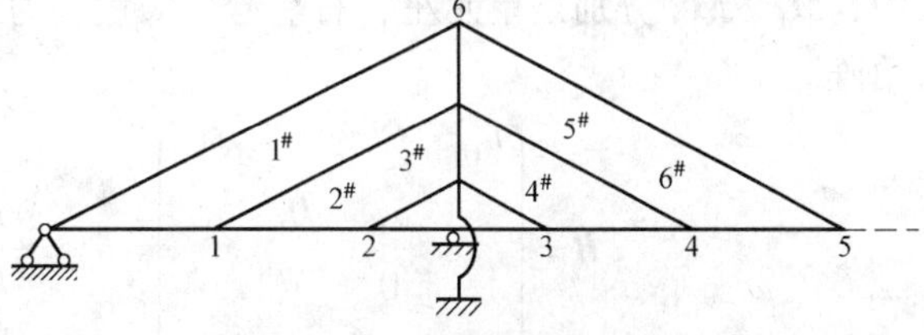

图6-24　斜拉桥结构分析简图

下面以图6-24所示斜拉桥为例，介绍索力的计算方法。根据此图示，算出成桥状态下恒载g引起拉索连接点1、2、3、4、5的竖直变位Δ_{1g}、Δ_{2g}、Δ_{3g}、Δ_{4g}、Δ_{5g}和索塔顶端6点的水平变Δ_{6g}，以及各索索力T_{1g}、T_{2g}、T_{3g}、T_{4g}、T_{5g}、T_{6g}。然后算出对斜拉索施调单位拉力时k点竖直变位的影响值δ_{ki}，k为节点编号，i为拉索编号。于是以恒载与施调索力共同作用下各节点变位为零的条件写出矩阵式。

$$\begin{pmatrix} \delta_{11} & \delta_{12} & \cdots & \delta_{16} \\ \delta_{21} & \delta_{22} & \cdots & \delta_{26} \\ \cdots & \cdots & \cdots & \cdots \\ \delta_{61} & \delta_{62} & \cdots & \delta_{66} \end{pmatrix} \begin{pmatrix} \Delta T_1 \\ \Delta T_2 \\ \vdots \\ \Delta T_6 \end{pmatrix} + \begin{pmatrix} \Delta_{1g} \\ \Delta_{2g} \\ \vdots \\ \Delta_{6g} \end{pmatrix} = 0 \tag{6-2}$$

由式（6-2）解出施调索力ΔT_i。满足变位为零的恒载索力T_i为

$$T_i = T_{ig} + \Delta T_i \quad (i=1,\ 2,\ \cdots,\ 6) \tag{6-3}$$

δ_{ki}采用下述方法计算：如图6-25所示，设当有一对单位力作用于i索时，i索内产生内力为F，i索的变化力为$1-F$，于是只需将图6-25计算图示所求得的变位除以$1-F$，即得δ_{ki}。

在建立变形协调方程时要注意：

1） 方程数与斜拉索数一致，才能得唯一解。

2） 如果斜拉索在主梁上的锚固点处在桥墩上（图6-24中的1号索），或处在桥墩附近，应改令该索在塔顶处的水平变位为零。

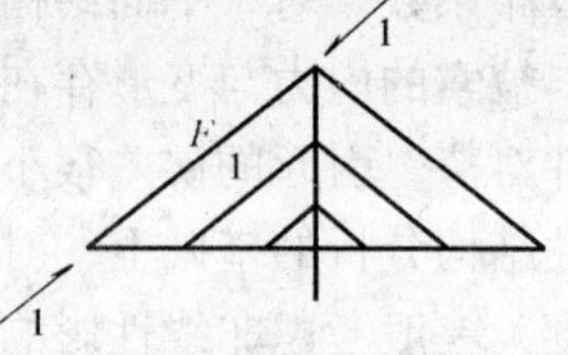

图6-25　δ_{ki}计算图示

3） 连续梁法适用于边跨与主跨索间距相等的情况，如遇靠近端墩处索间距变小的情况，宜将这些索节点变位为零的条件从主梁处改移到塔顶处。

（2）弯曲能量最小法和弯矩平方和最小法　弯曲能量最小法是用结构的弯曲余能作为目标函数，令其对索力的偏导为零。

结构的弯曲余能可写成

$$U = \int_s \frac{M^2(s)}{EI(s)} \mathrm{d}s \tag{6-4}$$

对于离散的杆系结构可写成

$$U = \sum_{i=1}^{n} \frac{L_i}{4E_iI_i}(M_{L_i}^2 + M_{R_i}^2) \tag{6-5}$$

式中，n是结构单元总数；L_i、E_i、I_i分别表示i单元的杆件长度、材料弹性模量和截面惯性矩；M_{L_i}、M_{R_i}分别表示i单元左、右端弯矩。

将式（6-5）改写成矩阵表达式

$$U = \boldsymbol{ML}^{\mathrm{T}}\boldsymbol{BM}_{\mathrm{L}} + \boldsymbol{M}_{\mathrm{R}}{}^{\mathrm{T}}\boldsymbol{BM}_{\mathrm{R}} \tag{6-6}$$

式中，$\boldsymbol{M}_{\mathrm{L}}$、$\boldsymbol{M}_{\mathrm{R}}$分别是单元左、右端弯矩矢量，为$n\times1$阶列阵；$\boldsymbol{B}$是$n\times n$阶系数矩阵，为对角阵。

$$\boldsymbol{B} = \begin{pmatrix} b_{11} & & & \\ & b_{22} & 0 & \\ & 0 & \ddots & \\ & & & b_{nn} \end{pmatrix},\quad b_{ii} = \frac{L_i}{4E_iI_i} \quad (i=1,\ 2,\ \cdots,\ n)$$

$\boldsymbol{M}_{\mathrm{L}}$、$\boldsymbol{M}_{\mathrm{R}}$ 改用下式表达

$$\begin{aligned}\boldsymbol{M}_{\mathrm{L}}&=\boldsymbol{M}_{\mathrm{L}_0}+\boldsymbol{A}_{\mathrm{L}}\Delta\boldsymbol{T}\\ \boldsymbol{M}_{\mathrm{R}}&=\boldsymbol{M}_{\mathrm{R}_0}+\boldsymbol{A}_{\mathrm{R}}\Delta\boldsymbol{T}\end{aligned}\tag{6-7}$$

式中，$\boldsymbol{M}_{\mathrm{L}_0}$、$\boldsymbol{M}_{\mathrm{R}_0}$是成桥状态下，初始索力时单元左、右端弯矩矢量，该项弯矩包含初始索力及恒载引起弯矩，也可计入活载及预应力引起弯矩；$\Delta\boldsymbol{T}$ 是施调的索力矢量，设 $\boldsymbol{m}$ 为拉索数，则该矢量为 $\boldsymbol{m}\times 1$ 阶列阵；$\boldsymbol{A}_{\mathrm{L}}$、$\boldsymbol{A}_{\mathrm{R}}$ 是单元左、右端弯矩影响矩阵，为 $n\times m$ 阶，其值为

$$\left.\begin{aligned}\boldsymbol{A}_{\mathrm{L}}&=\begin{pmatrix}a_{\mathrm{L}_{11}} & a_{\mathrm{L}_{12}} & \cdots & a_{\mathrm{L}_{1m}}\\ a_{\mathrm{L}_{21}} & a_{\mathrm{L}_{22}} & & \vdots\\ \cdots & & \ddots & \vdots\\ a_{\mathrm{L}_{n1}} & \cdots & \cdots & a_{\mathrm{L}_{nm}}\end{pmatrix}\\ \boldsymbol{A}_{\mathrm{R}}&=\begin{pmatrix}a_{\mathrm{R}_{11}} & a_{\mathrm{R}_{12}} & \cdots & a_{\mathrm{R}_{1m}}\\ a_{\mathrm{R}_{21}} & a_{\mathrm{R}_{22}} & & \vdots\\ \cdots & & \ddots & \vdots\\ a_{\mathrm{R}_{n1}} & \cdots & \cdots & a_{\mathrm{R}_{nm}}\end{pmatrix}\end{aligned}\right\}\tag{6-8}$$

其中 $a_{\mathrm{L}_{ij}}$、$a_{\mathrm{R}_{ij}}$分别为第 j 号索单元变化单位力引起 i 单元左、右端的弯矩变化，其计算方法同本节的 δ_{ki}的计算。

将式（6-7）代入式（6-5），整理后得

$$\begin{aligned}\boldsymbol{U}=\boldsymbol{C}_0&+\boldsymbol{M}_{\mathrm{L}_0}{}^{\mathrm{T}}\boldsymbol{B}\boldsymbol{A}_{\mathrm{L}}\Delta\boldsymbol{T}+\Delta\boldsymbol{T}^{\mathrm{T}}\boldsymbol{A}_{\mathrm{L}}{}^{\mathrm{T}}\boldsymbol{B}\boldsymbol{M}_{\mathrm{L}_0}+\\ &\Delta\boldsymbol{T}^{\mathrm{T}}\boldsymbol{A}_{\mathrm{L}}{}^{\mathrm{T}}\boldsymbol{B}\boldsymbol{A}_{\mathrm{L}}\Delta\boldsymbol{T}+\boldsymbol{M}_{\mathrm{R}_0}{}^{\mathrm{T}}\boldsymbol{B}\boldsymbol{A}_{\mathrm{R}}\Delta\boldsymbol{T}+\\ &\Delta\boldsymbol{T}^{\mathrm{T}}\boldsymbol{A}_{\mathrm{R}}{}^{\mathrm{T}}\boldsymbol{B}\boldsymbol{M}_{\mathrm{R}_0}+\Delta\boldsymbol{T}^{\mathrm{T}}\boldsymbol{A}_{\mathrm{R}}{}^{\mathrm{T}}\boldsymbol{B}\boldsymbol{A}_{\mathrm{R}}\Delta\boldsymbol{T}\end{aligned}\tag{6-9}$$

式中，$\boldsymbol{C}_0$ 是与 $\Delta\boldsymbol{T}$ 无关的常数项。

要使索力调整到结构弯曲能量最小，则

$$\frac{\partial\boldsymbol{U}}{\partial\Delta\boldsymbol{T}_i}=0\qquad(i=1,\ 2,\ 3\cdots n)\tag{6-10}$$

式（6-9）代入式（6-10），整理后写成矩阵形式

$$(\boldsymbol{A}_{\mathrm{L}}{}^{\mathrm{T}}\boldsymbol{B}\boldsymbol{A}_{\mathrm{L}}+\boldsymbol{A}_{\mathrm{R}}{}^{\mathrm{T}}\boldsymbol{B}\boldsymbol{A}_{\mathrm{R}})\ \Delta\boldsymbol{T}=-\boldsymbol{A}_{\mathrm{R}}{}^{\mathrm{T}}\boldsymbol{B}\boldsymbol{M}_{\mathrm{R}_0}-\boldsymbol{A}_{\mathrm{L}}{}^{\mathrm{T}}\boldsymbol{B}\boldsymbol{M}_{\mathrm{L}_0}\tag{6-11}$$

式（6-11）为 m 阶线性方程组，可以解得 $\Delta\boldsymbol{T}$。

索力 $\boldsymbol{T}$ 为

$$\boldsymbol{T}=\boldsymbol{T}_0+\boldsymbol{C}\Delta\boldsymbol{T}\tag{6-12}$$

式中，$\boldsymbol{T}_0$ 是初始索力矢量，可随意给定；$\boldsymbol{C}$ 是斜拉索变化单位力对索力的影响矩阵，其值为

$$\boldsymbol{C}=\begin{pmatrix}1 & c_{12} & \cdots & c_{1m}\\ c_{21} & 1 & \cdots & \vdots\\ \vdots & & \ddots & \vdots\\ c_{m1} & \cdots & \cdots & 1\end{pmatrix}\tag{6-13}$$

其中 c_{ij}是第 j 号斜拉索变化单位力对 i 号斜拉索的影响力，其计算方法同本节的 δ_{ki} 计算。

式（6-6）中的 $\boldsymbol{B}$ 矩阵可看成单元柔度对单元弯矩的加权矩阵。刚度大的截面意味着应

多分担些弯矩。当 $\boldsymbol{B}$ 为单位阵时，式（6-4）就变成弯矩平方和最小法。显然，弯矩平方和作为目标函数，没有考虑到构件柔度对弯曲能量吸收的权，一般来说，不如用弯曲能量为目标函数的结果合理。

（3）优化方法　上述两种方法的特点是只照顾到结构弯矩分布的合理性，不能顾及斜拉索受力。对边跨结构及索间距比较特殊的斜拉桥，往往需要既照顾到结构弯矩，又使索力分布比较均匀。如果建立以式（6-9）为目标函数，加上控制索力的约束条件，可以兼顾到二者。其一般表达式为

求 $\Delta\boldsymbol{T}$，$\min\boldsymbol{U}$ 满足

$$\left.\begin{aligned}\boldsymbol{T}_0+\boldsymbol{C}\Delta\boldsymbol{T}\leqslant\boldsymbol{T}_1\\ \boldsymbol{T}_0+\boldsymbol{C}\Delta\boldsymbol{T}\geqslant\boldsymbol{T}_2\end{aligned}\right\}\tag{6-14}$$

式中，$\boldsymbol{T}_1$、$\boldsymbol{T}_2$ 为拉索力的上、下限值，其他参数意义同前。

这是一个有约束极值问题，用数学规划法可以解出满足索力约束条件下的弯曲能量最小时的施调索力，再按式（6-12），解得 $\boldsymbol{T}$。

（4）人机对话确定索力　为确定最佳索力方案，可通过人机对话确定索力。即先选定成桥状态初始索力。为减少人机对话工作量，宜选上面 1、2 方法计算的索力为初始索力。计算初始索力及恒载下控制截面的内力与变位。计算活载等引起控制截面内力及索力。综合分析计算结果，根据力学及桥梁知识，修改成桥状态下初始索力或梁、塔控制截面弯矩或变位值（修改变位值的目的是为了调整索力和控制截面弯矩）。修改一直进行到获得满意结果为止。

下面列出用于修改索力、弯矩或变位的力学模型。

$$\left.\begin{aligned}\boldsymbol{T}_0+\boldsymbol{C}\Delta\boldsymbol{T}=\boldsymbol{T}\\ \boldsymbol{M}_0+\boldsymbol{A}\Delta\boldsymbol{T}=\boldsymbol{M}\\ \Delta_0+\boldsymbol{\delta}\Delta\boldsymbol{T}=\Delta\end{aligned}\right\}\tag{6-15}$$

$$\begin{aligned}\boldsymbol{C}\Delta\boldsymbol{T}=\boldsymbol{T}-\boldsymbol{T}_0\\ \boldsymbol{A}\Delta\boldsymbol{T}=\boldsymbol{M}-\boldsymbol{M}_0\\ \boldsymbol{\delta}\Delta\boldsymbol{T}=\Delta-\Delta_0\end{aligned}\tag{6-16}$$

式中，$\boldsymbol{T}_0$ 是成桥状态下初始索力矢量，为 $m\times1$ 阶列阵，m 为拉索数；$\boldsymbol{M}_0$ 是成桥状态下，恒载、计或不计活载和预应力引起控制截面弯矩矢量，为 $n\times1$ 阶列阵，n 为控制截面数；Δ_0 是成桥状态下，恒载引起控制点的变位矢量，为 $l\times1$ 阶列阵，l 为控制点数；$\Delta\boldsymbol{T}$ 是施调索力矢量，为 $m\times1$ 阶列阵；$\boldsymbol{C}$ 是为 $m\times m$ 阶方阵，其含义同式（6-13）；$\boldsymbol{A}$ 是控制截面弯矩影响矩阵，为 $n\times m$ 阶矩阵，其中元素 a_{ij} 表示第 j 号索单元变化单位力，引起第 i 控制截面弯矩变化；$\boldsymbol{\delta}$ 为 $l\times m$ 阶的矩阵，其含义同式（6-2）中的 $\boldsymbol{\delta}$；$\boldsymbol{T}$、$\boldsymbol{M}$、$\boldsymbol{\Delta}$ 为期望的索力、控制截面弯矩与变位，列阵阶数分别与平衡式对应。

式（6-16）总共含 $m+n+l$ 个方程，施调的索力为 m 个，故只能从式（6-16）中选定 m 个独立方程，解得 $\Delta\boldsymbol{T}$。解得 $\Delta\boldsymbol{T}$ 后，利用式（6-15）可得调索后的索力、控制截面弯矩与变位。

在施调索力时要注意：主梁梁段内正、负设计弯矩绝对值之和是不变的；应使主跨拉索的水平分力之和与边跨拉索水平分力之和在恒载下得到基本平衡。

2. 确定施工阶段张拉索力

施工阶段张拉索力是指安装时对拉索的张拉力。张拉索力是施工张拉的依据，也是结构计算的依据，成桥状态下的内力、变位，包括混凝土徐变等计算均在张拉索力的基础上进行。

确定张拉索力方法一般有如下几种。

（1）倒拆法　倒拆法是从成桥状态设计索力出发，按照与实际施工步骤相反的顺序，进行逐步倒退计算而获得各施工阶段拉索的张拉力。其计算过程：

1）每拆一对索及相应主梁节段，在拆去单元后的节点处加上大小相同、方向相反的节点力。

2）按拆去单元后的结构状态及所加节点力，进行结构分析，得节点力引起的各索索力。

3）拆单元前的各索索力加上节点力引起的索力，得尚未拆除索的索力。

4）下一阶段待拆拉索的张拉力即为由3）所得的索力。

对于大跨度混凝土斜拉桥，混凝土收缩、徐变尤其对主梁内力、变位有很大影响，在确定索力过程中，如不考虑其影响，会使成桥索力达不到期望结果。但是混凝土的徐变与施工过程有关，倒拆法原则上无法进行徐变计算，这是因为徐变计算在时间上只能是顺序的，而倒拆法在时间上是逆序的。一般应用迭代法来解决这个问题。即第一轮倒拆时不计混凝土收缩、徐变，然后以倒拆结果进行正装计算，逐阶段计算混凝土收缩、徐变影响，再进行倒拆计算时，按阶段叠加入正装计算时相应阶段混凝土收缩、徐变影响，如此反复迭代，直至计算结果收敛。

（2）正算法　正算法采用与斜拉桥施工相同的顺序，依次计算各阶段架设时结构的施工内力和位移。按正算法，有多种设计原则确定斜拉索张拉力。这里以刚性支承连续梁法计算原则为例，介绍正算法。

本刚性支承连续梁与上面介绍的成桥状态下刚性支承连续法的主要区别是：后者确定的恒载索力为恒载设计索力，前者在计算中随施工阶段随时计入混凝土收缩、徐变影响后，按索在梁吊点处的位移为零来确定张拉索力。

正算的刚性支承连续法要求在施工过程中及成桥后多次张拉斜拉索索力，使斜拉桥主梁在恒载状态下，计入混凝土收缩、徐变的内力大体与刚性支承连续梁内力相近。施工阶段按刚性支承连续梁法计算的原则一般为：主梁悬臂端的挠度保持为零；已浇筑完成的主梁计入混凝土收缩、徐变后具有刚性支承连续梁的内力。如果在施工某阶段梁、塔出现不理想的内力，则将索力作一次调整，始终控制梁、塔的内力和变形。

6.4.2　活载内力计算

活载内力占总内力的比例较小，而活载作用时斜拉索已有相当大的拉力，因此计算活载内力时可不再考虑斜拉索的非线性影响。对于一般的平面杆系结构已有一套计算程序，可以计算内力与变位，可以绘制各种内力、变位影响线，并自动在影响线上加载，得到各单元活载内力与变位。应该注意的是，要求得主梁最大、最小挠度值，因为大跨度斜拉桥，特别是铁路桥或公铁两用桥，可能由挠度控制设计。此外在求解最大内力时，应对属于同截面的弯矩、轴向力和剪力三条影响中的任意一条，施加以最不利活载位置，其余的两条，则加相应轮位的活载。

6.4.3 非线性问题

1. 压弯构件变形的非线性

斜拉桥的索塔与主梁都是压弯构件，在有压力存在时，弯曲变形与所受力矩不成比例，但由于梁、塔有一定刚度，这种影响不显著。

2. 主梁竖向变位引起的非线性

主梁竖向变位改变了斜拉索的倾角，并引起斜拉索在主梁锚固点的偏心变化，导致梁内力变化。这是几何非线性问题，在线弹性理论计算中得不到反映。

3. 斜拉索变形的非线性

斜拉索在自重作用下有一定的垂度，是根悬链线。当拉力增加时，斜拉索垂度减小。斜拉索的伸长由弹性变形及由于垂度减小引起的非弹性变形两部分组成。计算中采用修正弹性模量的方法计入非线性的影响。斜拉索垂度的影响用图6-26所示的一根斜拉索来分析。设斜拉索一端铰接，另一端为滚动支承。索具有悬链形，斜拉索长度设为 L'，两个支点间的距离为 L。当有 F 力作用时，拉索 C 端将向外移动，垂度减小。当 f（或 f'）$=0$ 时，C 端移到 C'。由于拉索垂度减小引起的最大伸长量为

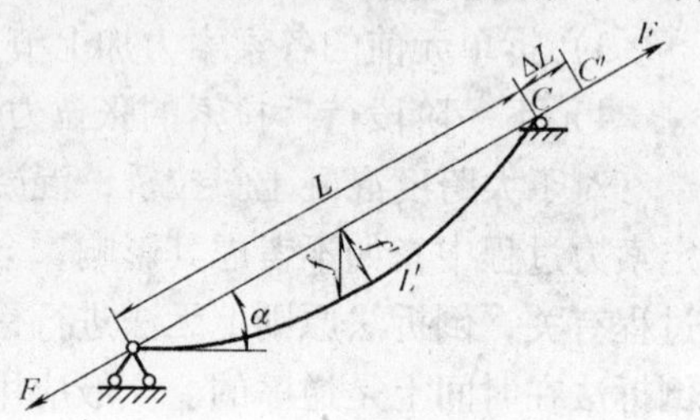

图6-26 斜拉索垂度分析

$$\Delta L = L' - L$$

当力由 F 增加到 $F+\Delta F$ 时，则 ΔL 的变动量为 $\Delta_{\Delta L}$，由于垂度变化表现的应变为

$$\varepsilon_f = \Delta_{\Delta L}/L$$

于是对应于垂度变化的弹性模量是

$$E_f = \sigma/\varepsilon_f$$

修正弹性模量定义为与弹性模量 E_p 和垂度模量 E_f 有关的值。$E_i = \dfrac{\sigma}{\varepsilon_f + \varepsilon_p}$，又由于 $\varepsilon_f = \sigma/E_f$ 和 $\varepsilon_p = \sigma/E_p$，得

$$E_i = \frac{E_f E_p}{E_f + E_p} \tag{6-17}$$

为了计算 E_i 值，应先算出 ΔL。在计算曲线长时可以用抛物线代替悬链线，因为这两种曲线的差别与索的垂度比和拉力有关。经过理论分析得知，由于索的垂跨比甚小，两种线形对拉力计算影响极小。

一个抛物线形斜拉索，当有均布荷载 ω 作用时（图6-27），其水平拉力为

$$H = \frac{M_\omega}{f_m}$$

式中，M_ω 为简支梁弯矩，f_m 为自弦线到斜拉索的纵坐标值。

当荷载 ω_1 作用时，有

$$M_\omega = \omega_1 L^2/8$$

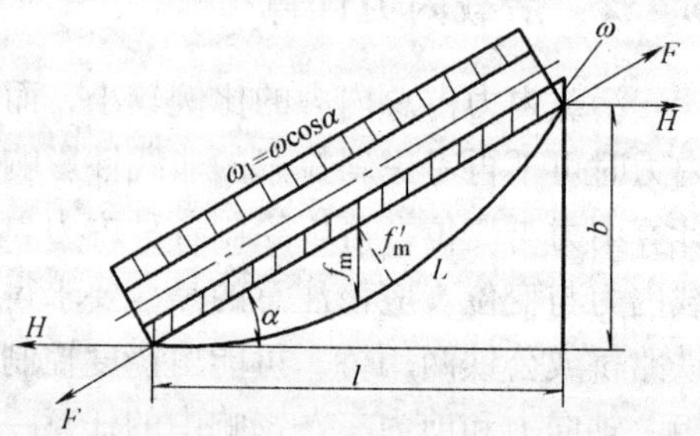

图6-27 在均布荷载作用下抛物线拉索

又由于 $\omega_1=\omega\cos\alpha$ 和 $L=l/\cos\alpha$

于是 $M_\omega=\omega l^2/(8\cos\alpha)$

或 $Hf_m=\omega l^2/(8\cos\alpha)$

设 $H/\omega=a$

则得 $f_m=l^2/(8a\cos\alpha)$

略去高次项后的斜拉索长度为

$$L'=L+\frac{8}{3}\frac{(f'_m)^2}{L}$$

$$\Delta L=L'-L=\frac{8(f'_m)^2}{3L}$$

将 $f'_m=f_m\cos\alpha=l^2/8a$ 和 $L=l/\cos\alpha$ 代入得

$$\Delta L=\frac{l^3\cos\alpha}{24a^2}$$

由于 $l=L\cos\alpha$，$a=H/\omega$，$H=F\cos\alpha$，$a=F\cos\alpha/\omega$，得

$$\Delta L=\frac{\omega^2L^3\cos^2\alpha}{12F^2}=CF^{-2}$$

$$\frac{\mathrm{d}\Delta L}{\mathrm{d}f}=-2CF^{-3}=-\frac{\omega^2L^3\cos^2\alpha}{12F^3}$$

从弹性模量关系式得

$$E_f=\frac{\mathrm{d}\sigma}{\mathrm{d}\varepsilon_f}=\frac{L}{A}\cdot\frac{\mathrm{d}F}{\mathrm{d}\Delta L}$$

或

$$E_f=\frac{12LF^3}{A\omega^2L^3\cos^2\alpha}=\frac{12F^3}{A\omega^2l^2}$$

用 $\omega/A=\gamma$，则

$$E_f=\frac{12F^3}{A^3\gamma^2l^2}=\frac{12\sigma^3}{(\gamma l)^2}$$

将上式代入式（6-17）得

$$E_i=\frac{1}{1+[(\gamma l)^2/12\sigma^3]E_\mathrm{p}}E_\mathrm{p} \tag{6-18}$$

式中，E_p 是钢索在弹性变形时的弹性模量；γ 是拉索的单位体积重量；l 是拉索的水平投影长度；σ 是斜拉索的应力，成桥状态时一般取恒载作用下的斜拉索应力。

在施工阶段，由于索的拉力不足，垂度较大，应该计入垂度对弹性模量的影响。但根据计算，如果在初张拉时使修正弹性模量不小于 90% 的弹性模量 E_p 值，则在施工阶段弹性模量的变化，对内力及挠度计算的影响是很小的。全部恒载作用后，由于斜拉索有足够大的拉力，活载引起的垂度变化是很小的，可以不考虑这一影响。

4. 材质的非线性

混凝土在恒载作用下的徐变作用使斜拉桥这一不同材质组成的混合结构及施工过程的结构体系不断变化引起附加内力。

6.5 斜拉桥施工控制与调整

6.5.1 施工控制的原则

从理论上虽然可精确计算斜拉桥各施工阶段的索力和变位等值，但是由于混凝土弹性模量及徐变系数的变异，结构、尺寸及重量的变化，施工误差等原因，使结构实际内力与变形偏离理论计算值。一般说来斜拉桥施工过程中总要作施工索力调整，以期接近设计要求。

在对斜拉桥作施工调整时，一般以控制主梁线形和顺及正确为主。这是因为线形和顺影响桥的美观，线形不顺直改变了斜拉索的倾角及在主梁锚固处的偏心，对主梁产生附加弯矩，同时在混凝土徐变作用下可能产生更大的变形。

6.5.2 施工控制的方法

对于施工中出现的桥梁线形偏差，控制的方法有：

1）通过索力的调整来控制主梁的线形。采用这种方法能使线形达到理想要求。但调索时，要控制索力调整幅度及对梁、塔内力的影响。为此应配有施工阶段调索控制程序，根据索力调整情况，随时计算内力与变位。此外，在斜拉桥施工设计时应考虑调索的可能，允许索力有一定幅度的调整而不影响结构正常受力。

2）调整主梁施工节段模板标高或接缝转角（对悬拼梁）。这种方法简单易行，避免多次张拉斜拉索，但只能在标高偏差很小时采用，否则将明显使线形不顺。对于主梁刚度较大情况（如主梁与桥墩连接处刚度较大），调整索力对主梁变位影响不大，此时线形的控制就只能通过混凝土浇筑前放样标高或悬拼梁段接缝转角的调整来加以实现。

一般情况，宜将以上两种方法结合使用，以取得最佳效果。

为了有效控制标高及桥中线，测量应保证可靠性，要注意防止气温、日晒等对控制数据的误导，可选择气温变化比较平稳、无日晒的早晨定时测量。测定斜拉索中的实际索力也是很必要的，以保证调整索力符合设计要求。对于已锚固的斜拉索索力一般用振动频率仪测定，它是通过测定斜拉索的自振频率来确定索力。施工中应随时分析测量数据，随时修正混凝土弹性模量、混凝土徐变系数、主梁刚度等信息，输入计算程序，修正控制标高与索力，使计算尽量反映实际，减小偏差。

6.6 悬索桥的构造

悬索桥主要由主缆、加劲梁、吊索、索塔、锚锭和鞍座六部分组成，如图 6-2 所示。

6.6.1 主缆

主缆是悬索桥主要承重构件，除承受自重和吊索重外，又通过吊索承受加劲梁、桥面系恒载及活载。

1. 主缆结构

对主缆的材料要求，同斜拉桥中对斜拉索材料的要求。

悬索桥大都采用双面主缆，一般是一侧布置一根，个别有一侧用两根主缆的设计。大多数悬索桥主缆由平行高强钢丝束股合成。主缆束股是为了便于架设和锚固。每根束股由几十根，乃至几百根平行钢丝组成。由于架设方法的不同，平行钢丝束股分空中纺线法（AS法）与预制钢丝束股法（PPWS法或PS法）两种。空中纺线法是早期唯一的平行钢丝束股的施工方法，它是将单股钢丝架到桥上后才合成束股。预制平行钢丝束股是在工厂预制，运到工地架设。20世纪60年代美国研制成预制平行钢丝束股，后来在日本得到大量推广和完善。日本悬索桥的束股一般由127根或91根5mm钢丝组成。每束股钢丝过多，为运输和架设增加了难度，同时需要大型架设设备。

对比AS法，PS法具有明显优势：架设质量好，能保证钢丝的平行，架设工期短，一般比较经济。但是架设方法的选择在很大程度上取决于施工单位对施工方法掌握的熟练程度，以及其已有经验和设备。如日本惯用PS法；欧、美在设计中往往并列提供两种方法图样，由施工单位选择。PS法受每束股重量的限制，每束股钢丝根数受限制，而AS法基本不受限制，每束股钢丝数有设计成400~500根（见表6-5）。我国现代悬索桥起步较晚，预制、架设束股已有设备和经验，修建的几座悬索桥都选择PS法。

表6-5 国外悬索桥资料

桥名	跨度/m	主缆					加劲梁			塔
		垂距/m	钢丝强度/MPa	安全系数	构成(单侧)丝×股×根	施工方法	高/m	宽/m	形式	
明石海峡	960+1990+960	197	1800	2.2	127×290×1	PS	14.0	35.5	桁架	钢
大贝尔特	535+1624+535	180	1570	2.0	—	—	—	—	—	—
恒比尔	530+1410+280	125	1600	2.29	404×37×1	AS	4.5	22.0	钢箱	混凝土
维拉扎诺	370+1298+370	117	1580	2.59	428×61×2	AS	7.3	30.6	桁架	钢
金门	343+1280+343	143	1550	2.67	452×61×1	AS	7.6	27.4	桁架	钢
麦门纳克	549+1158+549	107	1550		340×37×1	AS	11.6	20.7	桁架	钢
南备赞濑户	274+1100+274	100	1600	2.5	127×271×1	PS	13.0	30.0	桁架	钢
博斯普鲁斯二	210+1090+210	90.8	1600	2.29	504×32×1	AS	3.0	39.4	钢箱	钢
博斯普鲁斯一	231+1074+255	93	1600	2.29	548×19×1	AS	3.0	28.0	钢箱	钢
乔治华盛顿	186+1067+198	99	1550	2.67	434×61×2	AS	9.1	32.3	桁架	钢
4月25日	483+1013+483	107	1560		—	AS	10.7	21.0	桁架	钢
福斯	408+1006+408	91	1550	2.5	320×36×1	AS	8.4	23.8	桁架	钢
北备赞濑户	274+990+274	90	1600	2.5	127×234×1	PS	13.0	30.0	桁架	钢
塞文	305+988+305	82	1550	2.21	440×19×1	AS	3.1	22.9	钢箱	钢
下津升濑户	230+940+230	94	1600	2.5	552×44×1	AS	13.0	30.0	桁架	钢
大鸣门	330+876+330	82	1600	2.5	127×154×1	PS	12.5	34.0	桁架	钢
塔科玛	335+853+335	85			—	AS	10.1	18.3	桁架	钢
因岛	250+770+250	76	1600	2.86	127×91×1	PS	9.0	26.0	桁架	钢

表6-5、表6-6介绍了国内外大跨悬索桥主缆施工方法及主缆的钢丝组成。

表 6-6 国内悬索桥资料

桥名	跨度/m	主缆					加劲梁			塔
		垂距/m	钢丝强度/MPa	安全系数	构成(单侧)丝×股×根	施工方法	高/m	宽/m	形式	
江阴长江	328+1385+328	132	1600	2.5	127×189×1	PS	3.2	36.0	钢箱	混凝土
香港青马	355+1377+300	125	1570	2.27	127×291×1	PS	7.6	41.0	桁架	混凝土
西陵峡长江	255+900+225	86	1600	2.5	91×110×1	PS	—	—	钢箱	混凝土
虎门珠海	888	84.6	1600	2.29	—	PS	3.0	37.6	钢箱	混凝土
汕头海湾	154+452+154	46	1600	2.5	91×110×1	PS	2.2	26.5	混凝土箱	混凝土
丰都长江	450	41	1600	2.5	91×61×1	PS	—	—	钢箱	混凝土

注：青马桥为公铁两用。

主缆外形多按六角形配置，一般有尖顶型和平顶型两种（图 6-28），以采用尖顶型居多。图 6-28c 所示是 PS 法每束股钢丝的排列。

2. 主缆防锈

目前悬索桥主缆通常都采用镀锌钢丝。为了进一步增强防锈蚀能力，在主缆索四周涂以锌粉膏等防锈剂，再用直径 4mm 软退火的镀锌钢丝缠绕，然后在上面再涂油漆，以形成双重防锈蚀措施。也有用合成树脂的塑料包缠主缆，但实例不多。为了完全防水，主缆箍处产生的间隙要填充密实材料，图 6-29 所示为钢丝包缠防锈的例子。

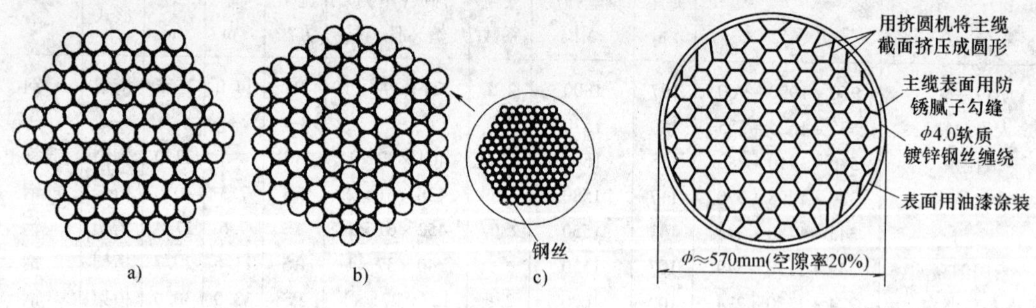

图 6-28 主缆断面
a）平顶型 b）尖顶型 c）钢丝束股断面

图 6-29 主缆钢丝包缠防锈

在锚锭区主缆分散开来，锚固到锚块，无法用镀锌钢丝缠绕，常采用在锚碇箱内吹风除湿措施，保持箱内空气干燥。

6.6.2 加劲梁

加劲梁的主要功能是提供桥面系和防止桥面发生过大的挠曲和扭曲变形。

1. 加劲梁结构形式

现今悬索桥加劲梁主要有两种形式：钢桁梁（图 6-2、图 6-30）和扁平钢箱梁（图 6-31）。

钢桁架梁起始于美国，开始时全部用铆钉连接，后来将工地铆接改为高强度螺栓连接，用钢量较多，适宜于需要双层桥面的桥。钢桁梁的桥面板可以是钢筋混凝土板或钢桥面板，采用后者，重量减轻。钢桥面板一般与加劲梁分离，图6-30所示为日本因岛大桥加劲梁与桥面板断面图。

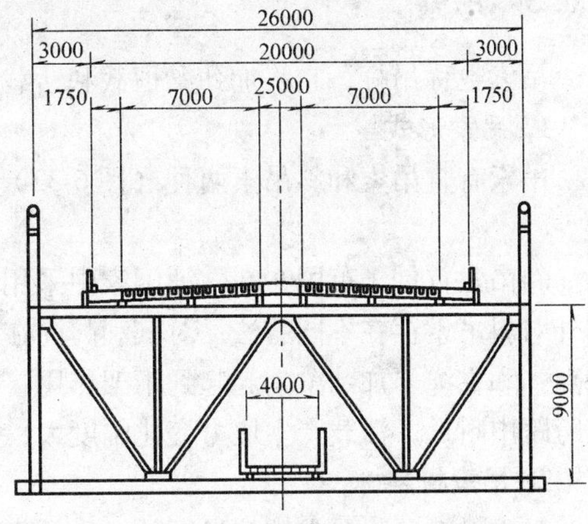

图6-30　日本因岛大桥加劲梁与桥面板断面图（尺寸单位：mm）

1966年，英国在塞文桥首次采用流线型扁平钢箱梁作为加劲梁后，改变了大跨悬索桥的传统钢桁梁的单一形式。其箱梁顶板之下，焊有U形纵向加劲肋，组成正交异性桥面板，纵向加劲肋支承在间距为4.6m的横隔板上。这样箱梁顶板直接承受活载，顶板上仅需铺设38mm沥青混凝土。钢箱梁抗扭刚度大、构造简单、易于制造、重量轻、省钢、易于养护，已得到了广泛应用，但扁平钢箱梁只适用于单层桥面。

为保证钢板受压稳定，顶板加劲肋间距一般为30～40倍钢板厚，腹板、底板加劲肋间距可大些。横隔板间距一般为3～5m。

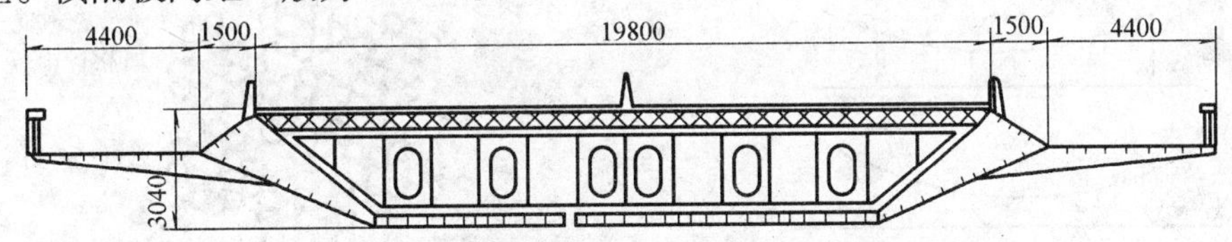

图6-31　英国塞文桥扁平钢箱梁

个别悬索桥也采用混凝土箱梁，我国汕头海湾桥，跨度为154m＋452m＋154m，其加劲梁采用C60预应力混凝土箱梁，断面形状及尺寸如图6-32所示。混凝土箱梁抗风性能好、结构刚度大，一般无需养护，但由于混凝土梁自重大，只宜在跨度不大（小于或等于500m）的悬索桥中应用。

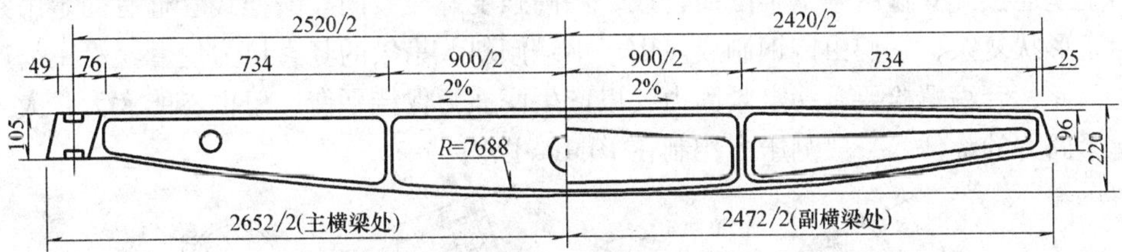

图6-32　汕头海湾桥混凝土箱梁（尺寸单位：cm）

2. 加劲梁的支承形式

加劲梁的支承形式是指梁在塔墩上的支承，分简支与连续两种。对于公路悬索桥多数采用简支形式。它的优点是：加劲梁构造简单；制造和架设时的误差对加劲梁无影响；简支的加劲梁不需通过桥塔，桥塔横向两塔柱的距离比连续加劲梁要小，因此其基础尺寸也相应小。连续梁并不省钢，它的优点是：梁端转角小，在索塔处不产生折角，有利车辆行驶；可以减小加劲梁的挠度。公铁两用悬索桥的加劲梁支承宜采用连续梁形式。

6.6.3 吊索

吊索也称吊杆，它将加劲梁恒载和活载传递到主缆。

1. 吊索形式

吊索有直吊索和斜吊索两种（图6-33）。其上端通过索夹与主缆相连，下端与加劲梁连接。

斜吊索首创于英国，在欧洲国家中采用。美国、日本等其他国家则采用直吊索。目前，国外对斜吊索存在不同看法，对其利弊尚在探索和研究中。斜吊索与直吊索相比大致有以下特点：和主缆、加劲梁一起起到桁架作用，能提高桥的整体刚度；结构振动衰减性能好；在主跨跨中附近，活载产生应力变化幅度大，容易引起疲劳问题；吊索容易松弛。

2. 吊索材料

吊索材料，除要求抗拉强度外，为便于架设，还要求具有一定柔性。因此，吊索一般用钢丝绳制作，也有用钢绞线或用PE防护的平行钢丝束股制作，少数小跨度悬索桥也用刚性吊杆。图6-34是汕头海湾桥吊索断面图，由7根ϕ45mm钢丝绳组成。每根钢丝绳由19根3mm镀锌钢丝捻制而成。

图6-33 吊索形式

a）直吊索 b）斜吊索

图6-34 汕头海湾桥吊索断面图

3. 吊索与主缆、加劲梁的连接

吊索与主缆的连接方式有鞍挂式和销连接式两种，如图6-35所示。两者都是通过主缆套箍与主缆连接。套箍由两个半圆筒合成，用高强度螺栓紧固。鞍挂式套箍有固定吊索的沟槽，由于形状复杂，它们由铸钢制成。由于主缆倾斜，吊索的竖直拉力使套箍沿主缆产生滑动力，因此，套箍螺栓要有一定紧固力，以产生摩擦力保持平衡，但也不能太大，太大反而会引起紧固力的降低。一般侧压力控制在10MPa以内。

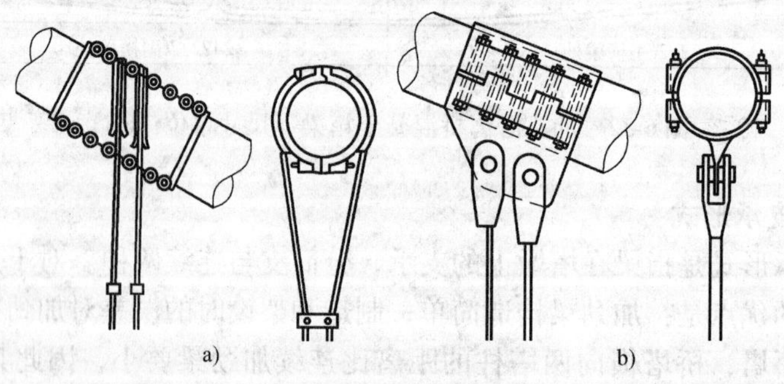

图6-35 吊索与主缆连接方式

a）鞍挂式 b）销连接式

鞍挂式的特点是：索夹应力不直接受吊索拉力的影响，结构简单，由于主缆倾斜角变化，套箍沟槽要随之变化，铸造形式多，吊索弯曲引起弯曲应力。美国和日本多用鞍挂式，我国汕头海湾桥等也都采用鞍挂式。

为了与加劲梁的连接，钢丝绳两头散开，伸入连接套筒，浇入合金使钢丝绳两端形成锚头。锚头通过垫圈以承压方式顶住加劲梁。对于桁架梁，一般是顶住上弦节点；对于扁平钢箱梁，一般是顶住其横隔板的加劲肋下端。图6-36所示是汕头海湾桥吊索与加劲梁连接图。

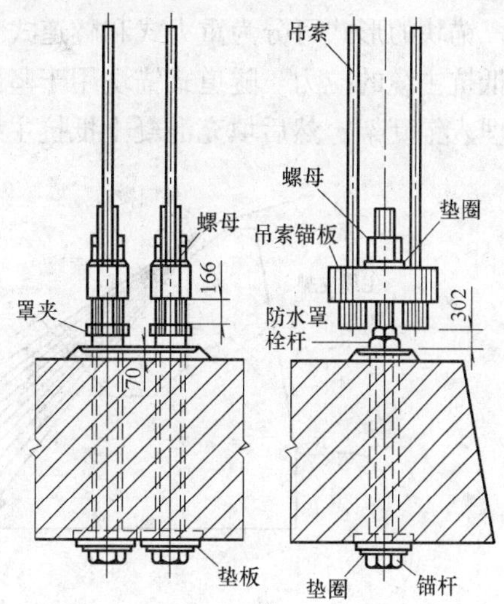

图6-36 汕头海湾桥吊索与加劲梁连接图

6.6.4 索塔

索塔是支承主缆的重要构件，恒载和活载大都通过索塔传到塔墩和基础。索塔还承受作用于塔身、加劲梁及主缆上的风力。

索塔的材料可以是混凝土或钢。已往悬索桥大多采用钢塔。现在，因为混凝土强度提高、施工方法改进、价格较低，许多新桥已改用混凝土塔。我国的悬索桥都采用混凝土塔。

索塔形式分顺桥方向与横桥方向。顺桥方向为柱形等宽或从塔顶向塔底以一定坡度扩大，塔底固定（图6-37a）。索塔承受弯矩和轴力，可看成梁—柱构件。由于轴向压力很大，一般弯曲的边缘不会产生拉应力。横桥方向为底部固定的平面桁架或刚架或混合式（图6-37b、c、d）。混凝土塔宜采用平面刚架。

塔柱断面多数为箱形，钢塔也采用十字形箱等。图6-38所示为博斯普鲁斯桥与南备赞濑户桥刚塔柱断面形式。

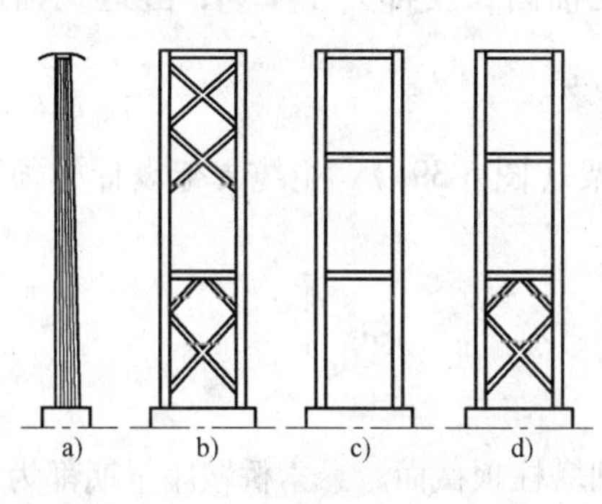

图6-37 索塔顺、横桥向结构形式

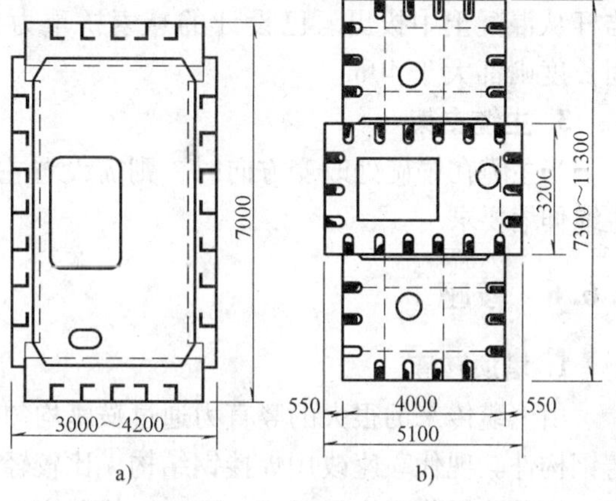

图6-38 钢塔柱断面形式

a）博斯普鲁斯桥 b）南备赞濑户桥

6.6.5 锚碇

锚碇是主缆的锚固体，与索塔一样是支承主缆的重要部分，它将主缆的拉力传递给地基。锚碇一般由锚碇基础、锚块、主缆的锚碇架及固定装置、遮棚等部分组成（图6-39a）。

当主缆需要改变方向时，锚碇中还包括主缆支架和锚固鞍座。

1. 锚块

锚块的形式可分为重力式和隧道式（图 6-39）。重力式锚块最常采用，依靠混凝土重量来抵抗主缆的拉力。隧道式锚块用于坚固、节理少的基岩外露的情况，把岩石凿成隧道，其内埋入锚碇架，然后填充混凝土抵抗主缆拉力。

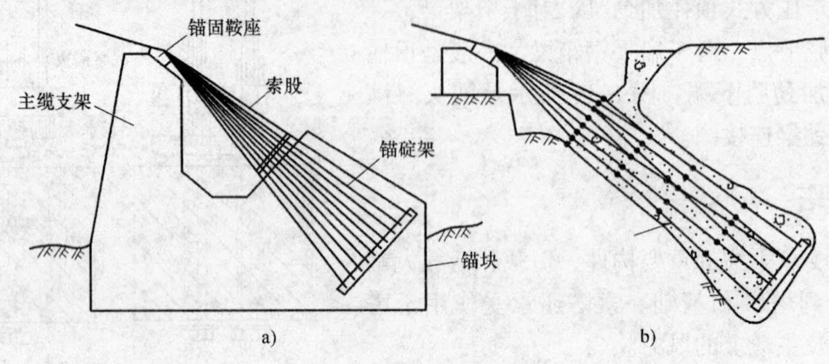

图 6-39　锚碇形式

a）重力式　b）隧道式

2. 主缆的锚碇架及固定装置

主缆的锚碇架及固定装置将主缆拉力分散传布到锚块，通常由前梁、后梁、锚杆及支承并定位这些构件的支撑结构组成。主缆锚碇架是一个相当大的钢结构骨架。锚杆为高强度长螺杆或预应力钢丝束，它将主缆拉力传至锚块，锚杆埋在混凝土锚块内。如果在后锚梁对锚杆进行张拉、锚固，则在混凝土锚块内先按设计位置埋入套筒以隔离锚杆，待张拉、锚固后，在套管内压浆。在锚碇设计时，要特别注意锚杆的锚固长度，以防止锚杆从混凝土中拔出。已设计的悬索桥重力式锚碇锚固长度都大于 15m，隧道式锚碇锚固长度则都大于 40m。

3. 主缆支架

当主缆在锚碇处改变方向时，则需设置主缆支架（图 6-39a）。主缆支架设计必须适应主缆伸缩要求。

6.6.6　鞍座

1. 塔顶鞍座

由主缆传来的很大的竖直力通过鞍座均匀分布到塔柱顶截面。悬索桥鞍座早期都为大型铸钢构件。现代鞍座改用焊接钢结构，比较轻。鞍座底部与塔顶箱体吻合，且两者的内部格状、加劲肋板位置也尽可能一致，以使鞍座上竖直力直接传给塔柱。鞍座和塔顶板用螺栓连接。鞍座上设索槽，安设主缆。成桥状态主缆对鞍座不发生相对滑动。图 6-20 所示是塞文桥的鞍座构造。

2. 主缆支架鞍座

主缆支架鞍座主要功能是改变主缆方向，并把主缆的钢丝束股在水平及竖直方向分散开来，然后把这些钢丝束股引入各自的锚固位置。其构造类同塔顶鞍座。

如果主缆进入锚块之前不需要改变方向，则无需扩展鞍座，可利用喇叭形索夹扩散主缆。

6.7 悬索桥的设计与计算

6.7.1 总体构思

1. 力学特性

在进行悬索桥设计时，掌握主缆、加劲梁、索塔的力学特性是十分必要的。

（1）主缆　主缆在恒载作用下，具有较大的初拉力，使主缆保持一定的几何形状。初拉力对外荷载作用下产生的位移存在着抗力，当外荷载作用时，主缆发生几何形状的改变，位移使主缆的抗力与外荷载得到平衡。主缆拉力大，发生少量的位移就能得到平衡，因此主缆力的大小体现了主缆的刚度。加大恒载，增大主缆初拉力，即提高了主缆的刚度，可减小加劲梁的竖向变位。

恒载在主缆拉力中占主要比例，跨度越大，恒载越大，恒载比例也越大。1000m 以上的公路悬索桥主缆恒载拉力占全部拉力的 80% 以上。主缆恒载拉力及比例增大，从而减小活载引起的竖向变形。也就是说，主缆依靠悬索桥的恒载使其在活载作用下的变形减小，从而提高悬索桥的刚度。这就是悬索桥能应用于特大跨度的原因。

下面列出恒载索力的计算式。

恒载引起的水平分力 H 为

$$H=\frac{\omega l^2}{8f} \tag{6-19}$$

式中，ω 是恒载集度；l 是跨长；f 是主缆垂度。

主缆拉力

$$T=\frac{H}{\cos\varphi} \tag{6-20}$$

主缆竖直分力

$$V=H\tan\varphi \tag{6-21}$$

式中，φ 是主缆切线的倾斜角。

缆索拉力最大值产生在 φ 最大的位置，一般在塔顶处。

在活载作用下，无论活载作用在哪个跨间及位置，主缆的拉力总是增加的（图 6-40）。

（2）加劲梁　加劲梁竖直方向的弯矩和挠度，随活载位置不同，可能正或负（图 6-41）。加劲梁刚度变化时，梁弯矩大体上成比例变化，梁内应力不会减小。一般 1000m 级的悬索桥采用钢桁架加劲梁时，由活载和风荷载控制加劲梁设计，随着跨度的增大，则由静的和动的风荷载决定钢桁架加劲桁梁设计。对加劲梁为钢箱梁的悬索桥，一般多由风动力稳定控制加劲梁的设计。

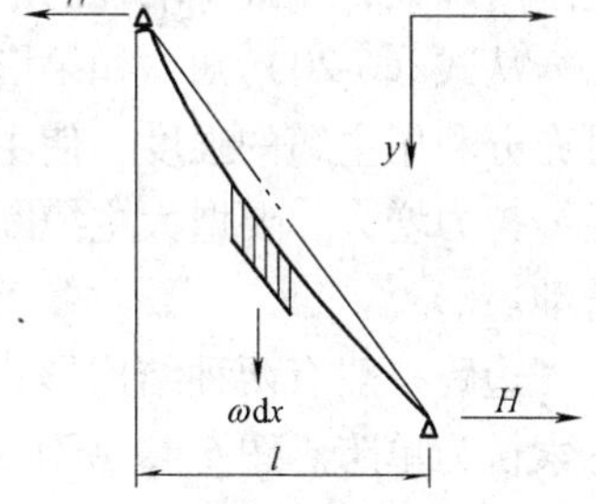

图 6-40　在均布荷载下的索力

（3）索塔　索塔建成后，一般呈垂直状态，塔顶两侧主缆的水平拉力平衡，索塔仅承受主缆垂直分力，为中心受压。由于一般设计的索塔，主缆对塔顶不能作相对滑动，塔底为固接，要求索塔在顺桥方向有一定的柔性。在活载作用或温度变化时，索塔顶的水平变位使塔顶两侧主缆的水平分力得到平衡。如当在主跨加载时，主跨主缆拉力增加，塔向主跨方向倾斜，同时边跨主缆垂度随之减小，由式（6-19）可知边跨主缆水平分力增加，塔顶一直变位到两侧水平力得到平衡。由于索塔较柔，塔顶基本上不产生水平力。因此索塔纵向受力如图 6-42 所示，图中水平分布力是风荷载。

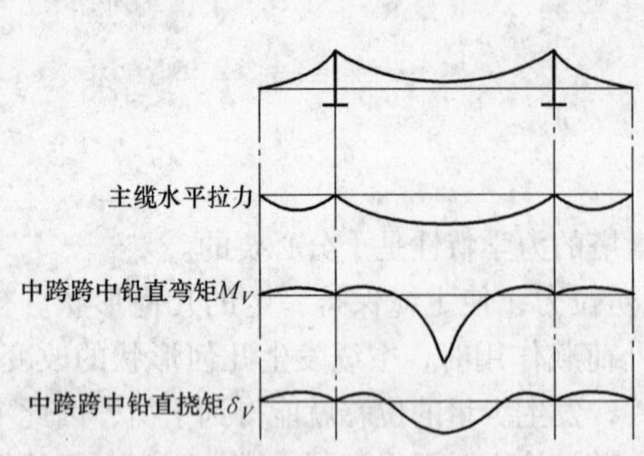

图 6-41　三跨简支梁加劲的悬索桥影响线

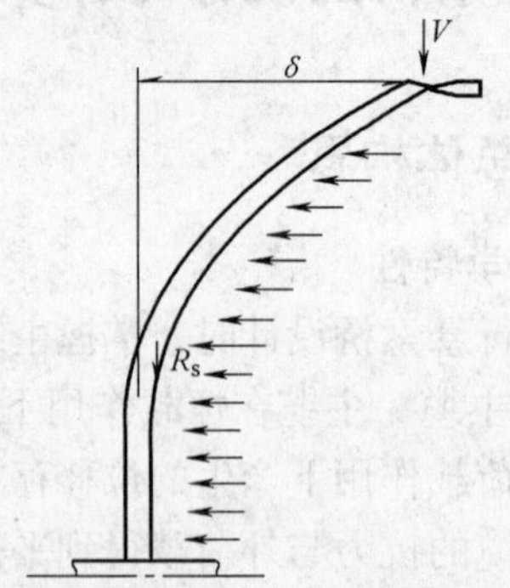

图 6-42　索塔纵向受力简图

2. 主跨、边跨拟定

拟定主跨或边跨，要综合桥址地形、河床断面、地质条件、通航要求等进行分析。首先要合理选择主跨长，一般说主跨跨度小比较经济，但如果由此造成桥塔基础置于深水处，有可能引起下部结构工程数量的大幅度增加。边跨跨长要考虑锚碇设置位置及其所处地质条件。边跨跨度对悬索桥的挠度和内力等有影响，由式（6-19）知，当恒载下索塔两侧水平力平衡时，有

$$\frac{f_1}{\omega_1 l_1^2}=\frac{f_2}{\omega_2 l_2^2} \tag{6-22}$$

或

$$\frac{f_1}{f_2}=\frac{\omega_1 l_1^2}{\omega_2 l_2^2} \tag{6-23}$$

式中，f_1、f_2 是边跨、主跨的主缆垂度；ω_1、ω_2 是边跨、主跨的恒载集度；l_1、l_2 是边跨、主跨的主缆跨度。

从式（6-23）知，当 ω_1、ω_2、l_2、f_2 一定时，边跨越小，则其垂度越小，意味着边跨主缆刚度越大，可减小塔顶的水平变位及加劲梁的弯矩与变形。

从式（6-20）知，如果塔顶两侧主缆的倾斜角相等，则主跨与边跨主缆最大索力相等，可充分利用主缆的强度，使主缆截面积最小。如果减小边跨，则边跨主缆倾斜角变大，边跨主缆拉力增大，要增大主缆断面或在边跨增加主缆断面。边跨过小，可能引起主缆对鞍座的滑动。

边跨一般有两种结构形式：边跨主缆悬挂吊索吊住加劲梁（图 6-2）；不悬挂吊索，即悬索桥为单跨。图 6-43 所示结构为左侧有吊索，右侧不挂吊索。边跨主缆若不悬挂吊索，即 ω_1 减小，由式（6-23）知 f_1 就小，可提高边跨主缆刚度，同样将减小塔顶的水平位移及加劲梁的弯矩与变形。一般应根据地形、水深、地质等条件合理选择边跨结构形式。国外建造的悬索桥以三跨为主，而我国西陵桥、江阴桥、虎门桥等均为单跨悬索桥。

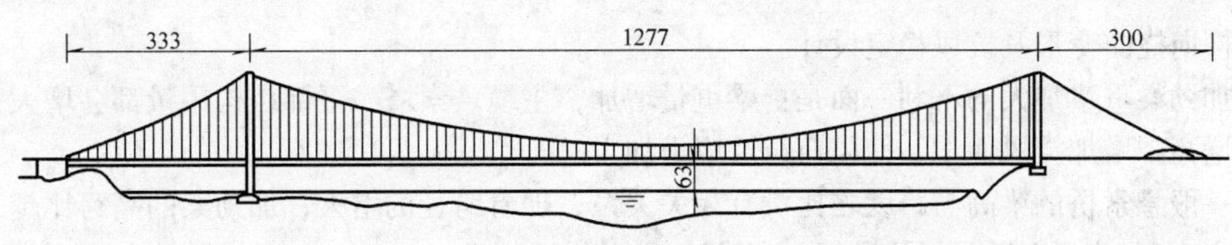

图6-43　边跨主缆不悬挂吊索（青马桥）

6.7.2　主要尺寸拟定

1. 垂跨比

主要指主跨主缆垂跨比，边跨垂度决定于主跨垂度。

垂跨比大小影响悬索桥的内力与刚度。减小垂跨比，主缆拉力增大，刚度增大，可减小加劲梁的弯矩与变形及减小塔高。减小垂跨比也有利于提高悬索桥的横向刚度。对大跨度悬索桥，主缆重量占整个上部结构的比例大，采用较大的垂跨比，有利于减轻主缆重量。对悬吊结构重量大的悬索桥，可取较大的垂跨比，以限制主缆拉力。对于自重较小的箱梁，可取较小的垂跨比，以提高悬索桥的整体刚度。已建成的大跨度悬索桥的垂跨比为$\frac{1}{9}\sim\frac{1}{12}$（表6-5、表6-6）。设计时一般拟定几个垂跨比作经济比较。

2. 主缆截面积估算

主缆承受的荷载力按式（6-19）、式（6-20）计算，ω 的计算式为

$$\omega = g + q_1 + q_2(1+\mu) \tag{6-24}$$

式中，g 是恒载集度；q_1 是人群荷载集度；q_2 是汽车荷载集度，汽车荷载可按 4kN/m^2 估算，当车队多于2行时，按JTG D60—2004《公路桥涵设计通用规范》规定，应相应乘以荷载折减系数，$q_2=4\eta B$，B 为行车道宽，η 为汽车荷载车道折减系数；μ 是冲击系数。

按式（6-20）计算时，应分别计算主跨、边跨主缆的最大拉力，取其中最大值，设为 N。

主缆截面积估算值 A 为

$$A = \frac{KN}{R_p^{\mathrm{b}}} \tag{6-25}$$

式中，R_p^{b} 是主缆抗拉标准强度；K 是主缆强度安全系数。

对于强度安全系数，各国取值不一致，为2.0～3.0。日本《道路桥规范》规定主缆强度安全系数不小于3.0，但日本实际设计的几座悬索桥主缆强度安全系数大都低于此值（表6-5）。主缆强度安全系数考虑了疲劳强度安全及主缆二次弯曲应力影响等。对于不同桥的索力变幅及二次弯曲应力，应有不同的安全系数。

3. 加劲梁

首先合理选择加劲梁形式。在加劲梁形式选定后，主要拟定梁高与梁宽。加劲梁高度增加可提高梁的竖向刚度，但对挠度变形的直接影响并不大，对梁端挠度变形的影响较显著。从加劲梁高度增大，增加恒载、主缆拉力，提高主缆刚度意义上说，可减小加劲梁的挠曲变形。加大梁高，可提高抗扭刚度，对抗风动力稳定特别有利。

增加加劲梁横向宽度，可提高横向刚度及抗扭刚度，也增加梁的恒重，有利于减小竖

向、横向挠曲变形及抗风稳定设计。

加劲梁重量加大的不利一面是：梁重量增加，主缆、索塔、下部结构用量都会增大；加劲梁增高，增加挡风面积，使风荷载及应力加大。

一般悬索桥的梁高与跨度之比没有相关关系，随着跨径的增大，加劲梁的高跨比越来越小。表6-5、表6-6说明加劲梁高、宽设计的离散性。

通常设计是根据已建的实桥及桥面净宽要求，将宽度大体定下来，仅仅选择梁高，拟定几个可行方案，进行初步设计。选择经济易施工的方案后，再通过风洞试验验证抗风性能，从而决定经济、抗风性好、易于施工的基本尺寸。

4. 吊索

（1）间距　吊索间距主要从经济及施工等因素考虑。对加劲箱梁，吊索间距影响桥面系纵、横梁受力及预制箱梁的起吊重量。对于桁架梁，吊索间距影响弦杆，腹板长度，斜腹杆斜度，桁架受风面积及桥面系纵向、横向受力。为了做到经济设计，可拟定几个吊索间距，作经济比较。另外，对鞍挂式吊索在拟定吊索间距时，要考虑吊索直径与曲率半径比例的要求。

（2）截面积估算　吊索传递的荷载包括吊索自重，加劲梁、桥面、人行道、栏杆等恒重及活载。每排吊索传递索间距内恒载及人群荷载。对于汽车荷载，不考虑加劲梁的荷载分配效应，可按 4kN/m^2 估算。则每个吊索传递的荷载力 N 为

$$N=[g+q_1+q_2(1+\mu)]a/n \tag{6-26}$$

式中，μ 是对吊索的冲击系数，计算时加载长度取 a 值；a 是吊索间距；n 是每排吊索的吊索数；其他符号意义同主缆截面估算式。

在吊索拉力计算时，要计入：吊索夹所引起的吊索拉力增加，计入后为 $\dfrac{N}{\cos\alpha}$（图6-44）；由架设误差引起的吊索的附加拉力；吊索弯曲的二次应力等。汕头海湾桥的吊索弯曲二次应力达到吊索拉力的20%。吊索截面积估算值 A 为

$$A=\frac{KN'}{R_p^{\mathrm{b}}} \tag{6-27}$$

式中，N'是吊索荷载力；K 是吊索强度安全系数；R_p^{b} 是吊索标准强度。

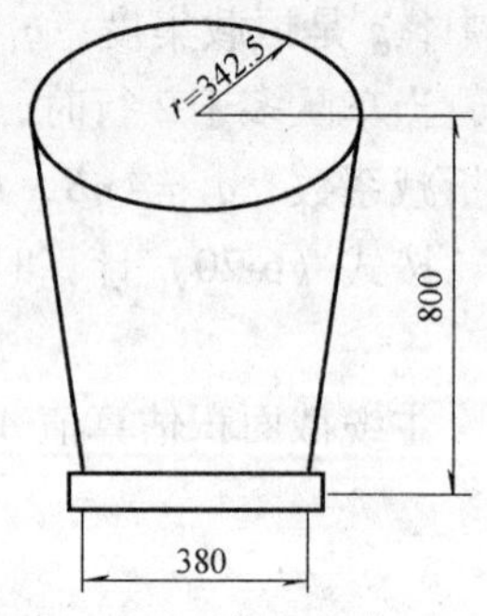

图6-44　吊索夹使拉力增加

对于吊索强度安全系数，各国取值不一致。日本《道路桥规范》规定，对直线部分的吊索强度安全系数不小于3.5，对曲线部分不小于4.0。规范在决定安全系数值时，考虑了疲劳强度安全。吊索的强度安全系数大于主缆强度安全系数是因为吊索恒载应力占的比例小，且活载发生的频率高。对曲线部分安全系数考虑了二次应力的影响。

（3）吊索的曲率半径　如果吊索为鞍挂式（图6-35a），为限制吊索弯曲应力，弯曲半径不能太小，日本《道路桥规范》规定，吊索的曲率半径不能小于吊索直径的5.5倍。

5. 鞍座

为限制主缆弯曲应力，一般设计的鞍座曲率半径为主缆直径的8～12倍。日本《道路桥规范》规定鞍座的曲率半径应为主缆直径的8倍以上。

为防止主缆在鞍座上的滑动，其抗滑安全系数 $f\geqslant2$。抗滑安全系数按艾泰尔温公式计

算，即

$$f=\frac{\mu\alpha}{\lg(T_S/T_C)} \qquad (T_S>T_C) \tag{6-28}$$

式中，μ 是主缆和鞍座间的摩擦系数，一般 $\mu=0.15$；α 是图 6-45 所示的中心角；T_S、T_C 是索塔两侧主缆索力。

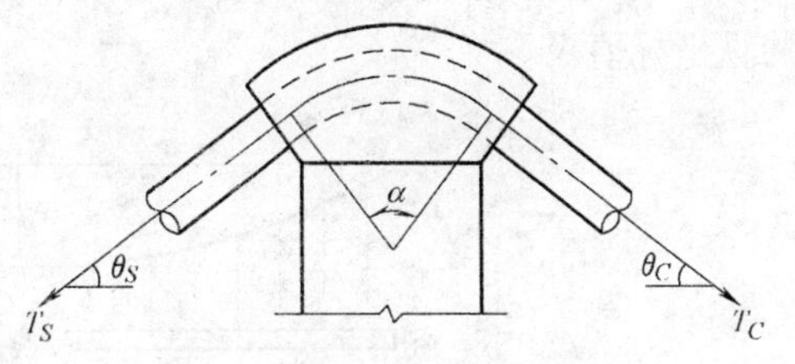

图 6-45 鞍座和主缆的几何关系

6. 索塔

塔柱的高度由主缆主跨垂度、主缆与加劲梁之间的净距决定。主缆与加劲梁间最小净距要满足能安装缠丝机，一般不小于 1m。索塔的截面由塔柱稳定及纵、横向强度要求确定。索塔刚度的变化几乎不影响塔顶的水平变位及加劲梁的挠曲。

7. 锚碇体积估算

锚碇可以看做是一个刚体，承受主缆的拉力，并将其传给地基。主缆作用于锚碇上的力可以分为水平分力和竖直分力。锚碇整体检算同墩台基础检算。锚碇在主缆的水平分力作用下不得产生滑动，即要设计一定的锚碇体积，它的重量扣去主缆向上的竖直分力后，产生的摩阻力要大于水平分力，且有一定的安全系数。此外，锚碇底面的压应力不得超过地基允许应力。

6.7.3 计算特点

1. 有限位移理论的应用

对于悬索桥，弹性理论分析将带来很大的计算误差，这是因为悬索桥存在不可忽略的几何非线性。几何非线性主要表现在：

1）主缆是几何可变体。受载时，主缆几何形状改变，影响体系平衡。在进行结构分析时，力的平衡方程应依据变形后结构的几何位置来建立。力与变形关系是非线性的。

2）主缆在恒载作用下，具有较大的初拉力，使主缆保持着一定的几何形状。当外荷载作用时，主缆发生几何形状改变，初拉力对外荷载作用下产生的位移产生附加抗力，它和位移有关，因此不能采用恒载力与活载力叠加原理，反映出几何非线性性质。

由于计算机技术的发展，以有限位移理论为基础的矩阵分析法广泛应用于结构几何非线性解。其实质是在结构方程中，用对刚度矩阵修正来反映几何非线性性质。在众多的反映位移变化引起的非线性特性的方法中，拖动坐标法采用广泛，尤其适用于结构大位移情况。它的特点是通过杆件端点坐标的改变来修正杆件的几何特性。在这基础上建立的结构刚度方程是非线性的，几何刚度矩阵是节点坐标的函数。解这种非线性刚度方程的方法有：荷载增量法、迭代法，两种混合应用的综合法。综合法应用较为普遍。

2. 非线性对内力的影响

一般结构计入非线性影响后，其内力比按弹性理论计算的大，且其影响占的比例一般不很大。悬索桥计入非线性影响后，则相反，其内力比按弹性理论计算的小，且差别很大。这可以从下面分析得出。

按弹性理论，叠加原理适用，恒载算完后，活载作用引起加劲梁 x 处的弯矩 M_L 为

（图 6-46）

$$M_L = M_0 - H_q y \tag{6-29}$$

式中，M_0 是相应简支梁的活载弯矩；H_q 是活载引起主缆的水平分力；y 是主缆承受活载前的纵坐标值。

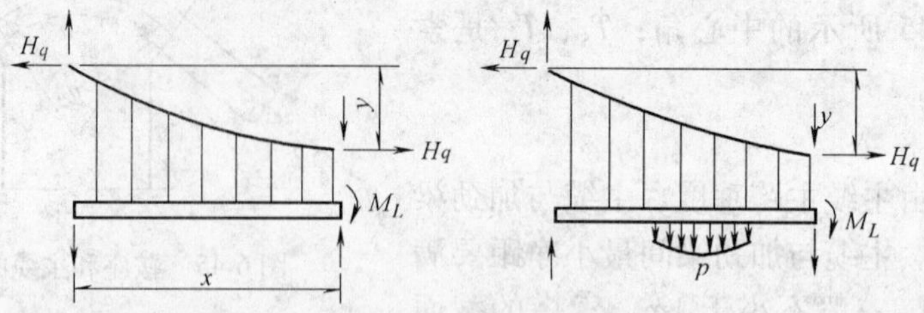

图 6-46　按弹性理论进行悬索桥内力分析

如果计入主缆的几何变形（图 6-47），按平衡条件，活载引起加劲梁 x 处的弯矩 M_q 计算式为

$$M_q = M_0 - H_g v - H_q (y + v) \tag{6-30}$$

式中，H_g 是恒载引起主缆的水平分力；v 是主缆几何变形引起的变位（由活载引起）。

对比式（6-29）和式（6-30），两式差别是：$-(H_g + H_q)v$。虽然 v 值不大，但是 H_g 很大，使 $(H_g + H_q)v$ 不可忽略。注意到这是一个负值，使加劲梁正弯矩减小。

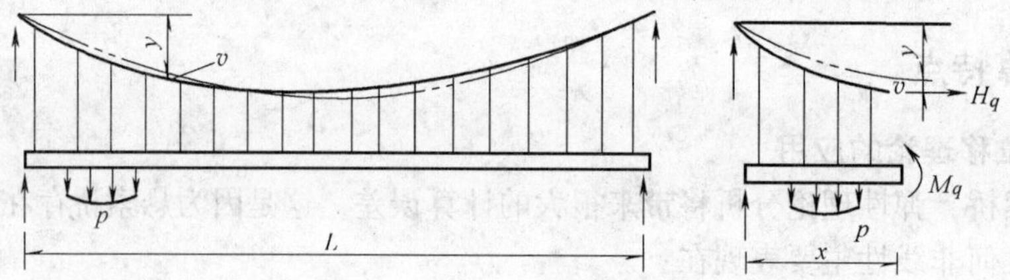

图 6-47　计入主缆几何变形的内力分析图

6.8　风振问题

一般在分析时都将风的作用分为静力作用和动力作用。对一般桥梁的风荷载按静力分析。对大跨径悬吊结构，由于结构的柔性，则要求作静力与动力抗风分析。在过去一百六十年间，曾有不少于 11 座悬索桥都因风激振动而破坏。在 1949 年主跨为 853m 的美国塔科玛吊桥在仅有 19m/s 的风速下因发生扭转振动而造成闻名世界的垮桥事故，使工程界对风振问题引起特别重视。斜拉桥的风动力性能较悬索桥为好，有两座斜拉桥因风振引起加固事例，目前还没有一座斜拉桥因风振而破坏，但在强风地区和较大跨径时也不可忽视。

6.8.1　静力作用

风的静力作用是假定风流是稳定的均匀流，由于悬吊结构桥梁跨径与梁高之比很大，因此近似地假定风的作用沿桥长不变，于是将三维问题简化为二维问题来处理，而在风的作用力中只考虑三个分量。

设有桥梁横截面如图 6-48 所示，当风力与桥梁水平线成 α 角的攻角作用时，为方便起见，将作用力的分量转移到水平线与垂直线上来研究，此时风力被分解为三个分量：顺风向的“阻力”或称拉力 D；垂直于桥梁水平面的“升力” L；升力对桥梁重心产生的“升力矩” M。这些分量的计算式可表达为

$$
\begin{aligned}
D &= \frac{1}{2}\rho v^2 C_D A \\
L &= \frac{1}{2}\rho v^2 C_L A \qquad (6\text{-}31) \\
M &= \frac{1}{2}\rho v^2 C_M A B
\end{aligned}
$$

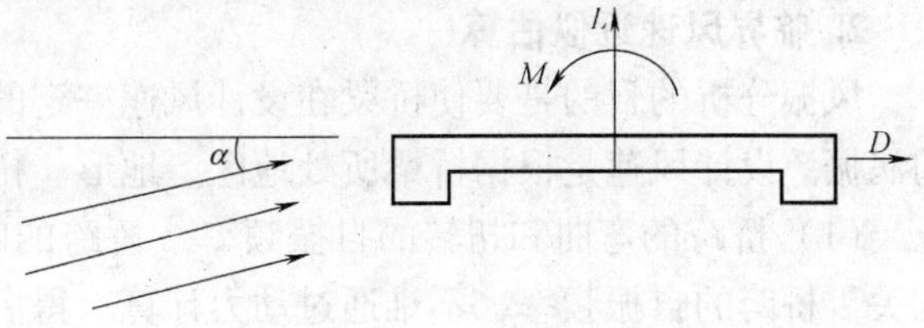

图 6-48 风作用分析

式中，C_D、C_L、C_M 分别为拉力、升力和升力矩的系数，它们是攻角 α 的函数，主梁截面流线型越好，则系数值越小；B 是桥面宽度；A 是桥梁单位长度上的正迎风面投影面积；v 是垂直于桥的风速；ρ 是空气的质量密度。

一般可先根据以往类似截面的数据选用 C_D、C_L 和 C_M 系数，然后用风洞试验修正。

上述三项力素中，升力 L 的危害性最大，因它不仅对梁起上托（或吸）作用，而且还会产生升力矩。这里强调一个“吸”字，是因为风受梁高阻挡而分向主梁顶、底绕过时，会在桥梁顶、底部形成局部真空。在悬吊结构中由于桥面板有索吊住，故对向下的吸力是有能力抵抗的，而对向上的吸力则会使索力减小，无法限制桥梁的跳动，因此要设法减小或消除桥面上的局部真空。

6.8.2 动力作用

1. 风振类型

风振类型大致可分为发散振动与有限振动。

（1）发散振动　发散振动，它是结构物随着振动从空气流中取得能量，使振动不断增大的自激振动，故又称自激振动。发散振动包括弛振（纯弯）、失速颤振（纯扭）和耦合颤振（弯扭耦合）。发散振动是当风速超过某一数值后振幅急速增大，会导致毁灭性破坏，在设计中是绝对不能允许的。弛振一般发生在具有棱角的方形或接近方形截面的结构，发生可能远小于颤振。最重要的是要使桥梁不发生颤振。

（2）有限振动　有限振动包括涡流激振与抖振。涡流激振（图 6-49）是一种共振现象。当稳定的层流风吹向障碍物时，风力将分流绕过其断面而形成交替周期性的涡流发散，将产生周期性的空气作用力。涡流频率与风速成正比，当其频率与结构自振频率一致时，将发生共振，称为涡流激振。涡流激振时，风速较小，但因结构各部阻尼大，桥梁不至于破坏。涡流发生明显时，会使构件疲劳，振幅超过一定限度会使人感到不适。抖振则是风速中无规律变化的脉动成分激起桥梁不规则的有限振幅振动。它会使结构产生疲劳，还可能使结构产生

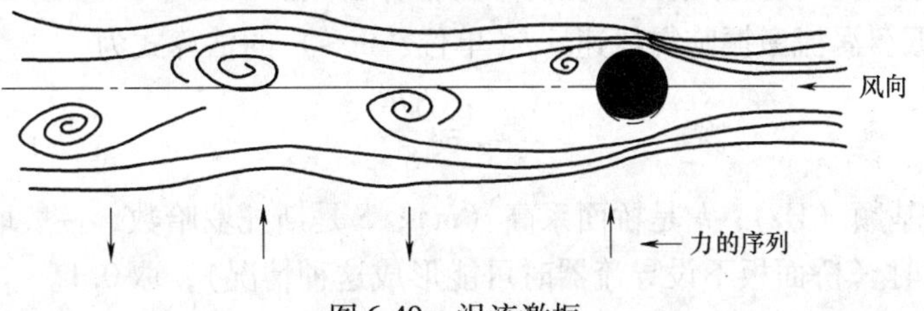

图 6-49 涡流激振

较大的惯性力而使结构的内力增大。关于抖振还没有一个成熟的计算方法，风洞试验也较难模拟不规则的湍流风。

2. 临界风速近似估算

风振分析的目的是要使桥梁在设计风速一定的范围内不产生各种类型的发散振动和有害的涡振。设计风速是根据桥梁所处地区、地形、桥高等通过计算得出的。

（1）桥跨的弯曲和扭转的自振频率　桥跨的临界风速与其弯曲和扭转的自振频率密切相关。桥跨的自振频率，不难通过动力计算求得。这里提供一套近似估算公式，供方案设计时参考应用。

1）弯曲自振频率。弯曲自振频率 f_B（单位：Hz）近似计算式为

$$f_B = \frac{0.55}{\sqrt{\delta_{\max}}} \tag{6-32}$$

式中，$\delta_{\max}$ 是在自重作用下（对斜拉桥斜拉索算 1/3 重量），沿所求振型方向的系统最大静力变形。

对于悬索桥还可按下式计算

$$f_B = \frac{1.11}{\sqrt{f}} \tag{6-33}$$

式中，f 是主缆垂度（m）。

2）扭转自振频率。对于悬索桥及柔性桥面系统的斜拉桥，扭转自振频率 f_T（单位：Hz）近似计算式为

$$f_T = \frac{B}{2r} f_B \tag{6-34}$$

式中，B 是斜拉索的横向间距（m）；r 是回转半径（m），$r = \sqrt{\frac{I_m}{m}}$，其中 I_m 是单位长度主梁惯性矩（$t \cdot m^2/m$），m 是单位长度质量（t/m）。

对于具有刚性桥面系的斜拉桥，扭转自振频率宜按下式近似计算

$$f_T = \frac{1}{2L}\sqrt{\frac{GI_T}{I_P}} \tag{6-35}$$

式中，L 是主跨长（m）；G 是剪切弹性模量（kN/m^2）；I_T 是主梁截面扭转惯性矩（m^4）；I_P 是桥面单位长度的极惯性矩（$kN \cdot m^2$）。

显然按式（6-35）计算的结果应大于式（6-34）值。

（2）临界风速估算　临界风速的估算公式有很多，有半理论、半经验的，有试验的，有试验基础上推出的，下面介绍一种较简单的估算公式。

1）涡流激振。涡流激振临界风速 v_{cr}（单位：m/s）的估算式为

$$v_{cr} = \frac{f_B h}{S} \tag{6-36}$$

式中，f_B 是弯曲基频（Hz）；h 是桥面系高（m）；S 是斯托罗哈数，一般取 0.1～0.2，当只有一侧有空气流时（桥面板不设导流器时可能形成这种情况），取 0.1。

欲保持这种现象的临界风速为常数是不可能的。因为实际上，当桥面结构的运动超出一

定的幅值以后，它又将用自己的节拍振动强加给涡流，如果振动的频率与气流频率一致时便发生共振现象，为了限制涡流激振，应注意在构造上采取措施。

2）颤振。计算颤振临界风速 v_{cr}（单位：m/s）的常用经验公式有

$$v_{cr}=\eta\left[1+(\varepsilon-0.5)\sqrt{\frac{r}{b}0.72\mu}\right]\omega_B b \tag{6-37}$$

式中，η 是主梁截面形状影响系数，对钝头形为 0.1，对带悬臂板直腹板梁为 0.3，对薄形为 0.5，对流线型为 0.7 以上；ε 是扭转与弯曲频率比，$\varepsilon=\frac{\omega_T}{\omega_B}$；$r$ 是回转半径，$r=\sqrt{\frac{I_m}{m}}$；b 是桥宽之半（m）；μ 是桥面相对空气质量比，$\mu=\frac{m}{\pi\rho b^2}$；$\omega_T$ 是扭转圆振动频率；ω_B 是弯曲圆振动频率；I_m 是单位长度主梁惯性矩（$t\cdot m^2/m$）；m 是单位长度桥面质量（t/m）；ρ 是空气密度，$\rho=1.225\times10^{-3}t/m^3$。

为了避免颤振导致桥梁破坏，要求

$$v_{cr}\geqslant K\mu f v_d \tag{6-38}$$

式中，K 是安全系数，取 $K=1.2$；μf 是自然风不均匀性修正系数，取 $\mu f=1.2$；v_d 是设计基准风速。

$$v_d=K_1K_2v_{20} \tag{6-39}$$

式中，v_{20} 是 20m 设计风速，$v_{20}=\sqrt{1.6\omega_0}$（m/s）；$K_1$ 是地形、地理条件修正系数；K_2 是结构物高度超过 20m 后，风压高度变化系数；ω_0 是基本风压（Pa）。

以上系数或风压均可从 JTG D60—2004《公路桥涵设计通用规范》图、表中查得。

当检验结果表明桥梁设计方案不能满足抗风要求时，则需要修改设计或采取其他振动控制及减振措施。

6.8.3 风洞试验

关于风振问题的计算，目前尚无纯理论的完善方法。对大型悬吊结构应该借助风洞试验来获得结构抗风特性，风洞试验有全桥模型风洞试验与节段模型风洞试验。

1. 全桥模型

全桥模型的比例为 1/200 ~ 1/300，可以反映实体桥自由振动的振型及频率，可测得临界风速、结构动力反应特性、截面系数等数据。

全桥模型试验费用较贵，而且难于做到弹性及动力模拟，振幅数值很小，不易量测。一般对特大吊桥，才做此种试验。

2. 节段模型

作节段模型时，长度一般为 2 ~ 4m，模型比例为 1/5 ~ 1/30，取决定于桥面宽度。

通过节段模型试验，可以测得各空气力分量的静力系数、主梁断面形状系数、增设人行道后对形状系数的影响、颤振理论计算所需的参数；通过模拟结构特性，可以测得颤振风速等。

6.8.4 抗风构造措施

对大型斜拉桥，尤其对悬索桥，抗风构造是必须注意的，可考虑下列几点：

1）增加结构刚度，尤其增加主梁抗扭刚度对提高临界风速有显著效果。

2）增大加劲梁宽高比值，使桥梁有很好的流线型，其比值应大于6。

3）迎风面做成流线型。

4）桥面板设置导流器。

5）增加抗风构件，如栏杆增设整流板等来改善截面的抗风性能。

6）增加结构阻尼。

【本章要点】

[1] 斜拉桥主要由主梁、索塔和斜拉索三大部分组成。主梁在斜拉索的各点支承作用下，就像多跨弹性支承的连续梁一样，使主梁弯矩、挠度显著减小，从而使主梁尺寸大大减小，自重减轻，跨越能力大大增强；斜拉索拉力的水平分力为主梁提供预压力，提高了主梁的抗裂性能，节省了高强钢材的用量。

[2] 斜拉桥常见的孔跨布置方式有双塔三跨式和独塔双跨式两种，三塔四跨式和多塔多跨式则应用较少。

[3] 根据梁、索、塔三者结合方式，斜拉桥可分为漂浮体系、半漂浮体系、塔梁固接体系和刚构体系四种结构体系。

[4] 斜拉索在立面上的布置方式常用的有辐射形、竖琴形、扇形、星形四种，大跨径斜拉桥常采用扇形。

[5] 斜拉桥的主梁一般采用混凝土结构、钢结构和钢-混凝土组合结构，索塔大都采用混凝土结构，而斜拉索则采用高强材料（平行钢筋索、平行钢丝索、钢绞线束、封闭式钢缆等）制成。

[6] 由于斜拉索存在一定的自重垂度，对其弹性模量存在一定的下降或损失。在大跨度斜拉桥中，为考虑斜拉索的非线性影响，一般在计算中采用有效（或修正）弹性模量。

[7] 悬索桥通常由桥塔、锚碇、主缆、吊索、加劲梁及鞍座等部分组成，在吊索的悬吊下，加劲梁相当于多个弹性支承上的连续梁，弯矩显著减小；吊索将主梁的重力传递给主缆，承受拉力；桥塔将主缆支起，主缆承受拉力，并被两侧的锚碇锚固；桥塔承受主缆的传力，主要受轴向压力，并将力传递给基础。

[8] 悬索桥是以受拉主缆为主要承重构件的桥梁结构。当设计的桥梁跨度在600m及以上时，悬索桥总是首选的桥型。悬索桥是目前所有桥型中跨越能力最大的一种。

[9] 悬索桥按主缆的锚固形式可分为地锚式和自锚式两种，自锚式悬索桥的跨度不宜过大。

[10] 悬索桥主缆在初始恒载作用下，具有较大的初始拉力，使主缆能保持一定的几何形状。但在外荷载作用下，主缆不仅几何形状将发生改变，而且索力也发生改变，充分反映出主缆的几何非线性性质。这种几何形状非线性的改变对悬索桥受力的影响是不可忽略的，因此结构体系的平衡应该建立在变形后的状态上。

【思考与练习】

6-1 斜拉桥的主要受力特点是什么？

6-2 按塔、梁、墩结合方式，斜拉桥分为哪几个体系？各有什么特点？

6-3 斜拉桥中密索体系与稀索体系各有什么优缺点？

6-4 斜拉桥主梁常采用哪些截面形式？各有何特点？

6-5 斜拉桥索塔的高度确定主要考虑哪些因素？

6-6 斜拉桥的非线性因素有哪些？考虑非线性影响后，对结构的内力和变形有什么影响？

6-7 悬索桥有哪些主要构件？其受力特点是什么？

6-8 为什么说悬索桥是一种最适合于大跨度的桥梁？

6-9 按主缆的锚固方式悬索桥有哪些类型？各有什么特点？

6-10 悬索桥的计算理论有哪些？弹性理论适用范围如何？

第7章　钢　　桥

7.1　钢桥类型及构造

钢桥可以根据不同条件要求建成多种多样的形式，主要可分为梁式体系桥、拱式体系桥、悬索桥和组合结构桥。

7.1.1　梁式体系桥

我国铁路钢桥大多采用梁式桥，主要形式有板梁和桁梁两种。当跨度小于40m时，钢板梁比钢桁梁经济。

1. 钢板梁

钢板梁分为上承式和下承式两种，上承式钢板梁的桥面位于主梁之上，两主梁间距小，用钢量较小，故使用较为广泛，下承式钢板梁适用于桥下净空受限制的情况。

（1）上承式钢板梁　上承式钢板梁构造简单，如图7-1a所示。

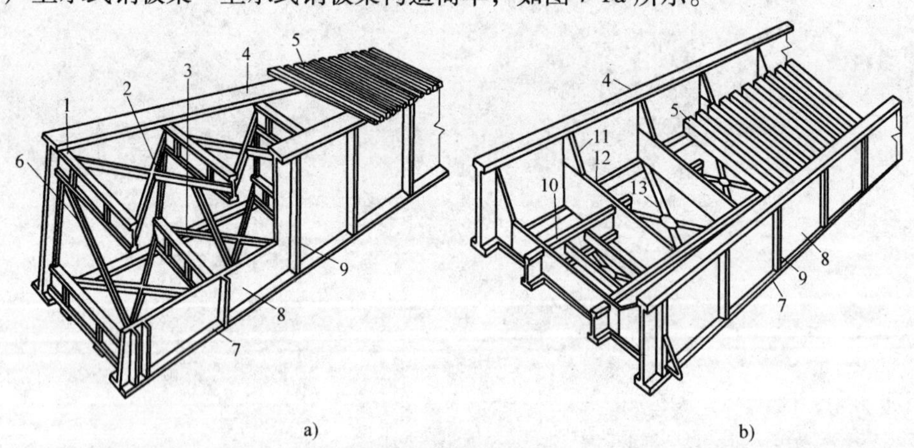

图7-1　钢板梁

a）上承式　b）下承式

1—端横联　2—上平纵联　3—下平纵联　4—上翼缘　5—桥枕　6—中横联　7—下翼缘　8—腹板　9—加劲肋　10—纵梁　11—肱板　12—横梁　13—下平纵联

它的主梁是两片工字形截面的板梁，是主要承重结构，两主梁的中心距离为2m。为了使两片主梁形成稳定的空间结构并承受横向水平力，在两片主梁间有许多联系杆件。上面杆件与主梁的上翼缘组成一个水平桁架，称为上面水平纵向联结系（简称上平纵联）；下面的则称为下平纵联。在两片主梁间还设有竖向交叉杆，与上下横撑及主梁的加劲肋组成一个横向联结系，简称横联。位于主梁中间的称为中横联，位于两端者称为端横联。这些联结系的杆件采用角钢或槽钢。

（2）下承式钢板梁　当桥梁的建筑高度受到限制时，桥面不能直接铺设在主梁上面，就只能采用下承式钢板梁。下承式钢板梁的桥面铺设在纵梁上，纵梁由横梁支承，横梁又由主梁支承，如图7-1b所示。主梁下翼缘水平面内设有下平纵联，由于列车在两主梁之间通过，而主梁高度一般低于列车净空，故在主梁上翼缘平面内就不能布置上平纵联。为了使两片主梁形成稳定的空间受力结构，必须在每根横梁端部上方加设三角形肱板，对主梁的上翼缘起支撑作用，同时又与横梁连在一起，可起横联的作用。主梁间距由限界要求决定，一般为5.4m，纵梁间距为2m，横梁间距为4m。

下承式钢板梁的缺点为：桥面系复杂，用料多，制造费工；宽度大，无法整孔运送，增加了装运和架梁的工作量。

故钢板梁应尽量采用上承式，仅在桥下净空受到限制时才考虑采用下承式板梁。

（3）结合梁　用抗剪结合器或其他方法将混凝土桥面板与其下的钢板梁结合成为一整体梁式结构，这种结构称为结合梁桥，如图7-2所示。在结合梁桥中，混凝土桥面板参加钢板梁上翼缘承受压应力的工作，提高了桥梁的抗弯强度，从而节省了钢材或降低了建筑高度。铁路结合梁桥常采用预制的道砟槽板，一般用于陡坡急弯地段。

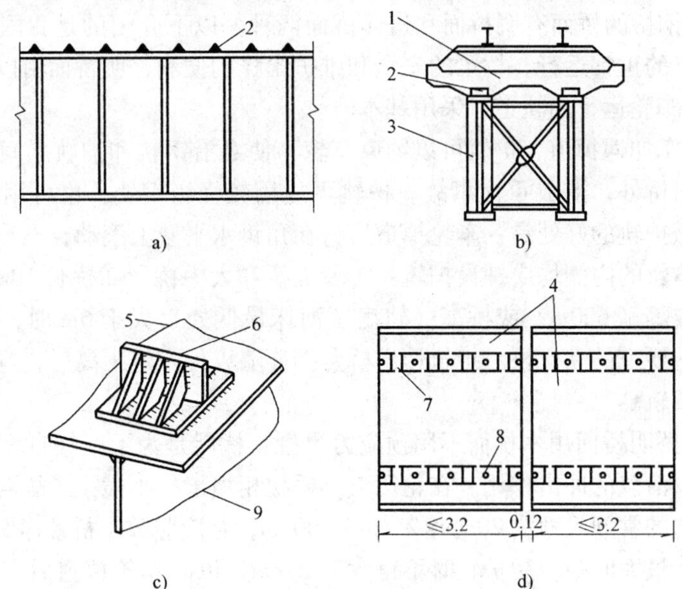

图7-2　结合梁（尺寸单位：m）

1—钢筋混凝土道砟槽板　2、6—连接角钢　3—板梁　4—道砟槽板平面　5—上翼缘　7—连接器预留孔　8—ϕ50mm圆孔　9—腹板

使道砟槽板与板梁结构结合牢固的措施为：

1）在板梁上翼缘上设置连接角钢，在道砟槽板上设有连接角钢的预留孔，将预制的道砟槽板铺放在板梁上后，将用32.5级膨胀性水泥制成的1∶0.7水泥砂浆（水灰比为0.35）填入预留孔里，待凝固后，连接角钢即可传递剪力，使道砟槽板及板梁之间不至于发生水平方向的错动。

2）在铺放道砟槽板时，先将上翼缘板表面处理干净，垫上砂浆，然后将道砟板铺放在其上，再通过板中ϕ50mm圆孔向内灌入稠度较浓、水灰比较小的普通水泥砂浆，使道砟槽板底面固结于板梁上翼缘上。

3）道砟槽板是预制的块件，当它们安放就位后，它们之间留有12cm宽的缝隙，缝隙中灌入32.5级的膨胀水泥砂浆，安装预制的道砟槽板时，要注意避免板的两端外露钢筋互相抵触，以免安装困难。在养护良好的情况下，可以用普通硅酸盐水泥代替膨胀性水泥，但如通车期限迫近，宜采用早强水泥。

结合梁桥并不比具有明桥面的上承板梁桥节省钢料，且施工架设烦琐，从架梁至通车的时间较长。因此，当能用明桥面的上承式板梁时，不宜使用结合梁桥。然而，当桥上线路坡度弯急，如果仍采用明桥面，将给桥上线路的铺设及养护增添不少困难时，宜采用道砟桥面。跨度较小的梁桥，可考虑采用钢筋混凝土梁；跨度稍大的梁桥，则考虑采用结合梁桥。

2. 钢桁梁

跨度在40m以上的桥梁，若再用板梁就不经济了，应采用桁梁。桁梁也有上承式和下承式之分。大跨度钢梁一般采用下承式。下面以下承式钢桁梁为例，说明钢桁梁的组成部分及各部分的作用。

下承式钢桁梁由桥面、桥面系、主桁架、联结系、制动撑架及支座组成。

（1）桥面　钢桥的桥面有明桥面和道砟桥面两种。以下介绍的是我国使用较多的明桥面。为了保证列车的正常运行、桥梁的安全和维护工作的便利，明桥面由以下几部分组成。

1）钢轨。为车轮运行的轨道，采用基本轨。

2）护轨。列车如遇掉道，护轨可以约束车轮，使之沿钢轨和护轨之间的空隙前进，以防车辆从侧面冲出桥外，造成重大事故。护轨可采用较轻级钢轨，也可用∟150×150×16角钢。采用角钢做护轨的好处是：车轮掉道后将在角钢水平肢上滚动，不致压坏轨枕。因此遇下列情况在基本轨的内侧均应铺设护轨：①特大桥和大中桥；②桥长10m及以上的小桥，当曲线半径小于或等于600m，或桥高（轨底至河床最低处）大于6m时；③跨越铁路、重要公路、城市交通要道的立交桥。护轨伸出桥台挡砟墙以外一定距离后，弯曲交会于铁路中心时，护轨可用旧轨。

3）桥枕。钢桥明桥面用木枕而不用预应力混凝土枕就是为了减轻自重，以便桥面具有较好的弹性，减少活载的冲击作用。在轮压下，桥枕相当于一小横梁，故需采用比一般枕木稍大的尺寸。桥枕的常规尺寸为20cm×24cm×300cm，且应竖放。桥枕净距不得小于10cm，以免抽换不便。其最大间距，用护轨时不得大于21cm，以防车轮掉道后卡入桥枕间，造成撞桥事故。护轨如采用角钢，则桥枕净距允许最大到30cm，以节约木材。

4）护木。护木的作用是固定桥枕的相对位置。车轮掉道后万一越出护轨，护木还可以起第二道护轨的作用。护木也可采用∟200×150×16角钢代替，长肢平放。

5）防爬角钢。防爬角钢的作用是在车轮纵向力作用下，防止桥面在梁上爬行。防爬角钢连牢在纵梁上。

6）枕间板。钢筋混凝土枕间板铺设于线路中部，供养路人员行走。

7）人行道。人行道放在桥枕两侧，供养路人员使用。因为它设在建筑限界范围以内，故每隔30m应设避车台。人行道板的顶面应低于桥枕底面，以免妨碍抽换桥枕。

明桥面的优点是重量轻，缺点是噪声大。欧洲工业发达国家人口稠密，城市密集，对噪声的限制较严，钢桥以采用噪声较小的道砟桥面为多。

（2）桥面系　桥面系包括纵梁、横梁和纵梁间的联结系。由桥面传来的荷载先作用于纵梁，由纵梁传至横梁，再由横梁传至主桁节点。纵梁的间距为1.5～2.5m，常规间距为2.0m。小于或大于2.0m时应改用截面较小或较大的桥枕。下承式桥的桥面系位于主桁的下弦平面，为了争取较小的建筑高度，下承式桥的纵梁与横梁布置在同一平面。上承式桥的桥面系位于主桁上弦平面，由于没有建筑高度限制，同时为了便于布置主桁的上部水平纵向联结系，上承式桥的纵梁一般搁在横梁顶上。

（3）主桁架　主梁是钢桁梁的主要承重结构，如图7-3所示。其作用是承受竖向荷载，将荷载通过支座传给墩台。主桁架由上、下弦杆和腹杆组成。腹杆又分为斜杆和竖杆两种，有的桁架没有竖杆。竖杆视其受拉或受压又分为挂杆和立杆。杆件交会的地方称为节点。有斜杆交会的节点，受力及构造比较复杂，节点板尺寸也较大，一般称大节点；仅有竖杆与弦杆交会的节点，受力及构造比较简单，节点板尺寸较小，称为小节点。大节点左右的弦杆，内力不等，截面不同，通常在节点中心或节点旁是断开的；小节点左右的弦杆，内力不等，截面相同，故弦杆在小节点处不必断开。节点间的距离称为节间。节间的长度一般也就是横梁的间距及纵梁的跨度。

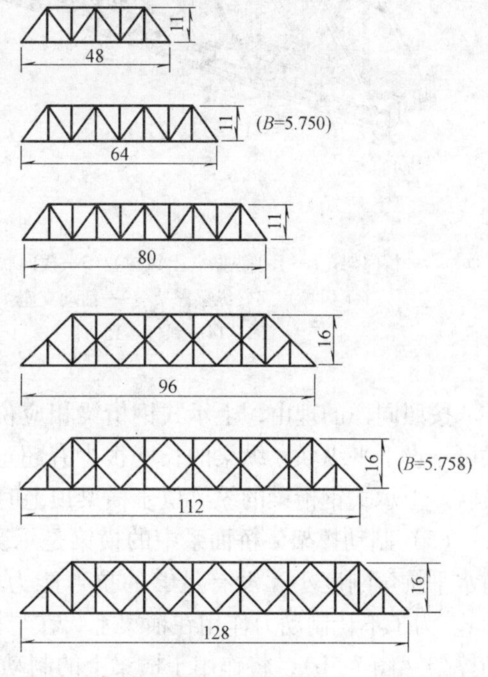

图7-3　简支钢桁梁标准设计图示（单位：m）
B—主桁中心距

（4）联结系　联结系有纵向和横向两种，它们的作用是与主桁架一起，使桥跨结构成为几何图形稳定的空间结构，能承受各种横向荷载。

纵向联结系设在主桁架的上下弦平面内，如前所述，分别称为上部水平纵向联结系与下部水平纵向联结系（简称上平纵联和下平纵联）。平纵联的主要作用是承受作用于桥跨结构的横向水平荷载，包括作用于主桁、桥面系、桥面和列车上的横向风力，列车摇摆力和曲线桥上的离心力。平纵联的另一作用是在横向支撑弦杆，减小弦杆在主桁平面外的自由长度，当弦杆是压杆时，这一作用尤为重要。

横向联结系设在桥跨结构的横向平面内，位于端部的叫端横联，下承式桥叫桥门架。位于中部的叫中横联，如图7-4所示。桥门架设在主桁端斜杆平面内，中横联设在主桁竖杆平面内，主桁没有竖杆时，中横联可设在主桁中斜杆平面内。对于桁架，中横联的间距不要大于两个节间，对于板梁则要求不大于6m。

如果只有主桁和纵联，则桥跨结构的横向几何图形仍然是不稳定的。端横联及桥门架的作用可使桥跨形成一空间几何图形的稳定结构。中横联的作用是增加桥跨结构的抗扭刚度。当桥跨结构上受到不对称的竖向荷载和横向荷载时，中横联还可适当调节两片主桁或两片纵联的受力。

横联如上、下平纵联之间的一些弹性支撑，理论分析和试验表明，上平纵联所承受的横向荷载绝大部分是通过端横联或桥门架传给支座的，仅小部分是通过中横联传至下平纵联的。因此，桥门架和端横联所受的力要比中横联大得多。

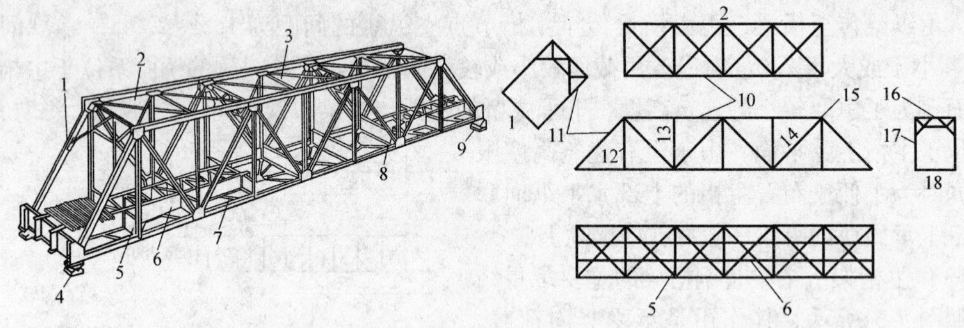

图7-4 下承式钢桁梁

1—桥门架 2—上平纵联（上风撑） 3—横向联结系 4—固定支座 5—横梁 6—纵梁 7—下平纵联（下风撑） 8—纵梁撑架 9—活动支座 10—上弦杆 11—端斜杆 12—吊杆 13—立杆 14—斜杆 15—主杆 16—楣杆 17—竖杆 18—中横联

按照同样的理由，上承式钢桁梁相应位置也设有纵联及横联，跨度小于16m的上承式梁可不设下平纵联，纵梁的长度很少有超过16m的，故一般只需设一个上平纵联和一个中横联。上承式钢桁梁的纵梁位于横梁顶上时，还应在横梁顶上二纵联间设端横联。

（5）制动撑架 桥面系中的横梁是承受竖向荷载的构件。它的竖向抗弯刚度很大，纵向水平抗弯刚度小，没有足够的抗弯能力来承受通过纵梁传来的纵向水平制动力（图7-5a）。为了不让制动力作用在横梁上，在与桥面系相邻的平纵联内还应设置承受制动力的制动撑架（图7-5b），将作用于横梁上的制动力通过制动撑架传至主桁架，再经由主桁架传给支座。跨度不超过48m的梁，允许不设制动撑架。

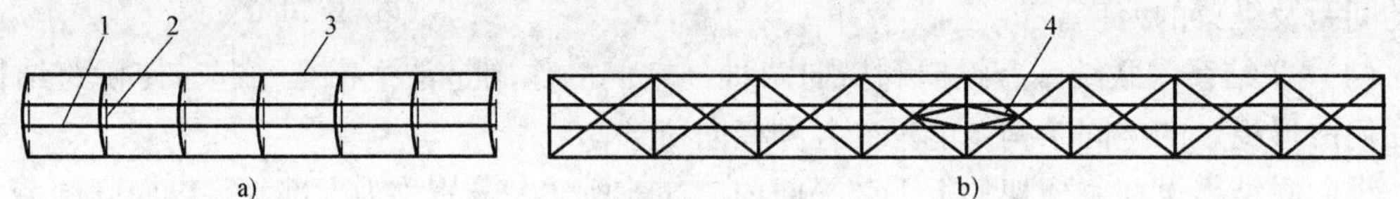

图7-5 制动连接体系

a）制动引起横梁挠曲 b）制动连接系的形成

1—纵梁 2—横梁 3—桁架弦杆 4—制动撑架

上承式钢桁梁的组成情况与下承式梁相似，只是桥面系的位置不同。对于下承式桁梁，由于要让列车从主桁架与纵联围成的空间内穿过，故主桁架的高度和间距应容纳得下建筑限界。这样，对于小跨度的下承桁梁，往往被迫采用过大的桁高，否则就要采用现已较少采用的不设上平纵联的半穿式桁梁。上承钢桁梁则无这类约束，可以自由选用合理的桁高和间距，以节约钢材。

为了保证桥跨结构有足够的横向刚度，桁架刚度不宜小于跨度的1/20。这样，跨度小于40m的上承式桥，主梁间距只要2m就够了。此时可将桥枕直接铺设在主梁上，而省去桥面系，但小跨度上承桁架这样做时，上弦杆在桥枕压力作用下，在两节间之间犹如梁一样要承受弯矩，工作状况不好，构造与计算也较复杂，因此较少采用。

以上介绍的是沿用了一百多年的铁路钢桁梁的传统结构组成形式，目前仍为大多数铁路钢桥所采用。这种组成形式的特点有二：①桥跨结构由一些平面结构组成，各平面结构只承受与该平面方向平行的荷载，故受力明确，计算简便；②桥跨结构由大量较小的构件拼装成，由于安装单元小，故制造、运输、安装时比较轻便。但这种组成方式与计算方法存在以下问题：①桥跨结构实际为空间结构，按平面结构计算，较难反映真实情况，材料的潜力也难以充分发挥；②安装单元小，数量多，增加了岸上与高空的安装作业量。自20世纪50年代以来，由于计算理论和计算方法的进步，制造技术和安装能力的提高，国内外钢桥的结构形式和设计方法正在发生变化。在结构形式方面，由目前这种平面受力系统转向整体性能适合大块件拼装的空间受力体系，在计算方法上则由分解的平面结构分析转向整体空间结构分析，出现了一系列的结构体系和在结构形式上面目全新的钢桥形式。

7.1.2 拱式体系桥

钢拱桥与钢桁架桥相比，具有外形美观、用钢量较省、跨越能力较大等优点，如图7-6所示。钢拱桥和钢斜拉桥相比，其刚度较大，稳定性与抗震性均较好。当桥址处于风速或地震烈度较大的地区，或桥梁承受铁路荷载且地质条件良好时，钢拱桥仍不失为可考虑采用的一种大跨度桥梁。

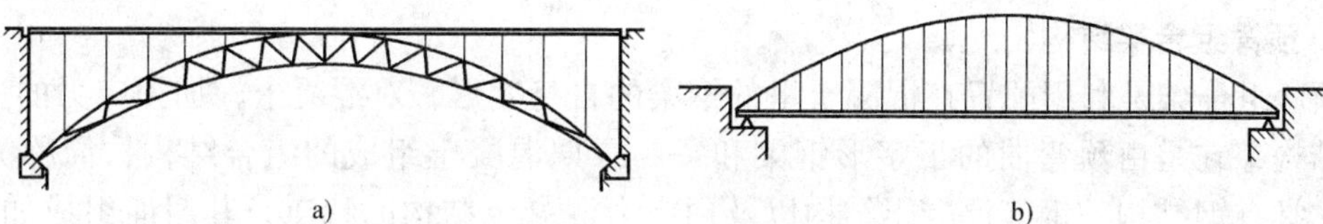

图7-6 钢拱桥

现代的钢拱桥多采用双铰和无铰拱。无铰拱桥的拱趾承受较大的弯矩，要求有坚固的地基，故双铰拱桥用得较多。但无铰拱桥具有刚度大的优点，不仅抗震性能良好，而且可降低由挠曲变形产生的附加应力，故在某些情况下也考虑采用。

钢拱桥的结构形式很多。作为主要承重结构的拱肋有实腹式与桁架式两种。实腹拱肋的拱桥结构较简单，外形也较美观，但刚度稍差。公路钢拱桥多采用实腹拱肋，大跨度铁路钢拱桥则以用桁架式拱肋为宜。另一种形式的钢拱桥，形如桁架，但受力状态与桁梁桥不同，其支承处有水平推力。这种形式的钢拱桥，刚度较大，公路与铁路桥梁均可使用。

7.1.3 悬索桥

悬索桥就是指以悬索为主要承重结构的桥（图7-7）。其主要构造是主缆、索塔、锚碇、吊杆、桥面及加劲梁。悬索桥的承重构造是高强的钢索，因此恒载较轻，从而增大了跨越能力，可较方便地在交通不便、施工条件差的深山大谷使用。据理论分析，其极限跨径可达4000m。悬索桥根据所悬吊的加劲梁的刚度不同，又分为刚性悬索桥和柔性悬索桥。

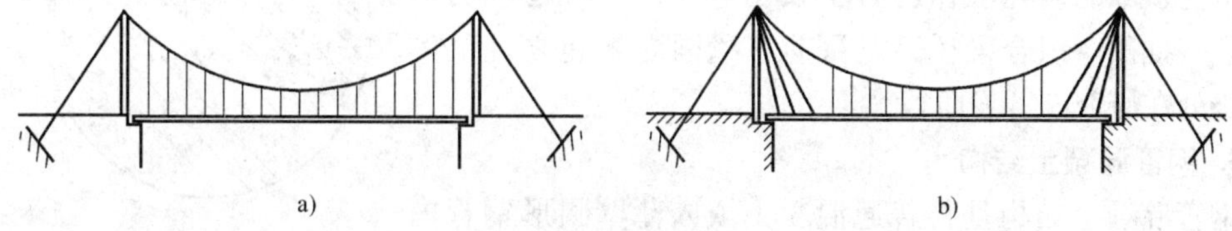

图7-7 悬索桥

目前，国外的悬索桥建设正积极准备向更大跨度发展。意大利正在修建主跨径为3300m的公铁两用墨西拿海峡大桥。在位于欧洲西班牙与非洲摩洛哥之间的直布罗陀海峡超大跨桥梁的设计构想中，林同炎博士1992年做可行性研究建议在主航道上设置两个5000m长的主跨，在两侧副航道上分别设置一个2500m长的边跨，形成塔高为914m、总长15000m的悬索桥。

7.1.4 钢-混凝土组合结构桥梁

钢-混凝土组合结构是指用型钢或钢板焊接（或冷压）钢截面，在其上面、四周或内部浇筑混凝土，使混凝土与型钢形成整体，并且共同受力的结构，也可简称为组合结构。组合结构在各种桥型中均有应用，目前国内外应用比较多的组合结构主要有以下三种。

1. 钢-混凝土组合梁

由外露的钢梁与混凝土桥面板组成的组合结构，即钢-混凝土组合梁，如图7-8所示。在混凝土板和钢梁之间设置剪力键，以保证在荷载作用下混凝土板与钢梁共同受力，共同变形。

2. 预弯组合梁结构

预弯组合梁是利用配置在混凝土里的钢梁的自身变形，对混凝土施加预应力的型钢混凝土结构，它是由预弯曲的工字形钢梁和一、二期混凝土组成的组合结构，简称为预弯梁。它具有钢结构、钢筋混凝土结构以及预应力混凝土结构的特点，其截面组成如图7-9所示。

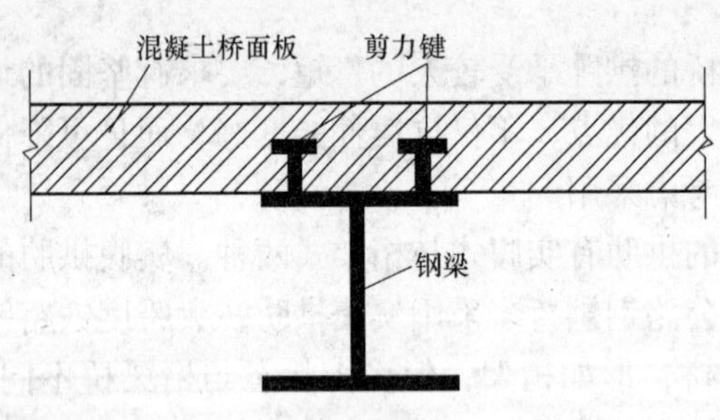

图7-8 钢-混凝土组合梁断面

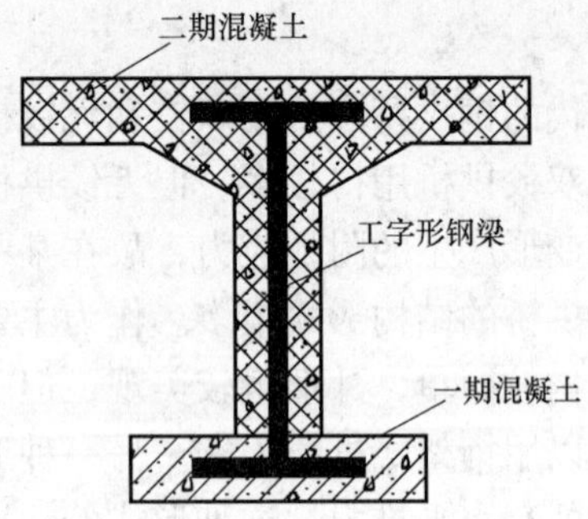

图7-9 预弯组合梁截面形式

预弯组合梁的概念早在20世纪40年代就已出现，最早是在比利时。20世纪60年代，日本开始研究预弯组合梁，20世纪80年代将其大量用于桥梁结构，并申请了专利保护。目前在欧美及日本等国均有专门从事预弯梁生产的公司。我国从20世纪80年代开始研究预弯组合梁，在设计理论和制造工艺领域的研究工作已有了长足进展，而且已成功地建成了一批预弯组合梁桥，但目前在我国尚未建立规范体系，仍处在研究、开发阶段。

3. 钢管混凝土结构

钢管混凝土结构是将普通混凝土填入薄壁圆形钢管内而形成的组合结构，如图7-10所示。这种结构借助内填混

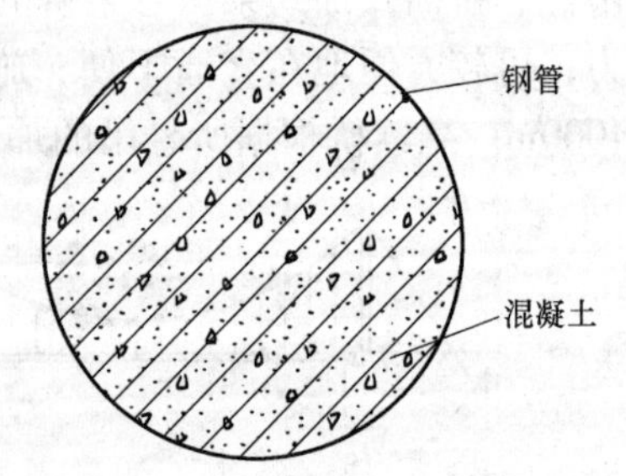

图7-10 钢管混凝土柱截面

凝土增强钢管壁的稳定性，借助钢管对核心混凝土的约束作用，使核心混凝土处于三向受压状态，从而使得核心混凝土具有更高的抗压强度和变形能力。

在钢管混凝土结构中，钢管具有如下功能：①钢管本身是耐侧压的模板；②钢管本身可以代替钢筋承担拉力或压力；③钢管本身是劲性承重骨架；④钢管可以提高核心混凝土的抗压强度。

钢管混凝土柱最初应用于房屋建筑结构。20世纪30年代末期，钢管混凝土被应用于拱桥的拱肋构造。前苏联著名桥梁专家Perederiy教授用钢管混凝土建造的跨越列宁格勒（今圣彼得堡）涅瓦河的拱梁组合体系，跨度达101m；Rosnovskiy教授在西伯利亚建造的铁路拱桥跨度达140m。20世纪六七十年代，欧洲和美国学者对钢管混凝土结构做了大量研究并将其广泛应用于实际工程。我国在20世纪80年代开始将钢管混凝土结构应用于实际的工程结构。已经建成的钢管混凝土拱桥最大跨径只有420m，比最大跨径的钢拱桥要小，但是这种结构的技术经济指标较高，具有广阔的应用前景。

7.2 钢桥的应用及特点

钢桥用结构钢制造，常用于实腹梁桥及大跨度的桁架梁桥、拱桥、斜拉桥和悬索桥。随着桥梁跨径的不断增大，桥梁结构构件的跨度和高度也要随之增加，但是不能无限地增大断面、增加自重，钢材的应用便解决了这个问题。目前世界上的大跨径桥梁大部分是钢桥。

钢桥的主要优点是：

1）钢材具有较高的强度，因而采用的断面较小，占用的空间也小。

2）降低了上部结构自重，相应减小了下部结构的造价。

3）完全实现工业化的制造和拼装，上、下部结构可以同时施工，大幅度地缩短了工期，加快了投资的回收。

4）由于钢材具有匀质性及构件轻的特点，用悬臂施工法特别方便。

5）可以方便地跨越比较大的跨径，节省施工时间与费用。

6）钢材韧性好，有利于桥梁抗震。

7）应用钢材建造的桥梁在拆除时可以重新回炉，重新冶炼，实现资源的回收利用。

但是，钢桥也有它的缺点：

1）钢构件在大气作用下易受侵蚀，易生锈，要经常涂油漆，养护费用较混凝土桥大。

2）钢构件全部预制，制作精度要求比较高。

3）钢结构在高温下强度急速下降，钢桥应特别注意防火。

4）用钢量大，造价高。

我国的社会主义建设事业正在日新月异地向前发展（见表7-1），国民经济各部门都需用大量钢材，在建设中合理使用和节约钢材具有重要意义。对跨度较小的桥梁（40m以下），应尽可能采用钢筋混凝土桥或石拱桥来代替钢桥。对中等跨度和大跨度的桥梁，则应根据技术经济条件进行方案比较，决定是否采用钢桥方案。在一般情况下，大、中跨度的铁路桥梁，以采用钢桥为主。

表 7-1 中国铁路钢桥的发展概况

序号	年份	桥名	类别	桥型	结构	跨径/m	钢材	安装
1	1957	武汉长江大桥	公铁两用	桁梁	三跨连续	128	CT. 3(相当于 Q235)	铆接
2	1968	南京长江大桥	公铁两用	桁梁	三跨连续	160	16Mnq	铆接
3	1970	迎水河桥	铁路	系杆拱	刚性梁	112	16Mnq	栓接
4	1992	九江长江大桥	公铁两用	系杆拱	三跨连续	216	15MnVNq	栓接
5	1995	孙口黄河大桥	铁路	桁梁	四跨连续	108	SM490C	栓接
6	1997	香港青马大桥	公铁两用	悬索	三跨连续箱梁	1377	BS4360 Gr. 500YS	栓接
7	2000	芜湖长江大桥	公铁两用	低塔斜拉	三跨连续桁梁	312	14MnNbq	栓接
8	2001	贵州北盘江大桥	铁路	拱桥	钢管混凝土	236	Q345D	焊接

7.3 钢桥实例

1. 目前世界上最大跨度、最大单铰转体重量的铁路钢管混凝土拱桥——水柏铁路北盘江大桥

(1) 工程概况 北盘江大桥位于云贵高原中部北盘江大峡谷上，山高路险，交通不便，地质、地形复杂，施工环境极为恶劣。该桥是贵州水柏铁路线上一座结构新颖又复杂、技术要求高、施工难度大的单线铁路桥。北盘江大桥（图 7-11）为水柏铁路重点控制工程，于 1995 年 5 月动工，2011 年 8 月建成。该桥全长 468.20m，桥跨布置为：3×24m 预应力混凝土简支梁 +236m 上承提篮式钢管混凝土拱 +5×24m 预应力混凝土简支梁。该桥为我国第一座铁路钢管混凝土拱桥，主跨 236m，是目前我国最大跨度的铁路拱桥，也是目前世界上最大跨度的铁路钢管混凝土拱桥和最大跨度的单线铁路拱桥，填补了钢管混凝土和焊接管结构在我国铁路桥梁上应用的空白。大桥施工所采用的钢与填充式聚四氟乙烯复合滑片作为摩擦副的转体球铰为世界首创，转体施工重量达 1.04×10^5kN，为当时世界单铰转体施工最大重量。主桥每延米材料用量为：混凝土 20.45m^3/m，钢材 10060kg/m，预应力钢材 16kg/m，

图 7-11 水柏铁路北盘江大桥

普通钢筋94kg/m。水柏铁路采用236m拱桥一跨跨越北盘江，比采用展线方案减少线路长度10km，节约工程投资约22580万元人民币，每年节省运营运输成本1113万元人民币，大桥采用的该上承式钢管混凝土拱桥，比同等跨度的连续刚构桥节约投资约3000万元人民币，经济效益十分显著。大桥的建成使我国铁路大跨度拱桥建桥技术跃上了一个新的台阶，为山区铁路选线提供了更大的自由度，为铁路大跨度拱桥的设计与施工积累了一整套丰富的经验，对铁路大跨度桥梁建设具有重要参考价值。本工程获2003年我国建筑工程鲁班奖和2003年铁道部优秀工程设计一等奖。

（2）大桥相关情况

1）大桥桥跨布置。3×24m预应力混凝土梁+236m上承提篮式钢管混凝土拱+5×24m预应力混凝土梁。桥长468.20m，桥高280m。

2）大桥主跨结构。主跨236m，其拱轴线为悬链线，矢高为59m；每侧拱桁管中心高为4.4m，宽为1.5m，由4根ϕ1000mm×16的Q345d钢管及H腹杆、腹板以栓焊连接而成；上下游拱肋之间则以ϕ800mm×14及ϕ600mm×14钢管组成构件，管管相贯焊接；拱肋拱顶中心距6.16m，拱趾中心距19.6m。拱肋钢管内灌注C50微膨胀混凝土。拱上结构为5×16m预制钢筋混凝土简支梁+82m拱顶现浇Π形混凝土梁+5×16m预制钢筋混凝土简支梁，拱上桥墩为钢筋混凝土刚架墩。

3）大桥施工方案。236m主跨钢管桁架拱采用工厂内分单元制造，铁路、公路运输。在大桥南北两岸陡峭峡谷的工地支架上进行栓焊连接成两个半拱，单铰水平转体合龙（南岸水平逆转180°，北岸水平逆转135°），钢管内混凝土以泵送顶升法施工。拱上结构用吊重600kN、跨度为480m的缆索起重机施工。

4）大桥特点：①本桥轨底到峡谷底深达280m，为我国最高的铁路桥梁；②本桥主跨为236m，属上承提篮式钢管混凝土推力铁路拱桥，在世界同类型桥梁中跨度为第一；③本桥主跨达236m，为国内第二大跨度铁路钢桥；④本桥单铰转体重量达1.04×10^5kN，居世界同类转体首位。

（3）新技术应用与科技创新　为了解决北盘江大桥建设的技术难题，经铁道部批准专门设立了“铁路大跨度钢管混凝土拱桥新技术研究”的重点科技攻关项目，科研工作贯穿于北盘江大桥设计和施工的全过程。大桥主要科技创新点有：①其为我国首座已建成的铁路钢管混凝土拱桥，钢管混凝土和焊接管结构均为我国铁路桥梁首次采用；②主跨236m是当前我国最大跨度的铁路拱桥，也是目前世界上最大跨度的铁路钢管混凝土拱桥和最大跨度的单线铁路拱桥；③在世界铁路桥梁建设中，首次采用上承式提篮拱桥型；④钢管拱桁架采用有平衡重单铰平转法施工，转体施工重量1.04×10^5kN，为当时世界单铰转体施工最大重量，实现了世界单铰转体施工重量由0.36×10^5kN到1.04×10^5kN的飞跃；⑤在世界上首次采用了钢与填充式聚四氟乙烯复合滑片作为摩擦副的转体球铰，球铰凹面向上，使转体结构更趋于稳定；⑥在我国钢管混凝土拱桥中，首次对连接上下弦的腹杆采用了节点板连接形式；⑦在我国铁路拱桥拱上结构中首次采用带K形横联的钢筋混凝土空心刚架墩和带肋形钢筋混凝土刚架；⑧在我国桥梁施工中第一次把机制砂配制的C50高强度泵送混凝土用于钢管内的混凝土灌注。

大桥于2001年11月铺轨架梁通过并开始使用，2002年4月进行了大桥的静、动载试验，2002年8月全线开通交付运营。通过大桥的静、动载试验及一年多的运营表明，列车在大桥上运行平稳、安全舒适。北盘江大桥的建成为铁路大跨度桥梁的设计与施工积累了一整套较为丰富的经验，对山区铁路跨越深山峡谷的大跨度桥梁的建设具有重要的指导意义和重要参考价值。在滇藏铁路前期研究中，已有多个桥位应用该桥式方案。在一定条件下，桥梁应用转体施工是非常必要和适宜的，大吨位单铰转体设计与施工技术有着广泛的应用前景。本项目研制的球铰形式两年半后在北京五环路立交斜拉桥施工中得到了应用。2003 年 1 月经铁道部组织专家鉴定，北盘江大桥设计与施工整体技术达到世界领先水平。

2. 世界上同类型桥梁中跨度最大的重载铁路桥梁——宜万铁路万州长江大桥

万州长江大桥（图 7-12）位于重庆市万州城区长江上游 7km 处的红溪沟，连接重庆万州与湖北宜昌，是四川达州与重庆万州的重要跨江控制节点工程。该大桥全长 1106.3m，钢结构总重 92680kN，总投资约 1.84 亿元人民币。大桥于 2002 年底动工，2005 年 6 月成功合龙，主跨为长 360m 的刚性拱柔性梁的钢桁拱桥，是我国最大跨度的铁路桥梁，也是目前世界上同类型桥梁中跨度最大的重载铁路桥梁。该桥建设过程中，在国内首次运用最新研制的 BWQ-35 型拱形爬坡起重机吊装，采用了世界领先水平的拱连续钢桁梁技术。该桥创下了国内铁路建设史上两个第一的纪录：一是首次采用大桥主跨为 360m 的钢桁拱桥；二是实现了大跨度钢桁拱合龙零误差精准对接。

图 7-12 宜万铁路万州长江大桥

万州长江大桥是三峡库区第一条千米以上的长江铁路大桥，该桥的建成不仅可以完善三峡库区路网布局，提高川渝地区外运能力，而且还将有力推动库区移民搬迁和地方经济建设。

【本章要点】

钢桥可分为梁式体系桥、拱式体系桥、悬索桥和组合结构桥。

【思考与练习】

7-1 什么是钢-混凝土组合梁？在混凝土板和钢梁之间设置了什么？

7-2 钢桥有哪些特点？

第8章 桥梁桥墩

桥墩、桥台和基础统称为桥梁的下部结构，它们的主要作用是支承上部结构并将上部结构传来的荷载及本身自重传递到基础。桥墩一般指多跨桥梁的中间支承结构，除承受上部结构的竖向压力和水平力外，还受风力及可能发生的流水压力、冰压力、船只和桥下漂流物的撞击力、地震力的作用。此外，桥墩、桥台还要承受施工时的临时荷载。因此，桥墩、桥台应有足够的强度、刚度和稳定性，以确保整个桥跨的正常工作。

8.1 桥墩类型及适用条件

桥墩形式的采用取决于桥上线路或道路条件、桥下水流速度、墩位处水深、水流方向与桥梁中轴线的夹角、通航及桥下漂流物、基底土壤的承载能力、梁部结构及施工方法等。桥墩一般分为重力式实体桥墩、空心桥墩、柱式桥墩、轻型桥墩和拼装式桥墩。

8.1.1 重力式实体桥墩

重力式实体桥墩主要依靠自身重力来平衡外力，保证桥墩的稳定，适用于地基良好或桥下有通航、流冰等漂流物的大、中、小桥梁。重力式实体桥墩一般用混凝土或片石混凝土砌筑，截面尺寸及体积较大，其自重和阻水面积也较大，外形粗壮，很少应用于城市桥梁。重力式实体桥墩按截面形状分为矩形桥墩、圆形桥墩和圆端形桥墩。

1. 矩形桥墩（图8-1）

矩形桥墩截面为矩形，具有圬工较省、模板简单、施工简便的优点，但对水流的阻力特别大，并促使水流紊乱而导致桥墩周围发生较大的局部冲刷，所以矩形桥墩一般适用于无水、静水或靠近岸边水流流速小处。山区铁路或公路的跨谷桥及其他旱桥常采用矩形桥墩。

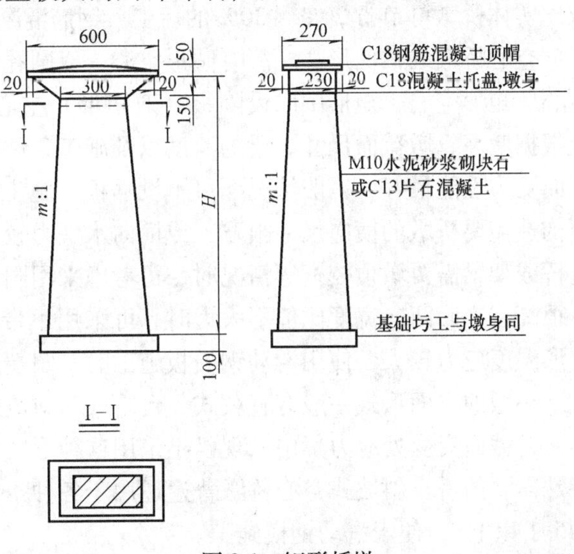

图8-1 矩形桥墩

2. 圆形桥墩（图8-2）

圆形桥墩截面为圆形，不受水流与桥梁轴线斜交角度的限制。当水流流向不稳定或水流与桥梁法线斜交角度大于15°时应采用圆形桥墩。由于圆形桥墩各个方向的尺寸相同，不能根据桥墩纵、横向受力及使用要求不同的特点采用不同的尺寸，增大了桥墩的阻水面积，故对于斜交角小于15°时及横向宽度较大的桥墩不宜采用。同时，因为截面为圆形，不宜用石料砌筑。

3. 圆端形桥墩（图 8-3）

圆端形桥墩截面中间为矩形，两端各加一个半圆，能使水流顺畅地通过桥孔，与矩形桥墩相比，它可减小水流对桥墩周围河床的局部冲刷和水流压力，一般用于斜交角小于 15°时的水中桥墩。它是铁路和公路桥梁上常用的重力式实体桥墩。

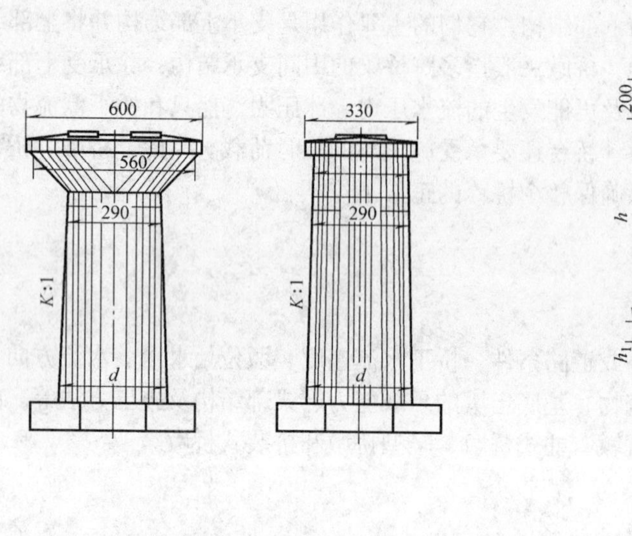

图 8-2　圆形桥墩

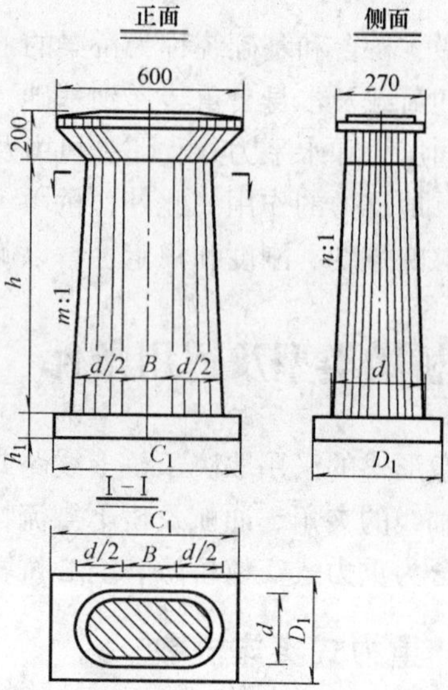

图 8-3　圆端形桥墩

8.1.2　空心桥墩

位于山区的桥梁往往桥长且因谷深而需要建造高桥墩，如果采用重力式实体桥墩，则墩身圬工量惊人，墩身自重大而相应要求地基有较高的承载能力，地震时又有较大的惯性力。此时，设计中一般采用空心桥墩，如图 8-4 所示。根据方案比较及实桥对比，混凝土空心桥墩比实体桥墩可节省 20% ~30% 的圬工，钢筋混凝土空心桥墩可节省圬工 50% 左右。

空心桥墩的截面形式一般有圆形空心、双圆孔空心、圆端形空心、圆端形中间设纵隔板空心、矩形空心、矩形中间设隔板（双矩形）空心，分别如图 8-5a ~ f 所示。设计高墩时，应根据墩高、墩截面尺寸、梁的跨度以及施工条件等，选择适当的空心桥墩类型。圆形空心截面受力性能最好，一般情况下可不设隔板，施工最为方便，设计高墩时可优先考虑采用。当构造需要桥墩的横向尺寸很宽，或横向水平力较大时，如梁宽度大，双线铁路、公路、弯道桥或架梁需要墩顶较宽等情况时，可考虑采用圆端形或矩形带纵隔板的空心桥墩。当墩身不很高，平面两向宽度比值不太大时，可采用不带纵隔板的形式。另外，方形与圆形相比，方形温度应力较大。使用滑动钢模板施工时，圆端形比矩形方便。

桥墩的立面形式一般有直坡式、台阶式和斜坡式。台阶式空心桥墩构造复杂，施工十分不便，截面突变处应力集中，现已不采用这种形式。直坡式空心桥墩只用于墩身不高或某些特殊需要的桥。斜坡式空心桥墩普遍适用于各种条件，受力合理，施工方便。墩身坡率较陡（45∶1 以上），便于滑动钢模施工。

空心墩墩壁较薄，在有船、筏和漂流物或受冰压力的河流上一般不宜采用，以防撞击和磨损墩壁而导致破坏。但根据河流的具体情况，采取下部实体墩身等措施，通过技术经济比较后，仍可采用空心墩。

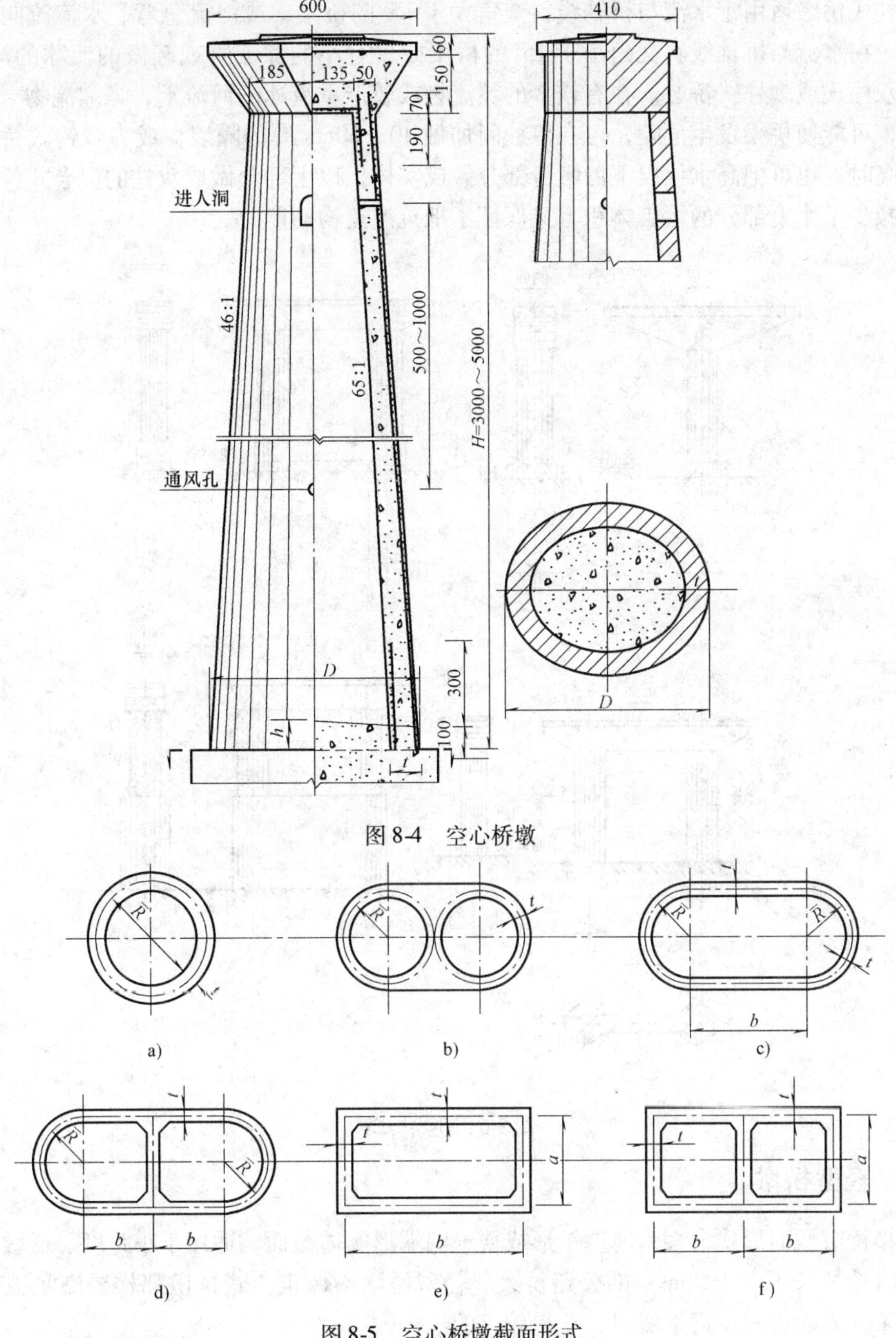

图 8-4　空心桥墩

图 8-5　空心桥墩截面形式

8.1.3　柱式桥墩

柱式桥墩（图 8-6）是目前公路桥梁、桥宽较大的城市桥梁和立交桥及中小跨度铁路旱桥中广范采用的桥墩形式。这种桥墩既可减轻墩身重量、节省圬工材料，又比较美观、结构轻巧，桥下通视情况良好。柱式桥墩的形式主要有单柱式、多柱式、哑铃式以及混合柱式四种。柱身截面大多为圆形和矩形。

单柱式桥墩适用于水流与桥轴线斜交角大于15°的桥梁，或河流急弯、水流流向不固定的桥梁。在水流与桥轴线斜交角小于15°的桥梁或仅有小的漂流物或轻微的流冰的河流中，可采用双柱式或多柱式桥墩。在有较多的漂流物或较严重流冰的河流上，当漂流物卡在两柱中间时，可能使桥梁发生危险，可在双柱间加做40～60cm厚的隔墙，成为哑铃式桥墩。当墩身较高时，也可把高水位以下的墩身部分做成实体，以上部分做成双柱的混合式桥墩，这样，既减少了水上部分的圬工体积，又保证了抵抗漂流物的能力。

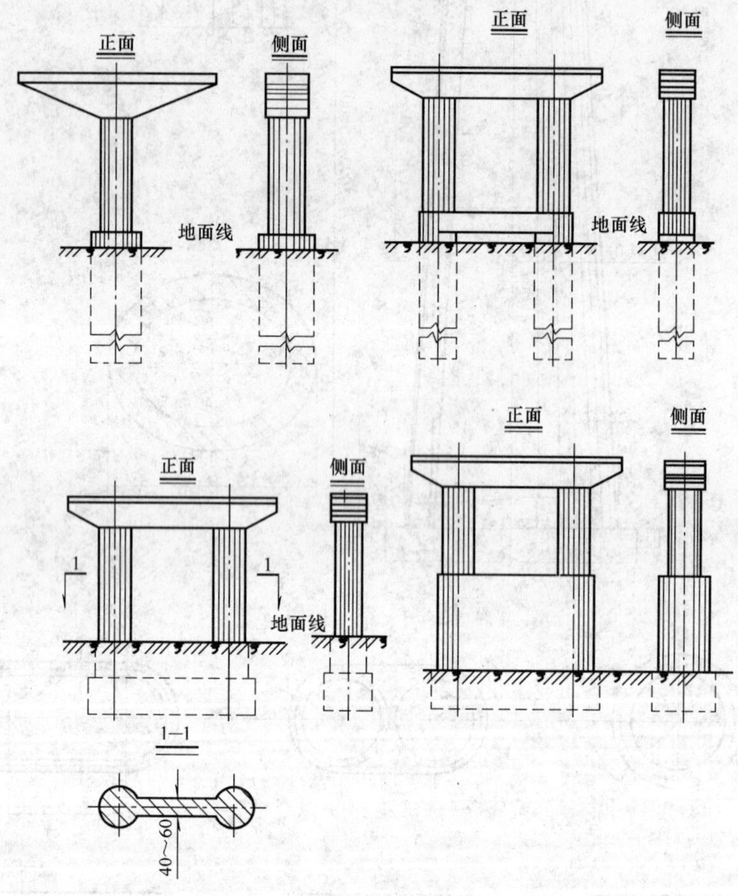

图8-6 柱式桥墩

8.1.4 轻型桥墩

轻型桥墩截面形式大多为薄壁矩形或薄壁圆端形实体截面，适用于小跨度、低墩以及三孔以下（全桥长不大于20m）的公路桥梁。轻型桥墩不像重力式桥墩那样要满足独立的稳定性要求，因而可减少圬工材料，获得较好的经济效益。

轻型桥墩的其他形式有多种，如V形、X形、Y形、倒梯形等形式，如图8-7所示，一般由钢筋混凝土或预应力混凝土建成，可以适应具有特殊要求的城市、旅游风景区。但该类轻型桥墩结构构造比较复杂、施工比较麻烦、造价也高。

在地质不良地段、路基稳定不能保证时，不宜采用轻型桥墩。

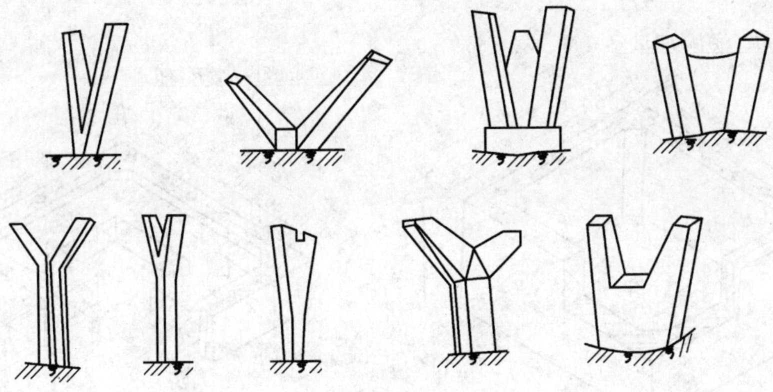

图 8-7　轻型桥墩

8.1.5　拼装式桥墩

拼装式桥墩又称装配式桥墩（图 8-8），前述的柱式桥墩及轻型桥墩采用部分构件现浇，部分构件预制，现场组拼而成桥墩时，即为拼装式桥墩。采用拼装式桥墩可提高施工质量、缩短施工周期、减轻劳动强度，使桥梁建设向结构轻型化、制造工厂化及施工机械化发展。

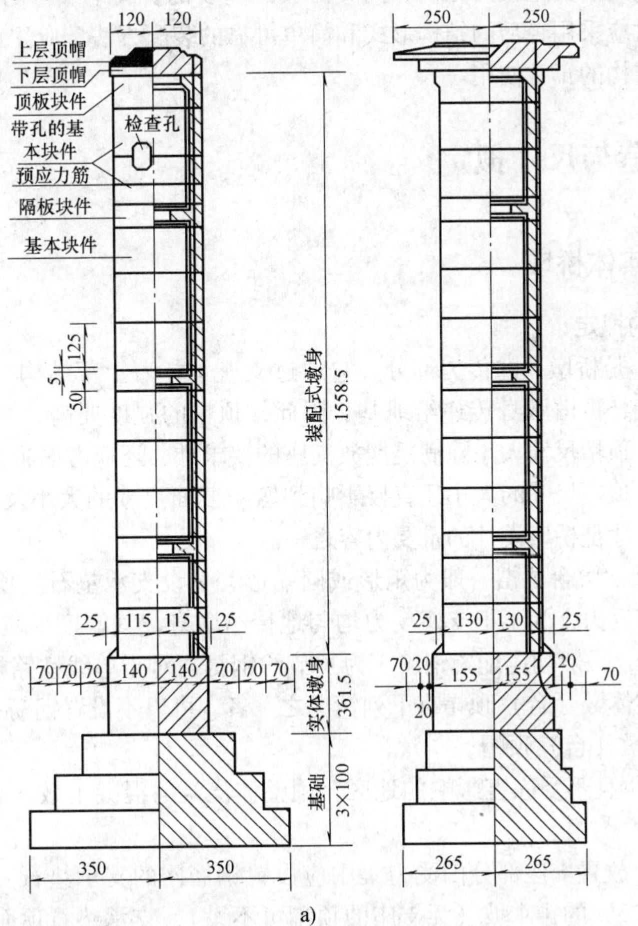

图 8-8　装配式桥墩

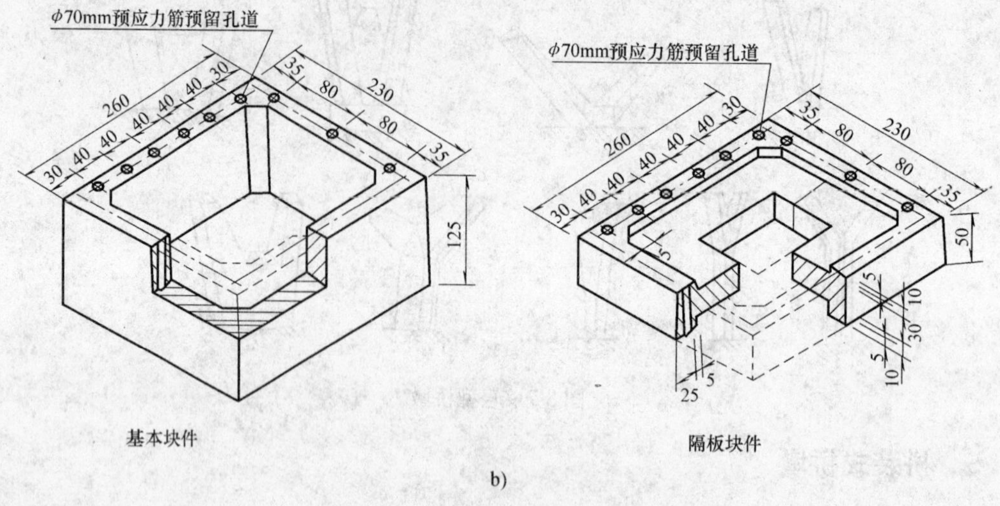

b)

图 8-8 装配式桥墩（续）

拼装式桥墩适用于交通较为方便、同类桥墩数量多的长大干线中的中小跨度桥梁工点。但使用该类桥墩时应采用轻巧的结构形式和简单可靠的装配方法。应注意提高构件的强度和精度以保证整个结构的正常使用。

8.2 桥墩构造与尺寸拟定

8.2.1 重力式实体桥墩

1. 顶帽尺寸的拟定

顶帽（墩帽）是桥墩顶的传力部分，它通过支座承托着上部结构，并将墩两侧桥跨上的荷载传到墩身上，再由墩身传递给地基。因此，顶帽的强度要高，一般都采用 C20 以上钢筋混凝土制作。顶帽尺寸大小除满足摆放支座的要求外，还应考虑施工架梁、更换支座等临时设施的要求。顶帽尺寸的大小还直接影响到墩身截面尺寸的大小及材料的选用，因此，拟定合理的顶帽尺寸是桥墩设计的重要内容之一。

（1）铁路桥墩　墩台顶帽一般为矩形或圆端形，上设支承垫石。顶帽直接支承桥跨结构承受较大的支座反力，为了把支座反力均匀地传给墩身，其厚度不应小于 40cm，混凝土等级不应低于 C20，一般均应配置钢筋。为了节约钢材，对于单线铁路桥、等跨 $L \leqslant 16$m 的钢筋混凝土梁的实体墩（台）顶帽有下列情况之一者，可以不设置钢筋：

1）无支座的墩（台）顶帽。

2）在雨水极少且不受冻害影响的地区，用整体浇筑的混凝土墩（台），要求顶帽厚度大于或等于 60cm。

桥墩（台）上放置支座部分因受力集中应设置钢筋网的支承垫石。为防雨水侵蚀，顶帽表面应设不小于 3% 的排水坡（无支座的顶帽可不设），支承垫石顶面应高出排水坡的上棱，并设有挑出墩身 10 ~ 20cm 的飞檐（图 8-9）。

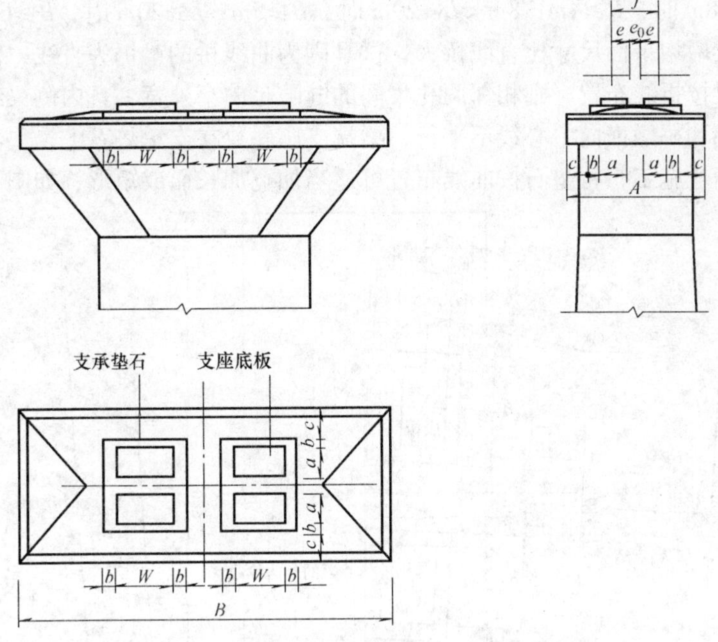

图 8-9 铁路桥墩顶帽尺寸

顶帽支座布置如图 8-9 所示。当相邻两跨度相等时，两相邻支座间的顺桥方向中心距为

$$f = 2e + e_0 \geqslant a$$

式中，a 是梁支座底板的纵向尺寸；e 是梁伸过支座中心线的长度；e_0 为相邻两梁应留的缝隙，其数值为：对于跨度 $L \leqslant 16\text{m}$，采用 6cm，$L \geqslant 20\text{m}$ 时，用 10cm，曲线上及坡道上的铁路桥梁，应考虑曲线和坡度布置对空隙的影响，大跨度梁还应考虑预拱度和因荷载引起梁的伸缩的影响。

支座底板的纵向尺寸 a 和横向尺寸 W 应根据顶帽钢筋混凝土局部承压计算确定，桥跨结构标准设计中一般都已列出支座底板尺寸。

为提高局部承压力，并考虑施工误差及预留锚栓孔的要求，支承垫石边缘至支座底板边缘应保持一定的距离，其值为 15～20cm。

支承垫石边缘至顶帽边缘的距离 c，为满足架梁时或养护时安放移梁及顶梁设备的需要，应符合下列规定：

1）顺桥方向（纵向）跨度 $L \leqslant 8\text{m}$ 时，c 不应小于 15cm；$8\text{m} < L < 20\text{m}$ 时，c 不应小于 25cm；$L \geqslant 20\text{m}$ 时，c 不应小于 40cm。

2）横桥方向（横向）当顶帽为圆弧形时，支承垫石角至顶帽最近边缘的最小距离与顺桥方向相同。当顶帽为矩形时，支承垫石角至顶帽边缘的最小距离为 50cm。

这样，等跨度直线桥顶帽纵向尺寸为

$$A = f + a + 2b + 2c$$

同样可拟定顶帽横向尺寸 B，如图 8-9 所示。考虑到一般架桥机架设分片式梁时，每片梁不能直接落在设计位置，需在墩顶上作横向移动，为了给出一定的工作位置，确保操作安全，TB 10002.1—2005《铁路桥涵设计基本规范》规定，顶帽横向宽度 B 还应满足下列要求：当跨度 $L\leqslant 8\text{m}$ 时，$B\geqslant 4\text{m}$；$8\text{m}<L<20\text{m}$ 时，$B\geqslant 5\text{m}$；$L\geqslant 20\text{m}$ 时，$B\geqslant 6\text{m}$。

曲线上桥梁墩帽平面尺寸比直线桥大。这是因为曲线桥的梁仍为直线，但为了适应曲线的线路，各孔梁按折线布置，则相邻两孔梁间的缝隙是内窄外宽，且内侧梁缝要求与直线桥相同。梁的端部和桥墩横向中心线不平行，梁端支座斜放在支承垫石上，垫石平面形状可做成梯形，但为简化施工，将垫石按曲线布置可适当加宽加长而成矩形，如图 8-10 所示。

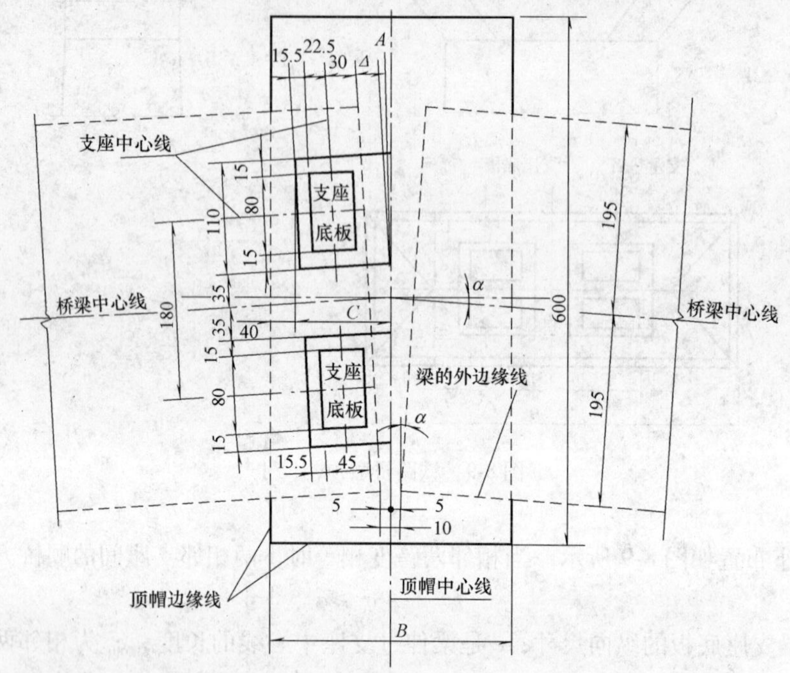

图 8-10　曲线上桥墩顶帽尺寸的拟定

曲线桥桥墩承受沿桥墩横向作用的水平离心力 P，为减小桥墩所承受的弯矩，可将支座布置于偏向曲线内侧的位置，使梁的中心线对桥墩中心线有一预偏心 d，这样，支座反力 R 产生向曲线内侧的偏心弯矩 Rd，以抵消一部分由离心力所产生的弯矩，如图 8-11 所示。

当桥墩所支承的两相邻桥跨结构跨度不等时，为适应两相邻跨不同的建筑高度，可采用如图 8-12 所示的布置，或将支承垫石作成不等高的（图 8-12a），或将顶帽布置在不同的高程上（图 8-12b），为使两个不相等跨度的桥跨结构的支座反力的合力尽可能接近桥墩轴线，以减小垂直力的偏心，宜将大跨的支座布置得较近于墩轴。

当墩上仅有一排支座时（如连续梁桥墩），则 A 可由下式计算（图 8-9）

$$A=2c+2b+a$$

顶帽宽度除满足以上要求外，还应符合墩身顶宽的要求，安装上部结构的需要，以及抗震设施的安装需要。

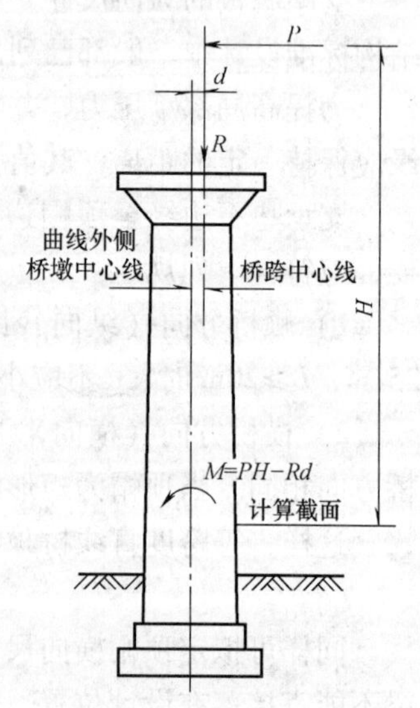

图 8-11　预偏心桥墩

（2）公路桥墩　公路桥墩顶帽尺寸的拟定原理与铁路桥墩

相同，仅在具体尺寸大小的规定方面有所区别。

JTG D62—2004《公路钢筋混凝土及预应力混凝土桥涵设计规范》规定，墩帽的厚度，对于大跨径桥梁不得小于40cm，对于中、小跨度的桥梁不得小于30cm。其顶面常做成10%的排水坡。顶帽的四周挑出墩身5~10cm的飞檐（图8-13），并在其上做成沟槽形滴水。

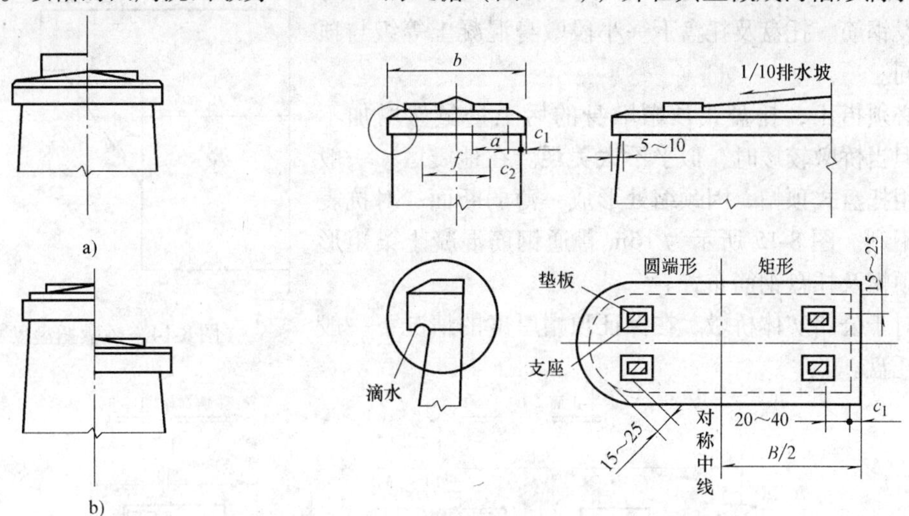

图8-12 桥跨不等时的顶帽布置

图8-13 公路桥墩顶帽尺寸

顶帽顺桥方向的宽度为（图8-13）

$$b \geqslant f + a + 2c_1 + 2c_2$$

同时，墩身顺桥方向最小宽度为：小跨径桥梁 b 不得小于100cm，中等跨径桥梁 b 不宜小于100~120cm。

对于公路多片主梁或箱形梁的桥墩，横桥向最小宽 B = 桥跨结构外侧主梁的中心矩 + 支座垫板横向宽度 $+2c_1$ + 支座边缘至墩（台）身边缘的最小距离 c_2 的两倍，c_1 同铁路桥规定，c_2 按表8-1采用。

表8-1 公路桥梁支座边缘至墩（台）身边缘的最小距离 c_2

桥向 / 跨径	纵桥向/cm	横桥向	
		圆弧形端头（自支座边角量起）	矩形端头
大桥	25	25	40
中桥	20	20	30
小桥	15	15	20

注：1. 采用钢筋混凝土悬臂式墩帽时，上述最小距离为支座至墩（台）帽边缘的距离。

2. 跨径100m及以上的桥梁，应按实际情况另定。

对上述最小距离作出规定一方面是为了避免支座过分靠近墩身侧面边缘而导致应力集中；另一方面是为了提高混凝土的局部抗压强度以及考虑施工误差和预留锚栓孔的要求。

2. 托盘尺寸拟定

铁路上桥墩顶帽横向尺寸取决于施工架梁及维修养护的需要，墩身截面尺寸则取决于受力的大小，前者大于后者。为使截面由大变小，一般都在顶帽下设置托盘过渡，称为托盘式顶帽。根据以往使用经验及室内试验资料，缩颈处横向宽度 B_1 不宜小于支座下座板外缘的间距 b_1，$\alpha \leqslant 30°$，$\beta \leqslant 45°$，如图 8-14 所示。缩颈处纵向尺寸为顶帽尺寸减去飞檐尺寸。按上述原则拟定尺寸的托盘，除在缩颈处设置构造钢筋外，如图 8-15 所示，可不必设钢筋。托盘及托盘下一小段墩身混凝土等级与顶帽相同。

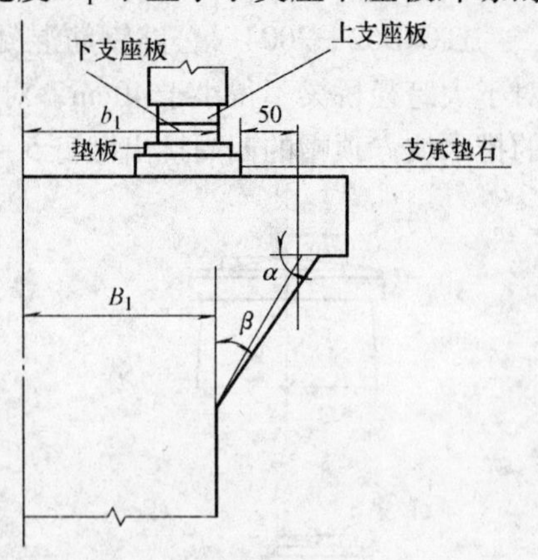

图 8-14 桥墩托盘尺寸

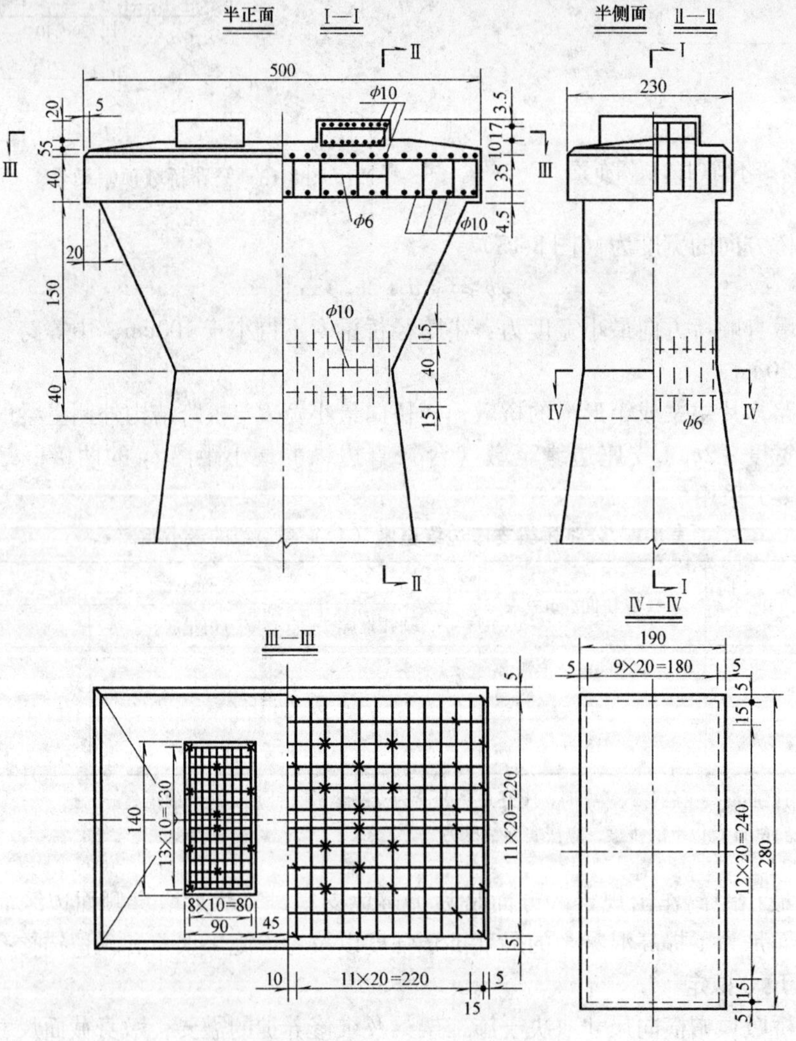

必须指出，托盘式顶帽墩身的圬工量虽然增加不多，但当桥墩较矮时，似乎不太美观。在地震区，一般不采用托盘式顶帽，因颈缩处形成一薄弱断面，对抗震性能不利。图 8-15 所示为 16m 普通钢筋混凝土梁矩形墩的顶帽及托盘钢筋布置。

对于公路实体桥墩，在保证顶帽厚度的情况下一般不设托盘。

图 8-15 顶帽及托盘钢筋布置图

3. 墩身尺寸拟定

墩身的两个方向一般均做成斜坡，具体数值由偏心及墩顶位移要求通过试算确定，一般为20:1~30:1。高度不大的桥墩可做成直坡。墩高很大的桥墩也可分节段做成台阶状的。建筑材料一般采用C20片石混凝土或M10水泥砂浆砌片或块石。

桥重力式墩墩身的顶宽，对于小跨径桥不宜小于80cm，对于中等跨径桥不宜小于100cm。

8.2.2 空心桥墩

空心桥墩按建筑材料可分为混凝土和钢筋混凝土墩两类。混凝土空心桥墩宜设置护面钢筋，钢筋混凝土空心桥墩受力性能比混凝土空心墩要好，一般高墩应选择钢筋混凝土材料建造。

空心桥墩由顶帽、实体过渡段、空心墩身组成。

空心桥墩的实体过渡段有两部分，一是空心桥墩顶帽以下，二是墩身与基础连接处。顶帽以下设置过渡段，是为了使支座反力较均匀地传至墩壁，并减少活载对墩壁的冲击力或使应力能扩散传到基底，使基底应力分布较均匀。

1. 实体过渡段的设置

空心桥墩（图8-16）上下实体段与墩壁连接处，应力分布比较复杂，要准确计算比较困难。实测试验资料表明：当顶板厚度为1.0m时，在顶帽下$D/2$（D为墩身直径）处应力才均匀分布于壁上。固端干扰力矩使墩壁应力增大40%~76%。当顶帽下实体段为3.0m（包括顶帽厚）时，顶帽实体段与空心墩壁连接处仍有应力集中现象，但截面应力较小，一般不控制设计。

TB 10002.1—2005《铁路桥涵设计基本规范》规定：“空心桥墩的顶帽下面宜设实体过渡段；实体段与空心墩身以及空心墩身与基础的连接处，均应增设补充钢筋或设置牛腿。”

实体段的合理厚度尚难具体规定，按已有的经验，墩顶实体段一般采用3~5m（包括顶帽厚度），可按墩高、梁跨、壁厚与内孔比率等因素决定。实体段与墩壁连接处须设置牛腿或小斜角。在牛腿下$D/2\sim D$范围内加强或增设水平环向钢筋和竖向钢筋。

2. 空心桥墩的壁厚与隔板

按照TB 10002.1—2005《铁路桥涵设计基本规范》规定，空心桥墩的最小壁厚，对于钢筋混凝土不宜小于0.3m，对于混凝土不宜小于0.5m，混凝土空心桥墩宜设置护面钢筋。实际设计高墩时，采用的墩壁厚度应通过计算决定。墩身较高时墩壁不宜太薄，因为此时桥墩多受墩顶位移控制，用薄壁墩时须加大墩身总宽。薄壁墩混凝土数量较少，但钢筋用量多，且增加施工难度，故目前高墩设计中多采用厚壁墩。另外，薄壁墩由温度、日照、混凝土收缩等引起的结构内力比较复杂，也有采用不同的内外坡率使壁厚向下逐渐增加或设置横隔板等构造。

以前，有空心桥墩设置横隔板，目的是增强整体稳定和局部稳定，增强桥墩的抗扭、抗震能力。但在模型试验和理论计算中，至今尚未能确定隔板对稳定和强度的明显作用。因隔板不便采用滑动模板施工。空心桥墩能否不设隔板，或在什么情况下必须设隔板，以及其形式和间距等问题，尚待进一步研究。从局部稳定试验分析得出，当壁厚$t\geqslant(1/10\sim1/15)b$

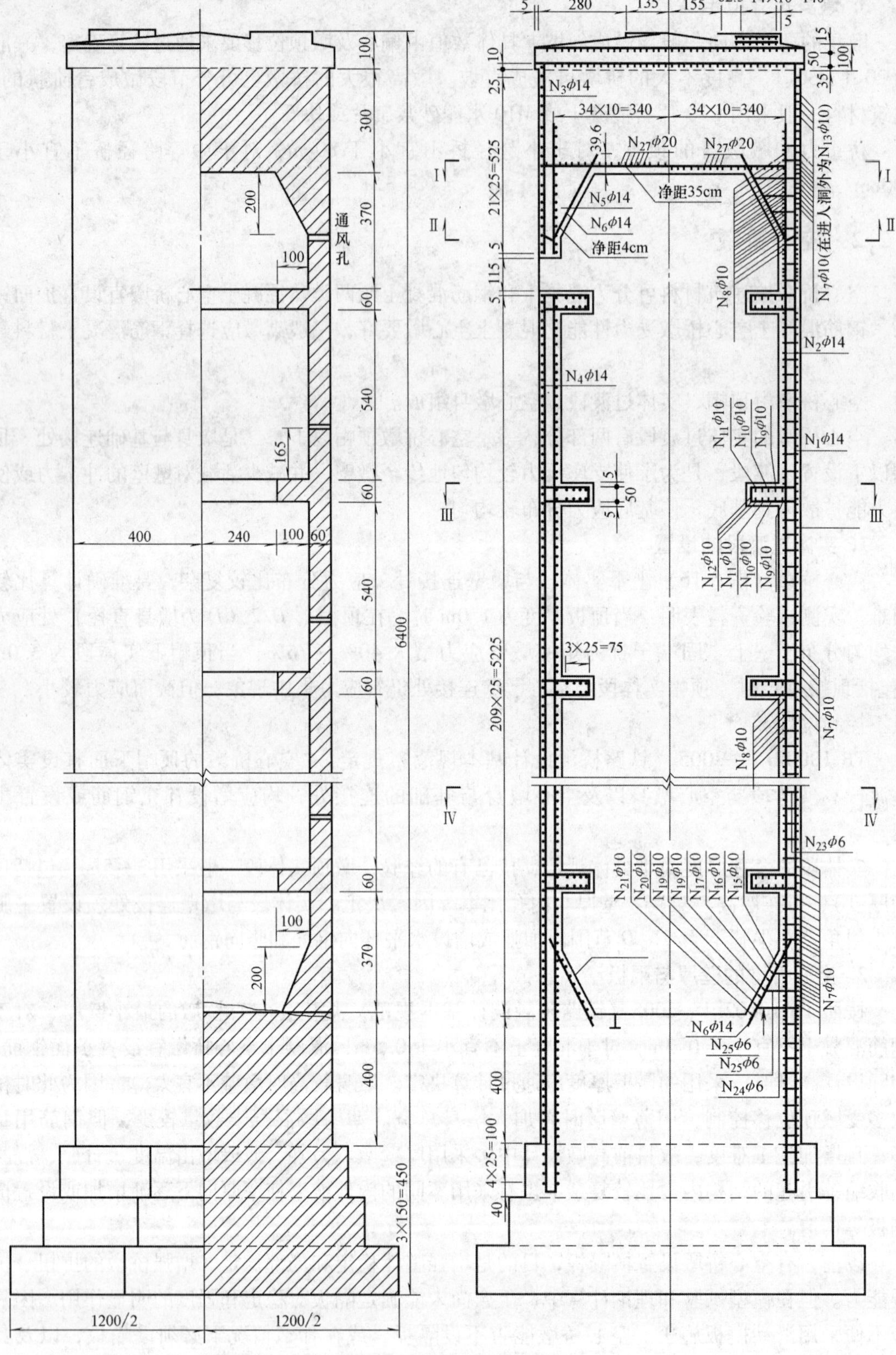

图 8-16 空心桥墩设计实例

（b 为矩形截面宽或圆形截面内外半径之中值）时，一般空心桥墩均可不设隔板。但由于目前设计和施工的经验还不多，在构造上应有一定措施保证结构的刚度、稳定和强度，故横向很宽的圆端形、矩形空心墩，仍宜设置纵隔板。较大的圆形可设置加劲肋式的横隔板。

3. 通风孔与进人洞设置

为了调节墩内外温差，减少施工中混凝土水化热对墩内温度的影响，应设置通风孔。圆形通风孔对墩壁应力分布较好，其直径不宜小于20cm，每隔3～5m交错设置。通风孔离地面不宜低于5m，并应高出设计频率水位，还应设置栅栏。

为排除墩内积水，可在墩下部过渡段顶部设置排水孔。排水孔设带有向外的流水坡，水中墩不要设在上游侧，排水孔周应设加强钢筋网。施工时设置的临时排水孔，竣工后应加以封堵。为了便于进入空心桥墩内检查和维修，在墩顶上应设置带门的进人洞，以及相应的固定或活动的检查设备，墩身内壁可设固定检查梯。

8.2.3　柱式桥墩

柱式桥墩由盖梁、墩柱及基础组成。盖梁的截面形状为矩形或T形，在城市桥梁中常采用倒T形，使得架梁后盖梁不外漏，墩身线条简洁，增加美观。盖梁的宽度依上部结构的形式、支座间距和尺寸等而定，公路桥墩的盖梁的高度一般取宽度的0.8～1.2倍。悬臂厚度不小于30cm。当铁路桥墩的墩高大于7m时，在两柱间距基础顶3～5m处设一横系梁以保证柱的稳定，横系梁高度可取柱直径的0.8～1.0倍，宽度可取为柱直径的0.8～1.0倍。铁路桥墩的盖梁（墩帽）一般为6m宽、1.3m高（包括托盘），柱的直径或宽度取1.5m，中心距为2.1m。公路，尤其是市内立交桥桥墩一般可不设横系梁。

公路桥梁采用的柱式桥墩有桩柱式、双排桩单排柱式、扩大基础柱式墩。图8-2、表8-2为公路桥梁扩大基础柱式墩设计实例。

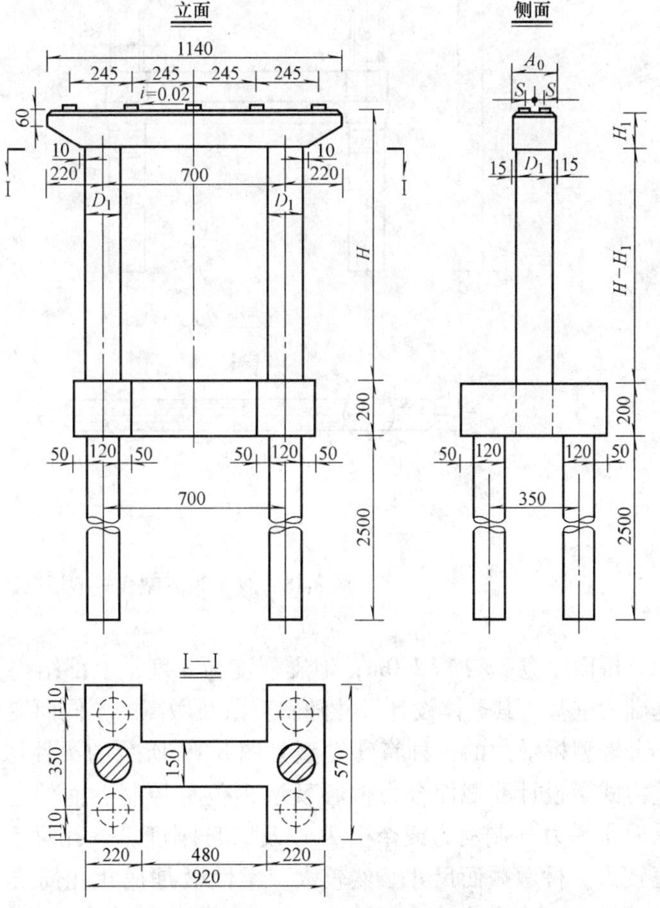

图8-17　柱式墩设计实例（单位：cm）

表 8-2 桩柱式桥墩设计实例部分参数

跨径/m	20	25	30
D_1/cm	130	140	150
S/cm	28	35	42
H_1/cm	130	140	150
A_0/cm	160	170	180

8.2.4 轻型桥墩

轻型桥墩的形状及尺寸多样，除顶帽的纵、横向尺寸拟定同重力式墩的拟定方法外，其余尺寸的拟定应根据具体情况由计算确定。图 8-18 所示为公路桥梁常用钢筋混凝土双 Y 形框架式轻型桥墩的设计实例。

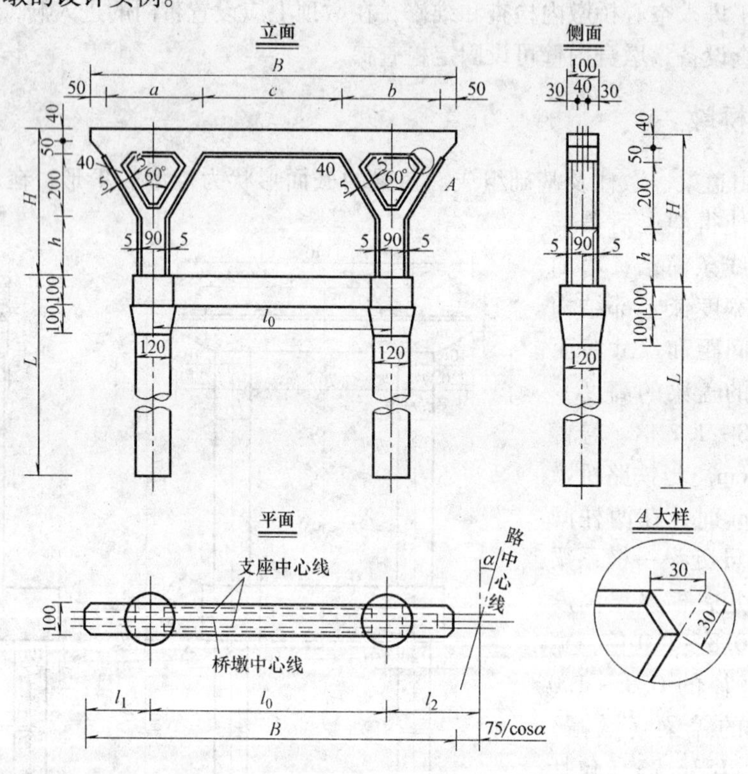

图 8-18 双 Y 形框架式轻型桥墩设计实例

桥面净宽 2×净 12.0m；地震烈度为 8 度；上部结构为钢筋（预应力）混凝土简支板；基础为桩基。其具体设计尺寸随斜交角及墩高的不同而变化（表 8-3）。

轻型桥墩中的一种特殊类型是图 8-19 所示的柔性墩。桥墩设计经验表明，铁路桥梁重力式墩设计受截面合力偏心及墩顶位移控制。而偏心及墩顶位移值主要决定于桥墩受纵向水平力（制动力或牵引力）及墩身刚度。一孔梁上的纵向水平力由一个墩承受，其值较大，桥墩截面尺寸必然较大。柔性墩是把几孔简支梁及其墩台用适当的措施连接起来，纵向形成多跨的门式结构，以共同承受水平力。其中，有的墩设计为重力式实体墩，而其余的墩身截面尺寸较小，则作用在桥上的纵向水平力将按各墩的抗推刚度分配，大部分水平力由刚度较大的重力式墩台承受，其余水平力由比较柔细的墩承受。柔性墩的一般布置如图 8-19 所示。

表 8-3 双 Y 形框架式轻型桥墩尺寸表 （单位：cm）

斜交角		25°	30°	35°	40°	45°
$H=500$cm	B	1300	1306	1321	1347	1383
	a	339	339	339	339	338
	c	508	514	529	555	592
	b	353	353	353	353	353
	h	210	210	210	210	210
	l_0	854	860	875	901	937.5
	l_1	219.5	219.5	219.5	219.5	219
	l_2	301.5	301.8	302.7	304.1	306.3

注：1. 当 $H=600$cm、700cm、800cm 时，h 为 310cm、410cm、510cm，其余尺寸与上列数据相同。

2. 桩底至墩底的距离 L 由实际地质情况确定。

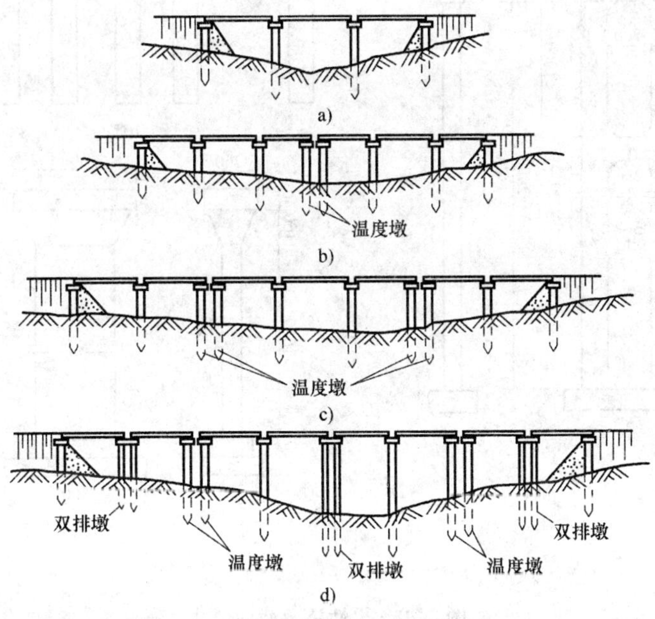

图 8-19 柔性桥墩纵向布置

柔性墩的墩身一般有下列形式：

（1）刚架式 刚架式柔性墩主要用于铁路桥，横桥向为一刚架。单线桥的刚架柔性墩常由两根立柱、数根横撑和顶帽组成，如图 8-20a 所示。用于曲线桥时，立柱可改用斜柱以增加墩身横向刚度。墩身一般采用 C20 ~ C25 钢筋混凝土建造。

（2）排架式 排架式柔性墩的特点是墩身直接由基桩延伸至顶帽，地面以下不设承台，仅在上端通过顶帽把基桩连接如图 8-20b 所示，适用于公路基桩栈桥。

（3）板壁式 该类型墩身为一实体钢筋混凝土矩形薄壁，如图 8-20c 所示。其构造简单，横向刚度大，便于滑动模板施工，使用较为广泛。

（4）上柔下刚式柔性墩　铁路上当墩高大于20m时，墩身已经具有足够的柔度，达到了减小水平力的效果，此时，若柔性墩过高，柔度过大，施工、架梁都可能存在一些问题。所以，当墩身很高时，可采用上柔下刚式的桥墩截面形式，刚性部分承受柔性部分传来的力，截面较大，结构与实体墩相同。TB 10052—1997《铁路柔性墩桥技术规范》规定，图8-20所示的柔性墩墩高或上柔下刚的桥墩的柔性部分，高度不宜超过24m，柔性墩的总高度不宜超过40m。另外，在水位较低而水流湍急的河流上，或在有漂流的河流上，宜采用上柔下刚式桥墩。

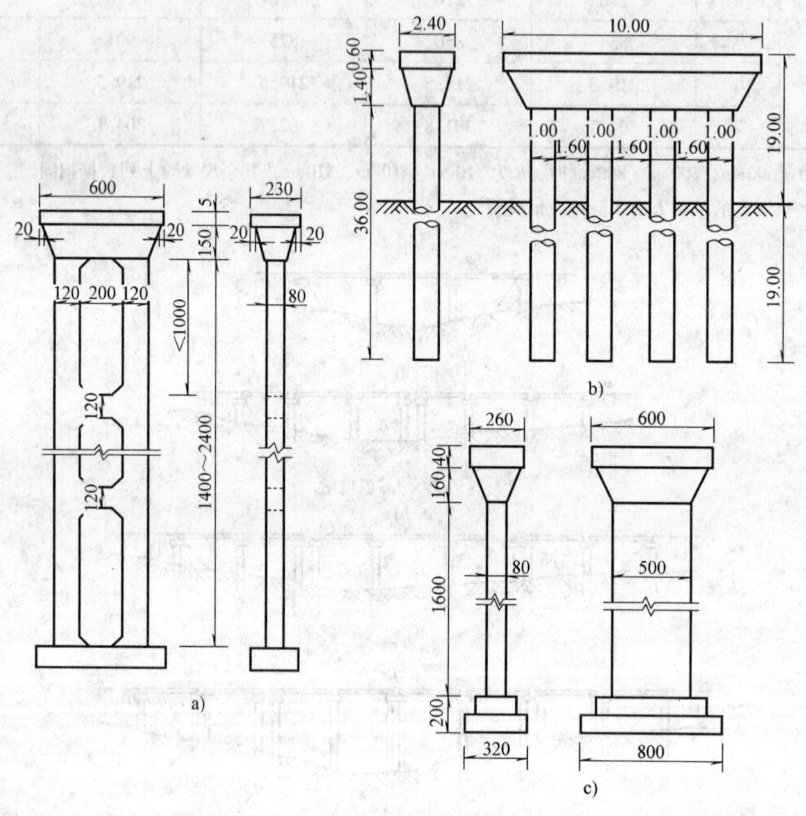

图8-20　柔性桥墩截面形式

8.2.5 拼装式桥墩

拼装式桥墩的混凝土强度等级一般不宜低于C25，对于不宜更换的重要受力构件或处于易受撞击、磨损、腐蚀环境中的构件，混凝土强度等级不宜低于C30。

常采用的拼装式桥墩按装配构件的形状有块件拼装式桥墩及杆件拼装式桥墩。杆件拼装式桥墩又可分为板凳式、排架式及双柱式（图8-21）。在构造上拼装式桥墩由帽梁、墩柱和基础组成。帽梁为一厚板，支承在弹性墩柱上并与墩柱杆件拼装后形成固接。墩柱一般采用钢筋混凝土方形或圆形的预制杆件，其截面尺寸应根据墩高和受力状态确定，墩柱之间设置纵、横向水平杆件以增强墩身的整体刚度。拼装式桥墩的基础采用就地灌筑施工，其截面尺寸应满足基底强度、偏心及混凝土的刚性角等要求，并预留与墩柱连接的接头。

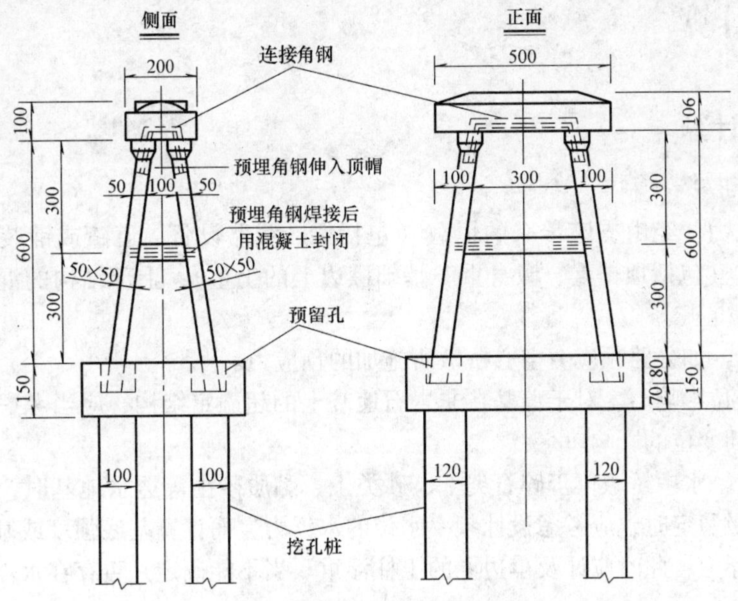

图 8-21　拼装式桥墩设计实例

拼装式杆件的接头是桥墩中的薄弱环节，接头设计得是否恰当直接关系到桥墩结构的受力状况、结构的稳定与安全，同时还关系到施工工序、工艺及施工时的质量保证等。所以应根据结构受力特性和施工条件确定接头形式，力求构造简单、受力明确。接头形式有钢筋插孔接头、杯形接头、钢板焊接接头、销接接头、预应力钢筋接头、高强螺栓接头及钢筋套环接头等多种形式。

帽梁与墩柱间的连接一般采用钢筋插孔接头（图 8-22），插孔钢筋一般用螺纹钢筋，插孔形状为倒圆台形，下孔直径不小于 80cm。装配前，在帽梁与墩柱间铺垫 2cm 厚的半干硬性微膨胀水泥砂浆。这种接头一般能起到铰接的作用。

在墩柱与基础间的连接一般采用杯形接头（图 8-23），基础预留杯形孔，预制墩柱装配时插入杯孔并浇筑混凝土以保证两者连接为整体。

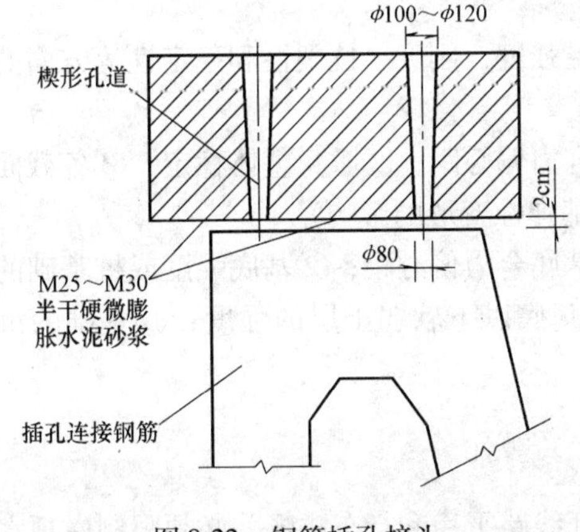

图 8-22　钢筋插孔接头

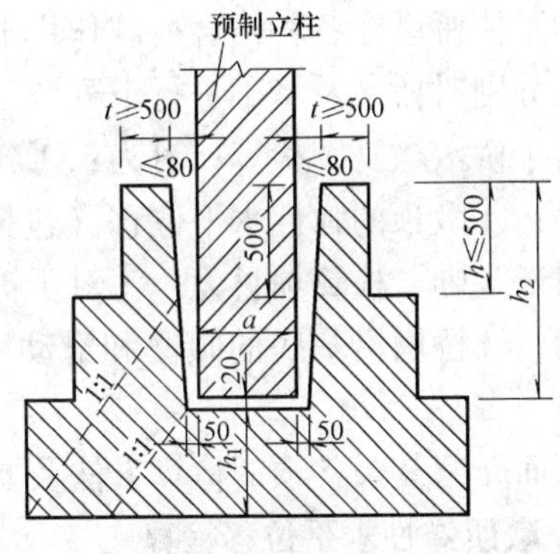

图 8-23　杯形接头

8.3 桥墩计算

8.3.1 荷载计算

（1）永久荷载

1）结构重力。经由支座传来的恒载（包括梁、线路设备、道碴或铺装层及人行道自重）；桥墩自重（包括顶帽重、墩身重、基础襟边上的土重）；上部结构的混凝土收缩及徐变的影响。

2）预应力。如公路预应力空心桥墩所施加的预应力。

3）基础变位影响力。对于奠基在非岩石地基上的超静定结构，应当考虑由于地基沉降引起的支座长期变位的影响。

4）水浮力。水中桥墩位于碎石类土、砂类土、黏质砂土等透水地基时，基底作用水浮力。当检算桥墩稳定时，应考虑设计频率水位的水浮力，而计算基底强度或基底偏心时应考虑常水位的水浮力，此时应计及襟边上的土柱浮重。当不能确定是否存在水浮力时，应按最不利情况考虑。

5）土压力。当桥墩修建在山坡或埋置式桥台的锥体护坡范围内时，桥墩侧面受到土的水平推力。

（2）基本可变荷载

1）作用在上部结构的列车或汽车荷载，对于钢筋混凝土柱式墩台应计入冲击力，对于重力式墩台则不计入冲击力。

2）人群荷载（公路桥）。

3）离心力，曲线桥上的活载行驶时，将产生指向曲线外侧的离心力。

（3）其他可变荷载　作用在上部结构的列车或汽车产生的制动力或列车产生的牵引力、风力、流水压力、冰压力、温度力及支座摩擦力等。

（4）偶然荷载　如地震力、船舶或漂流物撞击力。

8.3.2 实体桥墩计算

为了使桥墩在各种组合荷载作用下，均能满足强度、刚度、抗裂性和稳定性等方面的要求，应分别对桥墩及基础进行下列各项目的检算：

对于桥墩墩身，检算项目为：①各截面上的合力偏心距；②墩身整体稳定；③各截面上的强度；④墩顶的弹性水平位移（包括非岩石地基弹性变形的影响）。

对于基础，检算项目为：①对于扩大基础有基底合力偏心距；②基底强度或桩基础的承载能力；③桥墩沿基底的倾覆和滑动稳定性；④基底以下软弱土层的强度；⑤基础的沉降量。

下面介绍其余各项的检算方法及要求。

1. 墩顶弹性水平位移检算

桥墩在外力作用下，会产生弹性变形。为保证线路平稳和行车顺畅，必须限制墩顶水平位移。

墩顶弹性水平位移由两部分组成，一部分是由桥墩挠曲变形引起的位移Δ_1，另一部分是地基土变形引起的位移Δ_2，总位移应为两者叠加，即

$$\Delta = \Delta_1 + \Delta_2 \tag{8-1}$$

（1）桥墩挠曲变形引起的墩顶位移Δ_1　计算Δ_1时，视桥墩墩顶为自由、墩底为固定的悬臂梁，如图8-24所示。位移计算公式为

$$\Delta_1 = \int_0^h \frac{M(z)\overline{M}(z)}{EI_z}\mathrm{d}z \tag{8-2}$$

式中，$M(z)$是外力作用下任意截面的弯矩；$\overline{M}(z)$是墩顶作用单位水平力时,任意截面的弯矩。

如墩身为变截面，直接积分比较复杂，可用数值积分法，将桥墩分段总和求解。

（2）地基土变形引起的位移Δ_2　地基土不均匀弹性压缩使基底产生角变位θ（对于桩基为承台转动及水平位移），因而使墩顶产生弹性水平位移为$\Delta_2 = \theta H + \delta$，式中的$\delta$为桩基承台顶的水平位移，$H$为墩高。

墩顶水平位移应满足下列要求：顺桥方向$\Delta \leqslant 5\sqrt{L}$ (mm)，横桥方向$\Delta \leqslant 5\sqrt{L}$（mm），式中，$L$为桥梁跨度(m)。当$L<25$m（铁路为24m）时，按25m（铁路为24m）计算。当墩两侧桥跨为不等跨度时，L采用较小跨度的数值。

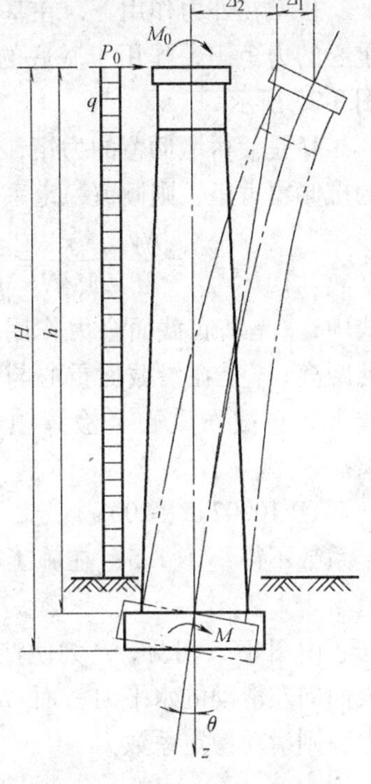

图8-24　墩顶水平位移计算

2. 扩大基础基底合力偏心距检算

为了使地基应力能均匀分布，避免基底两侧产生不均匀下沉而导致桥墩倾斜，应根据不同的地基和不同的荷载组合情况，分别限制基底合力偏心距。

1）对于非岩石地基，仅承受恒载时，基底合力作用点应尽量接近基底截面的重心。

2）对于非岩石地基，当承受恒载、活载及制动力时，$e \leqslant \rho$，即要求基底不出现拉应力。

3）对岩石地基，当承受恒载、活载及制动力时，对于硬质岩地基，$e \leqslant 1.5\rho$；对其他岩石地基，$e \leqslant 1.2\rho$。

上述公式中，e为外力对基底截面重心的偏心距；ρ为基底截面核心半径，$\rho = W/A$，W为相应于应力较小边缘的截面抵抗矩，A为基底截面面积。

对于斜向挠曲，特别是为不对称截面时，计算核心半径ρ特别麻烦，此时可采用下列简便公式

$$\frac{e}{\rho} = 1 - \frac{\sigma_{\min}}{N/A} \tag{8-3}$$

而

$$\sigma_{\min} = \frac{N}{A} - \frac{M_x y}{I_x} - \frac{M_y y}{I_y} \tag{8-4}$$

式中，N、M为作用于基底的竖直力以及外力对基底截面重心的力矩。

关于核心半径ρ的限制仍与上述规定相同。

3. 基底强度检算

计算方法与墩身检算相同，要求基底抗压强度满足规范要求。对于岩石地基，当基底合力偏心距超出截面核心时，同样应进行应力重分布计算。

4. 桥墩倾覆和滑动稳定检算

桥墩在外力作用下，在基底处最后合成三个力，作用于基底重心处的竖直力 N，对基底重心的力矩 M，作用于基底的水平力 P，如图 8-25 所示。

M 是使桥墩倾覆的力矩，Ny 为绕轴 A-A 的抗倾覆力矩，则倾覆稳定系数为

$$K_0=\frac{Ny}{M}=\frac{y}{M/N}=\frac{y}{e} \tag{8-5}$$

式中，e 是基底截面合力作用点至截面重心的距离；y 是在沿截面重心与合力作用点连线上，自截面重心至检算倾覆轴 A-A 的距离。

TB 10002.5—2005 规定，基底的倾覆稳定系数不得小于 1.5；在施工荷载作用下不得小于 1.2。

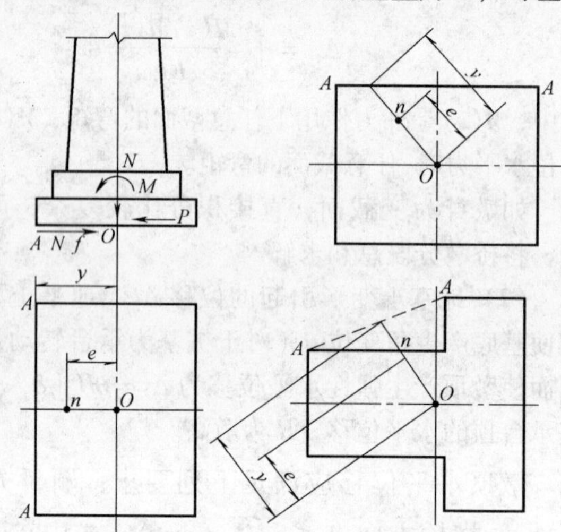

图 8-25 基底倾覆和滑动稳定计算

由图 8-25 可见，P 为使整个桥墩沿地基表面向左滑动的水平力，而 Nf（f 为基底与地基土间的摩擦系数）则是阻止其滑动的摩擦力，则滑动稳定系数为

$$K_c=Nf/P \tag{8-6}$$

TB 10002.5—2005 规定，基底的滑动稳定系数不得小于 1.3。在施工荷载作用下不得小于 1.2。

基础底面与地基土间的摩擦系数 f 的确定，应以实际资料为根据，当缺乏实际资料时，可参照表 8-4 选用。

表 8-4 基底摩擦系数

地基土分类	摩擦系数	地基土分类	摩擦系数
软塑黏土	0.25	碎石类土	0.5
硬塑黏土	0.3	软质岩	0.4~0.6
砂黏土、黏砂土、半干硬的黏土	0.3~0.4	硬质岩	0.6~0.7
砂类土	0.4		

5. 基底以下软弱土层的强度检算

除基底截面压应力应满足要求外，如果基底以下有软弱土层，尚应按下式检算软弱土层的压应力（图 8-26）

$$\gamma(h+z)+\alpha(\sigma_h-\gamma h)\leqslant[\sigma] \tag{8-7}$$

式中，σ_h 是基底压应力（kPa），当 $z/b>1$（或 $z/d>1$）时，σ_h 采用基底平均压应力，当 $z/b\leqslant1$（或 $z/d\leqslant1$）时，σ_h 按基底压应力图形采用距最大应力点 $b/3\sim b/4$（或 $d/3\sim d/4$）

处的压应力，b为基础的宽度（d 为基础直径）；γ 是土的重度（kN/m^3）；h 是基底埋置深度（m），当基础受水流冲刷时，一般情况从一般冲刷线算起，当不受水流冲刷时，由天然地面算起，如位于挖方内，则由开挖后地面算起；z 是自基底至软弱土顶面的距离（m）；α 是附加压应力系数，参见各桥规规定；$[\sigma]$ 是软弱土层的允许承载力（kPa）。

基础沉降量的计算，可参阅有关文献。

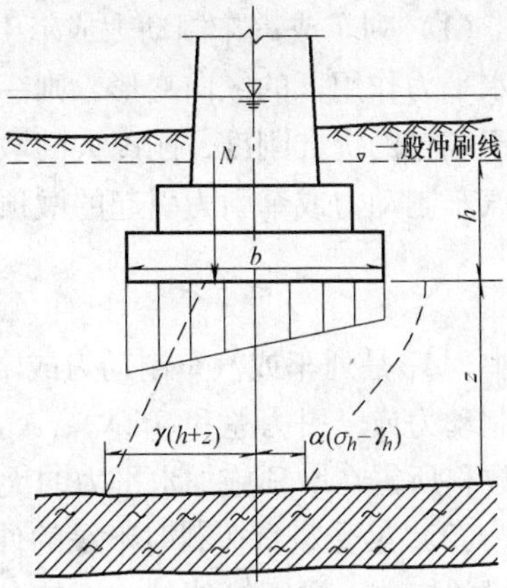

图 8-26 软弱土层的压应力检算

8.3.3 柔性墩计算

柔性墩的内力分别按纵向和横向计算。横向计算与一般桥墩相同，纵向计算则首先要根据梁与各墩台的连接、联长、各墩的刚度、基础类型、墩底约束情况等因素确定计算图，然后计算各墩所承受的外力并检算。因此，从整个桥梁体系来分析确定各墩的受力是柔性墩计算的特点。

1. 柔性墩桥梁的计算图

柔性墩桥梁是由台、柔性墩（有时含刚性墩）和梁组成一联多孔或多联多孔的连续铰接（对简支梁桥）或连续刚接（对连续或连续刚架桥）的超静定框架。本节主要针对连续铰接结构进行分析，对连续刚构或由于活动支座摩阻力较大，梁相对支座不可能发生滑移的多跨连续梁，计算原理是相同的。

在不同墩台上的多孔简支梁，由于温度墩（或活动支座）隔断了各联之间水平力的传递，将全桥简支梁分为相互独立的几联，计算时可取一联进行分析（图 8-27a）。当支座为橡胶支座时，由于这种支座在水平力作用下有微小的水平位移，因此可以按在节点处设水平弹簧支承的框架计算（图 8-27b）。图 8-27 所示为超静定结构，计算比较复杂，为设计计算简便，可将柔性墩简化为单墩计算。此时顺桥向简化为墩顶铰支并具有一定水平位移 Δ，而下端为刚性固结的偏心受压杆件，如图 8-28 所示。

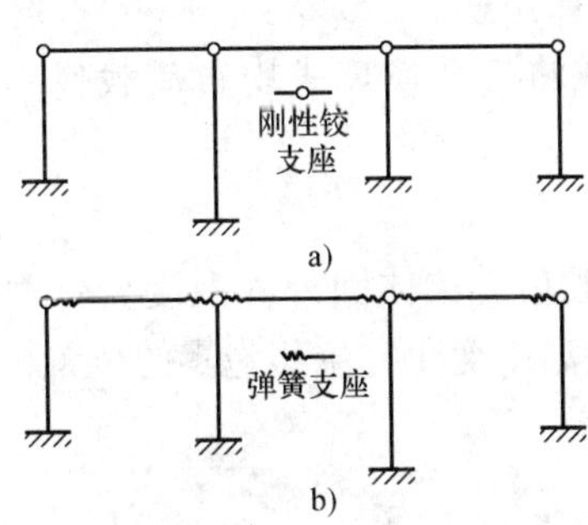

图 8-27 柔性墩桥梁结构计算图示

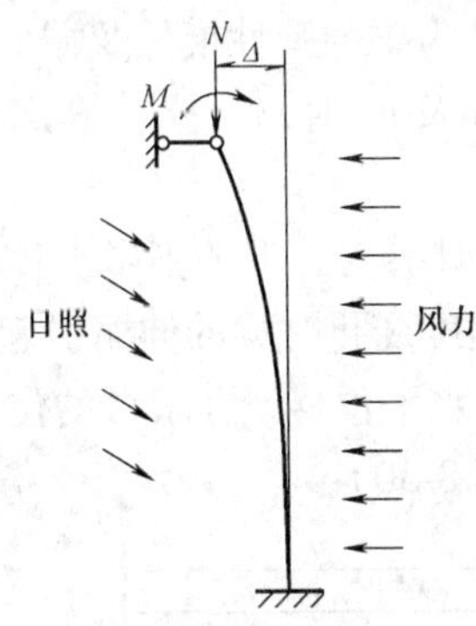

图 8-28 单墩计算图示

柔性墩桥梁顺桥向计算时应考虑以下因素：①列车或汽车制动力或牵引力；②梁受竖直荷载时下缘的伸长；③温度变化时梁的伸长；④水平力作用下固定支座缝隙变化；⑤梁体混凝土收缩和徐变；⑥架梁时残留的墩顶位移；⑦支座竖向反力及偏心力矩；⑧墩身风力；⑨墩身日照产生的温度力。其中，前六项以墩顶水平位移形式 Δ 作用于桥墩，其位移值的计算是柔性墩单墩检算前必须确定的。

2. 顺桥向墩顶水平位移计算

在柔性墩计算中，墩顶水平位移是作为桥墩承受的外部作用考虑的，需在墩身检算前确定。

（1）列车或汽车制动力或牵引力引起的墩顶位移　柔性墩桥梁上一联中，如果不计梁在水平力作用下的纵向变形，则一联内的各墩水平位移相同，显然，各墩所承担的水平力取决于各自的抗推刚度，刚度大的墩承受的水平力大，刚度小的墩承受的水平力小。因此列车或汽车制动力或牵引力引起的墩顶位移可近似按下式计算

$$\Delta_1 = \frac{P}{\Sigma K_i} \tag{8-8}$$

式中，Δ_1 是列车或汽车制动力或牵引力作用下联内各墩、台顶水平位移（cm）；P 是结构联内制动力或牵引力总和（kN）；K_i 是联内各墩、台的抗推刚度（kN/cm），为使墩顶产生单位位移所需在墩顶施加水平力的大小。

（2）梁受竖直荷载时下缘的伸长引起的墩顶位移　架梁后作用于梁上的竖直荷载将引起梁的挠曲，梁下缘伸长，而使各墩产生水平位移。一般情况下，在一联内各跨的跨度相同，可通过判断得出位移零点位置，则各墩的位移为

$$\Delta_2 = \lambda \Sigma d_l + \lambda \Sigma d_{\mathrm{d}} \tag{8-9}$$

式中，Δ_2 是竖直荷载作用时，梁下缘伸长产生的墩顶水平位移（cm）；Σd_l 是从计算墩到联内零点之间各孔简支梁在活载作用下，梁下缘伸长产生的墩顶水平位移（cm）；Σd_{d} 是从计算墩到联内零点之间各孔简支梁在恒载（不包括梁自重）作用时，梁下缘伸长产生的墩顶水平位移（cm）；λ 是折减系数，对铁路 24m、32m 跨度梁为 0.8，对 16m 跨度梁为 0.7，该项为考虑梁上的钢轨等线路设备对梁体转动的约束作用及支座转动时的摩擦阻力。

计算梁下缘伸长值 d 时，可先计算简支梁受均布荷载时梁端转角 θ，再根据梁中性轴至下缘的高度 y_c，即可计算出其伸长量（图 8-29）为

$$d = 2\theta y_c = 2 \cdot \frac{ql^3}{24EI} y_c = \frac{ql^3}{12EI} y_c \tag{8-10}$$

式中，E、I 为梁的弹性模量及截面惯性矩；l 为梁的计算跨度。

计算 d_l 及 d_{d} 时，只要计算出梁上的均布荷载，或将活载换算成均布荷载代入上式即可。

公路桥计算时，一般不考虑该项位移。

（3）温度变化时梁的伸缩引起的墩顶位移　在架梁后，梁体因外界温度变化而伸缩使柔性墩产生水平位移，在求墩的位移时，同样需先求出温度变化时位移为零的位置，可按下式计算（图 8-30）

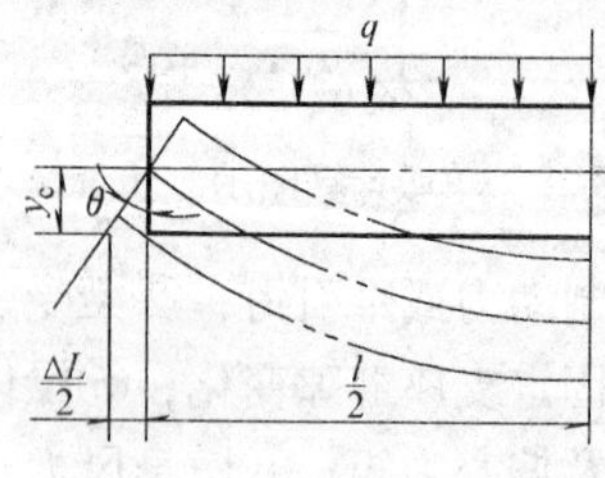

图 8-29　简支梁下缘伸长

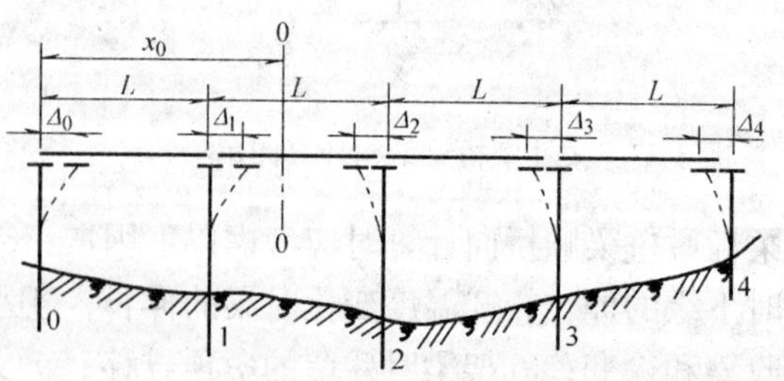

图 8-30　温度变化时柔性墩的墩顶位移

$$x_0 = \frac{\sum_0^n iK_i}{\sum_0^n K_i} L \tag{8-11}$$

式中，x_0 为0—0线至0号墩的距离；i 是墩的序号，$i = 0, 1, 2, \cdots, n$，n 为总墩数减1；L 是桥梁跨径。

如果用 $x_1, x_2, \cdots, x_i$ 表示自0—0线至1，2，…，i 号墩的距离，则得各墩顶部由温度引起的水平位移为

$$\Delta_3 = \alpha t x_i \tag{8-12}$$

式中，Δ_3 是温度变化时梁的伸长或缩短引起的墩顶位移；α 是梁体混凝土线膨胀系数；t 是架梁时温度与计算最高（低）温度的差值。

（4）固定支座缝隙变化引起的墩顶位移　在柔性墩桥梁一联内，要把纵向水平力传递到墩台上，支座与梁的连接缝隙必须压紧才能实现。而压紧的过程中墩顶产生的位移可由下式计算

$$\Delta_4 = n e_{\mathrm{f}} \tag{8-13}$$

式中，Δ_4 是固定支座缝隙变化引起的墩顶位移；n 是从计算墩到联内刚性墩之间固定支座的个数；e_{f} 是每个固定支座的缝隙，对盆式橡胶支座采用0.03cm，对铸钢支座采用0.08cm。

（5）梁体混凝土收缩和徐变引起的墩顶位移　梁体混凝土在架梁后产生的收缩与徐变变形使得梁长缩短，引起墩顶位移，一般按下述方法计算：收缩及徐变按降温考虑，温差一般取15℃，架桥机架梁时，可取5～10℃。

（6）架梁时残留的墩顶位移引起的墩顶位移　施工过程中，由于架梁时墩顶在施工荷载作用下已发生了部分水平位移，由于柔性墩桥为超静定结构，架梁后，部分位移不能自由恢复而使墩身产生内力，该部分位移可取下值

$$\Delta_6 = 0.3\text{cm} \tag{8-14}$$

柔性墩受活载偏心力矩及顺桥向风力时，虽然可能产生墩顶水平位移，但结构联（包括刚性墩、台）的整体刚度很大，上述位移量是很微小的，计算时忽略不计。

以上六项墩顶位移计算出后，可结合实际情况及检算内容进行取舍并组合以确定墩顶可能发生的总水平位移量 Δ。此后，即可按结构力学方法求得在水平位移作用下墩身各截面的内力。

3. 内力计算

综上所述，在忽略不计柔性墩因受活载偏心力矩及顺桥向风力引起的纵向水平位移微量后，单个柔性墩的内力计算图示为：墩顶铰支，墩底固接，受水平位移、墩顶弯矩、轴力及垂直于杆件方向的分布荷载。经理论分析，上述图示还可进一步简化为图8-31。

（1）墩顶水平位移的内力计算（图8-31b）　使墩顶产生水平位移 Δ 的水平力 P 按结构力学方法可求得

$$P_1 = -\frac{3EI}{l^3}\Delta \tag{8-15}$$

墩身距墩顶距离为 y 的任一截面的弯矩为

$$M_{y1} = -\frac{3EI}{l^3}y\Delta \tag{8-16}$$

（2）墩顶偏心弯矩的计算　设墩顶偏心弯矩为 M_0，桥墩的计算图示如图 8-31d 所示，其墩顶水平反力 P 及墩底弯矩 M 为

$$P_2 = \frac{3M_0}{2l} \tag{8-17}$$

$$M_{y2} = M_0 - \frac{3M_0}{2l}y \tag{8-18}$$

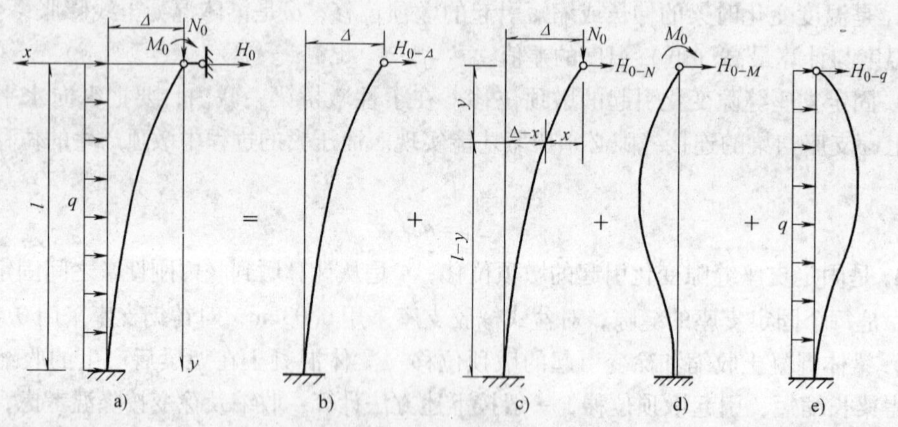

图 8-31　柔性墩内力近似计算图示

（3）顺桥向风力的计算　设风力强度为 q，桥墩的计算图示如图 8-31e 所示，则每单位墩宽的墩顶水平反力 P 及墩弯矩 M 为

$$P_3 = \frac{3}{8}ql \tag{8-19}$$

$$M_{y3} = \frac{3}{8}qly - \frac{1}{2}qy^2 \tag{8-20}$$

（4）墩顶轴力计算　墩顶轴力 N 直接作用于全墩，为墩身计算的主要力素。因计算图示中，墩顶有侧向约束且具有一定的水平位移，故轴力 N 在垂直作用之外，还会产生相应的侧向水平力，使墩身产生弯矩，计算图示如图 8-31c 所示。设墩顶产生水平位移 Δ 后的墩身挠度曲线为

$$x = \frac{1}{2l^3}(2l^3 - 3l^2y + y^3)\Delta \tag{8-21}$$

在图 8-31c 所示结构中，以墩顶水平反力为赘余力，则在基本体系悬臂梁上，在墩顶单位水平力作用下发生的墩顶水平位移为

$$\delta_{11} = \int_0^l \frac{y^2\mathrm{d}y}{EI}$$

由 N 作用下发生的墩顶水平位移为

$$\delta_{1N}=\int_0^l \frac{N(\Delta-x)y}{EI}\mathrm{d}y \tag{8-22}$$

以 x 值代入式（8-22）并积分，得出 δ_{1N} 的值。

因此，考虑 Δ 的存在，N 使墩顶产生的水平力 P 为

$$P_4=\frac{\delta_{1N}}{\delta_{11}}=\frac{6N\Delta}{5l} \tag{8-23}$$

墩身弯矩

$$M_{y4}=Py+N(\Delta-x) \tag{8-24}$$

图8-32中示出墩身弯矩，从图中可看出，在墩身下部控制截面处，发生的弯矩为负号，即与主要因素 Δ 产生的弯矩方向相反，而且当 N 越大时，相反方向的弯矩也越大，至于零点以上的正弯矩，因其位置在墩身上段非控制部位，且其数值很小（最大为 $0.09N\Delta$）。故TB 10052—1997《铁路柔性墩桥技术规范》规定，柔性墩顺桥向计算中，可不计挠度对偏心距影响的增大系数，即所述的由 $N\Delta$ 产生的反向弯矩。

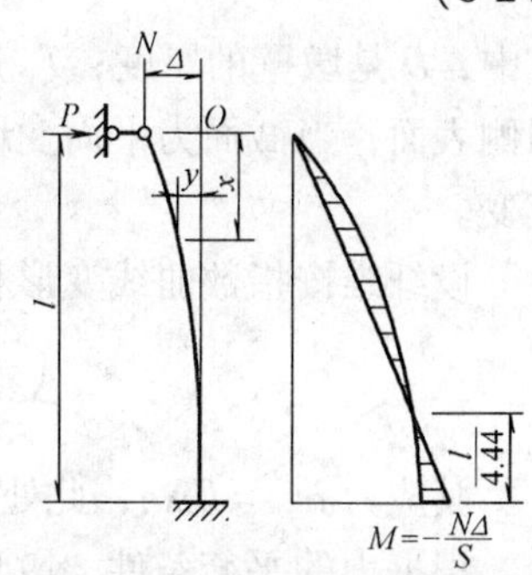

图8-32　柔性墩墩身弯矩

4. 温差计算

柔性墩的周边均暴露在大气中，且墩身截面尺寸较小。当气温变化时，墩身各部分温差很小，由此引起的温度应力也很小，可以略去不计。但当日照时，一侧向阳，另侧背阳，此时在墩身混凝土内，两侧温差引起的温度应力较大，应予计算。

实测资料表明，具有一定厚度的结构，其不利的温度场曲线为凹形，即温度最低点在墩壁中部附近，但柔性墩在日照时，背阳侧壁表面的温度均比向阳侧低得多，故将温度最低点移至背阳侧表面，使温度呈指数曲线变化，将使计算简化，且偏于安全。

墩身日照时，墩壁内的温差按下式计算

$$T_x=T_0\mathrm{e}^{-\alpha x} \tag{8-25}$$

式中，T_x 是计算点 x 处的温差（℃）；T_0 是顺桥向柔性墩向阳面与背阳面的温差（℃）；α 是系数，采用7（m^{-1}）；x 是计算点至向阳侧墩表面的距离（m）。

柔性墩的日照温度应力有两种，即温度的非线性变形与结构平截面变形不协调而产生的内约束应力，以及墩身弯曲变形受墩顶、底支承约束而产生的外约束应力。

（1）日照内约束应力　柔性墩墩壁是一个非稳定的温度场，温度分布随时间和位置而变化。实测说明，除接近墩顶和墩底部分外，温度沿墩身高度基本不变。另外，墩身横向宽度远比纵向厚度大，故假定温度沿壁厚方向呈非线性变化，而沿墩宽方向不变。因此，温度应力的计算可简化为平面应力问题。

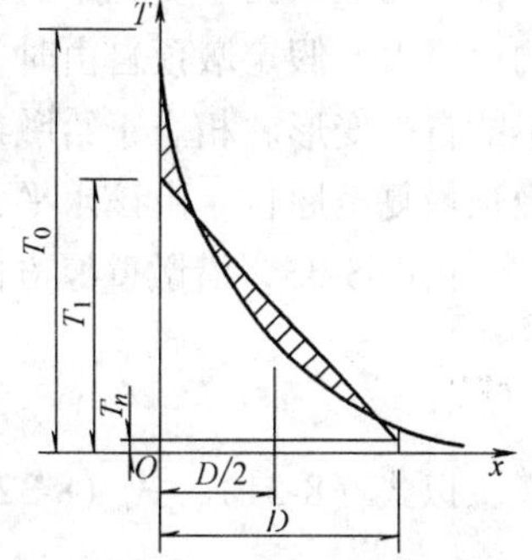

图8-33　沿壁厚温差分布

内约束应力计算图如图8-33所示。

若墩身纵向纤维互不约束，则任一纤维按指数曲线而变

形，其应变 ε 为

$$\varepsilon = \alpha T_x = \alpha T_0 \mathrm{e}^{-\alpha x} \tag{8-26}$$

式中，α 为混凝土的线膨胀系数；其他符号的意义同前。

此时，纤维中并不产生应力。但实际上各纤维是相互约束的，且墩身变形时，横截面基本保持平面，这样就产生了自约束应力。

在平截面变形的状态下，有

$$T'_x = T_1 - (T_1 - T_n)\frac{x}{D} \tag{8-27}$$

$$\varepsilon' = \alpha T'_x$$

式中，D 是墩壁的厚度；T_1 是向阳侧表面，当截面为平面变形时的相当温度（℃）；T_n 是背阳侧表面，当截面为平面变形时的相当温度（℃）；ε' 是当截面为平面变形时由温差引起的应变。

设纤维按指数曲线变形和按平截面变形的应变之差为 $\Delta\varepsilon$，则

$$\Delta\varepsilon = \varepsilon - \varepsilon' = \alpha\left[T_0 \mathrm{e}^{-\alpha x} - T_1 + (T_1 - T_n)\frac{x}{D}\right] \tag{8-28}$$

其应力 $\sigma_{t1} = E\Delta\varepsilon$，此处 E 为混凝土的弹性模量（MPa）。

根据力的平衡条件，墩身任一截面的温度应力总和应为零，即

$$\int_0^D E\Delta_\varepsilon \mathrm{d}x = 0 \tag{8-29}$$

截面上应力对截面中心的弯矩的总和为零，则

$$\int_0^D E\Delta_\varepsilon\left(\frac{D}{2} - x\right)\mathrm{d}x = 0 \tag{8-30}$$

联立求解得

$$T_1 = \frac{2}{\alpha D}\left[\frac{3}{\alpha D}(\mathrm{e}^{-\alpha D} - 1) + (\mathrm{e}^{-\alpha D} + 2)\right]T_0 \tag{8-31}$$

$$T_n = \frac{-2}{\alpha D}\left[\frac{3}{\alpha D}(\mathrm{e}^{-\alpha D} - 1) + (2\mathrm{e}^{-\alpha D} + 1)\right]T_0 \tag{8-32}$$

以 T_1、T_n 的值代入式（8-27），即为柔性墩的日照内约束应力。

（2）日照外约束应力　若墩顶无约束，日照将使墩身弯曲而产生墩顶水平位移 Δ_t，但柔性墩的墩顶由于受到梁的约束而不能移动，这样就产生了附加力，使得墩身截面产生了外约束应力。假定墩顶自由时，计算出墩顶日照位移 Δ_t。根据“等效力法”，实际墩顶受约束不能自由变形，相当于给墩顶一个水平力使墩顶能产生与 Δ_t 大小相等方向相反的位移，使墩顶恢复至原位。由该水平力即可计算出各截面的内力。

由图 8-33，沿墩壁厚方向的温度梯度 B 为

$$B = \frac{T_1 - T_n}{D} \tag{8-33}$$

以式（8-31）、式（8-32）代入并化简得

$$B = \frac{bT_0}{\alpha D^2}\left[\left(\frac{2}{\alpha D} + 1\right)(\mathrm{e}^{-\alpha D} - 1) + 2\right] \tag{8-34}$$

设沿墩身高度方向为 y 轴，则对于墩高微段 dy 的转角应为 $\alpha B dy$，墩顶位移 Δ_s 为

$$\Delta_s = \int_0^H \alpha B y \mathrm{d}y \tag{8-35}$$

式中，H 是柔性墩的高度。

Δ_s 是假设墩顶自由时的日照位移，实际上墩顶为铰支，墩身受到外约束，此时墩顶有水平反力 P

$$P = \frac{3EI}{H^3}\Delta_s \tag{8-36}$$

墩身截面弯矩为

$$M = Py = \frac{3EI}{H^3}\Delta_s y \tag{8-37}$$

求得截面内力后，不难计算截面的应力。

(3) 日照应力的组合　TB 10052—1997《铁路柔性墩桥技术规范》规定："顺桥向日照墩身的影响可只计墩顶铰支的外约束作用，温度变形与平截面变形不协调产生的内约束应力一般可不予计算"。

这是因为内约束应力只存在于未开裂的截面内，即在墩身上部，这部分墩身随外力的弯矩较小，因而截面受力的偏心距也较小，即使加上日照内约束应力也不控制设计。在墩身下部，截面处于大偏心受压状态，控制截面处的拉力区混凝土不参与工作，压力区范围较小，内约束应力大部分应混凝土开裂已释放，故可不予计算。

8.3.4 柱式桥墩计算

柱式桥墩的计算包括盖梁和柱身的计算。

盖梁一般采用钢筋混凝土材料。在构造上，桩柱的钢筋伸入到盖梁内并与盖梁的钢筋绑扎成整体，因此盖梁与桩柱形成刚架结构。对于双柱墩、台，当盖梁的刚度与桩柱的刚度比较大（大于5）时，为简化计算可以忽略节点不均衡弯矩的分配及传递，按简支梁或双悬臂梁计算及配筋。多柱式墩的盖梁按多跨连续梁计算。当盖梁计算跨径与盖梁高之比，简支梁小于2，连续梁小于2.5时，应按深梁计算。当盖梁的刚度与桩柱的刚度比小于5时，或桥墩承受较大的横向力时，盖梁与桩柱应作为横向刚架作整体分析。

(1) 恒载　恒载包括上部结构恒载支点反力和盖梁自重。

(2) 活载　活载组合时，活载布置要使得各种组合为最不利情况，求出支点最大反力作为盖梁的活载。荷载的横向分布计算，当活载对称布置时，按杠杆法计算，当活载非对称布置时，按刚性横梁法（或偏心受压法、刚接板法或G-M法）计算。在盖梁内力计算时，可考虑桩柱支承宽度对弯矩峰值的削减。

(3) 施工荷载　盖梁在施工过程中，荷载的不对称性很大，各截面将产生较大的弯矩，因此要根据当时的架梁施工方案对各截面的受弯、受剪进行验算。构件吊装时，构件重力应乘以动力系数1.2或0.85，并视构件具体情况作适当增减。

(4) 荷载组合及其内力计算　按钢筋混凝土构件进行。

(5) 配筋计算及抗裂性计算　盖梁的配筋计算方法与钢筋混凝土梁配筋计算相同。当作为深梁计算时，计算方法可参考有关规范。

8.3.5 空心桥墩计算

1. 空心桥墩的截面应力计算

（1）一般截面应力计算　在墩身中段，按偏心受压构件计算。

（2）固端干扰力计算　空心墩身与顶帽、基础连接处，相当于固端的边界条件，对墩壁有约束作用，因而产生局部纵向应力和环向应力，即固端干扰应力，该应力的数值较大，计算时不能忽视，这是空心桥墩的计算特点之一。固端干扰力一般采用空间有限元方法的块体或壳体单元均可计算得出，但通常采用简化方法：先将墩作为悬臂梁计算得出平面应力，再乘以应力增大系数加以修正，从而求出应力。具体计算公式可参考有关资料。

2. 空心桥墩的温度应力计算

在桥梁中，温度变化能产生相当大的温度应力，某种情况下，可与恒、活载产生的应力属同一量级。空心桥墩由于墩内通风条件差，而混凝土本身导热性能又低，在气温发生变化或日照作用时，墩壁内外将产生较大温差而导致温度应力产生。温差分布沿墩壁厚度是非线性的，而截面变形服从平截面假定，于是截面温度变形受到约束而产生内约束温度应力。圆形空心桥墩的截面直径远大于其壁厚，故可近似地认为沿壁厚方向（径向）的应力为零，只有竖向和水平方向（切向）的应力。为简化计算，竖向应力和水平方向（切向）应力采用同一瞬时温度梯度，分别按单向应力状态求解。

温度应力一般以气温温差、太阳辐射温差和寒潮温差进行计算。温度应力一般是日照正温差时，外壁受压，内壁受拉，当寒潮降温为负温差时，外壁受拉，内壁受压。

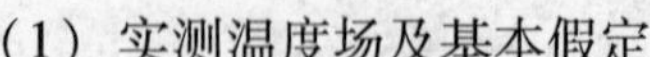

（1）实测温度场及基本假定

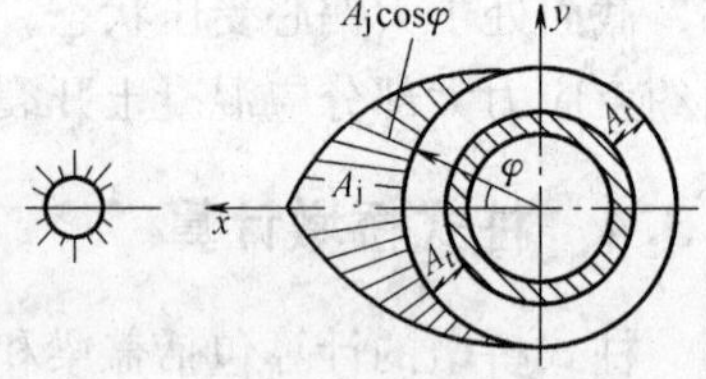

图 8-34　日照温差平面分布图

1）日照温差的平面分布如图 8-34 所示，其中太阳辐射温差沿周边为圆心角余弦函数变化，气温温差四周对称均匀分布。

周边任意方向上的温差可表示为下式

$$A_\varphi = A_j\cos\varphi + A_t \tag{8-38}$$

式中，A_φ 是空心墩 φ 角方位处太阳辐射和气温温差之和；A_j 是太阳辐射产生的内外壁表面最大温差；A_t 是内外壁表面气温温差。

向阳面 φ 由 $0\sim\frac{\pi}{2}$，当 $\varphi=0$，$\cos\varphi=1$ 时，向阳面正晒时刻温差最大。背阳面 $A_\varphi=A_t$，即背阳面无太阳辐射影响，仅有气温温差。

2）在日照和寒潮降温作用下，温差沿壁厚方向按指数函数分布取值，如图 8-34 所示。太阳辐射温差为

$$A_x = Ae^{-\beta x}\cos\varphi \tag{8-39}$$

气温及寒潮降温温差为

$$A_x = Ae^{-\beta x} \tag{8-40}$$

式中，A_x 为距墩壁外表面 x 处由于太阳辐射、日照气温及寒潮降温作用所产生的温差；A 为寒潮降温产生的内外壁表面的温差（取负值）（℃）；β 是系数，表征温度梯度；x 是以墩壁外表面为原点的圆环径向流动坐标。

各种温差沿壁厚的变化规律如图8-35所示。

3）沿墩身高度方向温度变化甚小，近似为常数。

4）在温度变化的影响下，墩壁混凝土仍然服从材料力学的基本假定，即平截面变形，应力与应变成正比，同时满足静力平衡条件。

温度应力的计算，其内约束应力采用以静力平衡为基础的“等效力法”原理，即在非线性温度梯度作用下，假定结构的自由变形完全被约束，从而产生约束应力，然后解除假想的约束，释放约束力，使结构恢复为原来的状态，根据静力平衡原理，相当于一个大小相等而方向相反的力来平衡，使截面变形服从平截面的假定，而桥墩则因温度变化而产生实际的变形，上述两个力所产生的应力叠加即为所求截面之内约束应力，如图8-36所示。对于外约束应力，按结构力学原理求解。

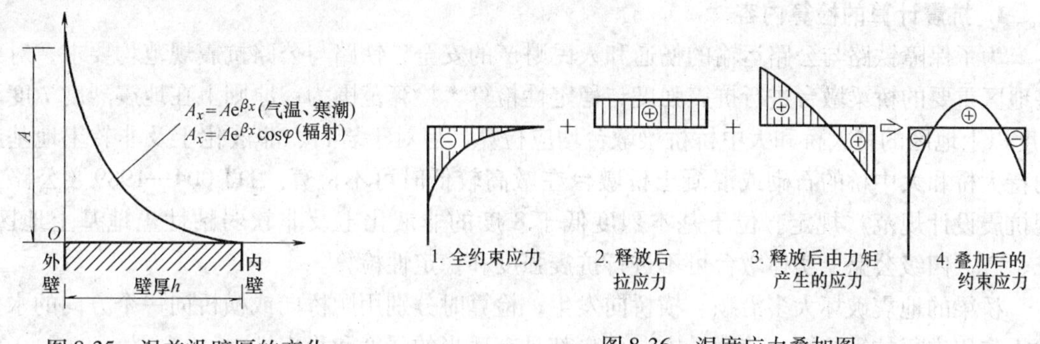

图8-35 温差沿壁厚的变化

图8-36 温度应力叠加图

为简化计算，太阳辐射作用和气温作用分别计算，然后应力叠加。

温度应力的计算公式较为复杂，一般为半理论半经验公式，具体计算时，可参照有关公式进行。

（2）温差取值 温度应力计算中，各种温差A值选用，一般应根据建筑物所在地多年实测资料分析确定，在缺乏实测资料的情况下，根据资料建议，中南、华东地区空心桥墩设计壁厚为0.5～0.7m时，计算日照温差A_t用10℃和气温与最大辐射温差之和A_φ（A_t+A_j）用25℃，计算降温温差取-10℃。

3. 空心桥墩墩顶弹性水平位移计算

空心桥墩墩顶弹性水平位移包括荷载作用下的弹性水平位移、日照温差作用下的弹性水平位移及基础和基底土壤的弹性变形。

荷载作用下的弹性水平位移由桥上活载制动力、作用于墩身的风荷载或离心力引起，计算时按下端固结的悬臂梁计算。

$$\Delta=\int_0^H\frac{M_P\overline{M}}{EI}\mathrm{d}H \tag{8-41}$$

式中，M_P是各种荷载对计算截面的弯矩；$\overline{M}$是墩顶单位水平力对各计算截面的弯矩；H是墩高；E是墩身弹性模量；I是墩身截面惯性矩；Δ是墩顶弹性水平位移。

日照温差作用下的弹性水平位移是不可忽视的，单计算较为复杂，目前尚无统一的计算公式。该部分计算及基础和基底土壤的弹性变形计算可参阅有关书籍进行。

4. 空心桥墩的局部稳定性计算

空心桥墩的局部稳定与墩壁厚及横隔板的设置有关。研究表明：

对于圆形空心桥墩，失稳时的临界应力计算公式为

$$\sigma_{cr}=0.36Et/R \tag{8-42}$$

对于矩形空心桥墩为

$$\sigma_{cr}=3.61E\left(\frac{t}{b}\right)^2 \tag{8-43}$$

式中，σ_{cr}是弹塑性阶段局部失稳临界应力；E是混凝土弹性模量；R、b是圆形空心墩中面半径和矩形墩宽；t是壁厚。

8.3.6 抗震计算

1. 抗震计算的检算内容

为了保障铁路与公路运输的畅通和人民财产的安全，铁路与公路抗震规范均要求，对某些地区重要的桥梁墩台进行抗震强度与稳定性检算，检算范围为：原则上在地震烈度7度及7度以上地区的特大桥和大中桥桥梁墩台均应检算，但对于岩石、非液化土及非软土地基上的特大桥和大中桥的石砌或混凝土桥墩台在墩高较低时可不检算。JTJ 004—1989《公路工程抗震设计规范》规定，位于基本烈度低于8度的非液化土及非软弱粘性土地基上地区，二、三、四级公路上实体墩台可不进行抗震强度和稳定性检算。

桥梁的地震破坏大多沿顺、横桥向发生，检算时分别用顺桥向或横桥向一个方向的水平地震作用进行抗震检算，使两个方向各自都具有适当的强度和稳定性。

检算时的荷载因考虑到地震发生的作用时间短且数值大，地震力只与恒载中的结构自重、土压力、静水压力及浮力，活载中的活载重力、离心力及活载产生的土压力进行组合。

2. 地震力的计算

梁式桥墩的地震力计算图示如图8-37所示。

1）梁式桥墩的两侧通过支座支承着各种类型的桥跨结构，以及桥上轨道等线上结构，因此桥墩与上部结构形成了一定的空间连接体系。在计算图示中应于墩顶处设一线弹簧系数为k的顺桥向弹簧支承以体现这种作用（图8-37b）。但为简化计算，JTJ 004—1989规定，除柔性墩桥梁外的桥梁桥墩按不计墩顶空间相互约束作用，而按单墩计算。

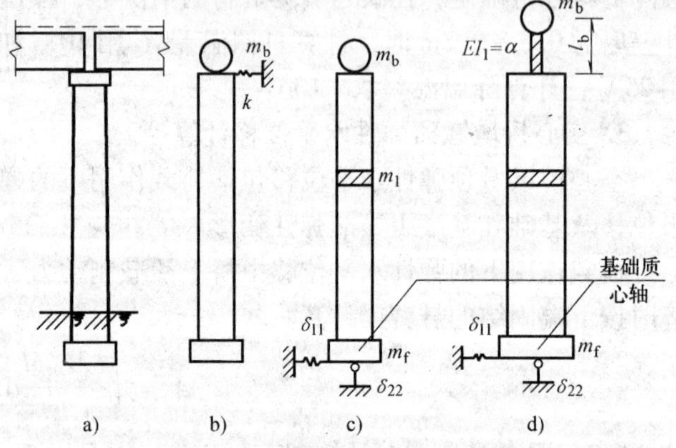

图8-37 梁式桥墩的地震力计算图示

2）考虑墩上桥跨结构质量的地震作用时，可将桥跨结构的集中质量m_b直接置于支座中心处，然后计算整个结构的顺桥向自振特性。但计算横桥向的地震作用时，因梁是通过左右两个支座刚性地传至桥墩的，计算时应将桥跨结构质量和活载质量均置于各自的质心处，用刚臂与墩顶相连来计算结构的地震作用（图8-37d）。

3）墩身应按分布质量系统求振动特性，但为了简化计算并保证计算的精度，可将墩身

沿墩高方向分成若干小段，把原来连续分布的质量分段集中在各小段的质心处，形成多质点弹性体系。

4）地震时由于地基的变形，在地基与桥墩之间形成一种相互作用，对于非岩石地基上的明挖基础、桩基础和沉井基础，这种相互作用可采用设于基础底面上的两根弹簧连杆来反映（图8-37c、d）。它们分别代表地基与基础间的水平位移和转动特性。计算地震作用时则假定基础本身为刚性。对于岩石地基，则墩底与地基为固结连接。

5）按上述图示计算出单墩的频率和振型后，可按下式计算出作用于墩身各质点的水平地震力和地震位移。

$$E_{ihP}=C_iC_zK_h\beta_1\gamma_1X_{1i}G_i \tag{8-44}$$

式中，E_{ihP}是作用于桥墩质点 i 上的水平地震荷载；C_i 是重要性修正系数；按表8-5采用；C_z 是综合影响系数，按表8-6采用；K_h 是水平地震系数，按表8-7采用；γ_1 是桥墩顺桥向或横桥向的基本振型参与系数；β_1 是相应于桥墩顺桥向或横桥向的基本周期的动力放大系数；G_i 是桥墩墩身各分段的重力；X_{1i}是桥墩基本振型在第 i 段重心处的相对水平位移。

表8-5 重要性修正系数 C_i

路线等级及构造物	重要性修正系数
高速公路和一级公路上的抗震重点工程	1.7
高速公路和一级公路的一般工程、二级公路上的抗震重点工程、二、三级公路上桥梁的端支座	1.3
二级公路上的一般工程、三级公路上的抗震重点工程、四级公路上桥梁的端支座	1.0
三级公路上的一般工程、四级公路上的抗震重点工程	0.5

表8-6 综合影响系数 C_z

桥梁和墩台类型			桥墩计算高度 H/m		
			$H<10$	$10\leqslant H<20$	$20\leqslant H<30$
梁桥	柔性墩	柱式桥墩、排架桩桥墩、薄壁桥墩	0.30	0.33	0.35
梁桥	实体墩	天然基础和沉井基础上桥墩	0.20	0.25	0.30
梁桥	多排桩基础上的墩		0.25	0.30	0.35
梁桥	桥台		0.35		
拱桥			0.35		

表8-7 水平地震系数 K_h

基本烈度	7	8	9
水平地震系数	0.1	0.2	0.4

8.4 实体桥墩检算算例

8.4.1 铁路实体桥墩检算算例

8.4.1.1 设计资料及检算要求

1）图8-38所示为一实体矩形桥墩。桥墩结构为等跨 $L=24$m 道碴桥面预应力混凝土梁，梁上设双侧人行道（直线梁桥面系重量为38kN/m），梁长 $L_0=24.70\text{m}$，梁高2.10m，轨底至梁底2.60m，轨底至墩顶3.00m，支座铰中心至墩顶为0.31m，每孔梁重1568kN。

2）桥上线路为直线、单线、平坡。

3）平时桥下无流水，无冰冻，基底是良好岩层。

4）风力：有车时，风荷载强度 $W=1.2\text{kPa}$；无车时，风荷载强度 $W=2.1\text{kPa}$。

5）建筑材料：墩帽为C20钢筋混凝土；托盘为C15混凝土；墩身为C15混凝土。

6）检算要求：检算墩顶以下15m及基顶处墩身截面（即 $h=13\text{m}$ 与 $h=28\text{m}$ 处截面）。

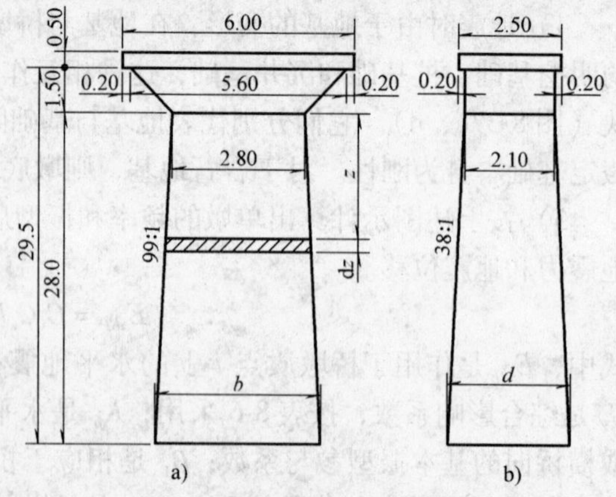

图8-38 实体桥墩检算图（单位：m）

a）正面 b）侧面

8.4.1.2 荷载计算

1. 恒载

（1）梁及桥面系（道床）重

$$N_1=1568\text{kN}+38\times 24.7\text{kN}=2507\text{kN}$$

（2）墩帽重

$$N_2=2.5\times 6.0\times 0.5\times 25\text{kN}=187.5\text{kN}$$

（3）托盘重

$$N_3=\frac{5.6+2.8}{2}\times 1.5\times 2.1\times 23\text{kN}=304.3\text{kN}$$

（4）墩身重

墩身体积为

$$\begin{aligned}V_4&=\int_0^h\left(2.1+\frac{2z}{38}\right)\left(2.8+\frac{2z}{99}\right)\text{d}z\\&=\int_0^h\left[2.1\times 2.8+2\left(\frac{2.8}{38}+\frac{2.1}{99}\right)z+\frac{4z^2}{38\times 99}\right]\text{d}z\\&=2.1\times 2.8h+\left(\frac{2.8}{38}+\frac{2.1}{99}\right)h^2+\frac{4}{3\times 38\times 99}h^3\\&=5.88h+0.095h^2+\frac{2}{5643}h^3\end{aligned}$$

则 $N_4=V_4\times 23\text{kN/m}^3$，计算结果见表8-8。

表8-8 检算截面处（$h=13\text{m}$，$h=28\text{m}$）墩身重

h/m	V_4/m^3	N_4/kN
13	93.274	2145
28	246.900	5678

2. 活载

对于各检算项目的最不利活载图示为单孔轻载和双孔重载，分别计算如下：

（1）单孔轻载（图8-39）

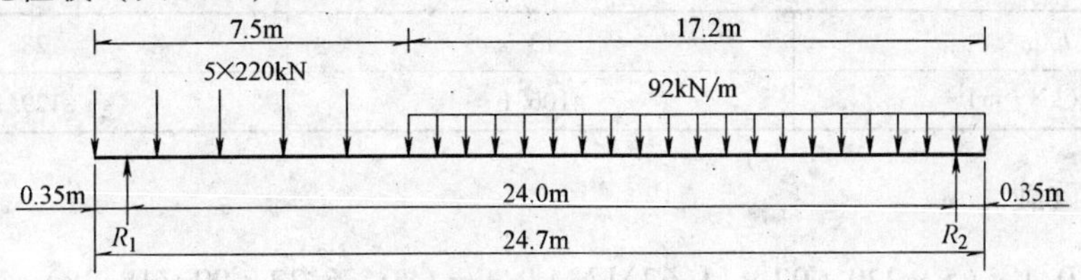

图8-39　单孔加载

R_1—单孔重载　R_2—单孔轻载

$$R_2 = \frac{1}{24} \times \left[5 \times 220 \times (3 - 0.35) + 92 \times 17.2 \times \left(7.5 - 0.35 + \frac{1}{2} \times 17.2 \right) \right] \text{kN} = 1160\text{kN}$$

$$M_{R_2} = 1160 \times 0.35\text{kN} \cdot \text{m} = 406\text{kN} \cdot \text{m}$$

（2）单孔重载（图8-39）

$$R_1 = (5 \times 220 + 92 \times 17.2)\text{kN} - 1160\text{kN} = 1522\text{kN}$$

$$M_{R_1} = 1522 \times 0.35\text{kN} \cdot \text{m} = 532.7\text{kN} \cdot \text{m}$$

（3）双孔重载（图8-40）

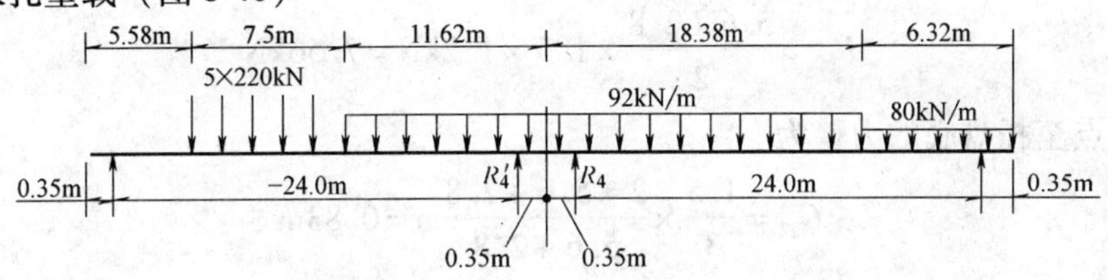

图8-40　双孔重载

查表 $x = 5.58\text{m}$，可计算支座反力如下

$$R_4' = \frac{1}{24} \times \left[5 \times 220 \times (5.58 - 0.35 + 3) + 92 \times 11.62 \times \left(5.58 - 0.35 + 7.5 + \frac{1}{2} \times 11.62 \right) \right] \text{kN}$$

$$= 1203\text{kN}$$

$$R_4'' = \frac{1}{24} \times \left[80 \times 6.32 \times \left(\frac{6.32}{2} - 0.35 \right) + 92 \times 18.38 \times \left(5.97 + \frac{1}{2} \times 18.38 \right) \right] \text{kN}$$

$$= 1127.3\text{kN}$$

$$R_4 = R_4' + R_4'' = 2330\text{kN}$$

活载竖直力对桥墩中心的偏心力矩为

$$M_{R_4} = (1203 - 1127.3) \times 0.35\text{kN} \cdot \text{m} = 26.5\text{kN} \cdot \text{m}$$

3. 附加力

（1）制动力（牵引力）

1）单孔加载。

$$P_z = 0.1 \times (5 \times 220 + 92 \times 17.2)\text{kN} = 268.2\text{kN}$$

$$M_z = 268.2 \times (0.31 + 2 + h) = 619.5 + 268.2h$$

制动力对墩身检算截面的力矩见表8-9。

表 8-9 制动力对墩身检算截面的力矩

h/m	13	28
M_z/(kN·m)	4106.1	8129.1

2）双孔重载。

$$P_z = 0.1\times(5\times220+92\times11.62)\text{kN}+0.1\times(80\times6.32+92\times18.38)\times\frac{1}{4}\text{kN}$$
$$=271.8\text{kN}>268.2\text{kN}$$

因已大于一孔梁跨的固定支座水平力，故采用单孔加载的制动力 $P_z=268.2\text{kN}$。

（2）风力（只考虑纵向）

1）顶帽风力。

$$P_{x1}=6\times0.5\times1.2\text{kN}=3.60\text{kN}$$

作用点至托盘底的力臂为

$$C_{x1}=\frac{1}{2}\times0.5\text{m}+1.5\text{m}=1.75\text{m}$$

2）托盘风力。

$$P_{x2}=\frac{5.6+2.8}{2}\times1.5\times1.2\text{kN}=7.56\text{kN}$$

其作用点至托盘底的力臂为

$$C_{x2}=\frac{1.5}{3}\times\frac{2\times5.6+2.8}{5.6+2.8}\text{m}=0.83\text{m}$$

3）墩身风力。

墩身受风面积是梯形，可分成中间一个矩形加上两侧的三角形，则墩身风力对检算截面的力矩为

$$M_P=2.8hW\times\frac{h}{2}+\frac{h^2}{99}\cdot W\cdot\frac{h}{3}=2.8\times1.2\times\frac{h^2}{2}+\frac{h^3+1.2}{3\times99}$$
$$=1.68h^2+0.004h^3$$

风力矩（M_P）的计算见表 8-10。

表 8-10 检算截面处桥墩各部分风力矩 （单位：kN·m）

风力矩(M_P) \ h/m	13	28
顶帽:$3.6\times(h+1.75)$	53.1	107.1
托盘:$7.56\times(h+0.83)$	104.6	218.0
墩身:$1.68h^2+0.004h^3$	292.7	1404.9
合计	450.4	1730.0

8.4.1.3 墩身截面检算

1. 合力偏心检算

1）墩身截面几何特性计算（见表 8-11）。

2）单孔轻载作用下，墩身截面纵向偏心检算（见表 8-12）。

表 8-11 墩身截面几何特性计算

h/m	0	13	28
$d=\left(2.1+\frac{2}{38}h\right)$/m	2.10	2.78	3.57
$b=\left(2.8+\frac{2}{99}h\right)$/m	2.80	3.06	3.37
A/m	5.88	8.51	12.03
I_x/m	2.16	5.47	12.78
W_x/m	2.06	3.94	7.16

表 8-12 墩身截面纵向偏心检算

检算项目 \ 截面位置 h/m	13	28
恒载$(N_1+N_2+N_3+N_4)$/kN	5144	8676
活载 R_2/kN	1160	1160
垂直力合计 ΣN/kN	6304	9836
垂直力偏心力矩 M_{R_2}/(kN·m)	406	406
水平力矩 M_z+M_P/(kN·m)	4557	9859
力矩合计 ΣM/(kN·m)	4963	10265
偏心距 $e=(\Sigma M/\Sigma N)$/m	0.787	1.04
允许偏心距$[e]=0.6s$/m	0.834	1.071

根据计算结果，偏心符合要求。

2. 整体纵向稳定性检算

（1）计算数据　查 TB 10002.4—2005《铁路桥涵混凝土和砌体结构设计规范》：$E_0=24\times10^6$ kPa。

查表 8-11：$I_{0x}=2.16\text{m}^4$，$I_{dx}=12.78\text{m}^4$。则有：$I_{0x}/I_{dx}=2.16/12.78=0.169$。

查《铁路桥涵混凝土和砌体结构设计规范》表 5.1.2，可得 $m=1.414$。

查《铁路桥涵混凝土和砌体结构设计规范》：$R_c=10.5\times10^3$kPa；A_0 为构件平均截面的全面积。本题采用 $h=13$m 处面积，$A_0=8.51\text{m}^2$；按 TB 10002.3—2005《铁路桥涵混凝土和预应力混凝土结构设计规范》表 5.2.3-2 的"注"，构件一端固定、另一端为自由端时，$l_0=2l$，则$l_0=60$m（l 为实际墩高）。

（2）计算临界荷载　整体纵向稳定性检算见表 8-13。

表 8-13 整体纵向稳定性检算

检算项目	单孔重载	双孔重载
梁及桥面系重 N_1/kN	2507	2507
支座反力 R_1 或 R_2/kN	1522	2330
墩顶垂直力 $N=(N_1+R_1)$/kN	4029	4837
墩顶水平力 P_z/kN	268.2	268.2
支点反力矩 M_R/(kN·m)	532.7	26.5
制动力矩或牵引力矩/(kN·m)	83.1	83.1
墩顶外力矩/(kN·m)	615.8	109.6
$\frac{e_0}{h}=\frac{M/N}{2.78}$	0.0550	0.0082
刚度修正系数 $\alpha\approx\frac{0.1}{0.2+e_0/h}+0.16$	0.522	0.640
$\beta=\alpha\frac{4mE_0I_{dx}}{l_0^2}$	266004	308410
临界荷载 $N_{cry}=\beta\frac{1}{1+\beta\frac{1}{1.1R_cA_0}}$/kN	71771	74536
KN(安全系数 $K=1.6$)/kN	6446	7739

由表8-13可知，单孔重载、双孔重载时荷载均小于N_{cry}，故整体纵向稳定性检算合格。

3. 强度检算

（1）B_y的计算　单孔重载时，$B_y=0.2887$，双孔重载时，$B_y=0.2623$，计算公式见相关规范。

（2）计算弯矩增大系数η_y（见表8-14）

表8-14　弯矩增大系数计算

项　目		单孔重载	双孔重载
$\eta_y \approx 1+\dfrac{\left(\dfrac{1}{1-\dfrac{KN}{N_{cry}}B_y}-1\right)u'}{\dfrac{l_0}{2}}$	$u'=15$	1.0133	1.0140
	$u'=30$	1.0266	1.0280

（3）强度检算（见表8-15）

表8-15　强 度 检 算

项　目	单孔重载		双孔重载	
h / m	13	28	13	28
$N+G=(N_1+R_1+N_2+N_4)$ /m	6666	10198	7474	11006
$M_x=(M_R+M_z+M_P)$ /（kN·m）	5089	10392	4583	9886
η_y	1.0133	1.0266	1.0140	1.0280
$\sigma_{max}=\left(\dfrac{N+G}{A}+\dfrac{\eta_y M_y}{W_x}\right)$/kPa	2092	2338	2057	2334
$\sigma_{min}=\left(\dfrac{N+G}{A}-\dfrac{\eta_y M_y}{W_x}\right)$/kPa	-525	-642	-301	-505

从以上计算结果可以看出，本例墩身单孔重载较双孔重载应力大，因截面出现拉应力，故按单孔重载应力重分布计算，见表8-16。

表8-16　应力重分布计算

项　目	检算截面		项　目	检算截面	
h/m	13	28	$\dfrac{N+G}{A}$/kPa	783.3	847.7
d/m	2.78	3.57			
$e_y=\eta_y M_x/(N+G)$/m	0.774	1.046			
$\lambda=\dfrac{2d}{3\left(\dfrac{d}{2}-e\right)}$	3.01	3.22	$\sigma'_{max}=\dfrac{N+G}{A}\lambda$/kPa	2358	2730

墩身混凝土弯曲受压及偏心受压允许应力$[\sigma_b]=6.1\text{MPa}$，有附加力时，允许应力可以提高30%，即$[\sigma_b]_{主+附}=1.3\times6.1\text{MPa}=7.93\text{MPa}$，以上计算最大压应力$\sigma_{max}$均在允许范围以内。

8.4.2 公路重力式桥墩计算示例

8.4.2.1 设计资料

1）上部结构为简支装配式钢筋混凝土空心板，横断面内共有12片空心板，中板宽度为1.02m，边板宽度为1.025m，上部结构恒载支点反力为3291.12kN。标准跨径为$L_b=16$m（两桥墩中心线距离）；预制板长为$L=15.96$m（伸缩缝宽为4cm）；计算跨径长为$l=15.60$m（支座中心距板端18cm）；桥面宽度为净—11.25m+2×0.5m（防撞墙）。

2）支座为板式橡胶支座，平面尺寸为200mm×200mm，支座高度为60mm。

3）汽车荷载为公路-Ⅰ级。

4）桥墩高度为$H=8$m。

5）桥墩采用圆端形实体桥墩。

6）墩帽采用C25钢筋混凝土，重度为25kN/m^3；墩身和基础用C20片石混凝土，重度为24kN/m^3。

7）地基为岩石地基，地基允许承载力$[\sigma]=2000$kPa。

8.4.2.2 拟定桥墩尺寸

1. 墩帽尺寸

（1）顺桥向尺寸　按照上部结构布置，相邻两孔支座中心距离为0.4m，支座顺桥向宽度为0.2m，支座边缘离墩身的最小距离为0.15m（表8-1），墩帽顺桥向宽度为

$$B\geqslant f+a+2c_1+2c_2=0.4\text{m}+0.2\text{m}+2\times0.1\text{m}+2\times0.15\text{m}=1.1\text{m}$$

从抗震物构造措施的角度，梁端至墩台帽边缘的最小距离a（cm）还应满足$a\geqslant 50+l$，则$a=50\text{cm}+15.6\text{cm}=65.6\text{cm}$，墩帽宽度2×0.656m+0.04m=1.352m；取满足上述要求的墩帽宽度为1.40m；墩帽厚度取0.4m。

（2）横桥向尺寸　上部构造为12片空心板，边板宽为1.025m，中板宽为1.02m，整个板宽为1.025×2m+1.02×10m=12.25m。两边各加0.05m，台帽矩形部分长度为12.35m。两端各加直径为1.40m的圆端头，高出墩帽顶面0.3m作为防震挡块，墩帽全长为13.75m。

2. 墩身顶部尺寸

因墩帽宽度为1.40m，两边挑檐宽度各采用0.10m，则墩身顶部宽为1.20m。墩身顶部的矩形部分长度采用12.35m，两端各加直径为1.20m的半圆形端部，则墩身顶部全长为13.55m。

3. 墩身底部尺寸

墩身侧面按25∶1向下放坡，墩身底部宽度为1.81m，长度为12.35m+1.81m=14.16m。

4. 基础尺寸

采用两层台阶式片石混凝土基础，每层厚度为0.75m，每层四周放大0.25m，上层平面尺寸为2.31m×14.66m，下层平面尺寸为2.81m×15.16m。

桥墩尺寸如图8-41所示。

8.4.2.3 荷载计算

1. 上部结构恒载计算

上部构造恒载反力：$G_0=3291.12$kN。

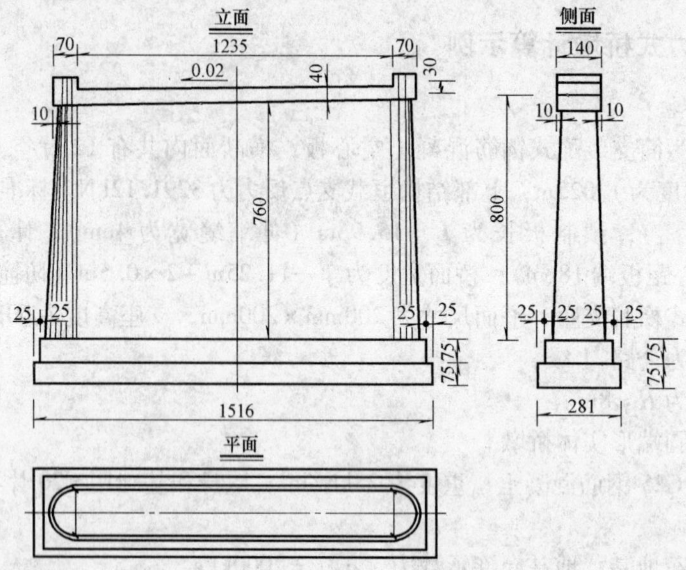

图 8-41 桥墩一般构造（尺寸单位：cm）

2. 墩身自重计算

桥墩共分为五段（图 8-42），其中墩帽为一段（S_1），墩身为四段（S_2、S_3、S_4、S_5）。

（1）墩帽重力计算

$$G_1=(1.4\times12.35\times0.4+\pi/4\times1.4^2\times0.7)\times25\text{kN}$$
$$=199.84\text{kN}$$

（2）墩身重力计算　设墩身 i 截面宽度为 B_i，材料重度为 γ，则其面积为

$$A_i=\frac{\pi}{4}B_i^2+12.35B_i$$

墩身分段重力为

$$G_i=\frac{A_{i-1}+A_i}{2}h_i\gamma$$

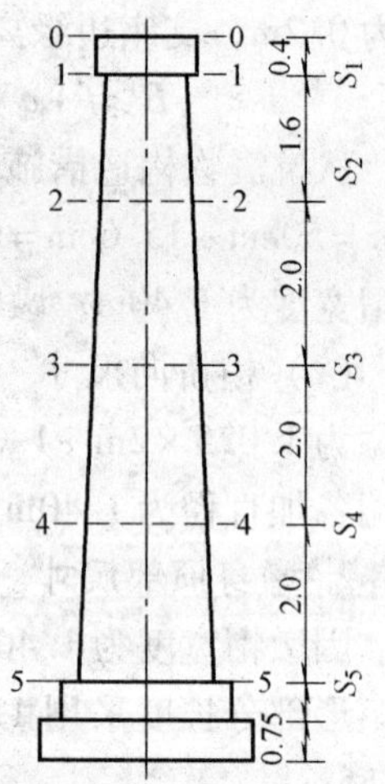

图 8-42 桥墩分段示意图（尺寸单位：cm）

具体计算数值见表 8-17。

表 8-17 墩身重力计算

分段 \ 项目	B_i	$A_{i-1}=\left(\frac{\pi}{4}B_{i-1}^2+12.35B_{i-1}\right)/\text{m}^2$	$A_i=\left(\frac{\pi}{4}B_i^2+12.35B_i\right)/\text{m}^2$	$G_i=\frac{A_{i-1}+A_i}{2}h_i\gamma$
$S_1\sim S_2$	1.33	15.95	17.81	648.19
$S_2\sim S_3$	1.49	17.81	20.15	911.04
$S_3\sim S_4$	1.65	20.15	22.52	1024.08
$S_4\sim S_5$	1.81	22.52	24.93	1138.80
合计				3722.11

（3）基础重力及基础襟边上的土重力

$$G_7=(2.31\times14.66+2.81\times15.16)\times0.75\times24\text{kN}+(2.81+14.66)\times2\times0.25\times0.75\times18\text{kN}$$
$$=1376.36\text{kN}+117.92\text{kN}=1494.28\text{kN}$$

3. 车道荷载计算

（1）车道荷载纵向布置

1）双孔荷载、单车道布置（图8-43）。

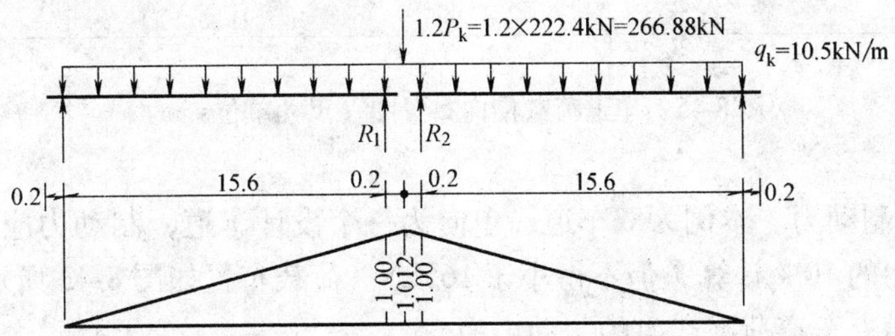

图8-43 双孔布置车道荷载图（尺寸单位：m；轴重力单位：kN）

$$R_1=R_2=\frac{2\times(15.6+0.2)\times1.012\times10.5}{2}\text{kN}+\frac{266.88}{2}\times1.012\times2\text{kN}=437.973\text{kN}$$

对墩中心产生的弯矩 $M=0.00\text{kN}\cdot\text{m}$。

2）单孔荷载、双车道布置（图8-44）。

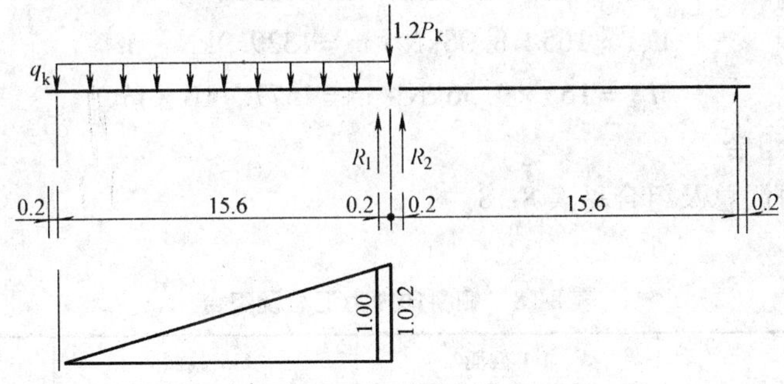

图8-44 单孔布置车道荷载图（尺寸单位：m；轴重力单位：kN）

$$R_1=\left[\frac{1}{2}\times1.012\times(15.6+0.2)\times10.5+1.2\times222.4\times1.012\right]\times2\text{kN}=708.056\text{kN}$$

对墩中心产生的弯矩为

$$M=708.056\times0.2\text{kN}\cdot\text{m}=141.611\text{kN}\cdot\text{m}$$

（2）车道荷载横向排列（图8-45） 在横桥向，车道荷载靠一边布置时，单车道荷载的合力偏离桥中线的距离为4.225m，双车道荷载的合力偏离桥中线2.675m。对于实体桥墩，不考虑活载冲击力。

横桥向墩的中心弯矩：

双孔单车道 $M_单=437.973\times4.225\text{kN}\cdot\text{m}=1850.44\text{kN}\cdot\text{m}$

双孔双车道 $M_双=(437.973+437.973)\times2.675\text{kN}\cdot\text{m}=2343.155\text{kN}\cdot\text{m}$

（3）水平荷载计算

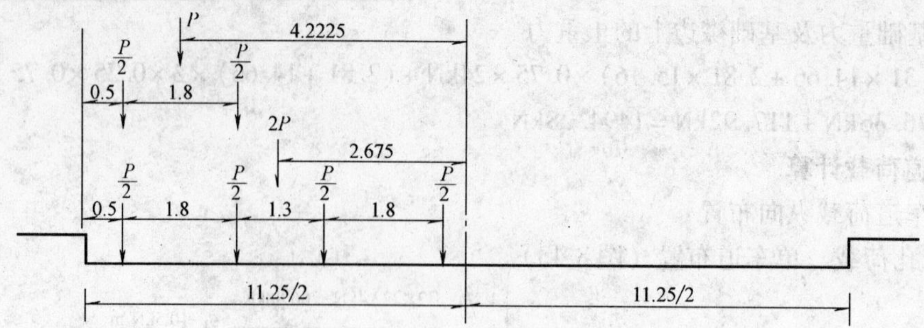

图 8-45 车道荷载横向布置图（尺寸单位：m）

1）车道荷载制动力。本例为双车道，单向为一个设计车道，制动力应按加载影响线长度上计算的总重力的10%计算，但不得小于165kN。荷载布置如图 8-43 所示。

一个设计车道上车道荷载产生的制动力为

$$F'_{bk}=[(15.6+0.4+15.6)\times 10.5+1.2\times 222.4]\times 0.1\text{kN}=59.868\text{kN}<165\text{kN}$$

故

$$F'_{bk}=165\text{kN}$$

2）制动力对墩身各截面产生的弯矩。按制动力作用点在板式橡胶支座顶面计算，支座高度暂按 6cm 计算。

1-1 截面 $M_{1\text{-}1}=165\times 0.46\text{kN}\cdot\text{m}=75.9\text{kN}\cdot\text{m}$

5-5 截面 $M_{5\text{-}5}=165\times 8.06\text{kN}\cdot\text{m}=1329.9\text{kN}\cdot\text{m}$

基底截面 $M_{基}=165\times 9.56\text{kN}\cdot\text{m}=1577.4\text{kN}\cdot\text{m}$

4. 内力汇总及组合

1）顺桥向内力汇总及组合见表 8-18。

表 8-18 顺桥向内力汇总及组合

编号	项 目	1-1 截面			5-5 截面			基底截面		
		N/kN	H/kN	M/kN·m	N/kN	H/kN	M/kN·m	N/kN	H/kN	M/kN·m
①	上部构造	3291.12	—	0	3291.12	—	0	3291.12	—	0
②	桥墩	199.84	—	0	3921.95	—	0	5416.23	—	0
③	车道荷载单跨双车道布载	708.06	—	141.61	708.06	—	141.61	708.06	—	141.61
④	车道荷载双跨双车道布载	875.95	—	0	875.95	—	0	875.95	—	0
⑤	车道荷载制动力	—	165	75.9	—	165	1329.9	—	165	1577.4
内力组合	(Ⅰ)①+②+③	5180.43	0	198.25	9646.97	0	198.25	9415.41	0	141.61
	(Ⅰ)①+②+④	5415.48	0	0	9882.01	0	0	9583.30	0	0
	(Ⅱ)①+②+③+⑤	5180.43	184.80	283.26	9646.97	184.80	1687.74	7532.33	132	1375.21
	(Ⅱ)①+②+④+⑤	5415.48	184.80	85.01	9882.01	184.80	1489.49	7566.64	132	1261.92

注：1-1、5-5 截面内力组合按 JTG D60—2004《公路桥涵设计通用规范》中第 4.1.6 条的规定进行组合，基底截面按允许应力法计算，基底截面已考虑了基底应力的提高系数。

2）横桥向内力汇总及组合见表8-19。

表8-19 横桥向内力汇总及组合

编号	项目	5-5截面			基底截面		
		N/kN	H/kN	M/kN·m	N/kN	H/kN	M/kN·m
①	上部构造	3291.12	—	0	3291.12	—	0
②	桥墩	3921.95	—	0	5416.23	—	0
③	车道荷载单列双孔布载	437.97	—	1850.44	437.97	—	1850.44
④	车道荷载双列双孔布载	875.94	—	2343.16	875.94	—	2343.16
⑤	地震力	—	802.97	5222.97	—	802.97	6427.42
内力组合	(Ⅰ)①+②+③	9268.84	0	2590.61	9145.32	0	1850.44
	(Ⅰ)①+②+④	9882	0	3280.42	9583.27	0	2343.16

注：表8-18、表8-19中省略了恒载与地震力的组合。

5. 墩身底截面强度验算

横桥向内力不控制设计，故不计算横桥向截面强度。仅以5-5截面为例说明墩身强度验算的过程。

（1）偏心距验算 5-5截面（组合Ⅱ控制设计）

$$e_x = M_{d,t}/N_d = 3280.424\text{kN}\cdot\text{m}/9882.014\text{kN} = 0.332\text{m}$$

$$e_y = M_{d,l}/N_d = 1489.488\text{kN}\cdot\text{m}/9882.014\text{kN} = 0.151\text{m}$$

$$e = \sqrt{e_x^2 + e_y^2} = 0.365\text{m}; \theta = \arctan(e_x/e_y) = 65.543°$$

截面重心至偏心方向边缘距离 $S = 0.905\text{m}/\cos\theta = 2.186\text{m}$

$e/S = 0.365/2.186 = 0.17 < 0.6$（符合规定）

（2）墩身底截面强度验算

$$\gamma_0 N_d \leqslant \varphi A f_{cd}$$

其中，$\gamma_0 N_d = 1.0 \times 9882.014\text{kN} = 9882.014\text{kN}$

$$\varphi = \frac{1}{\dfrac{1}{\varphi_x} + \dfrac{1}{\varphi_y} - 1}$$

$$\varphi_x = \frac{1 - \left(\dfrac{e_x}{x}\right)^m}{1 + \left(\dfrac{e_x}{i_y}\right)^2} \cdot \frac{1}{1 + \alpha\beta_x(\beta_x - 3)\left[1 + 1.33\left(\dfrac{e_x}{i_y}\right)^2\right]}$$

$$\varphi_y = \frac{1 - \left(\dfrac{e_y}{y}\right)^m}{1 + \left(\dfrac{e_y}{i_x}\right)^2} \cdot \frac{1}{1 + \alpha\beta_y(\beta_y - 3)\left[1 + 1.33\left(\dfrac{e_y}{i_x}\right)^2\right]}$$

在以上各式中，$x = 7.08\text{m}$，$y = 0.905\text{m}$，$e_x = 0.332\text{m}$，$e_y = 0.151\text{m}$，$m = 8$。

$I_y = 394.9616\text{m}^4$（墩身底截面绕y轴惯性矩）；$A = 24.9265\text{m}^2$；$i_y = \sqrt{I_y/A} = 3.9806\text{m}$。

$I_x = 6.6295\text{m}^4$（墩身底截面绕 x 轴惯性矩）；$i_x = \sqrt{I_x/A} = 0.5157\text{m}$。

β_x 和 β_y 为构件 x 方向、y 方向的长细比，在 β_x 和 β_y 计算式内，对变截面墩身，其回转半径近似地取平均截面的回转半径。

$I_{ya} = 469.3241\text{m}^4$；$A_a = 28.7739\text{m}^2$；$i_{ya} = \sqrt{I_{ya}/A_a} = 4.0387\text{m}$；$I_{xa} = 9.8808\text{m}^4$；$i_{xa} = \sqrt{I_{xa}/A} = 0.5860\text{m}$。

$l_0 = 2\times 8\text{m} = 16\text{m}$（按上端自由下端固结的柱考虑），$\gamma_a = 1.3$，$\alpha = 0.002$，则

$\beta_x = \dfrac{\gamma_a l_0}{3.5 i_{ya}} = \dfrac{1.3\times 16}{3.5\times 4.0387} = 1.471$，$\beta_x$ 小于 3 取为 3。

$$\beta_y = \frac{\gamma_a l_0}{3.5 i_{xa}} = \frac{1.3\times 16}{3.5\times 0.5860} = 10.141$$

因此

$$\varphi_x = \frac{1-\left(\frac{0.332}{7.08}\right)^8}{1+\left(\frac{0.332}{3.9806}\right)^2}\times\frac{1}{1+0.002\times 3(3-3)\left[1+1.33\left(\frac{0.332}{3.9806}\right)^2\right]} = 0.993$$

$$\varphi_y = \frac{1-\left(\frac{0.151}{0.905}\right)^8}{1+\left(\frac{0.151}{0.5157}\right)^2}\times\frac{1}{1+0.002\times 10.141\times(10.141-3)\left[1+1.33\left(\frac{0.151}{0.5157}\right)^2\right]} = 0.793$$

$$\varphi = \frac{1}{\frac{1}{\varphi_x}+\frac{1}{\varphi_y}-1} = \frac{1}{\frac{1}{0.993}+\frac{1}{0.793}-1} = 0.789$$

由 $A = 24.9265\text{m}^2$，$f_{cd} = 4.48\text{MPa}$，则

$$\begin{aligned}\varphi A f_{cd} &= 0.789\times 24.9265\times 10^6\times 4.48\text{N} = 88.108\times 10^6\text{N} = 88108\text{kN} > \gamma_0 N_d\\ &= 9882.014\text{kN}\ (\text{符合规定})\end{aligned}$$

6. 基底应力验算

基底应力按 JTG D63—2007《公路桥涵地基与基础设计规范》进行验算，验算时按荷载组合Ⅰ和荷载组合Ⅱ计算，其中荷载组合Ⅰ由永久荷载和汽车荷载组成，荷载组合Ⅱ除上述荷载外，还计入制动力。地基土的承载力按纵桥向与横桥向分别计算，不予叠加。

基础采用 C20 片石混凝土。地基为岩石地基，允许承载力 2000kPa。基底荷载效应标准值见表 8-18、表 8-19。

（1）汽车荷载采用双跨双车道布载

1）荷载组合Ⅰ。

①横桥向。

竖向力 $V = 3291.12\text{kN} + 5416.23\text{kN} + 875.95\text{kN} = 9583.3\text{kN}$

弯矩 $M = 2343.16\text{kN}\cdot\text{m}$

基底面积 $A = 2.81\times 15.16\text{m}^2 = 42.6\text{m}^2$

基底抗力矩 $W=\frac{1}{6}\times 2.81\times 15.16^2\mathrm{m}^3=107.635\mathrm{m}^3$

基底应力 $\sigma=\frac{V}{A}\pm\frac{M}{W}=\frac{9583.3}{42.6}\mathrm{kPa}\pm\frac{2343.16}{107.635}\mathrm{kPa}=224.96\mathrm{kPa}\pm 21.769\mathrm{kPa}=\frac{246.729}{203.191}\mathrm{kPa}$

$<2000\mathrm{kPa}$（符合规定）

②纵桥向。

竖向力 $V=9583.3\mathrm{kN}$

弯矩 $M=0.0\mathrm{kN}\cdot\mathrm{m}$

基底面积 $A=2.81\times 15.16\mathrm{m}^2=42.6\mathrm{m}^2$

基底抗力矩 $W=\frac{1}{6}\times 15.16\times 2.81^2\mathrm{m}^3=19.951\mathrm{m}^3$

基底应力 $\sigma=\frac{V}{A}\pm\frac{M}{W}=\frac{9583.3}{42.6}\mathrm{kPa}=224.96\mathrm{kPa}<2000\mathrm{kPa}$（符合规定）

2）荷载组合Ⅱ。

①横桥向。同荷载组合Ⅰ结果。

②纵桥向。

竖向力 $V=9583.3\mathrm{kN}$

弯矩 $M=1577.4\mathrm{kN}\cdot\mathrm{m}$

基底面积 $A=2.81\times 15.16\mathrm{m}^2=42.6\mathrm{m}^2$

基底抗力矩 $W=\frac{1}{6}\times 15.16\times 2.81^2\mathrm{m}^3=19.951\mathrm{m}^3$

基底应力 $\sigma=\frac{V}{A}\pm\frac{M}{W}=\frac{9583.3}{42.6}\mathrm{kPa}\pm\frac{1577.4}{19.951}\mathrm{kPa}=224.96\mathrm{kPa}\pm 79.064\mathrm{kPa}=\frac{304.024}{145.896}\mathrm{kPa}$

允许承载力在荷载组合Ⅱ时应乘以1.25的地基基底土承载力提高系数，其值为$1.25\times 2000\mathrm{kPa}=2500\mathrm{kPa}>304.024\mathrm{kPa}$，符合规定。

（2）汽车荷载采用单跨双车道布载

1）荷载组合Ⅰ。

①横桥向。

竖向力 $V=3291.12\mathrm{kN}+5416.23\mathrm{kN}+708.06\mathrm{kN}=9415.41\mathrm{kN}$

弯矩 $M=2343.16\mathrm{kN}\cdot\mathrm{m}$

基底面积 $A=42.6\mathrm{m}^2$

基底抗力矩 $W=\frac{1}{6}\times 2.81\times 15.16^2\mathrm{m}^3=107.635\mathrm{m}^3$

基底应力 $\sigma=\frac{V}{A}\pm\frac{M}{W}=\frac{9415.41}{42.6}\mathrm{kPa}\pm\frac{2343.16}{107.635}\mathrm{kPa}=221.019\mathrm{kPa}\pm 21.769\mathrm{kPa}=\frac{242.788}{199.250}\mathrm{kPa}$

$<2000\mathrm{kPa}$（符合规定）

②纵桥向。

竖向力 $V=9415.41\mathrm{kN}$

弯矩 $M=141.61\text{kN}\cdot\text{m}$

基底面积 $A=42.6\text{m}^2$

基底抗力矩 $W=\frac{1}{6}\times15.16\times2.81^2\text{m}^3=19.951\text{m}^3$

基底应力 $\sigma=\frac{V}{A}\pm\frac{M}{W}=\frac{9415.41}{42.6}\text{kPa}\pm\frac{141.61}{19.951}\text{kPa}=221.019\text{kPa}\pm7.098\text{kPa}$

$=\frac{228.117}{213.921}\text{kPa}<2000\text{kPa}$（符合规定）

2）荷载组合Ⅱ。

①横桥向。同荷载组合Ⅰ结果。

②纵桥向。

竖向力 $V=9415.41\text{kN}$

弯矩 $M=141.61\text{kN}\cdot\text{m}+1577.4\text{kN}\cdot\text{m}=1719.01\text{kN}\cdot\text{m}$

基底面积 $A=2.81\times15.16\text{m}^2=42.6\text{m}^2$

基底抗力矩 $W=\frac{1}{6}\times15.16\times2.81^2\text{m}^3=19.951\text{m}^3$

基底应力 $\sigma=\frac{V}{A}\pm\frac{M}{W}=\frac{9415.41}{42.6}\text{kPa}\pm\frac{1719.01}{19.951}\text{kPa}=221.019\text{kPa}\pm86.162\text{kPa}$

$=\frac{307.181}{134.857}\text{kPa}$

允许承载力在荷载组合Ⅱ时应乘以1.25的地基基底土承载力提高系数，其值为$1.25\times2000\text{kPa}=2500\text{kPa}>307.181\text{kPa}$，符合规定。

7. 桥墩稳定性验算

桥墩抗倾覆稳定性和抗滑稳定性在此仅作荷载组合Ⅱ纵向受力验算。

（1）抗倾覆稳定性验算

$$K_0=\frac{y}{e_0}$$

式中，y是基底截面重心至偏心方向截面边缘的距离，$y=2.81\text{m}/2=1.405\text{m}$；$e_0$是所有外力的合力$R$的竖向分力对基底重心的偏心距。

$$e_0=\frac{\sum(F_ie_i)+\sum(H_ih_i)}{\sum F_i}=\frac{141.61+1577.4}{9583.3}\text{m}=0.179\text{m}$$

则$K_0=1.405/0.179=5.838>1.3$，符合规定。

（2）抗滑稳定性验算

$$K_c=\frac{\mu_f\sum F_i}{\sum H_i}$$

式中，μ_f是基础与地基摩擦系数，查表8-4得$\mu_f=0.65$。

则$K_c=\frac{0.65\times(3291.12+5416.23)}{165}=34.302>1.3$，符合规定。

【本章要点】

[1] 桥墩有实体式、空心式、桩柱式等多种形式，柔性墩和薄壁墩也有广泛的应用。

[2] 桥梁墩台的设计验算，要对各种荷载进行可能的最不利组合，适当选取验算截面。验算内容包括强度验算、偏心验算和稳定性验算等。

【思考与练习】

8-1 梁桥桥墩有哪几种类型？各自的适用范围是什么？

8-2 梁桥重力式桥墩荷载的不利布置方式有哪几种？

8-3 重力式桥墩验算包括哪些内容？

第9章 桥梁桥台

作为桥梁的重要组成部分，桥台起着支承桥跨结构和衔接桥跨与路基的作用，它不仅要承受桥跨传来的荷载及自重，而且还要承受台背填土土压力及填土上车辆荷载产生的附加土压力。因此，桥台本身应具有足够的强度、刚度和稳定性，对桥台地基的承载力、沉降量、地基与基础之间的摩阻力等都有一定的要求，以避免在荷载作用下桥台发生过大的水平位移、转动或沉降而影响桥跨的正常使用。这也是桥台设计中的主要内容。当今，随着设计、施工技术的进步，世界各国的桥梁建设都在迅猛发展，这不仅体现在桥跨结构的造型新颖上，同时也反映在下部结构向轻型合理的方向发展。尤其在公路桥梁及城市桥梁中桥台形式更是日新月异，出现了许多轻型、美观、结构合理的形式。但本章仍然从最基本的概念和最常用的桥梁桥台形式着手，介绍常用桥台的基本构造、设计原则及其一般的计算方法。

9.1 桥台类型及适用条件

桥台由台顶（包括道砟槽及顶帽）、台身及基础三部分组成（图9-1）。为了加强桥台与路堤的衔接，桥台尾部应伸入路堤一定深度，其前端填土应按一定坡度做成锥体，并铺砌护坡。顶帽设有支承垫石支承桥跨结构，其上设有排水坡。铁路桥梁的桥台台顶设道砟槽用来承托道砟、枕木、钢轨等线路设备，顶面设有排水坡。

常用的中、小跨桥梁桥台有重力式和轻型两种，其中重力式桥台为就地建造的整体式重型结构，主要靠自重来平衡台后的土压力，桥台本身大多由砌石、片石混凝土或混凝土等圬工材料构成，台帽则一般为钢筋混凝土。重力式桥台依据桥台的形状及台背填土情况分类，常用的有U形桥台、T形桥台、埋式桥台、耳墙式桥台及挖台。

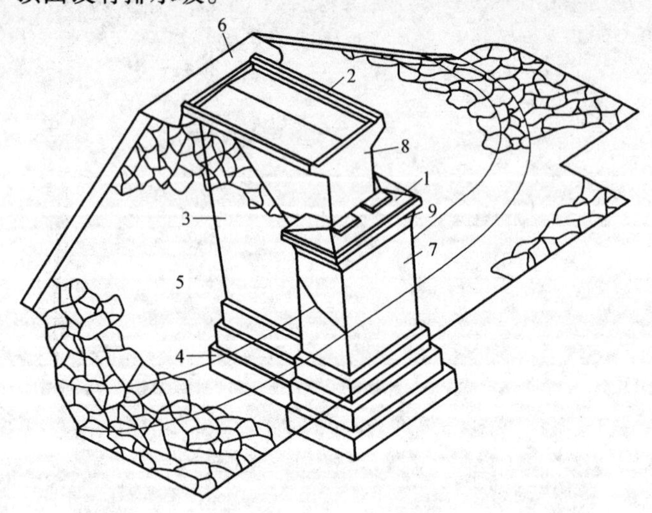

图9-1 桥台一般构造

1—台帽 2—道砟槽 3—后墙 4—基础 5—锥体 6—路堤 7—前墙 8—胸墙 9—托盘

轻型桥台铁路桥梁应用很少，多在公路桥梁中采用，一般体积较小，外观轻巧、自重轻、圬工体积小，它主要借助桥台各部分的整体刚度和材料强度承受外力，从而节省圬工，降低对地基承载力的要求和扩大应用范围。轻型桥台的形式多样，分类也无统一的标准，为便于介绍，本书按轻型桥台的构造特点大致进行分类。常见的轻型桥台有八字形和一字形桥台、薄壁轻型桥台、框架式桥台、锚定板桥台等。轻型桥台一般为钢筋混凝土结构。

9.1.1 重力式桥台

1. U形桥台

U形桥台（图9-2）由支承桥跨的前墙与连接路基的两翼墙所组成，中空部分填土，以节省圬工。桥台两侧翼墙的受力与挡土墙相同，自上而下由窄变宽，当桥窄台高时，采用U形桥台就不经济。因此，对铁路桥梁，适用于填土高度较小（$H \leqslant 4m$）、地基允许承载能力较低的桥梁。而应用于公路桥梁的U形桥台适用于填土高$H \leqslant 10m$的桥梁。U形桥台的缺点是台后U形中空部分容易积水，冰冻后膨胀，致使墙身产生裂缝，影响桥台使用寿命，故在严寒地区使用时，需选用渗水性良好的填料并做好排水设施。

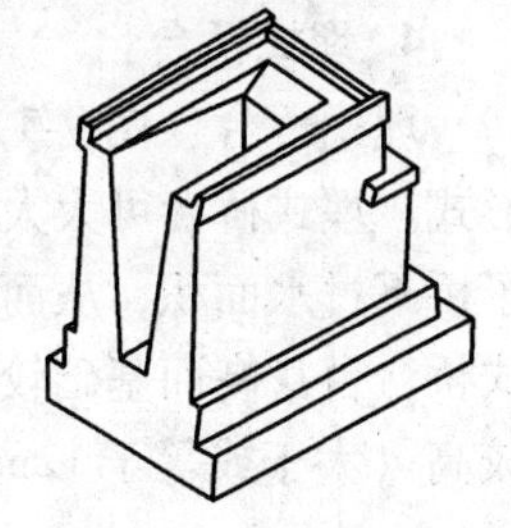

图9-2 U形桥台

2. T形桥台

T形桥台（图9-3）是一般大、中铁路桥常用的一种桥台形式，桥台后端部分的台身较窄，而前墙较宽，截面形式为T形。为了改善受力状态，台身后墙做成仰斜式，基础也一般做成前宽后窄的T形。T形桥台比一般实体桥台节省圬工，但由于后墙较窄，道砟槽为钢筋混凝土悬臂，钢筋用量较多，台身长度随着填土高度而增加，所以，当填土较高时，圬工量较大。

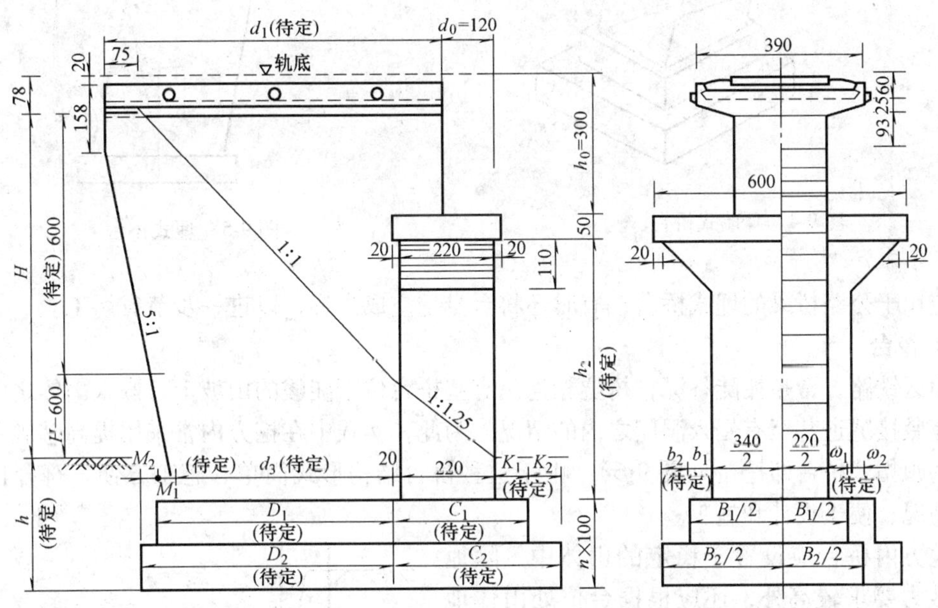

图9-3 T形桥台（尺寸单位：cm）

T形桥台一般应用于填土高4～12m的铁路桥梁，或用于较小承载力的地基。为适应各种设计情况，编制了单线6～32m跨度桥梁，填土高4～12m的标准图。

3. 耳墙式桥台

耳墙式桥台（图9-4）也是铁路桥梁中最常用的桥台形式，公路桥梁中也常采用。与T

形桥台相比，耳墙式桥台采用两片耳墙与路堤相连接，代替台尾的实体圬工从而缩短了台长、节省圬工，但耳墙为了避免根部开裂需配较多的钢筋。

耳墙式桥台适用于填土高为4~12m的桥梁。耳墙式桥台由于台身尺寸小，特别适用于深基础或铁路复线、宽桥面的公路桥梁。当填土很高时，锥体坡角伸出台前部分需加固坡角或设挡土墙。

4. 埋式桥台

埋式桥台（图9-5）埋入锥体填土中。为了减小土压力造成向前的力矩，台身做成后仰形式。埋式桥台可大大节省桥台圬工，但由于将桥台埋入锥体填土中，使锥体伸入桥孔减小了桥下过水面积，从而增加桥的全长，且锥体坡脚易受水流冲刷需进行铺砌及坡脚防护。埋式桥台台身高而基础较短，基底应力大。这种桥台用于桥头为浅滩、溜坡受冲刷较小、填土较高（大于或等于12m）的铁路及公路桥梁上，且要求地基有较高的承载能力。

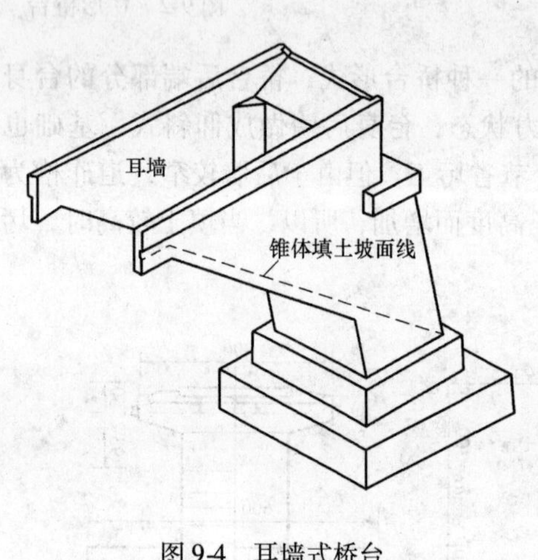

图9-4 耳墙式桥台

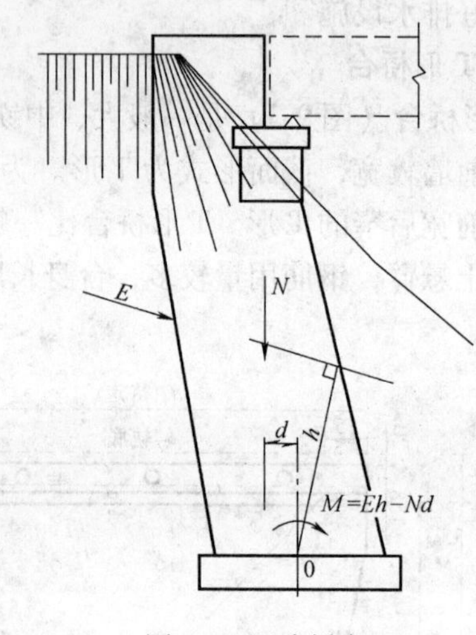

图9-5 埋式桥台

应用于公路桥梁的埋式桥台，有时还将台身挖空成拱形，以进一步节省圬工。

5. 挖台

山区铁路，常是坡陡谷深，桥隧相连。有些桥台位于陡峻的山坡上，嵌入山体之中，有时台尾紧接隧道甚至有侵入洞门之内的情况。为此，实践中在挖方内常采用提高基础，缩短台顶的顶帽式桥台即挖台（图9-6）。由于这种桥台结构形式简单、施工方便、符合自然的实际情况，便于设计和施工。

挖方内桥台应设置于稳定的山体中。除地质承载力要求较高外，还应根据台位处山体地质具体情况决定其埋置深度。基础除必须置于稳定的岩层上外，一般以不使基础襟边（或基顶）外露，且基底埋于基本岩层内不少于0.75~1.0m为宜。当基底埋置于坚硬的岩层时可以适当提高，但嵌入坚硬岩层的深度不少于0.5m。基础边缘距岩层外露面边缘的最小距离（除去覆盖风化和不稳定的岩层）一般不小于2~3m。

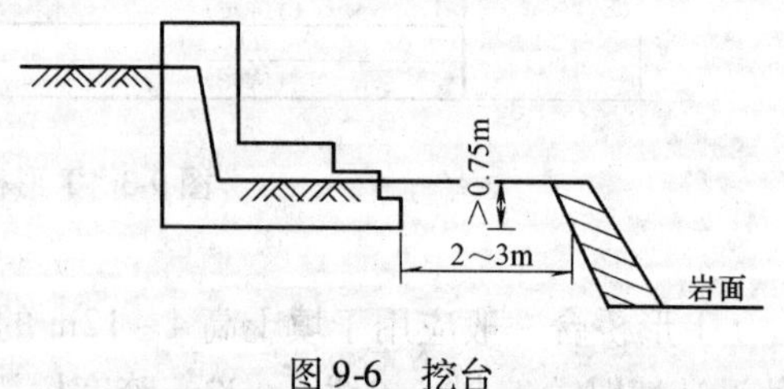

图9-6 挖台

桥台基坑开挖不宜过大，当基坑周围不浸水时，最好不设模板浇筑基础混凝土封底。台身尤其是台后以不设模板直接与岩层接触浇筑为好。台身周围若有过大的超挖应以浆砌片石回填。

9.1.2 轻型桥台

1. 八字形和一字形桥台

八字形和一字形桥台（图9-7）的构造特点是，台身主体为直立的圬工砌体薄壁墙，在两桥台间基础顶设钢筋混凝土支撑梁以防止桥台向跨中移动，同时上部结构与桥台通过锚栓连接，构成四铰框架结构。台身两侧为翼墙。一般八字形桥台将台身与翼墙分开砌筑，而一字形桥台的台身与翼墙连成一个整体。翼墙张开的角度为30°~50°（八字形）。翼墙除支挡路堤填土外，还可起引导水流的作用。但该桥台的翼墙承受土压力部分较宽，因而需要较大的圬工体积。

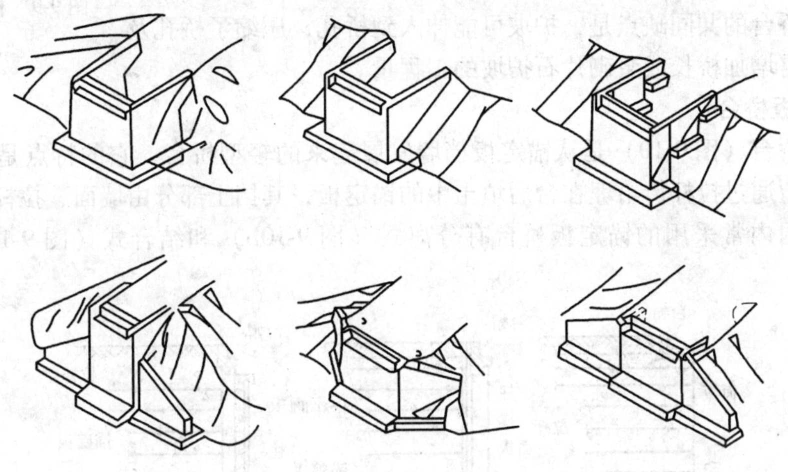

图9-7 八字形和一字形桥台

这种桥台仅应用于公路小跨径、填土低的桥梁以及不宜做溜坡的城市立体交叉的桥跨，桥跨孔数与之配合使用时不宜超过三跨，单孔跨径不大于13m，多孔全长不宜大于20m。

2. 薄壁型桥台

薄壁型桥台（图9-8）由扶壁式挡土墙和两侧的薄壁侧墙构成。挡土墙由厚度不小于15cm（15~30cm）的前墙和间距为2.5~3.5m的扶壁组成。台顶由竖直小墙和支于扶壁上的水平板组成，用以支撑桥跨结构，两侧薄壁可以与前墙垂直，有时也做成与前墙斜交。

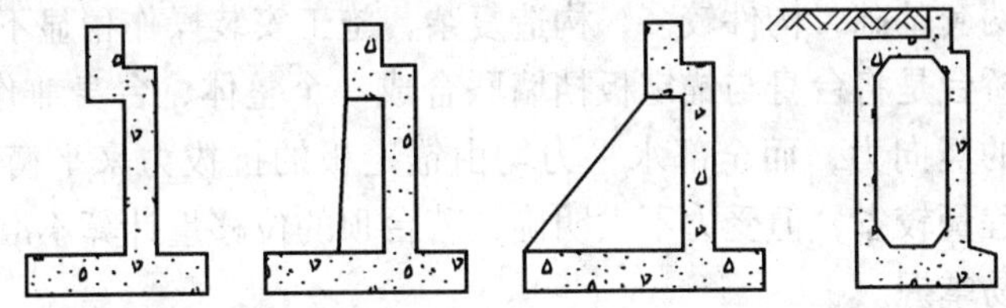

图9-8 薄壁型桥台

常用的薄壁型桥台有悬臂式、扶壁式及箱式等，这种桥台不仅可节省圬工40%~50%，有时因自重减轻而减小了对地基的压力，故适用于填土低、地基基本承载力低的小跨径公路桥梁，但其构造和施工复杂，混凝土及钢筋数量和用量较大。

3. 框架式桥台

框架式桥台（图 9-9）是墩身由钢筋混凝土柱、薄墙或构架组成的轻型桥台。其构造形式常用的有双柱式、多柱式、墙式（肋式）、构架式及半重力式等。基础大多采用桩基础，在基础为岩石、台后填土稳定及台高较低时也用扩大基础。框架式桥台台身轻巧，圬工少，但用钢量较多。一般多用于地基承载力较低、台身高大于 4m，跨径大于 10m 的公路桥梁。

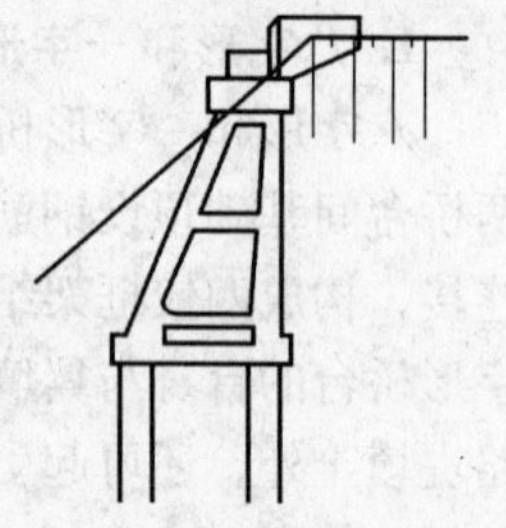
图 9-9 框架式桥台

双柱式或多柱式一般在填土高小于 5m 时采用。为了减小桥台水平位移，也常先填土，后钻孔。填土高大于 5m、跨径为 16m 和 20m 时，采用墙式或构架式。墙厚一般为 0.4 ~ 0.8m，设少量钢筋。半重力式构造与墙式相同，只是墙较厚，不设钢筋。

框架式桥台的共同缺点是，护坡可能伸入到桥孔，压缩了桥孔及河道，有时需增加桥长或浆砌片石护坡的工程量。

4. 锚定板桥台

锚定板桥台（图 9-10）是从锚定板挡墙发展起来的轻型桥台，它的特点是全部或大部分台后土压力通过拉杆传给埋在台后填土中的锚定板，其挡土部分由墙面、拉杆、锚定板组成。目前，国内常采用的锚定板桥台有分离式（图 9-10b）和结合式（图 9-10c）两种类型。

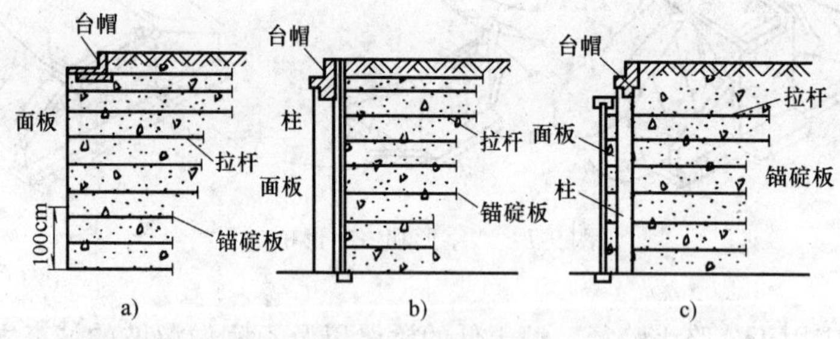

图 9-10 锚定板桥台

分离式锚定板桥台分为两个独立部分，一个是支承桥跨结构的台身，另一个是支挡台后填土的锚定板挡墙，两者之间预留 10 ~ 12cm 的空隙。台身仅承受梁跨传来的竖向力及水平力，锚定板挡墙则承受墙背后的土压力，两者受力互相独立，互不干扰，各部分受力及分工明确。这种桥台需两套基础，构件较多，构造复杂，施工安装操作稍显不便。

结合式锚定板桥台是将台身与锚定板挡墙联合成一个整体，台身兼作立柱和挡土结构，主要承受梁跨传来的竖向力，而全部水平力均由锚定板的抗拔力来平衡。这种桥台构造简单、施工方便、工程量较省，但受力不太明确，若台顶的位移量计算不准，会影响施工和正常运营，设计时不易掌握。

锚定板结构由锚定板、立柱、拉杆和挡土板组成。其工作原理是，台后填土产生的土压力作用于挡土板上，再通过立柱及拉杆将该力传递给锚定板，而锚定板则依靠位于板前具有一定抗剪能力的土体所产生的抗拔力来平衡拉杆拉力，使整个结构处于稳定状态。

9.2 桥台构造与尺寸拟定

桥台设计的方法步骤与桥墩基本相同，包括收集资料、选择类型、拟定尺寸以及力学检算等。

9.2.1 重力式桥台

桥台顶帽及托盘主要尺寸拟定原则和各项规定与桥墩相同，不同的是台帽顶面只设单排支座，而在另一侧设挡住路堤填土的背墙。台顶纵向尺寸（图9-11）为

$$A \geqslant a/2 + e + e_0 + b + c$$

式中，a、e、e_0、b 及 c 各值均与桥墩部分相同。

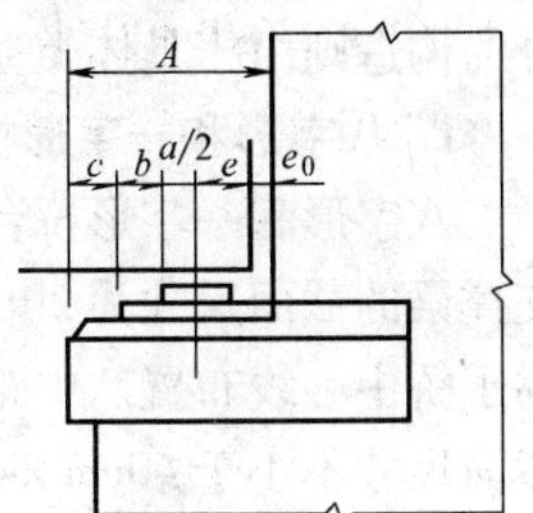

图9-11 桥台顶帽纵向尺寸

各式桥台的台身长度、由下列各项要求决定（图9-12）：

1）为了加强桥台与路堤的连接，使线路道砟不致由锥体填方顶部下滑，桥台尾上部应伸入路堤内至少0.75m。

2）除埋式桥台外，为使锥体填土免受水流冲刷和不占流水面积，锥体填土的坡脚不应超出桥台前缘。

3）为保证锥体填土的稳定，锥体顺线路方向的坡度，路肩下0～6m不陡于1:1；6～12m不陡于1:1.25；大于12m不陡于1:1.5。如采用大于0.25m（指大块最小边尺寸）的石块分层适当码砌时，全坡可采用不陡于1:1的坡度。

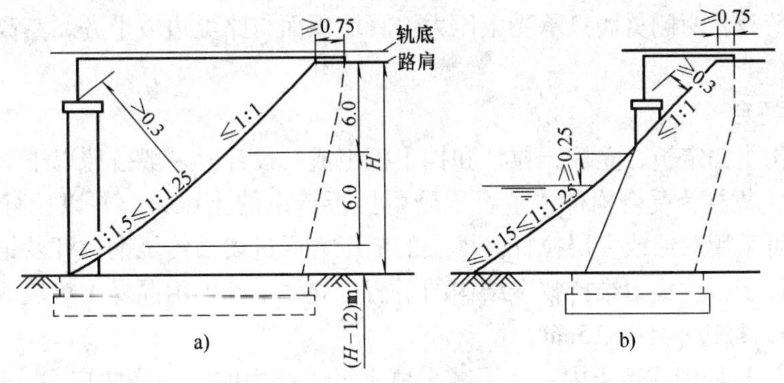

图9-12 确定台长的条件

4）为避免填土及雨雪从锥体坡面流至支承垫石平台上，锥体坡面距支承垫石顶面后缘不小于0.3m。

5）埋式桥台锥体坡脚可伸出桥台前缘，但锥体坡面与桥台前缘相交处应高出设计频率水位0.25m，以免受水流冲刷或浸入而引起锥体护坡坍塌。

公路U形桥台，桥台前墙的任一水平截面的宽度不宜小于该截面至墙顶高度的0.4倍。背坡一般采用5:1～8:1，前坡为10:1或直立。侧墙顶宽一般为60～100cm。任一水平截面的宽度，对于片石砌体不小于该截面至墙顶高度的0.4倍，对于块石、料石砌体和混凝土则不小于该截面至墙顶高度的0.35倍。如果桥台内填料为透水性良好的砂质土或砂砾，则上

述两项可分别减为0.35倍和0.3倍。前墙及侧墙的顶宽对于片石砌体不宜小于50cm；对于块石、料石砌体和混凝土则不宜小于40cm（图9-13）。

图9-3示出梁跨24m的铁路预应力梁T形桥台标准设计主要尺寸，图中待定尺寸需根据填土高度及地基承载力而定。

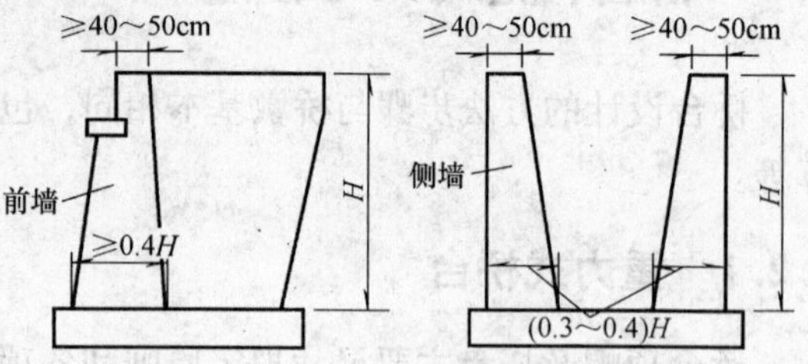

图9-13 公路U形桥台台身尺寸

9.2.2 轻型桥台

轻型桥台的顶帽及托盘主要尺寸拟定原则和各项规定与重力式桥台基本相同，而台身的构造则由于具体类型的复杂而无统一的规定。

1. 八字形和一字形桥台

八字形和一字形桥台的基础一般采用C15混凝土，当基础长度大于12m时需配置钢筋。支撑梁的截面尺寸为20cm×30cm，用C20混凝土浇筑，搁置在基础上，垂直于桥台并应对称于桥中心线布置。中距一般为2～3m，支撑梁也可用混凝土或块石砌筑，以节约钢筋，但截面尺寸不小于40cm×40cm。

台身均为圬工体，当梁的跨径不超过6m，台高不超过4m时，可用浆砌块石；当跨径大于6m，台高大于4m时，需用C15混凝土浇筑。台帽为C20混凝土。台帽内的预埋栓钉应与上部结构互相锚固。为了保证支撑梁牢固地埋入土中，一般埋置深度为1.5m，在有冲刷的河流上，还应用片石铺砌河床。如果基础能嵌入风化岩层15～25cm时，也可不设下部支撑梁。台身前墙与翼墙之间一般设沉降缝分离。这类桥台不设路堤锥坡，前墙承受土压力及支座传来的荷载，两侧翼墙只承受土压力。翼墙顶面与路堤边坡平齐，其高度与底宽是变动的。

2. 锚定板桥台

锚定板结构由锚定板、立柱、拉杆和挡土板组成，设计时一般按照以下原则：

（1）立柱　立柱为受弯构件，主要承受由挡板传来的土压力，并以拉杆作为水平反力的支点。立柱可采用双层或多层拉杆。填土的侧压力通过墙面传至钢拉杆及锚定板，并借助埋在填土中的锚定板抗拔力维持整个结构的平衡。立柱基础可用混凝土垫块或杯座，垫块厚度一般为50cm，襟边不小于15cm。

（2）拉杆　拉杆埋在填土内，为了减小填土沉落产生的附加挠曲应力，应用柔性杆件。一般采用钢拉杆，埋在土中部分应先除锈，再涂沥青船底漆两道，最后缠裹被热沥青浸透的玻璃纤维布两层。根据港口建筑物的经验，这种措施对受力钢筋防锈效果良好。拉杆螺栓和肋柱及锚定板连接的部位不能包扎，是防锈的薄弱环节，应用沥青水泥砂浆充填其周围并用沥青麻筋塞缝，慎重处理。

拉杆一般水平设置，当设计拉杆的拉力较大，一根拉杆的截面不够时，可设置两根拉杆，两根拉杆可放在同一水平面上，也可以上下排列在同一垂线上。双层拉杆之间应留有一定的空隙，以免影响螺母的拧紧。上层拉杆有时设有稍向下的倾角，可减小立柱的位移。根据模型试验资料可知，上层拉杆下倾3°26′或5°时，位移分别减小到水平位置时的70%和55%。如对拉杆预加拉力，当分别预先施加相当于一倍设计活载作用下的拉杆设计拉力时，立柱的位移可减小约20%～30%。

拉杆长度对锚定板位移值影响较大，在整体稳定计算中也要求有一定长度。一般设计中以锚定板位于土压力破裂面以外至少 $4h$（h 为锚定板高度）的距离来决定拉杆长度，主墙每层拉杆长度不小于 $10h$，翼墙每层拉杆长度不小于 6 ~ $8h$（图9-10）。

（3）锚定板　根据模型试验资料，锚定板以正方形为最经济，能发挥最大抗拔力效果。锚定板要求有一定埋置深度，不同的埋置深度形成土体不同的剪切破坏，当 $H/h \leqslant 5$ 时为浅埋（图9-14a），$H/h > 5$ 时为深埋（图9-14b）。拉拔试验表明，埋置深度在 3 ~ 10m 范围内的方形锚定板极限抗拔力约为 300 ~ 450kN/m^2，设计采用安全系数为 3。锚定板的尺寸按拉杆的拉力，根据填料及施工情况由计算决定。其允许抗拔力计算方法可参见铁道部编《旱桥锚定板桥台设计原则》。

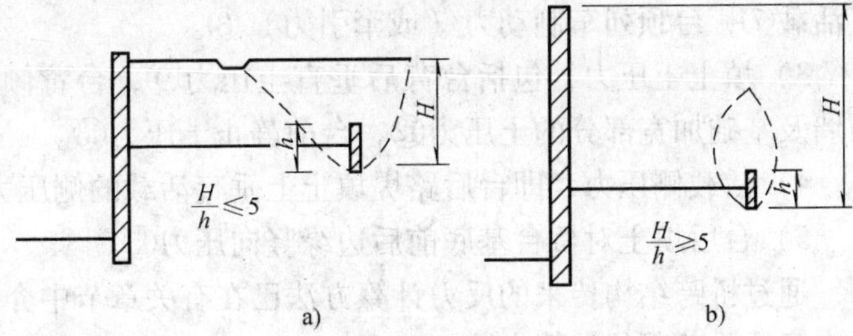

图9-14　锚定板埋深与土体破坏

H—填料面至锚定板板底的高度　h—锚定板板高

9.3 桥台计算特点

根据设计经验，U 形桥台及 T 形桥台按锥体坡度构造要求和填土高度确定的桥台结构尺寸，其台身截面强度和合力偏心一般均能满足要求，当采用标准图设计时可不进行检算。但埋式桥台或耳墙式桥台的台身尺寸相对较小，必须经过检算。

桥台计算中所考虑的荷载与桥墩的计算基本相同，桥台的计算特点是：要考虑台后填土及填土上车辆荷载引起的土侧压力，但不需计算纵、横向风力，流水压力，冰压力，船只或漂浮物的撞击力等荷载。桥台的检算内容（强度、偏心和稳定性）也与桥墩的检算内容基本相同，但只作顺桥向的检算。

9.3.1 荷载计算

作用于桥台的荷载，以铁路 T 形桥台为例，如图 9-15 所示。

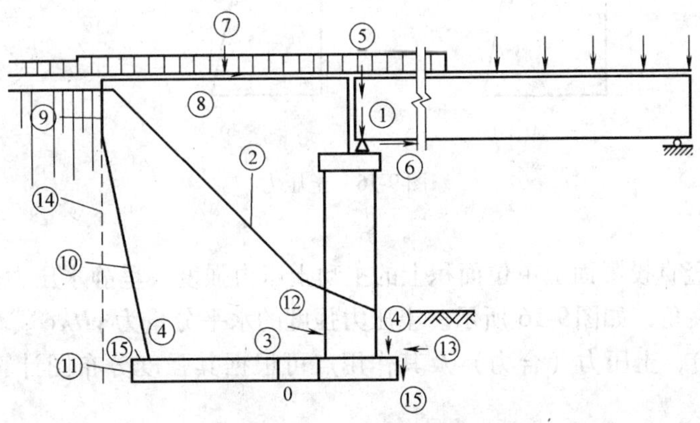

图9-15　T 形台荷载

1）垂直恒载，包括桥跨结构恒载反力①，台顶及台身自重②，基础自重③，覆土自重④。

2）列车活载，包括桥跨结构活载反力⑤，桥跨上列车制动力（或牵引力）⑥，台顶垂直活载⑦，台顶列车制动力（或牵引力）⑧。

3）填土土压力，包括台背后垂直土压力⑨，台背倾斜土压力⑩，基础上的土压力⑪，前墙及基础加宽部分的土压力⑫，台前静止土压力⑬。

4）活载侧压力，即台后路堤填土上垂直活载的侧压力⑭。

5）台后填土对桥台基底前后边缘竖向压力⑮。

通过桥跨结构传来的反力计算方法已在有关章节中介绍过，不再重复。下面主要介绍桥台本身承受荷载的计算方法。

1. 填土土压力计算

（1）库仑主动土压力公式　当土层特性无变化时，作用于桥台背后的主动土压力分布如图9-16所示，其值按下式计算

$$E = \frac{1}{2}\gamma H^2 B\lambda \tag{9-1}$$

$$\lambda = \frac{\cos^2(\varphi - \theta)}{\cos^2\theta\cos(\theta+\delta)\left[1+\sqrt{\dfrac{\sin(\varphi+\delta)\sin(\varphi-\alpha)}{\cos(\theta+\delta)\cos(\theta-\alpha)}}\right]^2}$$

式中，γ是填土重度；H是计算面的竖直高度；B是桥台的计算宽度；λ是主动土压力系数；φ是填土内摩擦角，一般渗水土壤φ取33°，填石取40°；δ是墩台背与填料之间的外摩擦角，取$\delta=\varphi/2$；θ是墩台背与竖直面夹角，俯墙（图9-16）取正值，反之取负值；α是填土表面与水平面的倾角。

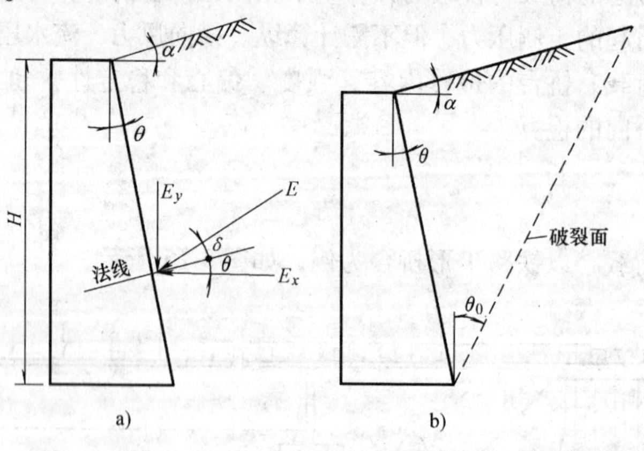

图9-16　土压力

作用于墙背竖直投影面上单位面积上的主动土压力强度，呈静水压力分布，其方向与墙背法线方向成δ夹角，如图9-16所示。土压力强度的水平分量为$\gamma H\lambda\cos(\theta+\delta)$，竖直分量为$\gamma H\lambda\sin(\theta+\delta)$，土压力（合力）及其作用点可根据其强度分布图计算（图9-17、图9-18）。

（2）桥台填土土压力计算　桥台台背形状一般为折线形，台后填土顶尚有一定厚度的

道砟，道砟重度与填土不同，路堤填土本身也可能包括性质不同的土层，因此台背土压力计算比前述情况要复杂。

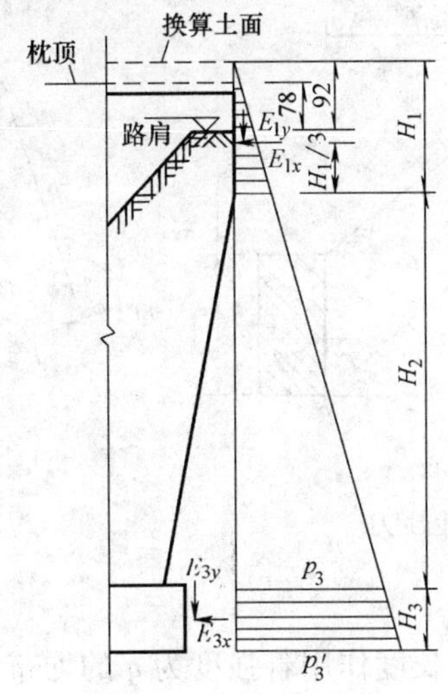

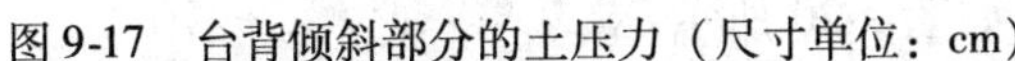
图 9-17　台背倾斜部分的土压力（尺寸单位：cm）

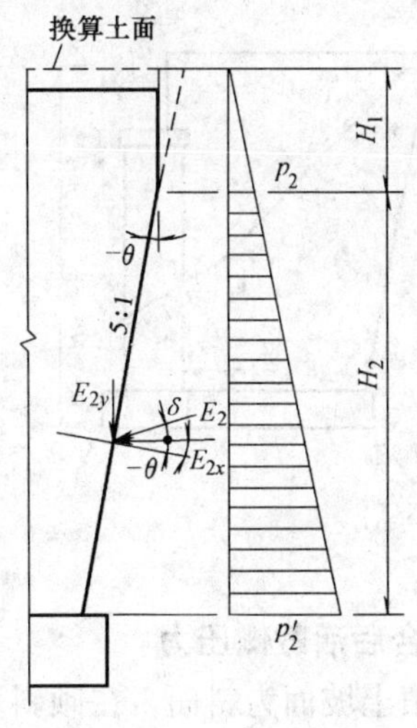

图 9-18　台背竖直部分的土压力

1）台背竖直部分上的土压力。台顶上部为竖直台背，基础背面也是竖直的，即 $\theta=0$。道砟顶面是水平的，即 $\alpha=0$，将 θ、α 代入主动土压力系数公式中得

$$\lambda=\frac{\cos^2\varphi}{\cos\delta\left[1+\sqrt{\dfrac{\sin\ (\varphi+\delta)\ \sin\varphi}{\cos\delta}}\right]^2}$$

轨底至路肩面为 81cm 厚的碎石道砟，重度为 20kN/m³。计算桥台背竖直土压力时，可将 81cm 厚度的道砟换算成与填土重度（17kN/m³）相同的土层，再按库仑土压力公式计算。换算土层高度根据力学等效原则确定。即 $h=0.81\times\dfrac{20}{17}\text{m}=0.953\text{m}$。

2）台背倾斜部分上的土压力（图 9-17）。台背倾斜部分相当于折线墙背的下墙。在桥台压力的计算中多采用延长墙背法，即将倾斜的台背向上延伸与换算土面相交。在它的土压力计算公式中，土面坡角 $\alpha=0$，墙背倾角为 $-\theta$，代入主动土压力系数公式中，得

$$\lambda=\frac{\cos^2(\varphi+\theta)}{\cos^2\theta\cos(-\theta+\delta)\left[1+\sqrt{\dfrac{\sin(\varphi+\delta)\sin\varphi}{\cos(-\theta+\delta)\cos\theta}}\right]^2}$$

H_2 范围内土压力计算方法与计算基础土压力相同。仅需注意 E_{2y} 作用点在土压力强度竖直分量分布图重心处。

3）前墙加宽部分上及基础的土压力。如图 9-19 所示，前墙加宽部分背面填土的破裂面 bc 一般与路基顶面相交，滑动土体近似四边形，土压力应按图示破裂面计算。

4）台前静止土压力。计算滑动稳定时，台前不受冲刷部分土的侧压力可按静止土压力计算，即

$$E=\frac{1}{2}\xi\gamma H^2B\lambda \tag{9-2}$$

式中，ξ 是静止土压力系数，采用0.25～0.5，计算滑动稳定时可用0.5；H 是不受冲刷部分的回填土深度。

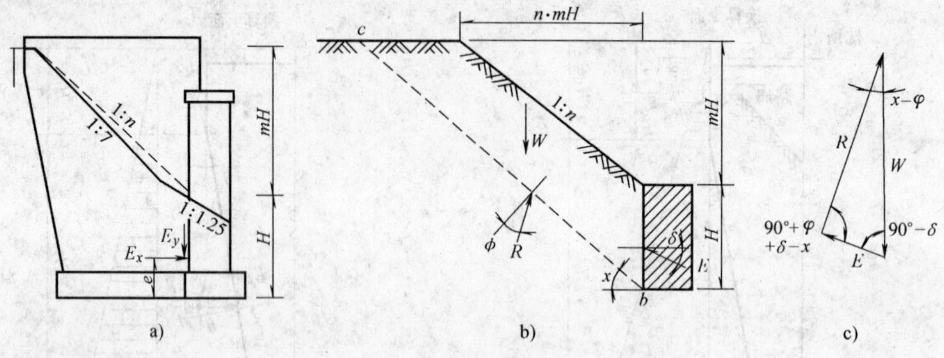

图9-19 前墙加宽的土压力

2. 台后活载侧压力

设填土坡面为斜面，在倾斜表面水平投影每单位长度作用着强度为 q 的均布活载，由于 q 的作用，引起作用在台背的土压力强度分布如图9-20所示。

土压力强度的水平分量

$$e_x = \gamma h_0 \lambda \cos(\theta + \delta)$$

土压力强度的竖直分量

$$e_y = \gamma h_0 \lambda \sin(\theta + \delta)$$

式中，$h_0 = \dfrac{q\cos\theta\cos\alpha}{\gamma\cos(\theta - \alpha)}$，对于桥台 $\alpha = 0$。其余符号意义同前。其中，q 为台后轨底以上活载竖向压力强度，计算时横向分布宽度按2.5m计，纵向分布宽度当采用集中轴重时为轴距，当采用每延米荷载时为1.0m。

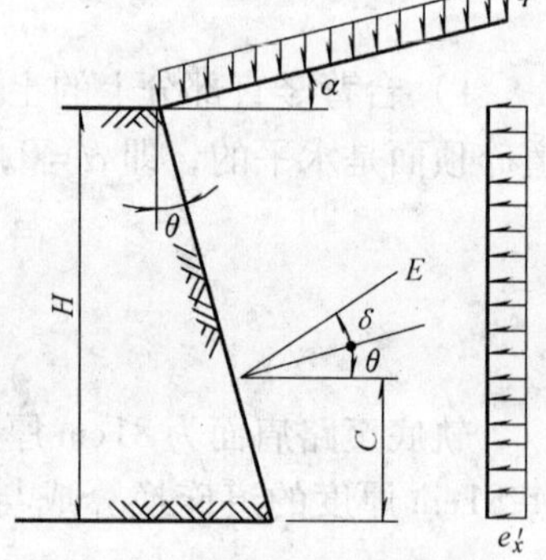

图9-20 活载侧土压力

台背上作用的土压力水平分力为

$$E_x = e_x H B_0 = q\gamma\cos(\theta + \delta) H B_0$$

式中，B_0 是台后活载计算宽度，可取2.5m，当桥台计算宽度 $B < 2.5$m 时，则按 $B_0 = B$ 计算；H 是计算截面至轨底的高度。

其着力点至计算截面的距离 $C = H/2$。

台背上作用的土压力竖直分力为

$$E_y = e_y H B_0 = q\gamma\sin(\theta + \delta) H B_0$$

其着力点为 $H/2$ 与斜面相交处。

3. 台后路堤及锥形填土对桥台基底的附加竖向压力（图9-21）

台后路堤及锥形填土重量对桥台基底产生压应力，在基底中线前后缘应力值按下式计算

$$\sigma = \alpha\gamma H \tag{9-3}$$

式中，σ 是附加竖向压应力；γ 是路基填土的重度；H 是路基填土高度；α 是系数，查JTG D63—2007《公路桥涵地基与基础设计规范》附表。

4. 台顶活载的制动力或牵引力

按台顶竖向静活载的10%计算，其作用点在轨底处。

9.3.2 荷载组合

桥台设计应检算台身截面的强度及合力偏心，基底承载力及合力偏心，桥台稳定性。其计算方法同桥墩计算方法，不再赘述。桥台计算时，应根据各种可能出现的情况进行荷载的最不利组合，车辆荷载可按以下几种情况布置（图9-21）：

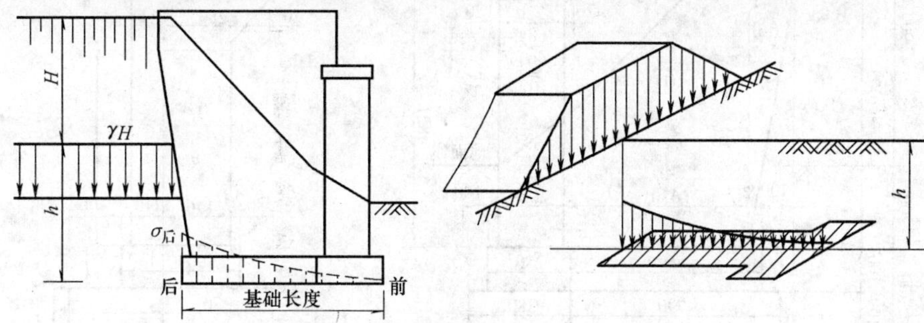

图9-21 填土对桥台基底的压应力

1）车辆荷载仅布置在台后填土的破坏棱体上。

2）车辆荷载仅布置台顶上或桥跨结构及台顶上。

3）车辆荷载布置在桥跨结构上、台顶上及台后填土的破坏棱体上。

铁路桥台的列车荷载则还需考虑列车的行驶方向。

桥台检算时，须根据桥台检算内容、桥台形式，并分析比较具体情况来决定以上活载与恒载的组合。

9.4 铁路T形桥台示例

本例仅计算作用在 A 及 A' 点（图9-22）的荷载，荷载组合及极限状态检算按TB 10002.1—2005《铁路桥涵设计基本规范》规定。

9.4.1 设计资料

1）Ⅰ级铁路、单线、平坡、直线，跨度20m道砟桥面钢筋混凝土梁，双侧人行道及栏杆。

2）设计活载为“中—活载”。

3）桥台尺寸、填土高、基础埋深及有关尺寸，如图9-22所示。

4）建筑材料。顶帽及道砟槽采用C20钢筋混凝土。台顶及顶帽缩颈以下40cm范围采用C20混凝土，台身及基础采用C15混凝土。台后填渗水性土。

5）其他计算数据。桥面系采用预应力混凝土轨枕，直线梁39.2kN/m。

9.4.2 台身底截面力计算

1. 结构自重

本例所有结构自重力矩，均按作用于台尾 A 点计算，以顺时针方向力为正值（图9-22）。

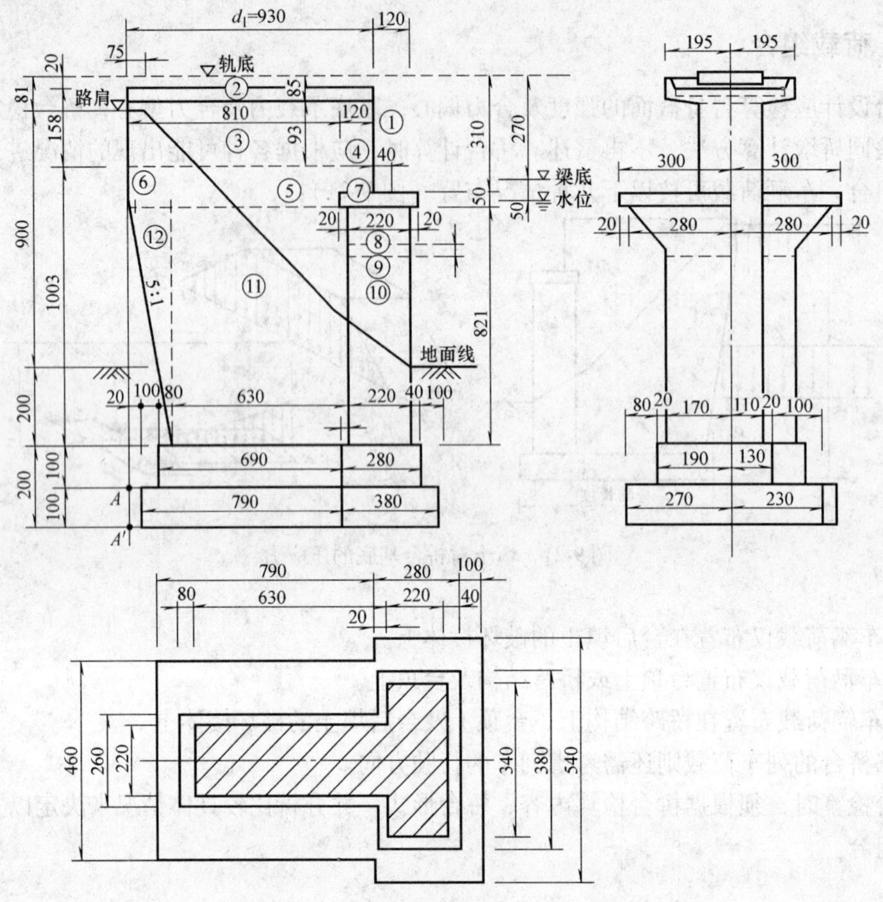

图 9-22　T 形台结构尺寸图一（单位：cm）

直线上台顶线路设备、人行道及 C20 钢筋混凝土道砟槽，经计算可简化为一个简易式：$N=71.6d_1$（kN），式中 d_1 为台顶长，以 m 计。

结构自重计算结果见表 9-1 及图 9-23。

表 9-1　结构自重计算结果

梁部	计算式	垂直力/kN	对 A 点力臂/m	力矩/kN·m
(1)支点处由梁部产生的压力	(1351.8 + 39.2 × 20.7)/2	1081.6	9.3 + 0.4 = 9.70	10491.7
(2)台顶线路设备及道砟等	71.6 × 9.3	665.9	0.5 × 9.3 = 4.65	3096.3
(3)道砟槽以下台顶	0.93 × 8.1 × 2.2 × 23	381.2	0.5 × 8.1 = 4.05	1543.7
(4)顶帽以上台顶	(3.1 − 0.85) × 1.2 × 2.2 × 23	136.6	0.5 × 1.2 + 8.1 = 8.7	1188.6
(5)顶帽后台身(矩形部分)	7.74 × (3.1 + 0.5 − 1.78) × 2.2 × 23	712.8	0.5 × (1.82 + 7.74) = 4.234	3018.0
(6)顶帽后台身(三角形部分)	0.5 × 1.82 × 0.364 × 2.2 × 23	16.8	2/3 × 0.364 = 0.243	4.1
(7)顶帽	2.6 × 6 × 0.5 × 25	195	8.1 + 0.2 + 1.1 = 9.4	1833.0
(8)顶帽下托盘	(5.6 + 3.4) × 1.1 × 2.2/2 × 23	250.5	9.4	2354.4
(9)托盘下 0.4m 台身前墙	0.4 × 2.2 × 3.4 × 23	68.8	9.4	646.7
(10)台身前墙	(8.21 − 1.1 − 0.4) × 2.2 × 3.4 × 23	1154.4	9.4	10851.3
(11)台身后墙	6.3 × 8.21 × 2.2 × 23	2617.2	2 + 0.5 × 6.3 = 5.15	13478.5
(12)台身后墙	(7.94 − 6.3) × 0.5 × 8.21 × 2.2 × 23	340.6	2/3 × 1.64 + 0.364 = 1.46	497.3
基顶以上结构自重小计		7621.4		49003.6

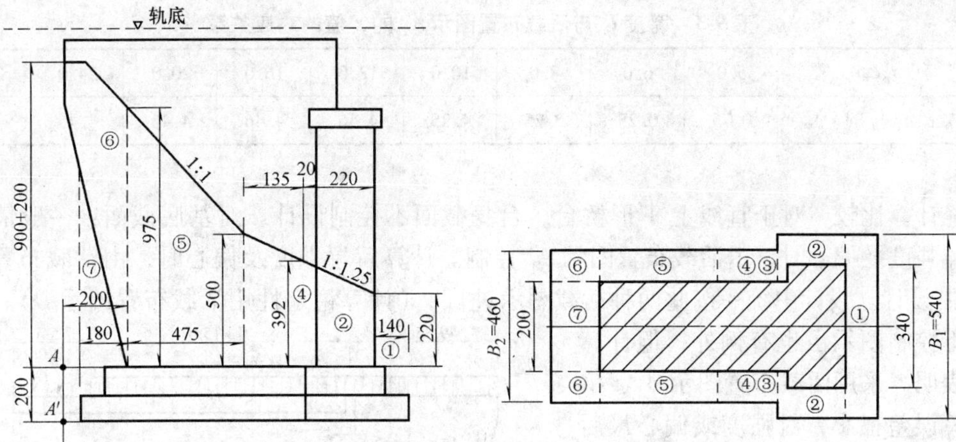

图 9-23　T 形台结构尺寸图二（单位：cm）

2. 活载

计算 T 形桥台时，几种最不利活载布置见表 9-2。跨度 l_p 与活载布置图示 A_2 的 x 值的对应关系见表 9-3。计算桥台基底偏心或强度及台身偏心或强度时，其活载布置控制图示，随梁跨大小、填土高低、埋深大小以及桥台位于直、曲线上等不同因素而异。

表 9-2　几种最不利活载布置

计算端	图示号	活载布置图示	基础设计控制情况				说明
			直线上		曲线上		
			(1)	(2)	(1)	(2)	
前端	A_1	l_p	强度偏心				
前端	A_2	x　l_p			强度偏心		控制基础设计梁的类型 直线： l_p = 5.0 ~ 20.0m 钢筋混凝土梁 l_p = 24.0m、32.0m 后张梁 曲线： l_p = 5.0m、6.0m 钢筋混凝土梁 l_p = 8.0m ~ 20.0m 低高度钢筋混凝土梁 l_p = 24.0m、32.0m 后张梁
后端	C_1	l_p			强度偏心		
后端	C_2	l_p	强度偏心				
	D	l_p	稳定		稳定		

注：(1) 表示恒 + 活；(2) 表示恒 + 活 + 制动力。

表 9-3 跨度 l_p 与活载布置图示 A_2 的 x 值的对应关系

跨度 l_p/m	5.0	6.0	8.0	10.0	12.0	16.0	20.0	24.0	32.0
活载布置图示 A_2 的 x 值/m	0.75	0.25	2.25	4.25	4.46	4.46	4.46	4.46	4.46

经计算比较，对于直线上 T 形桥台，台身截面不控制设计。对基底截面：一般情况计算前端强度及偏心时，由活载布置图示 A_1 控制。计算后端强度及偏心时，由活载布置图示 C_2 控制设计。设计中统一按此两种活载图示进行；（计算稳定性用活载布置图示 D）。个别情况下控制图示虽也有例外，但计算资料表明，采用活载布置图示 A_1、C_2 的计算误差很小，对强度或偏心最后计算成果的精度影响甚微。

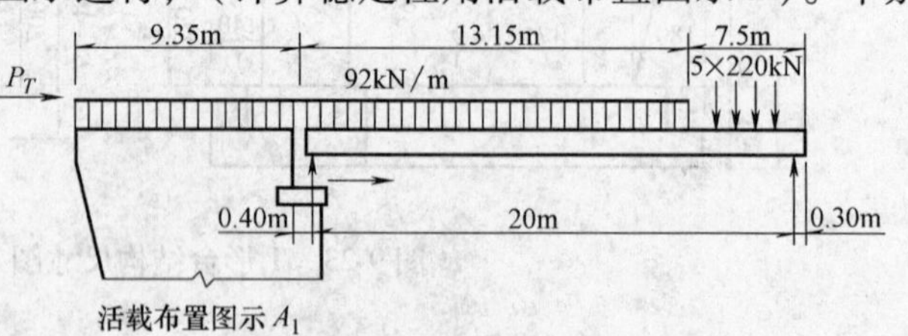

图 9-24 向台前行车

（1）向台前行车 采用活载布置图示 A_1，如图 9-24 所示。

1）活载竖向力。

梁上 $R_1 = \frac{1}{20} \times \left[220 \times 5 \times (3 - 0.3) + 92 \times 13.15 \times \left(\frac{1}{2} \times 13.15 + 7.5 - 0.3 \right) \right] \text{kN}$

$= 981.8\text{kN}$

$$M_{A_1} = 981.8 \times (9.3 + 0.4)\text{kN} \cdot \text{m} = 9523.5\text{kN} \cdot \text{m}$$

台上

$$R_2 = 92 \times 9.35\text{kN} = 860.2\text{kN}$$

$$M_{A_2} = 860.2 \times 9.35\text{kN} \cdot \text{m}/2 = 4021.4\text{kN} \cdot \text{m}$$

梁台合计

$$\sum R = 981.8\text{kN} + 860.2\text{kN} = 1842\text{kN}$$

$$\sum M = 9523.5\text{kN} \cdot \text{m} + 4021.4\text{kN} \cdot \text{m} = 13545\text{kN} \cdot \text{m}$$

2）制动力。按 TB 10002.1—2005 规定，制动力或牵引力按竖向静活载的 10% 计算。其作用点在轨顶以上 2m 处，但计算桥墩台时移至支座中心处，计算台顶移至轨底处。均不计移动作用点所产生的竖向力或力矩。本算例按铸钢支座计算，如采用橡胶支座必须按 TB 10002.1—2005 规定计算制动力。

梁上

$$P_{T_1} = (1100 + 92 \times 13.15) \times 0.1\text{kN} = 230.98\ \text{kN}$$

$$M_{A_1} = 230.98 \times [(0.81 + 11) - (3.1 - 0.325)]\text{kN} \cdot \text{m} = 2086.9\ \text{kN} \cdot \text{m}$$

台上

$$P_{T_2} = 860.2 \times 0.1\text{kN} = 86.02\ \text{kN}$$

$$M_{A_2} = 86.02 \times 11.81\text{kN} \cdot \text{m} = 1015.9\ \text{kN} \cdot \text{m}$$

梁台合计

$$\Sigma P_T = 230.98\text{kN} + 86.02\text{kN} = 317\text{kN}$$

$$\Sigma M_{A_2} = 2086.9\text{kN} \cdot \text{m} + 1015.9\text{kN} \cdot \text{m} = 3102.8\ \text{kN} \cdot \text{m}$$

（2）向台后行车 活载布置图示“C_2”如图 9-25 所示。

1）活载竖向力。

台上

$$R_1 = 1100\text{kN} + 92 \times 1.8\text{kN} = 1265.6\ \text{kN}$$

$$M_1 = 1100 \times 3\text{kN} \cdot \text{m} + 92 \times 1.8 \times (7.5 + 1.8/2)\text{kN} \cdot \text{m} = 4691\text{kN} \cdot \text{m}$$

2）制动力。

$$P_T = -0.1 \times 1265.6\text{kN} = -126.6\ \text{kN}$$

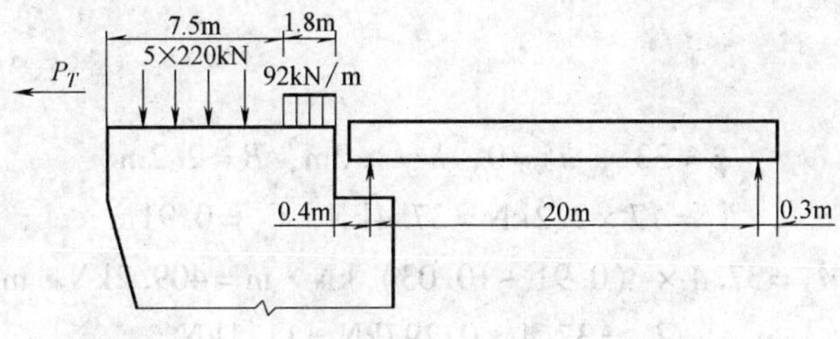

图9-25 向台后行车

$$M_A = -126.6\times 11.81\text{kN}\cdot\text{m} = -1495.1\text{kN}\cdot\text{m}$$

3. 土压力

按TB 10002.1—2005，作用于墩台背面的主动土压力（包括活载）可按以下公式计算。

（1）台后直墙

$$\varphi=33°, h'=0, h=0.97\text{m}, B=2.2\text{m}$$

$$E_x=5.7\times 2.2\text{kN}=12.5\text{kN}, C_y=0.44\text{m}$$

$$M_A=12.5\times(0.44+10.03)\text{kN}\cdot\text{m}=130.9\ \text{kN}\cdot\text{m}$$

$$E_y=12.5\times\frac{0.076}{0.256}\text{kN}=12.5\times 0.297\text{kN}=3.7\text{kN}, C_x=0$$

（2）台后斜墙（5:1）

$$\varphi=33°, h'=0.97\text{m}, h=10.03\text{m}, B=2.2\text{m}$$

$$E_x=296.4\times 2.2\times 0.762\text{kN}=496.9\text{kN}, C_y=3.78\text{m}$$

$$M_A=496.9\times 3.78\text{kN}\cdot\text{m}=1878.3\text{kN}\cdot\text{m}$$

$$E_y=296.4\times 2.2\times\frac{0.018}{0.256}\text{kN}=625.1\times 0.0703\text{kN}=45.8\text{kN}$$

$$C_x=\frac{1}{5}\times(10.03-3.78)\text{m}=1.25\text{m}$$

$$M_A=45.8\times 1.25\text{kN}\cdot\text{m}=57.3\text{kN}\cdot\text{m}$$

（3）前墙加宽（$B-1.2\text{m}$）

锥体变坡点距桥台前缘　$(9-6)\times 1.25\text{m}=3.75\text{m}>2.2\text{m}$

锥体与前墙交点距基顶　$H=2+2.2\text{m}/1.25=3.76\text{m}$

$$h=11\text{m}-3.76\text{m}=7.24\text{m}$$

$$E_x=123.7\times 1.2\text{kN}=148.4\text{kN}$$

$$M_A=198.6\times 1.2\text{kN}\cdot\text{m}=238.3\text{kN}\cdot\text{m}$$

$$E_y=148.4\times 0.296\text{kN}=43.9\text{kN}$$

$$M_A=43.9\times(9.3-1.1)\text{kN}\cdot\text{m}=360\text{kN}\cdot\text{m}$$

基顶以上土压力小计

$$\Sigma E_x=12.5+496.9+148.4\text{kN}=657.8\text{kN}$$

$$\Sigma E_y=3.7+45.8+43.9\text{kN}=93.4\text{kN}$$

$$\Sigma M_A=130.9\text{kN}\cdot\text{m}+1878.3\text{kN}\cdot\text{m}+238.3\text{kN}\cdot\text{m}+57.3\text{kN}\cdot\text{m}+360\text{kN}\cdot\text{m}$$
$$=2664.8\text{kN}\cdot\text{m}$$

4. 活载土压力

（1）台后直墙

$$\varphi=33°,\ h'=0,\ h\approx1.0\text{m},\ B=2.2\text{m}$$

$$E_x=17\times2.2\text{kN}=37.4\text{kN},\ C_y=0.91\text{m}$$

$$M_A=37.4\times(0.91+10.03)\ \text{kN}\cdot\text{m}=409.2\text{kN}\cdot\text{m}$$

$$E_y=37.4\times0.297\text{kN}=11.1\text{kN}$$

（2）台后斜墙（5:1）

$$\varphi=33°,\ h'\approx1.0\text{m},\ h\approx10.0\text{m},\ B=2.2\text{m}$$

$$E_x=94.0\times2.2\times0.762\text{kN}=157.6\text{kN},\ C_y=5.0\text{m}$$

$$M_A=157.6\times5\text{kN}\cdot\text{m}=788\text{kN}\cdot\text{m}$$

$$E_y=94\times2.20\times0.0703\text{kN}=14.5\text{kN}$$

$$C_x=0.2\times(10.03-5)\text{m}=1.006\text{m}$$

$$M_A=14.5\times1.006\text{kN}\cdot\text{m}=14.6\text{kN}\cdot\text{m}$$

基顶以上活载土压力小计

$$\Sigma E_x=37.4\text{kN}+157.6\text{kN}=195.0\text{kN}$$

$$\Sigma E_y=11.1\text{kN}+14.5\text{kN}=25.6\text{kN}$$

$$\Sigma M_A=409.2\text{kN}\cdot\text{m}+788\text{kN}\cdot\text{m}+14.6\text{kN}\cdot\text{m}=1211.8\text{kN}\cdot\text{m}$$

9.4.3 基础底截面力计算

基顶以上荷载除土压力另行计算外，其余均采用以上台身设计数据，所有力矩均按作用于台尾A'点计算，以顺时针方向为正值（图9-23）。

1. 结构自重及填土重计算

（1）基顶以上结构自重

$$N=7621.4\text{kN}$$

$$M_A'=M_A=49003.6\text{kN}\cdot\text{m}$$

（2）基础自重

$$N=(6.9\times2.6+2.8\times3.8+7.9\times4.6+3.8\times5.4)\times1\times23\text{kN}$$

$$=(17.94+10.64+36.34+20.52)\times1\times23\text{kN}=1965.1\text{kN}$$

$$M_A'=\left[17.94\times\left(1.2+\frac{1}{2}\times6.9\right)+10.64\times(1.2+6.9+2.8/2)+36.34\times(0.2+0.5\times7.9)+20.52\times(0.2+7.9+0.5\times3.8)\right]\times1\times23\text{kN}\cdot\text{m}$$

$$=[83.24+101.08+150.81+205.2]\times1\times23\text{kN}\cdot\text{m}$$

$$=540.51\times23\text{kN}\cdot\text{m}=12431.7\text{kN}\cdot\text{m}$$

（3）基础台阶土重

$$N=(7.9\times4.6+3.8\times5.4-6.9\times2.6-2.8\times3.8)\times1\times17\text{kN}=480.76\ \text{kN}$$

$$M_A'=(36.34\times4.15+20.52\times10-17.94\times4.65-10.64\times9.5)\times1\times17\text{kN}\cdot\text{m}$$

$$=2915.67\text{kN}\cdot\text{m}$$

（4）基础顶面以上填土重　填土分块如图9-23所示。

$$N_1 = 1.4 \times 5.4 \times 2 \times 17\text{kN} = 257.0\text{kN}$$

$$M'_{A_1} = 257.0 \times (2 + 6.3 + 2.2 + 0.5 \times 1.4)\text{kN} \cdot \text{m} = 2878.4\text{kN} \cdot \text{m}$$

$$N_2 = 0.5 \times \left(2 + \frac{2.2 + 0.2}{1.25} + 2\right) \times (2.2 + 0.2) \times 2 \times 17\text{kN} = 241.5\text{kN}$$

$$M'_{A_2} = 241.5 \times \left[(2 + 6.3 - 0.2) + \frac{3.92 + 2 \times 2}{3 \times (3.92 + 2)} \times 2.4\right]\text{kN} \cdot \text{m} = 2214.6\text{kN} \cdot \text{m}$$

$$N_3 = 0.2 \times (3.4 - 2.2) \times (3.92 - 0.5 \times 0.2/1.25) \times 17\text{kN} = 15.7\text{kN}$$

$$M'_{A_3} = 15.7 \times (2 + 6.3 - 0.5 \times 0.2)\text{kN} \cdot \text{m} = 128.7\text{kN} \cdot \text{m}$$

$$N_4 = 0.5 \times (3.92 + 5) \times 1.35 \times (4.6 - 2.2) \times 17\text{kN} = 245.7\text{kN}$$

$$M'_{A_4} = 245.7 \times \left[2 + 6.3 - 1135 - 0.2 + \frac{5 + 2 \times 3.92}{3(5 + 3.92)} \times 1.35\right]\text{kN} \cdot \text{m} = 1818.2\text{kN} \cdot \text{m}$$

$$N_5 = 0.5 \times (9.75 + 5) \times (4.6 - 2.2) \times 4.75 \times 17\text{kN} = 1429.3\text{kN}$$

$$M'_{A_5} = 1429.3 \times \left[2 + \frac{9.75 + 2 \times 5.0}{3 \times (9.75 + 5.0)} \times 4.75\right]\text{kN} \cdot \text{m} = 5888.7\text{kN} \cdot \text{m}$$

$$N_6 = (9 + 2) \times 1.8 \times 2.4 \times 17\text{kN} - 0.5 \times (2 - 0.75)^2 \times 2.4 \times 17\text{kN} = 775.9\text{kN}$$

$$M'_{A_6} = 807.8 \times (2 - 0.5 \times 1.8)\text{kN} \cdot \text{m} - 31.9 \times (0.75 + 0.5 \times 1.25)\text{kN} \cdot \text{m} = 838.1\text{kN} \cdot \text{m}$$

$$N_7 = 1.8 \times 9 \times 0.5 \times 2.2 \times 17\text{kN} = 302.9\text{kN}$$

$$M'_{A_7} = 302.9 \times \left(0.2 + \frac{1}{3} \times 1.8\right)\text{kN} \cdot \text{m} = 242.3\text{kN} \cdot \text{m}$$

基顶以上填土重小计

$$\Sigma N = (257 + 241.5 + 15.7 + 245.7 + 1429.3 + 775 + 302.9)\text{kN} = 3268\text{kN}$$

$$\Sigma M'_A = (2878.4 + 2214.6 + 128.7 + 1818.2 + 5888.7 + 838.1 + 242.3)\text{kN} \cdot \text{m}$$
$$= 14009\text{kN} \cdot \text{m}$$

综合（1）至（4）项，基底以上结构自重及填土重小计

$$\Sigma N_{1\sim4} = (7621.4 + 1965.1 + 480.8 + 3268)\text{kN} = 13335.3\text{ kN}$$

$$\Sigma M'_{A_{1\sim4}} = (49003.6 + 12431.7 + 2915.7 + 14009)\text{kN} \cdot \text{m} = 78360\text{kN} \cdot \text{m}$$

2. 活载计算

（1）向台前行车（活载布置图示 A_1）

1）活载竖向力。

$$\Sigma R = R_1 + R_2 = 981.8\text{kN} + 860.2\text{kN} = 1842\text{kN}$$

$$\Sigma M'_A = (9523.5 + 4021.4)\text{kN} \cdot \text{m} \approx 13545\text{kN} \cdot \text{m}$$

2）制动力。

$$\Sigma P_T = 317\text{kN}$$

$$\Sigma M'_A = 3102.8\text{kN} \cdot \text{m} + 317 \times 2\text{kN} \cdot \text{m} = 3736.8\text{kN} \cdot \text{m}$$

（2）向台后行车（活载布置图示 C_2）

1）活载竖向力。

$$\Sigma R = 1265.6\text{kN}$$

$$\Sigma M'_A = 4691.0\text{kN}$$

2）制动力。

$$\Sigma P_T = -126.6\text{kN}$$

$$\Sigma M_A' = -1495.1\text{kN}\cdot\text{m} - 126.6\times 2\text{kN}\cdot\text{m} = -1748.3\text{kN}\cdot\text{m}$$

3. 土压力

检算基底截面时，结合 T 形桥台结构形式的特点，并考虑计算方便，规定台身及基础两部分恒载土压力均按直墙背分别计算。

基础部分竖直力作用点位于最下一层基础的边缘，水平作用点为基础部分土压力图形的形心。

检算基底截面时土压力的计算如下：

（1）台身部分

$$\varphi = 33°,\ h' = 0,\ h = 11.0\text{m},\ B = 2.2\text{m}$$

$$E_x = 302.1\times 2.2\text{kN} = 664.6\text{kN},\ C_y = 3.90\text{m}$$

$$E_y = 664.6\times 0.076\text{kN}/0.256\text{kN} = 197.3\text{kN}$$

台身土压力对基底力矩

$$M_A' = 664.6\times(3.90+2)\text{kN}\cdot\text{m} + 197.3\times(2-1/3\times 11.813/5)\text{kN}\cdot\text{m} = 4160.4\text{kN}\cdot\text{m}$$

（2）前墙加宽　台身前墙加宽部分土压力，沿用检算基顶截面时之数据。

$$E_x = 148.4\text{kN}$$

$$E_y = 43.9\text{kN}$$

$$M_A' = (238.8+360+148.4\times 2)\text{kN}\cdot\text{m} = 895.1\text{kN}\cdot\text{m}$$

T 形截面基础前墙加宽部分的土压力因弯矩很小，检算基底截面偏心及应力时，此力可以不计。但检算基底滑动稳定时则仍需计算。

（3）台后基础部分

$\varphi = 33°$，$h' = 11.0\text{m}$，$h = 2.0\text{m}$，$B = \frac{1}{2}\times$（$2.6+4.6$）$\text{m} = 3.6\text{m}$，计算可得

$$E_x = 111.5\times 3.6\text{kN} = 401.4\text{kN},\ C_y = 0.97\text{m}$$

$$E_y = 401.4\times 0.297\text{kN} = 119.2\text{kN}$$

$$M_A' = 401.4\times 0.97\text{kN}\cdot\text{m} + 119.2\times(2.0-1.8)\text{kN}\cdot\text{m} = (389.4+23.8)\text{kN}\cdot\text{m} = 413.2\text{kN}\cdot\text{m}$$

（4）台前的台身与基础　计算台前静止土压力时，计算土层厚度应为不受冲刷的部分。参照 T 形台标准设计图假定为：当地面至基底总深度 $h \geq 2.5\text{m}$ 采用 2.5m。当地面至基底总深度 $h < 2.5\text{m}$ 采用 h。

本算例 $h = 2.0\text{m} + 2.0\text{m} = 4.0\text{m} > 2.5\text{m}$，故取 $h = 2.5\text{m}$ 计算。

根据 TB 10002.1—2005，计算台前静止土压力。本算例采用 $\xi = 0.25$，具体设计时可根据土质选用。

$$B = (3.8+5.4)\text{m}/2 = 4.6\text{m}$$

$$E_x = \frac{1}{2}\xi\gamma h^2 B = \frac{1}{2}\times 0.25\times 17\times 2.5^2\times 4.6\text{kN} = -61.0\text{kN}$$

$$M_A' = E_x\cdot\frac{h}{3} = -61.0\times 2.5\text{kN}\cdot\text{m}/3 = -50.8\text{kN}\cdot\text{m}$$

以上（1）至（4）项土压力小计

$$\Sigma E_x = (664.6 + 148.4 + 401.4 - 61.0)\text{kN} = 1153.4\text{kN}$$

$$\Sigma E_y = (197.3 + 43.9 + 119.2)\text{kN} = 360.4\text{kN}$$

$$\Sigma M_A' = (4160.4 + 895.1 + 413.2 - 50.8)\text{kN} \cdot \text{m} = 5417.9\text{kN} \cdot \text{m}$$

4. 活载土压力

（1）台身部分

沿用基顶以上台身数据

$$\Sigma E_x = 195.0\text{kN}$$

$$\Sigma E_y = 25.6\text{kN}$$

$$\Sigma M_A' = (1211.8 + 190 \times 2)\text{kN} \cdot \text{m} = 1601.8\text{kN} \cdot \text{m}$$

（2）基础部分（匀布荷载）

$$\varphi = 33°,\ h' = 11.0\text{m},\ h = 2.0\text{m},\ B = 2.5\text{m}$$

$$E_x = 19.8 \times 2.5\text{kN} = 47\text{kN}$$

$$C_y = 1.0\text{m}$$

$$E_y = 47 \times 0.297\text{kN} = 14.0\text{kN}$$

$$M_A' = 47 \times 1\text{kN} \cdot \text{m} + 14.0 \times 0.2\text{kN} \cdot \text{m} = 49.8\text{kN} \cdot \text{m}$$

台身及基础部分小计，在匀布荷载作用下

$$\Sigma E_x = (195.0 + 47)\text{kN} = 242.0\text{kN}$$

$$\Sigma E_y = (25.6 + 14)\text{kN} = 39.6\text{kN}$$

$$\Sigma M_A' = (1601.8 + 49.8)\text{kN} \cdot \text{m} = 1651.6\text{kN} \cdot \text{m}$$

直线上T形桥台基础形式：位于岩石上基础均为T形，非岩石基础可为T形或矩形，各层襟边尺寸的选择最小为0.2m，最大不超过1.0m（混凝土基础刚性角为45°，并采用0.05m的整倍数）。设计两层及以上基础时，首先扩足下层的基础襟边，以省圬工。为简化计算条件，规定后端襟边不出台尾，T形截面必须满足 $B_1 \geqslant B_2 + 0.4\text{m}$。

【本章要点】

[1] 桥台主要分实体式及轻型式，实体式桥台依靠自身重力来抵抗水平荷载，以避免出现倾覆和滑动。

[2] 轻型桥台需要依靠土侧压力或其他措施来平衡水平外力。

[3] 桥梁墩台的设计验算，要对各种荷载进行可能的最不利组合，适当选取验算截面。验算内容包括强度验算、偏心验算和稳定性验算等。

【思考与练习】

9-1 桥台有哪几种类型？各自的适用范围是什么？

9-2 重力式桥台荷载不利的布置方式有哪几种？

第10章　桥梁的施工

在桥梁工程中，施工是工程建设中非常重要的一个环节，决定着工程的质量、工期和实际造价等关键问题。桥梁的施工应包括施工技术和施工的组织管理。其中施工技术是选择施工方法，确定各施工阶段所需的机具设备、材料和劳动力等事项。施工的组织管理需要制定施工进度计划表，合理地组织施工，保证各阶段施工所需的机具设备、材料和劳动力，安排好场地布置，进行经济分析和全面质量管理，组织好生产与生活等。

10.1　概述

本章主要阐述混凝土桥梁的施工方法，并对各主要方法的优缺点和适用场合作概括说明。桥梁施工方法需要在实践中不断深入研究，根据工程设计要求、施工现场环境、设备、经验等各种因素综合分析考虑，合理选择最佳的施工方法。

在梁桥的施工中，普通钢筋混凝土简支梁可以根据设计和现场的实际情况来选择分片预制安装、落地固定支架法或移动模架法；预应力钢筋混凝土简支梁可采用分片预制安装法；连续梁桥和刚架桥中的主梁可选择落地固定支架法、分段悬臂浇筑法、分段预制悬臂拼装法或顶推施工法。

在拱桥的施工中，可采用落地固定支架法、分段悬臂施工法或转体施工法。

总结起来，常用的施工方法如图10-1所示。

10.1.1　就地现浇梁法

（1）落地固定支架法　落地固定支架法是在支架上安装模板，绑扎及安装钢筋骨架，预留孔道，并在现场浇筑混凝土与施加预应力的施工方法。由于施工需用大量的模板支架，一般仅在小跨径桥或交通不便的边远地区采用。随着桥梁结构形式的发展，出现了一些变宽的异形桥、弯桥等复杂的混凝土结构，又由于近年来临时钢构件和万能杆件系统的大量应用，在其他施工方法都比较困难或经过比较施工方便、费用较低时，也在中、大跨径桥梁中采用。

（2）分段悬臂浇筑法　20世纪50年代中期，将悬臂施工法从钢桥引入到混凝土梁桥的施工，一般从桥墩对称分段悬臂浇筑施工或悬臂拼装施工。这种施工方法不用或很少用支架，基本不影响河道的通航，从而使预应力混凝土悬臂梁桥、T形刚构桥、连续梁桥和连续刚构桥得到了发展，桥梁的跨径也不断增大，目前连续刚构的最大跨径已达到301m。

（3）移动模架法　随着桥梁结构的发展，多跨长桥和高架桥梁大量建造，其跨径通常考虑经济分孔，采用等截面梁，因此要求施工快速、简便且使用一套机具设备连续作业。移动模架法是采用大型的施工设备，在梁的位置上逐跨完成梁的一系列制造工作后，纵移施工设备连续施工的施工方法，相当于把桥梁的预制场移到桥位，并依靠机械动力逐跨完成，它对于大型桥梁工程施工向工厂化、机械化和标准化方向迈进，是一种有益的尝试。

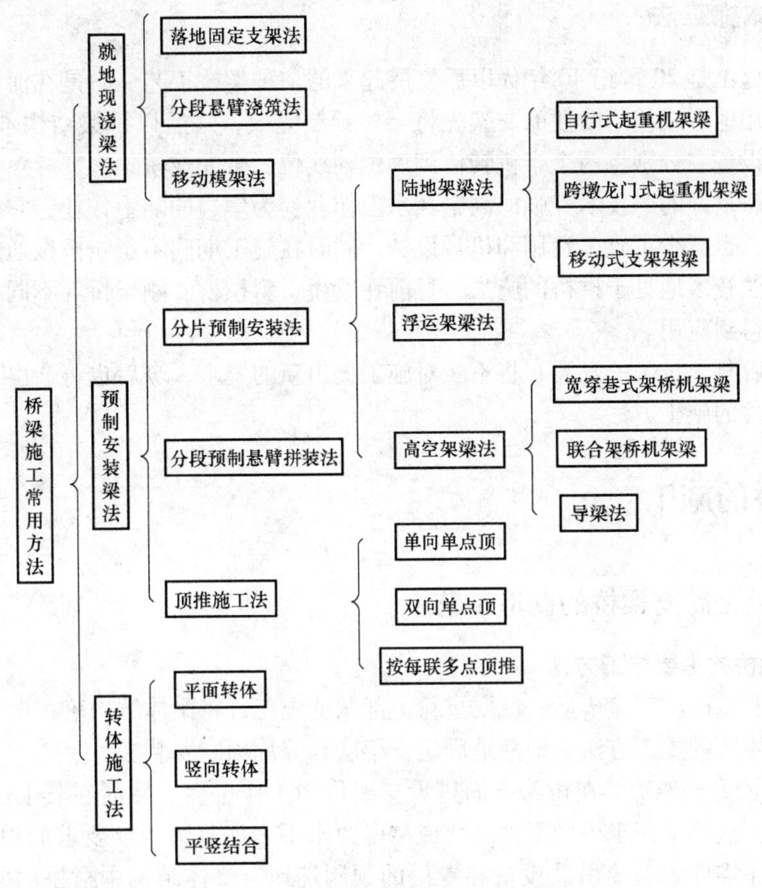

图10-1　桥梁常用施工方法

10.1.2　预制安装梁法

（1）分片预制安装法　随着设计的标准化、桥梁构件的工厂化，出现了装配式钢筋混凝土简支梁桥。自从预应力技术在桥梁工程中应用之后，随着起重能力的提高，中小跨径的装配式预应力混凝土简支梁桥得到了普遍推广。这些装配式混凝土简支梁桥，大多数采用沿纵向分片预制，安装后通过横向连系形成整体。

（2）分段预制悬臂拼装法　由于桥梁跨越能力的提高，主梁自重很大，分片预制安装法难以实施，因此将主梁横向分段预制，再从桥墩对称悬臂拼装施工。与悬臂浇筑法类似，这种施工方法同样不用或很少用支架，基本不影响河道的通航，可用于预应力混凝土悬臂梁桥、T形刚构桥、连续梁桥和连续刚构桥的施工。同时，建造大跨径桥梁不需要大型起吊设备，桥梁不仅有实腹式，也出现了空腹桁架式，主梁截面形式也从T形、工字形发展到箱形。

（3）顶推施工法　继悬臂施工法之后，1959年顶推施工法首次用于预应力混凝土连续梁桥的施工，它是在沿桥纵轴方向的桥后开辟预制场地，分节段预制主梁，并用纵向预应力筋连成整体，然后通过水平千斤顶施力，将梁体向前顶推出预制场地，然后继续在预制场进行下一节段梁的预制，直至施工完成。

10.1.3 转体施工法

桥梁转体施工是20世纪40年代以后发展起来的一种架桥工艺。它是在河流的两岸或适当的位置，利用地形或使用简便的支架先将半桥预制完成，之后以桥梁结构本身为转动体，使用一些机具设备，分别将两个半桥转体到桥位轴线位置合龙成桥。

转体施工将复杂的、技术性强的高空及水上作业变为岸边的陆上作业，它既能保证施工的质量与安全，也减少了施工费用和机具设备，同时在施工期间不影响桥位通航。

转体施工法较多地见于拱桥的施工，目前在梁桥、斜拉桥、刚架桥等不同桥型的上部结构施工中也都得到应用。

总之，随着科学技术的发展，将不断对施工提出新的要求，今后也将会出现更多的、适应各种不同条件的施工方法。

10.2 梁桥的施工

10.2.1 混凝土简支梁桥的制造工艺

1. 简支梁桥的主要施工方法

当桥墩及其基础施工完毕后，就要进行上部构造施工，将梁体结构落在设计位置。梁体通常采用两种主要的施工方法，即落地固定支架法和分片预制安装法。

（1）落地固定支架法　在桥跨下面搭设支架作为工作平台，然后在其上面立模浇筑梁体结构的施工方法。适用于桥墩不太高，或靠岸边水不太深且无通航要求的中小跨径桥梁。其主要优点是不需要大型的吊装设备和专门的预制场地，梁体结构中横桥向的主筋不用中断，故其结构的整体性能好。其主要缺点是支架需要多次转移，使工期加长，如全桥多跨一次性立架，则投入的支架费用又将大大增高。

（2）分片预制安装法　在桥位附近专门的预制场地或者工厂进行成批制作，然后将这些构件适时地运到桥孔处进行安装就位的施工方法。适用于同类桥梁跨数较多、桥墩较高、河水较深的桥梁。通常将桥跨结构用纵向竖缝划分成若干个独立的构件，其优缺点恰与上一种方法相反。其主要优点是桥梁的上、下部结构可以平行施工，使工期大大缩短；无需在高空进行构件制作，质量容易控制，可以集中在一处成批生产，从而降低工程成本。其主要缺点是需要大型的起吊运输设备，此项费用较高。由于在构件与构件之间存在拼接纵缝，如简支T形梁之间的横隔板接头，施工时需搭设吊架才能操作，故比较麻烦；显然，拼接构件的整体工作性能就不如落地固定支架法。

2. 基本施工工艺

无论采用落地固定支架法和分片预制安装法进行主梁施工，对于混凝土简支梁体本身来说，都必须经过图10-2所示的基本施工工艺流程才能成型。

下面就每一项工作的具体过程进行介绍。

支立模板 → 钢筋骨架成型 → 拌运、浇筑混凝土 → 养生、拆模

图10-2　混凝土构件基本施工工艺流程

（1）模板工作　模板是保证混凝土构件外观尺寸的工具，其工作包括模板的设计、制作、支立、拆除等。

1）模板的类型。按其所在位置分为侧模、底模、芯模等；按其制作材料分为木模板、钢模板、钢木结合模板等；按其装拆方法分为零拼式模板、分片装拆式模板、整体装拆式模板等。

2）设计荷载。竖向荷载包括新浇混凝土自重，施工人员、工器具、堆放荷载，倾倒混凝土产生的冲击荷载，振捣混凝土产生的荷载及其他荷载（冬季保暖设施等）。水平荷载包括新浇混凝土的侧压力、倾倒混凝土产生的水平荷载及振捣混凝土产生的水平荷载。

3）模板的构造。模板主要有木模和钢模两种。木模由紧贴于混凝土表面的壳板（又称面板）、支承肋木和立柱（或横档）组成。壳板可以垂直拼装（图10-3a）或水平拼装（图10-3b）。壳板的接缝可做成平缝（图10-3b）、搭接缝或企口缝（图10-3c）。为了增加木模的周转次数并方便脱模，往往在壳板面上加钉一层薄锌钢板。壳板的厚度一般为2~5cm，宽15~18cm，不宜超过20cm。肋木、立柱或横档的尺寸可根据经验或计算确定。肋木的间距一般为0.7~1.5m。

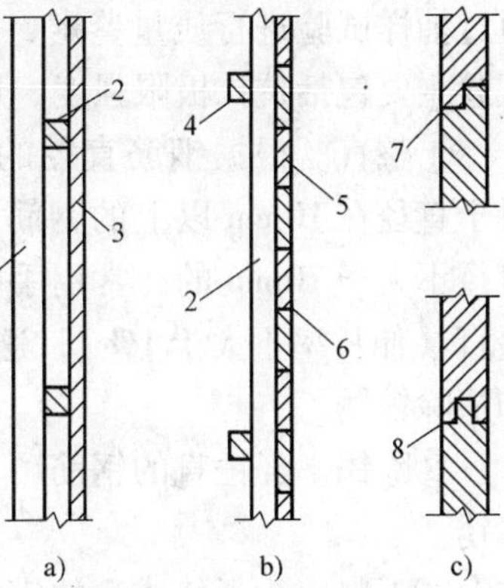

图10-3 模板基本构造
a）垂直拼装 b）水平拼装
c）接缝形式
1—立柱 2—肋木 3—竖直壳板
4—横档 5—水平壳板 6—平缝
7—搭接缝 8—企口缝

图10-4所示为常用T形梁的分片装拆式木制模板结构。相邻横隔板之间的模板形成一个柜箱，在柜箱内的横档上可安装附着式振捣器。梁体两侧的一对柜箱通过顶部横木用穿通梁肋的螺栓拉杆来固定，并借柱底的木楔进行装、拆及调整。

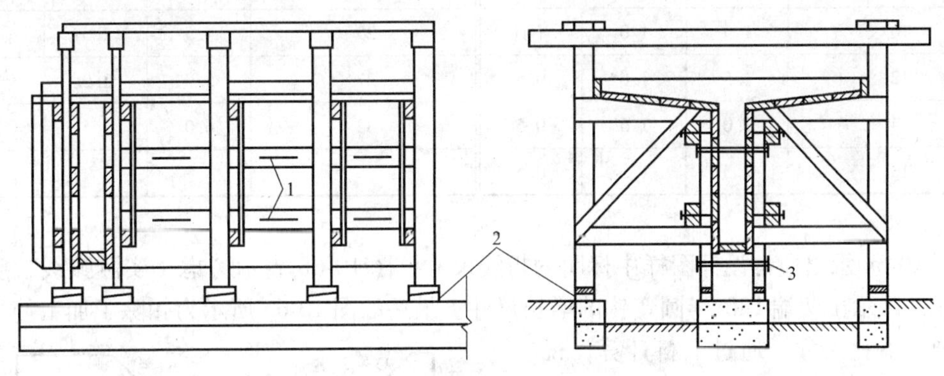

图10-4 T形梁木制模板构造
1—挂振捣器 2—木楔 3—螺栓拉杆

钢模板的侧模由厚度一般为4~8mm的钢壳板、角钢做成的水平肋和竖向肋、支托竖向肋的直撑、斜撑、固定侧模用的顶横杆和底部拉杆以及安装在壳板上的振捣架等构成。底模通常用6~12mm的钢板制成，它通过垫木支承在底部钢横梁上（图10-5）。在拼装钢模板时，所有紧贴混凝土的接缝内部用止浆垫使接缝密闭不漏浆，止浆垫一般采用柔软、耐用和弹性大的5~8mm橡胶板或厚10mm左右的泡沫塑料。

（2）钢筋工作 钢筋工作工序多，包括钢筋整直、切断、除锈、弯制、焊接或绑扎成型等。鉴于钢筋的加工质量和布置，在浇筑混凝土后无法检查，故必须严格控制钢筋的施工质量。

1）钢筋加工的准备工作。首先应对进场的钢筋通过抽样试验进行质量鉴定，合格的才能使用。抽样试验主要包括抗拉极限强度、屈服点和冷弯试验。

①整直。根据钢筋直径的大小采用不同的方法。对于直径在10mm以上的钢筋一般用锤打整直；对于直径不大于10mm的，常用手摇或电动绞车通过冷拉整直（伸长率不大于1%），这样还能提高钢筋的强度和清除铁锈。

②除锈。经锤直的钢筋可用钢丝刷或喷砂枪喷砂除锈。

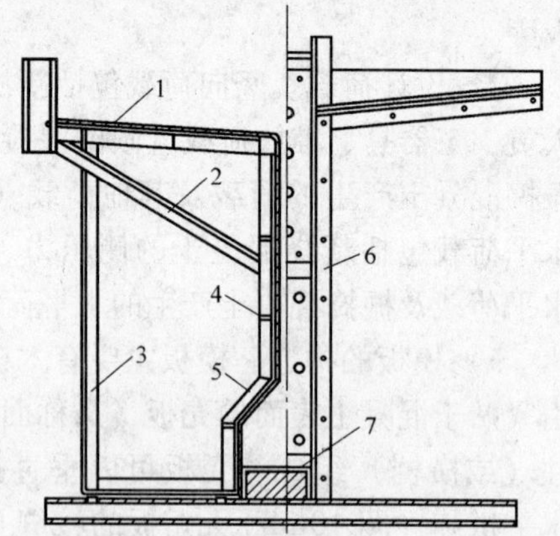

图10-5 T形梁钢制模板构造

1—钢壳板 2—斜撑 3—直撑 4—水平肋 5—竖向肋 6—端模 7—底模

③下料。为了使成型的钢筋比较精确地符合设计要求，在下料前应计算图样上所标明的折线尺寸与弯折处实际弧线尺寸之差值（通常可查阅现成的计算表格），同时还应计入钢筋在冷作弯折过程中的伸长量，按表10-1估算。

表10-1 钢筋弯折伸长量 （单位：cm）

钢筋直径/mm	弯折角度			钢筋直径/mm	弯折角度		
	180°	90°	45°		180°	90°	45°
6	1.0	0.5	不计	20	3.0	1.5	1.0
8	1.0	1.0	不计	22	4.0	2.0	1.0
10	1.5	1.0	不计	25	4.5	2.5	1.5
12	1.5	1.0	0.5	27	5.0	3.0	2.0
14	2.0	1.5	0.5	32	6.0	3.5	2.5
16	2.5	1.5	0.5				

图10-6a示出通常设计图样中标明的折线尺寸；图10-6b表示考虑了实际弧线长度的展直尺寸，并示出两端180°半圆弯钩的增长尺寸。最后的图10-6c所示为扣除了加工伸长量的实际画线下料尺寸。通过下料计算，视钢筋直径的大小，用手动剪切机或电动剪切机来进行操作。

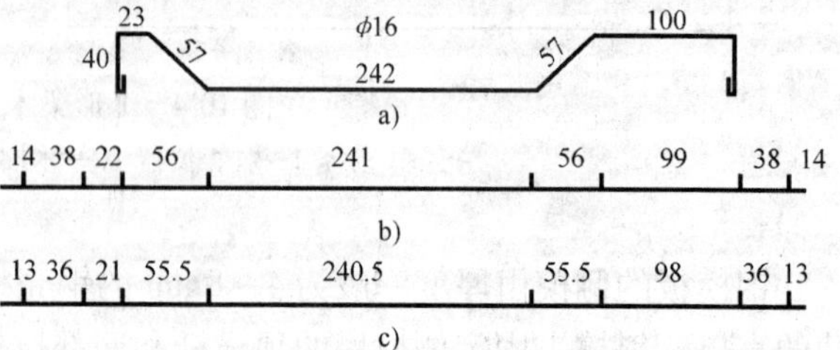

图10-6 钢筋弯曲前的下料画线

2）钢筋的弯制成型和接头。下料后的钢筋可在工作平台上用手工或电动弯筋器按规定的弯曲半径弯制成型，钢筋两端也应按图样弯成所需的标准弯钩。钢筋图中对弯曲半径未作规定时，则宜按钢筋直径的15倍为半径进行弯制。对于需要较长的钢筋，最好在接长以后再弯制，这样较易控制尺寸。

钢筋的接头应采用电焊，并以闪光接触对焊为宜，这种接头的传力性能好，且省钢料。在不能进行闪光接触对焊时，可采用电弧焊（如搭接焊、帮条焊、坡口焊、熔梢焊等），图 10-7 表示出了搭接焊和帮条焊的连接形式。焊接接头在构件内应尽量错开布置，且受拉主钢筋的接头截面积不得超过受力钢筋总截面积的 50%。装配式构件连接处受力钢筋的焊接接头可不受此限制。

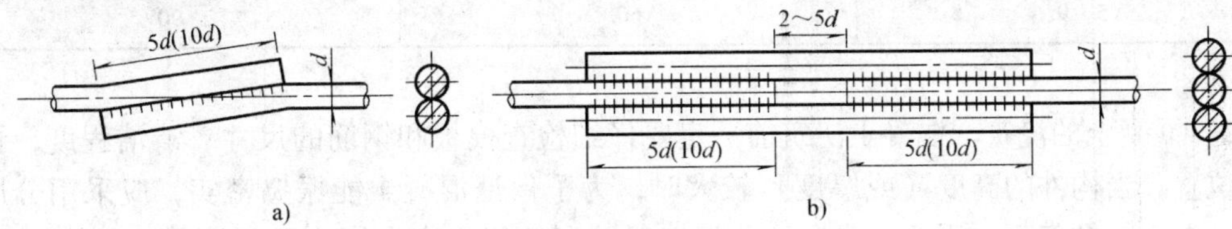

图 10-7　钢筋接头的电弧焊形式

a）搭接焊　b）帮条焊

直径不大于 25mm 的受力钢筋，也可采用绑扎搭接，受拉钢筋接头长度不应小于表 10-2 的规定。受压钢筋绑扎接头的搭接长度，应取受拉钢筋绑扎接头搭接长度的 0.7 倍。且搭接长度区段内受力钢筋接头的截面积，在受拉区不得超过钢筋总截面积的 25%，在受压区不得超过 50%。

表 10-2　钢筋搭接长度

钢筋类型	混凝土强度等级		
	C20	C25	高于 C25
HPB300	35d	30d	25d
HRB335	45d	40d	35d
HRB400	55d	50d	45d

3）钢筋骨架的组成。混凝土内的钢筋骨架是由纵向钢筋（主筋）、架立筋、箍筋、弯起钢筋（斜筋）、分布钢筋以及附加钢件构成。图 10-8 所示为普通矩形截面梁的钢筋骨架构造。

（3）混凝土工作　该施工过程包括混凝土搅拌、混凝土运输、浇筑混凝土、混凝土的振捣、养生五个工序。混凝土的砂石配合比及水灰比均应通过设计和试验室的试验来确定，拌制一般采用搅拌机。

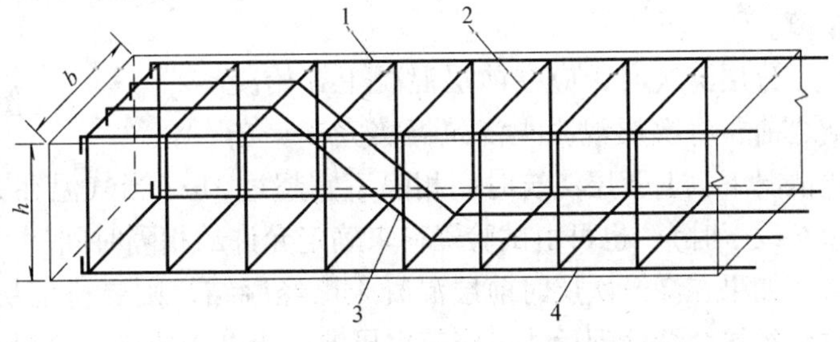

图 10-8　普通矩形截面梁的钢筋骨架构造

1—架立筋　2—箍筋　3—弯起筋　4—纵向主筋

1）混凝土的运输。混凝土的运输能力应适应混凝土凝结速度和浇筑速度的需要，务必使混凝土在运到浇筑地点时仍保持均匀性和规定的坍落度。无论采用汽车运输还是搅拌车运输，其运输时间不宜超过表 10-3 中的规定。

表 10-3 混凝土拌合物运输时间限制

气温/℃	一般汽车运输/min	搅拌车运输/min
20～30	30	60
10～19	45	75
5～9	60	90

2）混凝土的浇筑。混凝土浇筑前一定要仔细检查模板和钢筋的尺寸、清洁程度，预埋件的位置。当构件的高度（或厚度）较大时，为了保证混凝土能振捣密实，应采用分层浇筑法。在一般稠度下，用插入式振捣器振捣时，浇筑层厚度为振捣器作用部分长度的 1.25 倍；用平板式振捣器振捣时，浇筑厚度不超过 20cm。薄腹 T 形梁或箱梁的梁肋，当用侧向附着式振捣器振捣时，浇筑层厚度一般为 30～40cm。采用人工捣固时，视钢筋密疏程度，通常取浇筑厚度为 15～25cm。

中小跨径的 T 形梁一般均采用水平分层浇筑，其横隔梁的混凝土与梁肋同时浇筑；对于又高又长的梁体，当混凝土的供应量跟不上按水平层浇筑的进度时，可采用斜层浇筑法，由梁的一端浇向另一端，混凝土的倾斜角与混凝土的稠度有关，一般为 20°～25°（图 10-9a）；当用落地支架浇筑混凝土时，为使支架变形及早完成，其浇筑顺序如图 10-9b 所示。

当桥面较宽且混凝土数量较大时，可分成若干纵向单元分别浇筑。每个单元的纵横梁可沿其长度方向水平分层浇筑或用斜层法浇筑，在纵梁间的横梁上设置工作缝，并在纵横梁浇筑完成后填缝连接。之后桥面板可沿桥全宽全面积一次浇筑完成，不设工作缝。桥面板与纵横梁间设置水平工作缝。

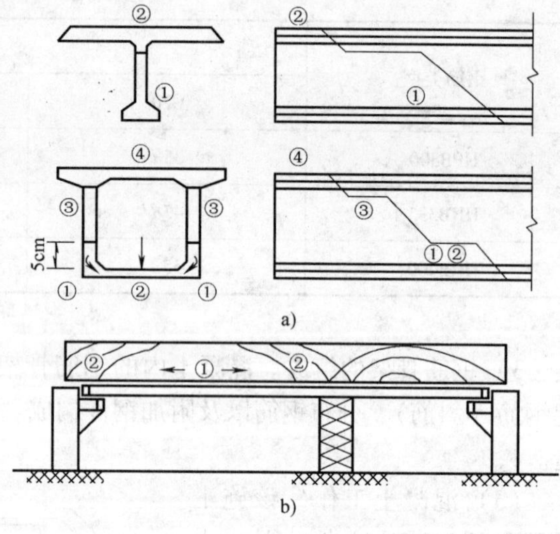

图 10-9 混凝土浇筑方法

浇筑空心板梁，一般先浇筑底板，再立芯模，扎焊顶面钢筋，然后浇筑肋板与面板混凝土，待混凝土初凝后，即可抽卸芯模。

分层浇筑时，应在前层混凝土开始凝结之前，将次层混凝土浇筑捣实完毕。在此情况下，上下层浇筑时间相隔不宜超过 1h（当气温在 30℃以上时）或 1.5h（当气温在 30℃以下时），也可由试验资料来确定允许的相隔时间。

如果在浇筑次层时前层混凝土已经凝结，则要待前层混凝土具有不小于 1200kPa 强度时，经接合缝处理后才可浇筑次层混凝土；当要求接合缝具有不渗水性时，应在前层混凝土强度达到 2500kPa 后，再浇筑新混凝土。

新老混凝土接合缝处理的注意事项为：凿除老混凝土表层的水泥浆和较弱层，将接缝面凿毛，用水冲洗干净；若为垂直缝应刷一层净水泥浆，如为水平缝则应在接缝面上铺一层与混凝土相比水灰比略小的、厚度为 1～2cm 的水泥砂浆；斜面接缝应将斜面凿毛呈台阶状；

接缝处于重要部位或结构物位于地震区者，在浇筑时应加锚固钢筋；振捣器工作时应离先浇混凝土5~10cm。

3）混凝土的振捣。混凝土拌合料具有受振时产生暂时流动的特性，此时其中的粗骨料靠重力向下沉落并互相滑动挤紧，骨料间的空隙被流动性大的水泥砂浆所充满，而空气则形成小气泡浮到混凝土表面被排出。这样会增加混凝土的密实度，从而大大地提高混凝土的强度和耐久性，并使之达到内实外光的要求。

混凝土的振捣可分人工（用铁钎）振捣和机械振捣两种。人工振捣适用于坍落度大、混凝土数量少或钢筋过密的部位。大规模的混凝土浇筑，必须使用机械振捣。机械振捣设备有平板式振捣器、附着式振捣器和插入式振捣器等。平板式振捣器用于大面积混凝土施工，如桥面、基础等；附着式振捣器挂在模板外部，借振动模板来振捣混凝土，对模板要求较高，而振动的效果不是太好，常用于薄壁混凝土构件，如梁肋部分等；插入式振捣器，常用的是软管式的，构件断面有足够的地方插入振捣器，而钢筋又不太密时采用，它的效果比平板式及附着式要好。

在选用振捣器时应注意，对于石料粒径较大的混凝土，选用频率较低、振幅较大的振捣器效率较高；反之则宜选用频率高、振幅小的，因为振幅太大容易使较小骨料作无规则的翻动，反而造成混凝土的离析。

混凝土每次振捣的时间要很好的掌握，振捣时间过短或过长均有弊病，一般以振捣至混凝土不再下沉、无显著气泡上升、混凝土表面出现薄层水泥浆、表面达到平整为适度。当用附着式振捣器时，因振捣效率较低，一般约需120s；当用插入式振捣器时，效果较好，一般只要15~30s；当用平板式振捣器时，在每个位置上的振捣时间为25~40s。

4）混凝土的养生。混凝土中水泥的水化作用过程，就是混凝土凝固、硬化和强度发育的过程，它与周围环境的温度、湿度有着密切的关系。当温度低于15℃时，混凝土的硬化速度减慢，而当温度降至-2℃以下时，硬化基本上停止。在干燥的气候下，混凝土中的水分迅速蒸发，一方面使混凝土表面剧烈收缩而产生裂缝，另一方面当游离水分全部蒸发后，水泥水化作用也就停止，混凝土即停止硬化。因此，混凝土浇筑后即需进行适当的养护，以保持混凝土硬化发育所需要的温度和湿度。

目前在桥梁施工中采用最多的是在自然气温条件下（5℃以上）的自然养护方法。此法是在混凝土终凝后，在构件上覆盖草袋、麻袋、稻草或沙子，经常洒水，以使构件经常处于湿润状态。

自然养护法的养护时间与水泥品种和是否掺用塑化剂有关。一般情况下，用普通硅酸盐水泥的混凝土为7昼夜以上；用矿渣水泥、火山灰质水泥或掺用塑化剂的为14昼夜以上。每天浇水的次数，以能使混凝土保持充分潮湿为准。在一般气候条件下，当温度高于15℃时，头三天内白天每隔1~2h浇水一次，夜间至少浇水2~4次，在以后的养护期间内可酌情减少。在干燥的气候条件下，或在大风天气中，应适当增加浇水的次数。在低温下（5℃以下），为了加速模板周转和施工进度，可采用蒸汽法养护混凝土。混凝土经过养护，当强度达到设计强度的25%~50%时，即可拆除梁的侧模；达到设计吊装强度并不低于设计强度的70%时，就可起吊主梁。

5）混凝土的冬期施工要点。当昼夜平均气温低于5℃，或最低气温低于-3℃时，就必须采取冬期施工的技术措施，主要有以下几个方面。

①在保证混凝土必要和易性的同时，尽量减少用水量，采用较小的水灰比，这样可以大大加快混凝土的凝固速度，有利于抵抗混凝土的早期冻结。

②增加拌和时间，比正常情况下增加50%～100%，使水泥的水化作用加快，并使水泥的发热量增加以加速凝固。

③适当采用活性较大、发热量较高的快硬水泥或高强度等级水泥拌制混凝土。

④将拌合用水甚至将骨料加热，提高混凝土的初始温度，使混凝土在养护措施开始前不至冰冻。

⑤掺用早强剂，加速混凝土强度的发展，并降低混凝土内水溶液的冰点，防止混凝土早期冻结。目前常用的早强剂有含三乙醇胺的硫酸钠复合剂和亚硝酸钠复合剂两种。

⑥用蒸汽法、暖棚法、蓄热法和电热法等提高养护温度。

3. 落地支架法施工工艺

钢筋混凝土简支梁的工艺流程如图10-10所示，除了完成前面的工作内容外，还应根据桥孔跨径、桥孔下面覆盖土层地质条件、水的深浅等因素合理地确定支架及其基础，包括进行支架设计、地基处理、支架安装及拆除。

（1）常用的支架形式　按其构造分为立柱式支架、梁式支架和梁-柱式支架等。按材料可分为木支架、钢支架、钢木混合结构和万能杆件拼装的支架等。

（2）支架的构造　图10-11示出了按构造分类的几种支架构造图。其中图10-11a、b所示为立柱式支架，可用于旱桥、不通航河道以及桥墩不高的小桥施工；图10-11c、d所示为梁式支架，钢板梁适用于跨径小于20m，钢桁梁适用于大于20m的情况；图10-11e、f所示为梁-柱式支架，适用于桥墩较高、跨径较大且需要排洪的情况。

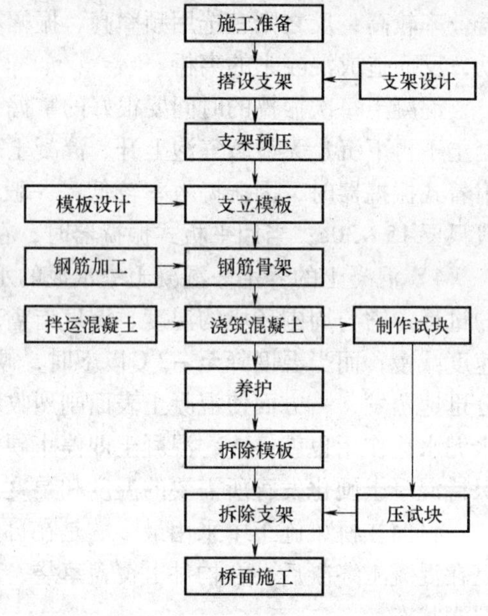

图10-10　现浇钢筋混凝土简支梁的工艺流程

（3）支架的设计荷载　支架的设计荷载包括新浇混凝土及模板的自重；施工人员、工器具运输及堆放的荷载；倾倒混凝土产生的冲击荷载；振捣混凝土产生的荷载；其他荷载（如冬季保暖设施等）。

（4）支架的基础　为了保证现浇的梁体不产生大的变形，除了要求支架本身具有足够的强度、刚度以及具有足够的纵、横、斜三个方向的连接杆件来保证支架的整体性能外，支架的基础必须坚实可靠，以保证其沉陷值不超过施工规范的规定。对于图10-11a所示的支架，可将基脚设置在枕木上，枕木下的垫基层必须夯实；对于图10-11e、f所示的支架，可将其基脚支承在临时桩基础上，也可直接支承在永久结构的墩身或基础的上面。

（5）支架的预拱度　为了使上部结构在拆除支架后能符合设计规定的外形，必须在施工时设置预拱度。在确定预拱度时应考虑以下的因素。

1）卸架后由上部结构自重及活载一半所产生的挠度。当产生的挠度不超过跨径的1/

1600 时，可忽略。

2）施工期间支架结构在恒载及施工荷载（如施工人员、机具、设备等）作用下的弹性压缩值和非弹性变形值。一般情况下，支架在每一个接缝处的非弹性变形，横纹木料为 3mm，顺纹木料为 2mm，木料与金属（圬工）为 1 ~ 2mm、顺纹与横纹为 2.5mm。卸架设备砂筒，一般 200kN 压力为 4mm，400kN 压力为 6mm，砂子未预先压密者为 10mm。

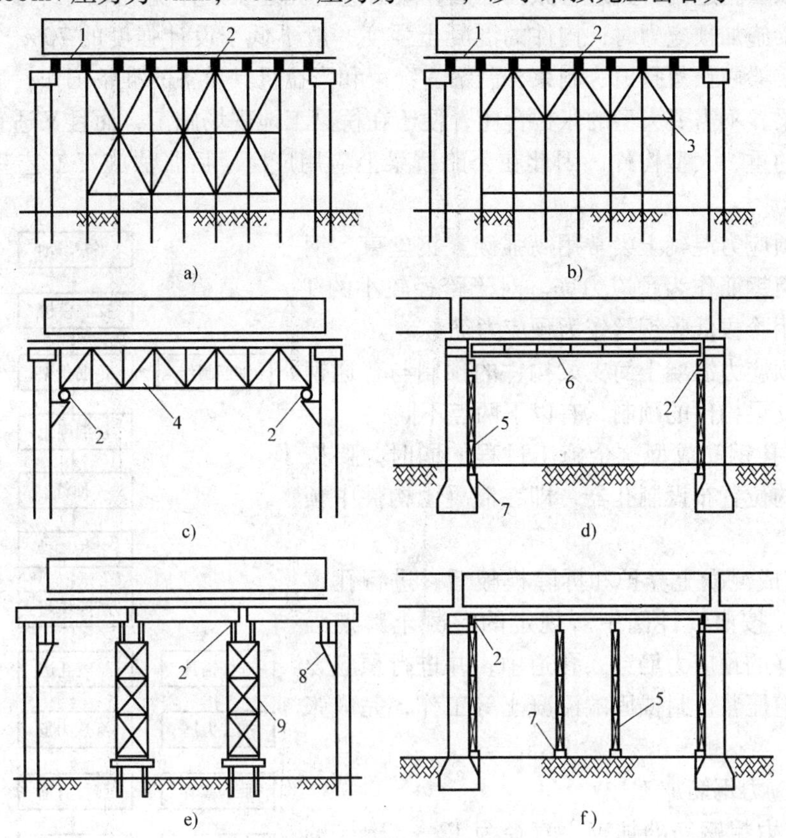

图 10-11 支架构造形式图

a)、b）立柱式支架 c)、d）梁式支架 e)、f）梁-柱式支架

1—纵梁 2—卸落设备 3—支架 4—桁架梁 5—立柱 6—钢板梁

7—混凝土基础 8—托架 9—排架

3）支架基底土在荷载作用下的非弹性沉陷值，可通过试验或参考表 10-4 估算。

表 10-4 基底地基沉陷值 （单位：cm）

土质	枕梁	柱	
		柱上有极限荷载	柱的支承能力为充分利用
砂土	0.5 ~ 1.0	0.5	0.5
粘土	1.5 ~ 2.0	1.0	0.5

4）由混凝土收缩及温度变化而引起的挠度等。

梁的挠度和支架的各项变形值所计算出来的预拱度之和就是简支梁预拱度的最高值，它应设置在跨径的中点，在两端的支点处则为零，其他各点的预拱度，则按直线或二次抛物线比例进行分配。

4. 后张法预应力混凝土简支梁的制造工艺

后张法施工工艺是先浇筑留有预应力筋孔道的梁体，待混凝土达到规定强度后，再将预应力筋穿入预留孔道内，并进行张拉锚固，最后进行孔道压浆并浇筑梁端封锚混凝土。

后张法梁施加预应力时，构件的混凝土强度一般不低于设计强度的70%。预应力筋张拉前必须完成梁内预留孔道、制束、制锚、穿束和张拉机具设备的准备工作。后张法制造预应力混凝土梁，不需要大型的张拉台座，便于在桥梁工地现场施工，而且又适宜于配置曲线形预应力筋的重、大型构件，因此在公路桥梁上应用广泛。后张法施工工艺基本流程如图10-12所示。

后张法预应力混凝土梁常用高强碳素钢丝束、钢绞线和冷拉粗钢筋作为预应力筋。对于跨径较小的T形梁，也可用冷拔低碳钢丝作为预应力筋。

后张法预应力混凝土简支梁构件的预制与普通钢筋混凝土简支梁构件的预制，有以下两点不同：

1）在绑扎钢筋成型这个施工过程的同时，要按照设计图中的位置布设制孔器，即在混凝土构件中预留孔道。

2）当完成混凝土养护和拆除模板后，进行孔道检查与清洗，按照设计图中所规定的混凝土龄期强度，将制备好的预应力筋穿入孔道中，并进行预应力筋张拉、孔道压浆、封锚固端混凝土等工作，完成张拉工艺过程。

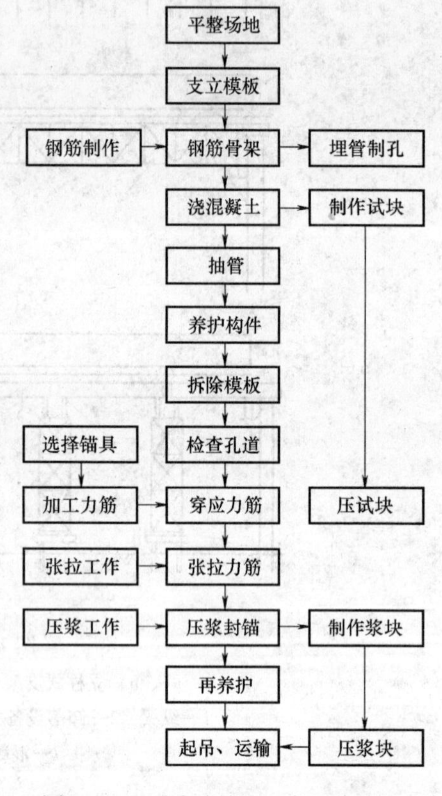

图10-12 后张法施工工艺基本流程

（1）预应力钢筋加工

1）预应力粗钢筋的加工。直径为12～32mm的预应力筋的加工要经过下料、对焊、冷拉、端头镦粗或轧丝加工等工序。

钢筋下料时，应按钢筋的计算长度、工作长度和原材料的试验数据确定下料长度，做到合理配料，尽量减少接头数目。钢筋的下料长度可按下式计算

$$L=\frac{l}{1+\delta_1-\delta_2}+nb+L_0 \tag{10-1}$$

式中，L是下料长度；l是计算长度；δ_1是冷拉伸长率，一般为2%～4%；δ_2是弹性回缩率，一般为0.45%；n是接头数目；b是焊接损耗预留量，每个接头的预留量与钢筋直径有关，可取25～35mm；L_0是工作长度，先张法梁的工作长度视台座情况取值，采用轧丝锚时取0.15m，两端张拉取0.2m。

在常温下，将热轧钢筋拉伸，使其拉伸控制应力超过屈服强度，但小于抗拉强度，可以提高钢材的屈服强度。冷拉时最好同时控制钢筋应力和伸长率，即所谓“双控”，并以应力控制为主，伸长率控制为辅。在没有测力设备的情况下，可仅单一地控制其伸长率，称为

“单控”。单控操作简单，双控操作除需冷拉设备外，还需测力设备。但双控对冷拉质量控制更有保证。需要焊接的钢筋，必须先进行冷却，冷却至正常温度后即可进行冷拉。钢筋冷拉应按操作规程要求进行。

钢筋经过冷拉后，屈服强度提高但脆性增加，为此钢筋冷拉后应进行时效处理。时效的作用是将冷拉后的钢筋置于一定的温度下经过一段时间，使由冷拉引起的钢材晶体的歪曲得到一定程度的恢复，消除钢筋的内应力，使钢筋的屈服强度、抗拉强度比冷拉完成时有所提高，钢筋的弹性模量得到恢复。钢筋时效的时间与温度有关，有条件时可采用人工时效，即将冷拉后的钢筋在1000℃的恒温下保持2h左右，否则可采用自然时效，当自然气温在20～30℃时，至少应放置24h。无论如何，都应保证预应力钢筋的实际强度不低于设计取用的相应强度。

钢筋端头的镦粗及轧丝可在冷拉之前进行，也可在冷拉以后加工。先张法预制板梁的粗钢筋，在冷拉或张拉时，通过连接器和锚具进行。

粗钢筋采用成束张拉时，应将下好料的钢筋梳理顺直，按适当间隔用钢丝绑扎牢固，防止扭花、弯曲，并在钢筋束两端适当距离内放置空心衬芯（弹簧芯或钢管）并绑扎牢固，使钢筋束端截面和锚具孔对应，以利装锚。

直径为6～10mm的高强钢筋，以盘条供应，施工中可免去冷拉工序和对焊接长等加工工作，有利于施工。

2）高强钢丝和钢绞线的成束。高强钢丝和钢绞线经过下料、编束后可作为预应力混凝土板、梁的纵向预应力筋。高强钢丝的来料一般为盘条，打开后基本呈直线状，无须整直即可下料。如在自由放置的情况下，任意1m长范围内弯曲矢高大于5mm时，需要进行整直后使用。

预应力钢丝、钢绞线的下料长度，应通过计算确定，计算时应考虑构件长度（或台座长度）、锚夹具长度、千斤顶长度、焊接接头或墩头预留量、冷拉伸长量、弹性回缩量、张拉伸长量和外露长度等。采用锥形锚具，双作用千斤顶张拉钢丝时，钢丝的下料长度取用预制梁的预留孔道长度加上每张拉端0.7～0.8m的工作长度。采用钢丝束镦头锚具时，同束钢丝下料长度的相对差值，当钢丝束长度小于或等于20m时，不宜大于1/3000；当钢丝束长度大于20m时，不宜大于1/5000。

钢丝成束时，先用梳丝板将其理顺，然后每隔1.0～1.5m衬以长3～4cm的螺旋衬圈或短钢管，并在衬圈处用2号钢丝缠绕20～30道，绑扎的钢丝扣应弯入钢丝束内，以免影响穿束。成束时要保持钢丝一端齐平再向另一端进行。绑束完成后，应按设计编号堆放，并挂牌标示，以防错乱。搬运钢束时，支点间跨度小于或等于3m，两端悬出长度小于或等于1m。

钢绞线、钢丝、热处理钢筋及冷拉RRB400级钢筋的下料，宜采用切割机或砂轮锯，不得使用电弧切割下料。钢绞线切割时，应将切口两端各30～50mm处用钢丝绑扎，切断后将切口焊牢以免松散。钢绞线在编束前或在梁上张拉前，应进行预拉。钢绞线成束的编扎方法与钢丝束相同。

（2）预应力筋孔道的成型　在梁体内预留预应力筋孔道所用的制孔器目前主要有三种，即镀锌薄钢板管、金属波纹管和橡胶管。前两种制孔器按预应力筋设计位置和形状固定在钢筋骨架中，本身便是孔道。橡胶管制孔器也按设计位置固定在钢筋骨架中，待混凝土抗压强度达到 4 ~ 8MPa 时，再将制孔器抽拔出以形成孔道。为了增加橡胶管的刚度并准确控制其安装位置，需在橡胶管内设置圆钢筋（又称芯棒），以便在先抽出芯棒之后，橡胶管易于从梁体内拔出。

对于曲线束筋的孔道，则用两段胶管在跨中对接，对接接头处套一段长为 0.3 ~ 0.5m 的镀锌薄钢板管（图 10-13）。抽拔时，该段镀锌薄钢板管留在梁内，橡胶管从梁体两端拔出。

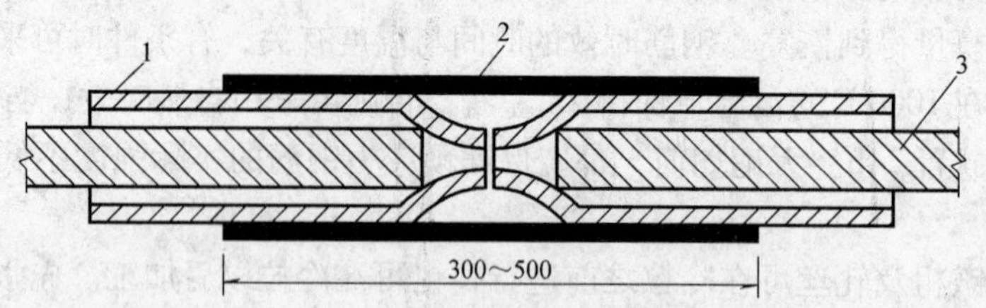

图 10-13 橡胶制孔器的接头

1—钢丝橡胶网 2—镀锌薄钢板套管 3—圆钢芯棒

（3）预应力筋的张拉设备 这里简单介绍张拉预应力筋常用的几种设备。

1）锥锚式千斤顶（图 10-14）。这种千斤顶具有张拉、顶锚和退楔块三种功能，适用于锥形锚具的钢丝束。千斤顶的工作靠高压油泵的进油与回油来控制，施加预应力的大小靠油表读值及预应力筋伸长率大小来控制。

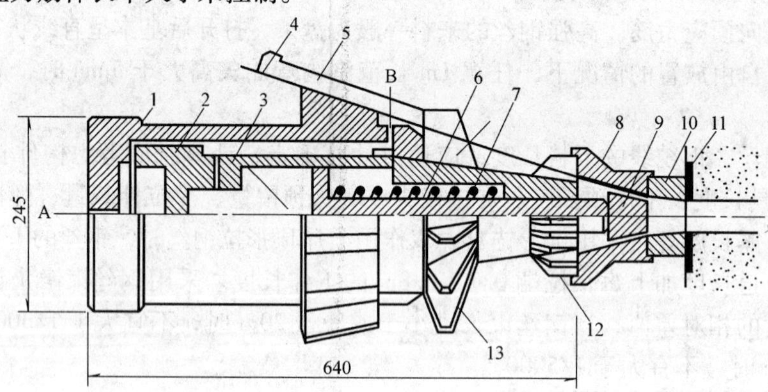

图 10-14 TD—60 型锥锚式千斤顶张拉装置简图

1—张拉缸 2—顶压缸 3—退楔缸 4—钢丝 5—楔块 6—顶锚活塞 7—弹簧 8—对中套 9—锚塞 10—锚环 11—支承钢板 12—分丝盘 13—退楔翼板

2）拉杆式千斤顶（图 10-15）。拉杆式千斤顶构造简单，操作方便，适用于张拉常用螺杆式和镦头式锚、夹具的单根粗钢筋、钢筋束或碳素钢丝束。张拉前先用连接器将预应力筋和张拉杆连接。

3）穿心式千斤顶（图 10-16）。这种千斤顶的构造特点是沿千斤顶轴线有一穿过预应力筋的穿心孔道。主要用于张拉带有夹片式锚、夹具的单根钢筋、钢绞线或钢筋束、钢绞线束。

张拉前先将预应力筋穿过千斤顶，在其后端用锥锚式工具锚将预应力筋锚住，然后借助高压油泵完成张拉工作。

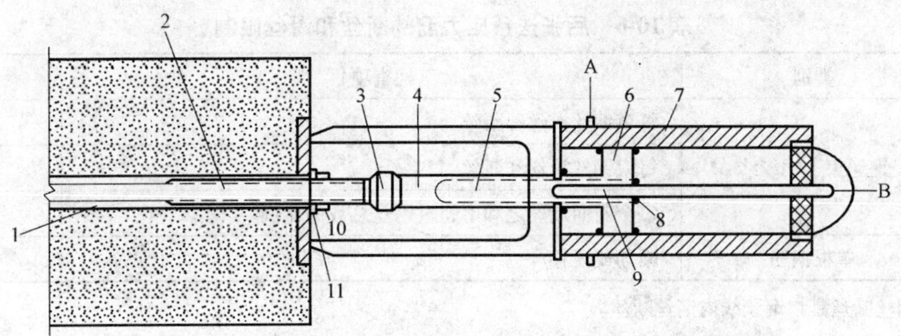

图 10-15 GJ_2Y—60A 型拉杆式千斤顶张拉装置简图

1—预留孔道 2—预应力筋 3—连接器 4—拉杆 5—副缸 6—主缸活塞
7—主缸 8—油封 9—副缸活塞 10—锚固螺母 11—垫片

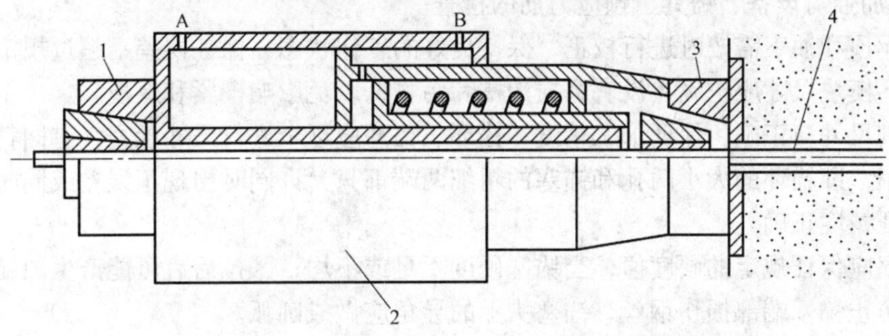

图 10-16 GJ_2Y—60 型穿心式千斤顶张拉装置简图

1—工具锚 2—液压缸体 3—夹片式锚具 4—预应力筋

（4）张拉要点 张拉程序见表 10-5。

表 10-5 后张法预应力筋张拉程序

预应力筋种类		张 拉 程 序
钢筋、钢筋束		0→初应力→1.05σ_{con}（持荷 2min）→σ_{con}（锚固）
钢绞线束	对于夹片式具有自锚性能的锚具	普通松弛力筋：0→初应力→1.03σ_{con}（锚固） 低松弛力筋：0→初应力→σ_{con}（持荷 2min 锚固）
	其他锚具	0→初应力→1.05σ_{con}（持荷 2min）→0→σ_{con}（锚固）
钢丝束	对于夹片式具有自锚性能的锚具	普通松弛力筋：0→初应力→1.03σ_{con}（锚固） 低松弛力筋：0→初应力→σ_{con}（持荷 2min 锚固）
	其他锚具	0→初应力→1.05σ_{con}（持荷 2min）→0→σ_{con}（锚固）
精轧螺纹钢筋	直线配筋时	0→初应力→σ_{con}（持荷 2min 锚固）
	曲线配筋	0→σ_{con}（持荷 2min）→0（上述程序可反复几次）→初应力→σ_{con}（持荷 2min 锚固）

注：σ_{con} 为张拉控制应力。

在张拉过程中，由于各种原因会引起预应力筋滑丝或断丝，使预应力筋受力不均，甚至使构件不能建立足够的预应力。因此需要限制预应力筋的滑丝和断丝数量，其控制数参见表 10-6 的规定。

表 10-6 后张法预应力筋的断丝和滑丝限制

项次	类别	检查项目	控制数
1	钢丝束、钢绞线	每束钢丝滑丝和断丝	1根
		每束钢丝滑丝和断丝	1丝
		每个断面断丝之和不超过钢丝总数的比例	1%
2	单根钢筋	断筋或滑移	不允许

注：1. 钢丝断丝是指钢绞线内钢丝断丝。
2. 断丝包括滑丝失效的钢丝。

为防止预应力筋滑丝和断丝，应做好如下工作：

1）要加强对设备、锚具、预应力筋的检查。

①千斤顶和油表需按时进行校正，保持良好的工作状态，保证误差不超过规定值；千斤顶的卡盘、楔块尺寸应正确，没有磨损沟槽和污物，以免影响楔紧和退楔。

②锚具尺寸应正确，保证加工精度；锚环、锚塞应逐个进行尺寸检查，有同符号误差的应配套使用，即锚环的大小两孔和锚塞的粗细两端都只允许同时出现正误差或同时出现负误差，以保证精度正确。

③锚塞应保证规定的硬度值，当锚塞硬度不足或不均，张拉后有可能产生内缩过大甚至滑丝。为防止锚塞端部损伤钢丝，锚塞头上的导角应做成圆弧。

④锚环不得有内部缺陷，应逐个进行电磁探伤。锚环太软或刚度不够均会引起锚塞内缩超量。

⑤预应力筋使用前应按规定检查：钢丝截面要圆，粗细、强度、硬度要均匀；钢丝编束时应认真梳理，避免交叉混乱；清除钢丝表面的油污锈蚀，使钢丝正常楔紧和正常张拉。

⑥锚具安装位置要准确：锚垫板承压面，锚环、对中套等的安装面必须与孔道中心线垂直；锚具中心线必须与孔道中心线重合。

2）要严格执行张拉工艺，防止滑丝、断丝。

①垫板承压面与孔道中线不垂直时，应当在锚圈下垫薄钢板调整垂直度。将锚圈孔对正垫板并定位焊，防止张拉时移动。

②锚具在使用前需先清除杂物，刷去油污、锈蚀。

③楔紧钢束的楔块，其打紧程度务求一致。

④千斤顶进油、回油工序一般均应缓慢平稳进行。特别是要避免大缸回油过猛，否则会产生较大的冲击振动，易发生滑丝。

⑤张拉操作要按规定进行，防止钢丝受力超限发生拉断事故。

⑥在冬期施工时，特别是在负温条件下钢丝性能发生了变化（如钢丝伸长率减小，弹性模量提高，锚具变脆变硬等），建议预应力张拉工作应在正温条件下进行。

3）滑丝和断丝的处理。滑丝与断丝现象发生在顶锚以后，可采用以下方法处理。

①钢丝束放松。将千斤顶按张拉状态装好，并将钢丝在夹盘内楔紧。一端张拉，当钢丝受力伸长时，锚塞销被带出，这时立即用钢钎卡住锚塞螺纹（钢钎可用 ϕ5mm 的钢丝、端部磨尖制成，长 20 ~ 30cm），然后主缸缓慢回油，钢丝内缩，锚塞因被卡住而不能与钢丝同时内缩。主缸再次进油，张拉钢丝，锚塞又被带出。再用钢钎卡住，并使主缸回油，如此反

复进行至锚塞退出为止。然后拉出钢丝束更换新的钢丝束和锚具。

②单根滑丝单根补拉。将滑进的钢丝楔紧在卡盘上，张拉达到应力后顶压楔紧。

③人工滑丝放松钢丝束。安装好千斤顶并楔紧各根钢丝。在钢丝束的一端张拉到钢丝的控制应力仍拉不出锚塞时，可打掉一个千斤顶卡盘上钢丝的楔子，迫使1~2根钢丝产生抽丝。这时锚塞与锚圈的锚固力就减小了，再次拉锚塞就较易拉出。

张拉时的安全操作注意事项如下：

1）操作人员应经过相关的培训。张拉现场应有明显标志，与该工作无关的人员严禁入内。

2）张拉或退楔时，千斤顶后面不得站人，以防预应力筋拉断或锚具、楔块弹出伤人。

3）油泵运转不正常时，应立即停止工作并开始检查。在有压情况下，不得随意拧动油泵或千斤顶各部位的螺钉。

4）作业应由专人负责指挥，操作时严禁摸踩及碰撞预应力筋，在测量伸长及拧螺母时，应停止开动千斤顶或卷扬机。

5）冷拉或张拉时，螺钉端杆、套筒螺钉及螺母必须有足够长度，夹具应有足够的夹紧能力，以防锚具夹具因不牢而滑出。

6）千斤顶支架必须与梁端垫板接触良好，位置对称，严禁多加垫块，以防支架不稳或受力不均倾倒伤人。

7）在高压油管的接头应加防护套，以防喷油伤人。

8）已张拉完而尚未压浆的梁，严禁剧烈振动，以防预应力筋裂断而酿成重大事故。

（5）孔道压浆　孔道压浆是为了保护预应力筋不致锈蚀，并使预应力筋与混凝土梁体粘结成整体，从而既能减小锚具的受力，又能提高梁的承载能力、抗裂性能和耐久性。孔道压浆用专门的压浆泵进行，压浆时要求密实、饱满，并应在张拉后尽早完成。

1）准备工作。压浆前烧割锚外钢丝时，应采取降温措施，以免锚具和预应力筋因过热而产生滑丝。用环氧砂浆或棉花和水泥浆填塞锚塞周围的钢丝间隙。用压力水冲洗孔道，排除孔内粉渣杂物，确保孔道畅通，并吹去孔内积水。

2）水泥浆的制备。压注孔道所用的水泥浆，需用强度等级不低于42.5级的普通硅酸盐水泥或普通水泥拌制。火山灰水泥与矿渣水泥由于凝固慢、泌水率高，均不宜使用。水泥浆强度（边长为7.07cm的立方体试块强度）不应低于结构本身混凝土强度的50%（7d龄期时）和80%（28d龄期时），后者尚不得低于30MPa。水泥浆的水灰比应为0.40~0.45，最大不超过0.5。为了防止腐蚀钢丝，加掺合剂时须验明其中不含氯盐，不得掺用加气剂，但可掺入适量的塑化剂和铝粉（膨胀剂量由试验确定）。水泥浆可用小型灰浆拌和机拌制。每次拌和量以不超过40min的使用量为宜。拌好的水泥浆在通过2.5mm×2.5mm的细筛后，存放以供使用。水泥浆在使用前仍应进行低速搅拌，以防止流动度的损失。水泥浆的温度不宜过高或过低，夏季不宜超过25℃，冬季不宜低于5℃，否则需要采取降温措施或采用冬期施工措施。

3）压浆程序和要点。压浆工艺有“一次压注法”和“二次压注法”两种，前者用于不太长的直线形孔道，对于较长的孔道或曲线形孔道以“二次压注法”为好。压浆压力以500~600kPa为宜，直线孔道压浆时，应从构件的一端压到另一端；曲线孔道压浆时，应从孔道最低处开始向两端进行。二次压浆时，第一次从甲端压入，直至乙端流出浓浆时将乙端的阀门关闭，待灰浆压力达到要求且各部再无漏水现象时再将甲端的阀门关闭。待第一次压浆后 30min，打开甲、乙端的阀门，自乙端再进行第二次压浆，重复上述步骤，待第二次压浆完成经 30min 后，卸除压浆管。

(6) 封端　孔道压浆后应立即将梁端水泥浆冲洗干净，并将端面混凝土凿毛。封端混凝土的强度应不低于梁体的强度。浇完封端混凝土并静置 1 ~ 2h 后，应按一般规定进行洒水养护。

(7) 与张拉有关的计算

1) 钢丝束镦头锚张拉锚固时钢丝下料长度按预应力筋张拉后螺母位于锚杯中部进行计算，如图 10-17 所示，计算公式如下

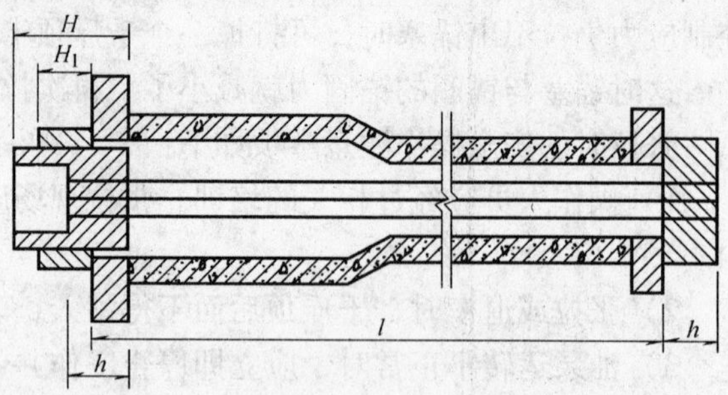

图 10-17　钢丝下料长度计算简图

$$L = l + 2h + 2\delta - K(H - H_1) - \Delta L - C \tag{10-2}$$

式中，l 是孔道长度，按实际丈量；h 是锚杯底厚或锚板厚度；δ 是钢丝墩头预留量，取 10mm；K 是系数，一端张拉时取 0.5，两端张拉时取 1.0；H 是锚杯高度；H_1 是螺母厚度；ΔL 是钢丝束张拉伸长值；C 是张拉时构件混凝土弹性压缩值。

2) 钢绞线、钢丝束夹片锚张拉锚固时钢绞线下料长度按下式计算。

钢绞线下料长度 = 孔道净长 + 构件两端的预留长度

对于预留长度，固定端为锚板或锚杯厚度加 30mm，张拉端见表 10-7。

表 10-7　YCW 型千斤顶的钢绞线预留长度

千斤顶型号	YCW-100	YCW-150	YCW-250	YCW-350
千斤顶外径 D/mm	250	310	380	450
钢绞线预留长度 A/mm	650	680	680	700

3) 精轧螺纹钢筋下料长度，当采用一端张拉时，可按下式计算

$$L = l + 2(h + l_1) + l_2 + l_3 \tag{10-3}$$

式中，l 是构件预留孔道长度；h 是垫板厚度；l_1 是螺母厚度；l_2 是钢筋露出螺母的长度，取 20mm；l_3 是张拉端千斤顶螺纹套筒拧入长度，取 80mm。

4) 后张法预应力筋理论伸长值及预应力筋平均张拉力按下式计算

$$\Delta L = \frac{\overline{P}L}{A_y E_p} \tag{10-4}$$

$$\overline{P} = P\frac{\left[1 - e^{-(\kappa L + \mu\theta)}\right]}{\kappa L + \mu\theta} \tag{10-5}$$

式中，ΔL 是预应力理论伸长值（cm）；$\overline{P}$ 是预应力筋的平均张拉力（N）；L 是从张拉端到计算截面孔道长度（cm）；A_y 是预应力筋截面面积（mm^2）；E_p 是预应力筋的弹性模量（MPa）；P 是预应力筋张拉端的张拉力（N）；κ 是孔道每米局部偏差对摩擦的影响系数，参见表 10-8；θ 是从张拉端到计算截面曲线孔道部分切线的夹角之和（rad）；μ 是预应力筋与孔道壁的摩擦系数，参见表 10-8。

表 10-8 系数 κ 及 μ 值表

孔道成型方式	κ	μ	
		钢丝束、钢绞线	精轧螺纹钢筋
预埋金属波纹管	0.0015	0.20～0.25	0.50
预埋塑料波纹管	0.0015	0.14～0.17	—
预埋镀锌薄钢板管道	0.0030	0.35	0.40
预埋钢管	0.0010	0.25	—
抽芯成型	0.0015	0.55	0.60

式（10-4）、式（10-5）考虑了孔道曲线及局部偏差的摩阻影响。当孔道为直线时，$\theta=0$，预应力筋伸长值可简化为

$$\Delta L=\frac{P}{KA_{\mathrm{y}}E_{\mathrm{p}}}(1-\mathrm{e}^{-\kappa L}) \tag{10-6}$$

当孔道为直线且无局部偏差的摩阻时，$P=\overline{P}$，可简化为

$$\Delta L=\frac{PL}{A_{\mathrm{y}}E_{\mathrm{p}}} \tag{10-7}$$

预应力筋的弹性模量 E_{p} 取值是否正确，对理论伸长值的影响较大，据有关单位的测试资料表明，一般取 $E_{\mathrm{p}}=2\times10^5\mathrm{MPa}$ 较合适。对于重要工程，应提前测试。

预应力筋的张拉力 P 按下式计算

$$P=\sigma_{\mathrm{con}}A_{\mathrm{G}}n\cdot\frac{1}{1000}\cdot b \tag{10-8}$$

式中，σ_{con} 是预应力筋的张拉控制应力（MPa）；A_{G} 是每根预应力筋的截面面积（mm^2）；n 是同时张拉预应力筋根数；b 是超张拉系数，不超张拉时为 1.0。

预应力筋的张拉控制应力应符合设计要求，且不宜超过表 10-9 的规定。

表 10-9 预应力筋的张拉控制应力

预应力钢材类别	最大张拉应力
冷拉 HRB400、RRB400 钢筋	$0.95f_{\mathrm{pk}}$
热处理钢筋、消除应力钢丝、钢绞线	$0.80f_{\mathrm{pk}}$
冷拉钢丝	$0.75f_{\mathrm{pk}}$

注：f_{pk} 为钢材的抗拉强度标准值。

5）实际伸长值的量测及计算方法：预应力筋张拉前，应先调整到初应力 σ_0（一般取控制应力的 10%～15%）。再开始张拉和量测伸长值。实际伸长值除张拉时量测的伸长值外，还应加上初应力时的推算伸长值。对于后张法尚应扣除混凝土结构在张拉过程中产生的弹性压缩值。实际伸长值总量 ΔL 的计算公式如下

$$\Delta L=\Delta L_1+\Delta L_2-C \tag{10-9}$$

$$\Delta L_2=\frac{\sigma_0}{E_{\mathrm{p}}}\cdot L \tag{10-10}$$

式中，ΔL_1 是从初应力至最大张拉应力间的实测伸长值；ΔL_2 是初应力 σ_0 时推算伸长值；C 是混凝土构件在张拉过程中的弹性压缩值，一般情况下 C 值也可略而不计。

5. 先张法预应力混凝土简支梁的制造工艺

先张法预制板梁的制作工艺是在浇筑混凝土之前先进行预应力筋的张拉，并将其临时固定在张拉台座上，然后完成其基本施工工艺流程，待混凝土达到规定强度（但不得低于设计强度的 70%）时，逐渐将预应力筋松弛，利用预应力筋回缩和与混凝土之间的粘结作用，使构件获得预应力。先张法施工工艺基本流程如图 10-18 所示。

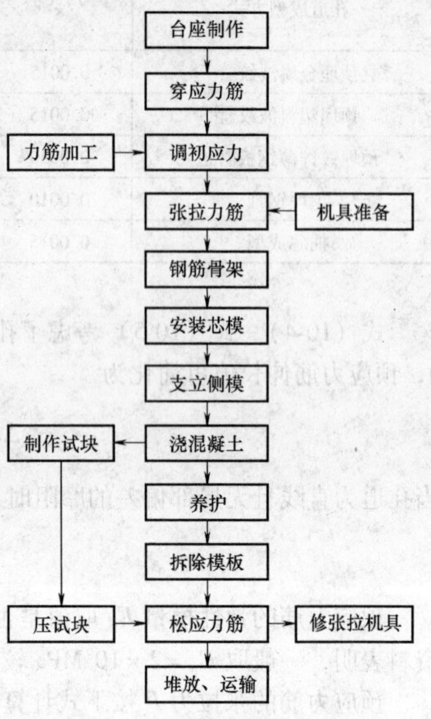

图 10-18 先张法施工工艺基本流程

下面仅介绍它的制造工艺特点。

（1）台座

1）墩式台座。墩式台座靠自重和土压力来平衡张拉力所产生的倾覆力矩，并靠土的反力和摩擦力来抵抗水平位移。台座由台面、承力架、横梁和定位钢板等组成，如图 10-19 所示。台面有整体式混凝土台面和装配式台面两种，它是制梁的底模。承力架承受全部的张拉力，横梁是将预应力筋张拉力传给承力架的构件，它们都需进行专门的设计计算。定位钢板用来固定预应力筋的位置，其厚度必须保证承受张拉力后具有足够的刚度。定位板上的圆孔位置则按构件中预应力筋的设计位置确定。

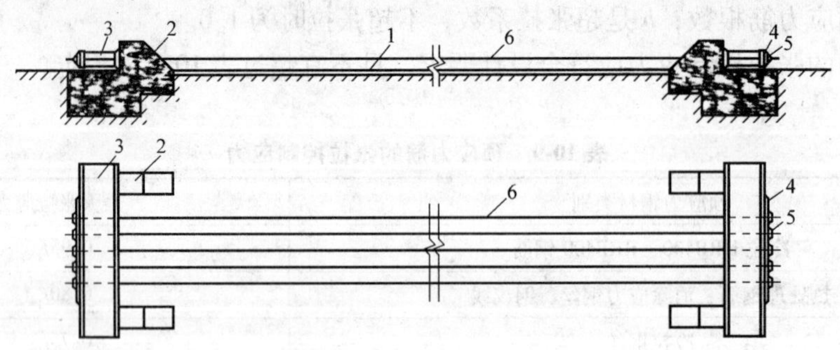

图 10-19 墩式台座示意图

1—台面 2—承力架 3—横梁 4—定位钢板 5—夹具 6—预应力筋

2）槽式台座。当现场地质条件较差，台座又不很长时，可以采用由台面、传力柱、横梁、横系梁等构件组成的槽式台座，如图 10-20 所示。传力柱和横系梁一般为钢筋混凝土结构，其他部分与墩式台座相同。

（2）预应力筋的放松 当混凝土达到了预期的强度以后，就要从台座上将预应力筋的张拉力放松，逐渐将此力传递到混凝土构件上。放松的方法有多种，下面仅介绍常用的两种方法。

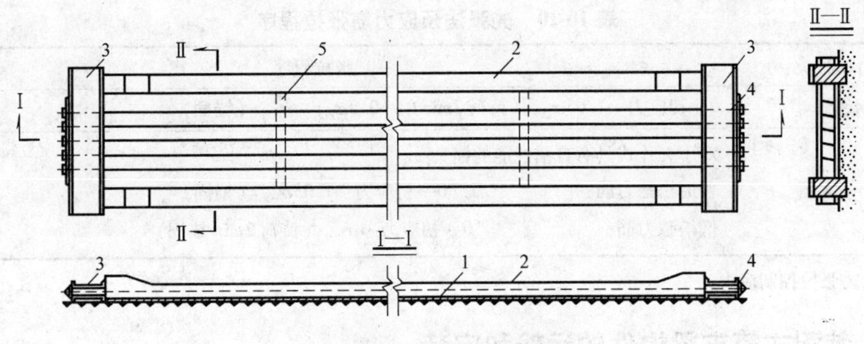

图10-20 槽式台座示意图

1—台面 2—传力柱 3—横梁 4—定位板 5—横系梁

1）千斤顶放松。首先要在台座上重新安装千斤顶，先将预应力筋稍张拉至能够逐步扭松端部固定螺母的程度，然后逐渐放松千斤顶，让钢筋慢慢回缩完毕为止（图10-21）。

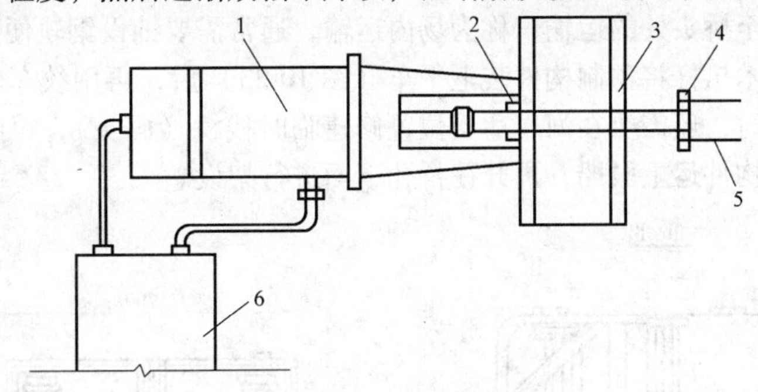

图10-21 千斤顶放松示意图

1—拉杆式千斤顶（先稍张拉，再放松） 2—螺母（逐渐扭松） 3—台座上横梁 4—夹具 5—预应力筋 6—高压油泵

2）砂筒放松。在张拉预应力之前，在承力架和横梁之间各放一个灌满被烘干过的细砂子的砂筒（图10-22），张拉时筒内砂子被压实。当需要放松预应力筋时，可将出砂口打开，使砂子慢慢流出，活塞徐徐顶入，直至张拉力全部放松为止。

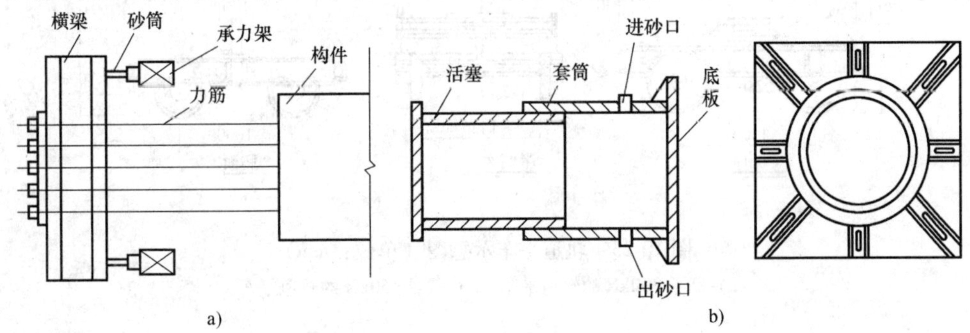

图10-22 砂筒放松示意图

(3) 张拉程序 先张法预应力筋的张拉应符合设计要求，若设计无规定时，其张拉程序可按表10-10中的规定进行。为了避免台座受过大的偏心力，应先张拉靠近台座截面重心处的预应力筋。

表 10-10 先张法预应力筋张拉程序

预应力筋种类	张拉程序
钢筋	0→初应力→1.05σ_{con}（持荷 2min）→0.9σ_{con}→σ_{con}（锚固）
钢丝、钢绞线	对于夹片式具有自锚性能的锚具 普通松弛力筋： 0→初应力→1.03σ_{con}（锚固） 低松弛力筋： 0→初应力→σ_{con}（持荷 2min 锚固）

注：σ_{con}为张拉控制应力。

10.2.2 装配式简支梁构件的运输和安装

为了把在预制构件厂或桥梁施工现场预制的简支梁或板安放到设计位置，还需要完成两个重要的施工过程，即构件的水平运输和构件的垂直向安装。

1. 预制构件的水平运输

从工地预制场至桥头处的运输，称为场内运输，通常需要铺设钢轨便道，在预制场地先用龙门式起重机或木扒杆将预制构件装上平车（图 10-23）后，再用绞车牵引运抵桥头。当采用水上浮吊架梁时，还需要在河岸适当位置修建临时栈桥（码头），再将钢轨便道延伸到这里，以便将预制构件运上驳船，再开往桥孔下面进行架设。

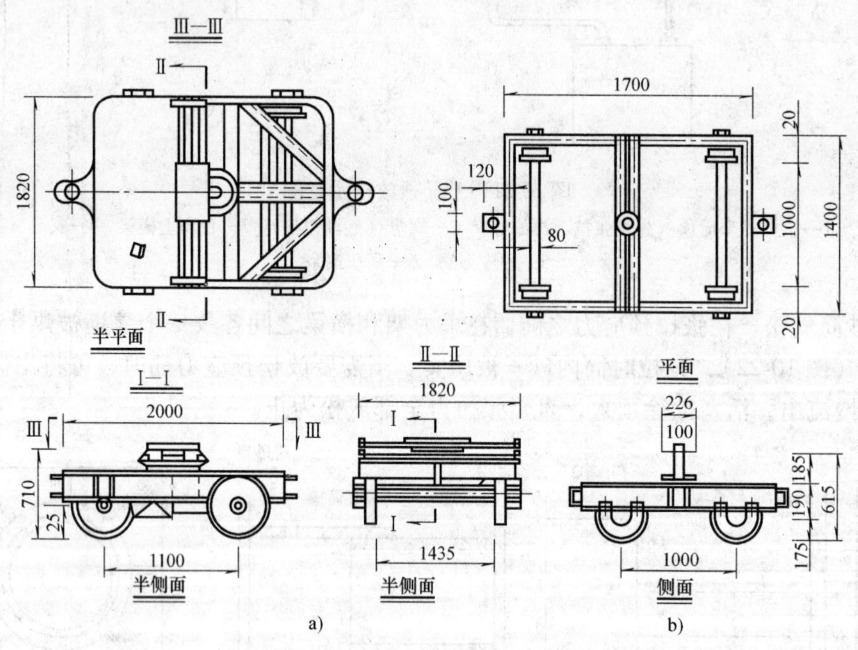

图 10-23 轨道平车示意图（单位：mm）

a）载重 300kN 的轨道平车 b）载重 150kN 的轨道平车

从预制构件厂至施工现场的运输称场外运输，通常用大型平板车、驳船或火车等运输工具。不论属于哪类运输方式，都要求在运输过程中，构件的放置符合受力方向，并在预制构件的两侧采用斜撑和木楔加以临时固定，防止构件发生倾倒、滑动或跳动造成构件的损坏。

当运输道路坑洼不平、颠簸比较厉害时，可采用图10-24所示的措施，防止构件产生负弯矩而断裂。构件装上平板拖车的垫木上后，在构件的中部设一立柱，用钢丝绳穿过两端吊环，中间搁在立柱上，并以花篮螺钉将钢绳拉紧，只有这样，构件在运输途中才不致发生负弯矩。

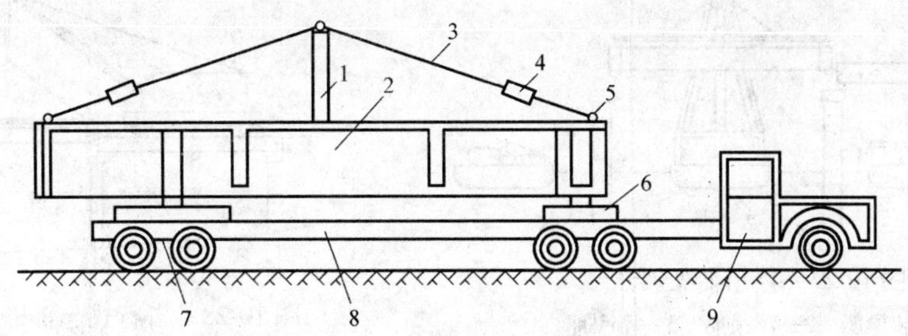

图10-24 防止构件发生负弯矩的措施

1—立柱 2—构件 3—钢丝绳 4—花篮螺钉 5—吊环 6、7—转盘装置 8—连接杆（可伸缩） 9—主车

2. 预制构件的安装

安装预制简支梁构件的机械设备和方法较多，现仅就几种常见的架梁方法略加说明。

（1）陆地架梁法

1）自行式起重机架梁（图10-25）。如果是岸上的引桥或者桥墩不高时，可以视吊装质量的不同，用一台或两台（抬吊）起重机直接在桥下进行吊装，适用于桥梁跨径不大、重量小的梁架设。

2）跨墩龙门式起重机架梁（图10-26）。当桥不太高，架桥孔数又多，且沿桥墩两侧铺设轨道不困难时，可以采用跨墩的龙门式起重机架梁。此时，尚应在龙门式起重机的内侧铺设运梁轨道，或者设便道用拖车运梁。

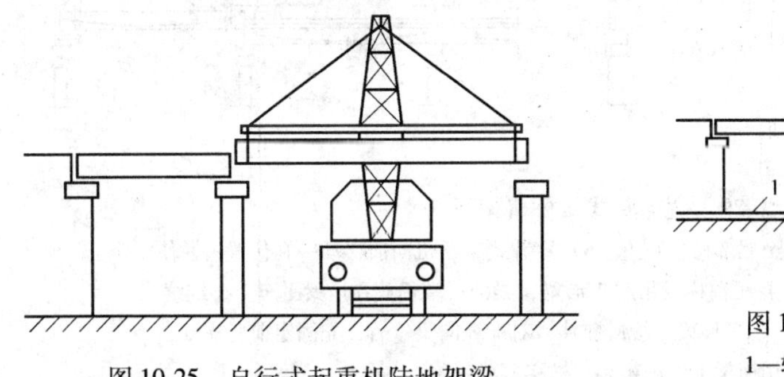

图10-25 自行式起重机陆地架梁

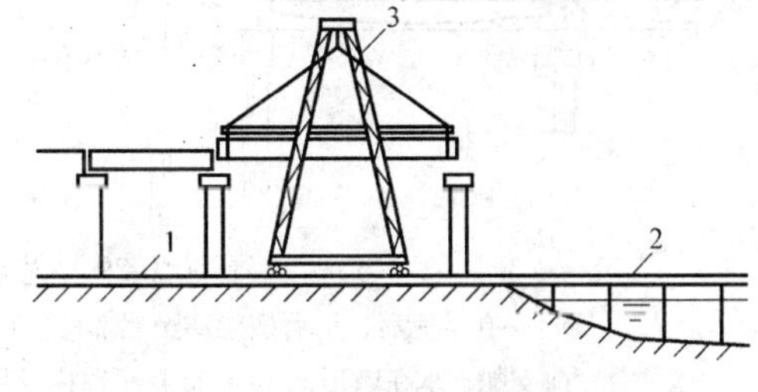

图10-26 跨墩龙门式起重机架梁

1—轨道 2—便桥 3—龙门式起重机

（2）浮吊船架梁（水上架梁法） 浮吊船实际是起重机与驳船的联合体，它可在通航河道上的桥孔下面架桥，而装有成批预制构件的装梁船，则停靠在浮吊船的一旁，随时供浮吊船起吊，如图10-27所示。浮吊船宜逆流而上，先远后近地安装。吊装前应先下锚定位，航道要临时封锁。

（3）空中架梁法

1）自行式起重机架梁（图10-28）。如果桥下是河道或桥墩较高时，则将起重机直接开到桥上，利用起重机的伸臂边架梁、边前进（图 10-28）。不过，此时对于已经架好了的桥孔主梁，当横向尚未联成整体时，必须核算主梁是否能够承受起重机、被吊构件、机具以及施工人员的重力。

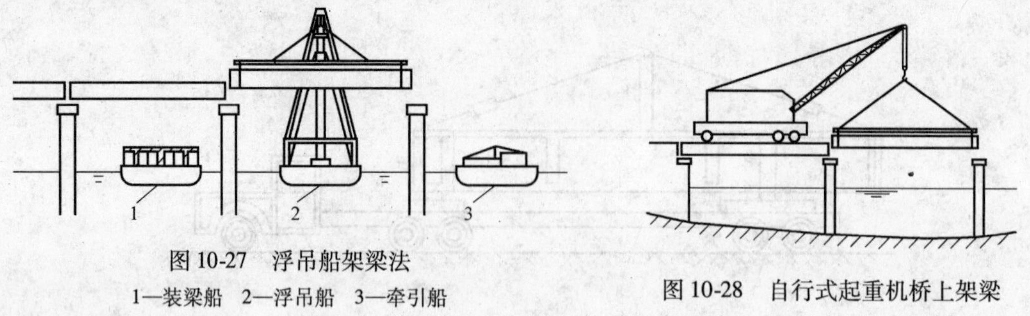

图 10-27 浮吊船架梁法

1—装梁船 2—浮吊船 3—牵引船

图 10-28 自行式起重机桥上架梁

2）宽穿巷式架桥机架梁（图 10-29）。安装梁可用贝雷钢架或万能杆件拼组而成。由于这种架桥机的自重很大，所以当它沿桥面纵向移动时，一定要保持慢速，并须注意前支点下的挠度，以保证安全。

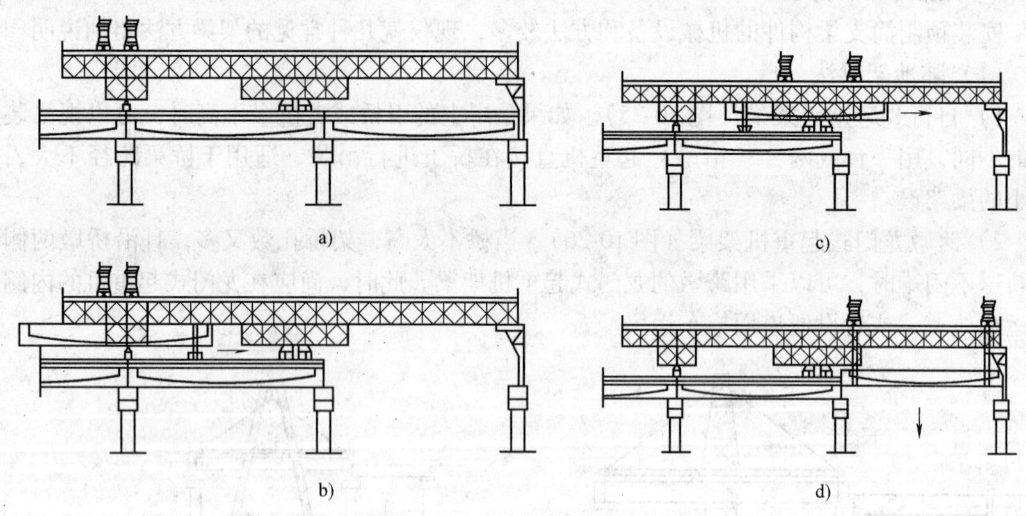

图 10-29 宽穿巷式架桥机架梁法

a）一孔架完后，前后横梁移至尾部做平衡重 b）穿巷式架桥机向前移动一孔位置，并使前支腿支承在墩顶上 c）架桥机前横梁吊起 T 形梁，梁的后端仍放在运梁平车上，继续前移 d）架桥机后横梁也吊起 T 形梁，缓慢前移，对准纵向梁位后，先固定前后横梁，再用横梁上的吊梁小车横移落梁就位

3）联合架桥机架梁（图 10-30）。步骤如下：首先用绞车纵向拖拉导梁就位；其次用托架将两个门式起重机移至待架桥孔两端的桥墩上；然后由平车轨道运预制梁至架梁孔位，再由门式起重机将它起吊、横移并落梁就位（图 10-30b）；再后将被导梁临时占住位置的预制梁暂放在已架好的梁上；最后待用绞车将导梁移至下一桥孔后，再将暂放一侧的预制梁架设完毕。如此反复，直到将各孔主梁全部架好为止。此法用于孔数较多和较长的桥梁时才比较经济。

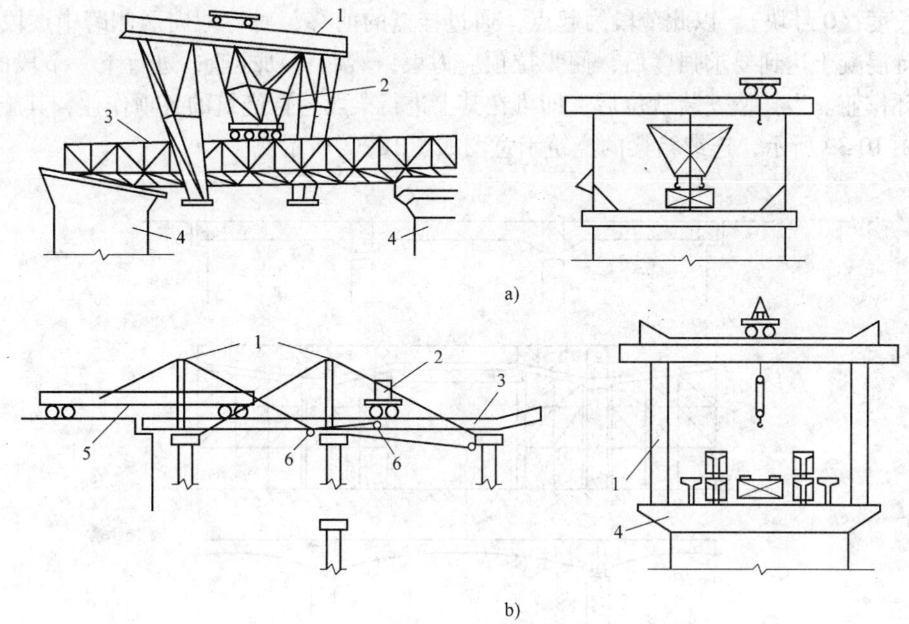

图10-30　联合架桥机架梁法

1—龙门架　2—托架（蝴蝶架）　3—导梁　4—桥墩　5—预制梁　6—滑轮

10.2.3　悬臂体系和连续体系梁桥的施工特点

悬臂体系和连续体系梁桥与简支梁体系比较起来有两点不同：一是主梁的长度和重量大，很难一次架设整根梁；二是力学特点方面，桥跨结构上除了有承受正弯矩的截面以外，还有能承受负弯矩的支点截面。因此，它们的施工方式与简支梁大不相同。按制造梁方式的不同，大致可分为两类：一是就地现浇法，按其支承方式的不同分为落地支架施工、悬臂浇筑法和移动模架施工；二是分段预制安装法，按其安装方法的不同可分为悬臂拼装法和顶推施工法。下面分别介绍这些施工方法的特点。

1. 就地现浇法

（1）落地固定支架法（图10-31）　落地固定支架法与简支梁桥的就地浇筑法施工基本上是相同的，所不同的是悬臂梁桥和连续桥在中墩处的截面是连续的。但考虑到下面的不利因素，一般采用留工作缝，分段浇筑的方法，缝宽约0.8~1.0m（图10-31a）。

1）不均匀沉降的影响。桥墩的刚度比临时支架的刚度大得多，加之支架一般垫支在未经精心处理的土基上，因此，难以预见的不均匀沉陷往往导致主梁在截面处开裂。

2）混凝土收缩的影响。由于每次浇筑的梁段较长，混凝土的收缩又受到桥墩、支座摩阻力和先浇部分混凝土的阻碍，是容易引起主梁开裂的另一个原因。

当梁的跨径较大时，临时支架也会因受力不均，产生挠曲线，如图10-31b所示的悬臂梁中跨的临时桥下过道处将要挠曲，故在这些部位也预留工作缝。

有时为了避免设置工作缝的麻烦而采用图10-31c所示的分段浇筑方法。其中的4、5段待1、2、3段达到足够强度后才能浇筑。

（2）悬臂浇筑法　悬臂浇筑法又称无支架平衡伸臂法或挂（吊）篮法，所用的主要设备是挂篮。为了拼制挂篮，在墩柱两侧常采用托架支撑，灌筑一定长度的梁段，这个长度称为起步长度（0 号块）。以此节段为起点，通过挂篮的前移，对称地向两侧跨中逐段灌筑混凝土，待混凝土达到要求强度后，便张拉预应力束，然后移动挂篮，进行下一节段的施工，如此循环作业。当挂篮安装就位后，即可在其上进行梁段悬臂浇筑的各项作业，其施工工艺流程如图 10-32 所示，连续箱梁的浇筑示意图如图 10-33 所示。

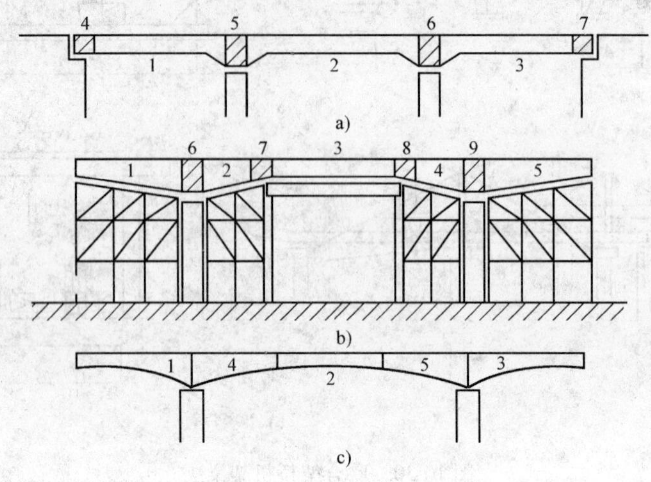

图 10-31 浇筑次序和工作缝设置

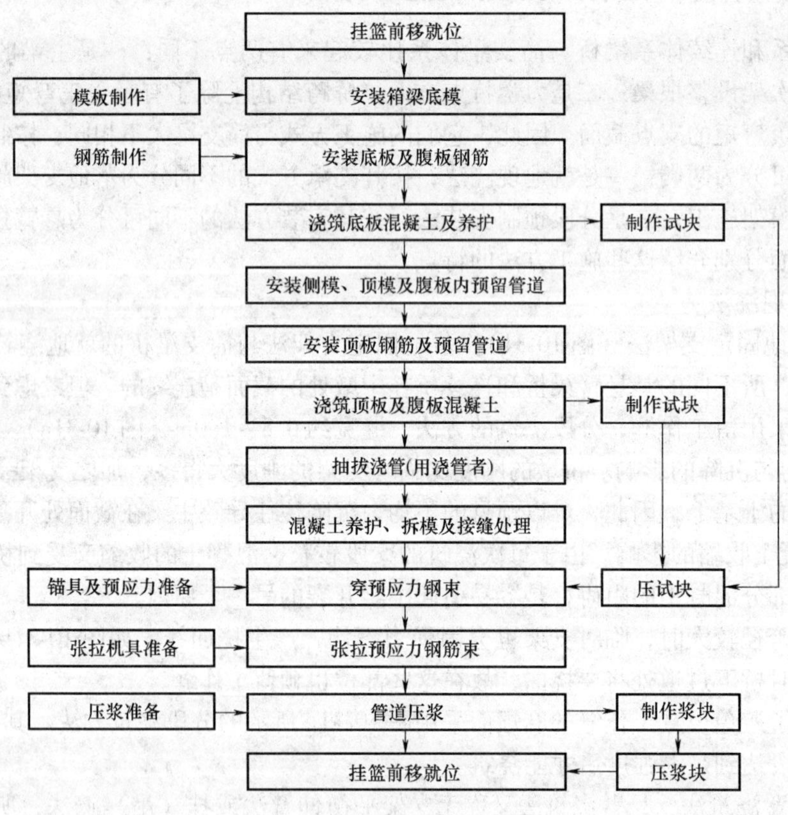

图 10-32 悬臂浇筑工艺流程

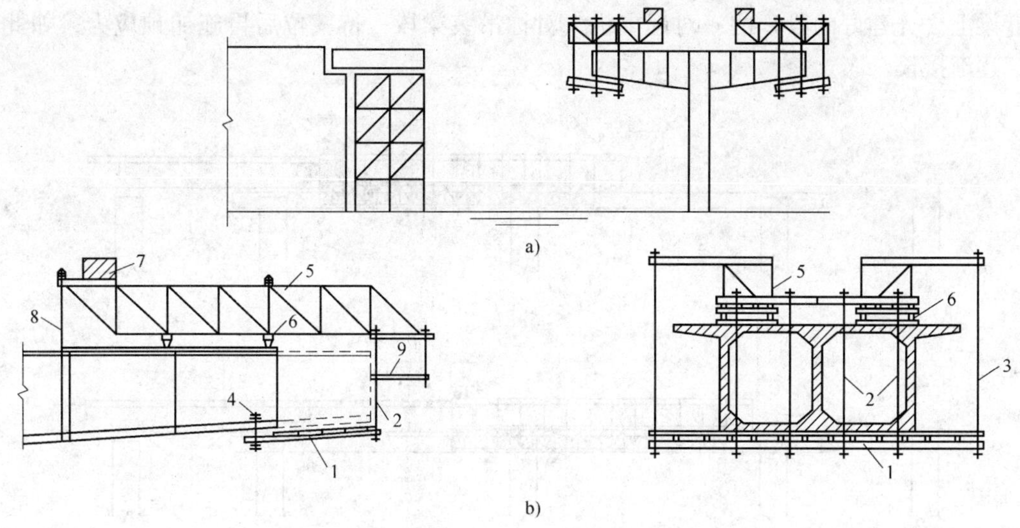

图10-33 悬臂浇筑法

a）悬臂浇筑示意 b）挂篮结构简图

1—底模架 2、3、4—悬吊系统 5—承重结构 6—行走系统 7—平衡重

8—锚固系统 9—工作平台

悬臂浇筑的节段长度要根据主梁的截面变化情况和挂篮设备的承载能力来确定，一般可取2~8m。每个节段可以全截面一次浇筑，也可以先浇筑梁底板和腹板，再安装顶板钢筋及预应力管道，最后浇筑顶板混凝土，但需注意由混凝土龄期差而产生的收缩、徐变次内力。悬臂浇筑施工的周期一般为6~10d，依节段混凝土的数量和结构复杂程度而定。

合龙段是悬臂施工的关键部位，为了控制合龙段的准确位置，除了需要预先设好预拱度和进行严密的施工监控外，还要在合龙段中设置劲性钢筋定位，采用超早强水泥，选择最合适的梁的合龙温度（宜在低温）及合龙时间（夏季宜在晚上），以提高施工质量。悬臂浇筑法适于标准跨径50~120m的桥梁施工。

（3）移动模架施工法 移动模架施工法是使用移动式的脚手架和装配式模板，在桥上逐孔浇筑施工。它像一座设在桥孔上的活动预制场，随着施工进程不断移动和连续现浇施工。

图10-34所示是上承式移动模架构造图的一种。它由承重梁、导梁、台车、桥墩托架和模架等构件组成。在箱形梁两侧各设置一根承重梁，用来支承模架和承受施工重力。承重梁的长度要大于桥梁跨径，浇筑混凝土时承重梁支承在桥墩托架上。导梁主要用于运送承重梁和活动模架，因此，需要有大于两倍桥梁跨径的长度。当一孔梁的施工完成后便进行脱模卸架，由前方台车和后方台车在导梁和已完成的桥梁上面，将承重梁和活动模架运送至下一桥孔。承重梁就位后，再将导梁向前移动。

当采用移动模架施工时，连续梁分段时的接头部位应放在弯矩最小的部位，若无详细计算资料时，可以取离桥墩$l/5$处。移动模架施工法适于标准跨径为20~50m等跨和等高的连续梁施工。

2. 分段预制安装法

（1）悬臂拼装法 悬臂拼装法是将预制好的梁段，用驳船运到桥墩的两侧，然后通过悬臂梁上（先建好的段）的一对起重机，对称吊装梁段，待就位后再施加预应力，如此下去，逐渐接长。

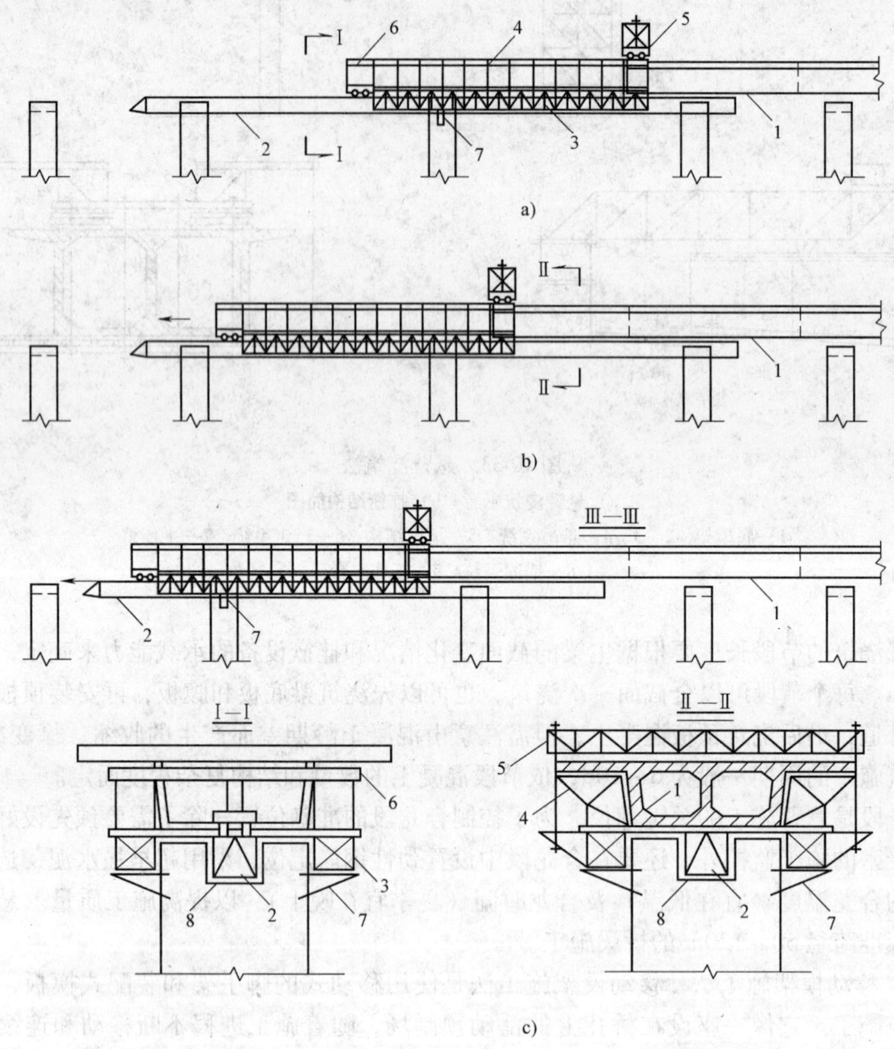

图 10-34 移动模架施工

a）浇筑混凝土，施加预应力 b）脱模，移动模架梁 c）模架梁就位后，移动导梁，浇筑混凝土前准备工作

1—已完成已架设的梁 2—导梁 3—承重梁 4—模架 5—后端横梁和悬吊台车 6—前端横梁和支承台车 7—桥墩支承托架 8—墩台留槽

图 10-35 是桁架式悬臂起重机逐孔拼装节段的施工程序图。图 10-36 是桁架式悬臂起重机构造示意图，它由纵向主桁架、横向起重桁架、锚固装置、平衡重、起重系统、行走系统和工作吊篮等部分组成。起重系统是由电动卷扬机、吊梁扁担及滑车组等组成。起重机的整体纵移可采用钢管滚筒、在临时轨道上滚移，由电动卷扬机牵引。工作吊篮挂于主桁前端的吊篮横梁上，供施工人员施加预应力和压浆等操作之用。这种起重机结构最简单，故使用最普遍。

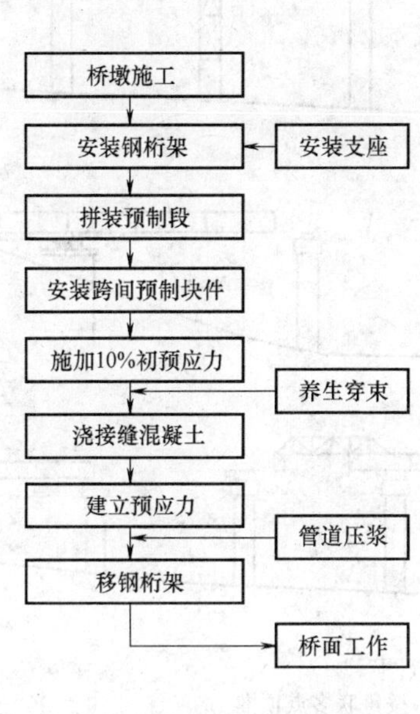

图 10-35　悬臂拼装法施工程序

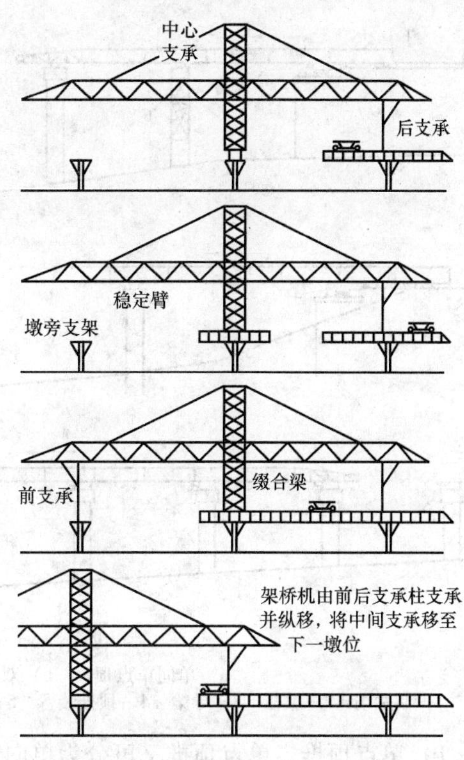

图 10-36　桁架式悬臂起重机构造

预制节段之间的接缝可采用湿接缝和胶接缝。湿接缝宽度约为 0.1～0.2m，拼装时下面设临时托架，梁段位置调准以后，使用高强度等级的砂浆或细石混凝土填实，待接缝混凝土达到设计强度以后再施加预应力。胶接缝是用环氧树脂加水泥在节段接缝面涂上约厚 0.8mm 的薄层，它在施工中可使接缝易于密贴，完工以后可提高结构的抗剪能力、整体刚度和不透水性，故应用较普遍。但胶接缝要求梁段接缝有很高的制造精度。

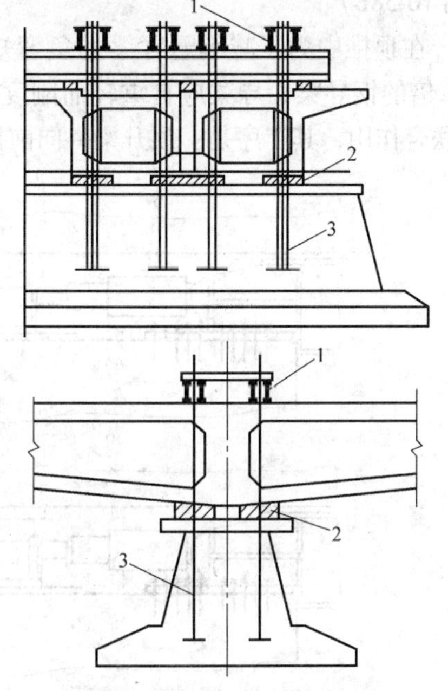

图 10-37　0 号块体与桥墩临时固结的构造示意图

1—工字钢　2—支座　3—预埋临时锚固预应力筋

对于悬臂梁桥和连续梁桥来说，采用悬臂施工法时，就必须在 0 号块节段将梁体与桥墩临时固结或支承。图 10-37 是 0 号块体与桥墩临时固接的构造示意图，只要切断预应力筋后，便解除了临时固接，完成了结构体系的转换。

（2）顶推施工法　顶推施工法是在桥的一岸或两岸开辟预制场地，分节段地预制梁身，并用纵向预应力筋将各节连成整体，然后应用水平千斤顶施力，将梁段向对岸推进。

若依顶推施力的方法又可分为单点顶推和多点顶推两类（图 10-38）。

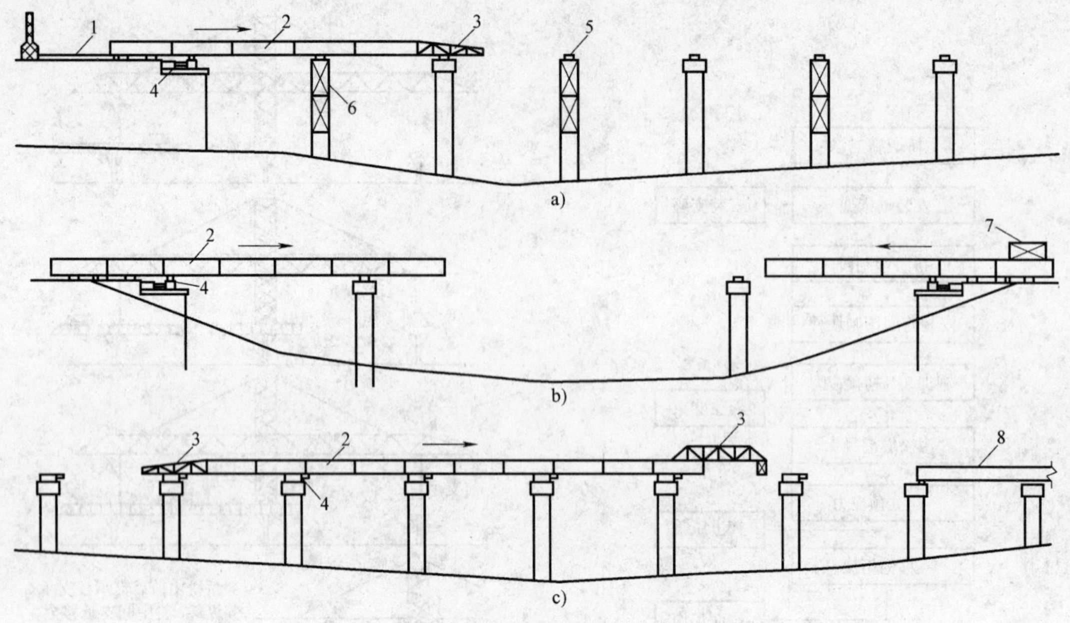

图 10-38 顶推法施工示意图

a）单向单点顶推 b）双向单点顶推 c）按每联多点顶推

1—制梁场 2—梁段 3—导梁 4—顶推装置 5—滑道支承 6—临时墩 7—平衡重 8—已施工完成的梁

1）单点顶推。单点顶推又可分为单向单点顶推和双向单点顶推两种方式。只在一岸桥台处设置制作场地和顶推设备的称单向单点顶推（图 10-38a）。为了加快施工进度，也可在河两岸的桥台设置制作场地和顶推设备，从两岸向河中顶推，这样的方法称为双向单点顶推（图 10-38b）。

在顶推中为了减小悬臂梁的负弯矩，一般要在梁的前端安装长度约为顶推跨径 0.6 ~ 0.7 倍的钢导梁，导梁应自重轻而刚度大。顶推装置由水平千斤顶和竖直千斤顶组合而成，可联合作用，其工序是：顶升梁→向前推移→落下竖直千斤顶→收回水平千斤顶（图 10-39）。

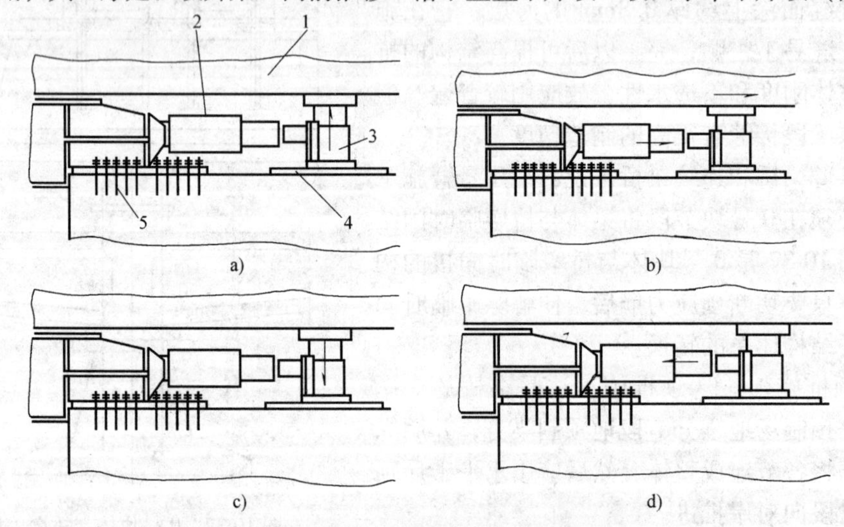

图 10-39 水平千斤顶与垂直千斤顶联用顶推

a）升顶 b）滑移 c）落下 d）复原

1—梁体 2—水平千斤顶 3—竖向千斤顶 4—滑板 5—锚栓

在顶推的过程中，各个桥墩墩顶均需布设滑道装置（图10-40），它由混凝土滑台、不锈钢板和滑板组成。滑板则由上层氯丁橡胶和下层聚四氟乙烯板镶制而成，橡胶板与梁体接触使摩擦力增大，而四氟乙烯板与不锈钢板接触使摩擦力减至最小，借此就可使梁前进。

每个节段的顶推周期约为6～8d，全梁顶推完毕后，便可解除临时预应力筋，调整、张拉和锚固后期预应力筋，再进行灌浆、封端、安装永久性支座，至此主体完成。

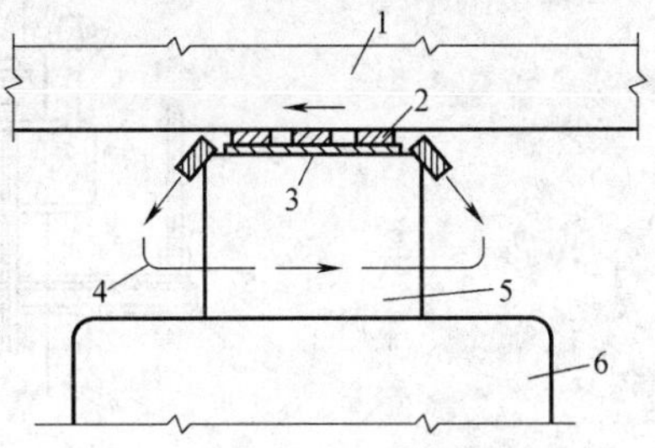

图10-40　滑道装置示意图
1—梁体　2—滑块　3—不锈钢板　4—滑块转移　5—支承垫石　6—墩帽

2）多点顶推。它是在每个墩台上设置一对小吨位的水平千斤顶，将集中的顶推力分散到各墩上（图10-38c）。由于利用水平千斤顶传给墩台的反力来平衡梁体滑移时在桥墩上产生的摩阻力，从而使桥墩在顶推过程中只承受较小的水平力，因此，可以在柔性墩上采用多点顶推施工。

多点顶推采用拉杆式顶推装置（图10-41a）的顶推工艺为：水平千斤顶通过传力架固定在桥墩（台）靠近主梁的外侧，装配式的拉杆用连接器接长后与埋固在箱梁腹板上的锚固器相连接，驱动水平千斤顶后活塞杆拉动拉杆，使梁借助梁底滑板装置向前滑移，水平千斤顶走完一个行程后，就卸下一节拉杆，然后水平千斤顶回油使活塞杆退回，再连接拉杆进行下一顶推循环。图10-41b所示为自动制动卡大样图。

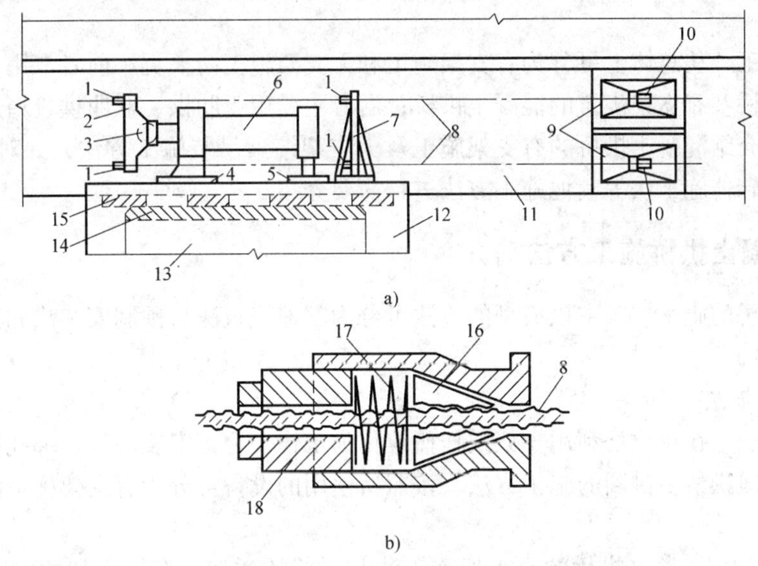

图10-41　拉杆式顶推装置
a）顶推装置布置　b）自动制动卡大样
1—自动制动卡　2—扁担　3—万向接头　4—前座　5—后座　6—水平千斤顶　7—拉杆支架　8—拉杆　9—拉锚器　10—拉杆卡头　11—梁体　12—千斤顶垫石　13—支座垫石　14—滑道　15—滑块　16—锥形夹块　17—弹簧　18—弹簧卡头

必须注意，在顶推过程中要严格控制梁体两侧的千斤顶同步运行。为了防止梁体在平面内发生偏移，通常在墩顶上梁体的旁边设置横向导向装置，如图10-42所示。

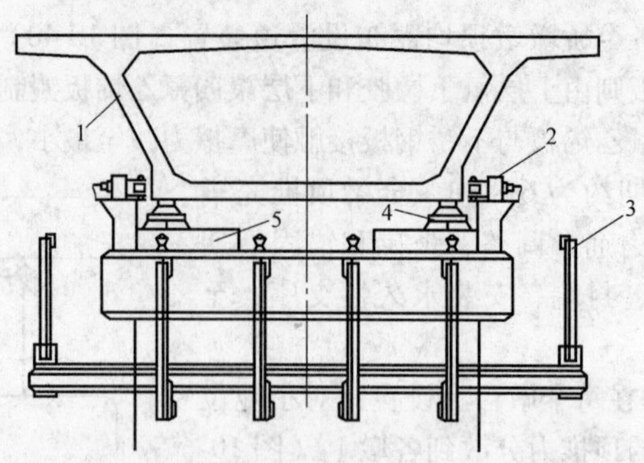

图 10-42 横向导向装置

1—预制节段 2—水平千斤顶 3—侧向位制动器 4—滑动装置 5—支承垫石

顶推施工法适宜于建造跨度为 40～60m 的多跨等高度连续梁桥，当跨度更大时就需要在桥跨间设置临时支承墩，国外已用顶推法修建成跨度达 168m 的桥梁。多点顶推与单点顶推比较，可以免用大规模的顶推设备，并能有效地控制顶推梁的偏心。当顶推曲梁桥时，由于各墩均匀施加顶推力，能顺利施工，因此，目前此法被广泛采用。

10.3 拱桥的施工

拱桥的施工，从总体上可分为有支架施工和无支架施工两大类。前者常用于石拱桥、混凝土预制块拱桥及有支架浇筑的混凝土拱桥；后者主要用于肋拱、双曲拱、箱形拱、桁拱桥等。本节着重介绍混凝土拱桥的有支架施工及无支架缆索吊装施工方法，并对悬臂施工法、预制安装法、转体施工法等其他施工方法进行简要介绍。

10.3.1 混凝土拱桥施工方法简介

混凝土拱桥的施工按其主拱成型的方法可分为就地浇筑法、预制安装法和转体施工法三大类。

1. 就地浇筑法

就地浇筑法是在桥位处利用支架或挂篮等作为工作平台，安装模板、绑扎钢筋、现场浇筑混凝土以形成拱桥主拱圈的施工方法。按照所使用的设备可分为有支架施工法和悬臂浇筑法。

（1）有支架施工法 拱桥的有支架施工法与梁式桥类似，有关支架的类型、构造以及主拱圈混凝土浇筑的技术要求和卸架方式等，将在后文中介绍。

（2）悬臂浇筑法 悬臂浇筑法属于无支架施工方法，下面简要介绍塔架、斜拉索及挂篮浇筑法和斜吊式悬浇法两种施工方法。

1）塔架、斜拉索及挂篮浇筑。这是在大跨径钢筋混凝土拱桥施工中较早采用的方法，其施工要点是：在拱脚墩（台）处安装临时的钢或钢筋混凝土塔架，斜拉索锚固于岸边的锚碇，经过塔架将拱圈（拱肋）用挂篮浇筑一段系吊一段，从拱脚开始逐段向拱顶悬臂浇筑，直至拱顶合龙。塔架的高度和受力根据拱的跨径、矢跨比等确定；斜拉索可用预应力钢筋或钢束，其截面积和长度根据所系吊的拱段长度和位置确定。用设在已浇筑完成的节段上的挂篮逐段悬臂浇筑拱圈（拱肋）混凝土，应从两拱脚开始对称地进行，最后在拱顶合龙。图 10-43 所示为塔架、斜拉索及挂篮浇筑拱圈的施工示意图。

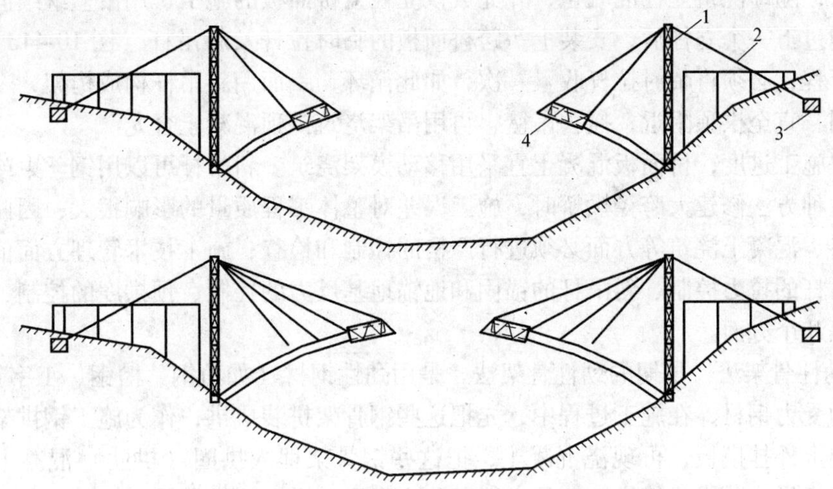

图 10-43　塔架、斜拉索及挂篮浇筑拱圈的施工示意图

1—塔架　2—斜拉索　3—锚碇　4—挂篮

2）斜吊式悬臂浇筑。它是借助专用挂篮，结合使用斜吊钢筋将拱圈、拱上立柱和桥面板等构成临时桁架的悬臂浇筑方法。施工时，用预应力筋临时作为桁架的斜吊杆，将桁架锚固于墩（台）上，作用于斜吊杆的力通过布置在桥面板上的临时拉杆传至岸边的地锚或墩（台）上。其施工过程如图 10-44 所示。

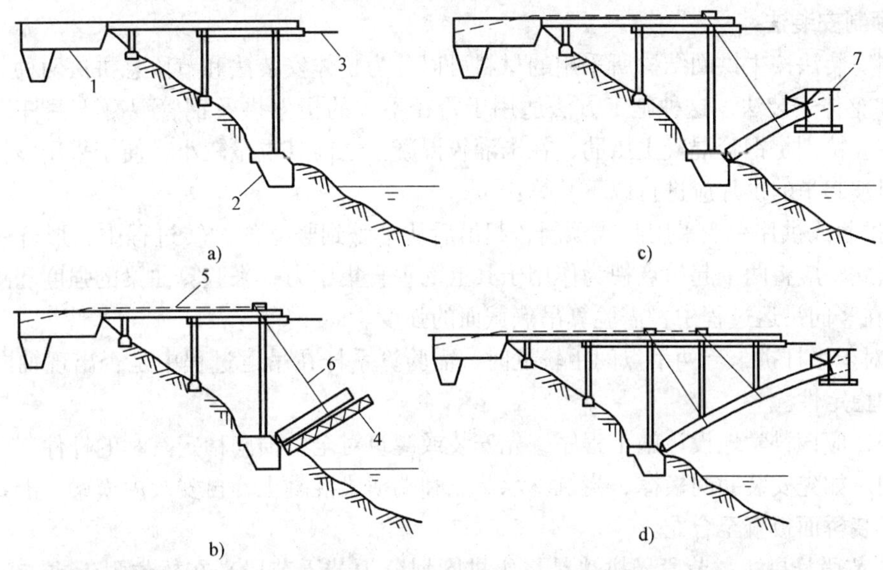

图 10-44　斜吊式悬臂浇筑施工示意图

1—桥台　2—拱台　3—桥面板移动模架　4—吊架　5—桥面临时拉杆　6—斜吊杆　7—吊篮

首先进行边孔施工（图10-44a），然后在桥面板上设置临时拉杆，在吊架上浇筑第一段拱圈混凝土（图10-44b），待其达到要求强度后，撤去吊架，已浇筑拱段直接系吊于斜吊杆上，然后在其端部安装吊篮（图10-44c），用吊篮逐段悬臂浇筑拱圈，当浇筑位置越过相应的立柱之后，随即浇筑立柱混凝土，并完成该立柱上桥面板的施工，用吊篮继续向前悬臂浇筑拱圈，越过下一个立柱后，安装上一跨桥面板的临时拉杆及斜吊杆（图10-44d），吊篮每前进一个行程，必须将临时拉杆收紧一次，如此循环，一面用斜吊杆构成桁架，一面向前悬臂浇筑拱圈，直至拱顶附近，撤去吊篮，再用吊架浇筑拱顶混凝土合龙。

为加快施工进度，桥面板混凝土宜采用移动模架浇筑。斜吊杆可以用钢丝束或预应力粗钢筋。用这种方法修建大跨径拱桥时，施工误差对整体工程质量的影响很大，因此，对施工测量、材料、混凝土浇筑等方面必须进行严格的控制和检查；施工技术管理方面值得重视的问题有斜吊杆的拉力控制、斜吊杆的锚固和地锚地基反力的控制、预拱度的控制、混凝土应力的控制等几个方面。

（3）劲性骨架法　早期的劲性骨架法，是用劲性钢材（如角钢、槽钢、工字钢等型钢）作为拱圈的受力钢材，在施工过程中，先把这些钢骨架拼装成拱，作为施工钢拱架使用，然后在钢拱架上外挂模板，再现浇混凝土，把这些钢骨架埋入拱圈（拱肋）混凝土中，形成钢骨混凝土板拱、肋拱或箱拱。这种方法又称为埋置式拱架法，国外也称为米兰法，其实质仍然是就地浇筑的施工方法。该方法的优点是可以减少施工设备的用钢量，整体性好，拱轴线易于控制，施工进度快。但结构本身的用钢量大，且需用型钢较多，故在拱桥施工中尚不多用。

近年来，随着钢管混凝土材料在桥梁工程中的应用，为改进劲性骨架法开辟了一条新路。用钢管混凝土代替型钢作为劲性骨架，可充分发挥钢管混凝土在材料性能和施工方面的优点，技术经济效果显著。目前，采用由钢管混凝土作为上下弦杆件的桁式结构作为劲性骨架的施工方法，已有很多的工程实例，其特点是刚度大、用钢量省、经济、安全。

2. 预制安装法

预制安装法按主拱圈结构所采用的材料可以分为整体安装法和节段悬拼法两种。

（1）整体安装法　这种施工方法适用于跨径不大的桁架拱及钢管混凝土系杆拱的整片起吊安装。特别是钢管混凝土拱肋，在未灌筑混凝土之前其重量较小，便于采用整体安装的方法，但被起吊的拱片应进行以下验算：

1）拱肋或拱片一般采用卧式预制，起吊后从平卧到竖立的翻转过程中，形若一根简支曲梁，因此，应将两个起吊点视为作用于其上的垂直集中力，来验算曲梁的强度和刚度。

2）在竖向吊运过程中，需验算吊点截面的强度。

3）对于系杆拱，当两吊点间距较近时，需验算系杆在吊运过程中是否出现轴向压力及其面外的稳定性。

此外，应该科学地设计施工程序，先安装或浇筑对全桥横向稳定有利的杆件，使其尽早发挥作用。如先安装肋间横撑，浇筑支承节点和端横梁混凝土，再安装内横梁，沿系杆的纵向分条安装桥面板直至合龙。

（2）节段悬拼法　节段悬拼法是将主拱圈划分为若干节段，在桥位附近或专门的预制厂内进行预制，然后运送到桥孔位置，利用起吊设备提升就位，进行悬臂拼装，逐渐接长直至成拱。每拼装完成一个节段，必须借助辅助设备临时固定悬臂段。常用的起重设备有以下两种。

1）缆索吊装设备。缆索吊装设备由主索、工作索、塔架和锚固装置等四个基本部分组成。缆索吊装的施工方法也是无支架施工最主要的方法之一，具体内容将在后面专门介绍。

2）伸臂式起重机。伸臂式起重机是梁桥悬拼施工中常用的起重机械，它也可用于拱桥的悬臂拼装作业中。利用伸臂式起重机进行拱桥的悬拼时，需要设置临时塔架，并用斜拉索临时固定悬臂段。施工示意图如图10-45所示。拱脚段先行在支架上现浇，然后在其端部安装伸臂式起重机，逐次起吊和拼接已预制好的节段。每拼接一个节段，即用辅助钢索临时拉住，拼装完成若干节段后，改用更粗的主钢索拉住，拆除辅助钢索，供重复使用。这种方法适用于特大跨径拱桥的施工。

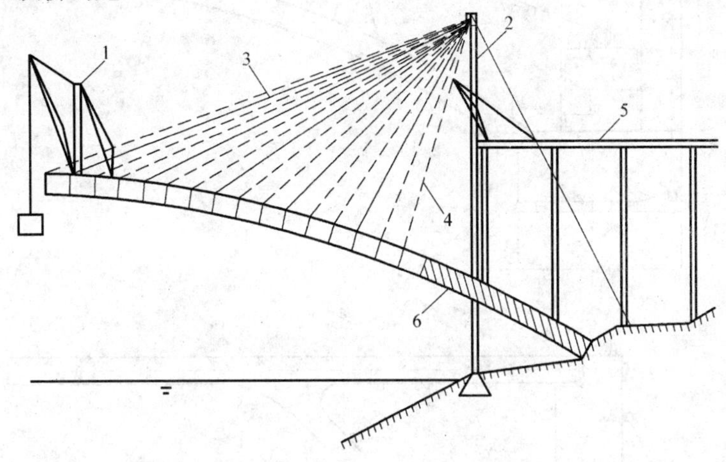

图10-45 拱圈悬臂拼装示意图

1—伸臂式起重机 2—塔架 3—主索 4—辅助索 5—桥面 6—现浇拱脚段

3. 转体施工法

转体施工法一般适用于各类单孔拱桥的施工，其基本原理是：将拱圈或整个上部结构分为两个半跨，分别在两岸或桥孔下方利用有利地形或简单支架浇筑或装配半拱结构，并预先设置好旋转装置，然后将两半跨拱体转动至桥轴线位置或设计标高，合龙成拱。按照转动方位的不同可分为平面转体、竖向转体和平竖结合转体三种。转体施工的特点是：结构合理，受力明确，变高空作业为岸边陆地作业，施工安全、可靠、速度快，可减少施工用料、费用和机具设备，而且不影响通航。因此转体施工是具有良好技术经济效益的拱桥施工方法之一。

（1）平面转体施工法 平面转体施工是按照拱桥设计标高，分别在两岸利用地形作简单支架（或土牛拱胎），现浇或者拼装半拱，结构混凝土达到设计强度后，借助设置于桥台底部的旋转设备和动力装置在水平面内将其转动至桥轴线处合龙成拱。平面转体可分为有平衡重转体和无平衡重转体两种。

1）有平衡重转体。有平衡重转体是以桥台作为转体用拉杆（拉索）的锚碇反力墙，通过平衡重稳定转动体系并调整重心位置，平衡重大小根据转动体系的质量确定。平衡重太大时不经济，而且转动困难，因此，采用有平衡重转体施工的拱桥跨径不宜太大，一般为100m以下。

有平衡重转体施工的转动体系一般包括底盘、上转盘、锚扣系统、桥台背墙及平衡重、拱体结构、拉杆（拉索）等（图10-46）。其中常用的转动装置有两种：一种是以四氟乙烯作为滑板的环道承重转体（图10-46a），另一种是以球面转轴支承辅以滚轮的轴心承重转体（图10-46b）。有平衡重转体施工的主要步骤为：转盘制作、布置牵引系统的锚碇和滑轮、试转上转盘、浇筑背墙及拱体结构、设置锚扣系统并张拉使拱体结构脱架、转体与合龙、封闭转盘及拱顶、放松锚扣系统。

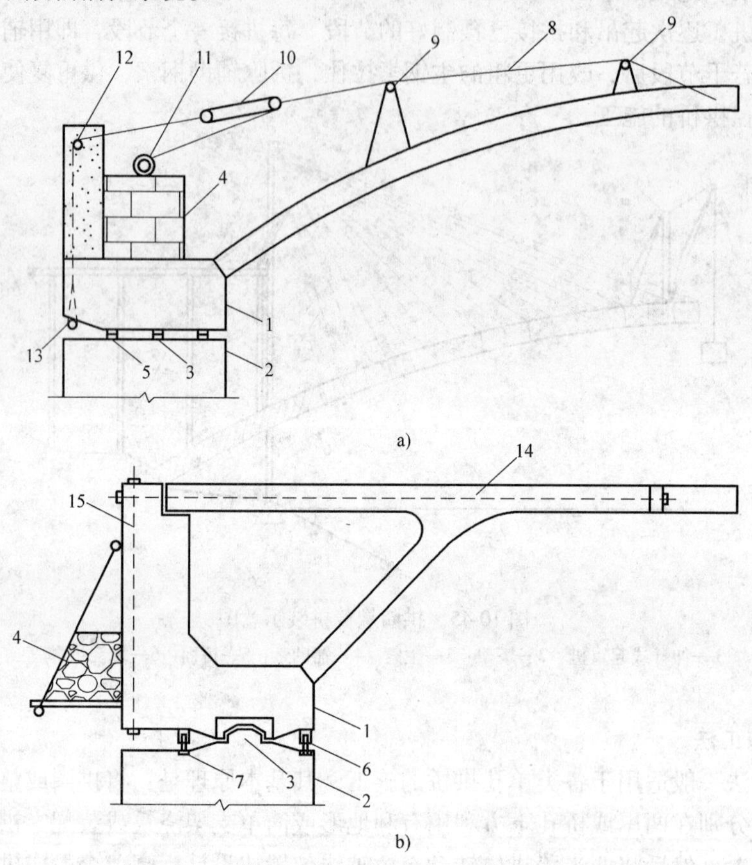

图10-46 有平衡重转动体系构造

1—上盘 2—底盘 3—转轴轴心 4—平衡重 5—四氟乙烯环道 6—滚轮 7—轨道板 8—扣索 9—支点 10—滑轮组 11—绞车 12—尾绞 13—锚梁 14—拉杆 15—竖向预应力筋

2）无平衡重转体。无平衡重转体施工以两岸山体岩石来锚固半跨拱体结构，借助拱脚处立柱下端转盘和上转轴使拱体做平面转动。由于取消了平衡重，使转动体系重量减小，并节省圬工数量。这种方法仅适合于山区地质条件良好的情况下采用，其施工体系包括以下几个部分（图10-47）：

①锚固体系，包括锚碇、尾索、平撑、锚梁（锚块）及立柱。锚碇设于岩体中，锚梁（锚块）支承于立柱上，锚碇拉力由尾索预加应力给轴向及斜向平撑，以压力形式储备，两个方向的尾索及平撑形成稳定的三角形结构，使锚梁（锚块）和上转轴成为固定点，无论拱体处于哪个方位，扣索拉力均能与锚固体系平衡。

②转动体系，包括上下转动构造、拱体结构和扣索。

③位控体系，为有效控制拱体在转动过程中的转动速度和位置，常由系在拱体顶端扣点的缆风索以及卷扬机、测角装置、控制台等组成位控系统。

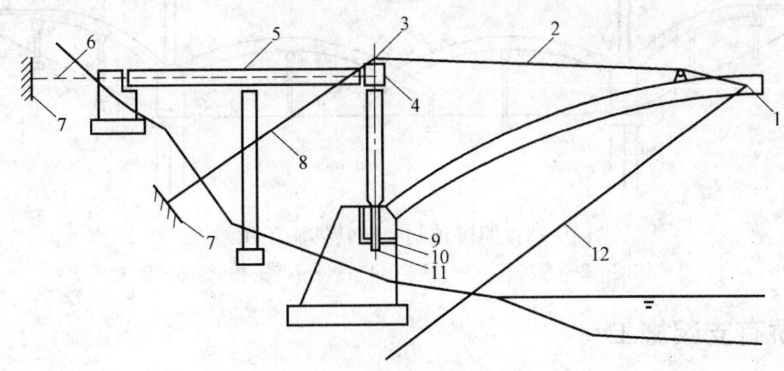

图10-47 无平衡重转体施工系

1—扣点 2—扣索 3—上转轴 4—锚梁 5—平撑 6—尾索 7—锚碇 8—斜尾索 9—下转盘 10—环道 11—下转轴 12—缆风索

无平衡重转体施工的主要步骤如下：

①转动体系施工，包括下转轴、转盘及环道设置，拱座设置及拱体施工，立柱及锚梁施工，上转轴及扣索安装等。这部分施工应保证各部件制作安装精度及环道的平整度。

②锚碇系统施工，包括锚碇施工、轴向及斜向平撑安装、尾索与扣索张拉等。

③拱体转动、合龙，封闭转盘及拱顶，松扣。

（2）竖向转体施工法　根据桥位地形、河道情况等条件，竖向转体施工有以下两种方法：

1）竖直向上预制半拱，然后向下转动成拱。其特点是施工占地少，预制可采用滑模工艺，工期短，造价低。需注意的是在预制过程中尽量保持位置垂直，以减少新浇混凝土重力对尚未结硬的混凝土的弯矩，并在浇筑一定高度后设置水平拉杆，以避免由于拱形曲率的影响而产生较大的弯矩和变形。如果跨径较大，则竖向转动不易控制，因此这种施工方法适宜在中小跨径拱桥中使用。

2）当桥位处无水或水较浅时，可以将拱肋分成两个半跨放在桥孔下面预制。如果桥位处水较深，可以在桥位附近预制，然后浮运至桥轴线处，再用起吊设备和旋转装置绕拱脚进行竖向转体施工。这种方法较适宜于钢管混凝土拱桥的施工，因为钢管混凝土拱肋是先将空心钢管成拱以后再灌筑混凝土，故在旋转起吊时，钢管自重轻而强度高，易于操作。图10-48是应用扒杆吊装系统对钢管拱肋进行竖向转体施工的示意图。其主要施工过程是：将拱肋从拱顶分成两个半拱在地面胎架上预制完成，经过对焊接质量、几何尺寸、拱轴线形等验收合格后，由竖立在两个主墩顶部的两套扒杆分别将其旋转拉起，在空中对接合龙。拱脚旋转装置可采用钢制临时铰。

（3）平竖结合转体施工法　拱桥采用转体施工时，由于受到河岸地形条件的限制，可能遇到既不能按设计标高预制半拱，也不能在竖向平面内预制半拱的情况，这时，可以结合桥位地形情况在适当位置预制后，既经过平转又经过竖转使拱体就位合龙，这种平竖结合转体的基本方法与前述相似，但其转轴构造较为复杂。

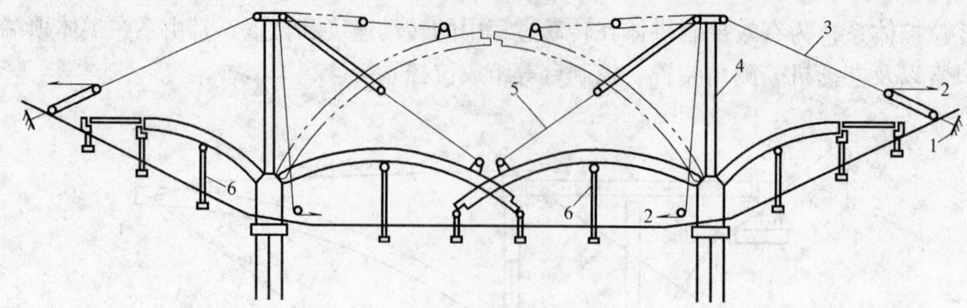

图 10-48 俯卧预制竖向转体施工示意图

1—锚碇 2—卷扬机 3—背索 4—扒杆 5—扣索 6—胎架

10.3.2 拱桥有支架施工

石拱桥、混凝土预制块砌筑的拱桥以及现浇混凝土拱桥，都采用有支架的施工方法修建，其主要施工工序有：材料准备、拱圈放样（包括石拱桥拱石的放样）、拱架制作与安装、拱圈及拱上建筑施工、拱架卸落等。本节着重介绍拱架、拱圈及拱上建筑施工、拱架卸落等内容。

拱桥的材料选择，应满足设计和施工有关规范、规程的要求。对于石拱桥，石料的准备（包括开采、加工和运输等）是决定施工进度的重要环节，也在很大程度上影响桥梁的造价和质量。特别是料石拱圈，拱石规格繁多，加工费时，耗用劳动力多。为了加快建设进度，降低造价，减少劳动力消耗，可以采用小石子混凝土砌筑片石拱。

拱圈及拱架的准确放样，是保证拱桥符合设计要求的基本条件之一。石拱桥的拱石要按照拱圈的设计尺寸进行加工，为了保证尺寸准确，需要制作拱石样板。一般采用放出拱圈大样的办法来制作样板，即在样台上将拱圈按 1∶1 的比例放出大样，然后用木板或镀锌薄钢板在样台上按分块大小制成样板，并注明拱石编号，以利加工。

样台必须保证在施工期间不发生过大变形，便于施工过程中对样板进行复查。拱圈一般都左右对称，为了节省场地，可只放出半孔大样。常用的放样方法是直角坐标法，显然，拱弧分点越多，放样精度越高。

1. 拱架

拱架是有支架施工建造拱桥必不可少的辅助结构，在整个施工期间，用以支承全部或部分拱圈和拱上建筑的重量，并保证拱圈的形状符合设计要求。因此，要求拱架具有足够的强度、刚度和稳定性。同时，拱架又是一种施工临时结构，要求构造简单，制作容易，节省材料，装拆方便并能重复使用，以加快施工进度，减少施工费用。

（1）拱架的形式和构造　拱架的种类很多，按使用材料可分为木拱架、钢拱架、竹拱架、竹木拱架及“土牛拱胎”等。木拱架的制作简单，架设方便，但耗用木材较多，常用于盛产木材的地区。钢拱架有多种形式，目前多采用常备式构件如万能杆件、贝雷桁架等，可以在现场按要求组拼成所需的构造形式，因它是由多种零件（如由角钢制成的杆件、节点板和螺栓等）构成的，故拆装容易，运输方便，适用范围广，利用效率高，节省木材。尽管它具有一次投资较大、钢材用量较多的缺点，仍得到广泛采用。

选定拱架材料及形式要贯彻因地制宜、就地取材的原则，以降低造价、加快施工进度。如在南方产竹地区，可采用竹拱架或竹木混合拱架。在缺乏木材或钢材及少雨地区，也可用就地取材、简单经济的“土牛拱胎”代替拱架，即先在桥下用土或砂、卵石填筑一个“土胎”（俗称“土牛”），然后在上面砌筑或浇筑拱圈，合龙之后再将填土撤除即可。

按照拱架的构造形式可分为以下几种。

1）满布立柱式拱架。满布立柱式拱架一般采用木材制作，其构造示意图如图 10-49 所示。它的上部是由斜梁、立柱、斜撑和拉杆组成的拱形桁架，又称拱盔；下部是由立柱和横向连系（斜夹木和水平夹木）组成的支架，上下部之间放置卸架设备。

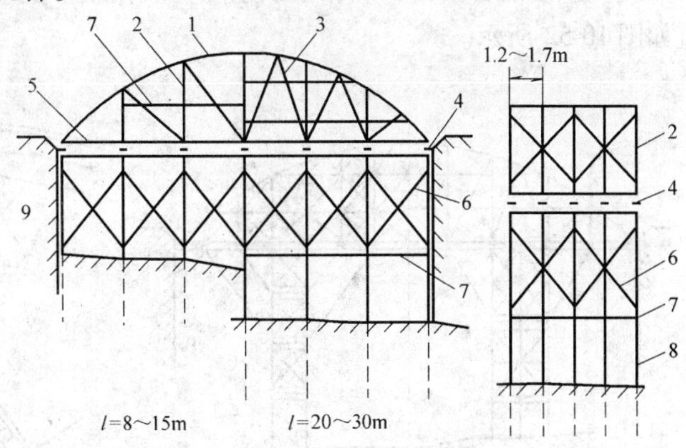

图 10-49 满布立柱式拱架

1—弓形木 2—立柱 3—斜撑 4—卸架设备 5—水平拉杆 6—斜夹木 7—水平夹木 8—桩木 9—墩（台）

在斜梁上钉以弧形垫木以适应拱腹的曲线形状，通常将斜梁和弧形垫木合称为弓形木。弓形木支承在立柱或斜撑上，长度一般为 1.5 ~ 2.0m。在弓形木上设置横梁，其间距一般为 0.6 ~ 0.7m，上面再纵向铺设 2 ~ 4cm 厚的模板（图 10-50a），即可在上面砌筑或浇筑拱圈，当拱架横向间距较密时，也可不设横梁，而直接在弓形木上面铺设 3 ~ 5cm 厚的模板（图 10-50b）。

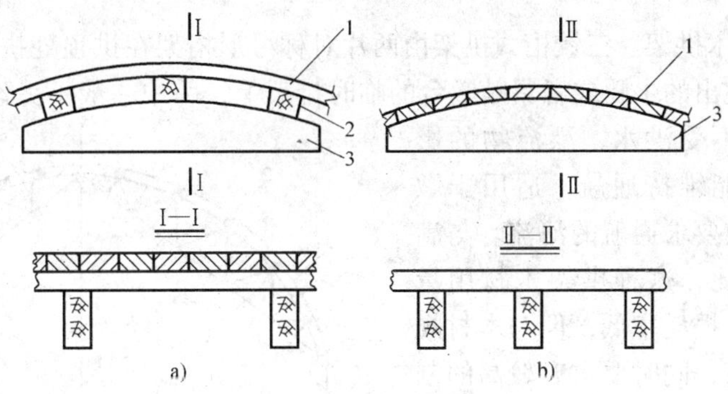

图 10-50 弓形木及模板构造

1—模板 2—横木 3—弓形木

立柱间距按桥梁跨径及承受拱圈重量的不同，一般为 1.5 ~ 5.0m。拱架在横桥向的间距一般为 1.2 ~ 1.7m，为了增强横向稳定性，拱架各片之间应设置横向连系（水平及斜向夹木）。

满布式拱架的优点是构造和制作简单，施工可靠，木材和铁件规格要求较低。其缺点是木材用量大，木材及铁件的损耗率也较高，同时立柱数目很多，受洪水威胁大，在水深流急、漂流物较多及要求通航的河流上不能采用。

2）撑架式拱架。这种拱架的上部与满布立柱式拱架相同，其下部是用少数框架式支架加斜撑来代替数目众多的立柱（图 10-51），因此木材用量相对较少，拱架构造上也不复杂，而且能在桥孔下留出适当的空间，减小洪水及漂流物的威胁，并在一定程度上满足通航的要求。因此，它在实际中应用较多。

不论是立柱式还是撑架式拱架，都应使构造简单，受力明确，避免采用复杂的节点和接头形式。连接处要紧密，以保证拱架在荷载作用下变形最小且变形曲线圆顺。常用的节点构造如图 10-52 所示。

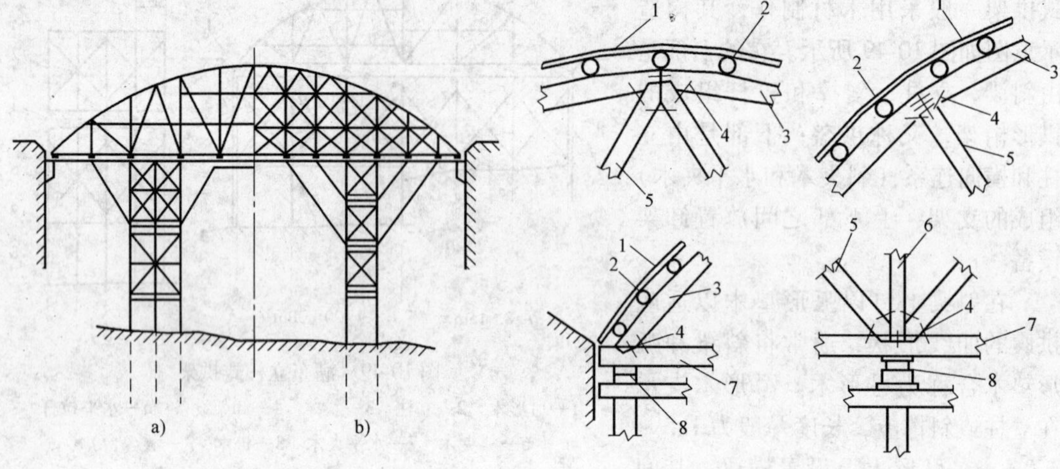

图 10-51　撑架式拱架

图 10-52　立柱式、撑架式拱架节点构造
1—模板　2—横木　3—弓形木　4—扒钉
5—斜撑　6—立柱　7—拉杆　8—卸架设备

3）三铰桁式木拱架。三铰桁式拱架由两片对称弓形桁架在拱顶处拼装而成。其两端直接支承在墩台所挑出的牛腿或者紧贴墩台的临时排架上，跨中一般不另设支架，如图 10-53 所示。这种拱架不受洪水、漂流物的影响，在施工期间能维持通航，适用于墩高、水深、流急或要求通航的河流。与满布立柱式拱架相比，这种拱架木材用量少，可重复使用，损耗率低，但对木材规格和质量要求较高，同时要求有较高的制作水平和架设能力。由于拱铰处结合较弱，因此，除在结构构造上需加强纵横向连系外，还需设抗风缆索，以加强拱架的整体稳定性。施工中应注意对称均匀地加载，并加强观测。

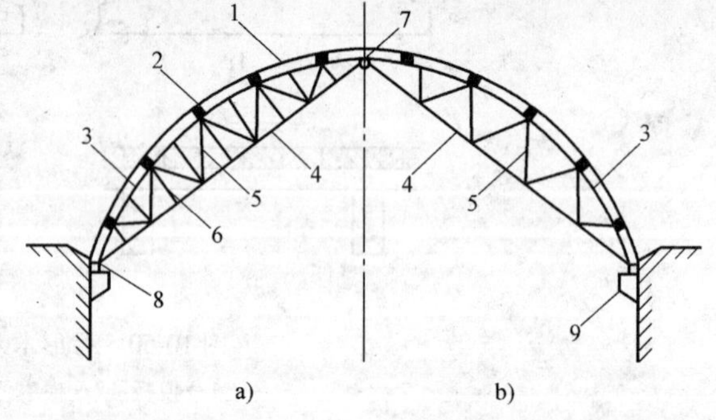

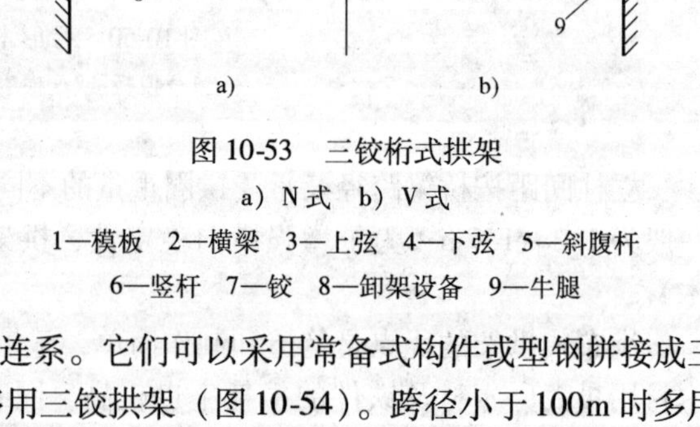

图 10-53　三铰桁式拱架
a）N 式　b）V 式
1—模板　2—横梁　3—上弦　4—下弦　5—斜腹杆
6—竖杆　7—铰　8—卸架设备　9—牛腿

4）钢拱架。钢拱架一般采用桁架式，由单片拱形桁架构成，拱片之间应设置横向连系。它们可以采用常备式构件或型钢拼接成三铰、两铰或无铰拱架。当跨径小于 80m 时多用三铰拱架（图 10-54）。跨径小于 100m 时多用两铰拱架，跨径大于 100m 时多用无铰拱架。当用于大跨径拱桥时，钢拱架本身具有很大的重量，故在安装时，还需借助临时墩和起吊设备，将它分为若干节段后再拼装而成。当桥位处的常水位较低，且河床较平坦时，也可采用着地式的钢拱架。

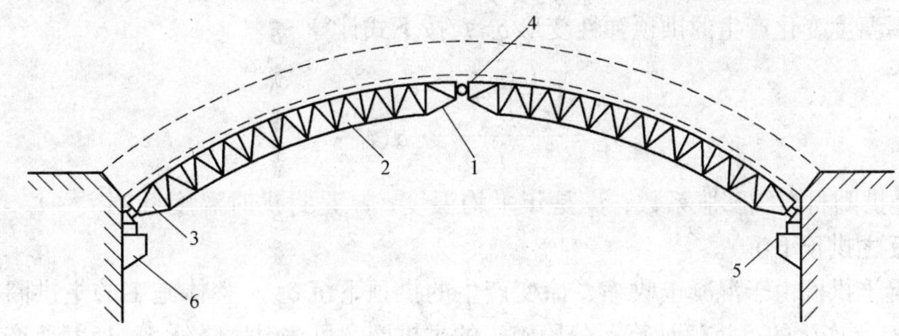

图10-54 三铰桁式钢拱架

1—拱顶节 2—标准节 3—拱脚节 4—铰 5—卸架设备 6—牛腿

（2）拱架的计算 与其他结构的计算一样，拱架的计算应在正确选择合理计算图示的基础上，算出各杆件的内力，然后根据所求得的内力进行截面验算。为了保证拱圈的形状能符合设计要求，拱架必须有足够的刚度，因此还应对拱架的受弯构件进行挠度验算。此外，拱架承受荷载后，将产生弹性变形和非弹性变形。拱圈施工完成，强度达到要求而卸落拱架后，拱圈由于自重、温度变化及墩台位移等因素影响，要产生弹性下沉。为了使拱轴线符合设计要求，必须在拱架上预留施工拱度，以便能抵消这些可能发生的垂直变形，因此需要进行拱圈变形和拱架预拱度的计算。

1）拱架的计算荷载。拱架的计算荷载包括以下几个部分：

①拱架自重，与拱圈重量相比，木拱架自重显得很小，在满布式拱架的计算中可以忽略不计。对于三铰拱式拱架，可按2.5～3.5kN/m计算。

②拱圈圬工重量，可视为活载，要考虑砌筑或浇筑位置的影响。其荷载集度视拱圈的施工方法和加载顺序而定。

③施工人员及机具重量，一般可按2.0kPa计算，并对每一模板用一个1.5kN的集中荷载验算。

④横向风力，可按JTG D62—2004《公路钢筋混凝土及预应力混凝土桥涵设计规范》计算。在风力作用下的稳定系数应不小于1.3。

满布式拱架已有大量的设计图或使用经验可供参考，一般不必重新设计，只在特殊情况下才做计算。其他形式的拱架可根据实际情况进行计算。

2）拱架预拱度的计算。

①拱圈及拱上建筑自重产生的拱顶弹性下沉δ_{u1}，按下式计算

$$\delta_{u1}=\frac{\left(\frac{l}{2}\right)^2+f^2}{f}\cdot\frac{\sigma}{E} \tag{10-11}$$

$$\sigma=\frac{H_g}{A\cos\varphi_m}$$

式中，l是拱圈计算跨径；f是拱圈计算矢高；E是拱圈材料弹性模量；σ是拱圈及拱上建筑恒载产生的平均压应力；H_g是拱圈及拱上建筑恒载产生的水平推力；φ_m是拱顶与拱脚连线与跨径的夹角；A是拱圈的截面积（变截面拱可取平均截面积）。

②拱圈温度变化产生的拱顶弹性变形 δ_{u2}，按下式计算

$$\delta_{u2}=\frac{\left(\frac{l}{2}\right)^2+f^2}{f}\cdot\alpha(t_1-t_2) \tag{10-12}$$

式中，α 是拱圈材料线膨胀系数；t_1 是年平均温度；t_2 是封拱时温度（当 $t_1-t_2>0$ 时，拱顶上挠，反之拱顶下沉）。

③混凝土拱圈由于混凝土收缩、徐变产生的拱顶下沉 δ_{u3}。整体施工的主拱圈，可按温度降低 15℃所产生的下沉值计算；分段施工的主拱圈，可按温度降低 5～15℃所产生的下沉值计算，即在式（10-12）中，整体施工的主拱圈取 $t_1-t_2=-15$℃，分段施工的主拱圈取 $t_1-t_2=-15\sim-5$℃。

④桥墩、台水平位移产生的拱顶下沉 δ_{u4}，按下式计算

$$\delta_{u4}=\frac{1}{4f}\Delta l \tag{10-13}$$

式中，Δl 是拱脚相对水平位移。

⑤满布式拱架在承重后的弹性下沉 δ_{s1}，按下式计算

$$\delta_{s1}=\frac{\sigma h}{E} \tag{10-14}$$

式中，σ 是拱架立柱受载后的压应力；h 是立柱的高度；E 是立柱材料的弹性模量。

⑥满布式拱架的非弹性变形 δ_{s2}、砂筒的非弹性压缩量 δ_{s3}，可参照第 10.2 节梁桥支架部分支架预拱度计算的相应内容估算。

⑦支架基础在受载后的非弹性下沉量 δ_{s4}。

拱架在拱顶处的总预拱度，可根据上述各种下沉量，按可能产生的各项数值相加后得到。由于影响预拱度的因素很多，而且不可能算得很准确，施工时，应根据以上计算值，并结合实践经验进行适当调整。在一般情况下，有支架施工的拱桥，当无可靠资料时，拱顶预留拱度按 $l/800\sim l/600$ 估算（矢跨比小者应取较大值）。

3）预拱度的设置。预拱度应根据上述各项因素产生的挠度曲线反向设置；可根据以往的经验按下述方法之一设置。

①按抛物线设置。与拱顶距离为 x 处的预加高度 δ_x 按下式计算

$$\delta_x=\delta\left(1-\frac{4x^2}{l^2}\right) \tag{10-15}$$

式中，δ 是拱顶总预拱度值。

②按推力影响线的比例设置。

③对于不对称拱或坡拱桥，按拱的弹性挠度反向比例设置。

在准确计算和预估拱圈各截面挠度的前提下，按照其各点挠度反向设置预拱度是较好的方法。

（3）拱架的制作与安装　为了使拱架具有准确的外形和各部尺寸，在制作拱架前，一般要在样台上放出拱架大样，放样时应计入预拱度。放出大样后就可以制作杆件的样板，以便按样板进行杆件的加工。杆件加工完毕，一般需试拼 1～2 片。根据试拼情况，对构件作局部修改后即可在桥孔中安装。满布式拱架一般是在桥孔内逐杆进行安装，三铰桁式拱架采

用整片吊装的方法安装。安装时应及时测量，以保证设计尺寸的准确。同时应注意施工安全。在风力较大的地区，拱架需设置缆风索，以增强稳定性。拱架安装好后，其轴线位置、尺寸和标高等主要技术指标应符合设计要求及相关规范的规定。

2. 拱圈混凝土的浇筑

在浇筑拱圈混凝土之前，必须在拱架上支立模板，绑扎或焊接钢筋骨架。有关模板工作、钢筋工作和混凝土工作的技术要求或构造等参见第10.2节的有关内容，此处不再赘述。

为了保证在整个施工过程中拱架受力均匀和变形最小，必须选择合适的浇筑方法和顺序，并应注意以下几点：

1）跨径小于16m的拱圈或拱肋混凝土，应按拱圈全宽度从两端拱脚向拱顶对称地连续浇筑，并在拱脚混凝土初凝前全部完成。如预计不能在限定时间内完成，则应在拱脚预留一个隔缝并最后浇筑混凝土。为了防止拱架的拱顶部分上挠，可在拱顶区段预先压重。

2）跨度大于或等于16m的拱圈或拱肋，应沿拱跨方向分段浇筑。分段位置应以能使拱架受力对称、均匀和变形小为原则，采用拱式拱架时，宜设置在拱架受力反弯点、拱架节点、拱顶及拱脚处；采用满布式拱架时，宜设置在拱顶、$l/4$、拱脚及拱架节点等处。各段的接缝面应与拱轴线垂直，各分段点应预留间隔槽，其宽度一般为0.5～1.0m，当安排有钢筋接头时，其宽度还应满足钢筋接头的需要。如预计拱架变形较小，可减少或不设间隔槽，而采取分段间隔浇筑。

3）分段浇筑程序应符合设计要求，应对称于拱顶进行，使拱架变形保持均匀和尽可能最小，并应预先做出设计。拱圈的分段浇筑如图10-55所示。分段浇筑时，各分段内的混凝土应一次连续浇筑完成，因故中断时，应浇筑成垂直于拱轴线的施工缝；如已浇筑成斜面，应凿成垂直于拱轴线的平面或台阶式接合面。

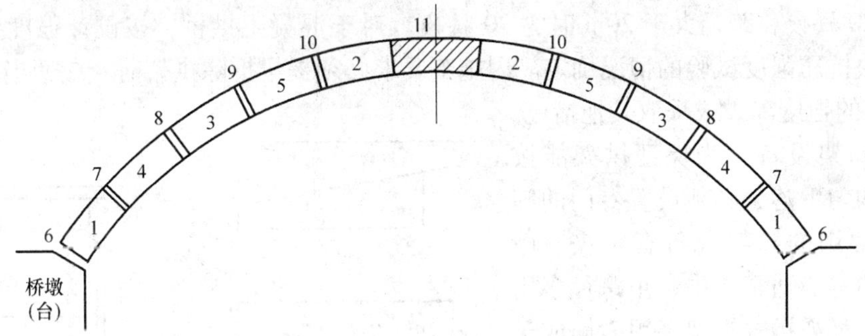

图10-55　拱圈分段浇筑的一般顺序

4）间隔槽混凝土，应待拱圈分段浇筑完成后且其强度达到设计强度的75%，接合面按施工缝处理后，由拱脚向拱顶对称进行浇筑。拱顶及两拱脚间隔槽混凝土应在最后封拱时浇筑。封拱合龙温度应符合设计要求，如设计无规定时，宜在接近当地年平均温度或5～15℃时进行，封拱合龙前用千斤顶施加压力的方法调整拱圈应力时，拱圈（包括已浇间隔槽）的混凝土强度应达到设计强度。

5）浇筑大跨径钢筋混凝土拱圈（拱肋）时，纵向钢筋接头应安排在设计规定的最后浇筑的几个间隔槽内，并应在浇筑这些间隔槽时再连接。

6）浇筑大跨径拱圈（拱肋）混凝土时，宜采用分环（层）分段法浇筑，也可沿纵向分成若干条幅，中间条幅先行浇筑合龙，达到设计要求后，再按横向对称、分次浇筑合龙其他条幅。其浇筑顺序和养护时间应根据拱架荷载和各环负荷条件通过计算确定，并应符合设计要求。

7）大跨径钢筋混凝土箱形拱圈（拱肋）可采取在拱架上组装并现浇的施工方法。先将预制好的腹板、横隔板和底板放在拱架上组装，焊接腹板、横隔板的接头钢筋形成拱片后，立即浇筑接头和拱箱底板混凝土，组装和现浇混凝土时应从两拱脚向拱顶对称进行，浇筑底板混凝土时应按拱架变形情况设置少量间隔缝并于底板合龙时填筑，待接头和底板混凝土达到设计强度的75%以上后，安装预制盖板，然后铺设钢筋，现浇顶板混凝土。

8）在多孔连续拱桥中，当桥墩不是按单向推力墩设计时，应注意相邻孔间的对称均衡施工，避免桥墩承受过大的单向推力。尤其是在裸拱圈上修建拱上结构的多孔连拱更应注意，以免影响拱圈的质量和安全。

3. 拱上建筑的施工

拱上建筑的施工，应在拱圈合龙且混凝土强度达到要求强度后进行，如设计无明确规定，可按达到设计强度的30%以上控制，一般不少于合龙后的三昼夜。

拱上建筑施工时，应避免使主拱圈产生过大的不均匀变形。对于实腹式拱上建筑，应由拱脚向拱顶对称地砌筑或浇筑。当侧墙施工完成后，再填筑拱腹填料。对于空腹式拱桥，一般是在腹拱墩施工完成后就卸落主拱圈的拱架，然后再对称均匀地砌筑或浇筑腹拱圈，以免由于主拱圈的不均匀下沉导致腹拱圈开裂。

4. 拱架的卸落

拱圈砌筑或浇筑完毕，达到一定强度后方可拆除拱架。拱圈合龙后，拱架应保留的最短时间与跨径大小、施工期间的气候、养护方式等因素有关，对于石拱桥，一般跨径在20m以内时为20昼夜；跨径大于20m时为30昼夜。对于混凝土拱桥，按设计强度要求，根据混凝土试块抗压强度试验的情况确定。因施工要求必须提早拆除拱架时，应适当提高混凝土（或砂浆）的强度等级或采取其他措施。

（1）卸架设备　为保证拱架能按设计要求均匀下落，必须设置专门的卸架设备。常用的卸架设备有木楔、砂筒、千斤顶等。通常，中、小跨径多用木楔，大跨径或拱式拱架多用砂筒或千斤顶等专用设备。图10-56所示为木楔和砂筒的构造。

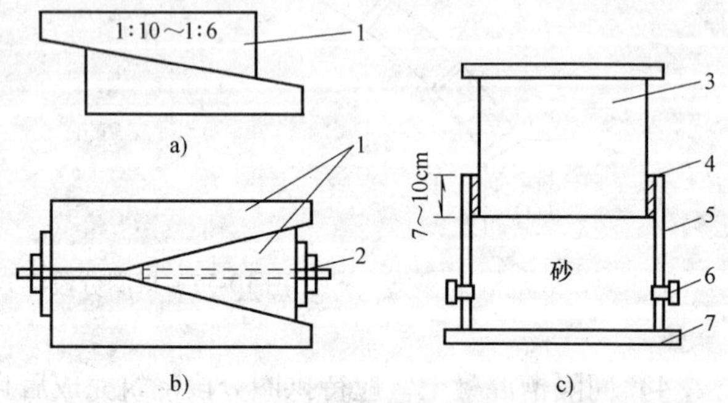

图10-56　木楔、砂筒的构造示意图

a）简易木楔　b）组合木楔　c）砂筒

1—硬木楔形块　2—拉紧螺栓　3—活塞　4—沥青填塞　5—金属（木）筒　6—泄砂孔　7—垫板

木楔可分为简单木楔和组合木楔。简单木楔由两块1:10～1:6斜面的硬木楔形块组成（图10-56a）。落架时，用锤轻轻敲击木楔小头，将木楔取出，拱架即下落。它的构造最简单，但缺点是敲击时振动较大，而易造成下落不均匀。因此一般可用于中、小跨径桥梁。组合木楔由三块楔形木和拉紧螺栓组成（图10-56b）。卸架时只需扭松螺栓，则木楔徐徐下降。它的下落较均匀，可用于40m以下的满布式拱架或20m以下的拱式拱架。

跨径大于30m的拱桥，宜用砂筒作卸架设备。砂筒由内装砂子的金属（或木料）筒及活塞（木制或混凝土制）组成（图10-56c）。卸落是靠砂子从筒的下部预留泄砂孔流出，因此要求筒里的砂子干燥、均匀、清洁。砂筒与活塞间用沥青填塞，以免砂子受潮而不易流出。由砂子泄出量可控制拱架卸落高度，这样就能由泄砂孔的开与关，分数次进行卸架，并能使拱架均匀下降而不受振动。

（2）卸架程序设计　为了保证拱圈或拱上建筑已完成的整个上部结构逐渐均匀地降落，使拱架所支承的桥跨结构重量逐渐转移给拱圈自身来承担，拱架不能突然卸除，而应该缓慢、均匀，并按照一定的卸架程序进行。

卸架的程序一般是：对于满布式拱架的中小跨径拱桥，可从拱顶开始，逐次向拱脚对称卸落；对于大跨径的悬链线拱圈，为了避免拱圈发生“M”形的变形，可从两边 $l/4$ 处逐次对称地向拱脚和拱顶均衡地卸落。卸架宜在白天气温较高时进行，以便拱架卸落。

多孔连续拱桥施工时，还应考虑相邻孔间的影响。若桥墩设计允许承受单向推力，可以单孔卸架。否则应多孔同时卸落拱架，以避免桥墩不能承受单向推力而产生过大的位移，甚至引起严重的施工事故。

10.3.3　拱桥缆索吊装施工

当桥位处于峡谷或水深流急的河段，或在通航河流上需要满足船只通行的要求，或在洪水季节施工受漂流物影响等条件下修建拱桥，以及采用有支架施工的方法遇到很大困难或很不经济时，宜考虑采用无支架施工的方法。除前述的几种无支架施工方法外，缆索吊装的施工方法也是无支架施工的主要方法之一。

缆索吊装设备具有跨越能力大，水平和垂直运输机动灵活，适应性强，施工也比较稳妥方便等优点，目前在公路拱桥施工时应用较多。尤其在修建大跨径或多孔连续拱桥时，更能显示这种施工方法的优越性。

在采用缆索吊装的拱桥上，为了充分发挥缆索的作用，拱上建筑也应尽量采用预制装配式结构，这样可提高桥梁工业化施工的水平，并有利于加快桥梁建设的速度。

缆索吊装施工工序为：在预制场预制拱肋（拱箱）节段和拱上结构，通过平车或其他运输设备将它们移运到缆索吊装设备下的合适位置，由起重索和牵引索将预制节段吊运至待拼桥孔处安装就位，立即用扣索将其临时固定，最后吊装合龙段的拱肋（或拱箱）节段，并进行轴线调整和接头固接处理，所有拱肋（拱箱）安装完毕，横系梁或纵向接缝均处理结束以后，再进行拱上结构的安装。缆索吊装施工与前述的悬臂拼装法实质上是相同的，不同之处在于后者直接在已完成的悬臂节段上设置伸臂式起吊设备，由于受到伸臂长度和起吊重量的限制，使拼装节段划分得比较多，因而施工工期较长；而缆索吊装采用架空起吊设备，可以把主拱圈的节段划分得少一些，一般视拱桥跨径的大小划分为3段、5段或7段，因而加快了施工进度。

1. 缆索吊装设备

缆索吊装设备，按其用途和作用可以分为主索、工作索、塔架和锚固装置等四个基本组成部分。其中主要机具设备包括主索、起重索、牵引索、结索、扣索、浪风索、塔架（包括索鞍）、地锚（地垄）、滑轮、电动卷扬机或手摇绞车等，其布置形式如图10-57所示。

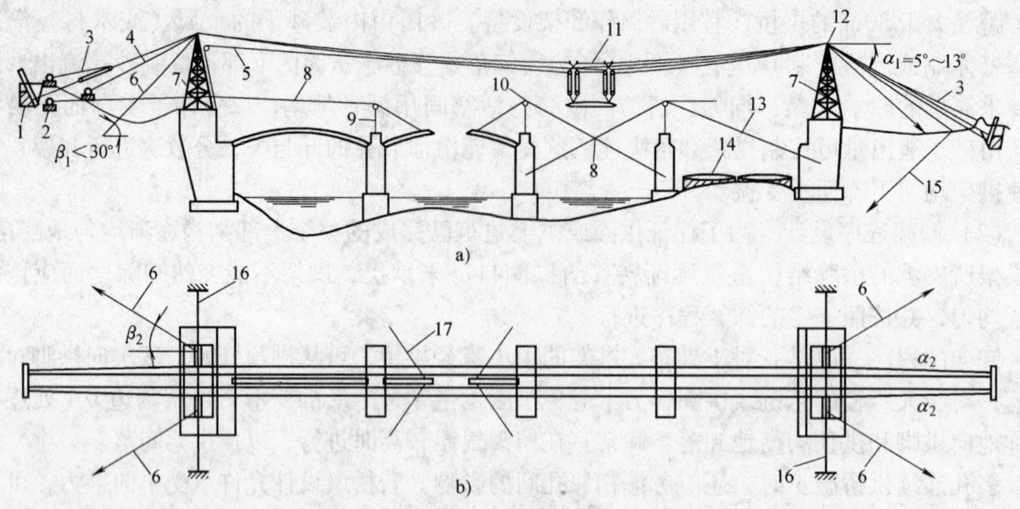

图 10-57 缆索吊装设备及布置示意图

a）立面 b）平面

1—地锚 2—手摇绞车 3—主索张紧绳 4—1 号起重索 5—2 号起重索 6—后浪风索 7—塔架 8—扣索 9—扣塔 10—平滚 11—主索 12—塔顶索鞍 13—单排立柱浪风索 14—待吊肋段 15—牵引索 16—测向浪风索 17—拱肋浪风索

（1）主索 主索也称为承重索或运输天线。它横跨桥渡，支承在两侧塔架的索鞍上，两端锚固于地锚，吊运构件的行车支承于主索上。主索的根数和截面积根据吊运构件的重量、垂度、计算跨径等因素由计算确定。横桥向主索的组数可根据桥面宽度或两外侧拱肋间距、塔架高度及设备条件等合理选择，一般可选 1 ~2 组。每组主索可由 2 ~4 根平行钢丝绳组成。

（2）起重索 用来控制吊物的升降—垂直运输，一端与卷扬机滚筒相连，另一端固定于对岸的地锚上。这样，当行车在主索上沿桥跨往复运行时，可保持行车与吊钩间的起重索长度不随行车的移动而改变（图 10-58）。

（3）牵引索 用来牵引行车在主索上沿桥跨方向移动—水平运输。在行车两端需各设置一根牵引索，这两根牵引索的另一端既可分别连接在两台卷扬机上，也可合拴在一台双滚筒卷扬机上，便于操作。

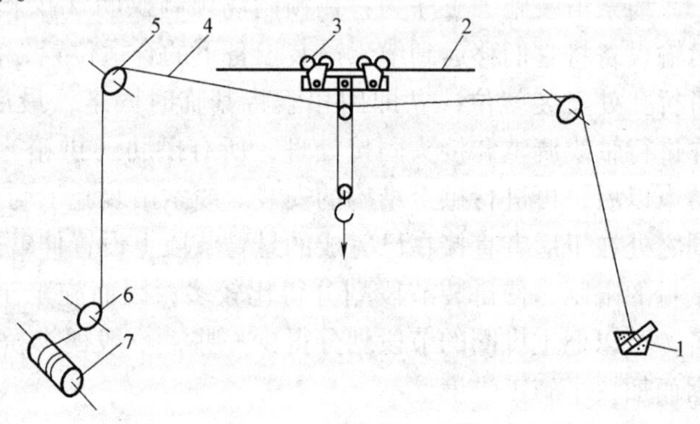

图 10-58 起重索示意图

1—地锚 2—主索 3—行车 4—起重索 5—滑轮组 6—转向滑轮组 7—卷扬机

（4）结索 用于悬挂分索器，使主索、起重索、牵引索不致相互干扰。它仅承受分索器及临时作用在它上面的工作索的重量和自重。

（5）扣索 当拱肋分段吊装时，需用扣索悬挂端肋及调整端肋接头处标高。扣索的一端系在拱肋接头附近的扣环上，另一端通过扣索排架或塔架固定于地锚上。

为了便于调整扣索的长度，可设置手摇绞车及张紧索（图 10-59）。

（6）浪风索　浪风索也称缆风索，用来保证塔架、扣索排架等的纵、横向稳定及拱肋安装就位后的横向稳定。

（7）塔架及索鞍　塔架是用来提高主索的临空高度及支承各种受力钢索的重要结构。塔架的形式多种多样，按材料可分为木塔架和钢塔架两类。木塔架的构造简单，制作、架设均很方便，但木材用量较多。木塔架高度一般在 20m 以下，通常由 4 ~ 6 片人字撑架组成，其高宽比约为 4∶1。当高度在 20m 以上时多采用钢塔架。钢塔架可采用龙门架式、独脚扒杆式或万能杆件拼装成的各种形式。塔架顶上设置索鞍（图 10-60），以放置主索、起重索、扣索等，并可以减少钢丝绳与塔架的摩阻力，使塔架承受较小的水平力，并减少钢丝绳的磨损。

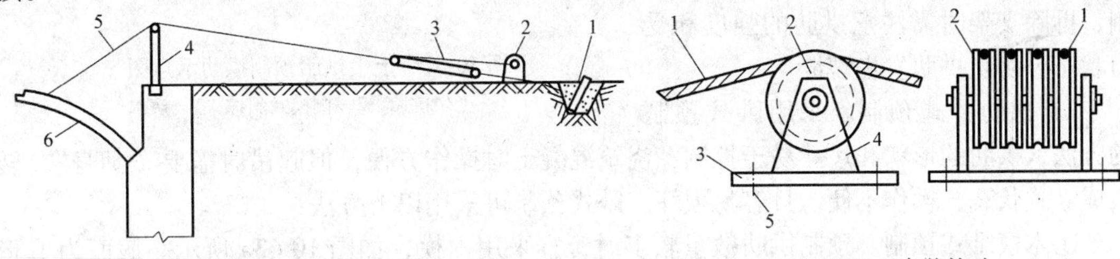

图 10-59　扣索布置

1—地锚　2—绞车　3—张紧索　4—扣索排架　5—扣索　6—拱肋

图 10-60　索鞍构造

1—主索　2—滑轮　3—垫板　4—支承板　5—联结螺栓（锚固于塔架）

（8）地锚　地锚也称地垄或锚碇，用于锚固主索、扣索、起重索及绞车等。地锚的可靠性对缆索吊装的安全有决定性影响，设计和施工都必须高度重视。按照承载能力的大小及地形、地质条件的不同，地锚的形式和构造多种多样。条件允许时，还可以利用桥梁墩、台作锚碇，以节约材料，否则需设置专门的地锚。图 10-61 示出了一种简易的、临时性的木地垄，由杂木或钢轨捆扎并埋入地下而构成。

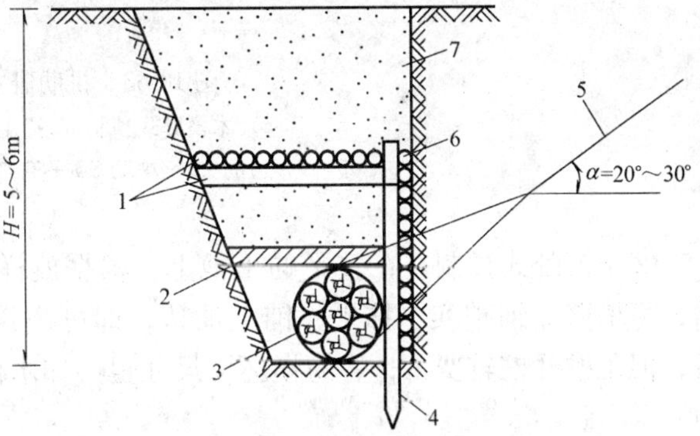

图 10-61　木地垄构造

1—圆木排　2—木压板　3—地垄木（杂木或钢轨捆扎）4—圆木桩　5—主索　6—挡板木　7—夯实黏土砂砾

（9）电动卷扬机及手摇绞车　它们是用作牵引、起吊等的动力装置。电动卷扬机速度快，但不易控制。对于一般要求精细调整钢索长度的部位，多采用手摇绞车，以便于操纵。

（10）其他附属设备　如各种倒链葫芦、花篮螺栓、钢丝卡子（钢丝扎头）、千斤绳、横移索等。

缆索吊装设备的形式及规格非常多，应因地制宜、结合工程具体情况合理选用。

2. 拱圈节段的预制

（1）拱肋预制　实心截面的拱肋按照其预制时所处的状态可分为立式预制和卧式预制。

1）拱肋立式预制。采用立式浇筑的方法预制拱肋，具有起吊方便的优点。通常可采用土牛拱胎底模（图10-62），填筑土牛拱胎时，应分层夯实，表层土中宜掺入适量石灰，然后用栏板套出圆滑的弧线。土牛表面可铺一层木板或油毛毡，也可抹一层水泥砂浆。为便于固定侧模，可在土牛表层按适当间距埋入横木，也可用粗钢筋或钢管固定侧模。侧模采用4~5cm厚的木板或其他适宜材料。当采用密排浇筑时，可利用已浇筑的拱肋做侧模，但需要用油毡、塑料布等隔开；对于横系梁钢筋接头，除边肋外，可采用在拱肋上预留孔洞的方法，也可预埋短钢筋，待拱肋安装时将横系梁钢筋插入预留孔或与预埋钢筋焊接。当取土及填土不方便时，也可采用木支架支撑底模进行预制，拆除支架时需注意拱肋的强度和受力状态，防止拱肋发生裂缝。

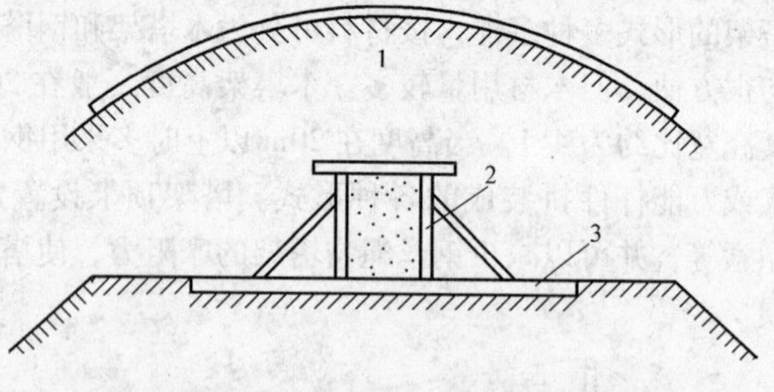

图10-62　土牛拱胎预制拱肋示意图
1—土牛拱胎　2—侧模及斜撑　3—横木

2）拱肋卧式预制。采用卧式预制的方法，拱肋的形状和尺寸易于控制，浇筑混凝土时操作方便，但起吊时需要“翻身”，转换成立式状态，操作不便，且容易损坏。卧式预制可采用以下方法：

①木模卧式预制。预制拱肋数量较多时，宜采用木模，如图10-63a所示。截面为L形或倒T形时，缺口部分可用黏土砖或其他材料垫砌。

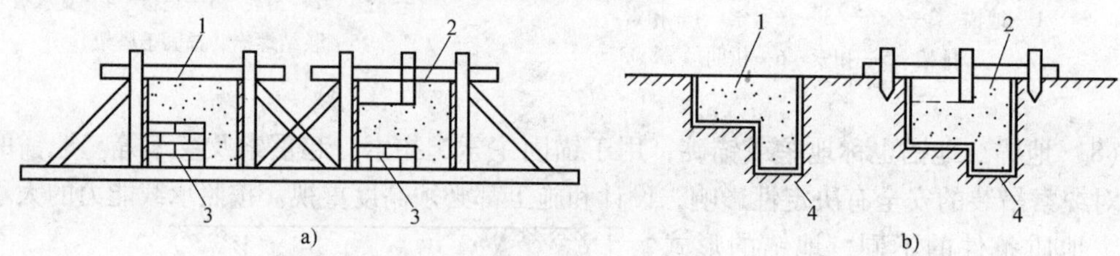

图10-63　拱肋卧式预制
a）木模卧式预制　b）土模卧式预制
1—边肋　2—中肋　3—砖砌垫块　4—油毡

②土模卧式预制。在整平的土地上，根据放样尺寸，挖出与拱肋形状、尺寸相同的土槽，将槽壁仔细拍实、抹平，铺上油毡，即可浇筑拱肋（图10-63b）。这种方法可节约材料，但土槽开挖较费工，容易损坏，尺寸也不如木模准确，仅适用于预制少量的中小跨径拱肋。

③卧式叠浇。如图10-64所示，采用卧式预制的拱肋，当混凝土强度达到设计强度的30%以后，在其上安装侧模，浇筑下一片拱肋，如此连续浇筑称为卧式叠浇。浇筑时每层拱肋的接触面用油毛毡、塑料布或其他隔离剂隔开。根据构件的尺寸、重量，一般可叠浇2~4层，不超过5层，其优点是节省预制场地和模板，但先期预制的拱肋需待最上层的拱肋达到强度要求并移位后才能吊运，影响工期。

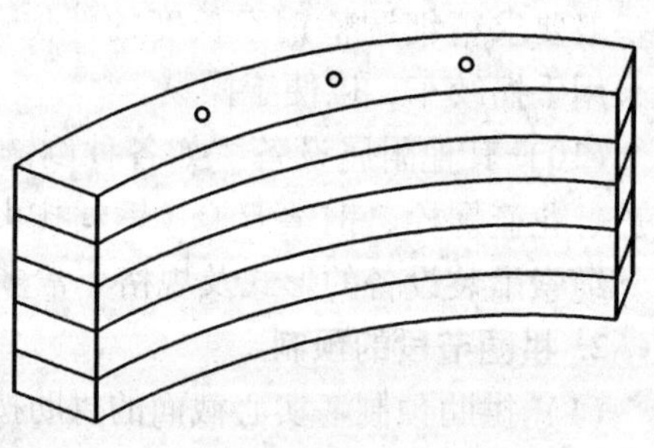
图10-64　拱肋卧式叠浇

（2）箱形拱桥的箱肋预制 为了预制安装的方便，通常将箱形截面的主拱圈在横向划分成若干根箱肋，再沿纵向划分为数个节段，待箱肋节段拼装成拱后，再在箱壁间用现浇混凝土把各箱肋连成整体，形成主拱圈截面。对每一个箱肋节段而言，其预制多采用组装—现浇的方法，施工主要步骤如下：

1）先在样台上按设计尺寸对每个节段进行坐标放样。然后分别预制箱肋的侧板（箱壁）和横隔板（图10-65a）。

2）在拱箱节段的底模上，将侧板（箱壁）和横隔板安放就位，并绑扎好接头钢筋，然后浇底板混凝土及接缝混凝土，组成开口箱U形肋节段（图10-65b、c）。

3）若采用闭口箱时，可在开口箱内支立顶板的底模，绑扎顶板钢筋并浇筑混凝土，组成闭口箱肋节段（图10-65d）。

待拱箱节段混凝土达到设计强度后即可移运拱箱，以便进行下一节段箱肋的预制。箱肋节段预制完成后，即可吊装成拱，完成各箱肋之间的横向连接，最终形成箱形拱圈截面。

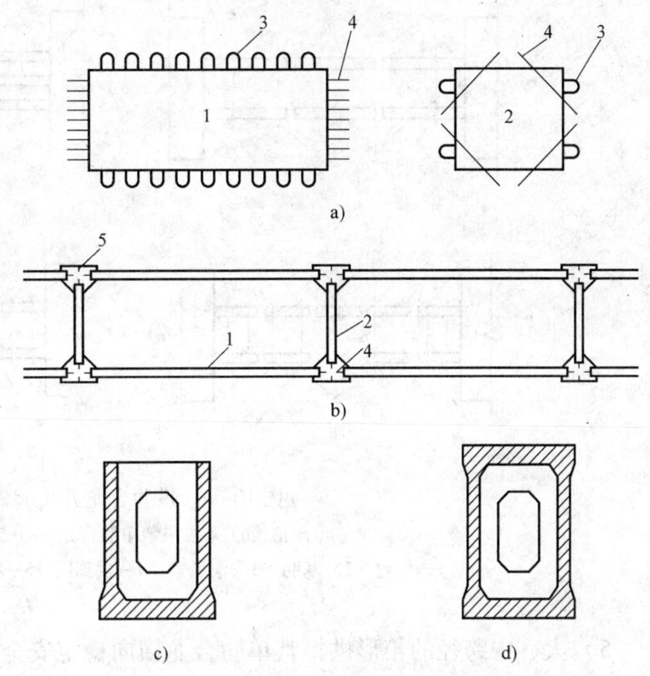

图10-65 箱肋预制示意图

a）箱壁和横隔板的预制板件 b）箱壁和横隔板的组装拼接（俯视） c）开口U形箱肋 d）闭合箱肋

1—箱壁 2—横隔板 3—剪力钢筋 4—连接钢筋 5—接头混凝土

3. 拱肋的吊装

（1）拱肋吊装的施工要点和注意事项 缆索起重机在吊装前必须按规定进行试拉和试吊。在拱肋吊装过程中，为了保证稳定和安全，应遵循以下规定。

1）拱肋吊装时，除拱顶段以外，各段应设一组扣索悬挂。

2）扣架一般设在墩、台顶上，扣架底部应固定，架顶应设置风缆；各扣索位置必须与所吊挂的拱肋在同一竖直面内；扣架上索鞍顶面的高程应高于拱肋扣坏高程；扣架应进行强度和稳定性验算。

3）各段拱肋由扣索悬挂在扣架上时，必须设置浪风索。拱肋分3段或5段拼装时，至少应保持2根基肋设置固定浪风索，拱肋接头处应横向连接；固定浪风索应待全孔合龙、横向连接件混凝土强度满足设计要求后才可撤除；在河流中设置浪风索时，必须采取可靠的防护措施，防止浪风索受到碰撞；情况复杂时应对浪风索进行专门设计；多孔装配式拱桥吊装应按设计加载程序进行。

4）整根拱肋吊装或每根拱肋分两段预制、吊装，对中小跨径的箱形拱桥，当其拱肋高度大于0.009~0.012倍跨径，拱肋底面宽度为肋高的0.6~1.0倍，且横向稳定安全系数不小于4时，可采取单肋合龙，嵌紧拱脚后，松索成拱，如图10-66a所示。

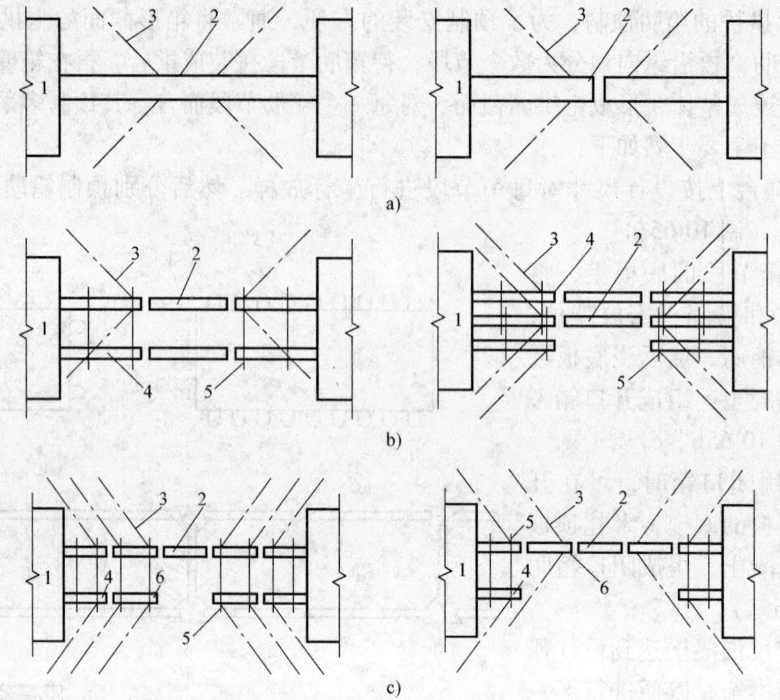

图 10-66 拱肋合龙方式示意图

a）单基肋合龙 b）3 段吊装单肋合龙 c）5 段吊装单肋合龙

1—墩台 2—基肋 3—浪风索 4—拱脚段 5—横夹木 6—次拱脚段

5）大、中跨径的箱形拱，其单肋合龙横向稳定安全系数小于 4 时，可先悬扣多段拱脚段或次拱脚段拱肋，然后用横夹木临时将相邻两肋连接后，安装拱顶段单根肋合龙，松索成拱，如图 10-66b、c 所示。横夹木是相邻拱肋的临时横向连系，其作用是形成横向框架，增强横向稳定性，其构造如图 10-67 所示。

6）当拱肋跨径不小于 80m 或横向稳定安全系数小于 4 时，应采用双基肋合龙松索成拱的方式，即当第一根拱肋合龙并校正拱轴线，楔紧拱肋接头缝后，稍松扣索和起重索，压紧接头缝，但不卸掉扣索和起重索，待第二根拱肋合龙，两根拱肋横向连接固定好并拉好浪风索后，再同时松卸两根拱肋的扣索和起重索。

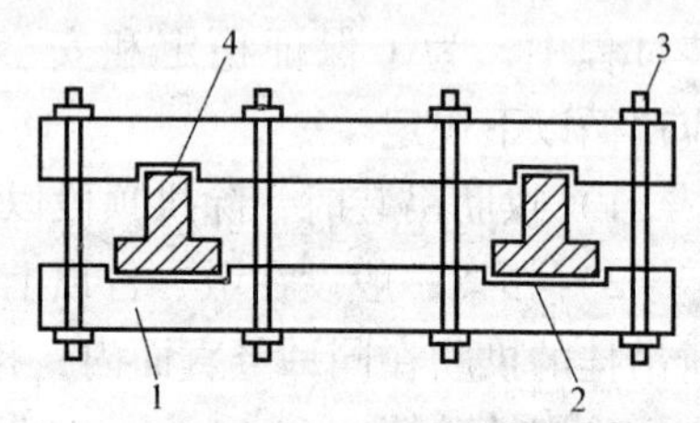

图 10-67 横夹木构造

1—横夹木 2—凹槽 3—螺栓 4—拱肋

7）当拱肋分 3 段吊装，采用阶梯形搭接接头时，宜先准确扣挂两拱脚段，调整扣索使其上端头较设计值抬高 30 ~ 50mm，再安装拱顶段使之与拱脚段合龙。采用对接接头，宜先悬扣拱脚段初步定位，使其上端头高程比设计值抬高 50 ~ 100mm，然后准确悬扣拱顶段，使其两端头比设计值高出 10 ~ 20mm，最后放松两拱脚段扣索使其两端均匀下降与拱顶段合龙。

8）当拱肋分 5 段吊装时，宜先从拱脚段开始，依次向拱顶分段吊装就位，每段的上端头断面不得扭斜。首先使拱脚段的上端头较设计高程抬高 150 ~ 200mm，次边段定位后，使拱脚段的上端头抬高值下降为 50mm 左右，应保持次边段的上端头抬高值约为拱脚段的上端头抬高值2倍的关系，否则应及时调整，以防拱肋接头处开裂。

9）当拱肋分7段或7段以上吊装时，应准确计算每段吊装后各扣索的拉力、各接头的标高，并对浪风索进行专门设计，确保拱肋横向稳定安全系数不小于4。

10）拱肋的合龙温度应符合设计规定，如设计无规定，宜在气温接近年平均温度（一般在5～15℃）时进行；天气炎热时可在夜间洒水降温进行合龙。

（2）松索注意事项　在各段拱肋松索过程中，应符合下列规定。

1）松索前应校正拱轴线位置及各接头高程，使之符合要求。

2）每次松索均应采用仪器观测，控制各接头、拱顶及$l/4$高程，防止拱肋接头发生非对称变形而导致拱肋失稳或开裂。

3）松索应按照拱脚段扣索、次拱脚段扣索、起重索三者的先后顺序，并按比例定长、对称、均匀松卸。

4）每次松索量宜小，各接头高程变化不宜超过10mm，每次松索压紧接头缝后应普遍旋紧接头螺栓一次。当接头高程接近设计值时，宜用钢板嵌塞接头缝隙，再将扣索、起重索放松到基本不受力，压紧接头缝，拧紧接头螺栓，同时用浪风索调整拱肋轴线的横向偏位，并应观测拱肋各接头、$l/8$及拱顶的高程，使其在允许偏差之内。

5）大跨径箱形拱桥分3段或5段吊装合龙成拱后，根据拱肋接头密合情况及拱肋的稳定度，可保留起重索和扣索部分受力，等拱肋接头的连接工序基本完成后再全部松索。

（3）拱肋接头　预制拱肋的接头，应做到构造简单、结合牢固、操作方便。接头形式的选择，与拱肋的施工方法密切相关。无支架施工的拱肋，常采用电焊钢板接头、法兰盘螺栓接头和环氧树脂水泥胶卡砌接头（图10-68a、b、c），前两种属于对接接头，第三种属于搭接接头，这些接头形式可以保证拱肋安装后能很快受力。有支架施工时，可采用钢筋电焊现浇接头和钢筋扣环现浇接头（图10-68d、e）。

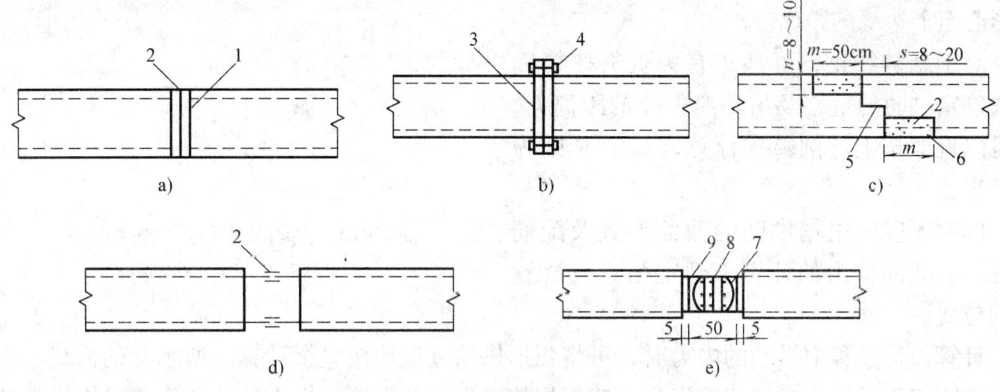

图10-68　拱肋接头形式

a）电焊钢板接头　b）法兰盘螺栓接头　c）环氧树脂水泥胶卡砌接头　d）钢筋电焊现浇接头　e）钢筋扣环现浇接头

1—钢板　2—焊接　3—法兰盘　4—螺栓　5—环氧树脂胶接缝　6—混凝土封槽　7—钢筋扣环　8—短钢筋插销　9—箍筋

拱肋与墩台的连接，常采用插入式或方形肋座（图10-69）。按无铰拱设计的肋拱桥，其拱肋宜采用插入式以加强与墩台的连接。插入端应适当加长拱肋，安装时将拱肋加长部分插入拱座预留孔内，合龙定位后，用混凝土封固。采用方形肋座的拱肋，安装时可通过在墩台槽口的水平面和垂直面嵌入铸铁（钢）垫板来适当调整拱肋与墩台之间的尺寸误差，调整完毕并嵌紧垫板后，用小石子混凝土封固。

(4) 拱肋（箱）吊运过程中的内力计算　为保证拱肋（箱）的安全施工，应对其吊装、搁置、悬挂、安装等状态进行强度验算。拱肋如采用卧式预制，还需验算平卧运输或平卧起吊时截面的侧向应力。

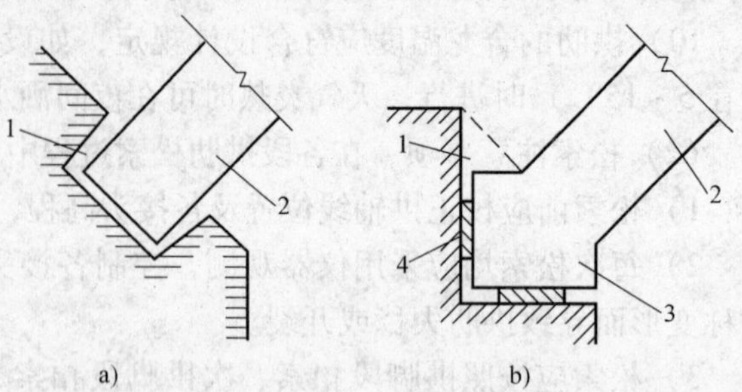

图 10-69　拱肋与墩台的连接形式

a）插入式　b）方形肋座

1—墩台预留槽口　2—拱肋　3—方形肋座　4—垫板

1）吊点（搁置点）位置确定及吊运时内力计算。拱肋吊点及搁置点的位置，需要结合拱肋的截面形式和配筋情况以及在起吊、运输、安装过程中的受力状况来确定。拱肋一般采用两个吊点。当拱肋分段较长或拱肋曲率较大时，可采用四个吊点，使拱肋受力更为均匀。拱肋是曲线形构件，为了保证吊装过程中的稳定性，需要使两个吊点（吊环）的连线在该段拱肋弯曲平面重心轴以上，否则，吊运时可能出现拱肋侧向倾翻的现象。为了防止此类事故的发生，对于圆弧拱，要求各段拱肋的吊环离中线的距离 l_a（图 10-70）应满足下式

$$l_a < \sqrt{(R+d_S)^2 - \left(\frac{l}{2\theta}\right)^2} \qquad (10\text{-}16)$$

式中，R 是圆弧线半径；l 是拱段的弦长；θ 是拱段圆心角的一半（rad）；d_S 是拱肋横截面形心至上边缘的距离。

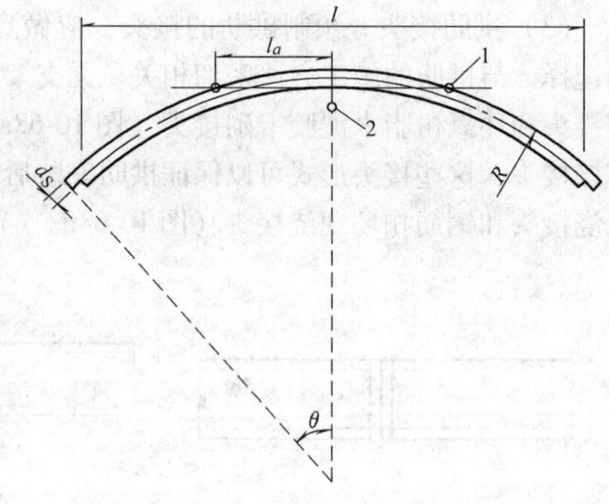

图 10-70　拱肋节段吊点位置的确定

1—吊环　2—弯曲平面重心

对于悬链线拱，可参考有关资料按精确方法确定拱肋的重心及吊环离中线的距离 l_a，也可以近似按上述圆弧拱计算，式中 R 则为换算半径。

同时还应该根据拱肋的截面形式及配筋情况，由截面应力的计算来确定吊点或搁置点的位置。

计算吊运过程中拱肋的内力时，可将弧形拱肋近似地按直梁计算，所承受的荷载一般仅有自重。但为了防止意外情况发生，应根据施工设备的性能、操作熟练程度和可能撞击的情况，考虑采用 1.2～1.5 的冲击系数。这样就可以通过拱肋内力及应力的计算，确定合理的吊点位置。如有两个吊点的拱肋（图 10-71），长度为 l，矩形截面，设上、下缘配筋相同，g 为自重恒载集度（考虑 1.2～1.5 的冲击系数），则利用吊运时两个吊点处的负弯矩 M_2 与跨中截面正弯矩 M_1 相等的条件，可

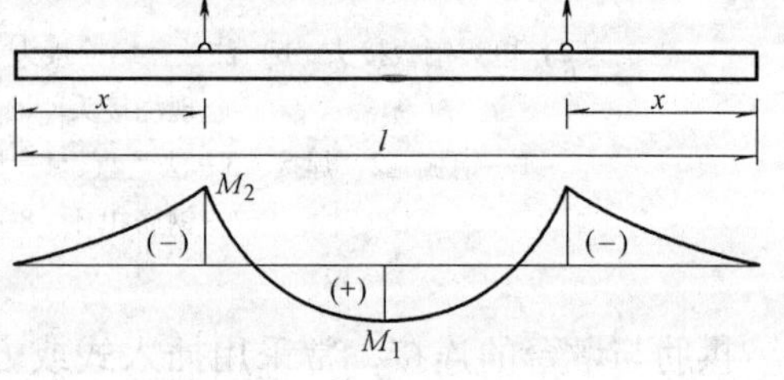

图 10-71　两个吊点的拱肋计算简图

求得合理吊点位置在距端点$x=0.207l$处。在设计中，拱肋下缘钢筋往往比上缘钢筋多，因此允许正弯矩大于负弯矩，这样也可以得到相应的合理吊点位置。

在实践中，通常根据以往的设计经验，结合施工条件，先确定吊点或搁置点位置，然后再计算内力，进行强度验算。

2）边段拱肋悬挂的内力计算。当拱肋分 3 段或 3 段以上预制时，边段拱肋安装就位后须悬挂，必须计算悬挂状况下的拱肋内力及扣索的拉力。现以 3 段吊装并用一根扣索悬挂的边段拱肋为例（图 10-72）说明其计算方法。

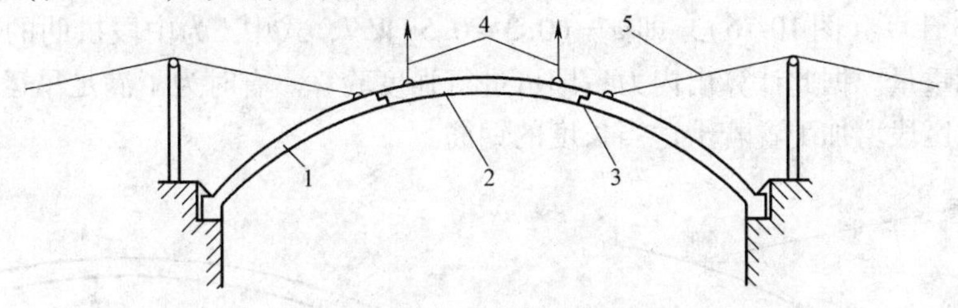

图 10-72　分 3 段吊装拱肋的安装

1—边段　2—中段　3—接头　4—起重索　5—扣索

①边段拱肋悬挂时扣索的计算。边段拱肋悬挂后，由于拱脚支承处尚未用混凝土封固，可视为铰接。如图 10-73 所示，可根据静力平衡条件求得扣索的拉力

$$T_1=\frac{b\sum G}{h} \tag{10-17}$$

式中，$\sum G$是拱肋自重。

②边段拱肋悬挂时自重内力的计算。边段拱肋悬挂时由自重产生的内力，可采用分段计算的方法，按静力平衡条件求出拱肋在自重作用下的弯矩M'图和轴向力N'图（图 10-74）。

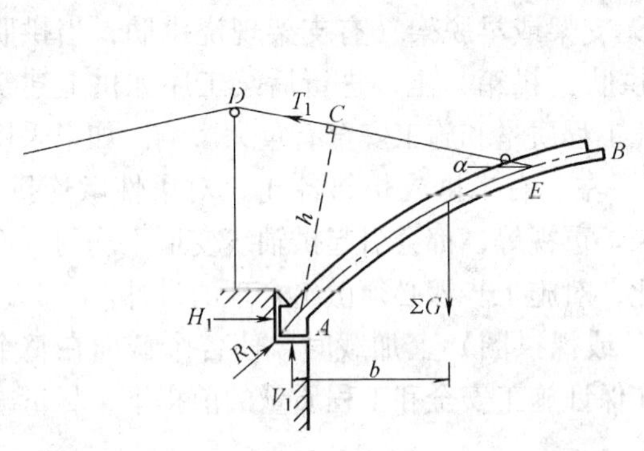

图 10-73　边段拱肋的悬挂及扣索计算

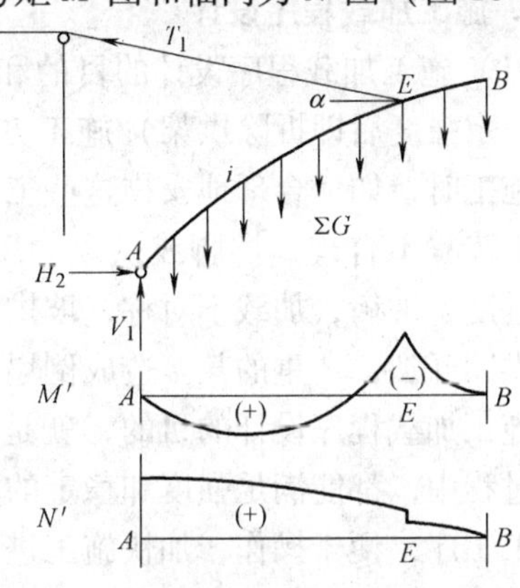

图 10-74　边段拱肋悬挂时自重内力计算

③边段拱肋由于中段拱肋搁置于悬臂端部所产生的内力计算。当中段拱肋吊装合龙时，对边肋悬臂端部的作用力大小，与拱肋接头形式、施工吊装设备、操作熟练程度等许多因素有关，很难准确计算。一般取中段拱肋重量的 15%～25% 作为中段拱肋合龙时对边肋悬臂端部的作用力R。由图 10-75 可求得扣索中的拉力T_2、支点处水平反力H_2、竖向反力V_2，以及相应的边肋的弯矩M''图及轴向力N''图。

④边段拱肋在自重及中段拱肋部分重量 R 共同作用下的内力计算。将上述②、③两项所求得的边肋在自重作用下的内力（M'、N'）及在中段拱肋部分重量 R 作用下的内力（M''、N''）叠加，即可求得边肋各截面的总内力。从而确定最不利内力的大小和截面位置，并进行强度验算。

3）中段拱肋安装时的内力计算。中段拱肋在吊装合龙时，由于起重索放松过程很慢，往往在起重索部分受力的情况下，接头与拱座逐渐顶紧成拱，使拱肋受到轴向力作用。因此，在设计时虽然中段拱肋仍按简支于两边肋悬臂端部的梁来计算，但荷载可只按中肋自重的30%～50%计算（图10-76），即 $g=(0.3\sim0.5)W/l$，式中 l 为中段拱肋的弧长，W 为中段拱肋的实际重量。据此计算出内力后即可进行强度验算。有时为了满足吊运、搁置时的要求，可在跨中区段增加配置若干适当长度的钢筋。

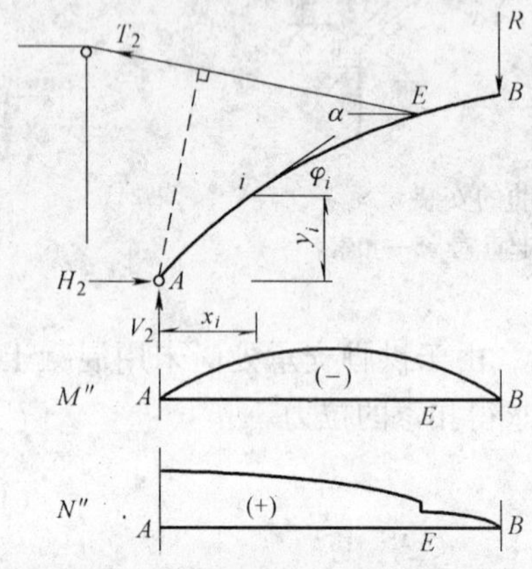

图10-75　中段拱肋对边段的作用

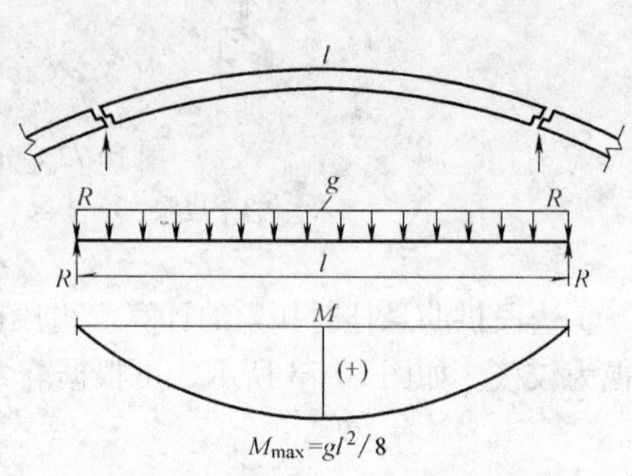

图10-76　中段拱肋的计算图式

4. 施工加载程序设计

（1）施工加载程序设计的目的和意义　在无支架或早脱架（有支架现浇拱肋，当拱肋达到一定强度后即拆除拱架）施工方法建成的拱肋（拱箱）上，进行后续工序如拱上建筑等的施工时，如何合理地安排这些工序，对保证工程质量和施工安全有重大影响。如果采用的施工步骤不合理，拱脚或拱顶的压重不恰当，左、右半拱或相邻各孔（对柔性墩连拱）施工进度不平衡，加载不对称，坡拱桥的特点未予重视等，都会引起拱轴线变形不均匀，而导致拱圈开裂，严重的甚至造成倒塌事故。因此，对施工步骤必须做出合理的设计。

施工加载程序设计的目的，就是要在裸肋（或裸拱圈）上加载时，使各个截面在整个施工过程中，都能满足强度和稳定的要求，并在保证施工安全和工程质量的前提下，尽量减少施工工序，便于操作，加快施工进度。

（2）施工加载程序设计的一般原则

1）拱圈跨径和拱肋尺寸对施工加载程序的设计影响很大。对于中、小跨径拱桥，当拱肋的截面尺寸满足一定的要求时，可不做施工加载程序设计。但应按有支架施工方法对拱上建筑进行对称、均衡地施工，同时在各施工阶段应注意观测，防止事故突然发生。

2）对于大、中跨径的箱形拱或双曲拱桥，应按照分环、分段、均衡对称加载的总原则进行设计。分环，是指沿拱肋（拱圈）厚度方向划分为若干层次；分段，是指沿拱轴纵向划分成若干段落；均衡对称加载，是指在拱的两个半跨上相应部分同时进行相等数量的施工加载。对于坡拱桥，必须注意其结构受力不对称的特点，一般应使低拱脚半跨的加载量稍大于高拱脚半跨的加载量。

3）在多孔连续拱桥的两个邻孔之间也需均衡加载，两孔的施工进度不能相差太远，以免桥墩承受过大的单向推力而产生过大的位移，造成施工进度快的一孔的拱顶下沉、邻孔的拱顶上挠，导致拱圈开裂、破坏。

4）在各施工阶段强度、稳定性、挠度计算的基础上，应预先估计施工过程中可能出现的各种问题，并采取相应的预防措施，以确保工程的质量和安全。

（3）施工加载程序设计的计算步骤　在设计施工加载程序时，多采用影响线加载计算内力及挠度，再进行强度、稳定和变形的验算。计算步骤大致可分为以下几步。

1）绘制计算截面的内力（弯矩、轴向力）及挠度影响线。

2）根据施工条件初步拟定施工阶段。

3）在左、右半拱对称地将拱圈分环、分段，再将各环按分段计算重量。分段宜小，便于调整加载范围。

4）按照各阶段的工序，拟定加载顺序及加载范围，在影响线上分段逐步加载，求出各计算截面在此荷载作用下的内力及挠度，并验算强度。加载时，要左、右半拱对称进行，尽量使各计算截面的计算弯矩及挠度最小，截面应力及挠度不超过允许值，并尽量使计算截面不出现反复变形（挠度）。

5）根据强度及挠度计算情况，调整施工加载顺序和范围，或增减施工阶段。这一计算工作往往需要反复多次，才能做出较恰当的施工加载程序方案。

6）在主拱圈施工完成后，拱上建筑的施工只要由拱脚向拱顶对称均衡地施工，就能保证拱圈的安全，故可不再进行计算。对于多孔连续拱桥，也需注意相邻孔的施工要协调，防止桥墩的过大变形。

施工加载程序设计既重要又繁琐，因此一方面需要探讨合理加载程序的简化计算方法，同时应在主拱圈的形式、构造及施工方法等各方面做进一步的改善。

（4）施工加载时的挠度控制及加强稳定性的措施　施工加载程序设计时，应计算加载各工序各计算截面的挠度值，以便在施工过程中控制拱轴线的变形情况。在施工过程中难以对拱肋的应力变化情况进行观测，通常只能通过拱肋的变形反映出来。为了保证拱肋（拱圈）的施工安全和施工质量，必须用计算所得的挠度值与加载过程的实测挠度进行对照，如实测挠度过大或出现不对称变形等异常情况，应立即分析原因，采取措施，及时调整施工加载程序。

施工实践表明，计算挠度与实测值有时相差较悬殊，其原因主要是计算拱肋（拱箱）截面刚度 EI 时，一方面计算中未充分反映拱肋在施工过程中出现裂缝的实际情况，另一方面计算所采用的材料弹性模量与实际也不易一致，因此对于计算挠度值，也要在施工过程中结合实测挠度加以校核和修正。

另外，温度变化对拱肋挠度的影响也很大，为了消除温度对拱肋加载变形的干扰，还必须对温度变化引起的拱肋挠度变化的规律进行观测，以便校正实测的拱肋加载挠度值，正确地控制拱肋的受力情况。

在无支架施工的拱桥中，为保证拱肋有足够的纵、横向稳定性，除要满足计算要求外，在构造、施工上都必须采取相应的措施。

如果拱肋截面高度过小，不能满足纵向稳定的要求。而要在施工中采取措施来保证拱肋满足纵向稳定的要求是很困难的，因此，一般都应使所拟定的拱肋截面高度大于纵向稳定所需要的最小高度。而为了减小吊装重量，拱肋的宽度就不宜太大，通常设计中选择的拱肋宽度往往小于单肋合龙所需要的最小宽度。在此情况下可采用双肋合龙或多肋合龙的形式以满足拱肋横向稳定的要求。

总之，各种体系拱桥的施工，都必须加强施工观测，以便及时发现问题，采取措施，消除隐患，确保工程质量和施工安全。

（5）示例　图10-77所示为某箱形拱桥的施工加载程序，拱箱吊装节段采用闭合箱。图中数字代表施工步骤，其加载程序简述如下。

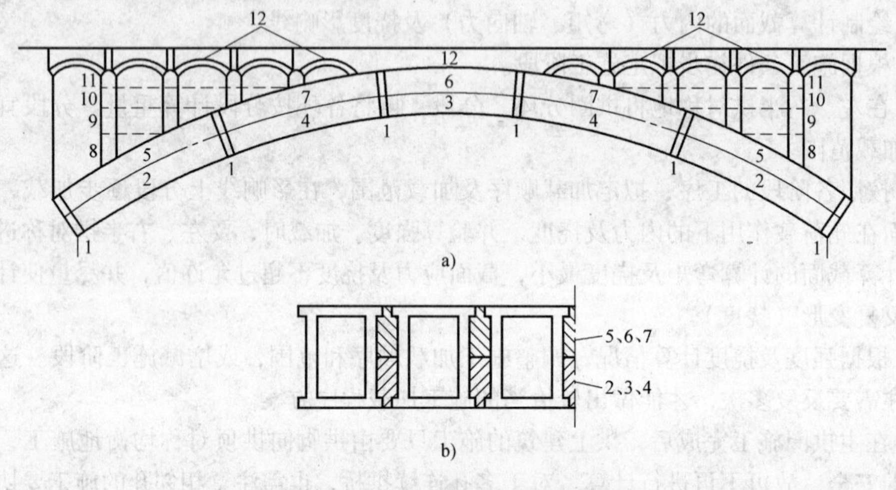

图10-77　箱形拱桥施工加载程序

a）立面　b）主拱圈横断面

1）箱肋分5段预制、吊装。先将各片拱箱逐一吊装合龙，形成裸拱圈，然后将全部纵横接头处理完毕，浇筑接头混凝土，完成第一阶段施工（图10-77中数字1）。

2）浇筑拱箱间的纵缝混凝土。纵缝分环浇筑，沿拱圈高度应分为两层，先浇筑到箱高的一半处，使其初凝后再浇满全高与箱顶齐平，横桥向各缝同步进行。其中2、3、4为第一环，5、6、7为第二环。

3）拱上各横墙加载。按照图中虚线所示，分层砌筑横墙；最后全部横墙（包括小拱拱座）同时砌筑完毕，砌筑施工按左、右两半拱对称、均匀同步进行（图10-77中8~11步骤）。

4）安砌腹拱圈及主拱圈拱顶实腹段侧墙。拱上横墙截面单薄，只能承受一片预制腹拱圈块件的单向推力，因此，安砌腹拱圈时，应沿纵向逐条对称安砌，直至全桥腹拱圈安装完毕。（图10-77中12）。

5）后续各道工序，包括拱顶填料、腹拱填料、桥面系等，可按常规工艺要求进行，无需做加载验算。

【本章要点】

［1］混凝土桥梁的基本施工工艺流程是：支立模板→钢筋骨架焊接、箍筋绑扎→混凝土的浇筑与振捣

→混凝土的养护及模板拆除。

［2］后张法制梁是先制作留有预应力筋孔道的梁体，待其混凝土达到规定的强度后，再在孔道内穿入预应力筋进行张拉并锚固，最后进行孔道压浆和在梁端浇筑混凝土将锚头封固。先张法制梁需要在预制场地建造专门的张拉台座，在浇筑混凝土前，要预先张拉预应力筋，并临时锚固在张拉台座上，待混凝土强度达到设计要求后，再在台座上放松预应力筋，然后切断构件两端外露钢筋。

［3］预制梁的安装是装配式桥梁施工中的关键性工序。装配式简支梁桥主梁常用的架梁方法有陆地架设法、浮吊架设法和高空架设法。移动式模架逐孔施工法实质上是一种就地施工法。此法适用于中等跨径的等高度连续梁的施工，也往往用来修建多孔简支梁桥。

［4］预应力混凝土悬臂和连续体系梁桥悬臂施工法，是在已建成的桥墩上，沿桥梁跨径方向对称地逐段施工。按照梁体的制作方式，通常分为悬臂浇筑和悬臂拼装两类。

［5］装配—整体施工法是将整根连续梁按起吊安装设备的能力先分段预制，然后用各种安装方法将预制构件安装至墩台或轻型的临时支架上，再现浇混凝土，最后通过张拉部分预应力筋，使梁体集整成连续体系。

［6］顶推法施工通常在等截面连续梁上使用，它不需大型起重机械就能建造大跨径连续梁桥。

［7］按照主拱的成型方法，混凝土拱桥的施工可分为就地浇筑法、预制安装法和转体施工法三大类。

［8］有支架施工的木拱架主要有满布立柱式拱架、撑架式拱架和三铰桁式拱架，适用于中小跨径拱桥的施工；大跨径拱桥有支架施工，常采用桁式钢拱架。拱架的计算包括拱架杆件的内力计算和强度、变形验算，以及拱架的预拱度计算。在支架上浇筑拱圈混凝土时，对于小跨径拱桥，应按拱圈全宽从两端拱脚向拱顶对称连续浇筑；对于大中跨径拱桥，一般采用分段浇筑，或分环与分段相结合的浇筑方法，并从拱脚向拱顶对称、均衡加载。拱上建筑施工时，应避免使主拱圈产生过大的不均匀变形，也应由拱脚向拱顶对称施工。拱架应设置专用卸架设备，常用的卸架设备有木楔、砂筒、千斤顶等，卸架时应缓慢、均匀。卸架的一般程序：对于中小跨径拱桥，从拱顶开始，逐次向拱脚对称卸落；对于大跨径的悬链线拱圈，可从两边 $l/4$ 处逐次对称地向拱脚和拱顶均衡地卸落。

［9］缆索吊装设备主要包括主索、工作索、塔架和锚固装置等四个基本组成部分。采用缆索吊装的施工方法，拱圈（拱肋）沿纵向分为若干节段进行预制，根据跨径大小和吊装能力，通常可分为 3 段、5 段、7 段。拱肋可采用立式或卧式的方法预制，箱肋常采用组装—现浇的方法形成开口或闭合箱肋节段。拱肋吊装从拱脚向拱顶对称进行，吊装过程中应严格遵守操作规程，采取适当措施，保证拱肋（拱圈）的稳定，并加强施工观测。大跨径拱桥宜采用双肋或多肋合龙。为了确保拱肋（箱）在吊运、安装过程中的施工安全，应对其在各施工过程中进行必要的内力计算和强度验算。当拱箱（肋）吊装合龙后，应对后续各工序的加载程序进行合理的设计，以保证拱肋（拱圈）在整个施工过程中满足强度和稳定的要求。大中跨径拱桥的加载程序应按照分环、分段、对称均衡加载的原则进行设计。

［10］拱圈合龙温度应符合设计规定，如设计无规定，宜在气温接近年平均温度（一般在 5～15℃）时进行；天气炎热时可在夜间进行合龙，并采取洒水降温措施。

［11］拱桥的其他施工方法还有悬臂拼装或悬臂浇筑的方法、劲性骨架法、转体施工法等。其中转体施工法可分为竖向转体、平面转体以及平竖结合转体施工法。平面转体又包括有平衡重转体和无平衡重转体两种方法。

【思考与练习】

10-1　简述模板和支架设计、制作和安装的程序及要点。

10-2　简述钢筋下料长度的计算和钢筋骨架的质量检测内容。

10-3　简述混凝土的浇筑顺序及方法。混凝土的质量检测内容是什么？

10-4　对于大型尺寸的混凝土构造物，为什么要分成若干单元进行浇筑？

10-5　混凝土浇筑时，工作缝怎样处理？

10-6　如何合理选择混凝土的振捣方式？

10-7　冬季浇筑混凝土，确保混凝土质量的主要措施有哪些？

10-8　简述先张法预应力混凝土简支梁桥的施工工艺过程。

10-9　先张法张拉方法有哪几种？各有何优缺点及要求？张拉程序是怎样的？

10-10　预应力筋放松的方法有哪几种？

10-11　简述后张法预应力筋的张拉原则和张拉程序。

10-12　后张法预应力筋的孔道是怎样形成的？对制孔器的抽拔有哪些要求？

10-13　孔道压浆的目的是什么？怎样操作？

10-14　先张法和后张法制梁的工艺区别是什么？

10-15　梁式桥悬臂浇筑应注意哪些事项？

10-16　悬臂拼装梁接缝的分类及各适用于哪些部位？

10-17　简述简支—连续施工程序。

10-18　叙述采用拉杆顶推大型预应力梁的顶推法工作原理。

10-19　简述移动式模架逐孔施工法的施工程序。

10-20　拱架有哪些构造形式？各有何特点？

10-21　拱架计算的内容有哪些？

10-22　拱架预拱度的设置方式有哪几种？

10-23　简述在拱架上浇筑混凝土拱圈的施工要点。

10-24　简述拱架卸落的基本要求和卸架程序。

10-25　缆索吊装设备的基本组成包括哪几部分？各自的作用是什么？

10-26　缆索吊装施工时拱肋的合龙方式有哪几种？适用于何种情况？

10-27　简述拱桥施工加载程序设计的目的和基本原则。

10-28　拱肋节段的预制方法有哪几种？各有何特点？

10-29　转体施工法包含哪些类型？各自的适用条件是什么？

附　　录

附录Ⅰ　铰接板荷载横向分布影响线竖标表

铰接板 3-1

γ	η_{ij}			γ	η_{ij}			γ	η_{ij}		
	11	12	13		11	12	13		11	12	13
0.00	333	333	333	0.08	434	325	241	0.40	626	294	080
0.01	348	332	319	0.10	454	323	223	0.60	683	278	040
0.02	363	331	306	0.15	496	317	186	1.00	750	250	000
0.04	389	329	282	0.20	531	313	156	2.00	829	200	-029
0.06	413	327	260	0.30	585	303	112				

铰接板 3-2

γ	η_{ij}			γ	η_{ij}			γ	η_{ij}		
	21	22	23		21	22	23		21	22	23
0.00	333	333	333	0.08	325	351	325	0.40	294	412	294
0.01	332	336	332	0.10	323	355	323	0.60	278	444	278
0.02	331	338	331	0.15	317	365	317	1.00	250	500	250
0.04	329	342	329	0.20	313	375	313	2.00	200	600	200
0.06	327	346	327	0.30	303	394	303				

铰接板 4-1

γ	η_{ij}				γ	η_{ij}			
	11	12	13	14		11	12	13	14
0.00	250	250	250	250	0.15	484	295	139	082
0.01	276	257	238	229	0.20	524	298	119	060
0.02	300	263	227	210	0.30	583	296	089	033
0.04	341	273	208	178	0.40	625	291	066	018
0.06	375	280	192	153	0.60	682	277	035	005
0.08	405	285	178	132	1.00	750	250	000	000
0.10	431	289	165	114	2.00	828	201	-034	005

铰接板 4-2

γ	η_{ij}				γ	η_{ij}			
	21	22	23	24		21	22	23	24
0.00	250	250	250	250	0.15	295	327	238	139
0.01	257	257	248	238	0.20	298	345	238	119
0.02	263	264	246	227	0.30	296	375	240	089
0.04	273	276	243	208	0.40	291	400	243	066
0.06	280	287	241	192	0.60	277	441	247	035
0.08	285	298	239	178	1.00	250	500	250	000
0.10	289	307	239	165	2.00	201	593	240	-034

铰接板 5-1

γ	η_{ij}					γ	η_{ij}				
	11	12	13	14	15		11	12	13	14	15
0.00	200	200	200	200	200	0.15	481	291	130	061	036
0.01	237	216	194	180	173	0.20	523	295	114	045	023
0.02	269	229	188	163	151	0.30	583	296	087	026	010
0.04	321	249	178	136	116	0.40	625	291	066	015	004
0.06	362	263	168	115	092	0.60	682	277	035	004	001
0.08	396	273	158	099	073	1.00	750	250	000	000	000
0.10	425	281	150	085	059	2.00	828	201	-034	006	-001

铰接板 5-2

γ	η_{ij}					γ	η_{ij}				
	21	22	23	24	25		21	22	23	24	25
0.00	200	200	200	200	200	0.15	291	320	222	105	061
0.01	216	215	202	187	180	0.20	295	341	227	091	045
0.02	229	228	204	176	163	0.30	296	374	235	070	026
0.04	249	249	207	158	136	0.40	291	399	240	055	015
0.06	263	267	211	144	115	0.60	277	440	246	031	004
0.08	273	281	214	133	099	1.00	250	500	250	000	000
0.10	281	294	216	123	085	2.00	201	593	241	-041	006

铰接板 5-3

γ	η_{ij}					γ	η_{ij}				
	31	32	33	34	35		31	32	33	34	35
0.00	200	200	200	200	200	0.15	130	222	295	222	130
0.01	194	202	208	202	194	0.20	114	227	318	227	114
0.02	188	204	215	204	188	0.30	087	235	357	235	087
0.04	178	207	230	207	178	0.40	066	240	389	240	066
0.06	168	211	243	211	168	0.60	035	246	437	246	035
0.08	158	214	256	214	158	1.00	000	250	500	250	000
0.10	150	216	268	216	150	2.00	-034	241	586	241	-034

铰接板 6-1

γ	η_{ij}						γ	η_{ij}					
	11	12	13	14	15	16		11	12	13	14	15	16
0.00	167	167	167	167	167	167	0.15	481	290	129	058	027	016
0.01	214	192	168	151	140	135	0.20	523	295	113	043	010	009
0.02	252	212	168	138	119	110	0.30	583	295	086	025	008	003
0.04	312	239	165	117	090	077	0.40	625	291	065	015	003	001
0.06	358	257	159	101	069	055	0.60	682	277	035	004	001	000
0.08	394	270	152	088	055	041	1.00	750	250	000	000	000	000
0.10	423	278	146	078	044	031	2.00	828	201	-034	006	-001	009

铰接板 6-2

γ	η_{ij}						γ	η_{ij}					
	21	22	23	24	25	26		21	22	23	24	25	26
0.00	167	167	167	167	167	167	0.15	290	319	219	098	046	027
0.01	192	190	175	157	146	140	0.20	295	340	226	087	035	017
0.02	212	209	182	149	129	119	0.30	295	373	234	069	021	008
0.04	239	238	192	137	105	090	0.40	291	399	240	054	012	003
0.06	257	259	200	127	087	069	0.60	277	440	246	031	004	001
0.08	270	276	206	119	074	055	1.00	250	500	250	000	000	000
0.10	278	291	210	112	064	044	2.00	201	593	241	-041	007	-001

铰接板 6-3

γ	η_{ij}						γ	η_{ij}					
	31	32	33	34	35	36		31	32	33	34	35	36
0.00	167	167	167	167	167	167	0.15	129	219	288	208	098	058
0.01	168	175	179	170	157	151	0.20	113	226	314	217	087	043
0.02	168	182	190	173	149	138	0.30	086	234	356	230	069	025
0.04	165	192	210	179	137	117	0.40	065	240	388	238	054	015
0.06	159	200	227	186	127	101	0.60	035	246	437	246	031	004
0.08	152	206	243	191	119	088	1.00	000	250	500	250	000	000
0.10	146	210	257	197	112	078	2.00	-034	241	586	243	-041	006

铰接板 7-1

γ	η_{ij}							γ	η_{ij}						
	11	12	13	14	15	16	17		11	12	13	14	15	16	17
0.00	143	143	143	143	143	143	143	0.15	480	290	128	057	025	012	007
0.01	200	177	152	133	120	111	107	0.20	523	295	113	043	017	007	003
0.02	244	202	157	125	102	088	082	0.30	583	295	086	025	007	002	001
0.04	309	235	159	109	078	059	051	0.40	625	291	065	015	003	001	000
0.06	356	255	156	096	061	042	034	0.60	682	277	035	004	001	000	000
0.08	293	268	151	085	049	031	023	1.00	750	250	000	000	000	000	000
0.10	423	278	144	076	040	023	016	2.00	828	201	-034	006	-001	000	000

铰接板 7-2

γ	η_{ij}							γ	η_{ij}						
	21	22	23	24	25	26	27		21	22	23	24	25	26	27
0.00	143	143	143	143	143	143	143	0.15	290	318	219	097	043	020	012
0.01	177	175	158	139	125	115	111	0.20	295	340	225	086	033	013	007
0.02	202	198	170	135	111	096	088	0.30	295	373	234	068	020	006	002
0.04	235	232	185	127	091	069	059	0.40	291	399	240	054	012	003	001
0.06	255	256	196	121	077	053	042	0.60	277	440	246	031	004	001	000
0.08	268	275	203	115	067	041	031	1.00	250	500	250	000	000	000	000
0.10	278	290	209	109	058	033	023	2.00	201	593	241	-041	007	-001	000

铰接板 7-3

γ	η_{ij}							γ	η_{ij}						
	31	32	33	34	35	36	37		31	32	33	34	35	36	37
0.00	143	143	143	143	143	143	143	0.15	128	219	287	205	092	043	025
0.01	152	158	161	150	134	125	120	0.20	113	225	314	216	083	033	017
0.02	157	170	176	156	128	111	102	0.30	086	234	356	229	067	020	007
0.04	159	185	201	167	119	091	078	0.40	065	240	388	237	053	012	003
0.06	156	196	222	176	112	077	061	0.60	035	246	437	246	031	004	001
0.08	151	203	239	184	107	067	049	1.00	000	250	500	250	000	000	000
0.10	144	209	255	191	102	058	040	2.00	-034	241	586	243	-042	007	-001

铰接板 7-4

γ	η_{ij}							γ	η_{ij}						
	41	42	43	44	45	46	47		41	42	43	44	45	46	47
0.00	143	143	143	143	143	143	143	0.15	057	097	205	282	205	097	057
0.01	133	139	150	157	150	139	133	0.20	043	086	216	310	216	086	043
0.02	125	135	156	169	156	135	125	0.30	025	068	229	354	229	068	025
0.04	109	127	167	193	167	127	109	0.40	015	054	237	387	237	054	015
0.06	096	121	176	213	176	121	096	0.60	004	031	246	436	246	031	004
0.08	085	115	184	231	184	115	085	1.00	000	000	250	500	250	000	000
0.10	076	109	191	248	191	109	076	2.00	006	-041	243	586	243	-041	006

铰接板 8-1

γ	η_{ij}							
	11	12	13	14	15	16	17	18
0.00	125	125	125	125	125	125	125	125
0.01	191	168	142	122	107	096	089	085
0.02	239	197	151	117	093	076	066	061
0.04	307	233	156	106	073	052	040	034
0.06	355	254	155	094	058	037	025	020
0.08	392	268	150	084	048	028	017	013
0.10	423	277	144	075	039	021	012	008
0.15	480	290	128	057	025	011	005	003
0.20	523	295	113	043	016	006	003	001
0.30	583	295	086	025	007	002	001	000
0.40	625	291	065	015	003	001	000	000
0.60	682	277	035	004	001	000	000	000
1.00	750	250	000	000	000	000	000	000
2.00	828	201	-034	006	-001	000	000	000

铰接板 8-2

γ	η_{ij}							
	21	22	23	24	25	26	27	28
0.00	125	125	125	125	125	125	125	125
0.01	168	165	148	127	111	100	092	089
0.02	197	193	163	127	101	083	071	066
0.04	233	230	182	123	085	060	046	040
0.06	254	255	194	119	073	047	032	025
0.08	268	274	202	113	064	037	023	017
0.10	277	290	208	108	057	030	017	012
0.15	290	318	219	097	043	019	009	005
0.20	295	340	225	086	033	013	006	003
0.30	295	373	234	068	020	006	002	001
0.40	291	399	240	054	012	003	001	000
0.60	277	440	246	031	004	001	000	000
1.00	250	500	250	000	000	000	000	000
2.00	201	593	241	-041	007	-001	000	000

铰接板 8-3

γ	η_{ij}							
	31	32	33	34	35	36	37	38
0.00	125	125	125	125	125	125	125	125
0.01	142	148	150	137	120	108	100	096
0.02	151	163	168	147	116	096	083	076
0.04	156	182	197	162	111	079	060	052
0.06	155	194	219	173	107	068	047	037
0.08	150	202	238	182	103	060	037	028
0.10	144	208	254	190	099	053	030	021
0.15	128	219	287	205	091	041	019	011
0.20	113	225	314	215	082	032	013	006
0.30	086	234	356	229	067	020	006	002
0.40	065	240	388	237	053	012	003	001
0.60	035	246	437	246	031	004	001	000
1.00	000	250	500	250	000	000	000	000
2.00	-034	241	586	243	-042	007	-001	000

铰接板 8-4

γ	η_{ij}							
	41	42	43	44	45	46	47	48
0.00	125	125	125	125	125	125	125	125
0.01	122	127	137	143	134	120	111	107
0.02	117	127	147	158	142	116	101	093
0.04	106	123	162	185	156	111	085	073
0.06	094	119	173	208	168	107	073	058
0.08	084	113	182	227	178	103	064	048
0.10	075	108	190	245	186	099	057	039
0.15	057	097	205	281	203	091	043	025
0.20	043	086	215	310	214	082	033	016
0.30	025	068	229	354	229	067	020	007
0.40	015	054	237	387	237	053	012	003
0.60	004	031	246	436	246	031	004	001
1.00	000	000	250	500	250	000	000	000
2.00	006	-041	243	586	243	-042	007	-001

铰接板 9-1

γ	η_{ij}								
	11	12	13	14	15	16	17	18	19
0.00	111	111	111	111	111	111	111	111	111
0.01	185	162	136	115	098	086	077	072	069
0.02	236	194	147	113	088	070	057	049	046
0.04	306	232	155	104	070	048	035	026	023
0.06	355	254	154	094	057	035	023	015	012
0.08	392	268	150	084	047	027	015	010	007
0.10	423	277	144	075	039	020	011	006	004
0.15	480	290	128	057	025	011	005	002	001
0.20	523	295	113	043	016	006	002	001	000
0.30	583	295	086	025	007	002	001	000	000
0.40	625	291	065	015	003	001	000	000	000
0.60	682	277	035	004	001	000	000	000	000
1.00	750	250	000	000	000	000	000	000	000
2.00	828	201	-034	006	-001	000	000	000	000

铰接板 9-2

γ	η_{ij}								
	21	22	23	24	25	26	27	28	29
0.00	111	111	111	111	111	111	111	111	111
0.01	162	158	141	119	102	090	081	075	072
0.02	194	189	160	122	095	075	062	053	049
0.04	232	229	181	121	082	057	040	031	026
0.06	254	255	194	118	072	044	028	019	015
0.08	268	274	202	113	063	036	021	013	010
0.10	277	290	208	108	056	029	016	009	006
0.15	290	318	219	097	043	019	008	004	002
0.20	295	340	225	086	033	013	005	002	001
0.30	295	373	234	068	020	006	002	001	000
0.40	291	399	240	054	012	003	001	000	000
0.60	277	440	246	031	004	001	000	000	000
1.00	250	500	250	000	000	000	000	000	000
2.00	201	593	241	-041	007	-001	000	000	000

铰接板 9-3

γ	η_{ij}								
	31	32	33	34	35	36	37	38	39
0.00	111	111	111	111	111	111	111	111	111
0.01	136	141	142	129	111	097	087	081	077
0.02	147	160	164	141	110	087	072	062	057
0.04	155	181	195	159	108	074	053	040	035
0.06	154	194	219	172	105	065	041	028	023
0.08	150	202	237	182	102	058	033	021	015
0.10	144	208	254	190	099	052	028	016	011
0.15	128	219	287	205	090	040	018	008	005
0.20	113	225	314	215	082	031	012	005	002
0.30	086	234	356	229	067	020	006	002	001
0.40	065	240	388	237	053	012	003	001	000
0.60	035	246	431	246	031	004	001	000	000
1.00	000	250	500	250	000	000	000	000	000
2.00	-034	240	586	243	-042	007	-001	000	000

铰接板 9-4

γ	η_{ij}								
	41	42	43	44	45	46	47	48	49
0.00	111	111	111	111	111	111	111	111	111
0.01	115	119	129	133	123	108	097	090	086
0.02	113	122	141	152	134	106	087	075	070
0.04	104	121	159	182	151	104	074	057	048
0.06	094	118	172	206	165	102	065	044	035
0.08	084	113	182	226	176	099	058	036	027
0.10	075	108	190	244	185	097	052	029	020
0.15	057	097	205	281	202	089	040	019	011
0.20	043	086	215	310	214	082	031	013	006
0.30	025	068	229	354	229	067	020	006	002
0.40	015	054	237	387	237	053	012	003	001
0.60	004	031	246	436	246	031	004	001	000
1.00	000	000	250	500	250	000	000	000	000
2.00	006	-041	243	586	243	-042	007	-001	000

铰接板 9-5

γ	η_{ij}								
	51	52	53	54	55	56	57	58	59
0.00	111	111	111	111	111	111	111	111	111
0.01	098	102	111	123	131	123	111	102	098
0.02	088	095	110	134	148	134	110	095	088
0.04	070	082	108	151	178	151	108	082	070
0.06	057	072	105	165	203	165	105	072	057
0.08	047	063	102	176	224	176	102	063	047
0.10	039	056	099	185	242	185	099	056	039
0.15	025	043	090	202	280	202	090	043	025
0.20	016	033	082	214	309	214	082	033	016
0.30	007	020	067	229	354	229	067	020	007
0.40	003	012	053	237	387	237	053	012	003
0.60	001	004	031	246	436	246	031	004	001
1.00	000	000	000	250	500	250	000	000	000
2.00	-001	007	-042	243	586	243	-042	007	-001

铰接板 10-1

γ	η_{ij}									
	11	12	13	14	15	16	17	18	19	1,10
0.00	100	100	100	100	100	100	100	100	100	100
0.01	181	158	131	110	093	080	070	063	058	056
0.02	234	192	146	111	085	066	052	043	037	034
0.04	306	232	155	103	069	047	032	023	018	015
0.06	355	254	154	094	057	035	021	014	009	007
0.08	392	268	150	084	047	026	015	009	005	004
0.10	423	277	144	075	039	020	011	006	003	002
0.15	480	290	128	057	025	011	005	002	001	001
0.20	523	295	113	043	016	006	002	001	000	000
0.30	583	295	086	025	007	002	001	000	000	000
0.40	625	291	065	015	003	001	000	000	000	000
0.60	682	277	035	004	001	000	000	000	000	000
1.00	750	250	000	000	000	000	000	000	000	000
2.00	828	201	-034	006	-001	000	000	000	000	000

铰接板 10-2

γ	η_{ij}									
	21	22	23	24	25	26	27	28	29	2,10
0.00	100	100	100	100	100	100	100	100	100	100
0.01	158	154	137	114	097	083	073	065	060	058
0.02	192	188	157	120	092	071	056	046	040	037
0.04	232	229	181	121	081	055	038	027	020	018
0.06	254	255	193	117	071	044	027	017	012	009
0.08	268	274	202	113	063	035	020	012	007	005
0.10	277	290	208	108	056	029	015	008	005	003
0.15	290	318	219	097	043	019	008	004	002	001
0.20	295	340	225	086	033	013	005	002	001	000
0.30	295	373	234	068	020	006	002	001	000	000
0.40	291	399	240	054	012	003	001	000	000	000
0.60	277	440	246	031	004	001	000	000	000	000
1.00	250	500	250	000	000	000	000	000	000	000
2.00	201	593	241	-041	007	-001	000	000	000	000

铰接板 10-3

γ	η_{ij}									
	31	32	33	34	35	36	37	38	39	3,10
0.00	100	100	100	100	100	100	100	100	100	100
0.01	131	137	137	123	104	090	078	070	065	063
0.02	146	157	162	138	106	082	065	054	046	043
0.04	155	181	195	158	106	072	049	035	027	023
0.06	154	193	218	171	104	064	039	025	017	014
0.08	150	202	237	181	101	057	032	019	012	009
0.10	144	208	254	189	098	051	027	014	008	006
0.15	128	219	287	205	090	040	018	008	004	002
0.20	113	225	314	215	082	031	012	005	002	001
0.30	086	234	356	229	067	020	006	002	001	000
0.40	065	240	388	237	053	012	003	001	000	000
0.60	035	246	437	246	031	004	001	000	000	000
1.00	000	250	500	250	000	000	000	000	000	000
2.00	-034	241	586	243	-042	007	-001	000	000	000

铰接板 10-4

γ	η_{ij}									
	41	42	43	44	45	46	47	48	49	4,10
0.00	100	100	100	100	100	100	100	100	100	100
0.01	110	114	123	127	116	100	087	078	073	070
0.02	111	120	138	148	129	100	080	065	056	052
0.04	103	121	158	180	149	101	069	049	038	032
0.06	094	117	171	205	163	100	062	039	027	021
0.08	084	113	181	226	175	098	056	032	020	015
0.10	075	108	189	244	185	096	050	027	015	011
0.15	057	097	205	281	202	089	040	018	008	005
0.20	043	086	215	310	214	082	031	012	005	002
0.30	025	068	229	354	229	067	020	006	002	001
0.40	015	054	237	387	237	053	012	003	001	000
0.60	004	031	246	436	246	031	004	001	000	000
1.00	000	000	250	500	250	000	000	000	000	000
2.00	006	-041	243	586	243	-042	007	-001	000	000

铰接板 10-5

γ	η_{ij}									
	51	52	53	54	55	56	57	58	59	5,10
0.00	100	100	100	100	100	100	100	100	100	100
0.01	093	097	104	116	123	114	100	090	083	080
0.02	085	092	106	129	142	126	100	082	071	066
0.04	069	081	106	149	175	146	101	072	055	047
0.06	057	071	104	163	201	162	100	064	044	035
0.08	047	063	101	175	223	174	098	057	035	026
0.10	039	056	098	185	241	184	096	051	029	020
0.15	025	043	090	202	280	201	089	040	019	011
0.20	016	033	082	214	309	214	082	031	013	006

（续）

γ	η_{ij}									
	51	52	53	54	55	56	57	58	59	5,10
0.30	007	020	067	229	354	229	067	020	006	002
0.40	003	012	053	237	387	237	053	012	003	001
0.60	001	004	031	246	436	246	031	004	001	000
1.00	000	000	000	250	500	250	000	000	000	000
2.00	-001	007	-042	243	586	243	-042	007	-001	000

说明：

1. 上列表格适用于横向铰接的梁或板，各片梁或板的截面是相同的情况。

2. 表头两个数字表示要查的梁或板号，其中第一个数字表示该梁或板是属于几片梁或板铰接而成的体系，第二个数字表示该片梁或板在这个体系中自左而右的序号。

3. 横向分布影响线竖标以 η_{ij} 表示，第一个脚标 i 表示所要求的梁或板号，第二个脚标 j 表示受单位荷载作用的那片梁或板号，表中 η_{ij} 下的数字前者表示 i，后者表示 j，η_{ij} 的竖标应绘在梁或板的中轴线处。

4. 表中 η_{ij} 值为小数点后的三位数字，如 278 即为 0.278，006 即为 0.006。

5. 表值按弯矩参数 γ 给出

$$\gamma = 5.8\frac{I}{I_T}\left(\frac{b}{l}\right)^2$$

式中，l 是计算跨径；b 是一片梁或板的宽度；I 是梁或板的抗弯惯性矩；I_T 是梁或板的抗扭惯性矩。

附录Ⅱ G-M 法 K_0、K_1、μ_0、μ_1 值的计算用图

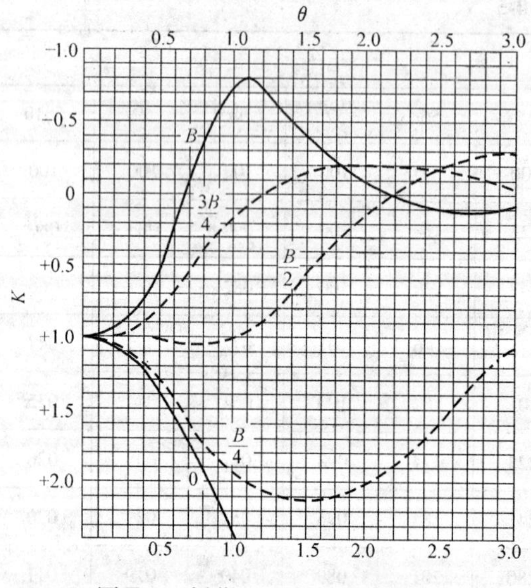

图Ⅱ-1 梁位 $f=0$ 处的荷载横向影响系数 K_0

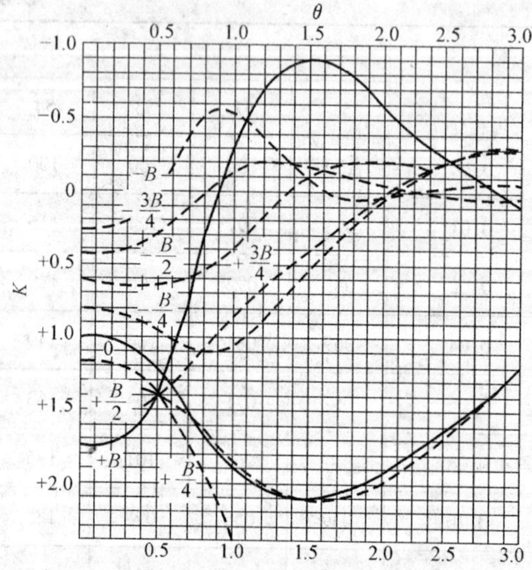

图Ⅱ-2 梁位 $f=B/4$ 处的荷载横向影响系数 K_0

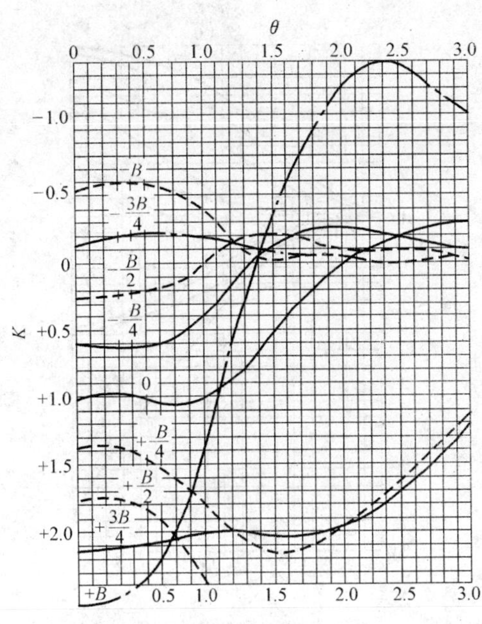

图Ⅱ-3　梁位 $f=B/2$ 处的荷载横向影响系数 K_0

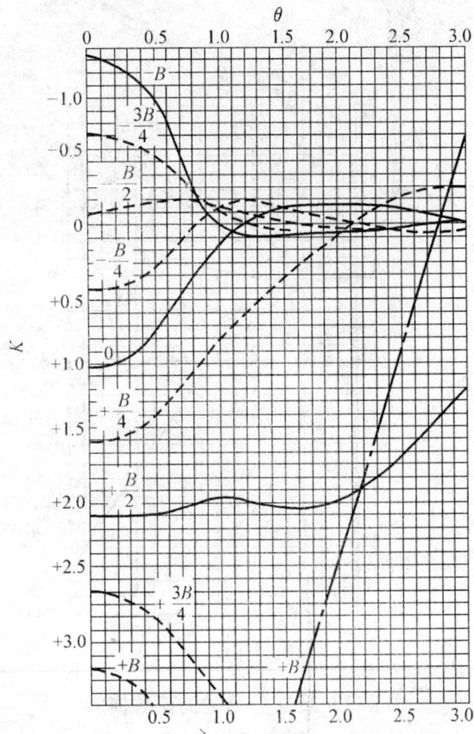

图Ⅱ-4　梁位 $f=3B/4$ 处的荷载横向影响系数 K_0

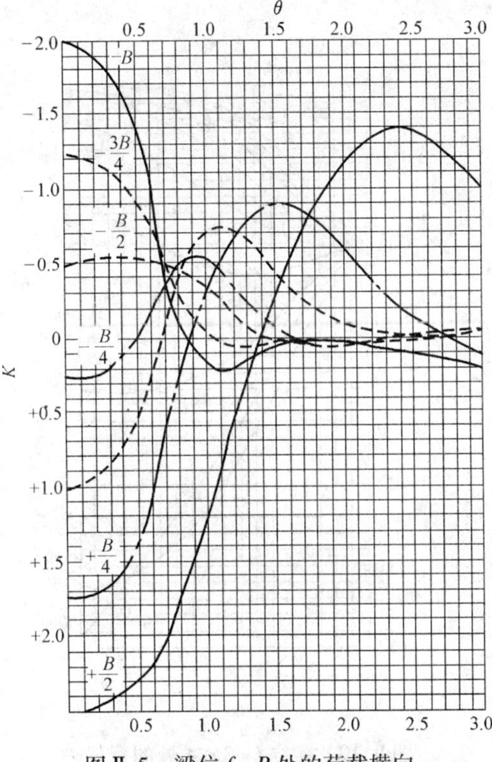

图Ⅱ-5　梁位 $f=B$ 处的荷载横向影响系数 K_0

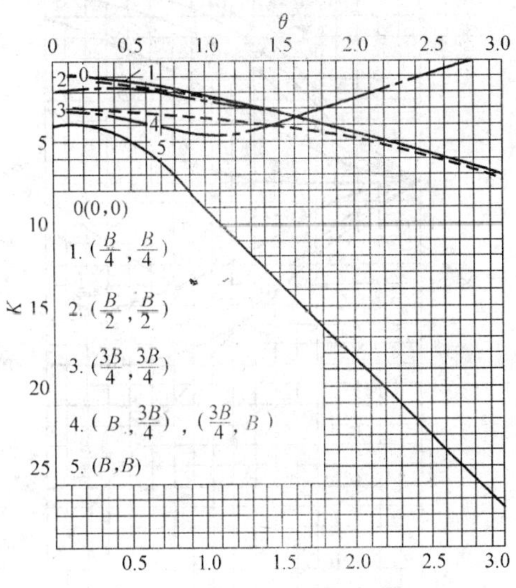

图Ⅱ-6　不同梁位处的荷载横向影响系数 K_0（数值较大时）

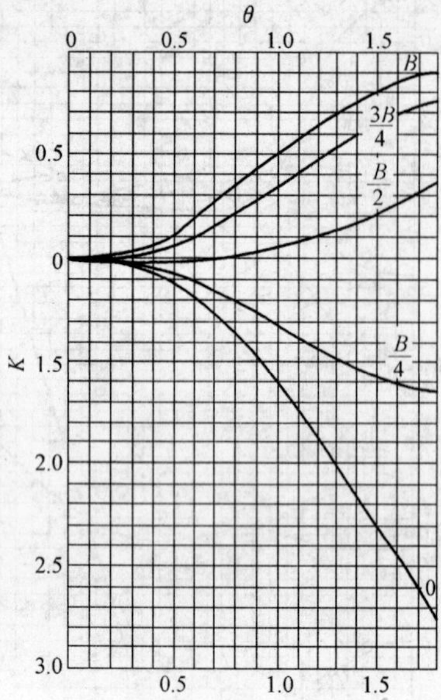

图Ⅱ-7 梁位 $f=0$ 处的荷载横向影响系数 K_1

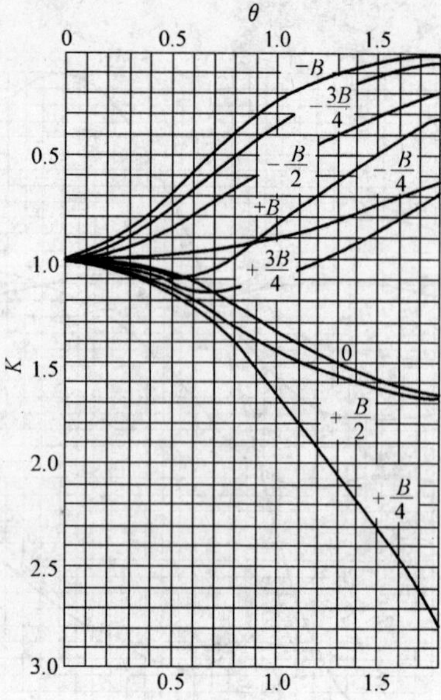

图Ⅱ-8 梁位 $f=B/4$ 处的荷载横向影响系数 K_1

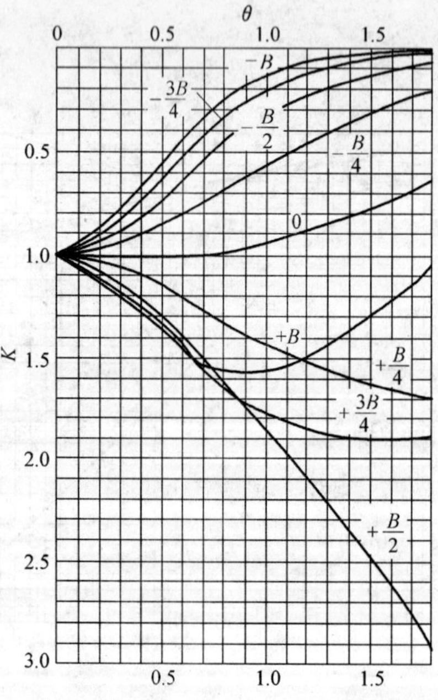

图Ⅱ-9 梁位 $f=B/2$ 处的荷载横向影响系数 K_1

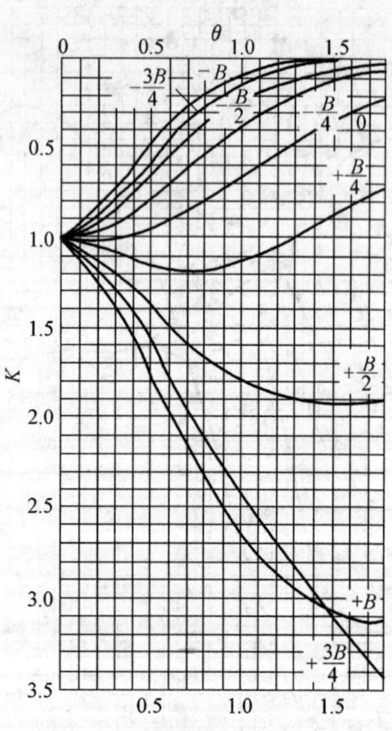

图Ⅱ-10 梁位 $f=3B/4$ 处的荷载横向影响系数 K_1

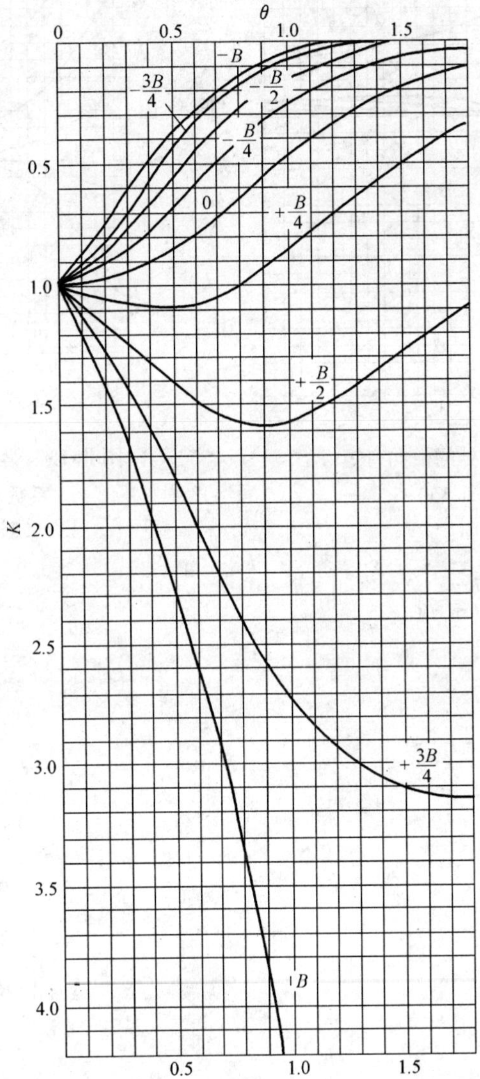

图Ⅱ-11 梁位 $f=B$ 处的荷载横向影响系数 K_1

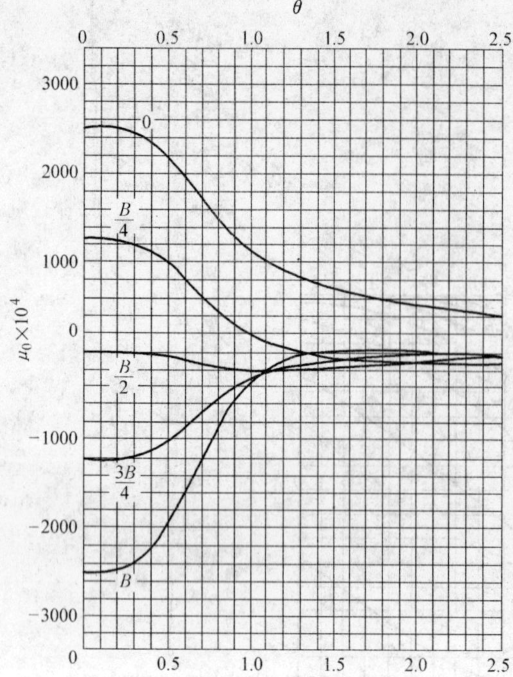

图Ⅱ-12 梁位 $f=0$ 处的横向弯矩系数 μ_0（$\nu=0.15$）

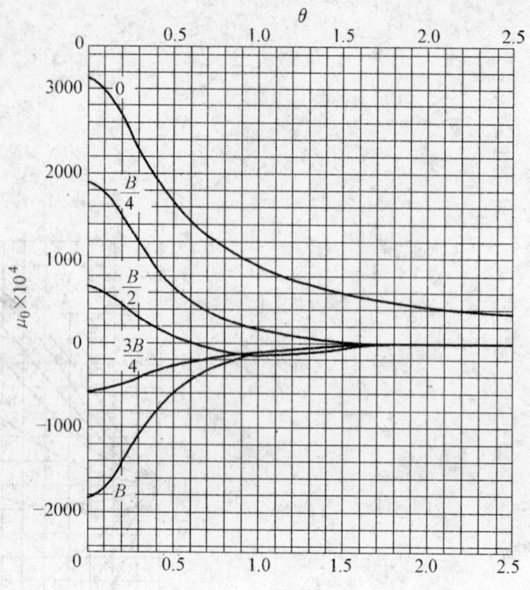

图Ⅱ-13 梁位 $f=0$ 处的横向弯矩系数 μ_1（$\nu=0.15$）

参考文献

[1] 中交公路规划设计院 . JTG D60—2004　公路桥涵设计通用规范[S]. 北京：人民交通出版社，2004.

[2] 中交公路规划设计院 . JTG D62—2004　公路钢筋混凝土及预应力混凝土桥涵设计规范[S]. 北京：人民交通出版社，2004.

[3] 中交公路规划设计院 . JTG D61—2005　公路圬工桥涵设计规范[S]. 北京：人民交通出版社，2005.

[4] 交通部公路司，中国工程建设标准化协会公路工程委员会 . JTG B01—2003　公路工程技术标准[S]. 北京：人民交通出版社，2004.

[5] 顾懋清，石绍甫 . 公路桥涵设计手册——拱桥：上册[M]. 北京：人民交通出版社，2000.

[6] 顾安邦，孙国柱 . 公路桥涵设计手册——拱桥：下册 [M]. 北京：人民交通出版社，2001.

[7] 毛瑞祥，程翔云 . 公路桥涵设计手册——基本资料[M]. 北京：人民交通出版社，1995.

[8] 徐光辉，胡明义 . 公路桥涵设计手册——梁桥：上册 [M]. 北京：人民交通出版社，1996.

[9] 刘效尧，赵立成 . 公路桥涵设计手册——梁桥：下册 [M]. 北京：人民交通出版社，2000.

[10] 江祖铭，王崇礼 . 公路桥涵设计手册——墩台与基础[M]. 北京：人民交通出版社，1997.

[11] 铁道第三勘察设计院 . TB 10002. 1—2005 铁路桥涵设计基本规范[S]. 北京：中国铁道出版社，2005.

[12] 中铁大桥勘测设计院有限公司 . TB 10002. 2—2005 铁路桥梁钢结构设计规范[S]. 北京：中国铁道出版社，2005.

[13] 中铁工程设计咨询集团有限公司 . TB 10002. 3—2005 铁路桥涵钢筋混凝土和预应力混凝土结构设计规范[S]. 北京：中国铁道出版社，2005.

[14] 铁道第三勘察设计院 . TB 10002. 4—2005 铁路桥涵混凝土和砌体结构设计规范[S]. 北京：中国铁道出版社，2005.

[15] 铁道第三勘察设计院 . TB 10002. 5—2005 铁路桥涵地基和基础设计规范[S]. 北京：中国铁道出版社，2005.

[16] 中铁三局集团有限公司 . TB 10415—2003 铁路桥涵工程施工质量验收标准[S]. 北京：中国铁道出版社，2004.

[17] 邵旭东 . 桥梁工程[M]. 北京：人民交通出版社，2004.

[18] 李运光 . 桥梁工程[M]. 天津：天津大学出版社，2005.

[19] 范立础 . 桥梁工程：上册[M]. 北京：人民交通出版社，2001.

[20] 郭发忠 . 桥涵工程[M]. 北京：人民交通出版社，2005.

[21] 李辅元 . 桥梁工程[M]. 北京：人民交通出版社，2005.

[22] 李自林 . 桥梁工程[M]. 武汉：华中科技大学出版社，2007.

[23] 王丽荣，盛可鉴，丁剑霆 . 桥梁工程[M]. 北京：中国建材工业出版社，2005.

[24] 邵旭东 . 桥梁工程[M]. 武汉：武汉理工大学出版社，2002.

[25] 房贞政 . 桥梁工程[M]. 北京：中国建筑工业出版社，2004.

[26] 强士中 . 桥梁工程（上、下册）[M]. 北京：高等教育出版社，2004.

[27] 刘夏平 . 桥梁工程[M]. 北京：科学出版社，2005.

[28] 白宝玉 . 桥梁工程[M]. 北京：高等教育出版社，2005.

[29] 姚玲森 . 桥梁工程[M]. 北京：人民交通出版社，1987.

[30] 强士中，周璞 . 桥梁工程[M]. 成都：西南交通大学出版社，2000.

[31] 王序森，唐寰澄 . 桥梁工程[M]. 北京：中国铁道出版社，1995.

[32] 顾安邦．桥梁工程：下册［M］．北京：人民交通出版社，2000.
[33] 刘龄嘉．桥梁工程[M]．北京：人民交通出版社，2006.
[34] 裘伯永，等．桥梁工程[M]．北京：中国铁道出版社，2004.
[35] 罗旗帜．桥梁工程[M]．广州：华南理工大学出版社，2006.
[36] 贺栓海，谢仁物．公路桥梁荷载横向分布计算方法[M]．北京：人民交通出版社，1996.
[37] 李国豪．公路桥梁荷载横向分布计算[M]．北京：人民交通出版社，1977.
[38] 杨炳成．公路桥梁电算[M]. 2版．北京：人民交通出版社，2003.
[39] 陈宝春．钢管混凝土拱桥设计与施工[M]．北京：人民交通出版社，1999.
[40] 陈宝春．钢管混凝土拱桥实例集（一）[M]．北京：人民交通出版社，2002.
[41] 黄绳武．桥梁施工及组织管理（上）[M]．北京：人民交通出版社，1999.
[42] 王常才．桥涵施工技术[M]．北京：人民交通出版社，2002.
[43] 严国敏．现代悬索桥[M]．北京：人民交通出版社，2002.
[44] 雷俊卿，郑明珠，徐恭义．悬索桥设计[M]．北京：人民交通出版社，2002.
[45] 钱冬生，陈仁福．大跨悬索桥的设计与施工[M]．成都：西南交通大学出版社，1999.
[46] 刘士林，梁智涛，侯金龙，等．斜拉桥[M]．北京：人民交通出版社，2002.
[47] 林元培．斜拉桥[M]．北京：人民交通出版社，2004.
[48] 周孟波．斜拉桥手册[M]．北京：人民交通出版社，2004.
[49] 周孟波．悬索桥手册[M]．北京：人民交通出版社，2003.
[50] 邬晓光，邵新鹏，万振江等．刚架桥[M]．北京：人民交通出版社，2001.
[51] 吴瑞麟，沈建武．城市道路设计[M]．北京：人民交通出版社，2003.
[52] 王伯惠．道路立交工程[M]．北京：人民交通出版社，2000.
[53] 徐家钰．城市道路设计[M]．北京：中国水利水电出版社，知识产权出版社，2005.
[54] 黄兴安．公路与城市道路设计手册[M]．北京：中国建筑工业出版社，2005.
[55] 贺栓海，等．道路立交的规划与设计[M]．北京：人民交通出版社，1994.
[56] 高速公路丛书编委会．高速公路立交工程[M]．北京：人民交通出版社，2001.
[57] 刘旭吾．互通式立交线形设计与施工[M]．北京：人民交通出版社，1997.
[58] 盛洪飞．桥梁墩台与基础工程[M]．哈尔滨：哈尔滨工业大学出版社，2005.
[59] 袁伦一，鲍卫刚，李扬海．公路圬工桥涵设计规范应用算例[M]．北京：人民交通出版社，2005.
[60] 王国鼎．拱桥连拱计算[M]. 2版．北京：人民交通出版社，2000.
[61] 孙训芳．材料力学[M]．北京：高等教育出版社，1997.
[62] 徐芝纶．弹性力学：上册［M］．北京：高等教育出版社，1992.
[63] 徐芝纶．弹性力学：下册［M］．北京：高等教育出版社，1992.
[64] 李运光．结构工程有限元法[M]．北京：中国建材工业出版社，2002.